제품응용모델링기능사
공개 문제 수록

퓨전 360
3D 모델링 & 제품디자인
◀ 응용편

· 실생활에서 접하는 제품의 도면화 · 모델링
· 설계 능력 · 제품응용모델링기능사 자격증 취득을 위한 가이드북
· 3D 프린터 교육 · 제품디자인 관련 교육기관 학습 교재

김진원 저

저자 운영 네이버 카페(https://cafe.naver.com/automechas)에
오셔서 도서 구매 인증을 해주시면 본문 따라하기 동영상 강좌
무료열람이 가능합니다.

메카피아

제품응용모델링기능사 공개 문제 수록
퓨전 360 3D 모델링 & 제품디자인 응용편

발　　행 | 2022년 7월 15일
저　　자 | 김진원
발 행 처 | 메카피아
발 행 인 | 노수황
대표전화 | 1544-1605
주　　소 | 서울특별시 영등포구 국회대로76길 18, 3층 3호
전자우편 | mechapia@mechapia.com
팩　　스 | 02-6008-9111
등록번호 | 제2014-000036호
등록일자 | 2010년 2월 1일

정가 : 32,000원

이 책의 어느 부분도 저작권자나 발행인의 승인없이 무단 복제하여 이용할 수 없습니다.
파본 및 낙장은 구입하신 서점에서 교환하여 드립니다.

ISBN 979-11-6248-148-6   13550

제품응용모델링기능사 공개 문제 수록

퓨전 360 3D 모델링 & 제품디자인 응용편

머리말

Fusion 360은 오토데스크사의 CAD/CAM/CAE 소프트웨어로써 2D 디자인, 3D 모델링, 렌더링, 시뮬레이션, CAM을 하나의 제품에 결합한 통합 플랫폼입니다.

퓨전360 3D 모델링 & 제품디자인 활용편에 이어 출간하는 본서는 실생활에서 접하는 제품을 도면화하고 모델링하였으며 이를 통해 제품디자인의 개념을 익히는 동시에 Fusion 360의 다양한 기능을 학습하고 교육할 수 있도록 구성하였습니다.

- Part A. 목공 가구류
- Part B. 공구류, 부품류, 전기전자류
- Part C. 장난감, 문구류
- Part D. 기타류
- Part E. 제품응용모델링기능사

위와 같은 구성으로 개인의 모델링과 설계 능력 향상 및 제품응용모델링기능사 자격증을 취득하고자 하는 수험생들이 스스로 모델링 연습을 할 수 있도록 하였으며, 3D프린팅 교육 및 제품디자인을 전공하는 학교 및 관련 교육 기관에서 학습 교재로도 활용할 수 있습니다.

본서를 출판할 수 있도록 많은 격려와 지원을 해주신 도서출판 메카피아의 임직원 여러분과 교육 현장에서 후진 양성을 위해 고생하시는 모든 교강사님께 머리 숙여 깊은 감사를 드리며, 부족한 부분은 온오프라인을 통해 소통하며, Fusion 360을 사용하시는 많은 분들과 수험생 여러분의 조언과 건의에 경청하도록 하겠습니다.

저자가 운영하고 있는 네이버 카페(https://cafe.naver.com/automechas)에 오시면 더욱 많은 정보와 다양한 예제, 동영상 강좌 등을 열람하실 수 있으며, Q&A를 통해 독자들과 적극적으로 소통할 수 있는 창구가 되도록 정성을 다하겠습니다.

부족하지만 아무쪼록 Fusion 360을 사용하시는 모든 분들에게 지침이 되었으면 합니다.
감사합니다.

2022년 저자 올림

차 례

PART A · 목공 가구류 ……………………………………………………… 007

PART B · 공구류, 부품류, 전기전자류 ……………………………………… 211

PART C · 장난감, 문구류 …………………………………………………… 303

PART D · 기타류 ……………………………………………………………… 399

PART E · 제품응용모델링기능사 …………………………………………… 443

저자 약력

김진원

- 원광대학교 기계공학과 졸업
- 동양매직 가전연구소 연구원
- 우석직업전문학교 기계, 건축, 토목 분야 강의
- 성심직업전문학교 기계, 제품모델링 분야 강의
- 호원대, 전북대, 군장대, 폴리텍 대학 기계제도(CAD) 및 3D 프린터 특강
- 신도리코, 전주정보문화산업진흥원 등 3D 프린터 특강
- 3D 프린터 개발, 제품디자인, 기계가공, 기계설계 포함 11개 직업능력개발훈련교사
- 일반기계기사, 건설기계설비기사, 소방기사(기계) 외 다수 관련 자격증

저서
- 3D프린터운용기능사 필기 핵심단기완성 공저
- 3D프린터운용기능사 모델링실기 및 출제도면 예제집 저
- AutoCAD 도면작성 실기실무 활용서 공저
- 퓨전360 3D 모델링 & 제품디자인 활용편 저
- 전산응용토목제도기능사 실기 저
- 3D프린터개발산업기사 필기 문제집 공저
- 최신 3D프린터 운용기능사 필기 핵심단기완성 공저

수상
- 제13회 iTOP 경진대회 DAT(3D설계실무능력평가) 분야 최우수상
- 제14회 I-TOP 경진대회 CAT(CAD설계실무능력평가) 분야 최우수상

퓨전 360 3D 모델링
& 제품디자인 응용편

PART 3A

목공
가구류

A-01. 받침대

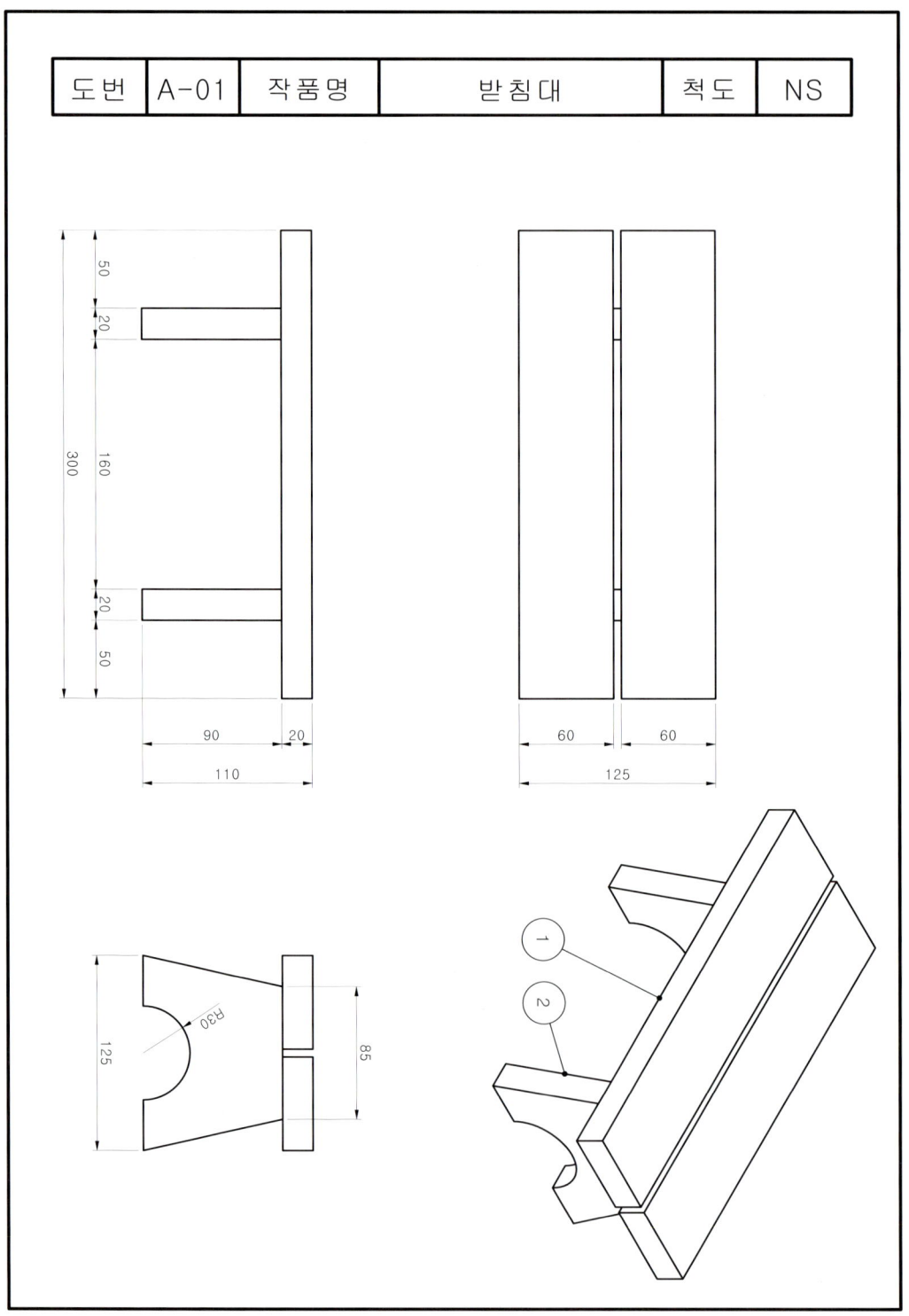

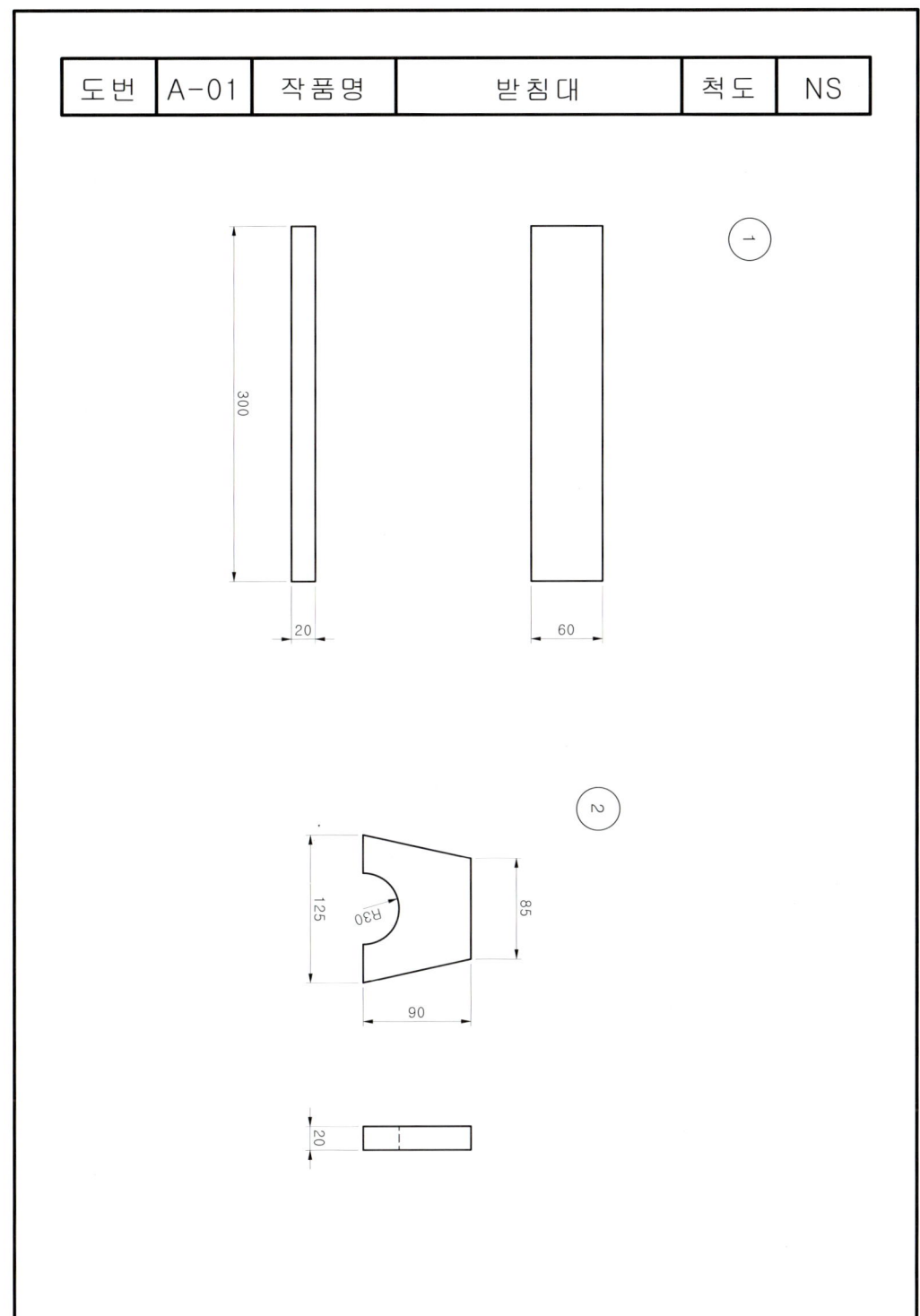

01

- 작성–스케치 작성, YZ평면
- 작성–스케치 명령을 이용하여
  스케치 후 구속조건 기입
- 작성–스케치 치수로 수정

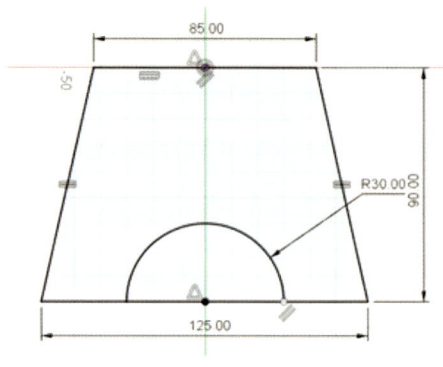

02

- 스케치 마무리
- 작성–돌출
  측면하나, 거리 20, 새 본체

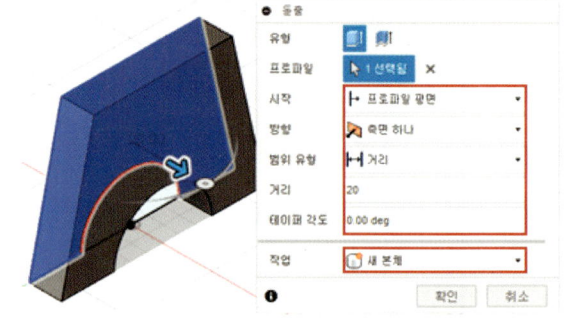

03

- 수정–이동/복사, 사본작성, 200

04

- 수정–스케치 작성, 해당평면
- 작성–스케치 명령을 이용하여
  스케치 후 구속조건 기입
- 작성–스케치 치수로 수정

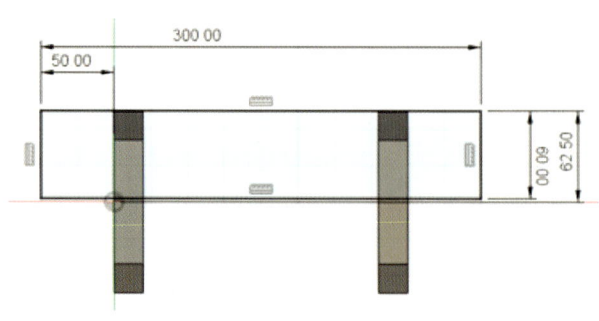

05

- 스케치 마무리
- 작성-돌출
  측면하나, 거리 20, 새 본체

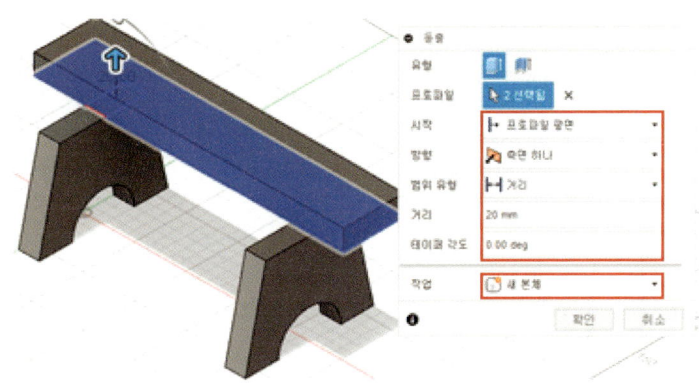

06

- 수정-이동/복사, 사본작성, 65

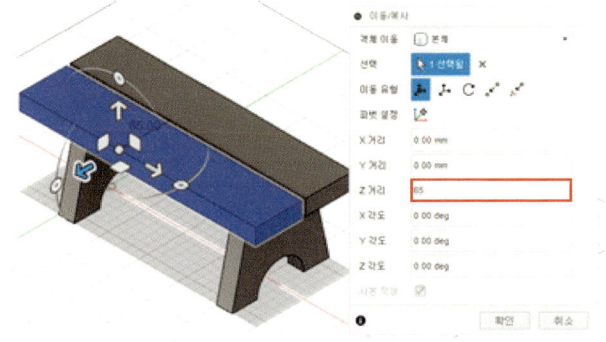

07

- 모델링 완성

08

- 렌더링-설정-모양
- 재질 선택하여 드래그

A-02. 박스

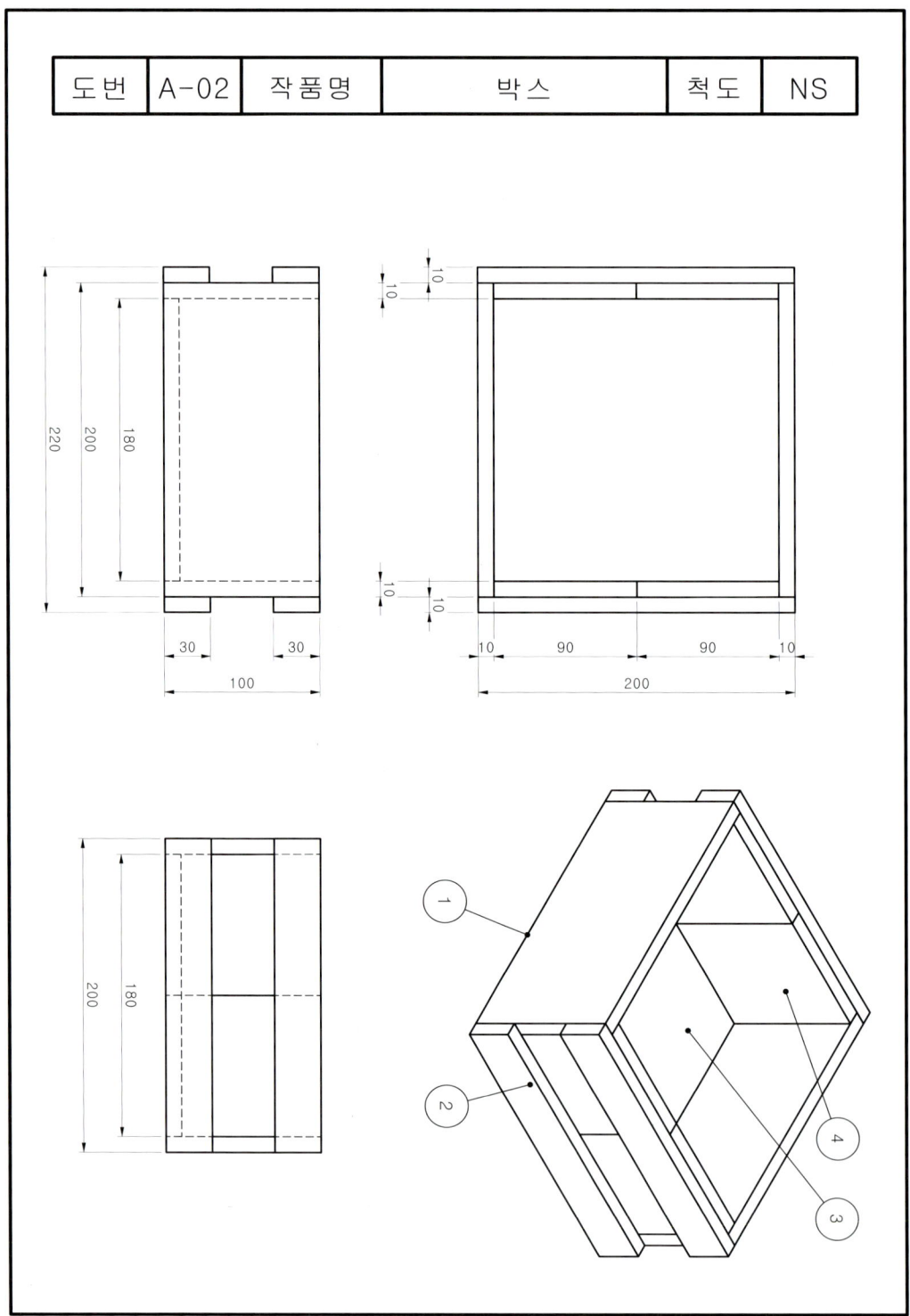

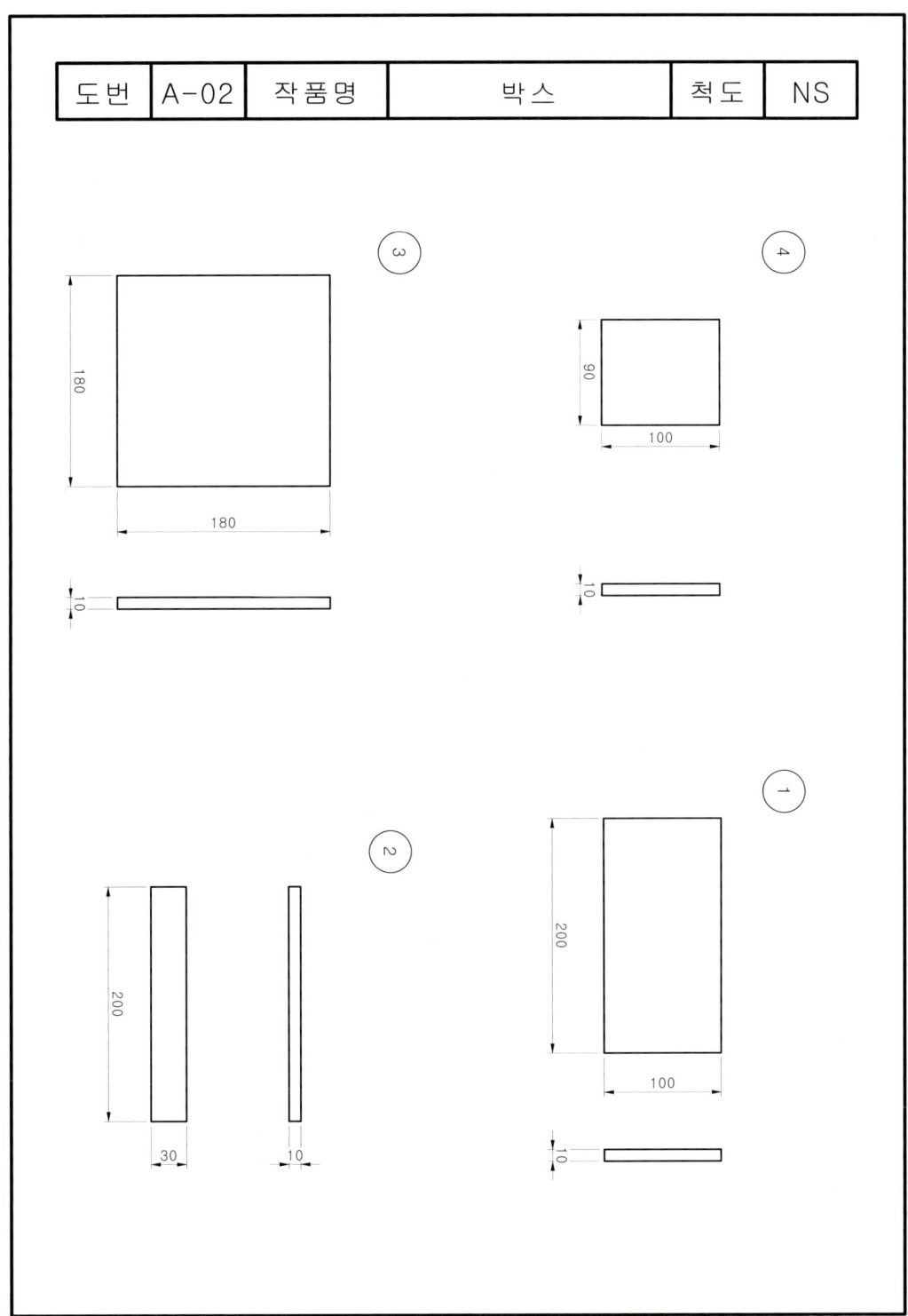

01

- 작성-스케치 작성, XY평면
- 작성-스케치 명령을 이용하여 스케치 후 구속조건 기입
- 작성-스케치 치수로 수정

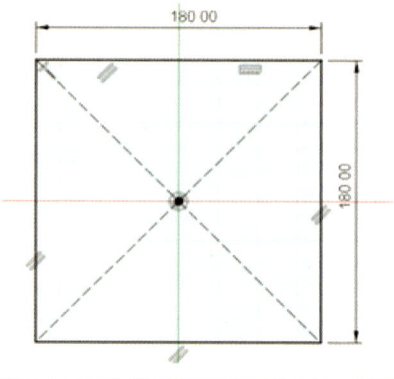

02

- 스케치 마무리
- 작성-돌출
  측면하나, 거리 10, 새 본체

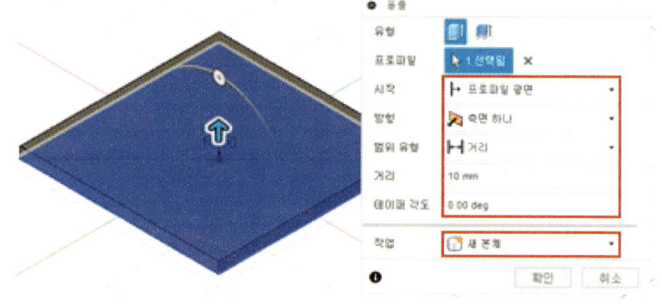

03

- 수정-스케치 작성, 해당 평면
- 작성-스케치 명령을 이용하여 스케치 후 구속조건 기입
- 작성-스케치 치수로 수정

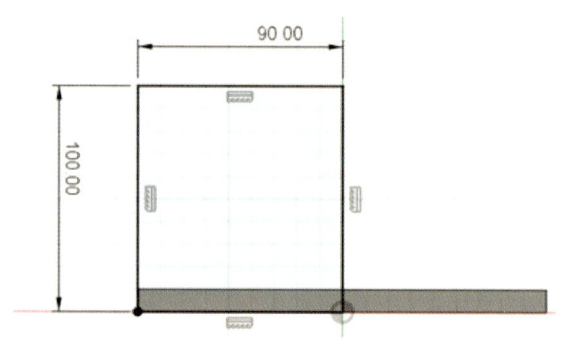

04

- 스케치 마무리
- 작성-돌출
  측면하나, 거리 10, 새 본체

05

- 수정-이동/복사, 사본작성, 90

06

- 작성-미러, 본체, 새 본체

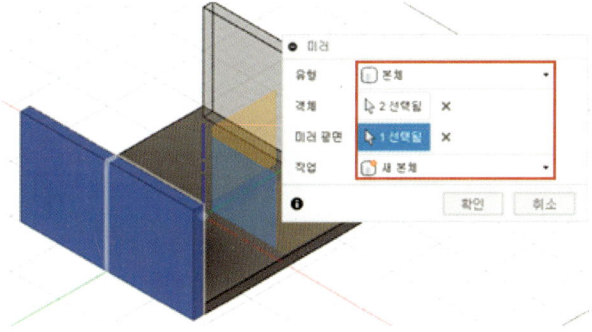

07

- 수정-스케치 작성, 해당 평면
- 작성-스케치 명령을 이용하여 스케치 후 구속조건 기입
- 작성-스케치 치수로 수정

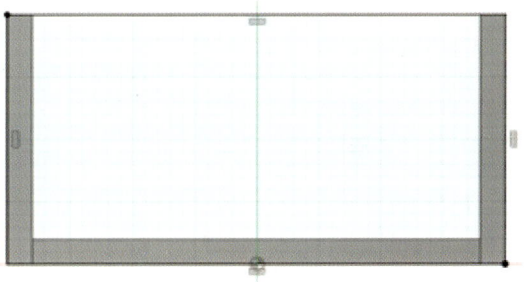

08

- 스케치 마무리
- 작성-돌출
  측면하나, 거리 10, 새 본체

PART A. 목공 가구류

09

- 작성-미러, 피처

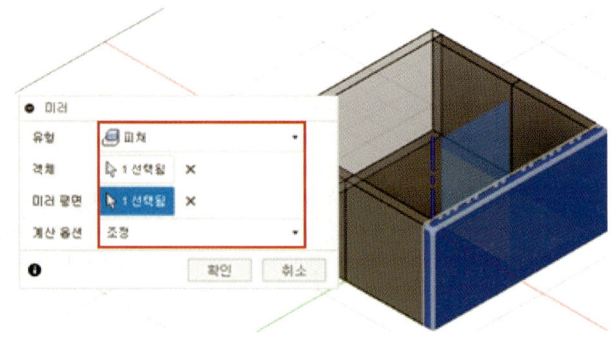

10

- 수정-스케치 작성, 해당 평면
- 작성-스케치 명령을 이용하여 스케치 후 구속조건 기입
- 작성-스케치 치수로 수정

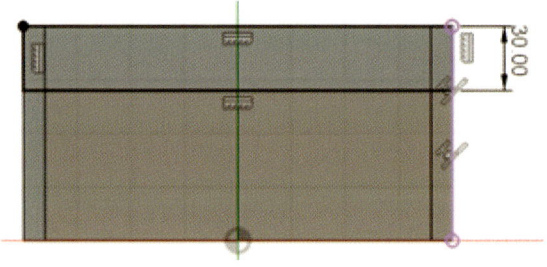

11

- 스케치 마무리
- 작성-돌출
  측면하나, 거리 10, 새 본체

12

- 수정-이동/복사, 사본작성, 70

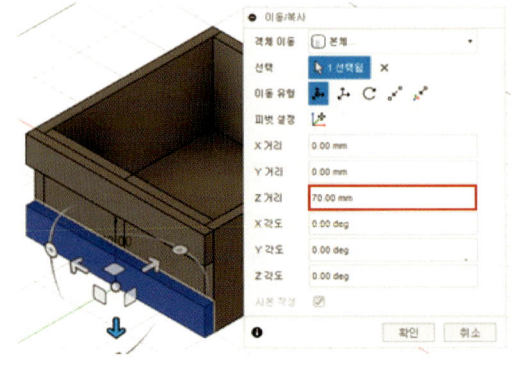

13

- 작성-미러, 피쳐

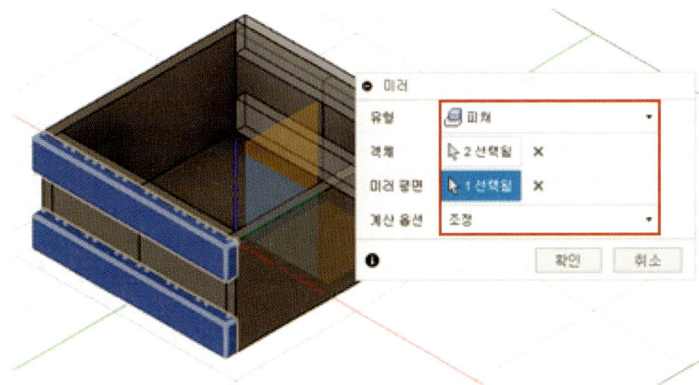

14

- 완성된 모델링

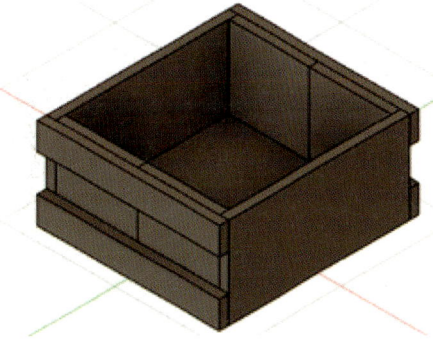

15

- 렌더링-설정-모양
- 재질 선택하여 드래그

A-03. 티테이블

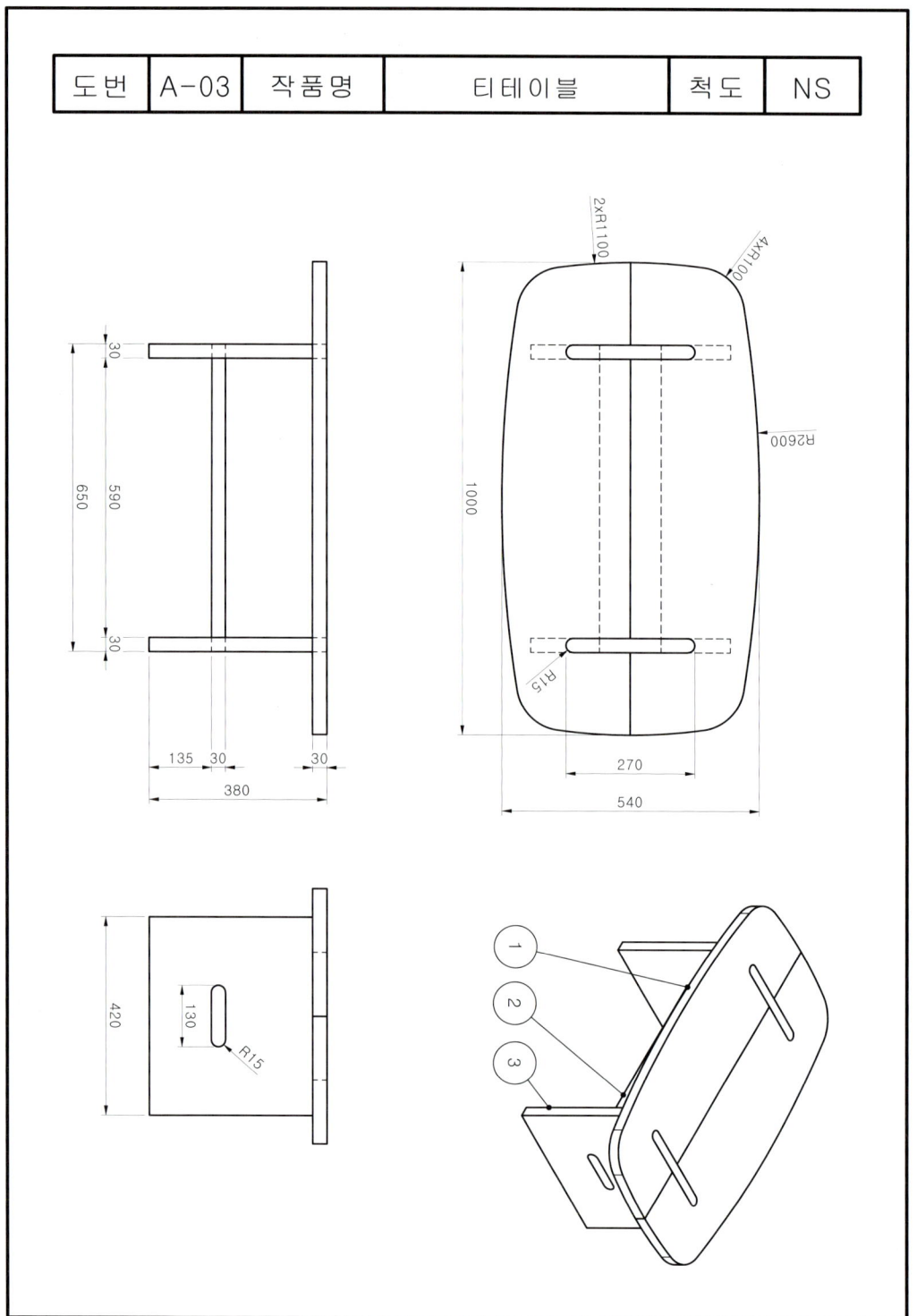

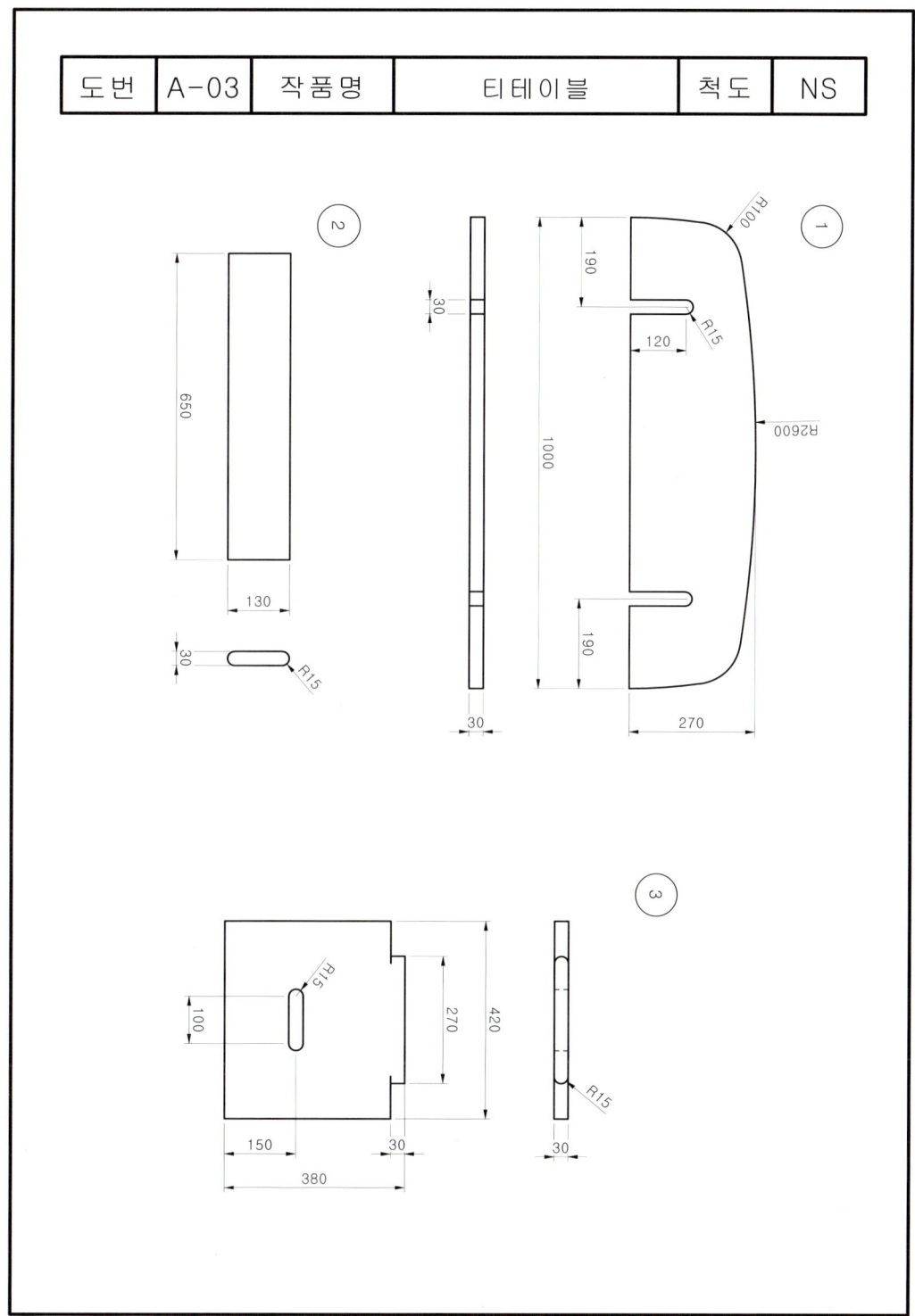

01

- 작성-스케치 작성, YZ평면
- 작성-스케치 명령을 이용하여 스케치 후 구속조건 기입
- 작성-스케치 치수로 수정

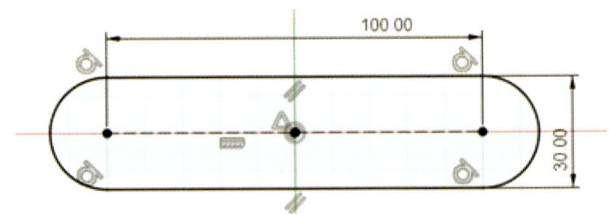

02

- 스케치 마무리
- 작성-돌출
  대칭, 전체거리 650, 새 본체

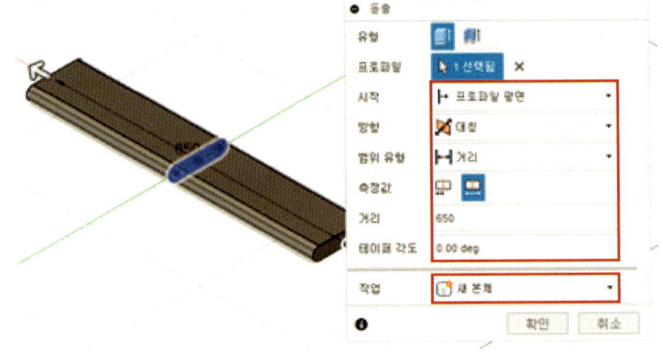

03

- 수정-스케치 작성, 해당 평면
- 작성-스케치 명령을 이용하여 스케치 후 구속조건 기입
- 작성-스케치 치수로 수정

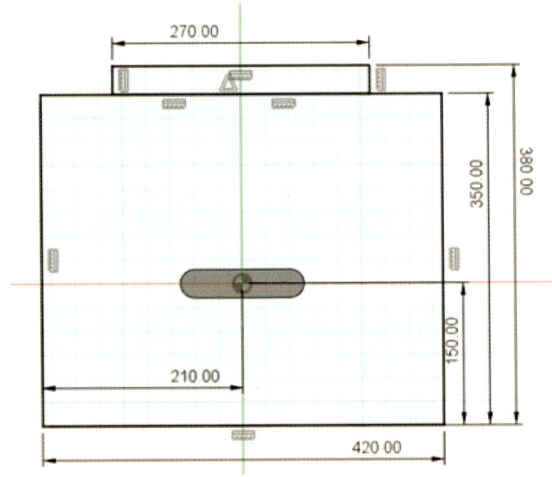

04

- 스케치 마무리
- 작성-돌출
  측면하나, 거리 -30, 새 본체

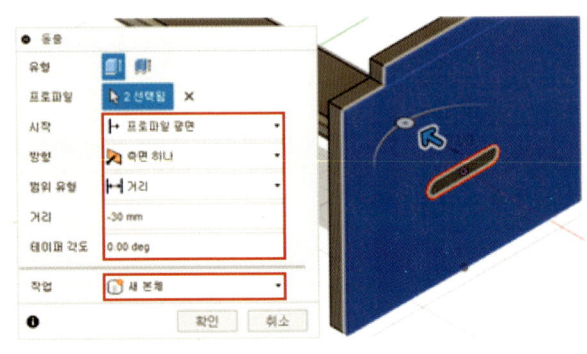

05

- 작성-미러, 피쳐

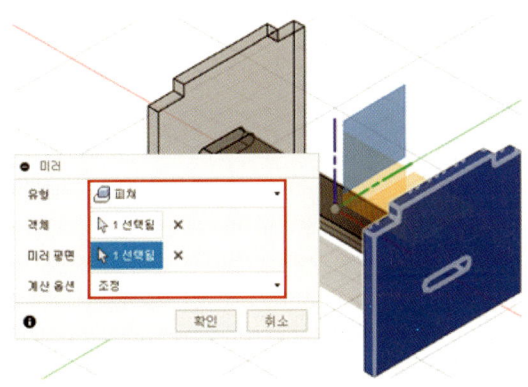

06

- 수정-모깎기, R15

07

- 수정-스케치 작성, 해당 평면
- 작성-스케치 명령을 이용하여 스케치 후 구속조건 기입
- 작성-스케치 치수로 수정
- 작성-투영/포함-프로젝트

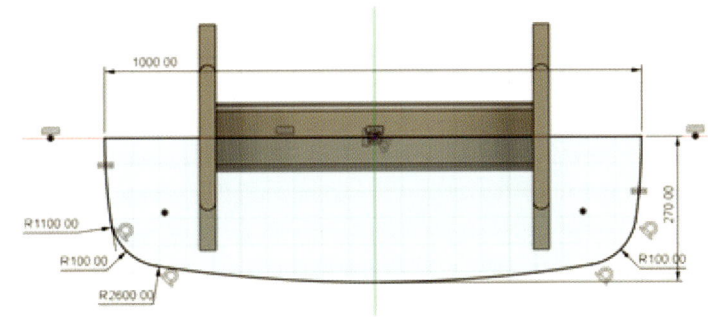

08

- 스케치 마무리
- 작성-돌출
  측면하나, 거리 30, 새 본체

09

- 작성-미러, 피쳐

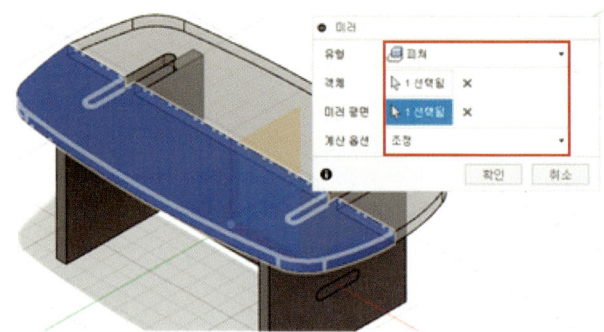

10

- 완성된 모델링

11

- 렌더링-설정-모양
- 재질 선택하여 드래그

A-04. 박스

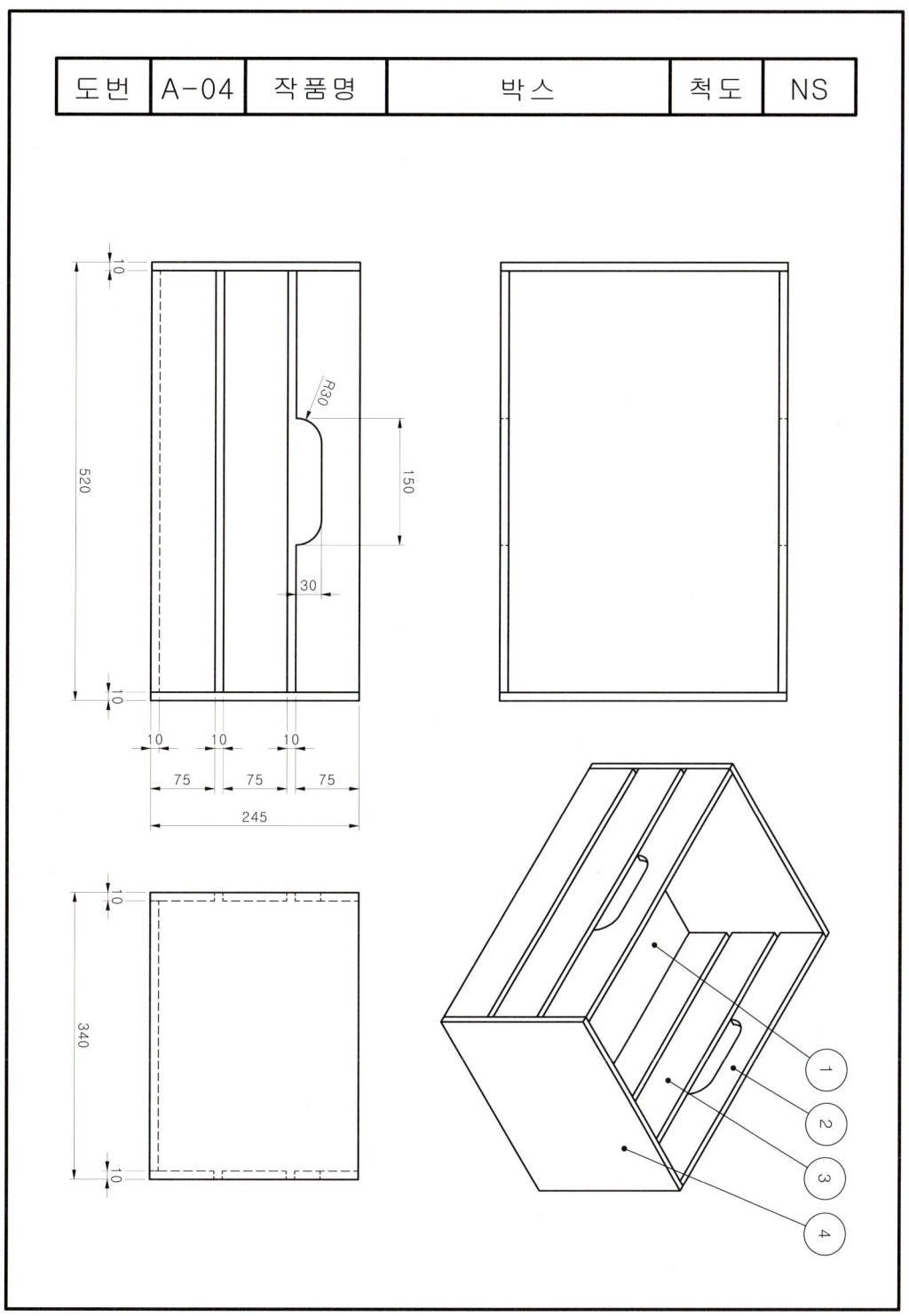

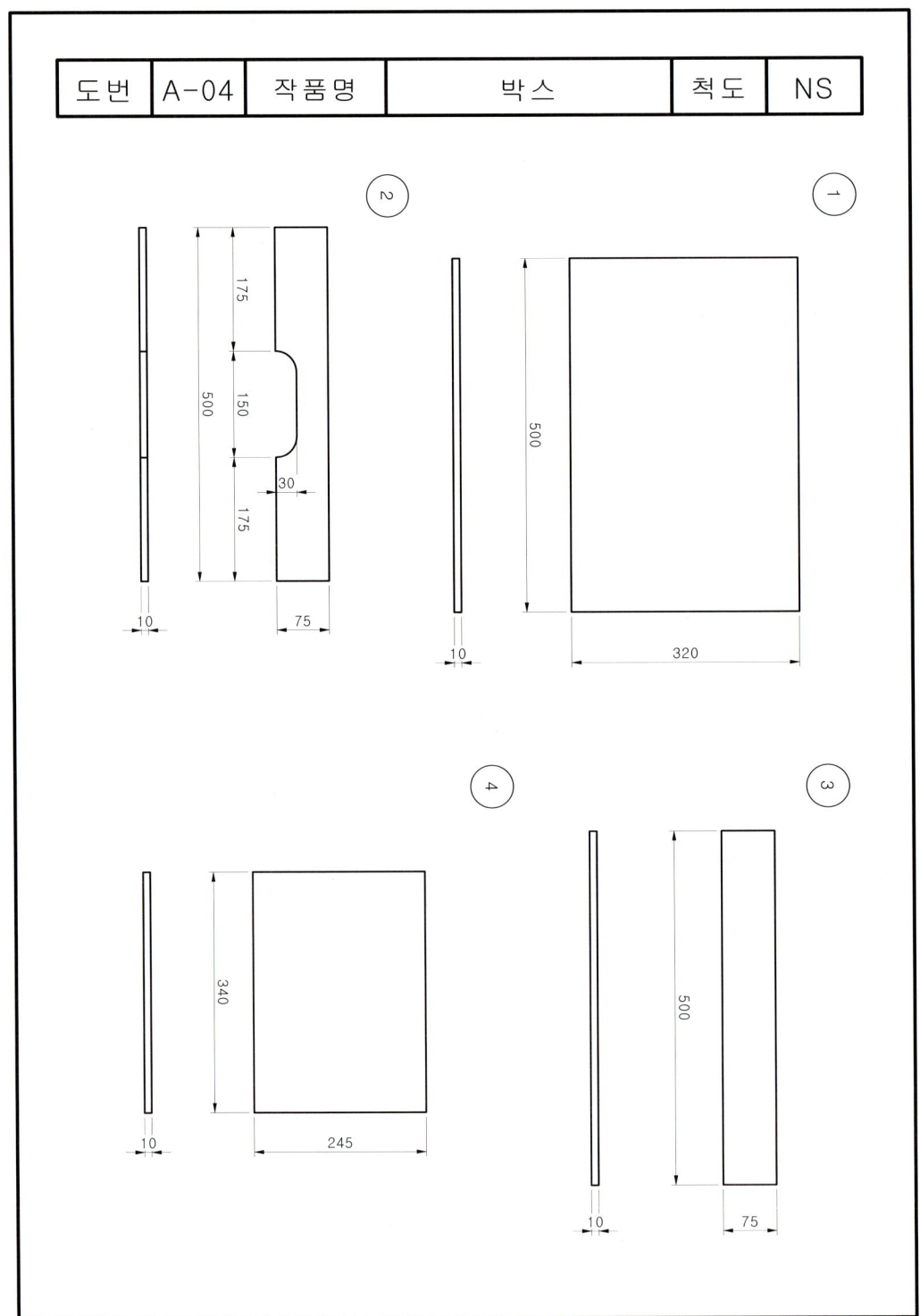

01

- 작성-스케치 작성 클릭, XY평면
- 작성-스케치 명령을 이용하여 스케치 후 구속조건 기입
- 작성-스케치 치수로 수정

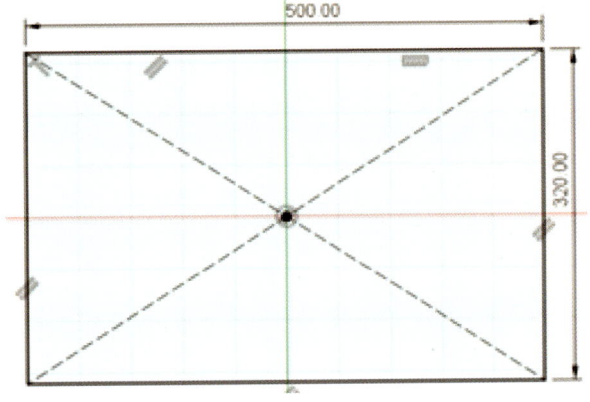

02

- 스케치 마무리
- 작성-돌출
  측면하나, 거리 10, 새 본체

03

- 수정-스케치 작성, 해당 평면
- 작성-스케치 명령을 이용하여 스케치 후 구속조건 기입
- 작성-스케치 치수로 수정

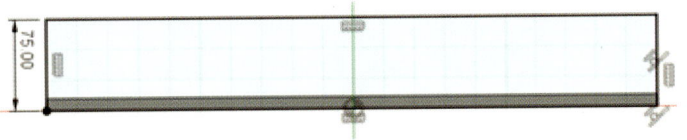

04

- 스케치 마무리
- 작성-돌출
  측면하나, 거리 10, 새 본체

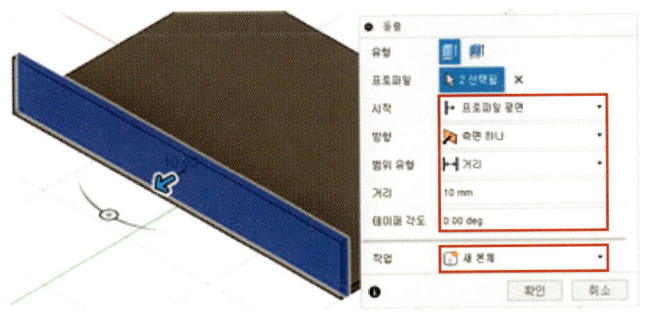

PART A. 목공 가구류

05

- 작성-패턴-직사각형 패턴
  3개, 간격 85

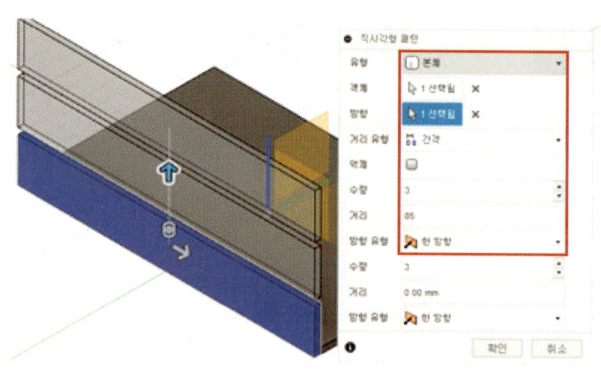

06

- 작성-스케치 작성, 해당평면
- 작성-스케치 명령을 이용하여
  스케치 후 구속조건 기입
- 작성-스케치 치수로 수정

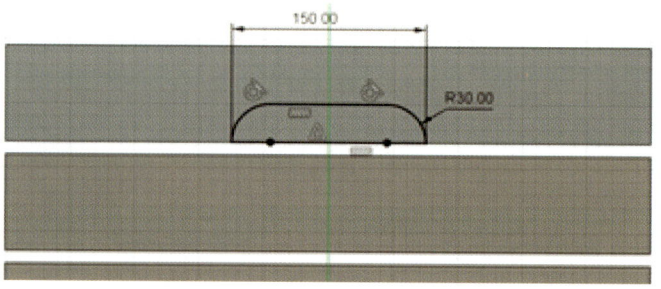

07

- 스케치 마무리
- 작성-돌출
  측면하나, 모두, 잘라내기

08

- 작성-미러, 본체, 새 본체

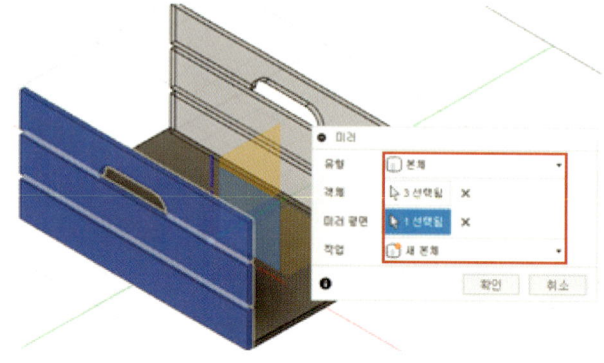

09

- 작성-스케치 작성, 해당 평면
- 작성-스케치 명령을 이용하여 스케치 후 구속조건 기입
- 작성-스케치 치수로 수정

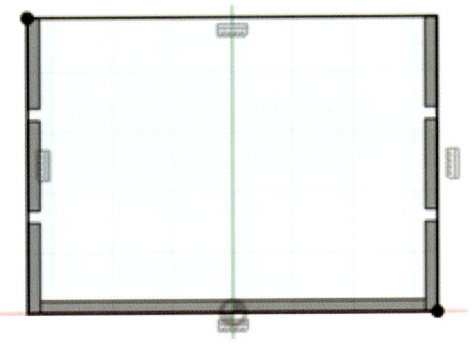

10

- 스케치 마무리
- 작성-돌출
  측면하나, 거리 10, 새 본체

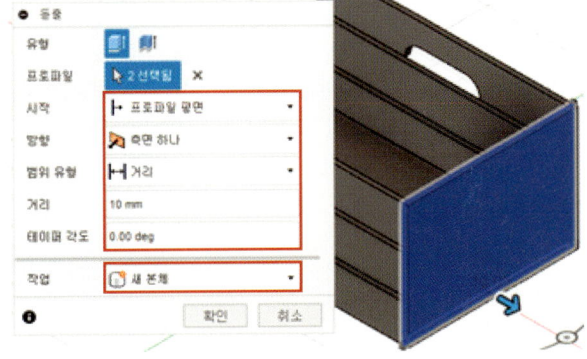

11

- 작성-미러, 본체, 새 본체

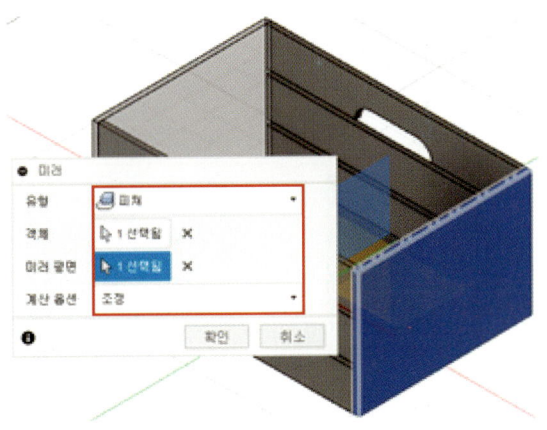

- 완성된 모델링

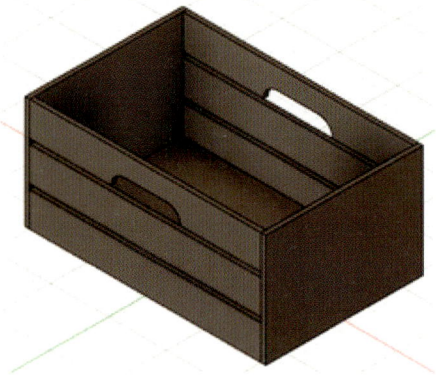

- 렌더링-설정-모양
- 재질 선택하여 드래그

A-05. 좌탁

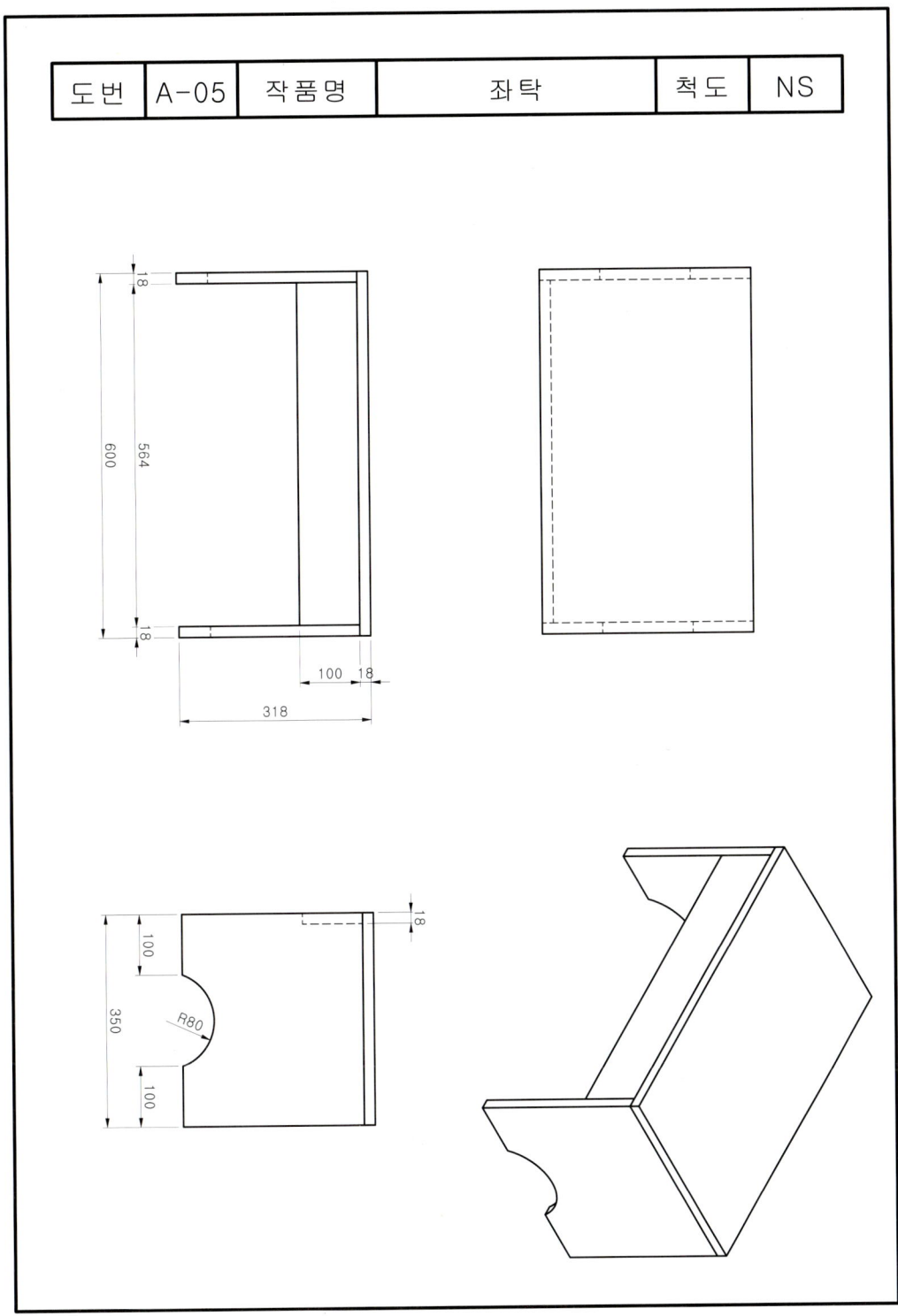

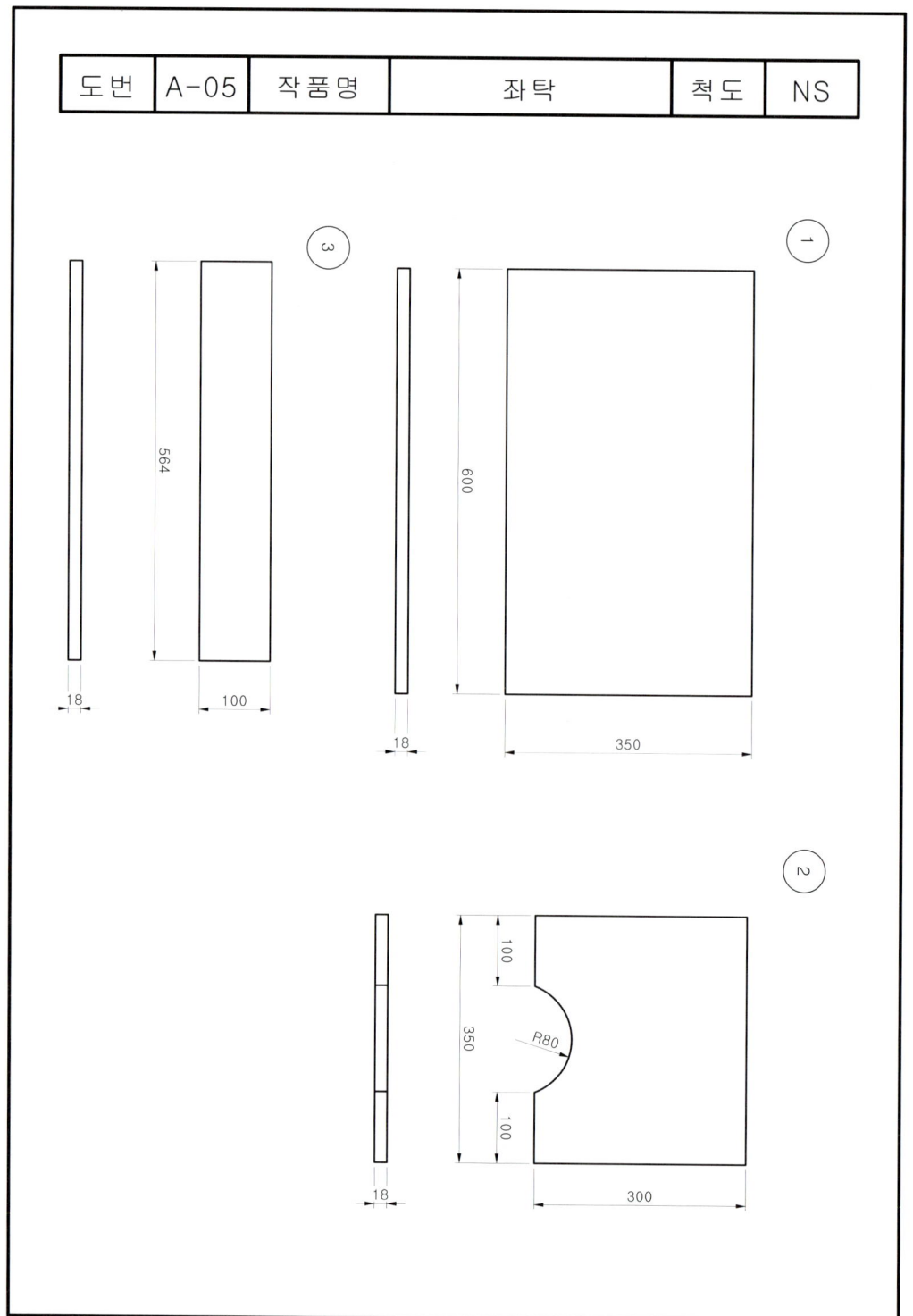

01

- 작성-스케치 작성, XY평면
- 작성-스케치 명령을 이용하여 스케치 후 구속조건 기입
- 작성-스케치 치수로 수정

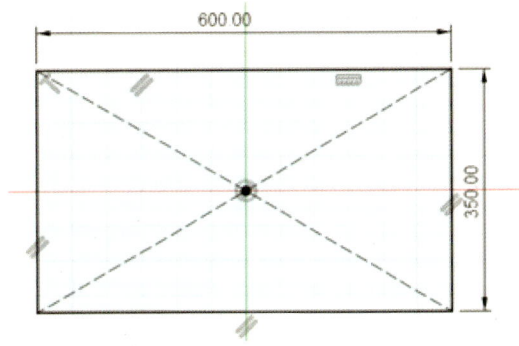

02

- 스케치 마무리
- 작성-돌출
  측면하나, 거리 18, 새 본체

03

- 수정-스케치 작성, 해당 평면
- 작성-스케치 명령을 이용하여 스케치 후 구속조건 기입
- 작성-스케치 치수로 수정

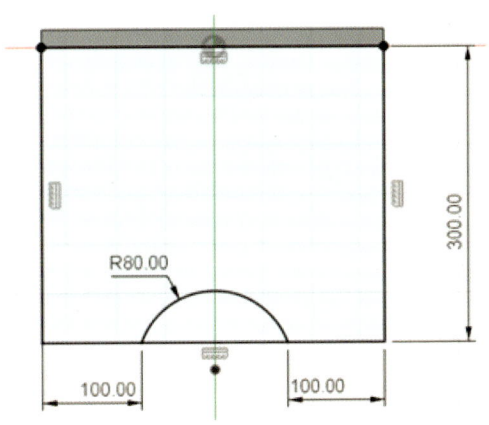

04

- 스케치 마무리
- 작성-돌출
  측면하나, 거리 -18, 새 본체

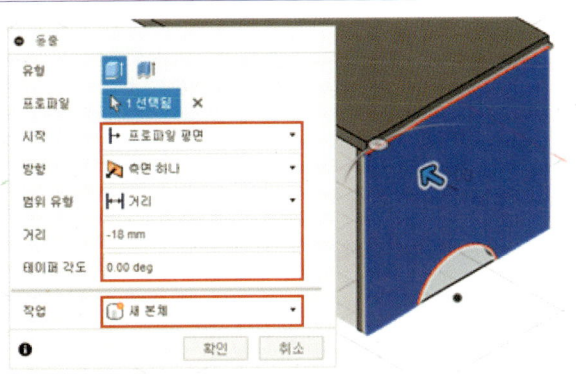

05

- 작성-미러, 피처

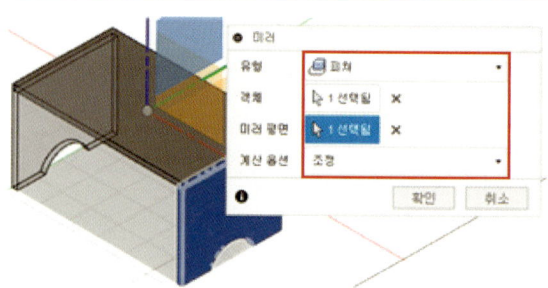

06

- 수정-스케치 작성, 해당 평면
- 작성-스케치 명령을 이용하여 스케치 후 구속조건 기입
- 작성-스케치 치수로 수정

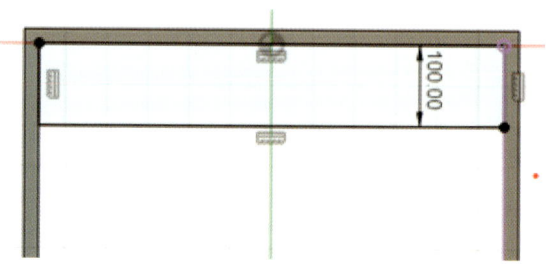

07

- 스케치 마무리
- 작성-돌출
  측면하나, 거리 -18, 새 본체

08

- 완성된 모델링

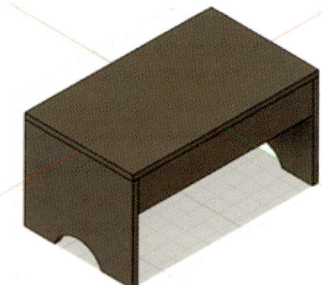

09

- 렌더링-설정-모양
- 재질 선택하여 드래그

A-06. 수납장

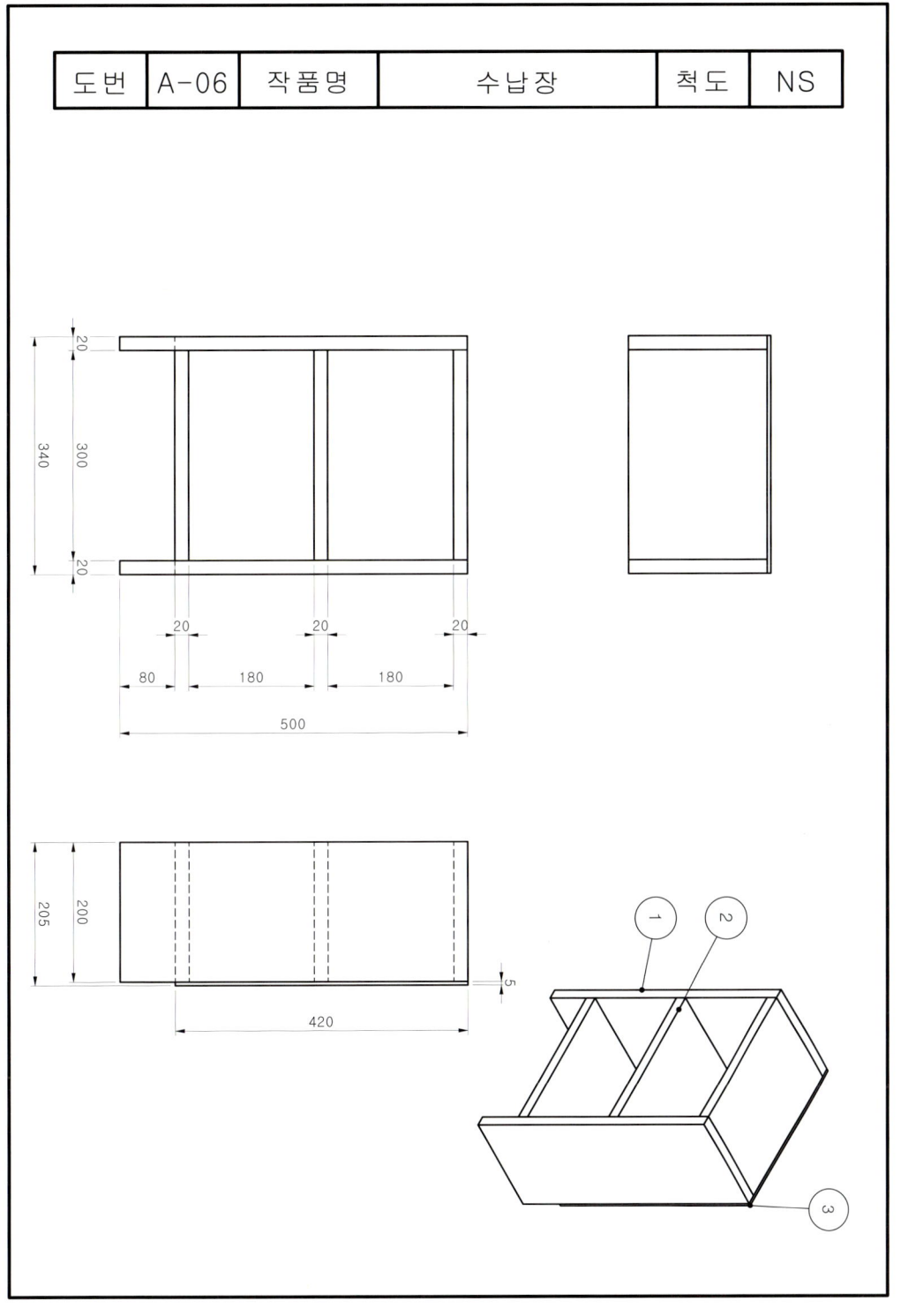

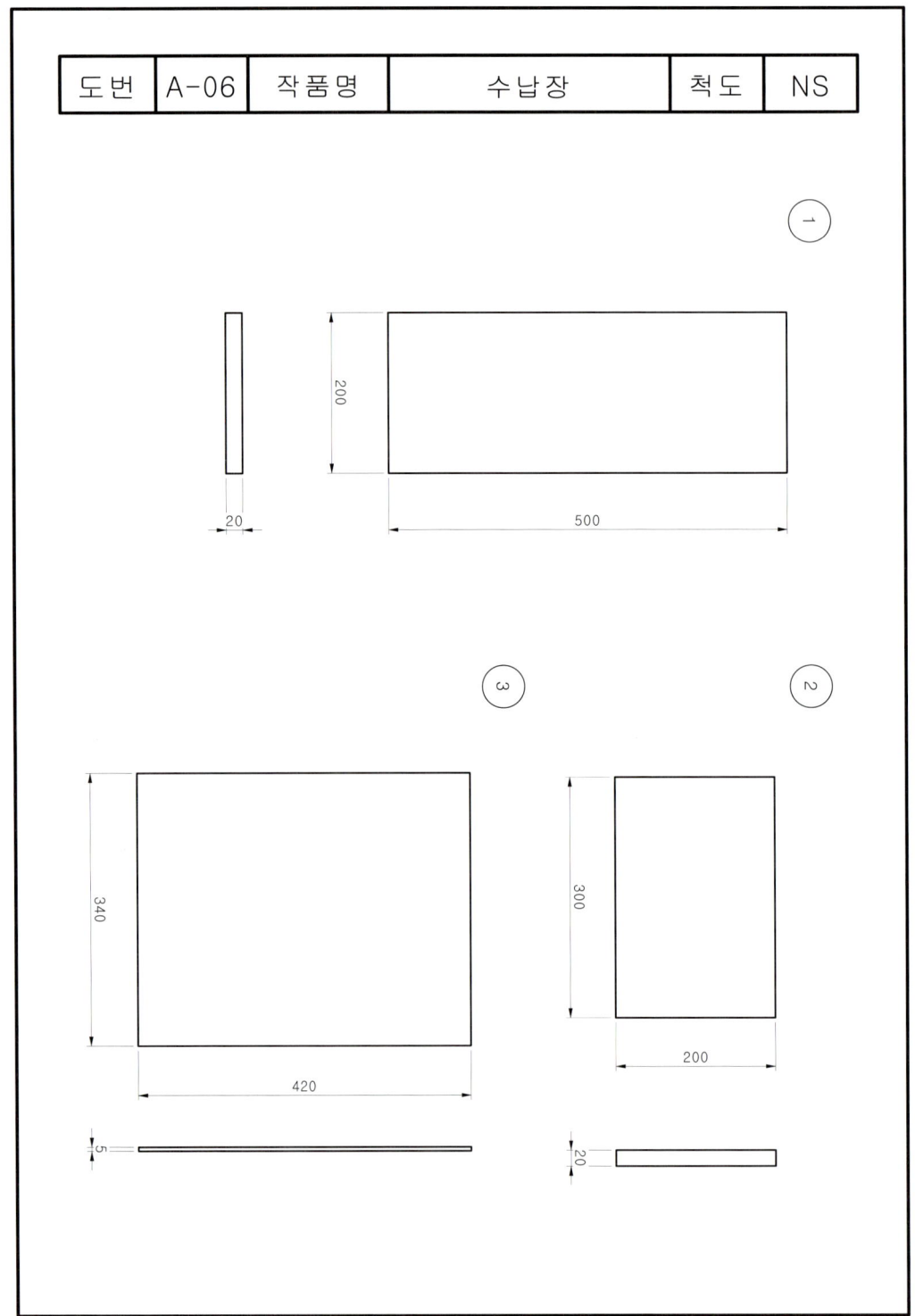

01

- 작성-스케치 작성, XY평면
- 작성-스케치 명령을 이용하여 스케치 후 구속조건 기입
- 작성-스케치 치수로 수정

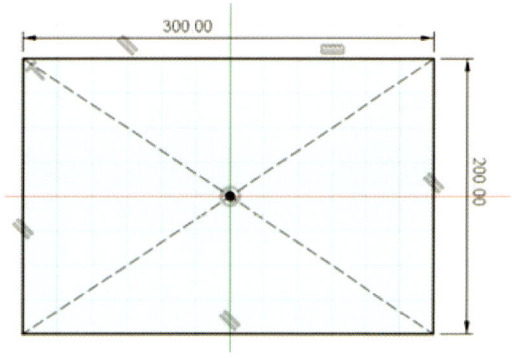

02

- 스케치 마무리
- 작성-돌출
  측면하나, 거리 20, 새 본체

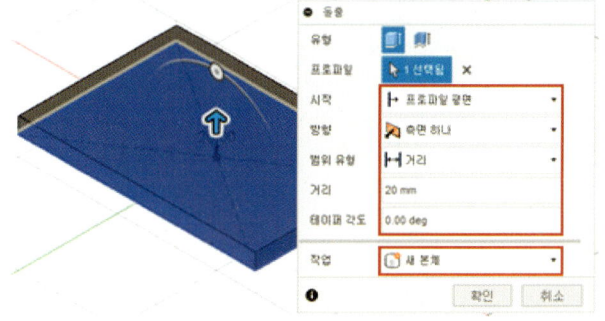

03

- 작성-패턴-직사각형패턴
  간격, 수량 3, 거리 200

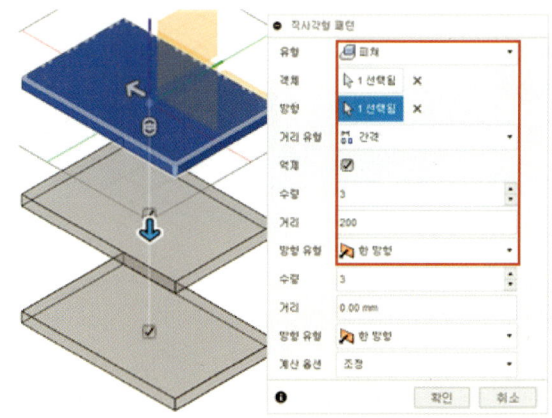

04

- 작성-스케치 작성, 해당평면
- 작성-스케치 명령을 이용하여 스케치 후 구속조건 기입
- 작성-스케치 치수로 수정

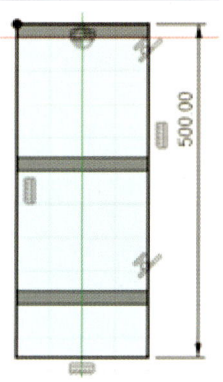

PART A. 목공 가구류

05

- 스케치 마무리
- 작성-돌출
  측면하나, 거리 20, 새 본체

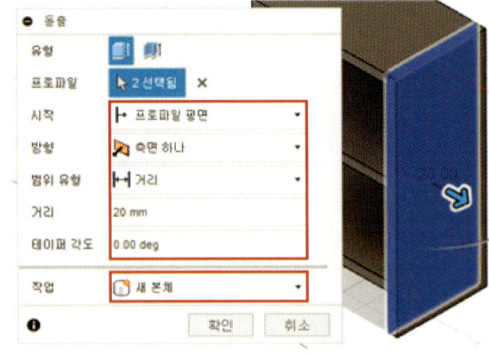

06

- 작성-미러, 피처

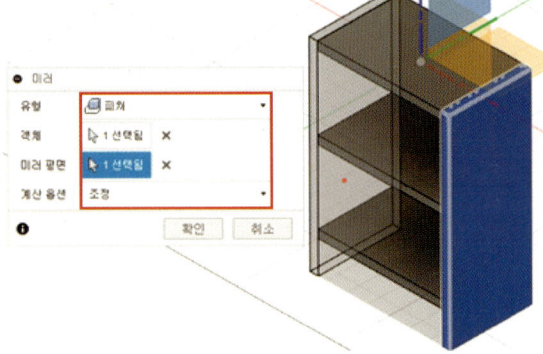

07

- 작성-스케치 작성, 해당평면
- 작성-스케치 명령을 이용하여
  스케치 후 구속조건 기입

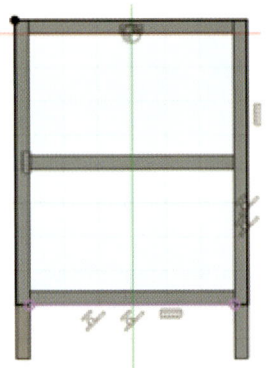

08

- 스케치 마무리
- 작성-돌출
  측면하나, 거리 5, 새 본체

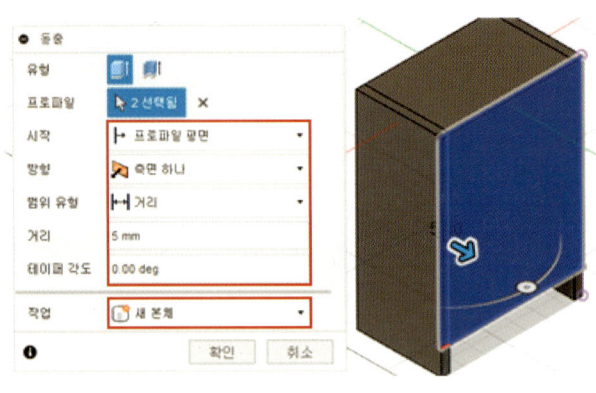

09

- 완성된 모델링

10

- 렌더링-설정-모양
- 재질 선택하여 드래그

A-07. 의자

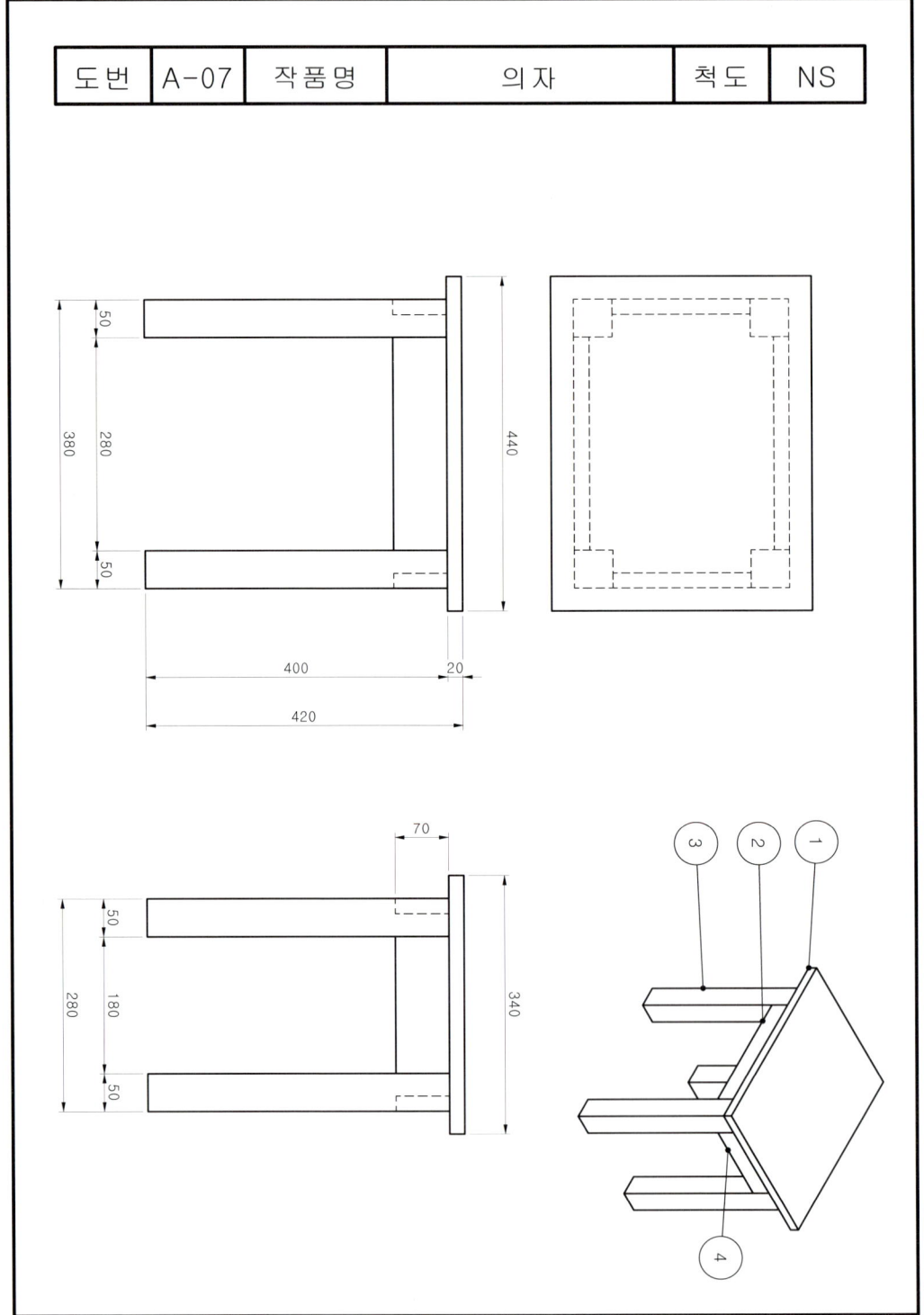

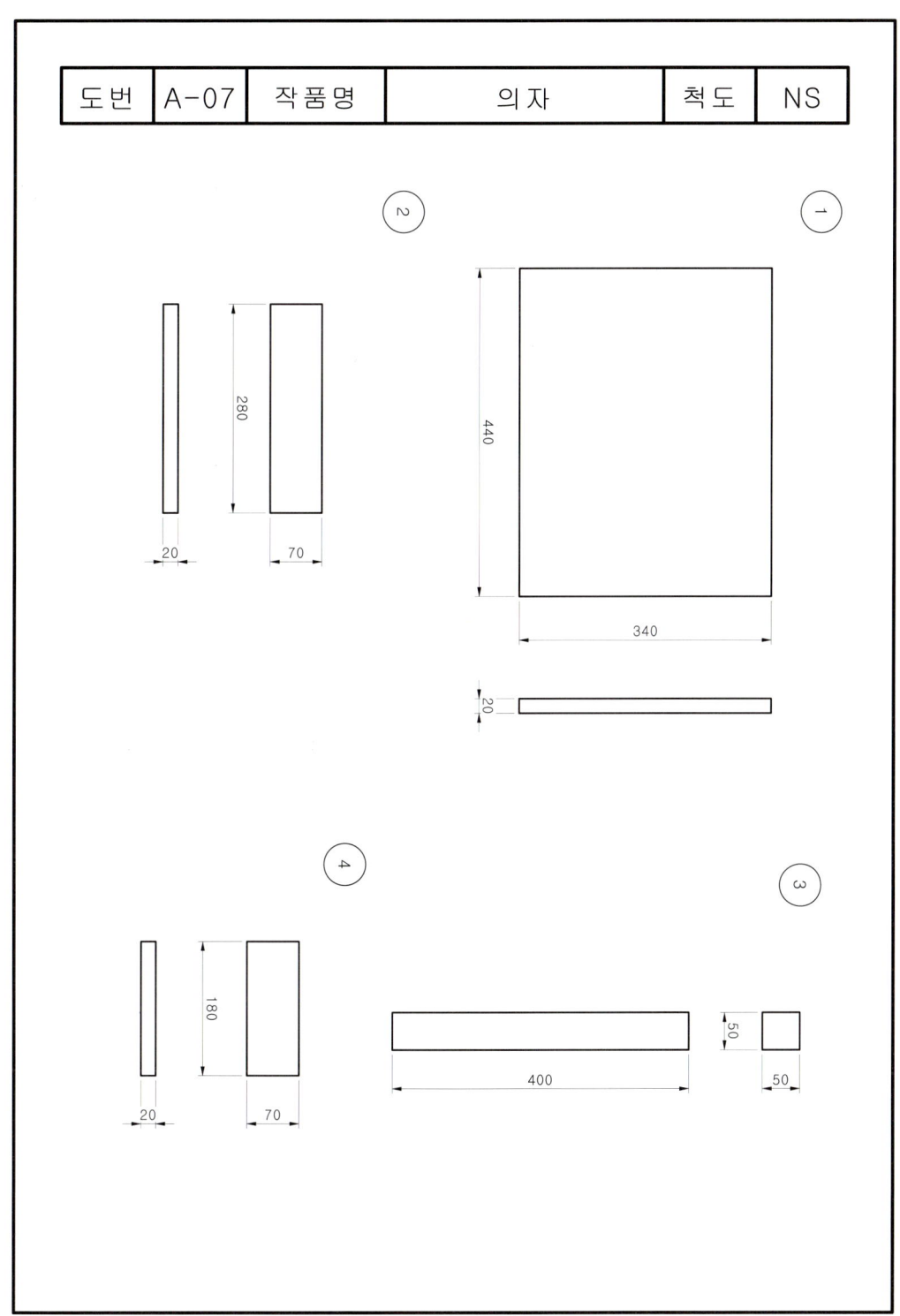

01

- 작성-스케치 작성, XY평면
- 작성-스케치 명령을 이용하여
  스케치 후 구속조건 기입
- 작성-스케치 치수로 수정

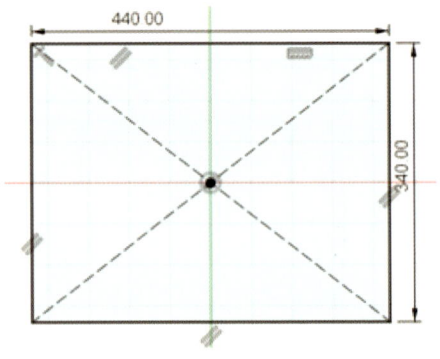

02

- 스케치 마무리
- 작성-돌출
  측면하나, 거리 20, 새 본체

03

- 작성-스케치 작성, 해당평면
- 작성-스케치 명령을 이용하여
  스케치 후 구속조건 기입
- 작성-스케치 치수로 수정

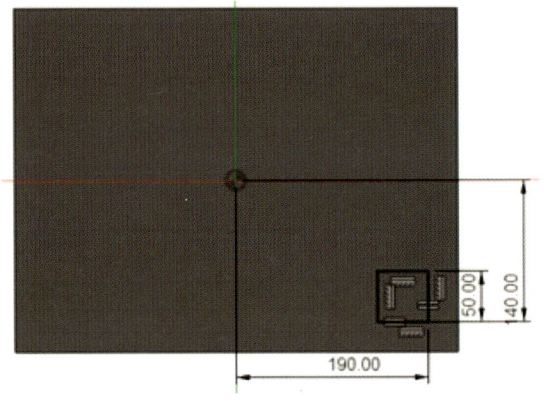

04

- 스케치 마무리
- 작성-돌출
  측면하나, 거리 400, 새 본체

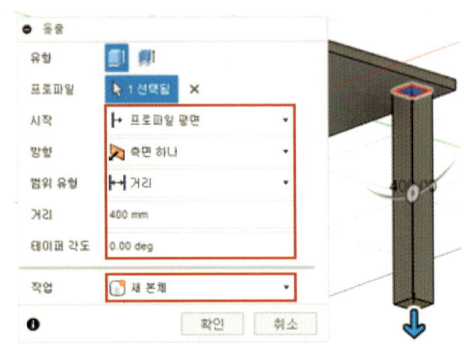

05

- 작성-패턴-직사각형패턴
  간격, 수량 2, 거리 -330
  　　　수량 2, 거리 -230

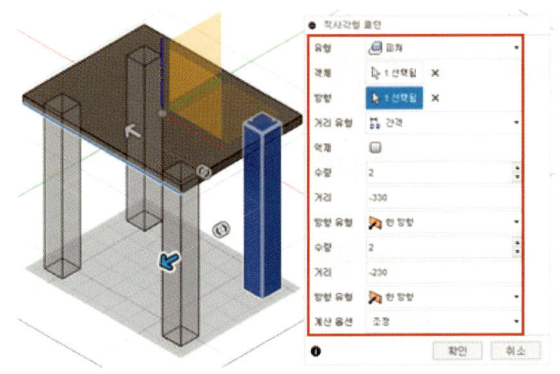

06

- 작성-스케치 작성, 해당평면
- 작성-스케치 명령을 이용하여 스케치 후 구속조건 기입
- 작성-스케치 치수로 수정

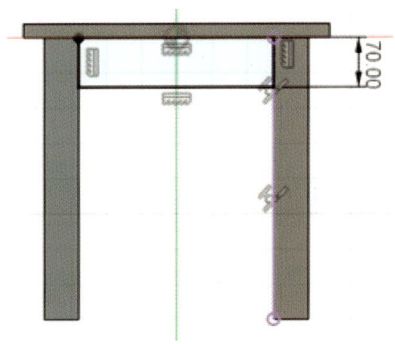

07

- 스케치 마무리
- 작성-돌출
  측면하나, 거리 -20, 새 본체

08

- 작성-미러, 피쳐

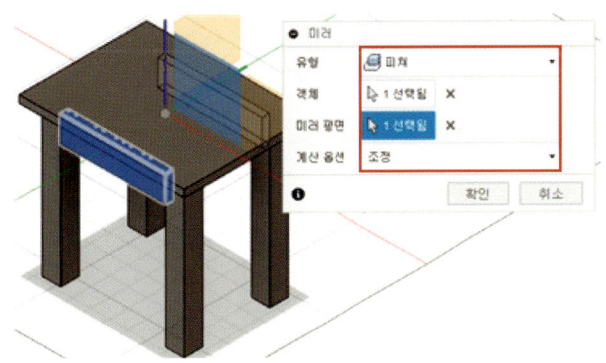

09

- 작성-스케치 작성, 해당평면
- 작성-스케치 명령을 이용하여 스케치 후 구속조건 기입
- 작성-스케치 치수로 수정

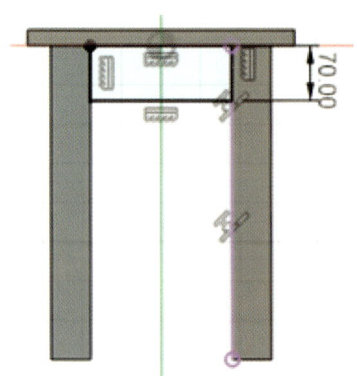

10

- 스케치 마무리
- 작성-돌출
  측면하나, 거리 -20, 새 본체

11

- 작성-미러, 피쳐

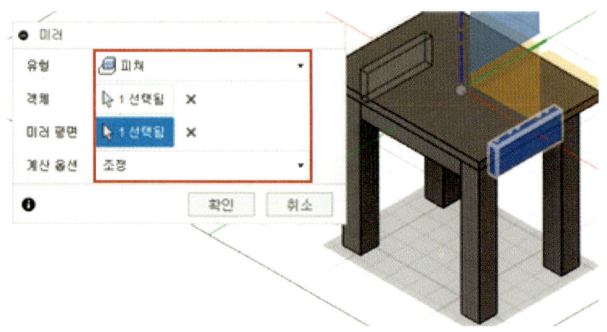

12

- 완성된 모델링

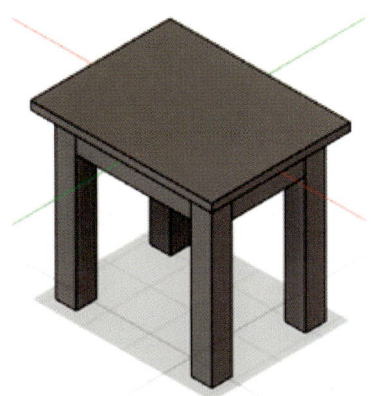

13

- 렌더링-설정-모양
- 재질 선택하여 드래그

A-08. 좌탁

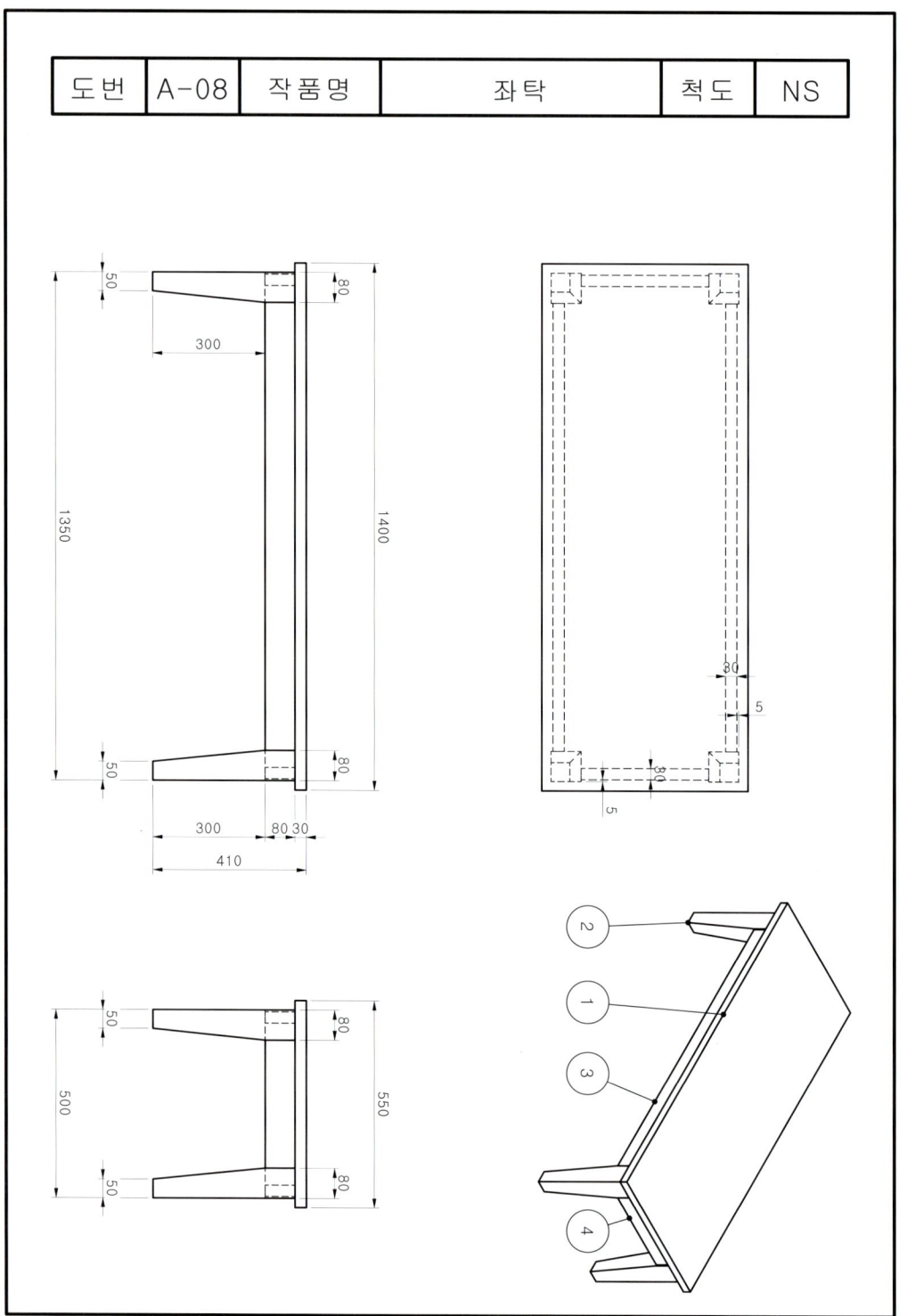

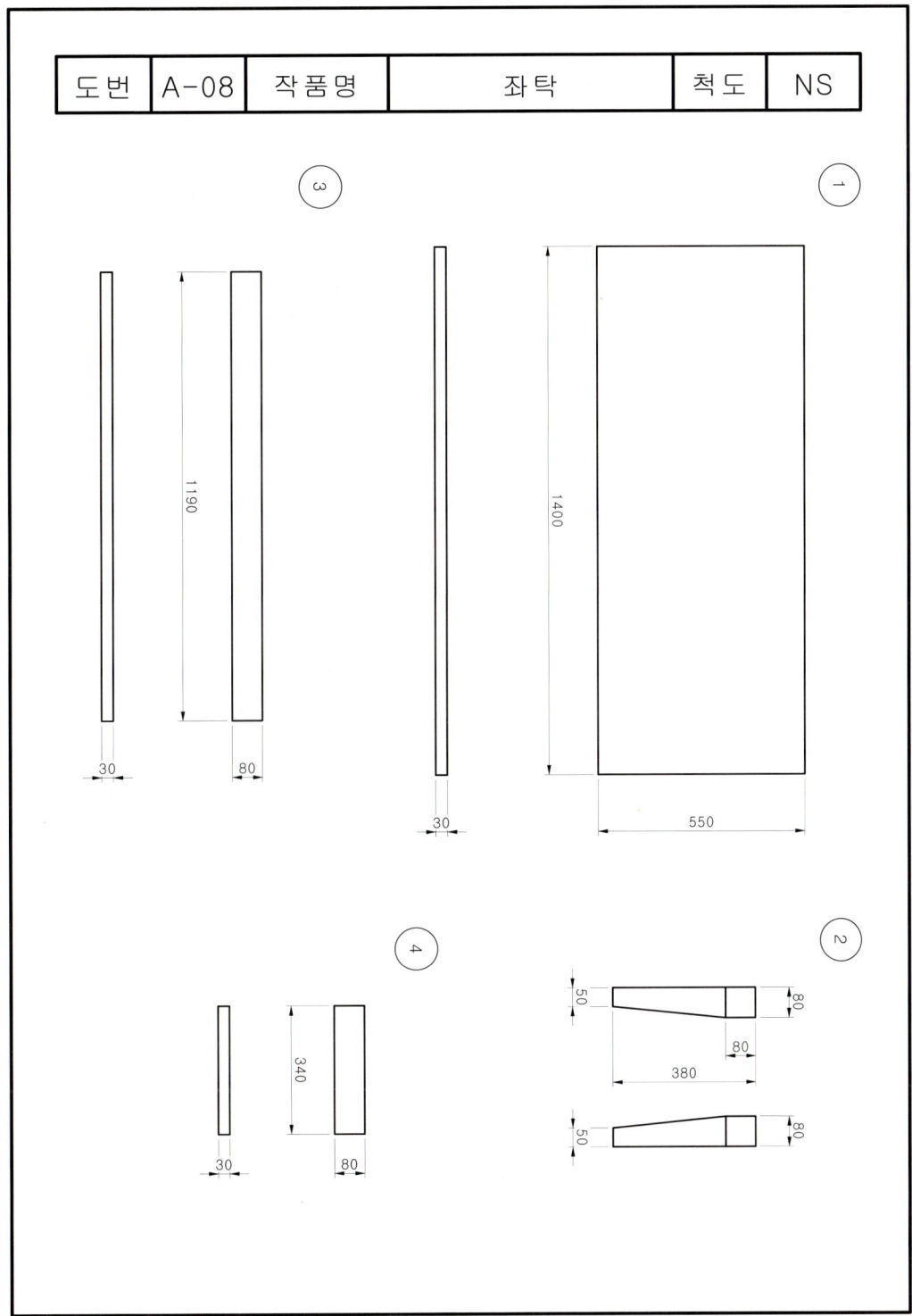

01

- 작성-스케치 작성, XY평면
- 작성-스케치 명령을 이용하여 스케치 후 구속조건 기입
- 작성-스케치 치수로 수정

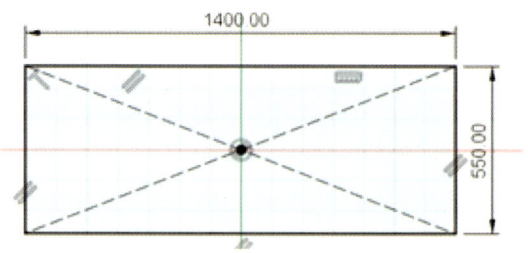

02

- 스케치 마무리
- 작성-돌출
  측면하나, 거리 30, 새 본체

03

- 작성-스케치 작성, 해당평면
- 작성-스케치 명령을 이용하여 스케치 후 구속조건 기입
- 작성-스케치 치수로 수정

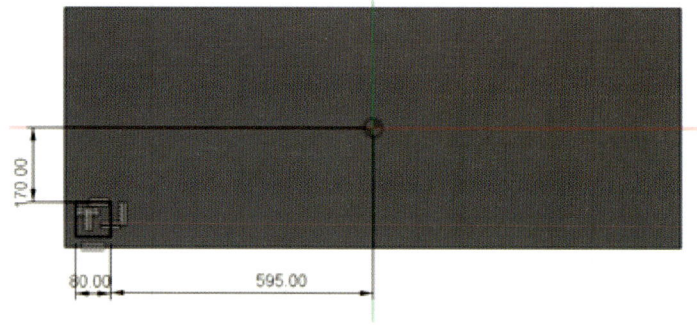

04

- 스케치 마무리
- 작성-돌출
  측면하나, 거리 80, 새 본체

05

- 작업평면 생성, 300

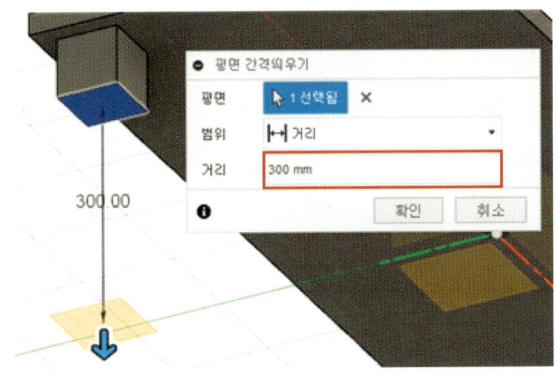

06

- 작성-스케치 작성, 해당평면
- 작성-스케치 명령을 이용하여 스케치 후 구속조건 기입
- 작성-스케치 치수로 수정

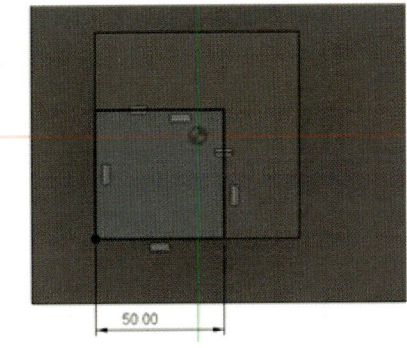

07

- 스케치 마무리
- 작성-로프트, 접합

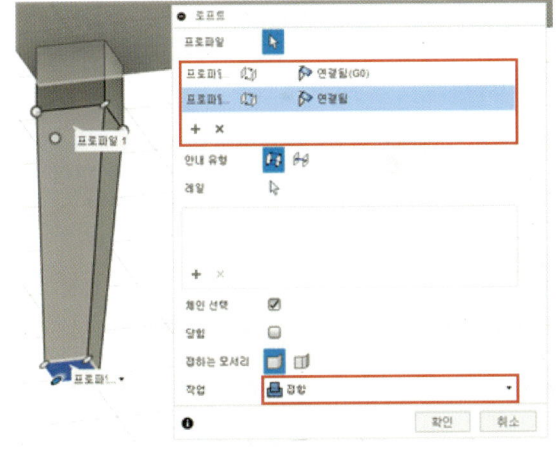

08

- 작성-미러, 피쳐

PART A. 목공 가구류　47

09

- 작성-미러, 피처

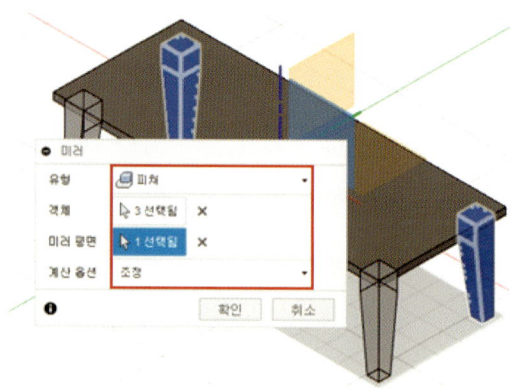

10

- 작성-스케치 작성, 해당평면
- 작성-스케치 명령을 이용하여 스케치 후 구속조건 기입

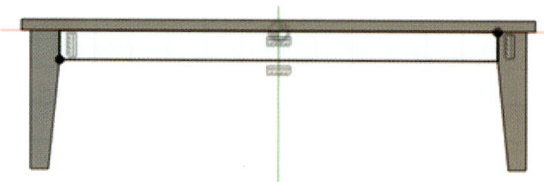

11

- 스케치 마무리
- 작성-돌출
  측면하나, 거리 -30, 새 본체

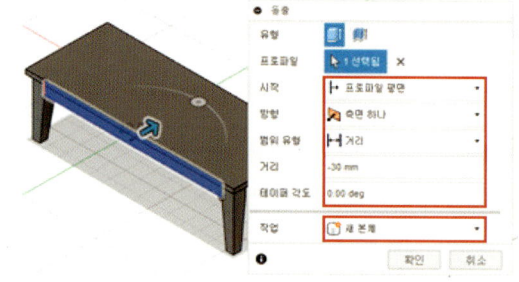

12

- 작성-미러, 피처

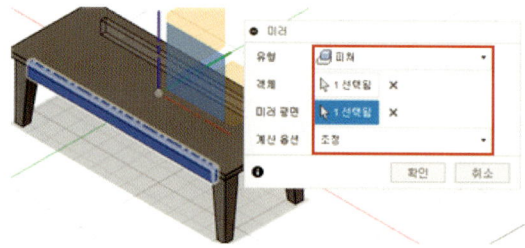

13

- 작성-스케치 작성, 해당평면
- 작성-스케치 명령을 이용하여 스케치 후 구속조건 기입

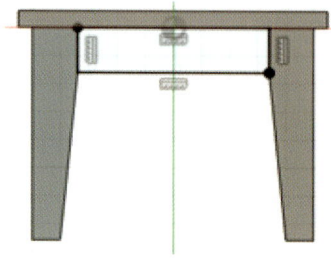

14

- 스케치 마무리
- 작성-돌출
  측면하나, 거리 -30, 새 본체

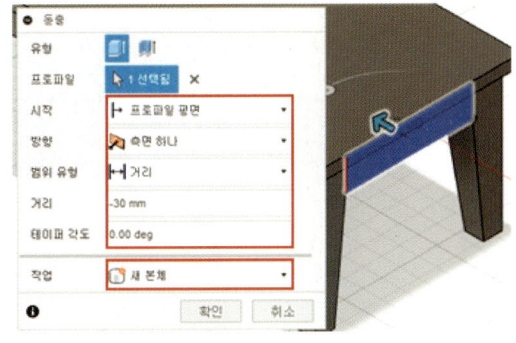

15

- 작성-미러, 피처

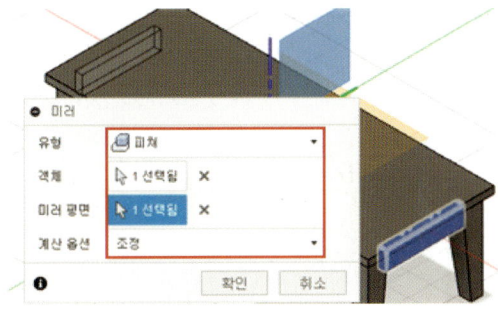

16

- 완성된 모델링

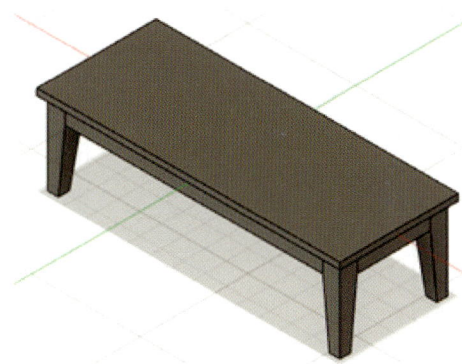

17

- 렌더링-설정-모양
- 재질 선택하여 드래그

A-09. 보관함

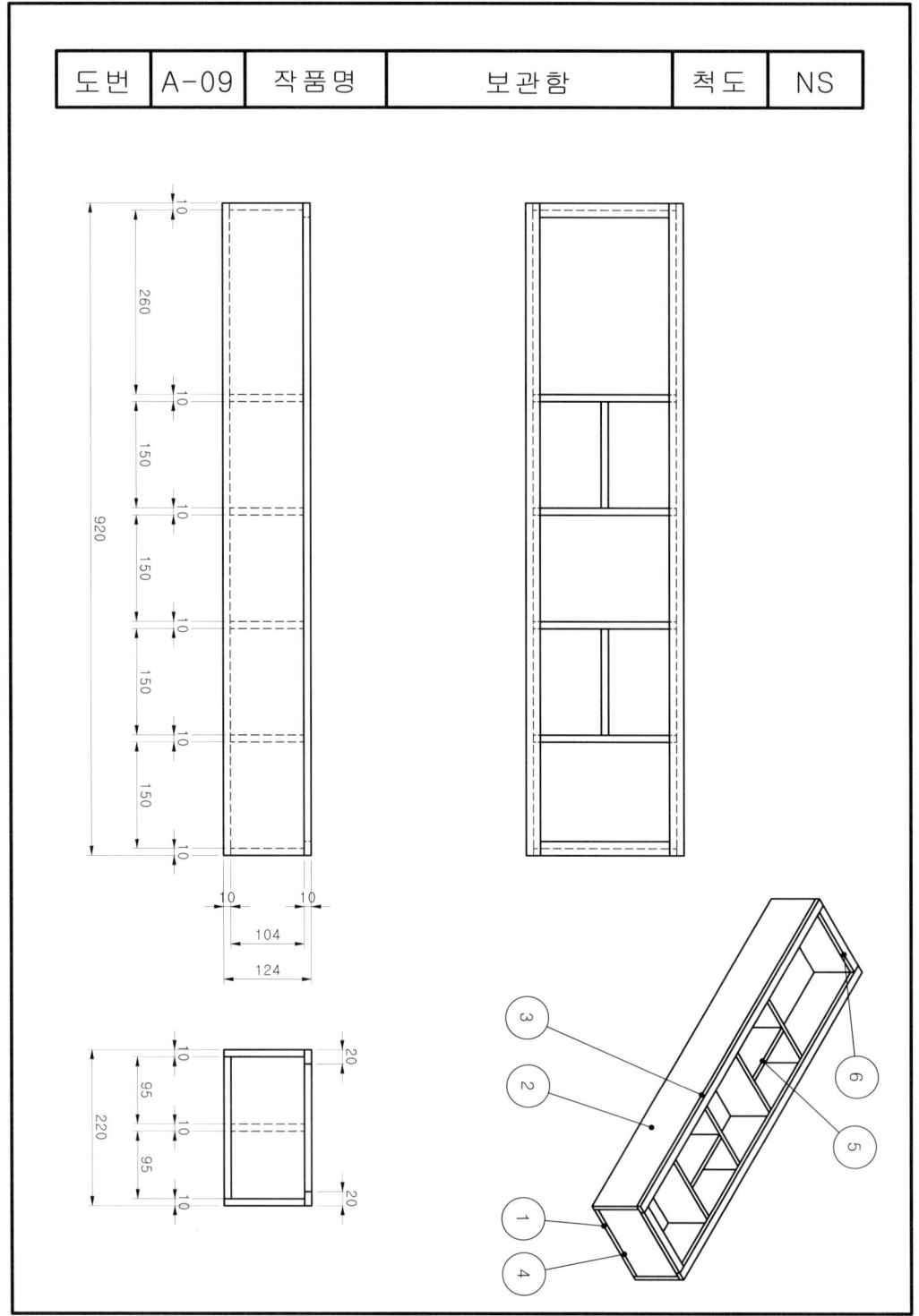

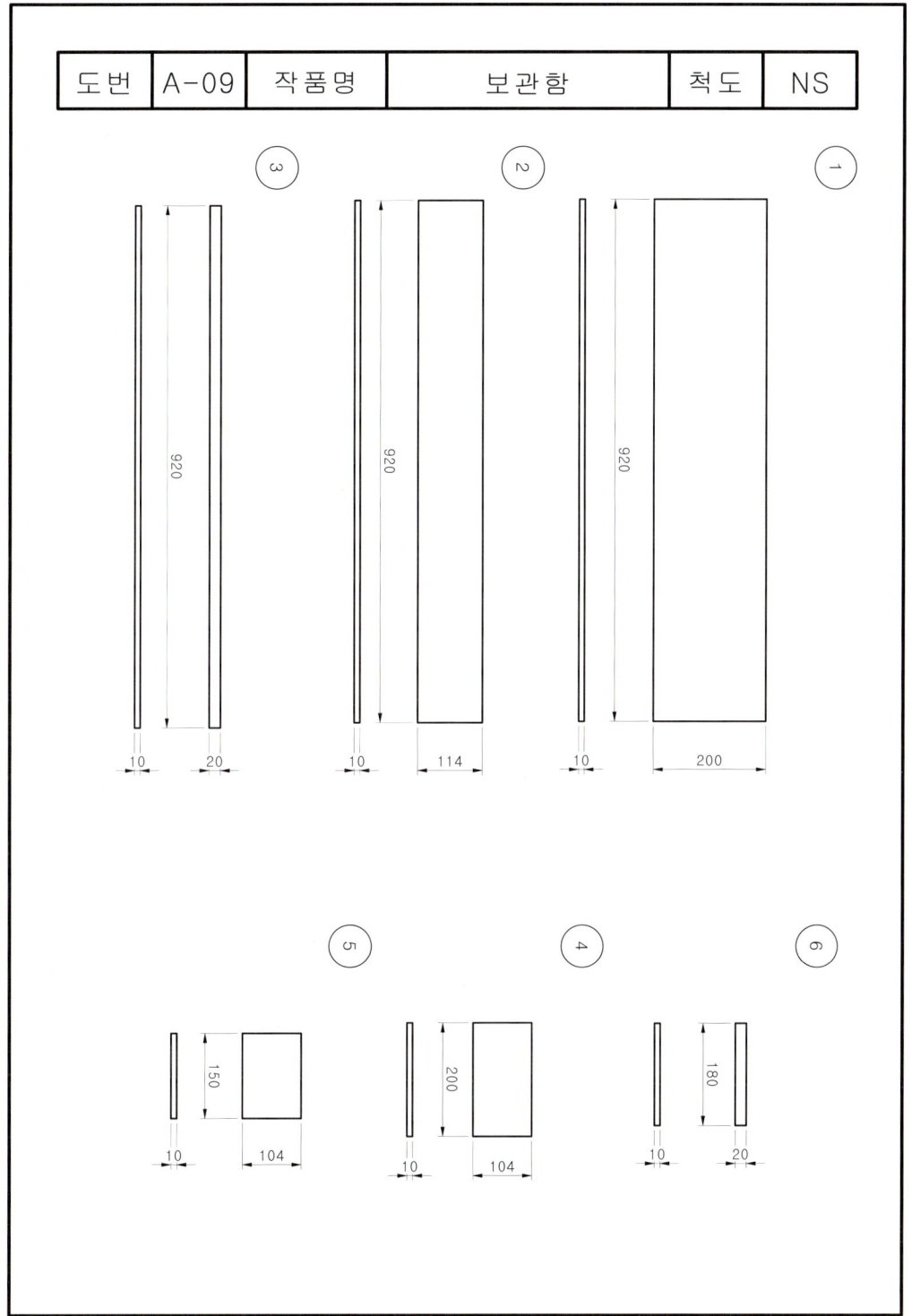

01

- 작성-스케치 작성, XY평면
- 작성-스케치 명령을 이용하여 스케치 후 구속조건 기입
- 작성-스케치 치수로 수정

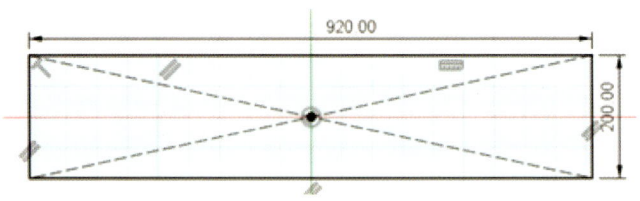

02

- 스케치 마무리
- 작성-돌출
  측면하나, 거리 10, 새 본체

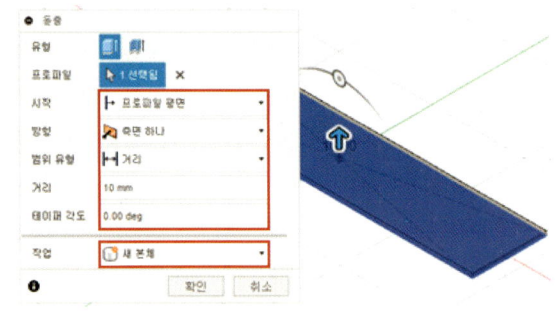

03

- 작성-스케치 작성, 해당평면
- 작성-스케치 명령을 이용하여 스케치 후 구속조건 기입
- 작성-스케치 치수로 수정

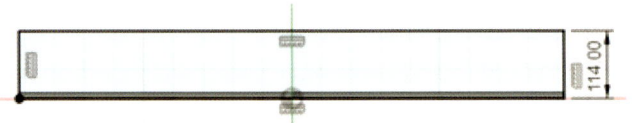

04

- 스케치 마무리
- 작성-돌출
  측면하나, 거리 10, 새 본체

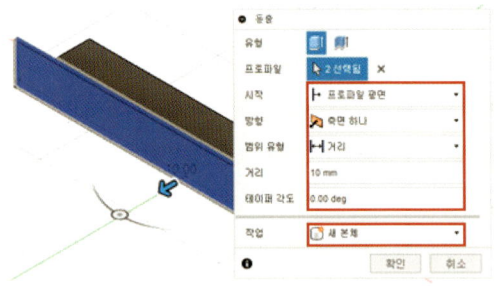

05

- 작성-미러, 피쳐

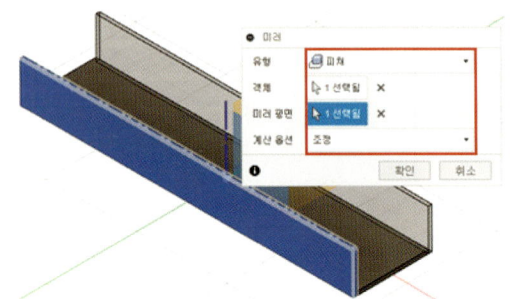

06

- 작성-스케치 작성, 해당평면
- 작성-스케치 명령을 이용하여 스케치 후 구속조건 기입

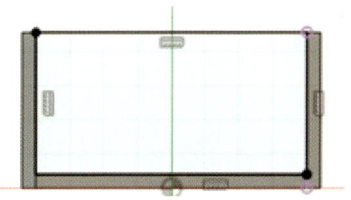

07

- 스케치 마무리
- 작성-돌출
  측면하나, 거리 -10, 새 본체

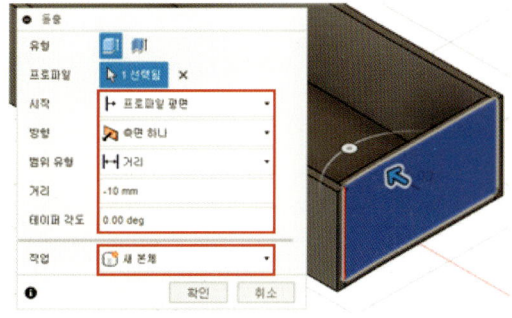

08

- 작성-미러, 피쳐

09

- 작성-스케치 작성, 해당평면
- 작성-스케치 명령을 이용하여 스케치 후 구속조건 기입
- 작성-스케치 치수로 수정

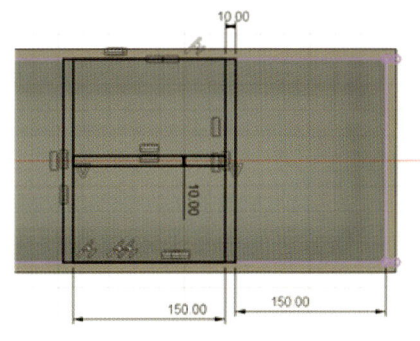

10

- 스케치 마무리
- 작성-돌출
  측면하나, 거리 -104, 새 본체

PART A. 목공 가구류

11

- 수정-이동/복사, 복사, -300

12

- 작성-스케치 작성, 해당평면
- 작성-스케치 명령을 이용하여 스케치 후 구속조건 기입
- 작성-스케치 치수로 수정

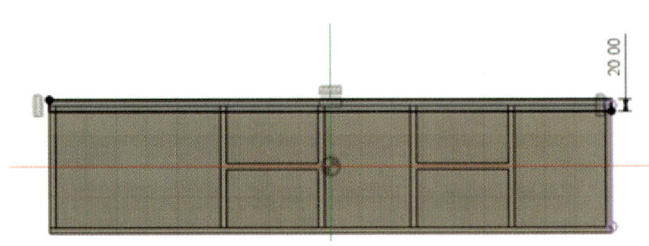

13

- 스케치 마무리
- 작성-돌출
  측면하나, 거리 10, 새 본체

14

- 작성-미러, 피쳐

15

- 작성-스케치 작성, 해당평면
- 작성-스케치 명령을 이용하여 스케치 후 구속조건 기입
- 작성-스케치 치수로 수정

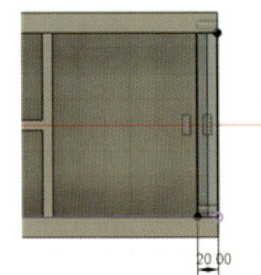

- 스케치 마무리
- 작성-돌출
  측면하나, 거리 10, 새 본체

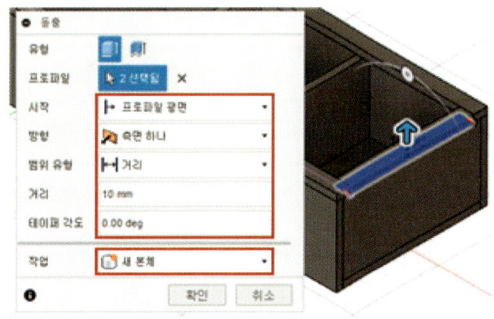

- 작성-미러, 피처

18

- 완성된 모델링

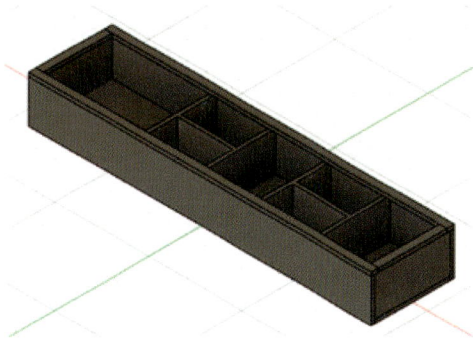

19

- 렌더링-설정-모양
- 재질 선택하여 드래그

A-10. 행거

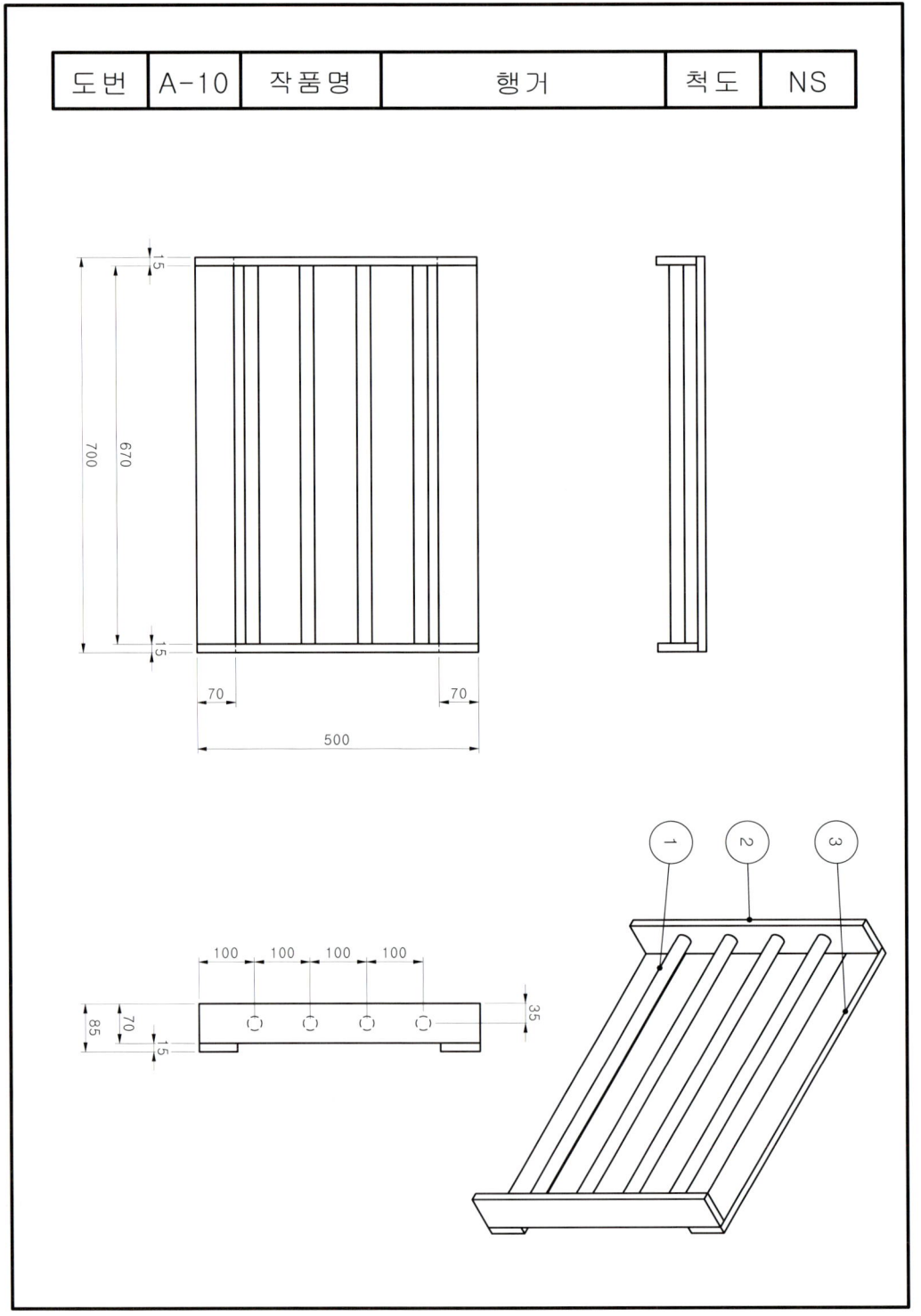

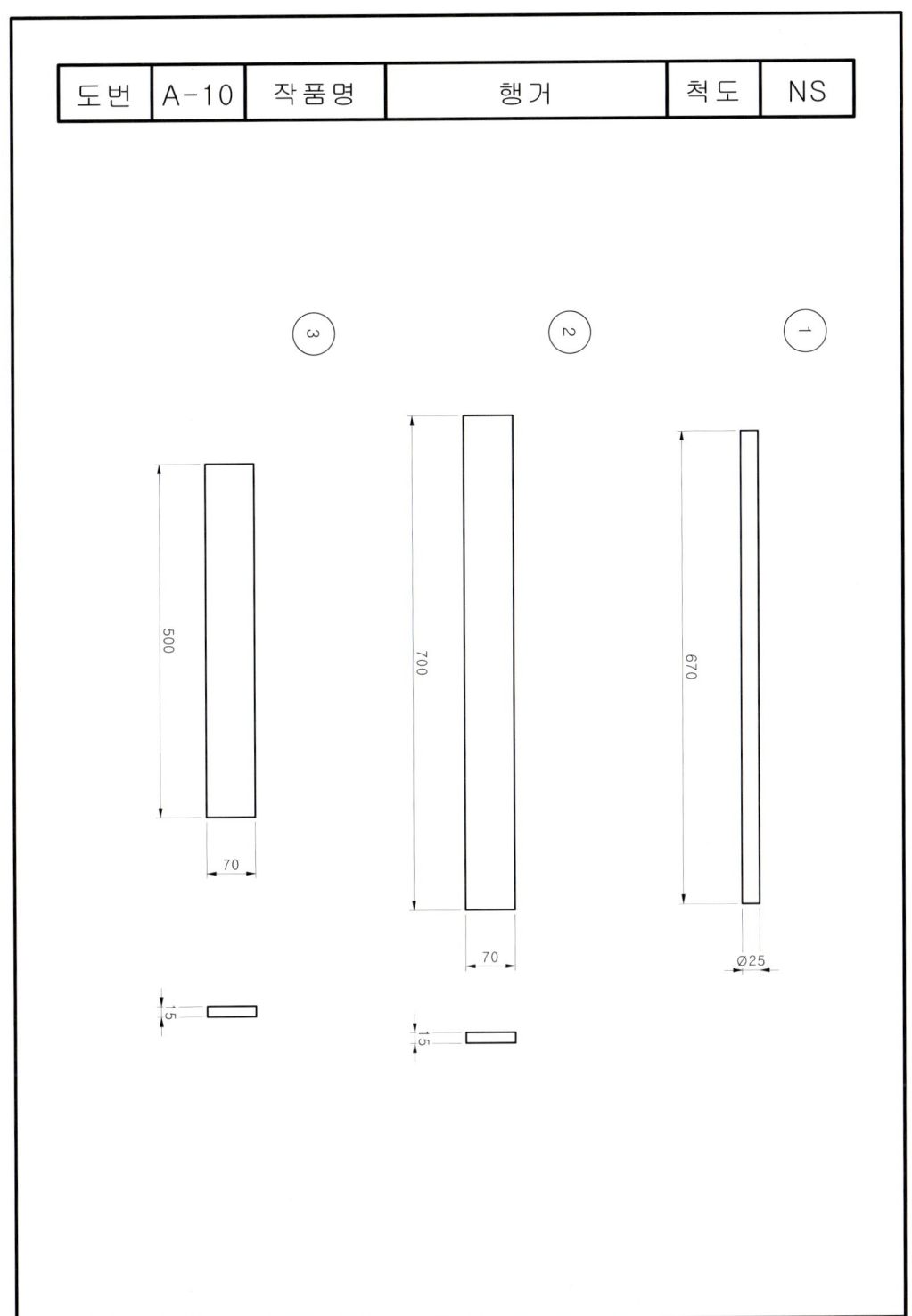

01

- 작성-스케치 작성, XZ평면
- 작성-스케치 명령을 이용하여 스케치 후 구속조건 기입
- 작성-스케치 치수로 수정

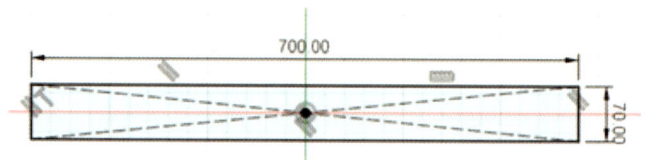

02

- 스케치 마무리
- 작성-돌출
  측면하나, 거리 10, 새 본체

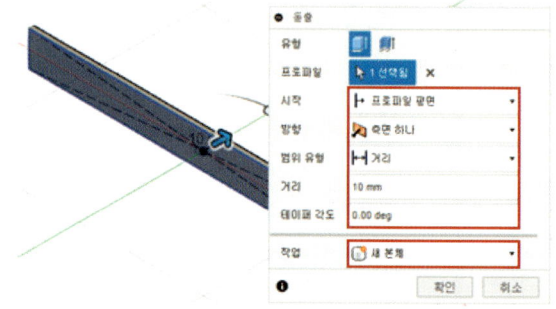

03

- 수정-이동/복사, 사본작성, 430

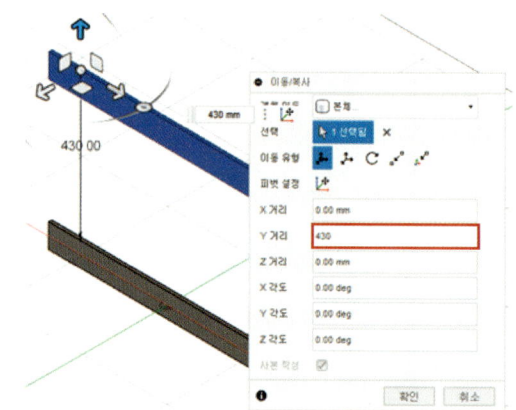

04

- 작성-스케치 작성, 해당평면
- 작성-스케치 명령을 이용하여 스케치 후 구속조건 기입
- 작성-스케치 치수로 수정

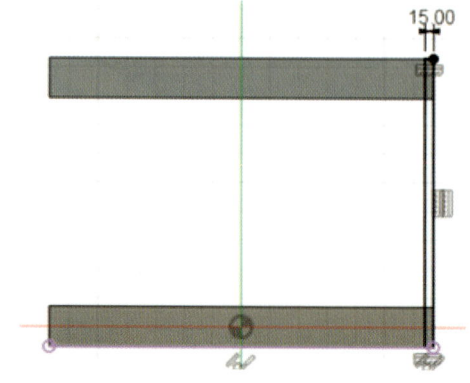

05

- 스케치 마무리
- 작성-돌출
  측면하나, 거리 70, 새 본체

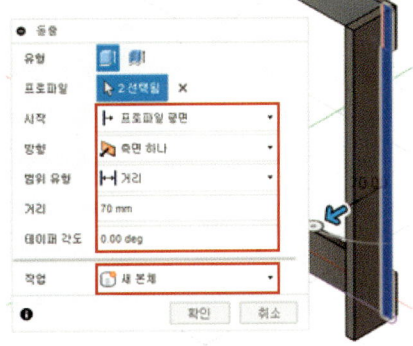

06

- 작성-미러, 피처

07

- 작성-스케치 작성, 해당평면
- 작성-스케치 명령을 이용하여
  스케치 후 구속조건 기입
- 작성-스케치 치수로 수정

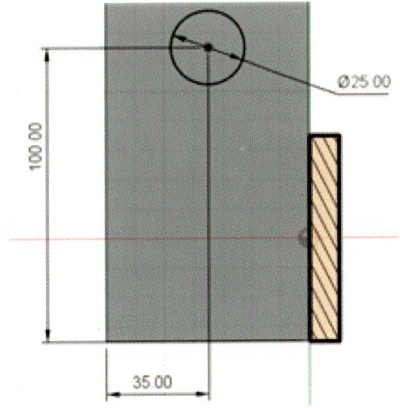

08

- 스케치 마무리
- 작성-돌출
  측면하나, 거리 670, 새 본체

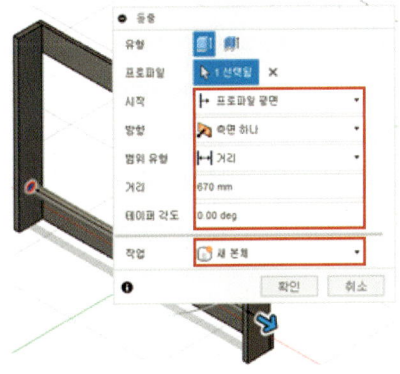

PART A. 목공 가구류

09

- 작성-패턴-직사각형패턴
  간격, 수량 4, 거리 -100

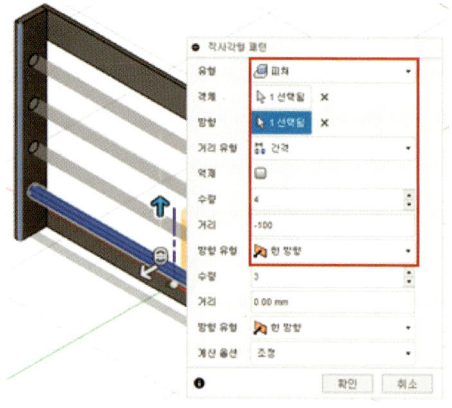

10

- 완성된 모델링

11

- 렌더링-설정-모양
- 재질 선택하여 드래그

A-11. 받침대

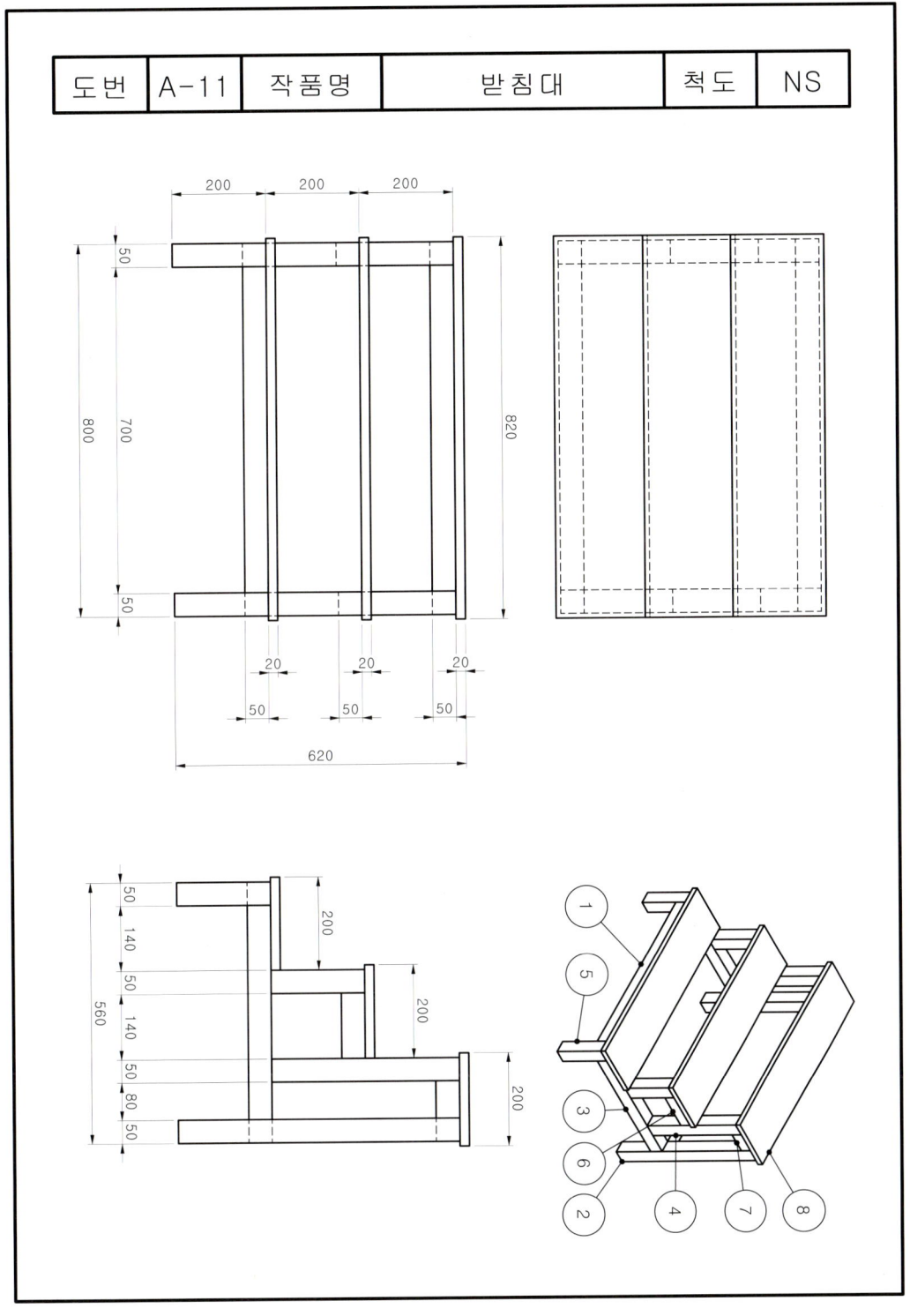

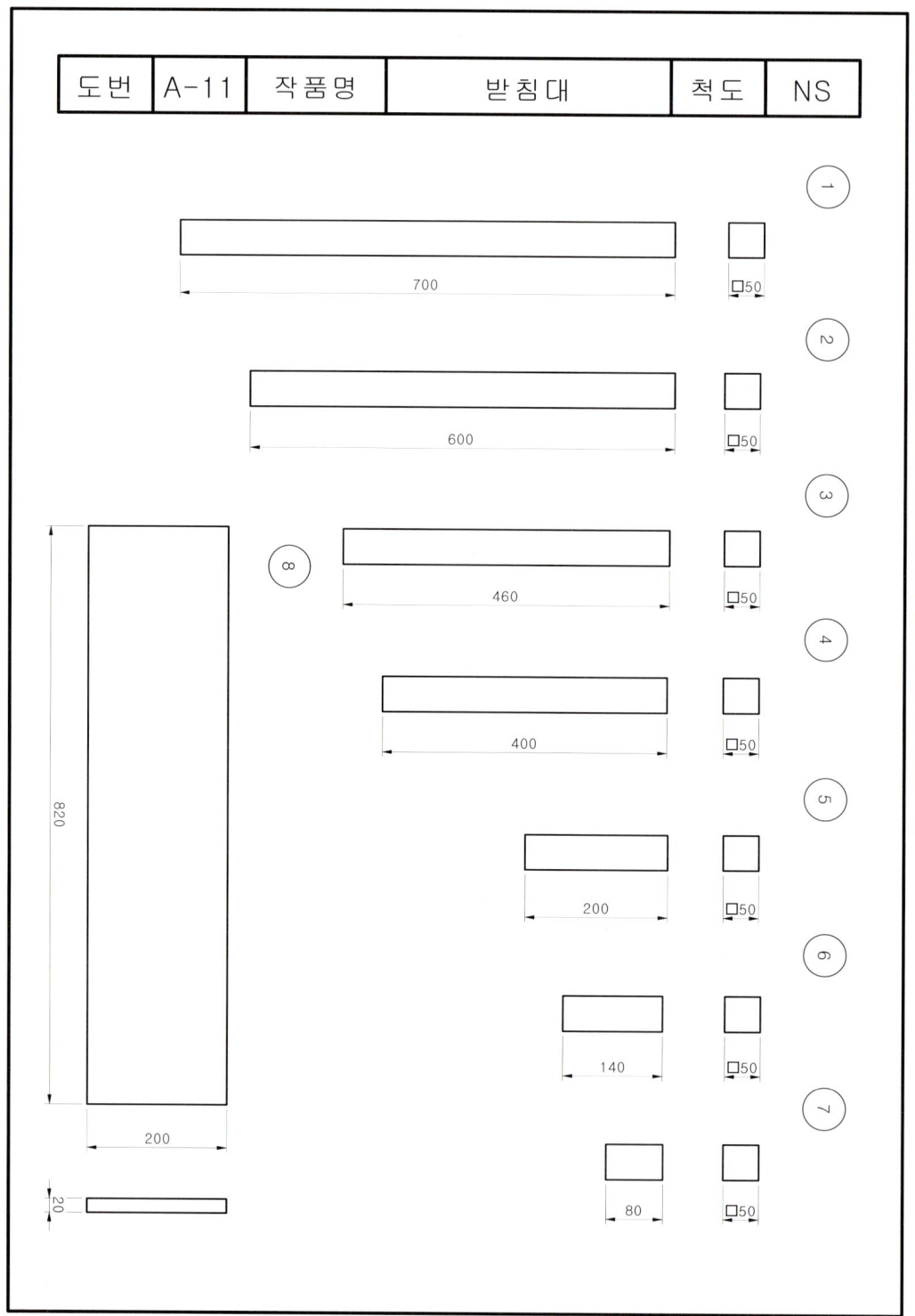

01

- 작성-스케치 작성, XY평면
- 작성-스케치 명령을 이용하여 스케치 후 구속조건 기입
- 작성-스케치 치수로 수정

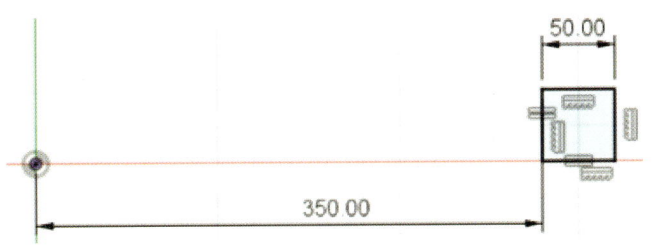

02

- 스케치 마무리
- 작성-돌출
  측면하나, 거리 200, 새 본체

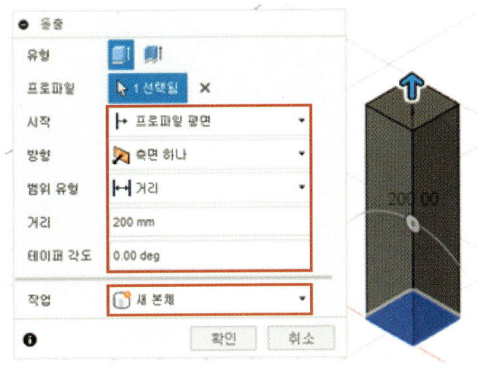

03

- 작성-스케치 작성, XY평면
- 작성-스케치 명령을 이용하여 스케치 후 구속조건 기입
- 작성-스케치 치수로 수정

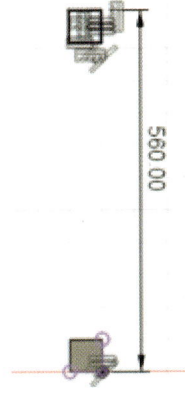

04

- 스케치 마무리
- 작성-돌출
  측면하나, 거리 600, 새 본체

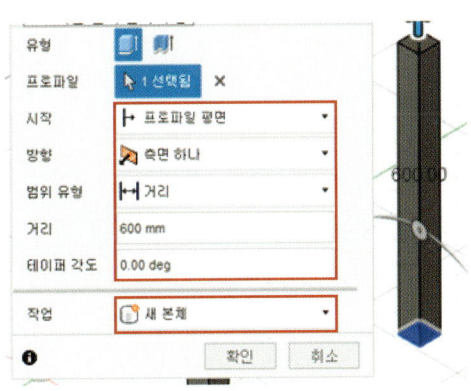

PART A. 목공 가구류

05

- 작성-스케치 작성, 해당평면
- 작성-스케치 명령을 이용하여
  스케치 후 구속조건 기입

06

- 스케치 마무리
- 작성-돌출
  측면하나, 거리 -50, 새 본체

07

- 작성-스케치 작성, 해당평면
- 작성-스케치 명령을 이용하여
  스케치 후 구속조건 기입
- 작성-스케치 치수로 수정

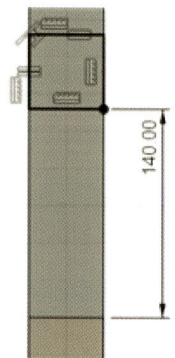

08

- 스케치 마무리
- 작성-돌출
  측면하나, 거리 180, 새 본체

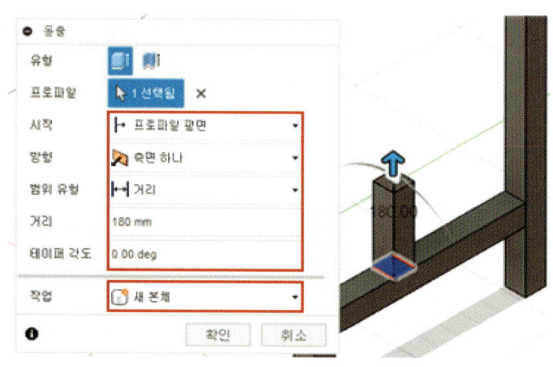

09

- 작성-스케치 작성, 해당평면
- 작성-스케치 명령을 이용하여 스케치 후 구속조건 기입
- 작성-스케치 치수로 수정

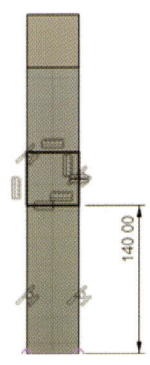

10

- 스케치 마무리
- 작성-돌출
  측면하나, 거리 400, 새 본체

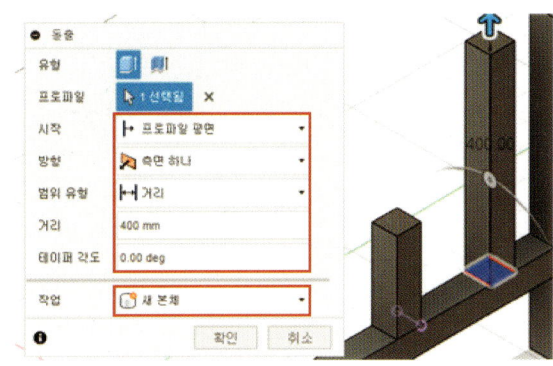

11

- 작성-스케치 작성, 해당평면
- 작성-스케치 명령을 이용하여 스케치 후 구속조건 기입

12

- 스케치 마무리
- 작성-돌출
  측면하나, 거리 -50, 새 본체

13

- 작성-스케치 작성, 해당평면
- 작성-스케치 명령을 이용하여 스케치 후 구속조건 기입

14

- 스케치 마무리
- 작성-돌출
  측면하나, 거리 -50, 새 본체

15

- 작성-미러, 본체, 새 본체

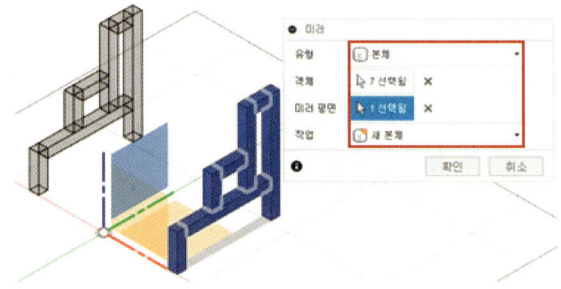

16

- 작성-스케치 작성, 해당평면
- 작성-스케치 명령을 이용하여 스케치 후 구속조건 기입

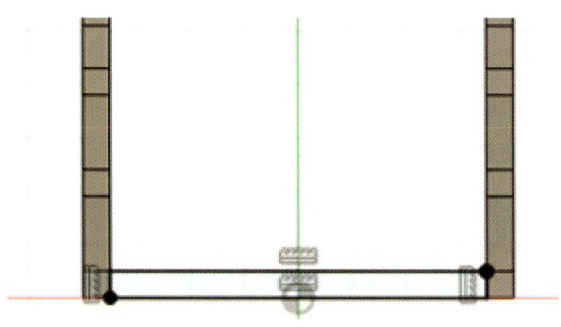

17

- 스케치 마무리
- 작성-돌출
  측면하나, 거리 -50, 새 본체

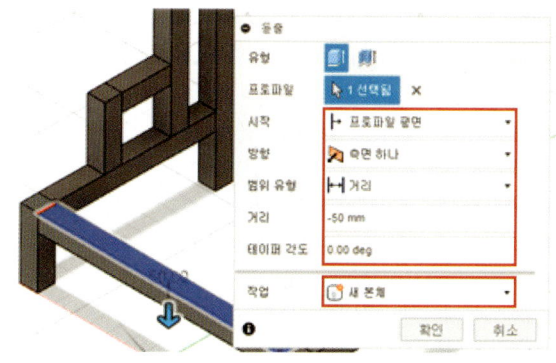

18

- 이동/복사, 조립도에 맞게 복사
  점대 점, 반복하여 복사

19

- 작성-스케치 작성, 해당평면
- 작성-스케치 명령을 이용하여
  스케치 후 구속조건 기입
- 작성-스케치 치수로 수정

20

- 스케치 마무리
- 작성-돌출
  측면하나, 거리 20, 새 본체

PART A. 목공 가구류

21

- 이동/복사, 조립도에 맞게 복사
  점대 점, 반복하여 복사

22

- 완성된 모델링

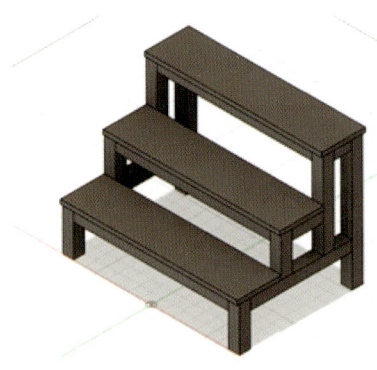

23

- 렌더링-설정-모양
- 재질 선택하여 드래그

A-12. 서랍장

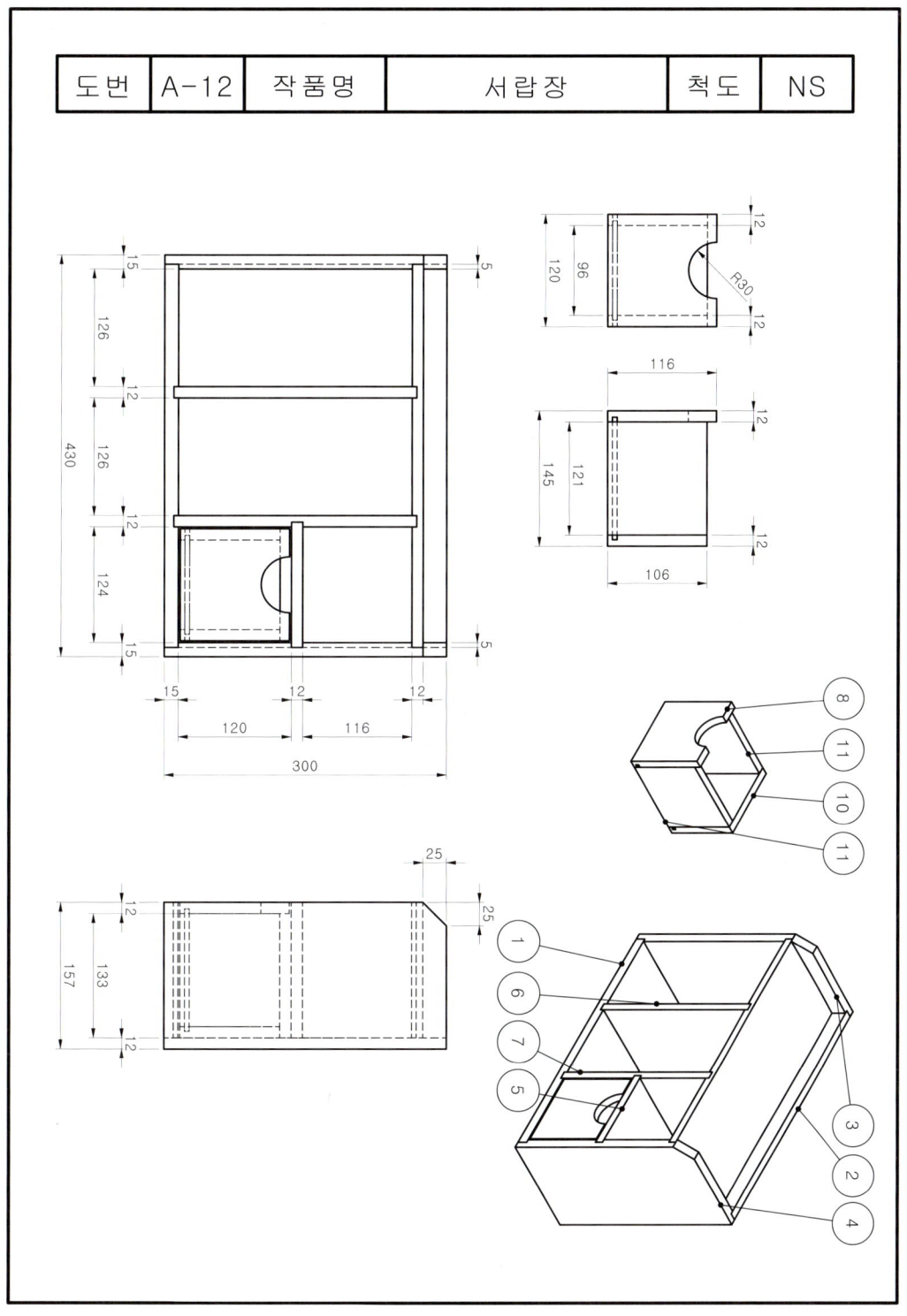

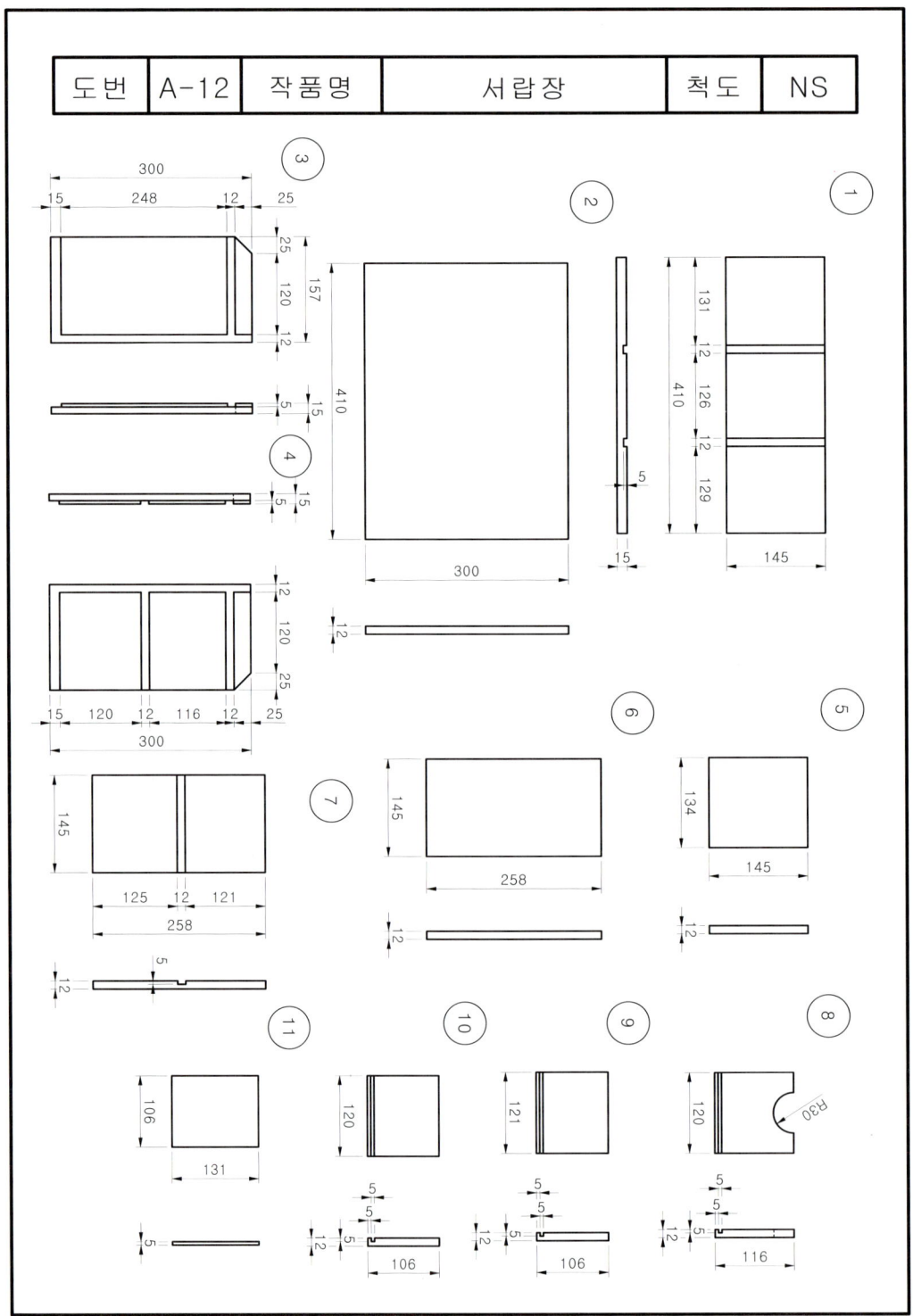

01

- 조립-새 구성요소

02

- 작성-스케치 작성, XZ평면
- 작성-스케치 명령을 이용하여 스케치 후 구속조건 기입
- 작성-스케치 치수로 수정

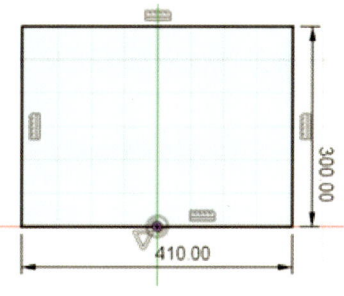

03

- 스케치 마무리
- 작성-돌출
  측면하나, 거리 12, 새 본체

04

- 작성-스케치 작성, 해당평면
- 작성-스케치 명령을 이용하여 스케치 후 구속조건 기입
- 작성-스케치 치수로 수정

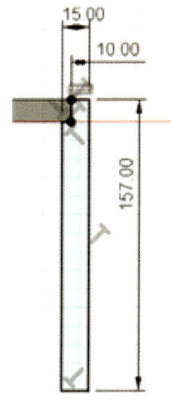

- 스케치 마무리
- 작성-돌출
  측면하나, 거리 -300, 새 본체

- 수정-모따기, C25

- 작성-스케치 작성, 해당평면
- 작성-스케치 명령을 이용하여
  스케치 후 구속조건 기입
- 작성-스케치 치수로 수정

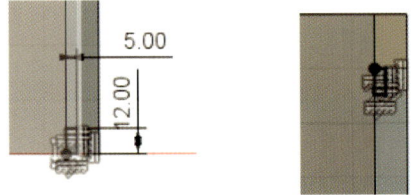

- 스케치 마무리
- 본체1 비활성화
- 작성-돌출
  측면하나, 모두, 잘라내기

09

- 작성-미러, 피쳐

10

- 작성-스케치 작성, 해당평면
- 작성-스케치 명령을 이용하여 스케치 후 구속조건 기입
- 작성-스케치 치수로 수정

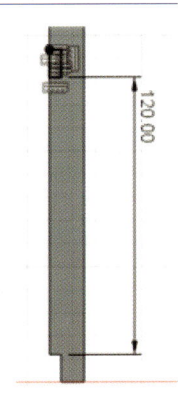

11

- 스케치 마무리
- 본체1 비활성화
- 작성-돌출
  측면하나, 모두, 잘라내기

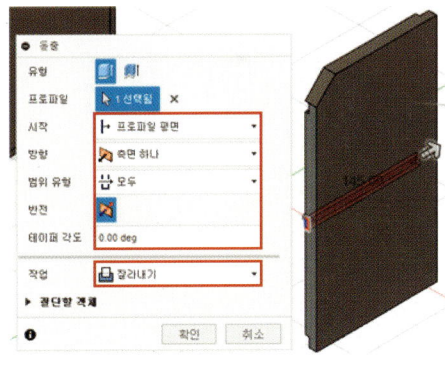

12

- 작성-스케치 작성, 해당평면
- 작성-스케치 명령을 이용하여 스케치 후 구속조건 기입
- 작성-스케치 치수로 수정

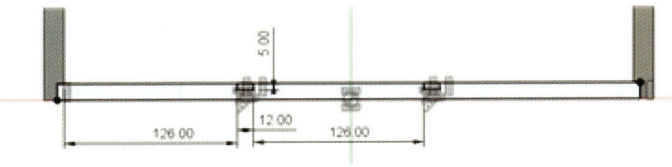

PART A. 목공 가구류

13

- 스케치 마무리
- 본체1 비활성화
- 작성-돌출
  측면하나, -145, 새 본체

14

- 이동/복사, 조립도 도면에 맞게 복사

15

- 작성-스케치 작성, 해당평면
- 작성-스케치 명령을 이용하여 스케치 후 구속조건 기입

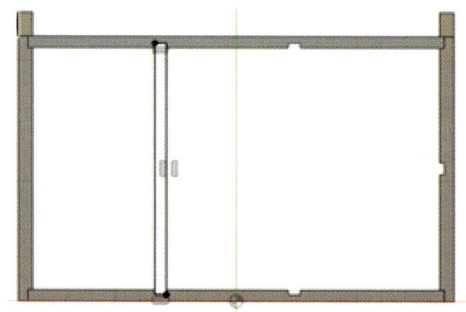

16

- 스케치 마무리
- 본체1 비활성화
- 작성-돌출
  측면하나, -145, 새 본체

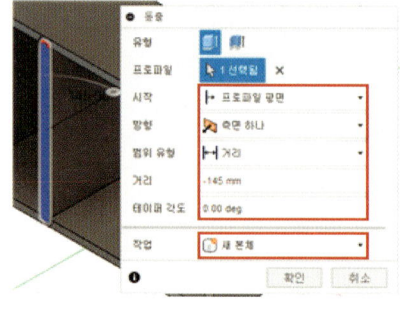

17

- 작성-스케치 작성, 해당평면
- 작성-스케치 명령을 이용하여
  스케치 후 구속조건 기입

18

- 스케치 마무리
- 본체1 비활성화
- 작성-돌출
  측면하나, -145, 새 본체

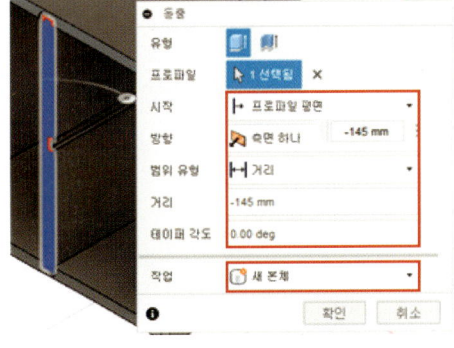

19

- 작성-스케치 작성, 해당평면
- 작성-스케치 명령을 이용하여
  스케치 후 구속조건 기입

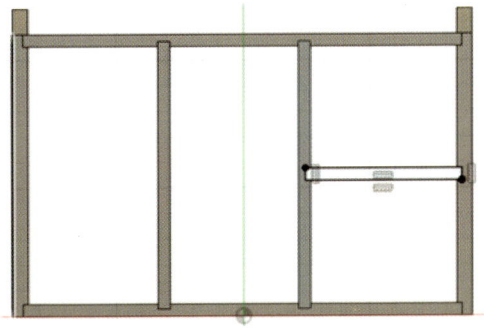

20

- 스케치 마무리
- 본체1 비활성화
- 작성-돌출
  측면하나, -145, 새 본체

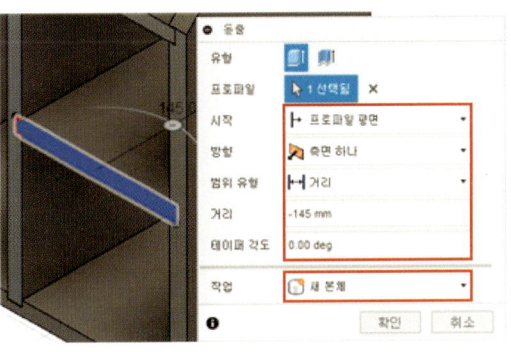

PART A. 목공 가구류   75

21

- 저장되지 않음 체크하고
  조립-새 구성요소

  ▲ ⊙ 🔒 (저장되지 않음) ⊙
      ▷ ⚙ 문서 설정

22

- 작성-스케치 작성, YZ평면
- 작성-스케치 명령을 이용하여
  스케치 후 구속조건 기입
- 작성-스케치 치수로 수정

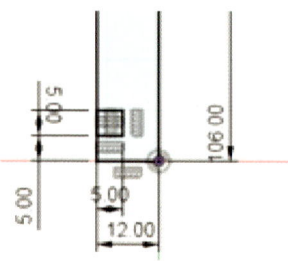

23

- 스케치 마무리
- 작성-돌출
  대칭, 전체길이 120, 새 본체

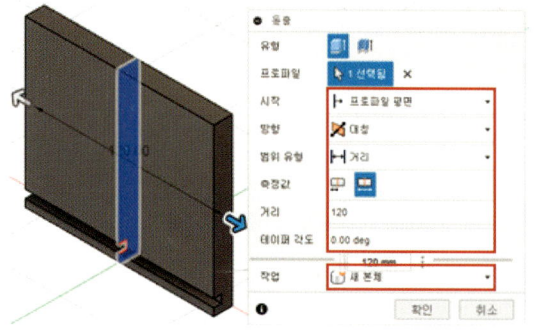

24

- 작성-스케치 작성, YZ평면
- 작성-스케치 명령을 이용하여
  스케치 후 구속조건 기입
- 작성-스케치 치수로 수정

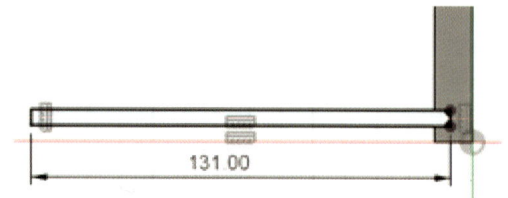

25

- 스케치 마무리
- 작성-돌출
  대칭, 전체길이 106 새 본체

26

- 작성-스케치 작성, 해당평면
- 작성-스케치 명령을 이용하여 스케치 후 구속조건 기입
- 작성-스케치 치수로 수정

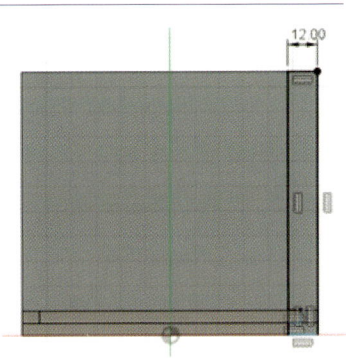

27

- 스케치 마무리
- 작성-돌출
  측면하나, 거리 121, 새 본체

28

- 작성-미러, 피쳐

PART A. 목공 가구류　77

29

- 작성-스케치 작성, YZ평면
- 작성-스케치 명령을 이용하여 스케치 후 구속조건 기입
- 작성-스케치 치수로 수정

30

- 스케치 마무리
- 작성-돌출
  대칭, 전체길이 120, 새 본체

31

- 작성-스케치 작성, 해당평면
- 작성-스케치 명령을 이용하여 스케치 후 구속조건 기입
- 작성-스케치 치수로 수정

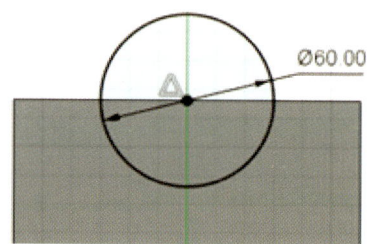

32

- 스케치 마무리
- 작성-돌출
  측면하나, 거리 -12, 잘라내기

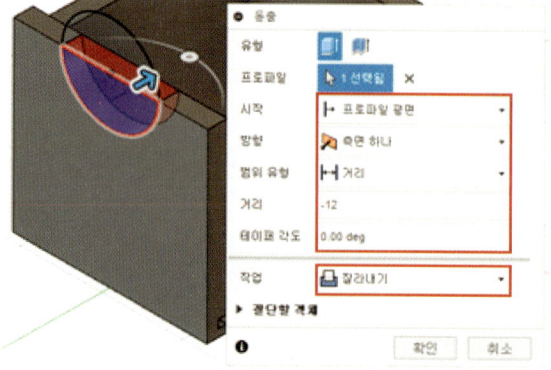

33

- 저장되지 않음 체크하고 구성요소1 활성화

34

- 구성요소1을 우클릭하여 고정
- 조립-결합

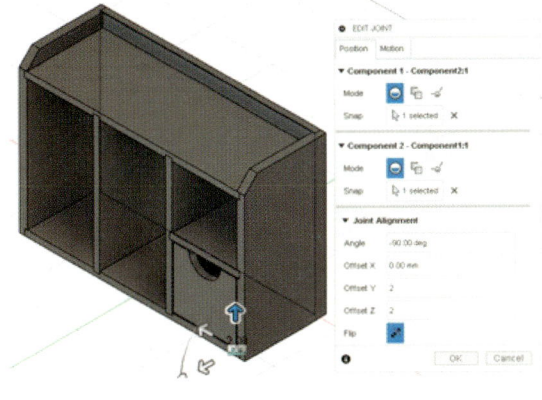

35

- 렌더링-설정-모양
- 재질 선택하여 드래그

A-13. 보관함

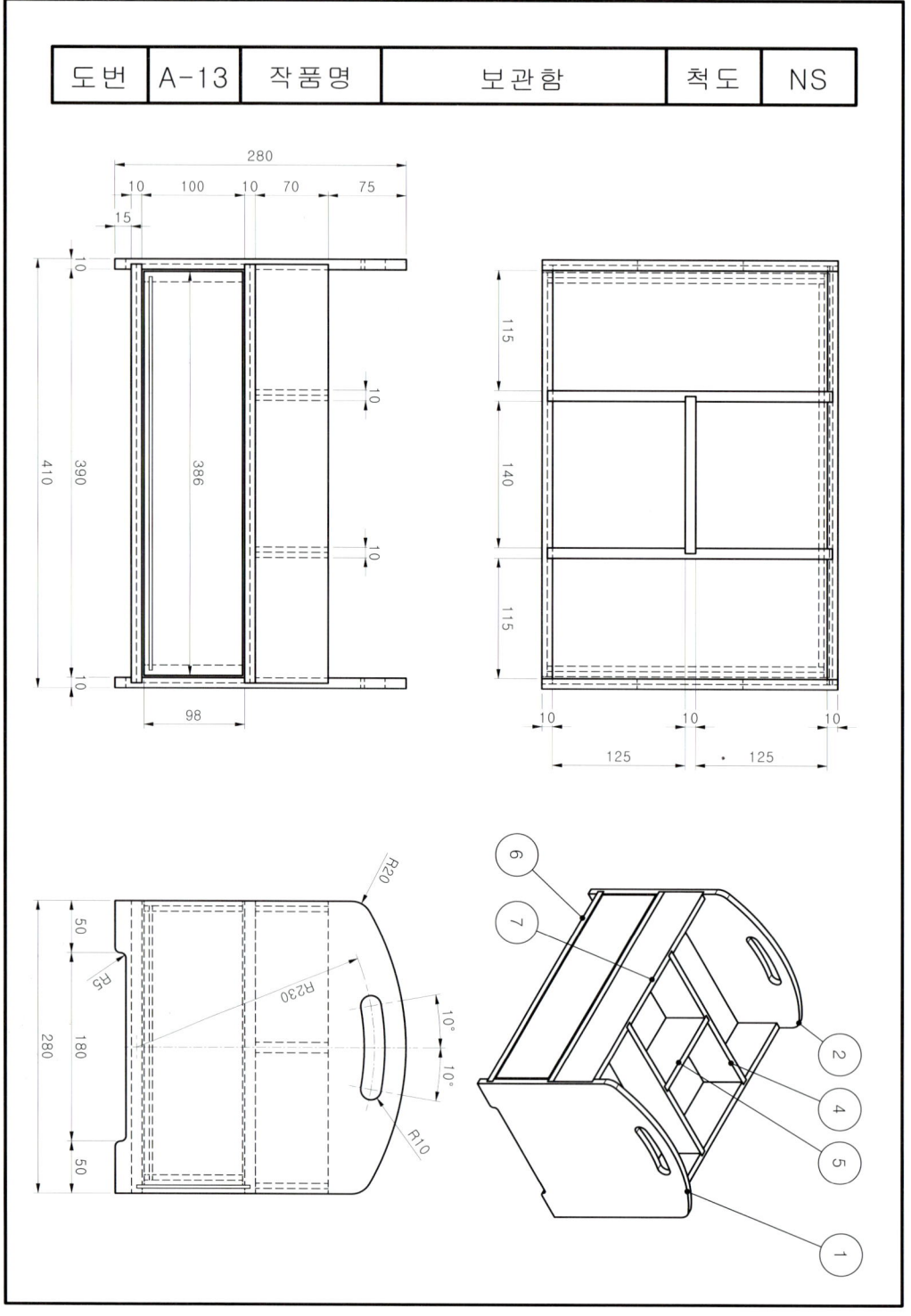

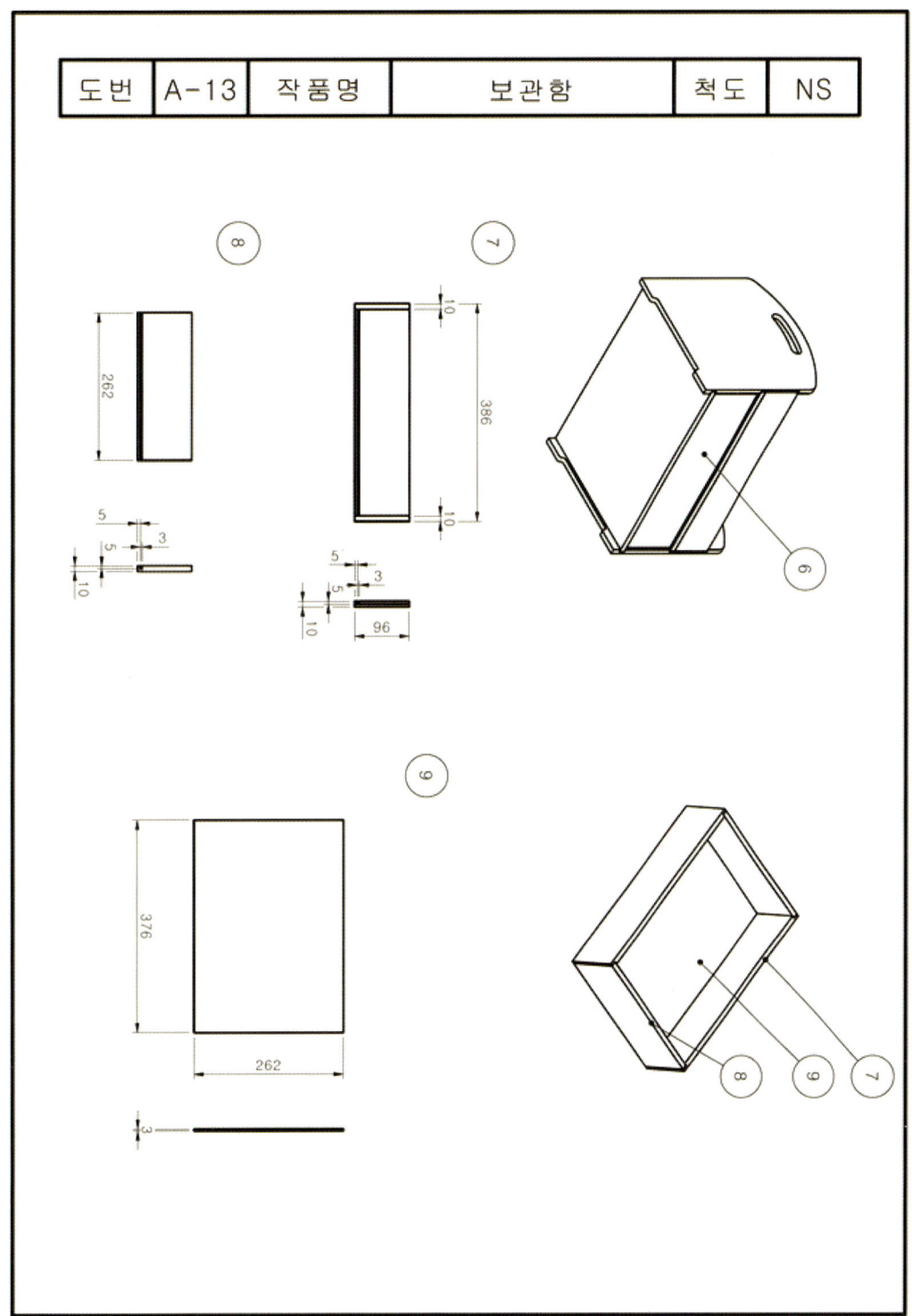

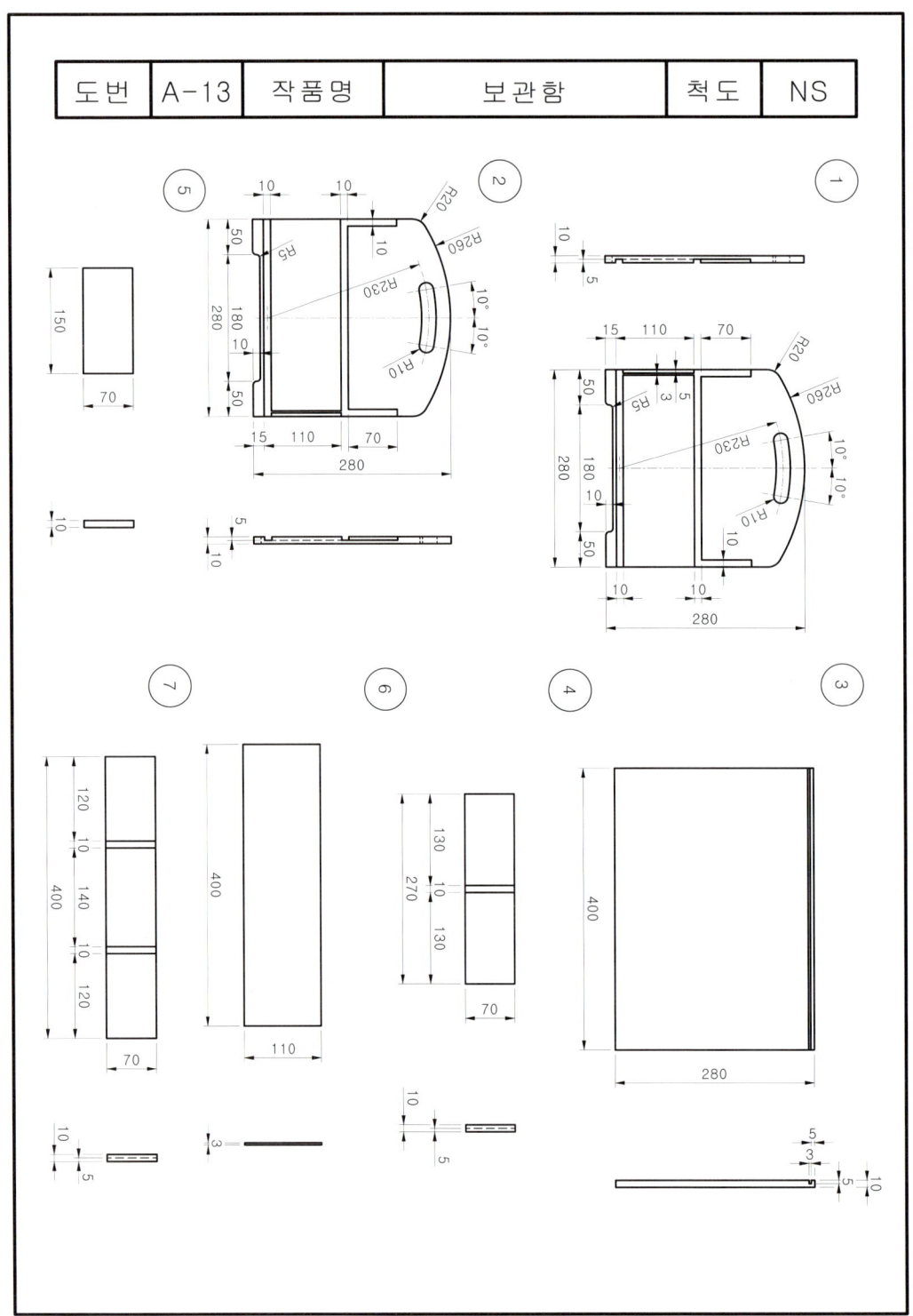

- 조립-새 구성요소

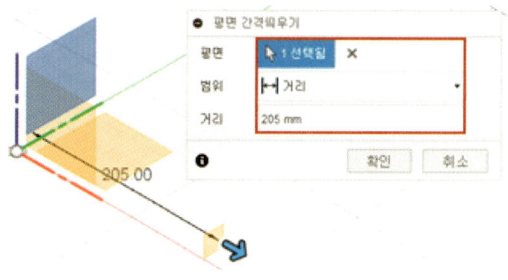

- 구성-평면에서 간격띄우기, 205

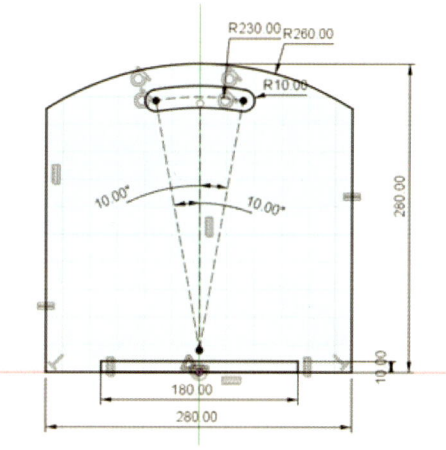

- 작성-스케치 작성, 해당평면
- 작성-스케치 명령을 이용하여 스케치 후 구속조건 기입
- 작성-스케치 치수로 수정

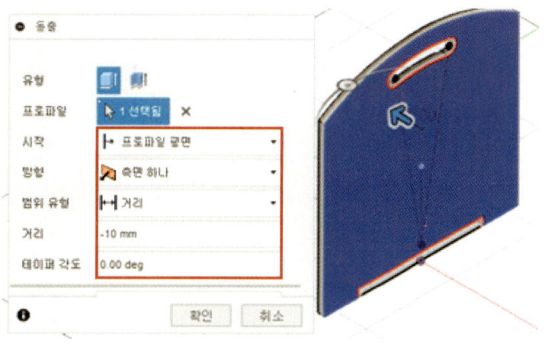

- 스케치 마무리
- 작성-돌출
  측면하나, 거리 -10, 새 본체

PART A. 목공 가구류

- 수정-모깎기, R5, R20

- 작성-스케치 작성, 해당평면
- 작성-스케치 명령을 이용하여 스케치 후 구속조건 기입
- 작성-스케치 치수로 수정

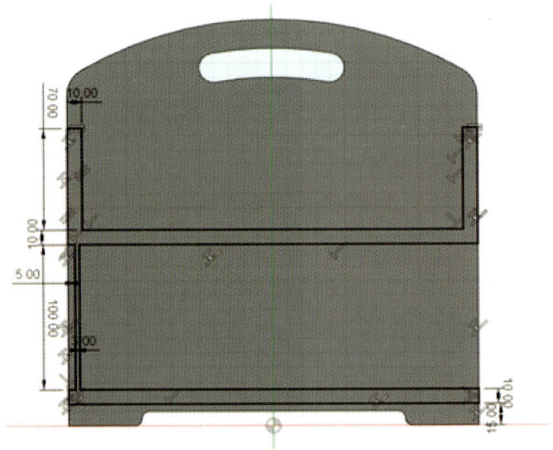

- 스케치 마무리
- 작성-돌출
  측면하나, 거리 -5, 잘라내기

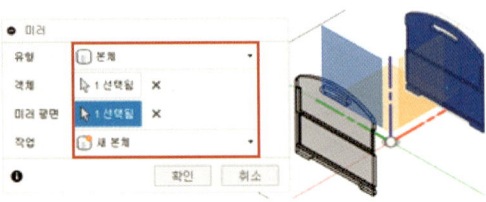

- 작성-미러, 본체, 새 본체

09

- 작성-스케치 작성, YZ평면
- 작성-스케치 명령을 이용하여 스케치 후 구속조건 기입
- 작성-스케치 치수로 수정

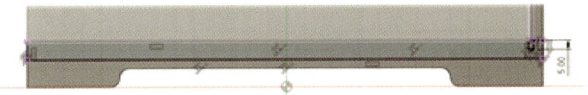

10

- 스케치 마무리
- 작성-돌출
  대칭, 전체거리 400, 새 본체

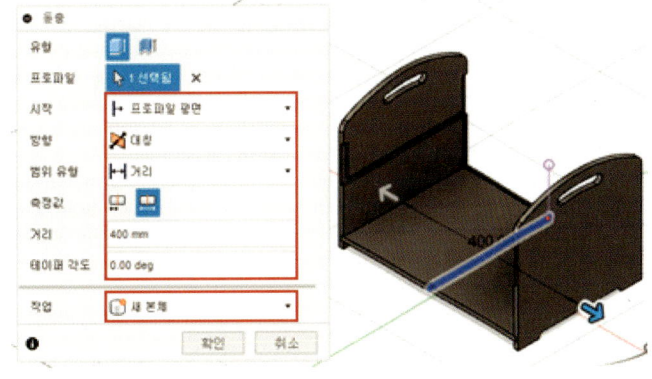

11

- 작성-스케치 작성, 해당평면
- 작성-스케치 명령을 이용하여 스케치 후 구속조건 기입

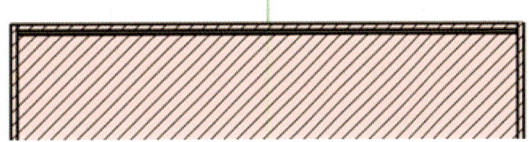

12

- 스케치 마무리
- 작성-돌출
  측면하나, 거리 110, 새 본체

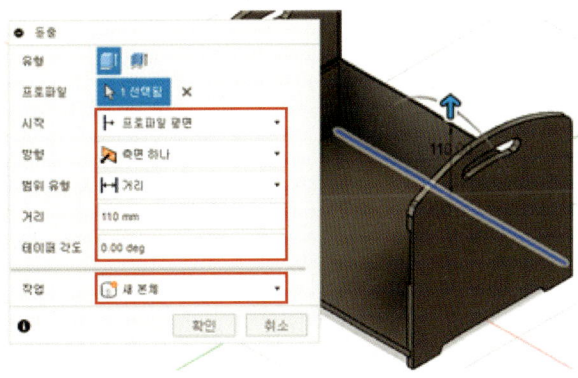

13
- 이동/복사, 복사, 회전, 조립도에 맞게 복사

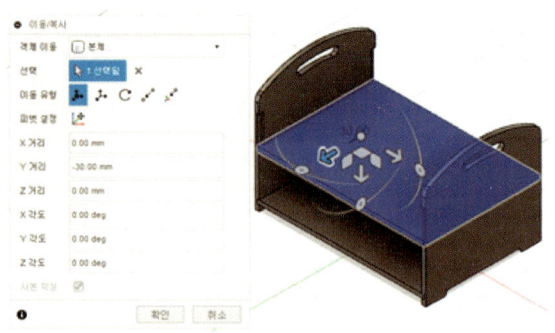

14
- 작성-스케치 작성, 해당평면
- 작성-스케치 명령을 이용하여 스케치 후 구속조건 기입
- 작성-스케치 치수로 수정

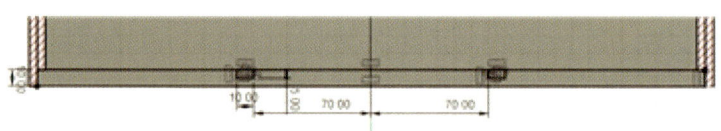

15
- 스케치 마무리
- 작성-돌출
  측면하나, 거리 70, 새 본체

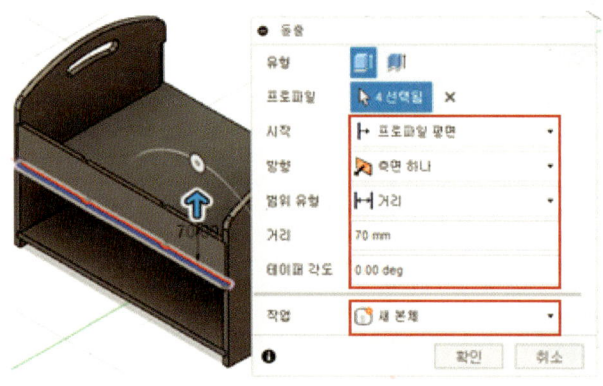

16
- 작성-미러, 피처

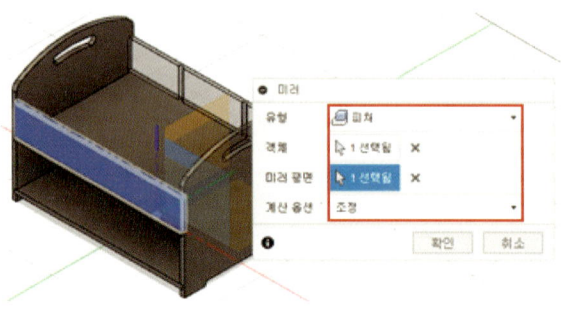

17

- 작성-스케치 작성, 해당평면
- 작성-스케치 명령을 이용하여 스케치 후 구속조건 기입
- 작성-스케치 치수로 수정

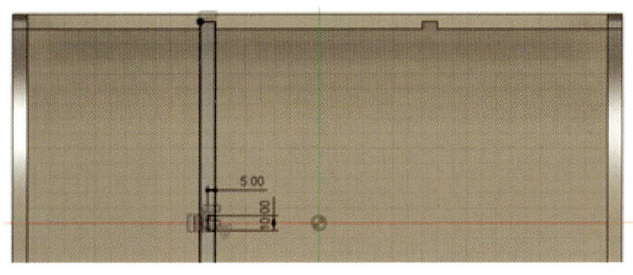

18

- 작성-스케치 작성, 해당평면
- 작성-돌출
  측면하나, 거리 70, 새 본체

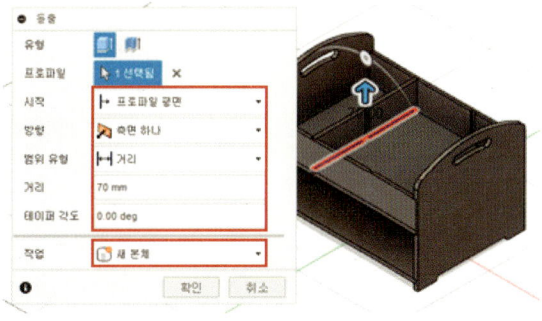

19

- 작성-미러, 피처

20

- 작성-스케치 작성, 해당평면
- 작성-스케치 명령을 이용하여 스케치 후 구속조건 기입

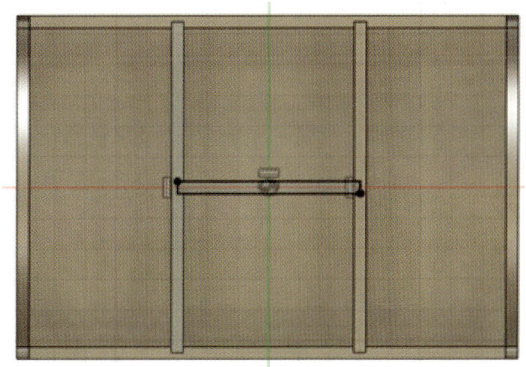

21

- 스케치 마무리
- 작성-돌출
  측면하나, 거리 70, 새 본체

22

- 저장되지 않음 체크하고
  조립-새 구성요소

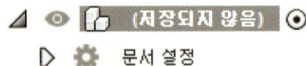

23

- 작성-스케치 작성, XY평면
- 작성-스케치 명령을 이용하여
  스케치 후 구속조건 기입
- 작성-스케치 치수로 수정

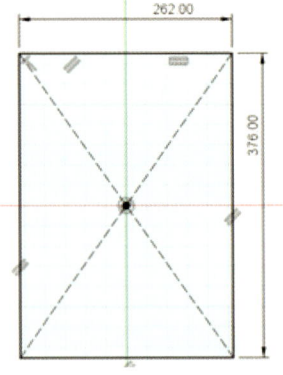

24

- 스케치 마무리
- 작성-돌출
  측면하나, 거리 3, 새 본체

25

- 작성-스케치 작성, XZ평면
- 작성-스케치 명령을 이용하여 스케치 후 구속조건 기입
- 작성-스케치 치수로 수정

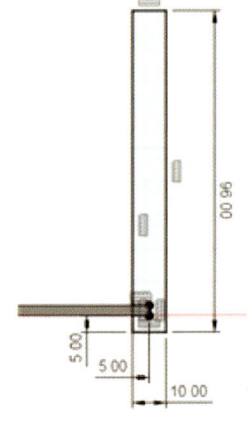

26

- 스케치 마무리
- 작성-돌출
  대칭, 전체거리 386, 새 본체

27

- 작성-스케치 작성, XY평면
- 작성-스케치 명령을 이용하여 스케치 후 구속조건 기입
- 작성-스케치 치수로 수정

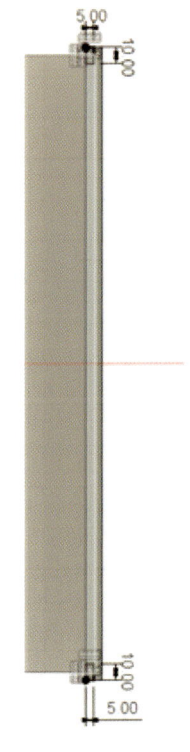

PART A. 목공 가구류

28

- 스케치 마무리
- 작성-돌출
  측면하나, 모두, 잘라내기

29

- 작성-미러, 본체, 새 본체

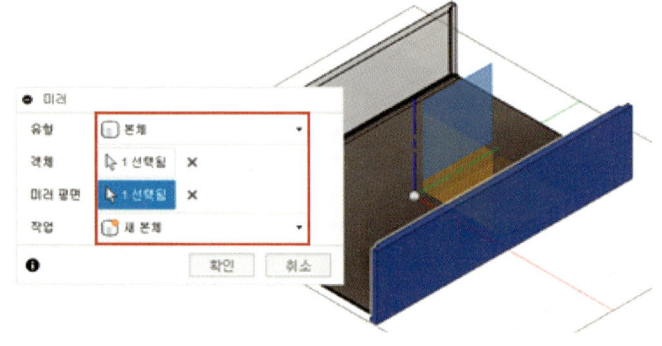

30

- 작성-스케치 작성, YZ평면
- 작성-스케치 명령을 이용하여
  스케치 후 구속조건 기입

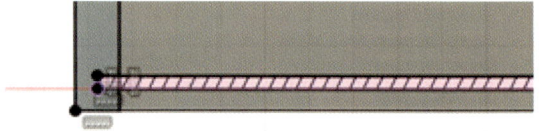

31

- 스케치 마무리
- 작성-돌출
  대칭, 전체거리 259, 새 본체

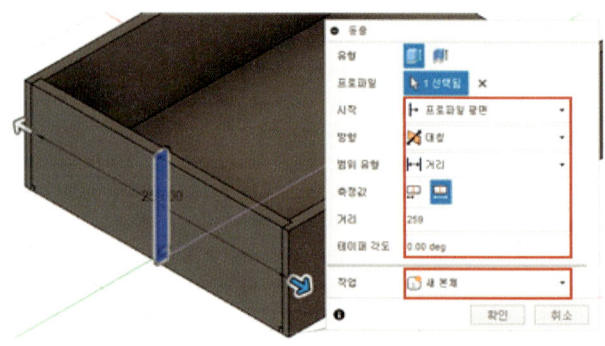

32

- 작성-미러, 본체, 새 본체
- 구성요소1 활성화

33

- 완성된 모델링

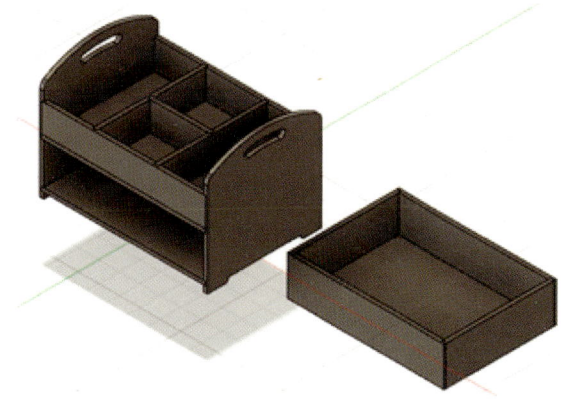

34

- 렌더링-설정-모양
- 재질 선택하여 드래그

A-14. 1단서랍장

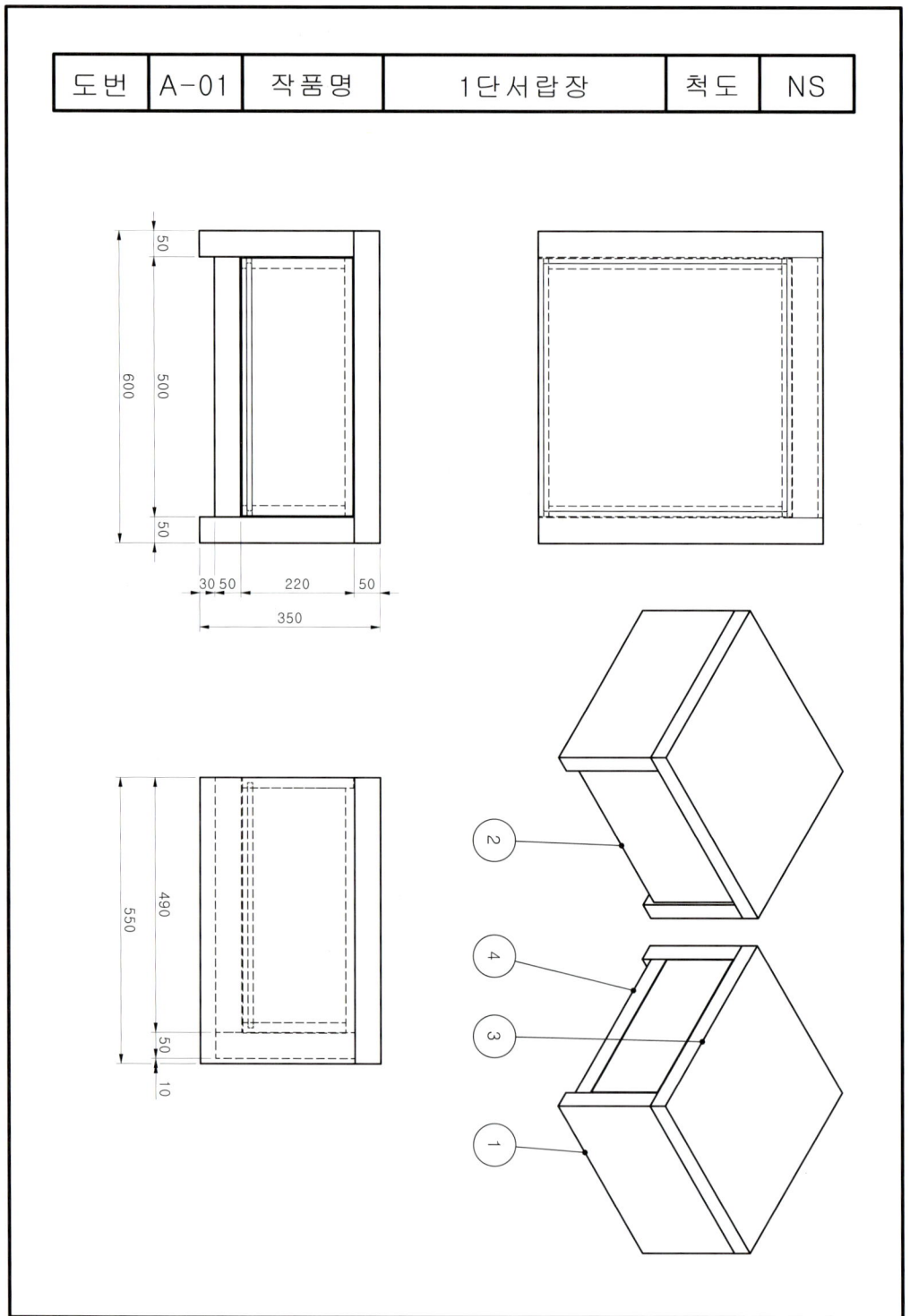

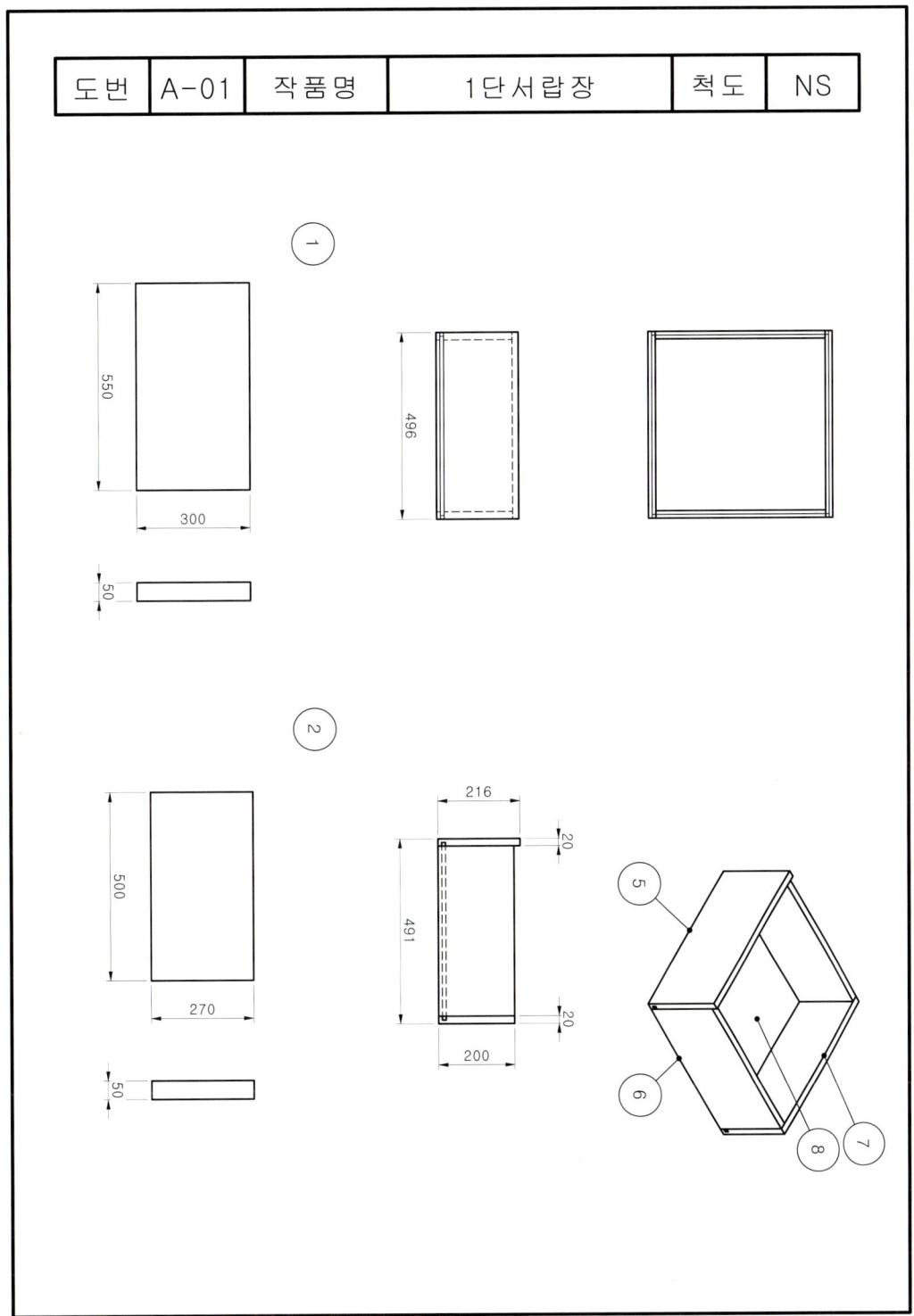

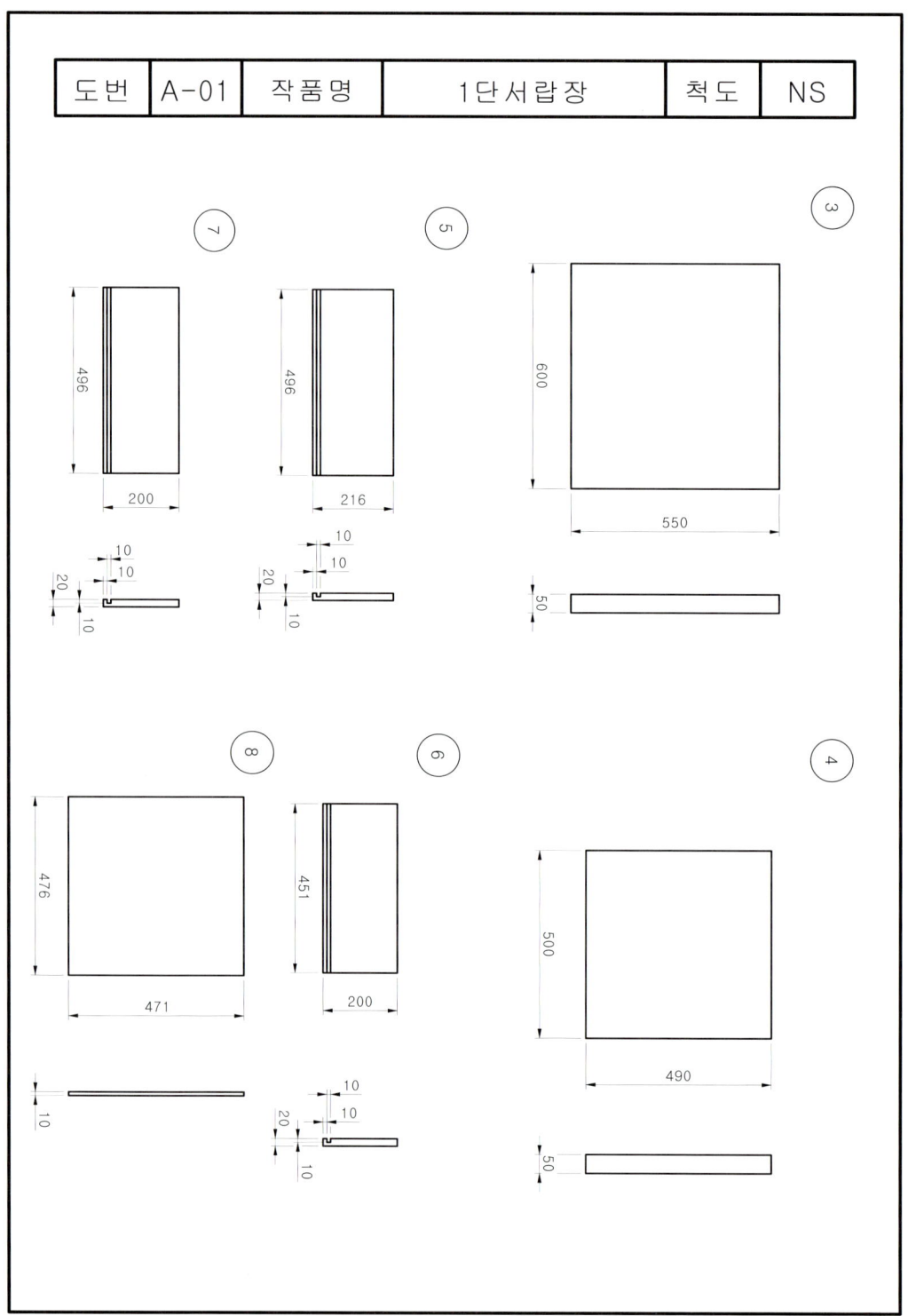

01

- 조립-새 구성요소

02

- 작성-스케치 작성, 해당평면
- 작성-스케치 명령을 이용하여 스케치 후 구속조건 기입
- 작성-스케치 치수로 수정

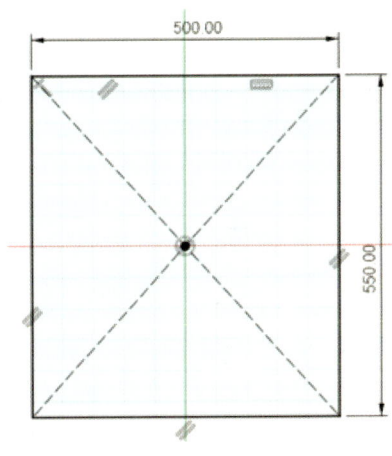

03

- 스케치 마무리
- 작성-돌출
  측면하나, 거리 50, 새 본체

04

- 작성-스케치 작성, 해당평면
- 작성-스케치 명령을 이용하여 스케치 후 구속조건 기입
- 작성-스케치 치수로 수정

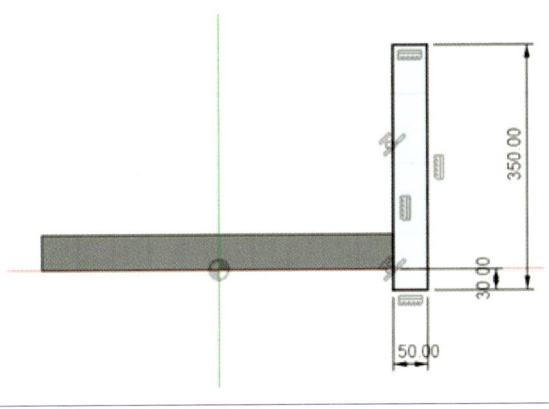

PART A. 목공 가구류

05
- 스케치 마무리
- 작성-돌출
  측면하나, 거리 -550, 새 본체

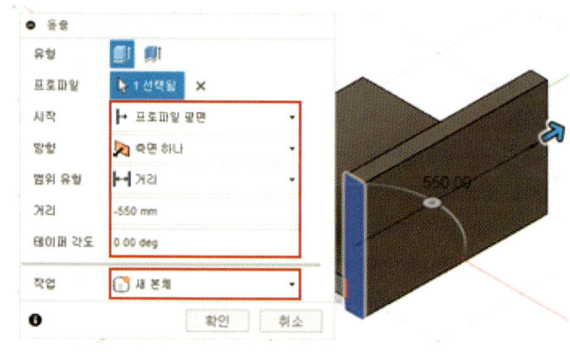

06
- 작성-미러, 피쳐

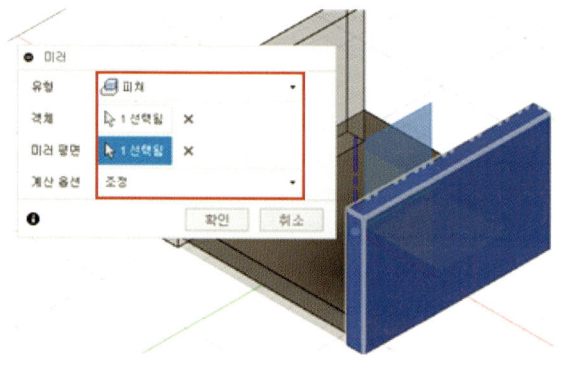

07
- 작성-스케치 작성, 해당평면
- 작성-스케치 명령을 이용하여 스케치 후 구속조건 기입
- 작성-스케치 치수로 수정

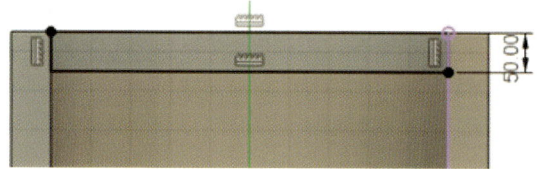

08
- 스케치 마무리
- 작성-돌출
  측면하나, 거리 -270, 새 본체

09

- 작성-스케치 작성, 해당평면
- 작성-스케치 명령을 이용하여
  스케치 후 구속조건 기입

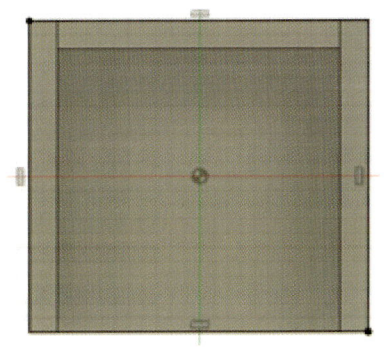

10

- 스케치 마무리
- 작성-돌출
  측면하나, 거리 -270, 새 본체

11

- 저장되지 않음 체크하고
  조립-새 구성요소

12

- 작성-스케치 작성, XY평면
- 작성-스케치 명령을 이용하여
  스케치 후 구속조건 기입
- 작성-스케치 치수로 수정

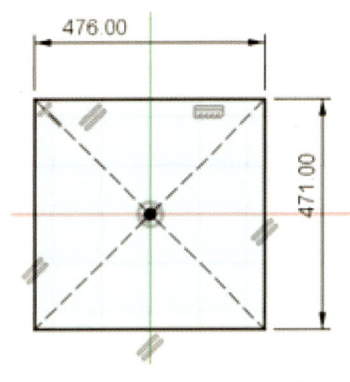

PART A. 목공 가구류

13

- 스케치 마무리
- 작성-돌출
  측면하나, 거리10, 새 본체

14

- 작성-스케치 작성, YZ평면
- 작성-스케치 명령을 이용하여 스케치 후 구속조건 기입
- 작성-스케치 치수로 수정

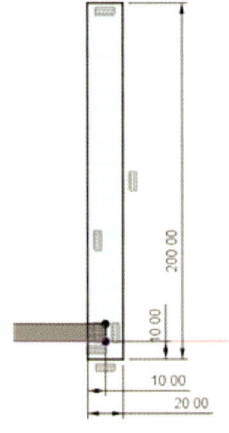

15

- 스케치 마무리
- 작성-돌출
  대칭, 전체거리 496, 새 본체

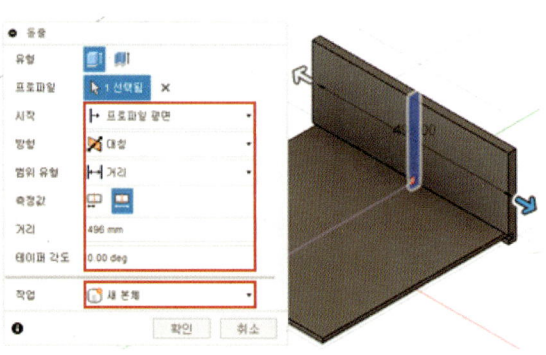

16

- 작성-미러, 피쳐

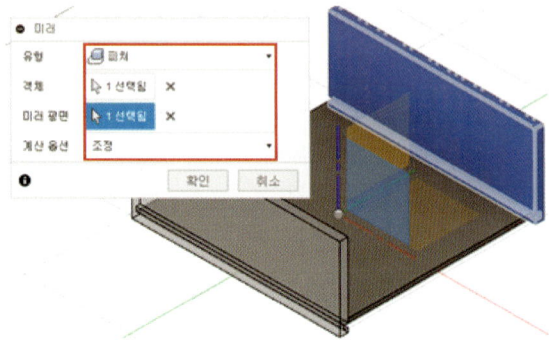

17
- 수정-밀고 당기기, 16

18
- 작성-스케치 작성, 해당평면
- 작성-스케치 명령을 이용하여 스케치 후 구속조건 기입
- 작성-스케치 치수로 수정

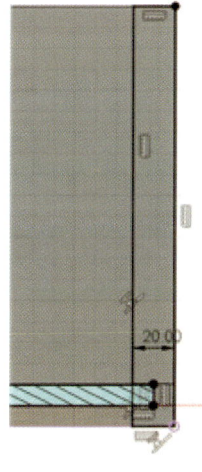

19
- 스케치 마무리
- 작성-돌출
  측면하나, 거리 451, 새 본체

20
- 작성-미러, 피쳐

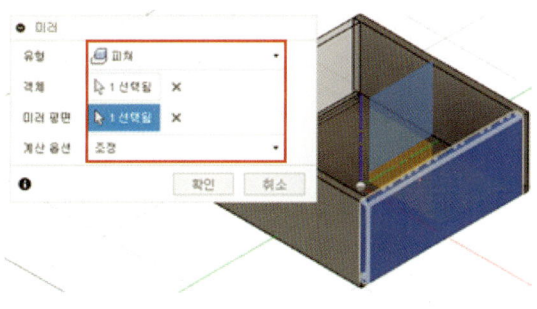

21

- 완성된 모델링

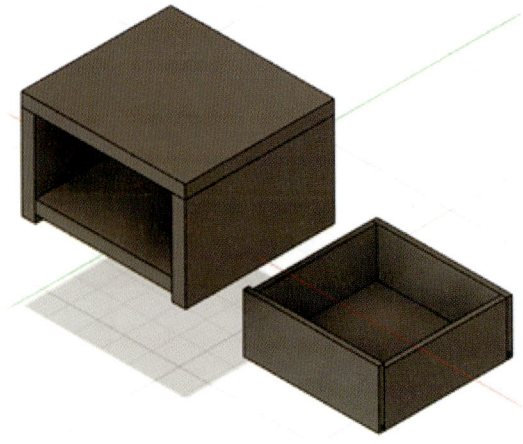

22

- 렌더링-설정-모양
- 재질 선택하여 드래그

A-15. 4인식탁

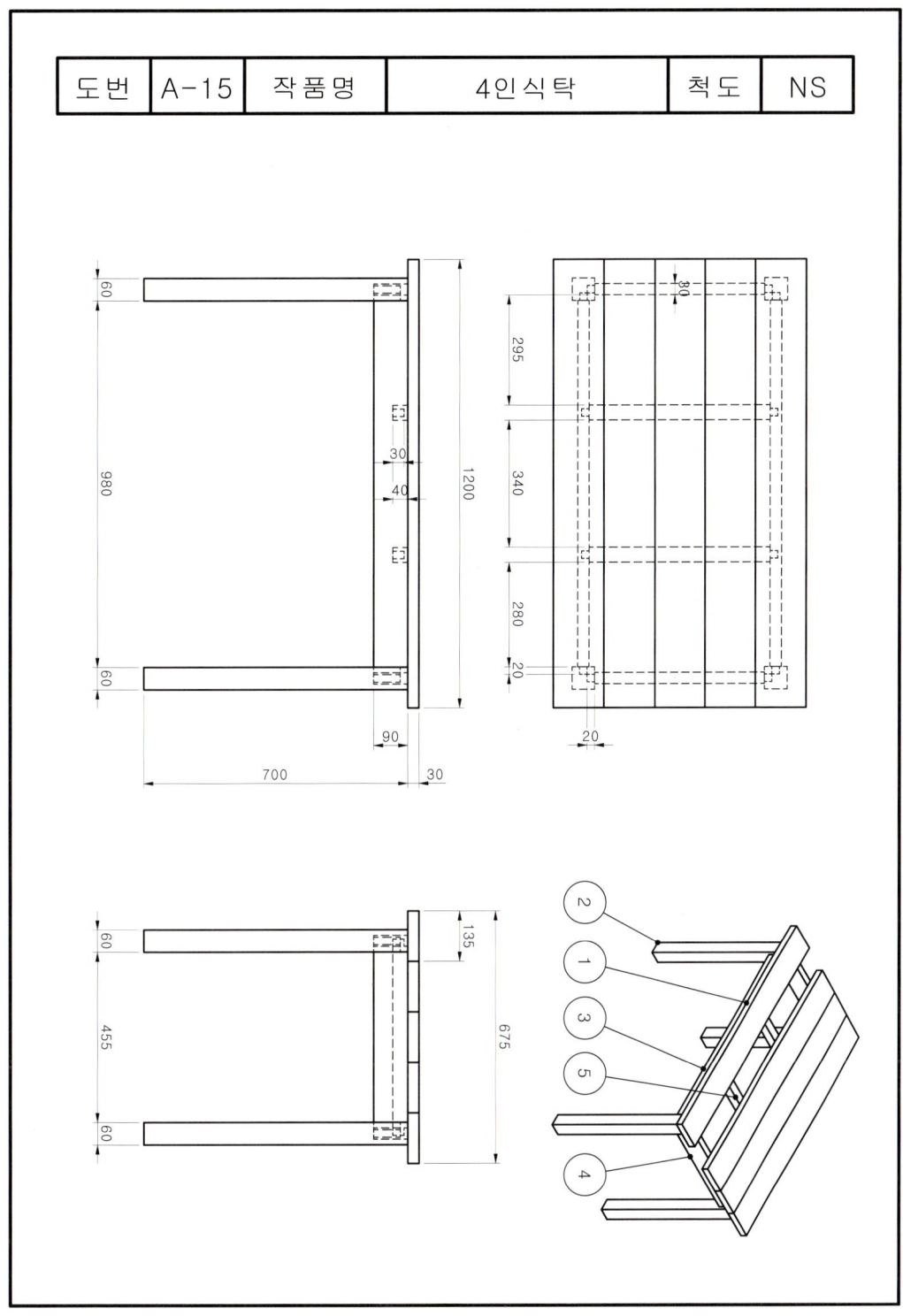

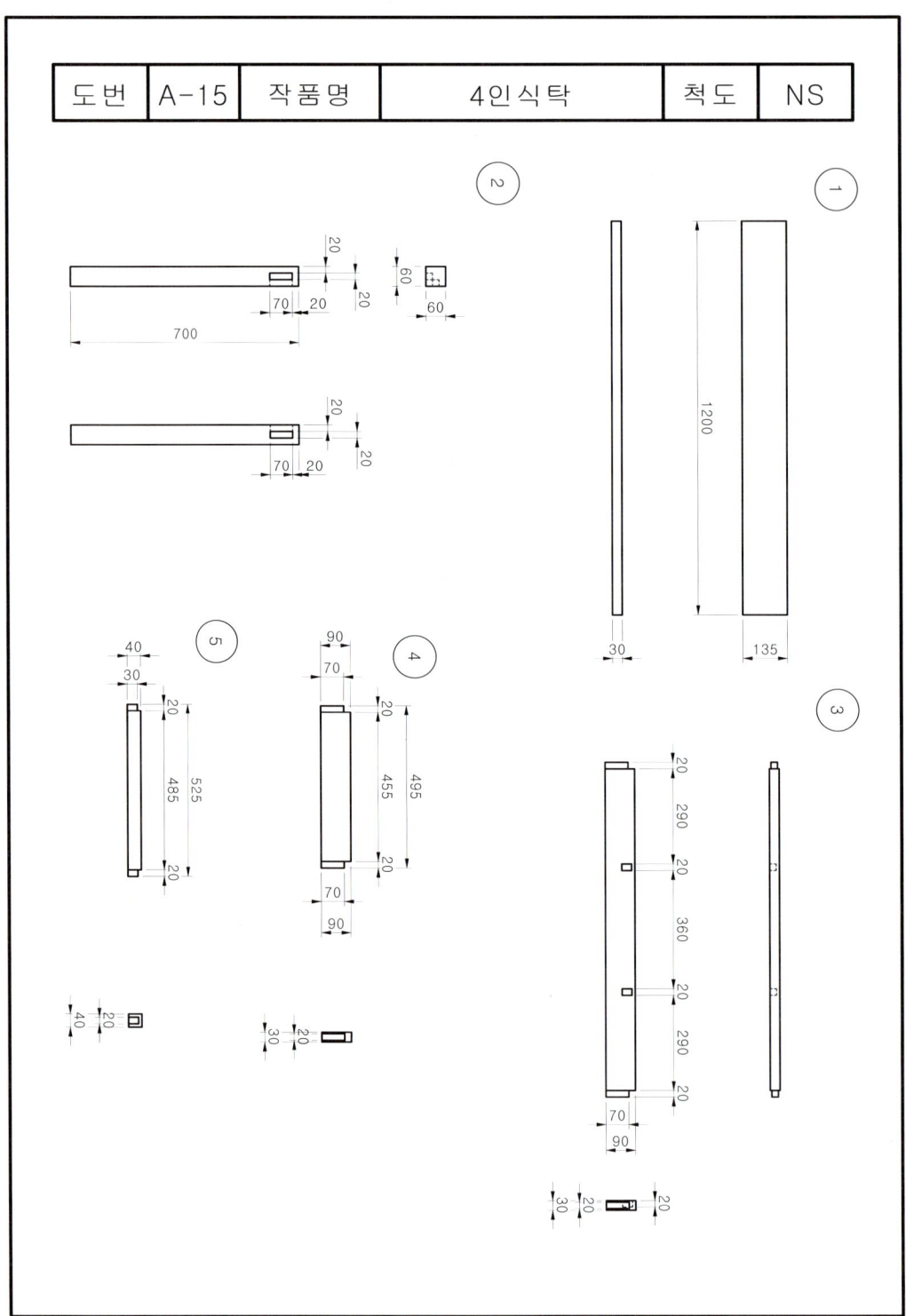

01

- 작성-스케치 작성, XY평면
- 작성-스케치 명령을 이용하여 스케치 후 구속조건 기입
- 작성-스케치 치수로 수정

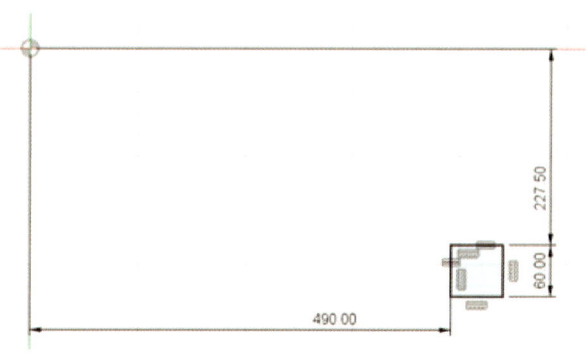

02

- 스케치 마무리
- 작성-돌출
  측면하나, 거리 720, 새 본체

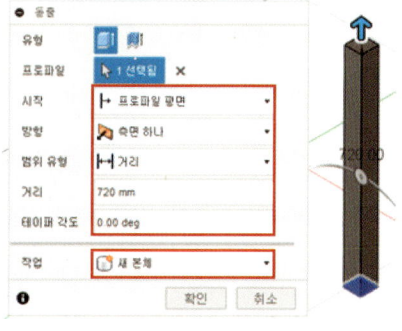

03

- 작성-스케치 작성, 해당평면
- 작성-스케치 명령을 이용하여 스케치 후 구속조건 기입
- 작성-스케치 치수로 수정

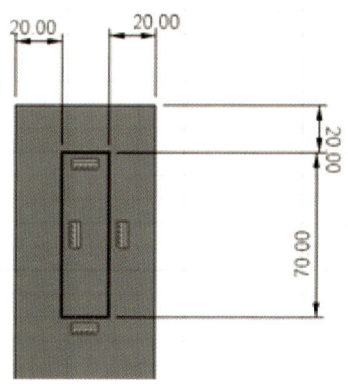

04

- 스케치 마무리
- 작성-돌출
  측면하나, 거리 -20, 잘라내기

05

- 작성-스케치 작성, 해당평면
- 작성-스케치 명령을 이용하여 스케치 후 구속조건 기입
- 작성-스케치 치수로 수정

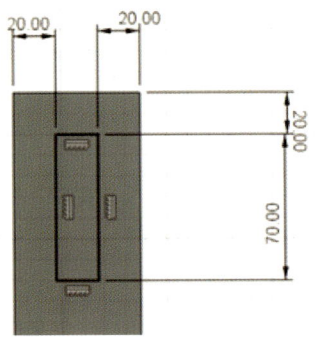

06

- 스케치 마무리
- 작성-돌출
  측면하나, 거리 -20, 잘라내기

07

- 작성-미러, 본체, 새 본체

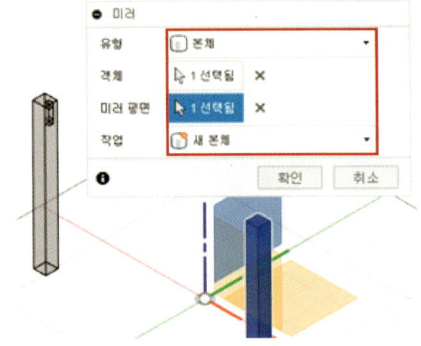

08

- 작성-미러, 본체, 새 본체

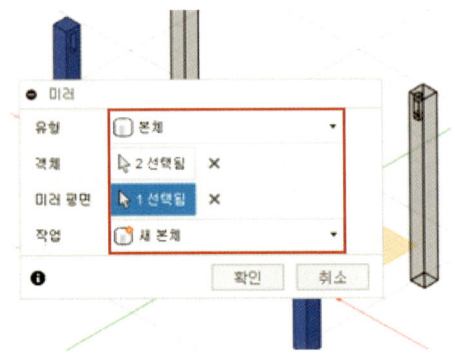

09

- 작성-스케치 작성, YZ평면
- 작성-스케치 명령을 이용하여
  스케치 후 구속조건 기입
- 작성-스케치 치수로 수정

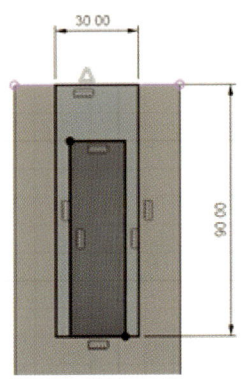

10

- 스케치 마무리
- 작성-돌출
  대칭, 전체거리 1020, 새 본체

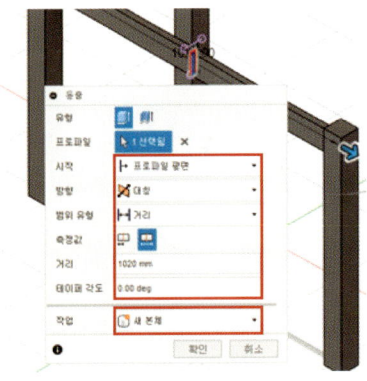

11

- 스케치 활성화
- 작성-돌출
  대칭, 거리 980, 새 본체

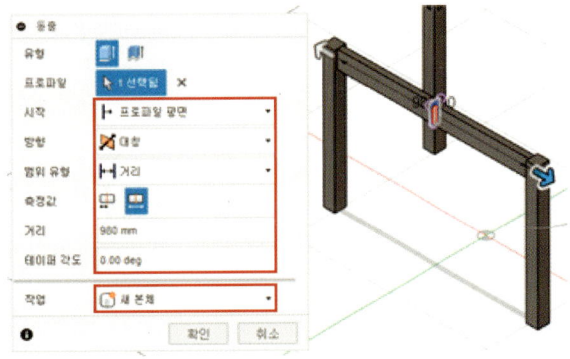

12

- 수정-결합, 접합

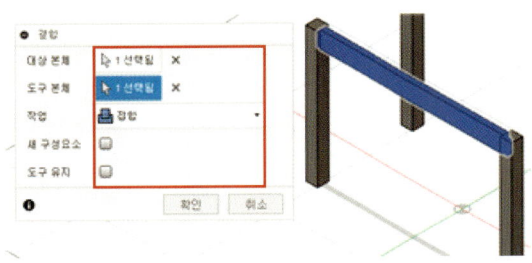

13

- 작성-스케치 작성, 해당평면
- 작성-스케치 명령을 이용하여 스케치 후 구속조건 기입
- 작성-스케치 치수로 수정

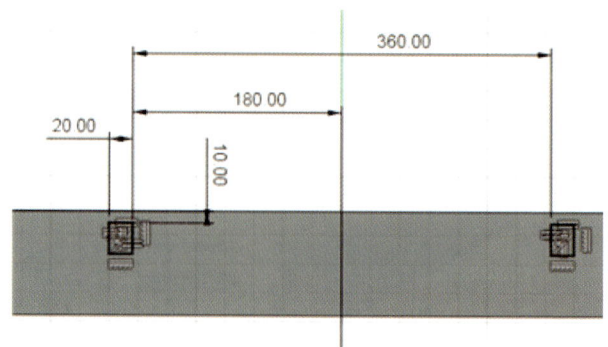

14

- 스케치 마무리
- 작성-돌출
  측면하나, 거리 -20, 잘라내기

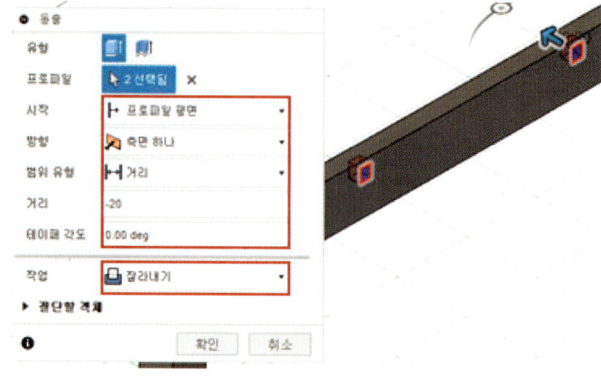

15

- 작성-미러, 본체, 새 본체

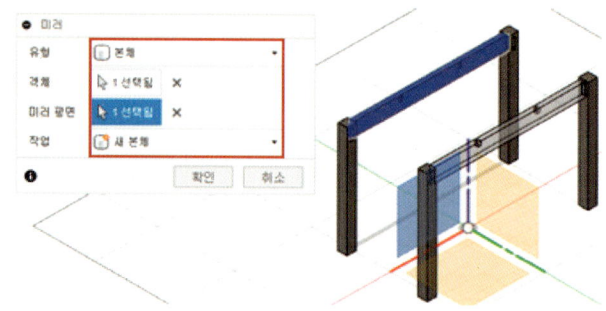

16

- 작성-스케치 작성, XZ평면
- 작성-스케치 명령을 이용하여 스케치 후 구속조건 기입
- 작성-스케치 치수로 수정

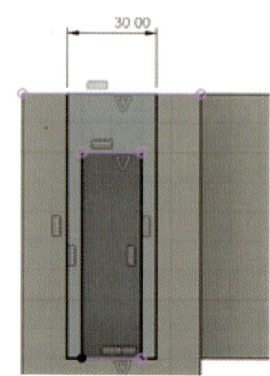

17

- 스케치 마무리
- 작성-돌출
  대칭, 전체거리 495, 새 본체

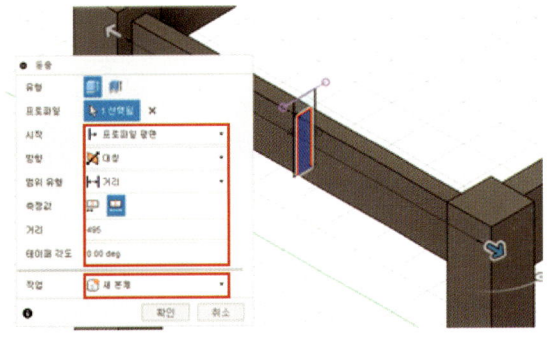

18

- 스케치 활성화
- 작성-돌출
  대칭, 전체거리 455, 새 본체

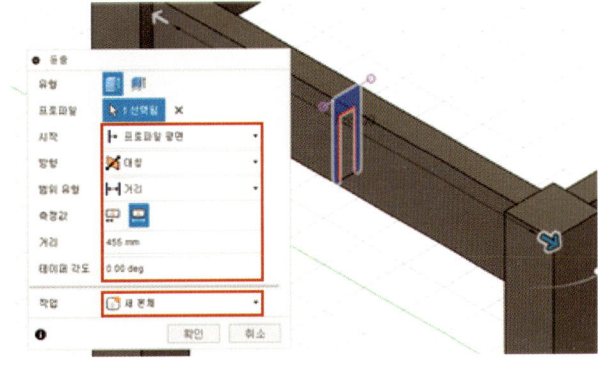

19

- 수정-결합, 접합

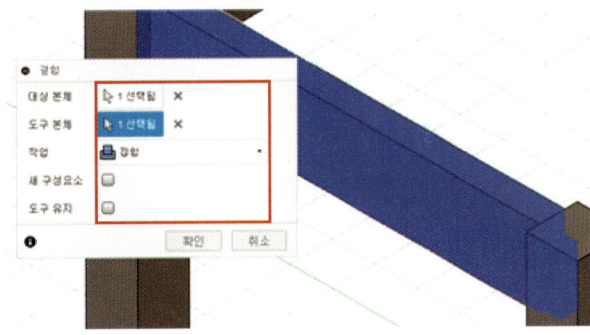

20

- 작성-미러, 본체, 새 본체

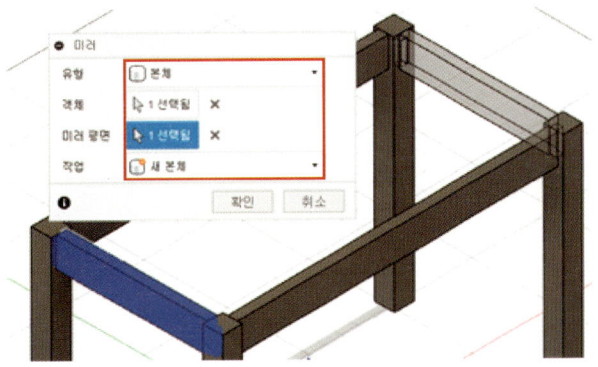

21

- 작성-스케치 작성, XZ평면
- 작성-스케치 명령을 이용하여 스케치 후 구속조건 기입
- 작성-스케치 치수로 수정

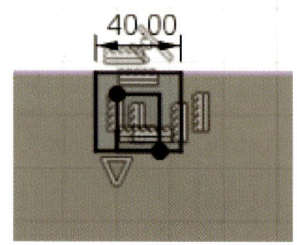

22

- 스케치 마무리
- 작성-돌출
  대칭, 거리 525, 새 본체

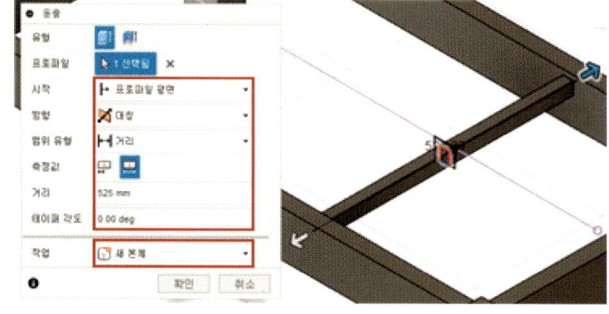

23

- 스케치 활성화
- 작성-돌출
  대칭, 거리 485, 새 본체

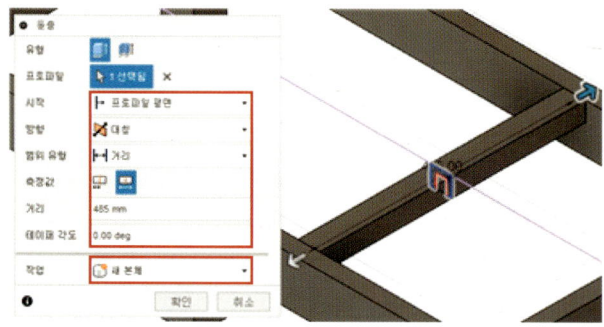

24

- 수정-결합, 접합

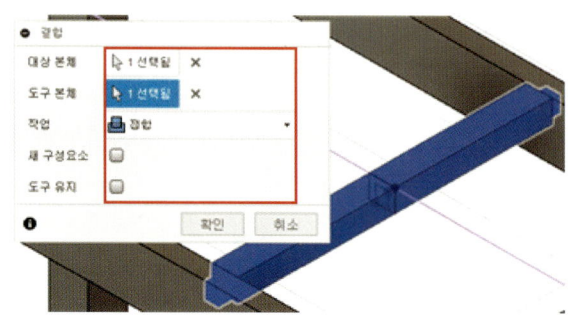

25

- 작성-미러, 본체, 새 본체

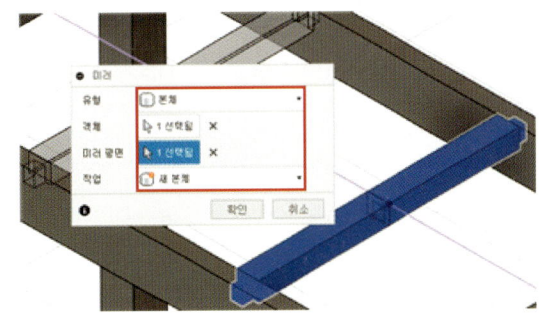

26

- 작성-스케치 작성, 해당평면
- 작성-스케치 명령을 이용하여 스케치 후 구속조건 기입
- 작성-스케치 치수로 수정

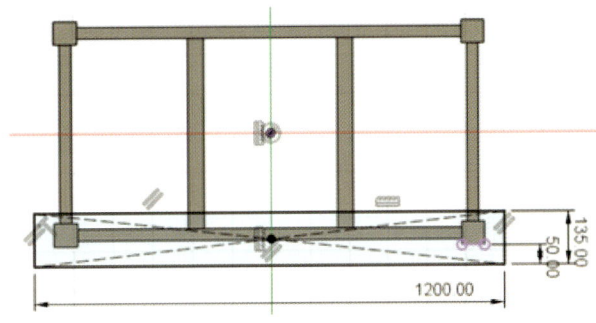

27

- 스케치 마무리
- 작성-돌출
  측면하나, 거리 30, 새 본체

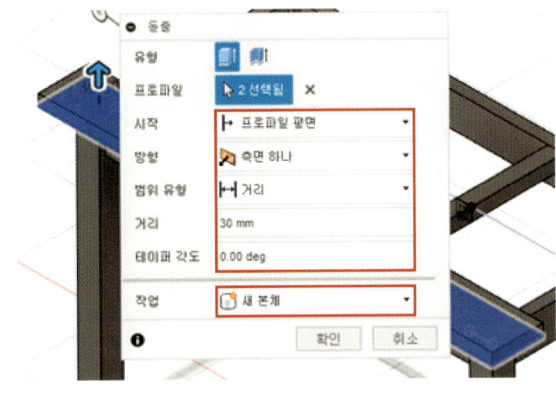

28

- 작성-패턴-직사각형패턴
  간격, 수량 5, 거리 135

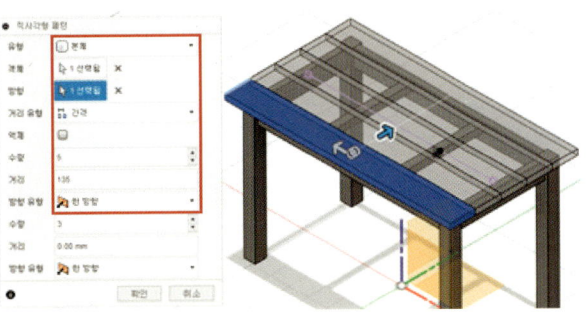

- 완성된 모델링

30

- 렌더링-설정-모양
- 재질 선택하여 드래그

A-16. 서랍장

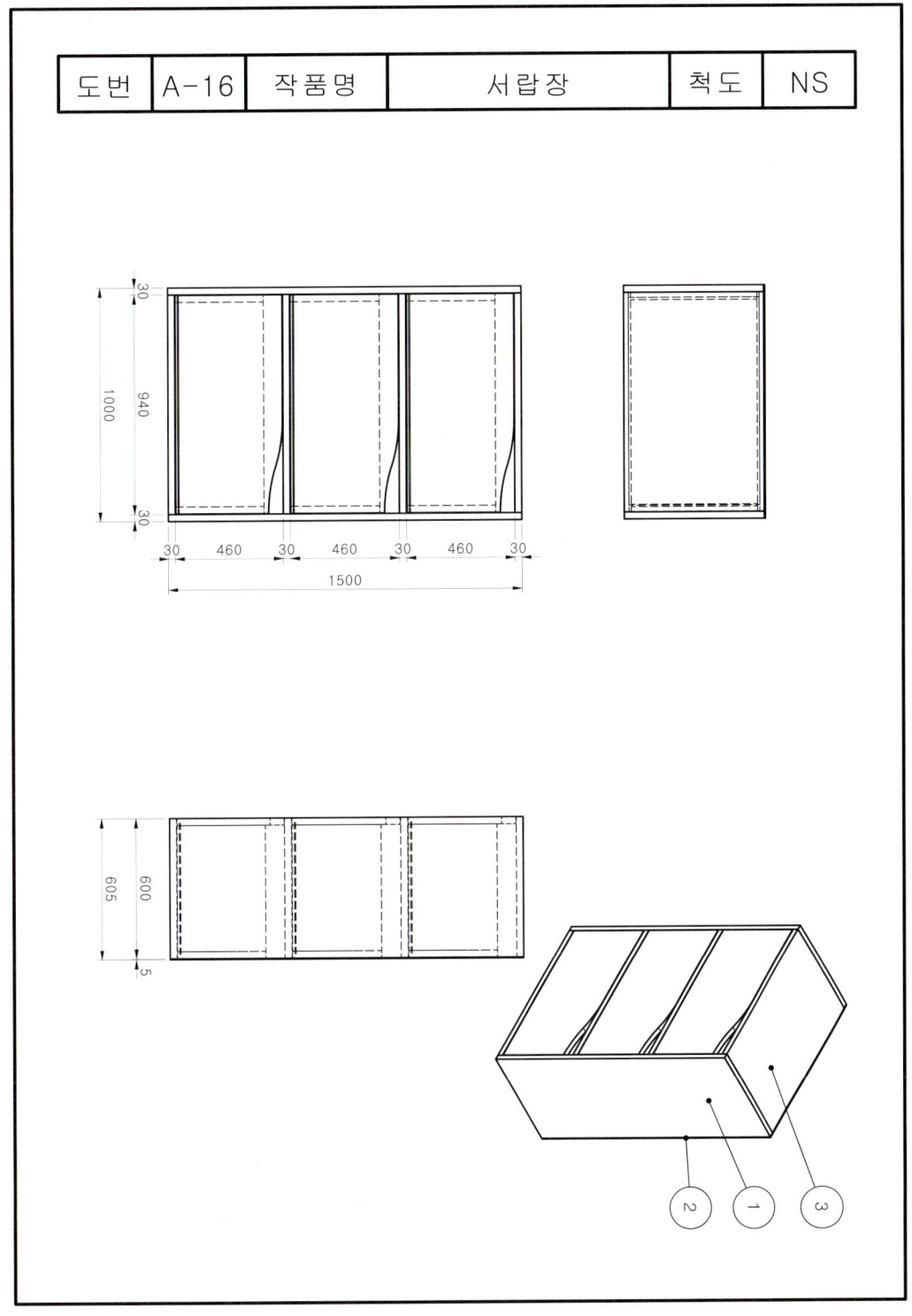

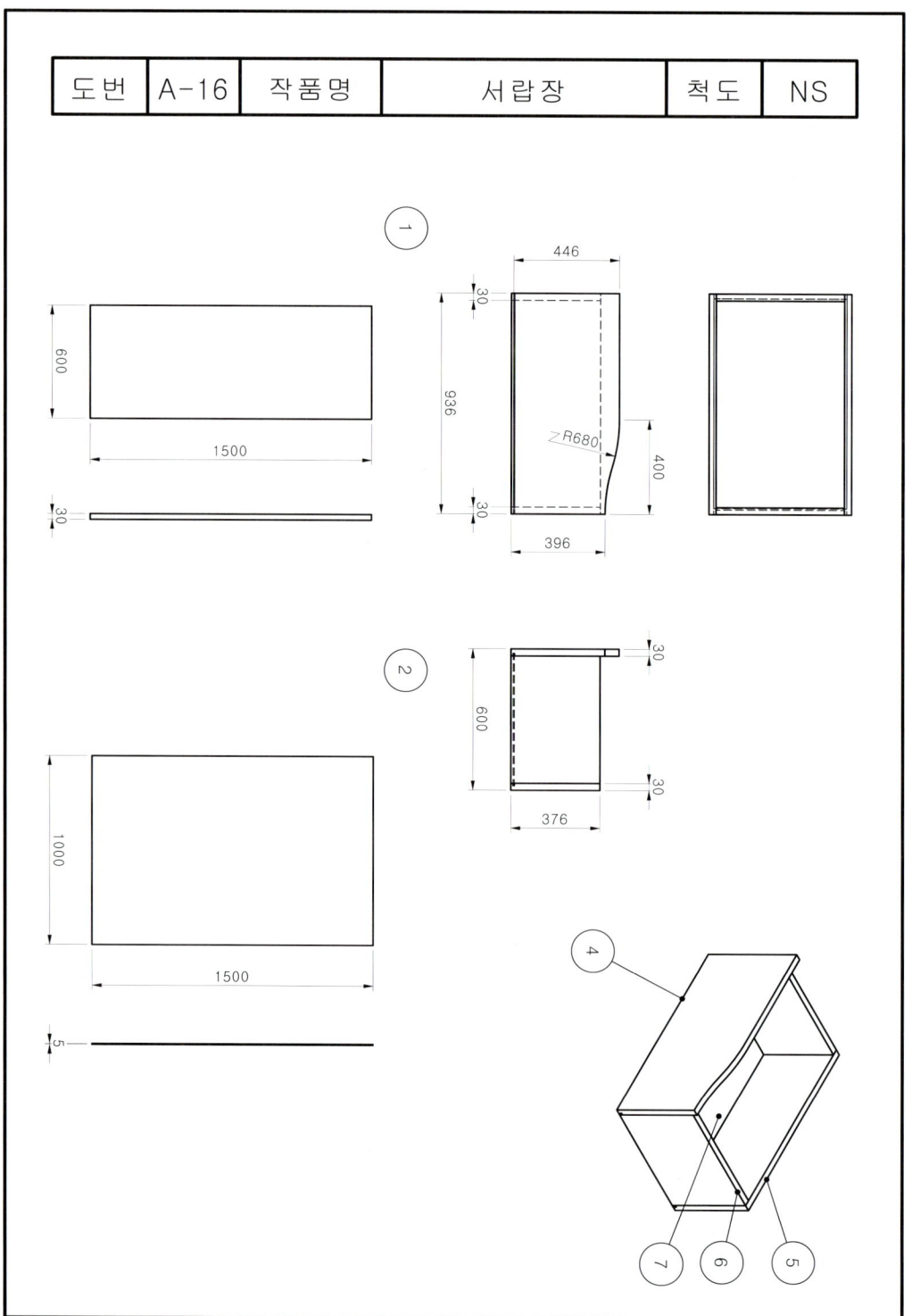

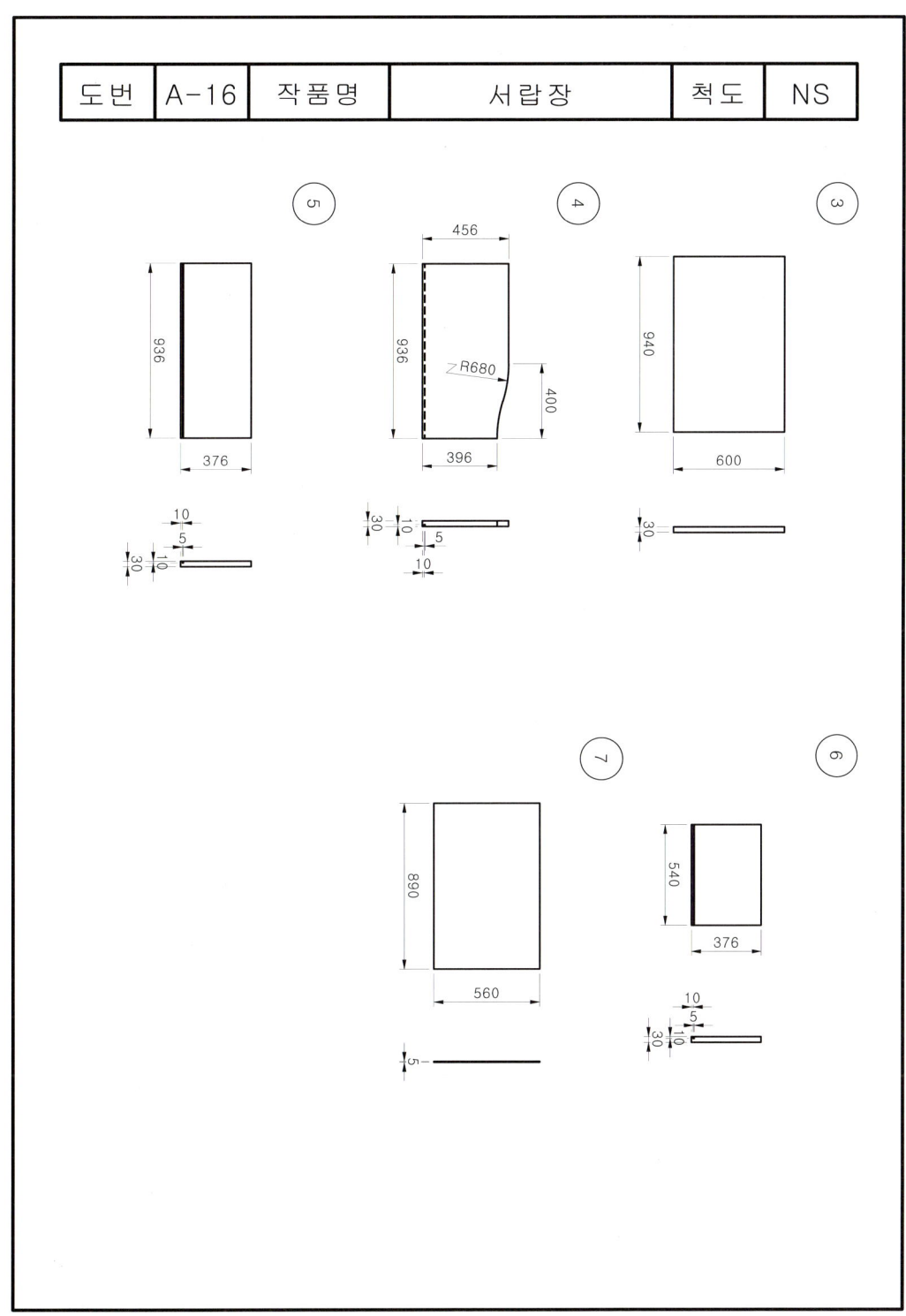

- 조립-새 구성요소

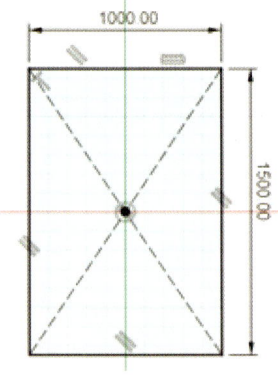

- 작성-스케치 작성, XZ평면
- 작성-스케치 명령을 이용하여
  스케치 후 구속조건 기입
- 작성-스케치 치수로 수정

- 스케치 마무리
- 작성-돌출
  측면하나, 거리 5, 새 본체

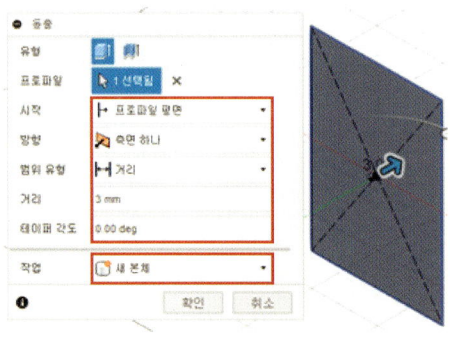

- 작성-스케치 작성, 해당평면
- 작성-스케치 명령을 이용하여
  스케치 후 구속조건 기입
- 작성-스케치 치수로 수정

05

- 스케치 마무리
- 작성-돌출
  측면하나, 거리 600, 새 본체

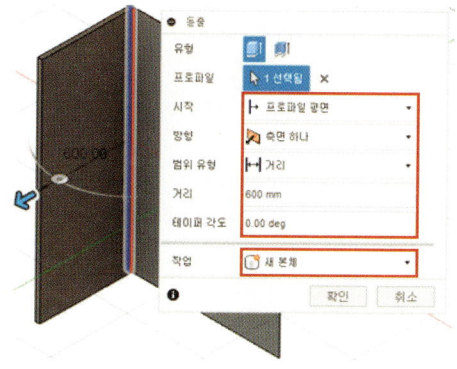

06

- 작성-미러, 본체, 새 본체

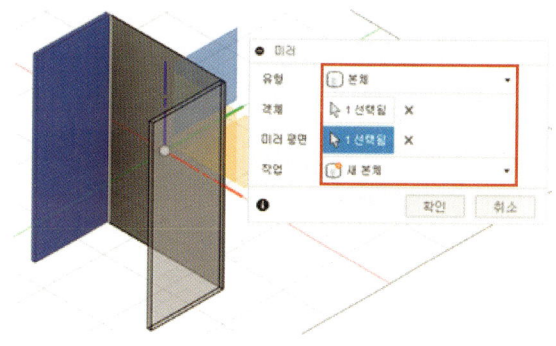

07

- 작성-스케치 작성, 해당평면
- 작성-스케치 명령을 이용하여
  스케치 후 구속조건 기입

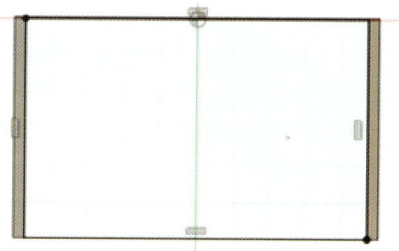

08

- 스케치 마무리
- 작성-돌출
  측면하나, 거리 -30, 새 본체

09

- 작성-패턴-직사각형 패턴
  간격, 수량 4, 거리 490

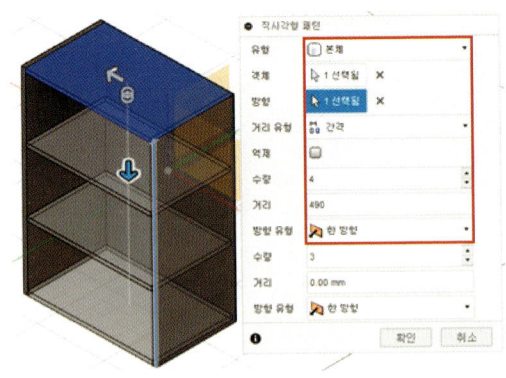

10

- 저장되지 않음 체크하고
  조립-새 구성 요소

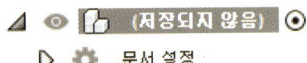

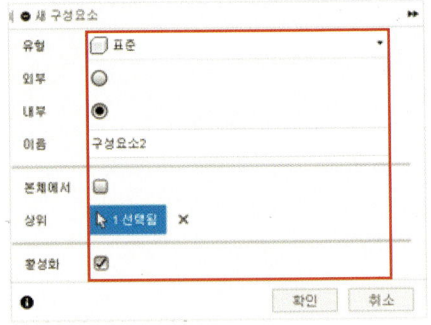

11

- 작성-스케치 작성, XY평면
- 작성-스케치 명령을 이용하여
  스케치 후 구속조건 기입
- 작성-스케치 치수로 수정

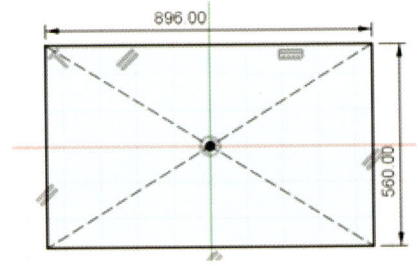

12

- 스케치 마무리
- 작성-돌출
  측면하나, 거리 5, 새 본체

13

- 작성-스케치 작성, XZ평면
- 작성-스케치 명령을 이용하여 스케치 후 구속조건 기입
- 작성-스케치 치수로 수정

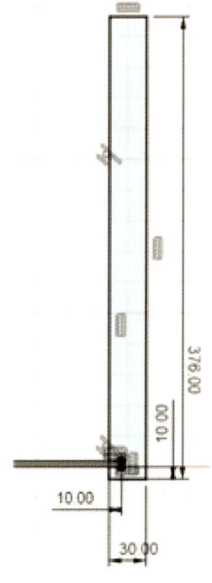

14

- 스케치 마무리
- 작성-돌출
  대칭, 전체거리 540, 새 본체

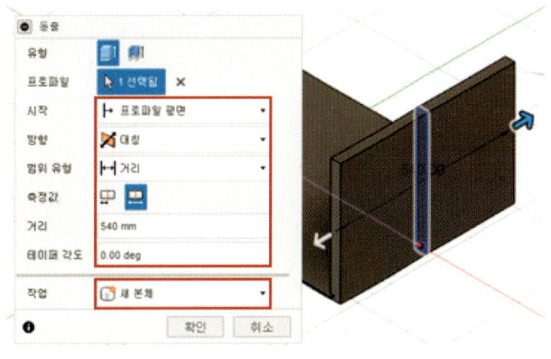

15

- 작성-미러, 본체, 새 본체

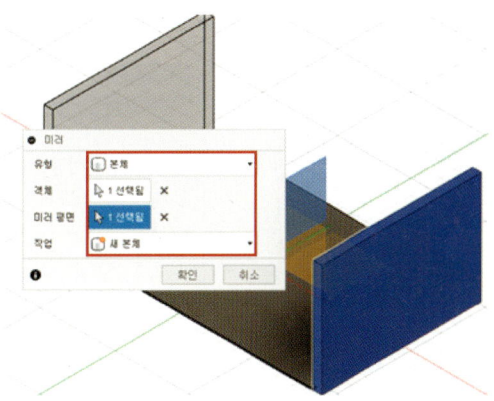

16

- 작성-스케치 작성, YZ평면
- 작성-스케치 명령을 이용하여 스케치 후 구속조건 기입
- 작성-스케치 치수로 수정

17

- 스케치 마무리
- 작성-돌출
  대칭, 전체거리 936, 새 본체

18

- 작성-미러, 본체, 새 본체

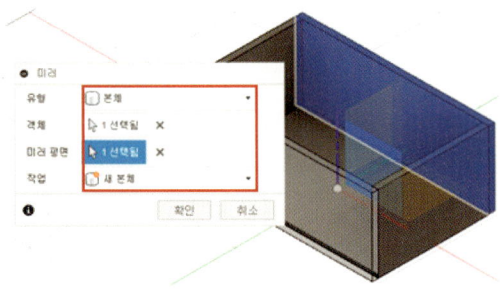

19

- 수정-밀고 당기기

20
- 작성-스케치 작성, 해당평면
- 작성-스케치 명령을 이용하여 스케치 후 구속조건 기입
- 작성-스케치 치수로 수정

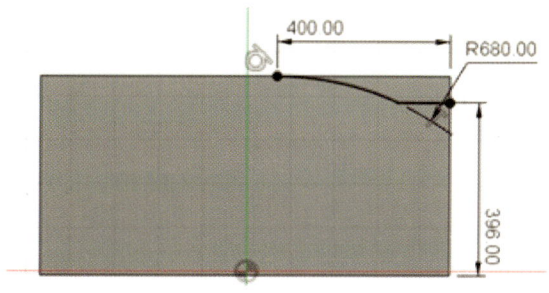

21
- 스케치 마무리
- 작성-돌출
  측면하나, 거리 -30, 잘라내기

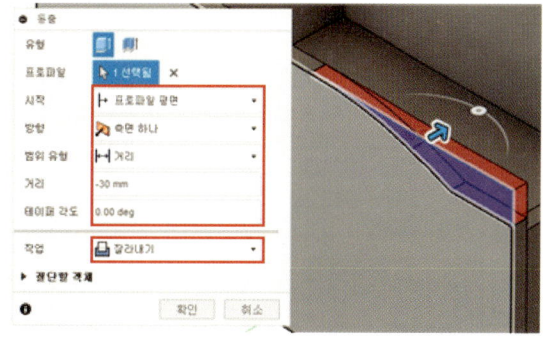

22
- 서랍 복사
- 완성된 모델링

23
- 렌더링-설정-모양
- 재질 선택하여 드래그

A-17. 스탠드형 정리함

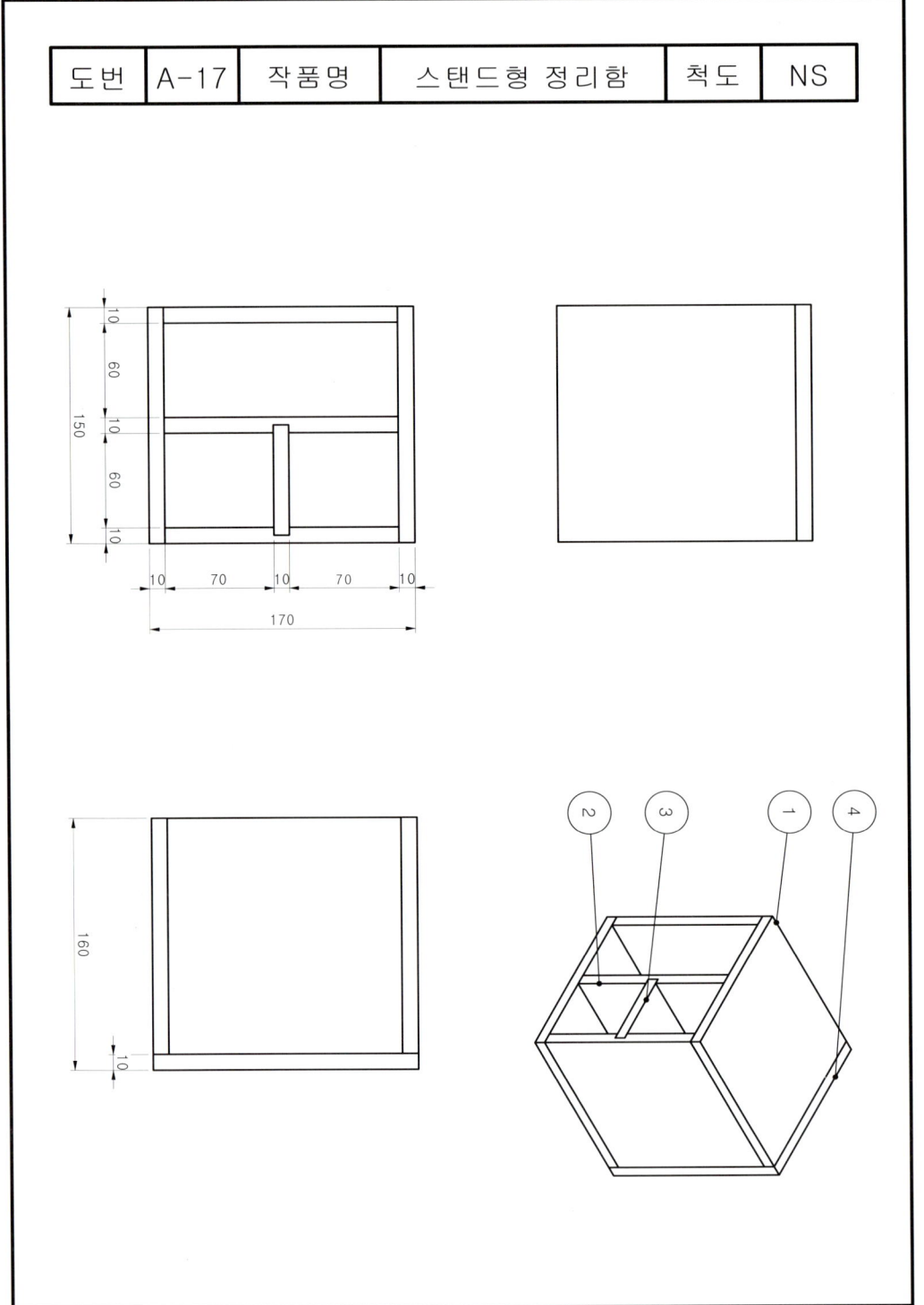

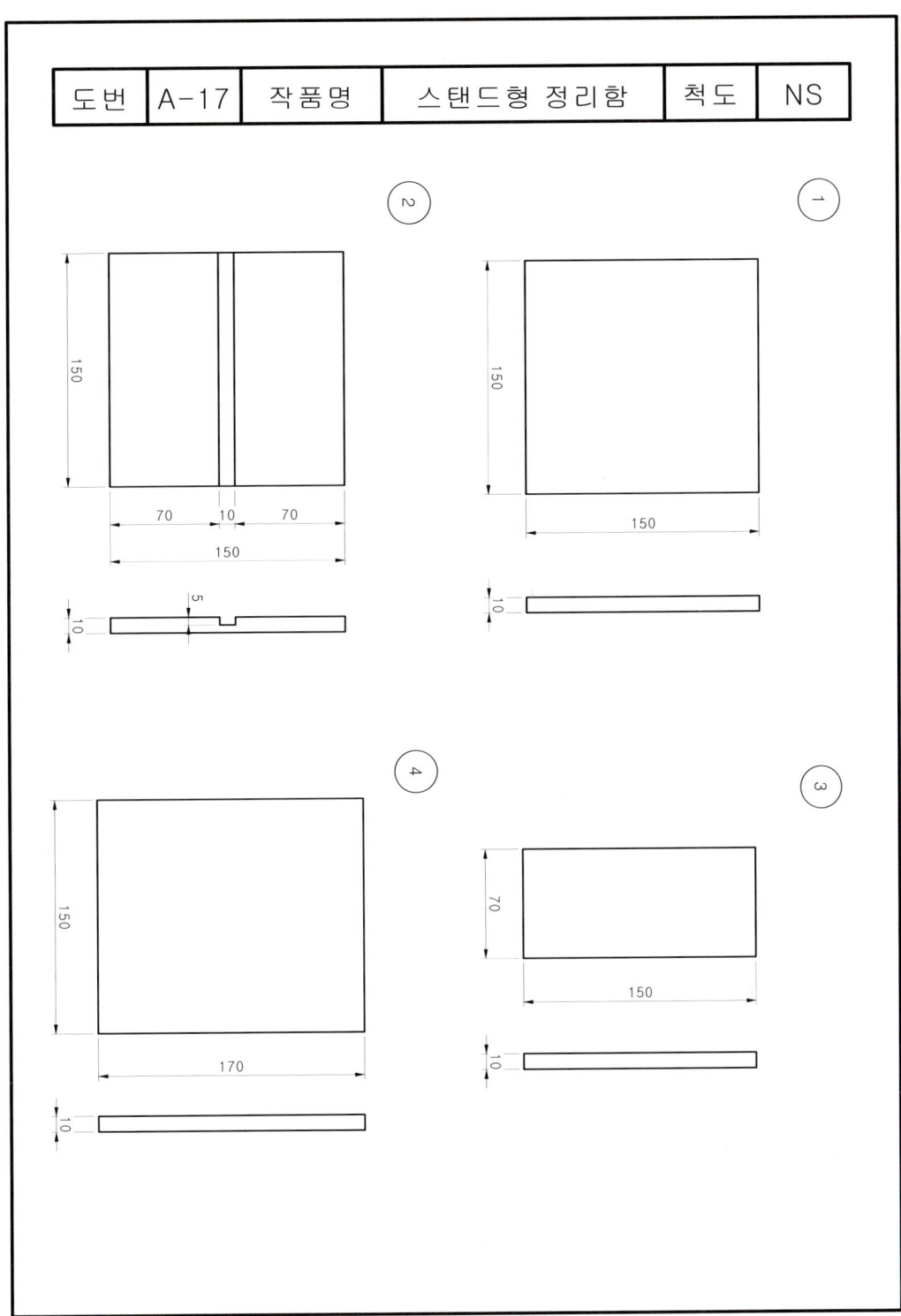

01

- 작성-스케치 작성, XZ평면
- 작성-스케치 명령을 이용하여 스케치 후 구속조건 기입
- 작성-스케치 치수로 수정

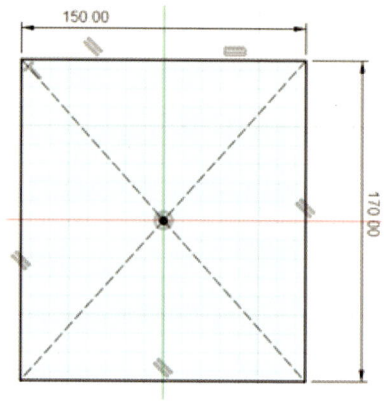

02

- 스케치 마무리
- 작성-돌출
  측면하나, 거리 10, 새 본체

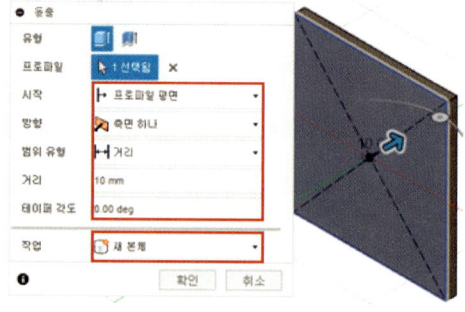

03

- 작성-스케치 작성, 해당평면
- 작성-스케치 명령을 이용하여 스케치 후 구속조건 기입
- 작성-스케치 치수로 수정

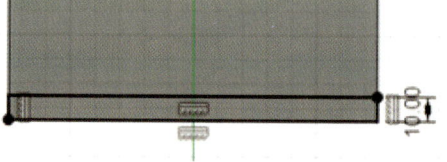

04

- 스케치 마무리
- 작성-돌출
  측면하나, 거리 150, 새 본체

05

- 작성-미러, 피쳐

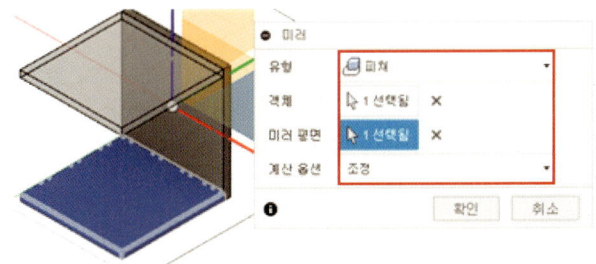

06

- 작성-스케치 작성, 해당평면
- 작성-스케치 명령을 이용하여 스케치 후 구속조건 기입
- 작성-스케치 치수로 수정

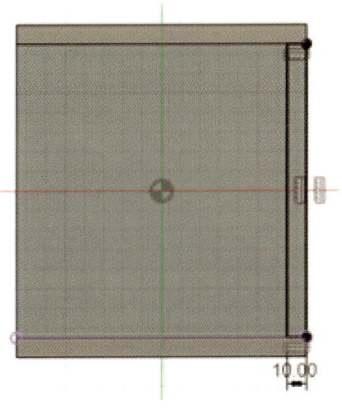

07

- 스케치 마무리
- 작성-돌출
  측면하나, 거리 150, 새 본체

08

- 작성-패턴-직사각형 패턴
  간격, 수량 3, 거리 70

PART A. 목공 가구류 123

09

- 작성-스케치 작성, 해당평면
- 작성-스케치 명령을 이용하여 스케치 후 구속조건 기입
- 작성-스케치 치수로 수정

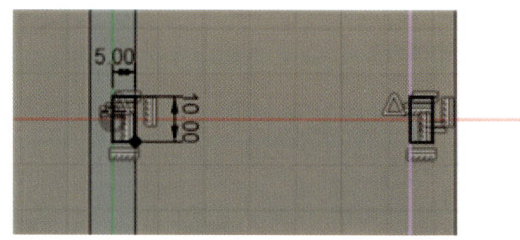

10

- 스케치 마무리
- 작성-돌출
  측면하나, 거리 -150, 잘라내기

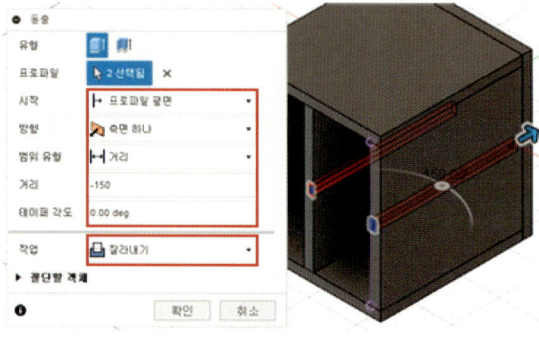

11

- 작성-스케치 작성, 해당평면
- 작성-스케치 명령을 이용하여 스케치 후 구속조건 기입

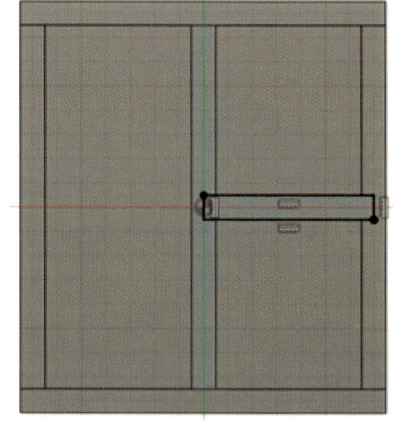

12

- 스케치 마무리
- 작성-돌출
  측면하나, 거리 -150, 새 본체

13

- 완성된 모델링

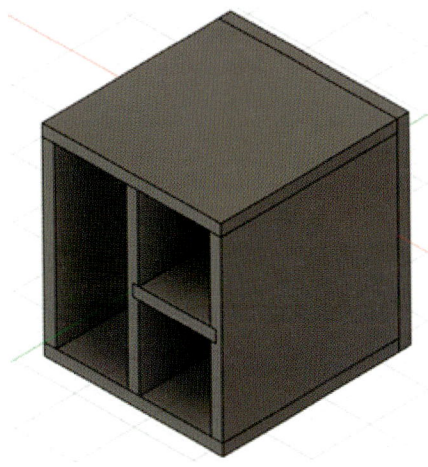

14

- 렌더링-설정-모양
- 재질 선택하여 드래그

A-18. 다용도꽂이

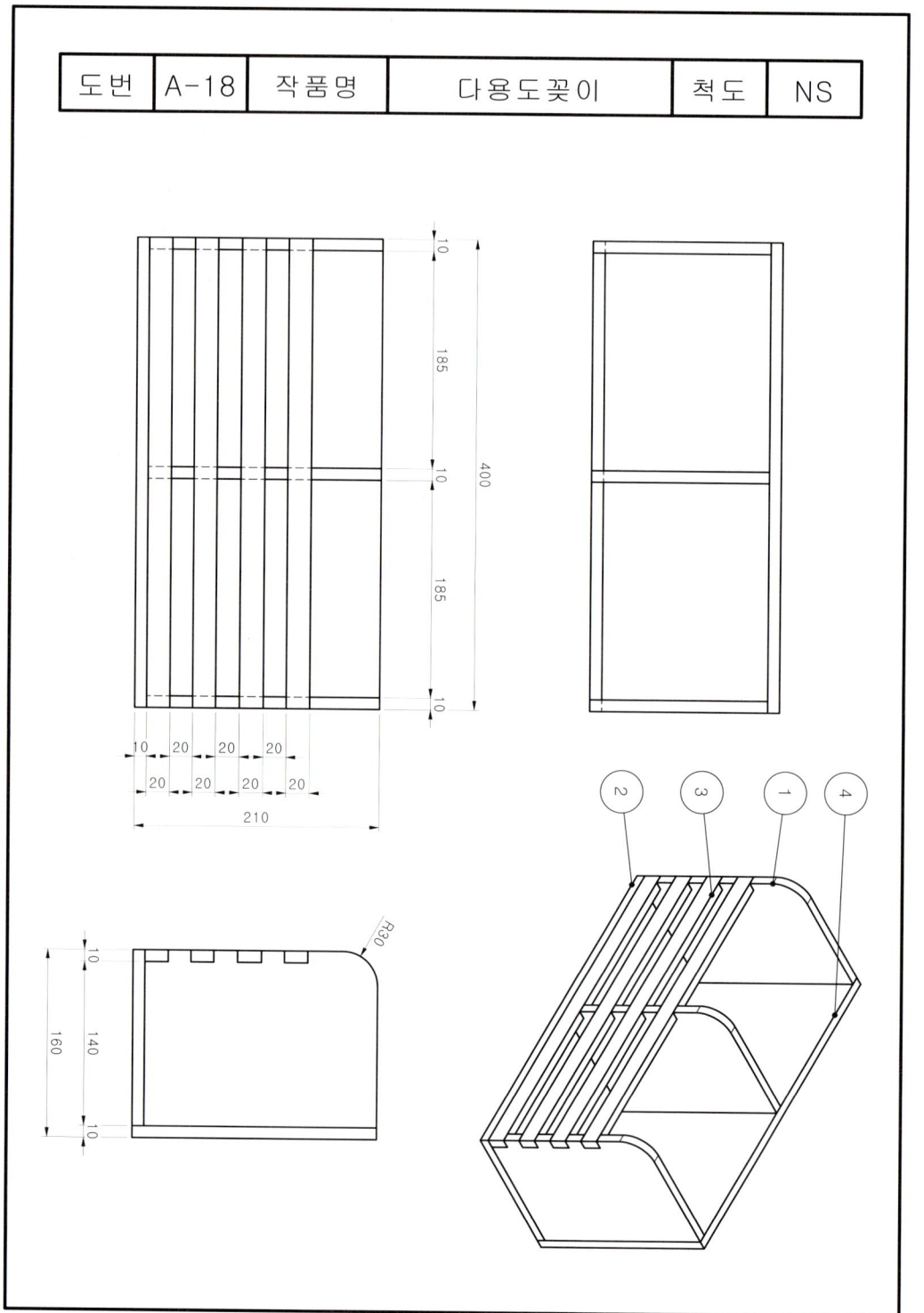

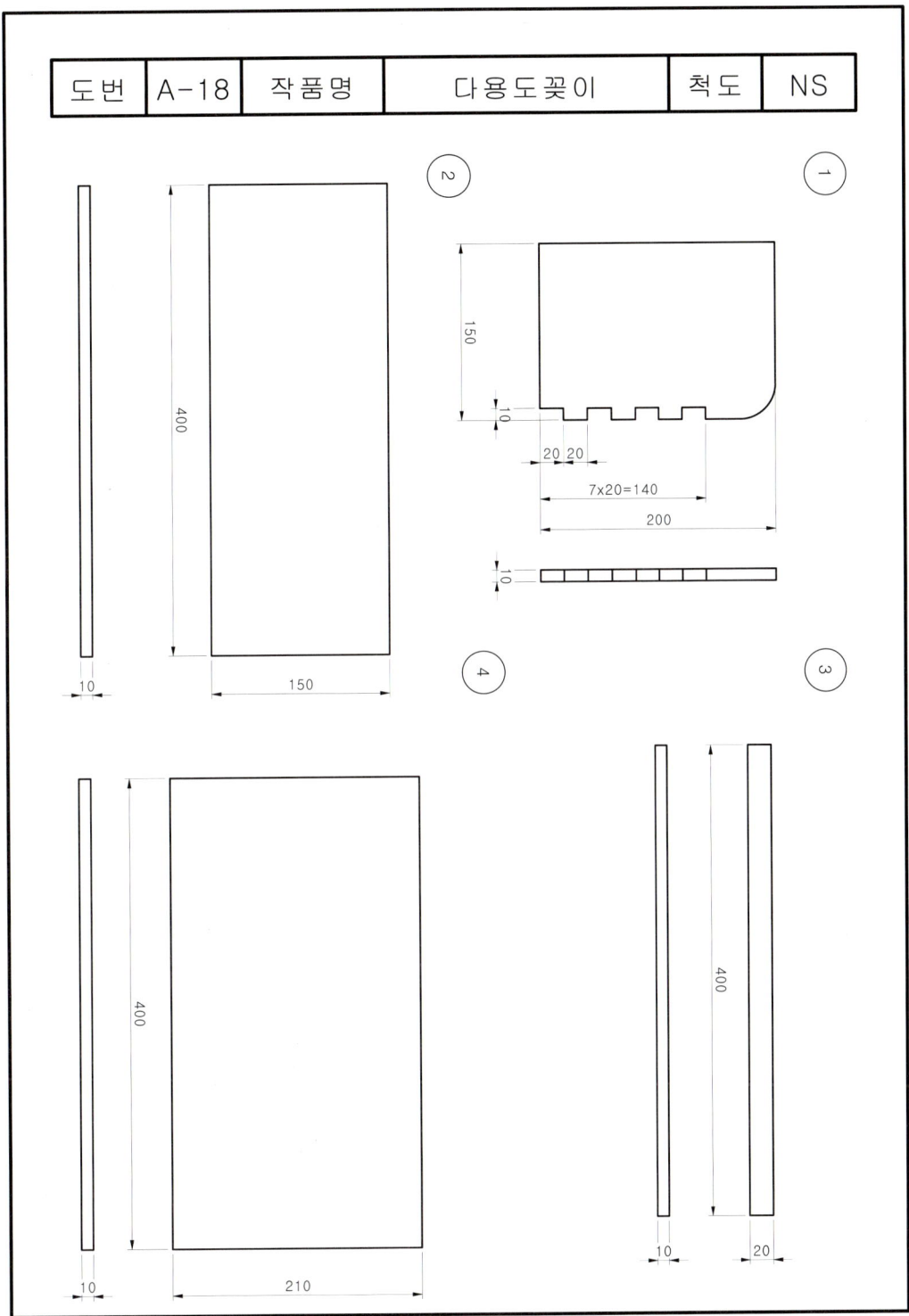

01

- 작성-스케치 작성, XZ평면
- 작성-스케치 명령을 이용하여 스케치 후 구속조건 기입
- 작성-스케치 치수로 수정

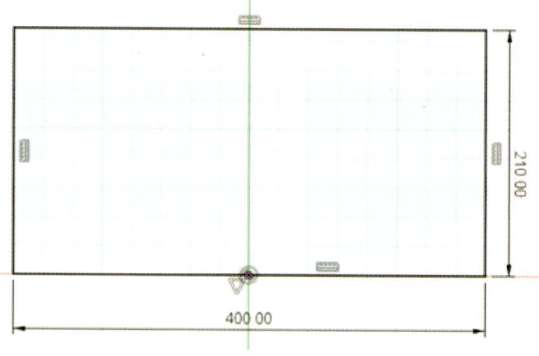

02

- 스케치 마무리
- 작성-돌출
  측면하나, 거리 10, 새 본체

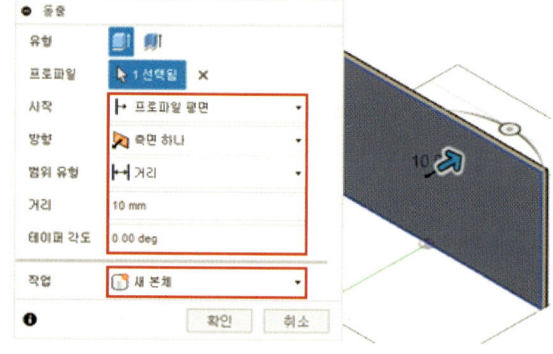

03

- 작성-스케치 작성, 해당평면
- 작성-스케치 명령을 이용하여 스케치 후 구속조건 기입
- 작성-스케치 치수로 수정

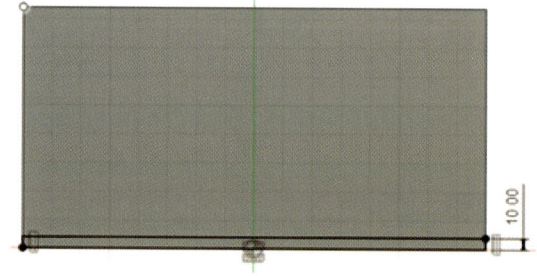

04

- 스케치 마무리
- 작성-돌출
  측면하나, 거리 150, 새 본체

05

- 작성-스케치 작성, 해당평면
- 작성-스케치 명령을 이용하여 스케치 후 구속조건 기입
- 작성-스케치 치수로 수정

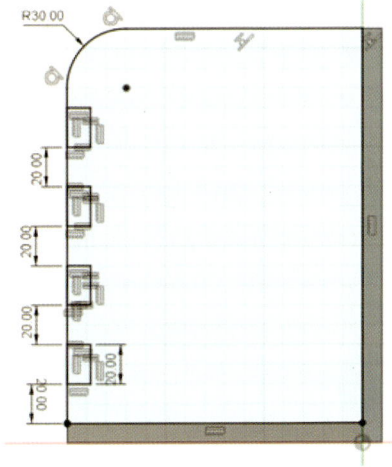

06

- 스케치 마무리
- 작성-돌출
  측면하나, 거리 -10, 새 본체

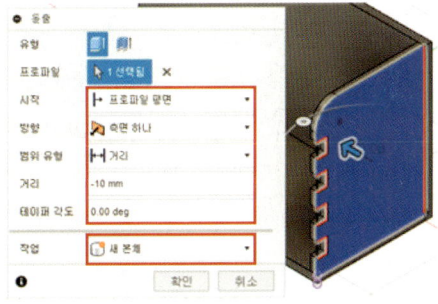

07

- 작성-패턴-직사각형패턴
  간격, 수량 3, 거리 -195

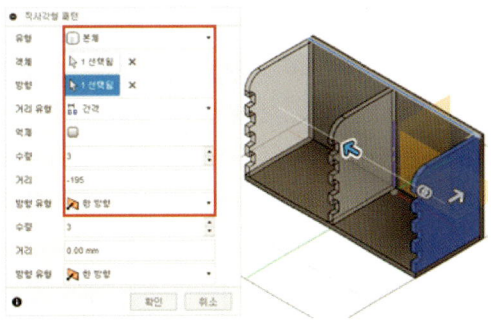

08

- 작성-스케치 작성, 해당평면
- 작성-스케치 명령을 이용하여 스케치 후 구속조건 기입

09

- 스케치 마무리
- 작성-돌출
  측면하나, 거리 -400, 새 본체

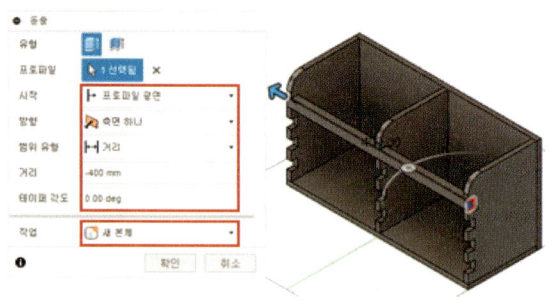

10

- 작성-패턴-직사각형 패턴
  간격, 수량 4, 거리 40

11

- 완성된 모델링

12

- 렌더링-설정-모양
- 재질 선택하여 드래그

A-19. 서류정리함

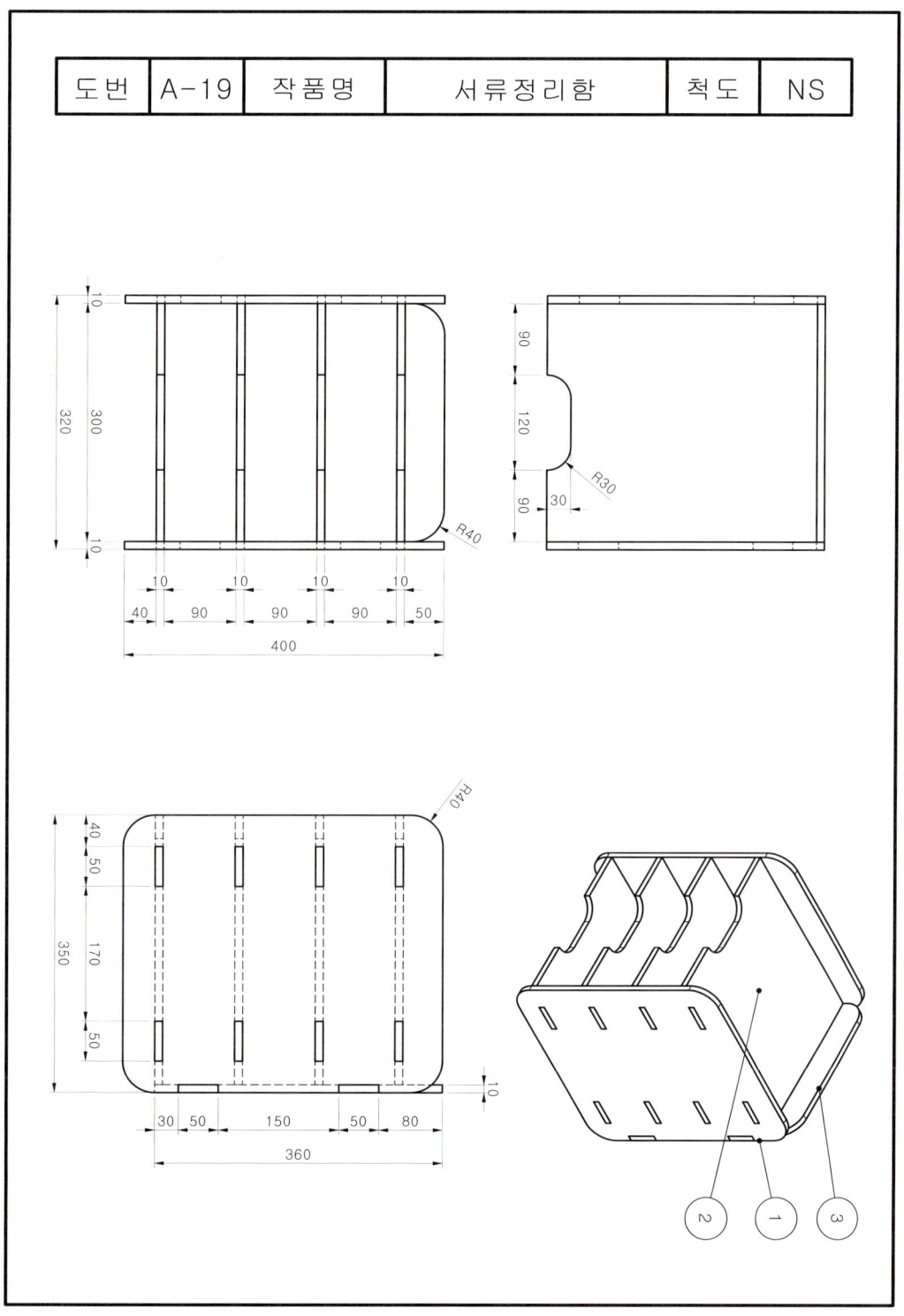

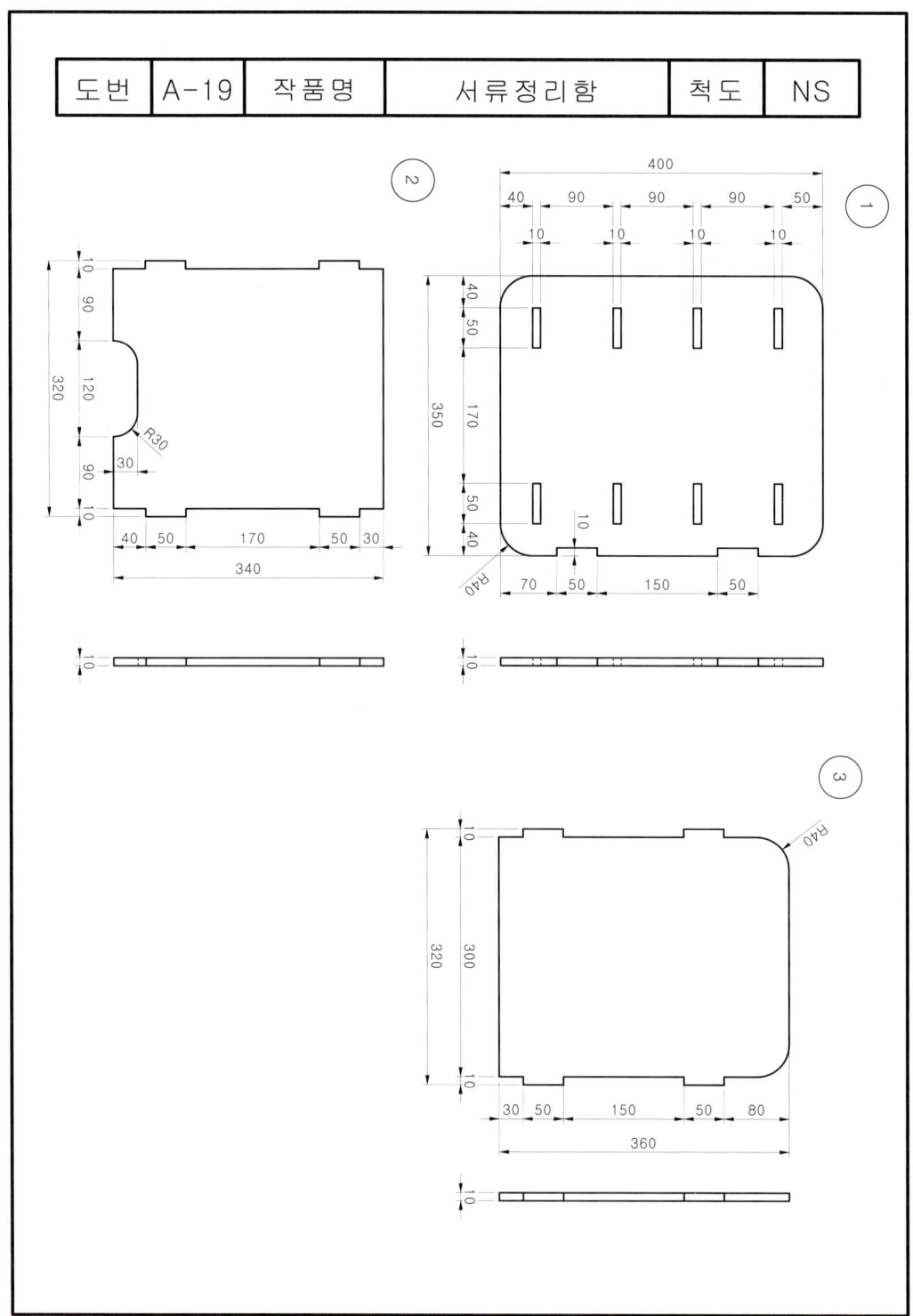

01

- 작성-스케치 작성, XY평면
- 작성-스케치 명령을 이용하여 스케치 후 구속조건 기입
- 작성-스케치 치수로 수정

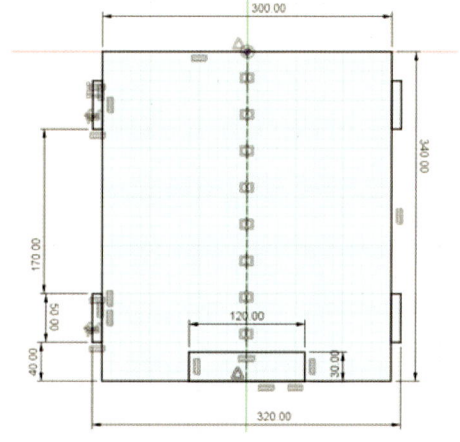

02

- 스케치 마무리
- 작성-돌출
  측면하나, 거리 10, 새 본체

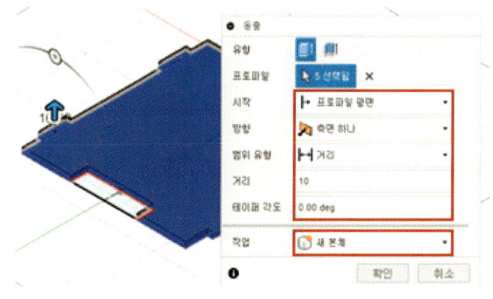

03

- 수정-모깎기, R30

04

- 작성-패턴-직사각형 패턴
  간격, 수량 4, 거리 -100

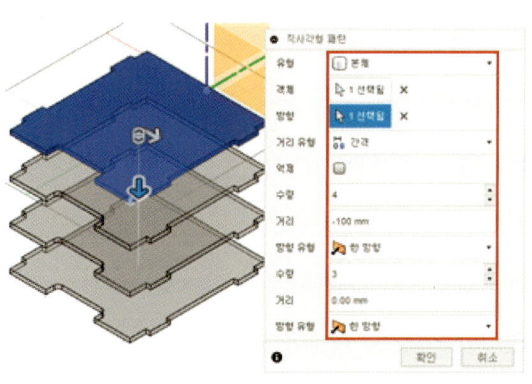

PART A. 목공 가구류

05

- 작성-스케치 작성, 해당평면
- 작성-스케치 명령을 이용하여 스케치 후 구속조건 기입
- 작성-스케치 치수로 수정

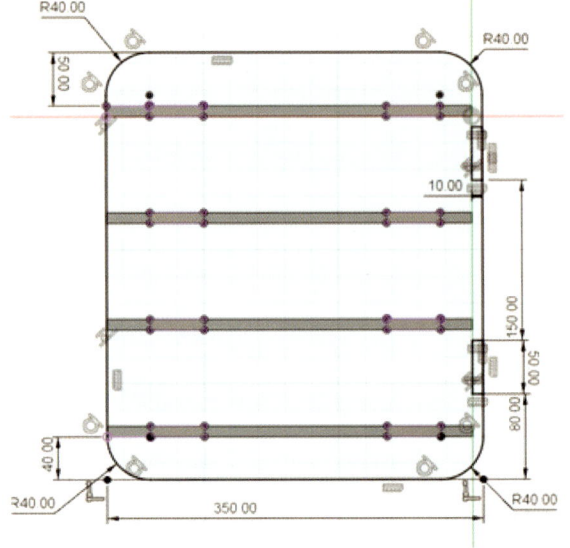

06

- 스케치 마무리
- 작성-돌출
  측면하나, 거리 10, 새 본체

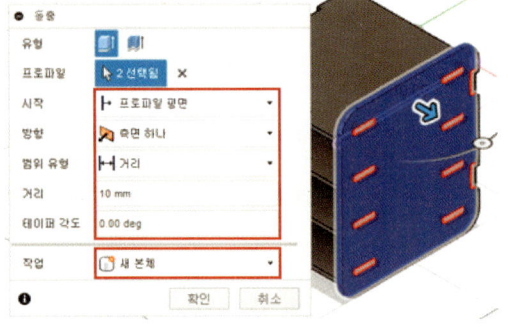

07

- 작성-미러, 본체, 새 본체

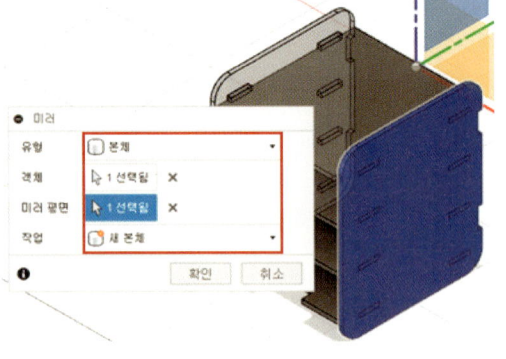

08

- 작성-스케치 작성, 해당평면
- 작성-스케치 명령을 이용하여 스케치 후 구속조건 기입
- 작성-스케치 치수로 수정

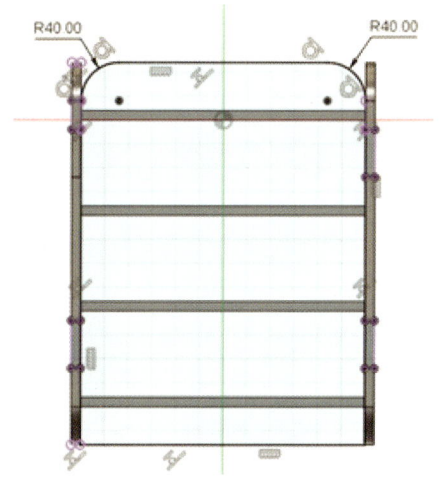

09

- 스케치 마무리
- 작성-돌출
  측면하나, 거리 10, 새 본체

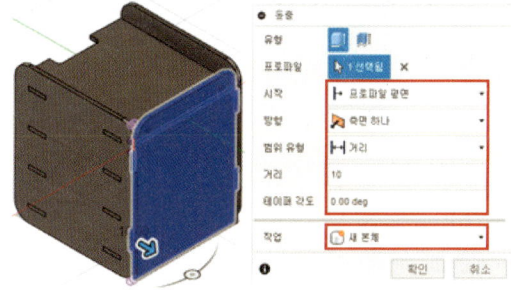

10

- 완성된 모델링

11

- 렌더링-설정-모양
- 재질 선택하여 드래그

A-20. 2단 장식장

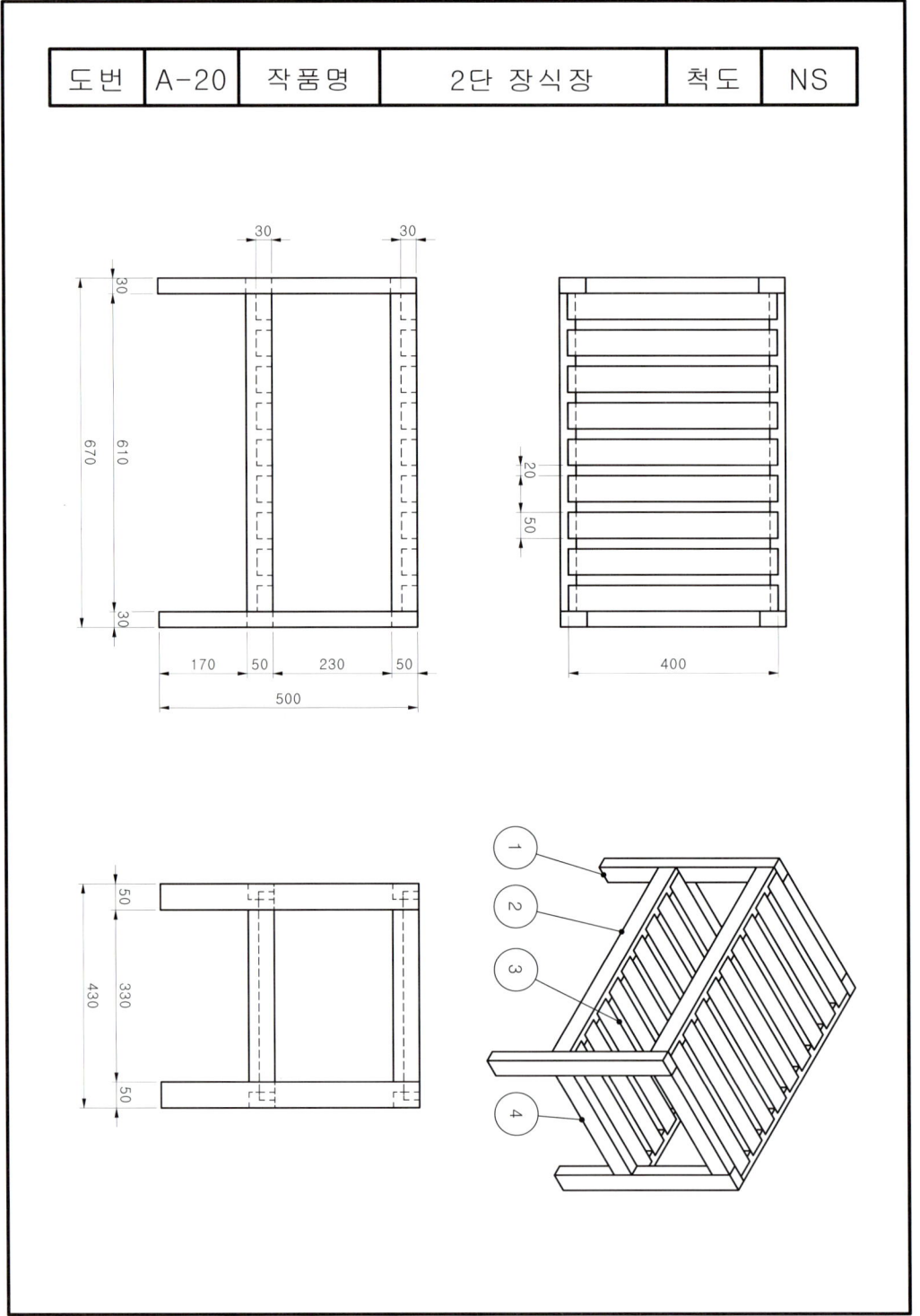

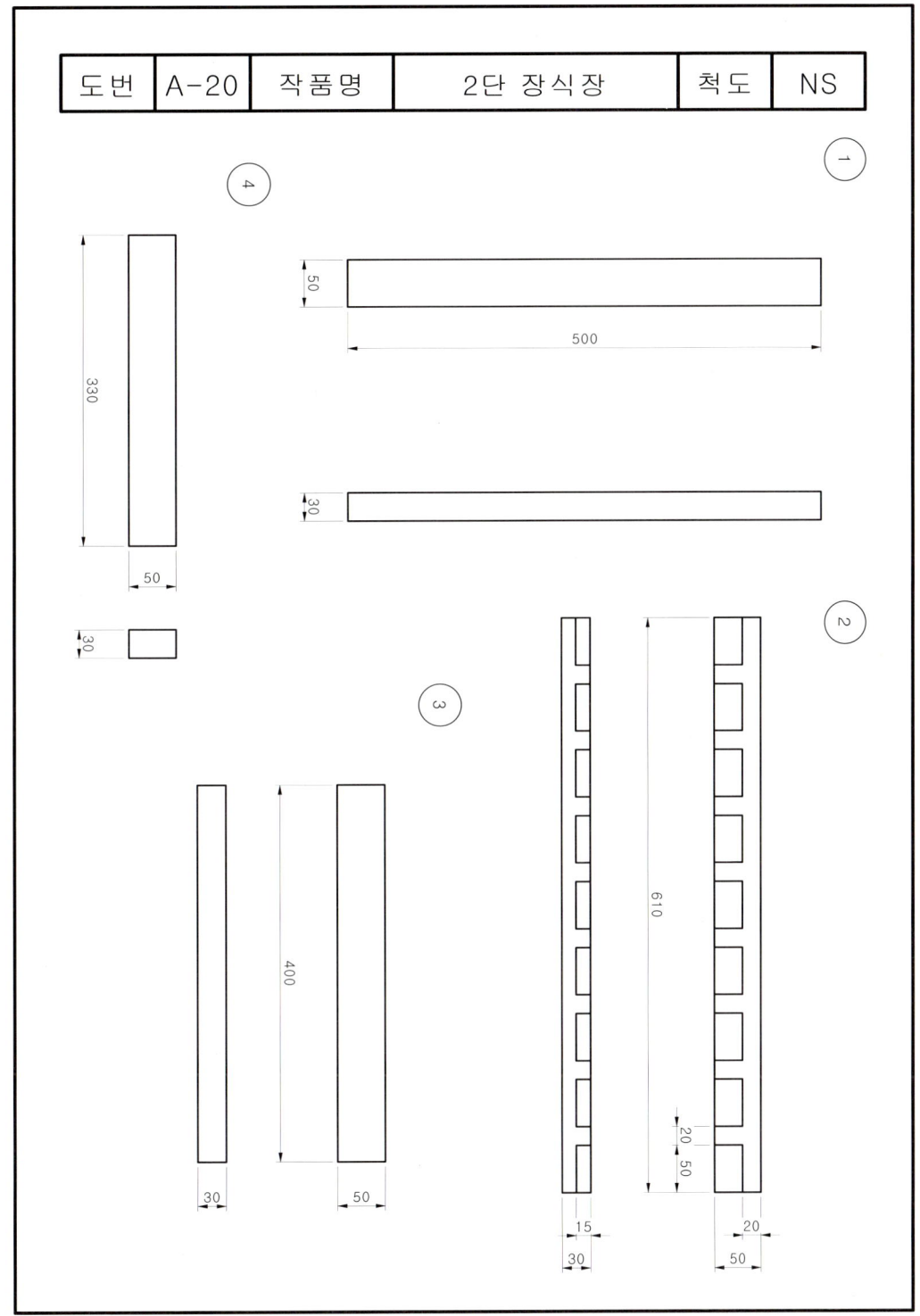

01

- 작성–스케치 작성, XZ평면
- 작성–스케치 명령을 이용하여 스케치 후 구속조건 기입
- 작성–스케치 치수로 수정

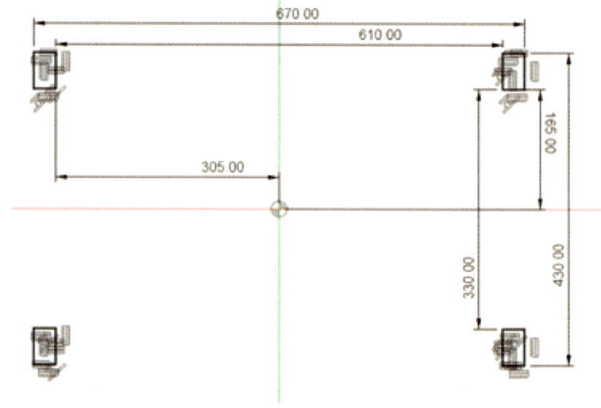

02

- 스케치 마무리
- 작성–돌출
  측면하나, 거리 500, 새 본체

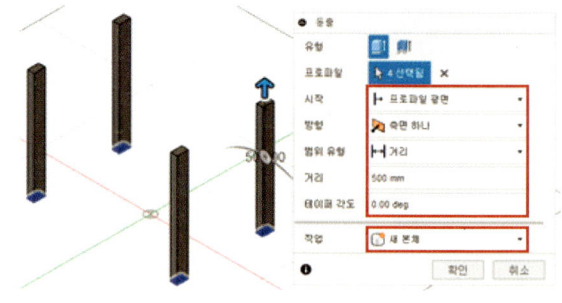

03

- 작성–스케치 작성, 해당평면
- 작성–스케치 명령을 이용하여 스케치 후 구속조건 기입
- 작성–스케치 치수로 수정

04

- 스케치 마무리
- 작성–돌출
  측면하나, 거리 –50, 새 본체

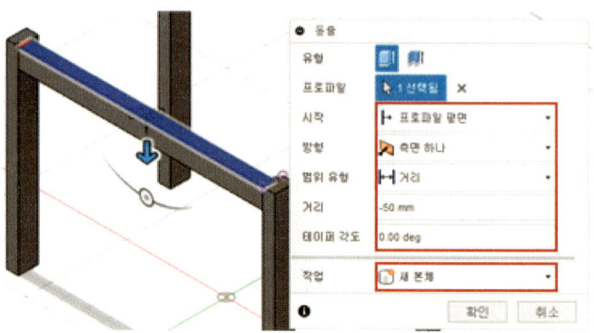

05

- 작성-스케치 작성, 해당평면
- 작성-스케치 명령을 이용하여 스케치 후 구속조건 기입
- 작성-스케치 치수로 수정

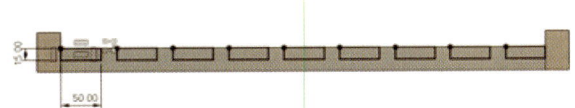

06

- 스케치 마무리
- 작성-돌출
  측면하나, 거리 -15, 잘라내기

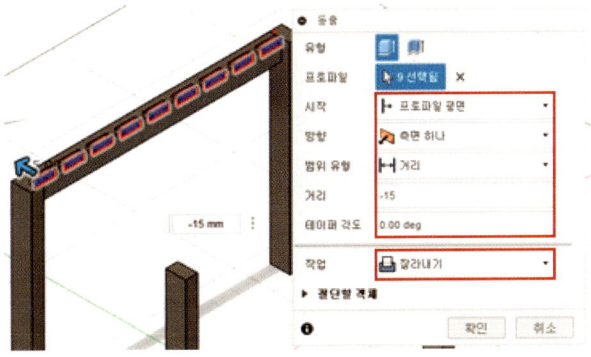

07

- 작성-미러, 본체, 새 본체

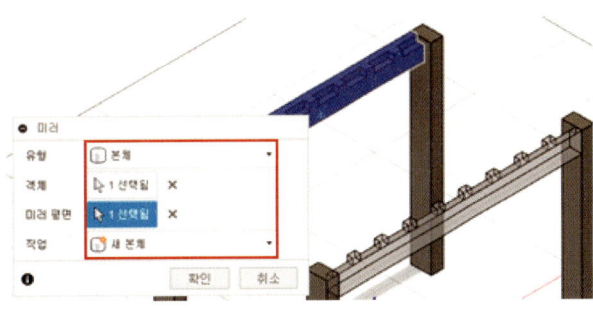

08

- 작성-스케치 작성, 해당평면
- 작성-스케치 명령을 이용하여 스케치 후 구속조건 기입

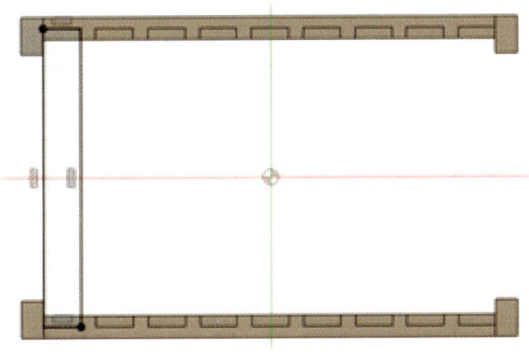

09

- 스케치 마무리
- 작성-돌출
  측면하나, 거리 -15, 새 본체

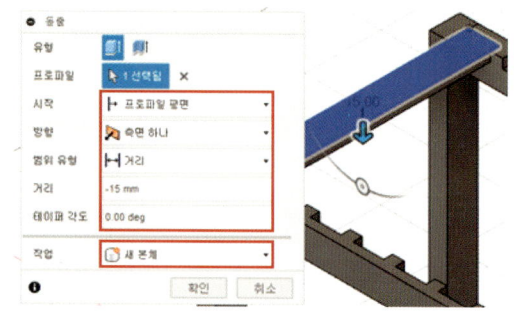

10

- 작성-패턴-직사각형패턴
  간격, 수량 9, 거리 70

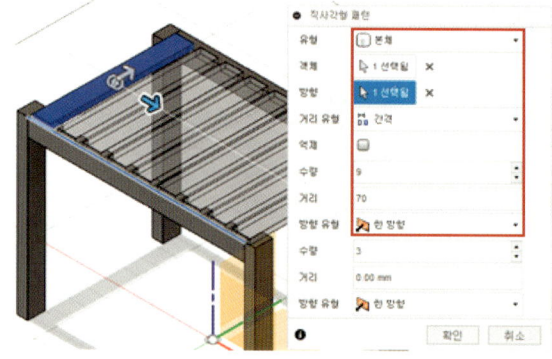

11

- 작성-스케치 작성, 해당평면
- 작성-스케치 명령을 이용하여
  스케치 후 구속조건 기입
- 작성-스케치 치수로 수정

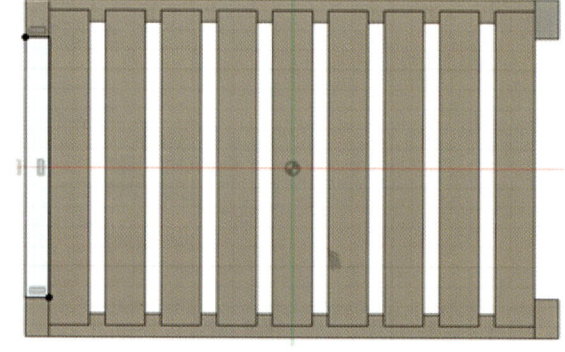

12

- 스케치 마무리
- 작성-돌출
  측면하나, 거리 -50, 새 본체

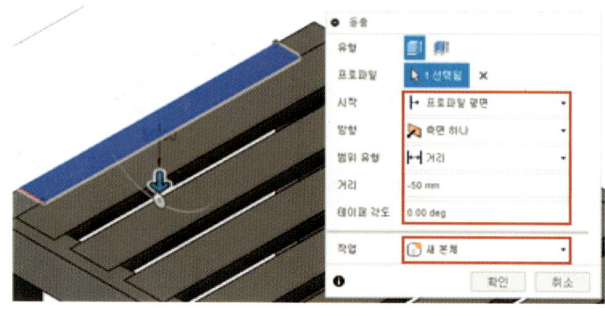

13
- 작성-미러, 본체, 새 본체

14
- 이동/복사, 조립도에 맞게 복사

15
- 완성된 모델링

16
- 렌더링-설정-모양
- 재질 선택하여 드래그

A-21. 다용도수납함

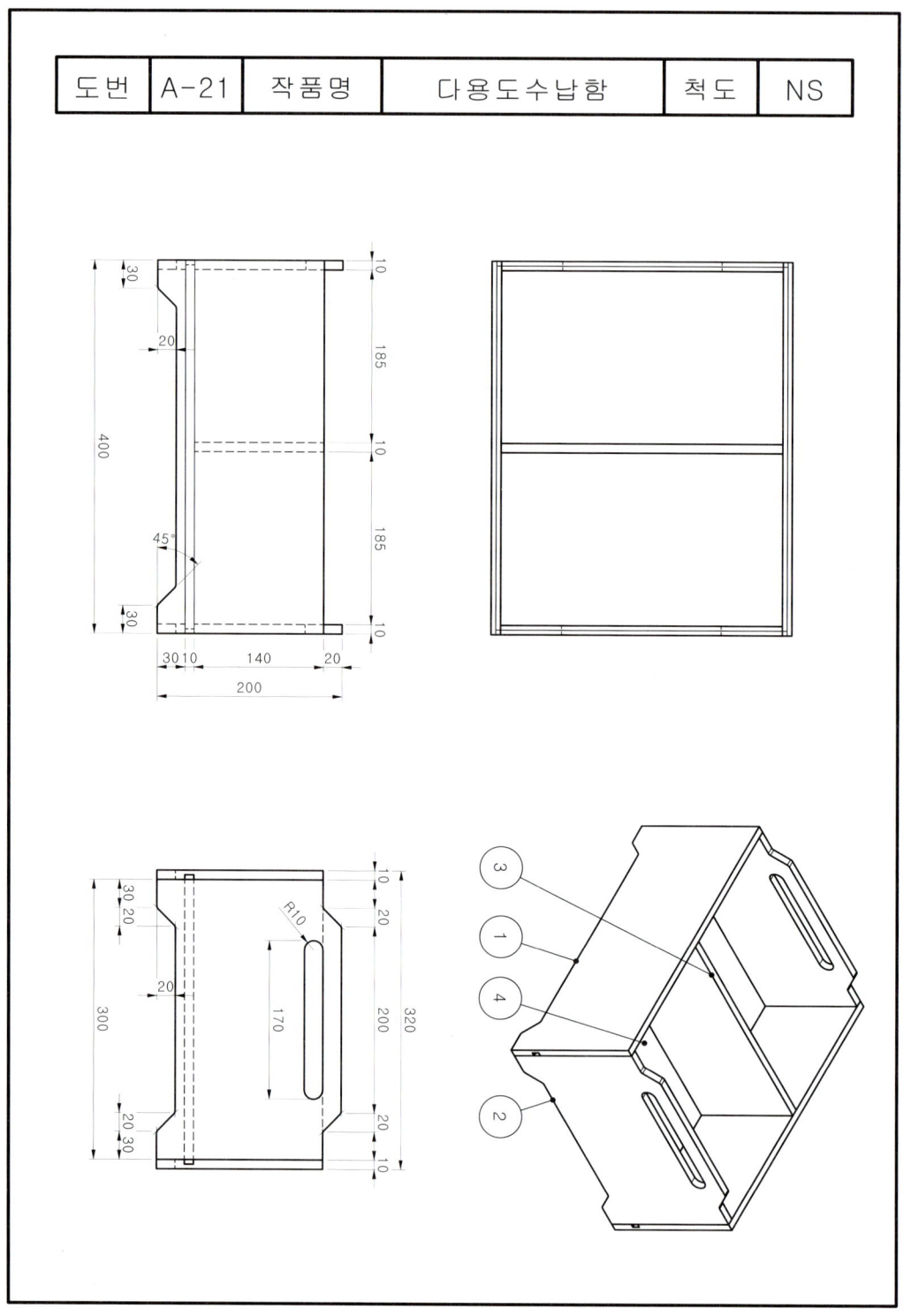

| 도번 | A-21 | 작품명 | 다용도수납함 | 척도 | NS |

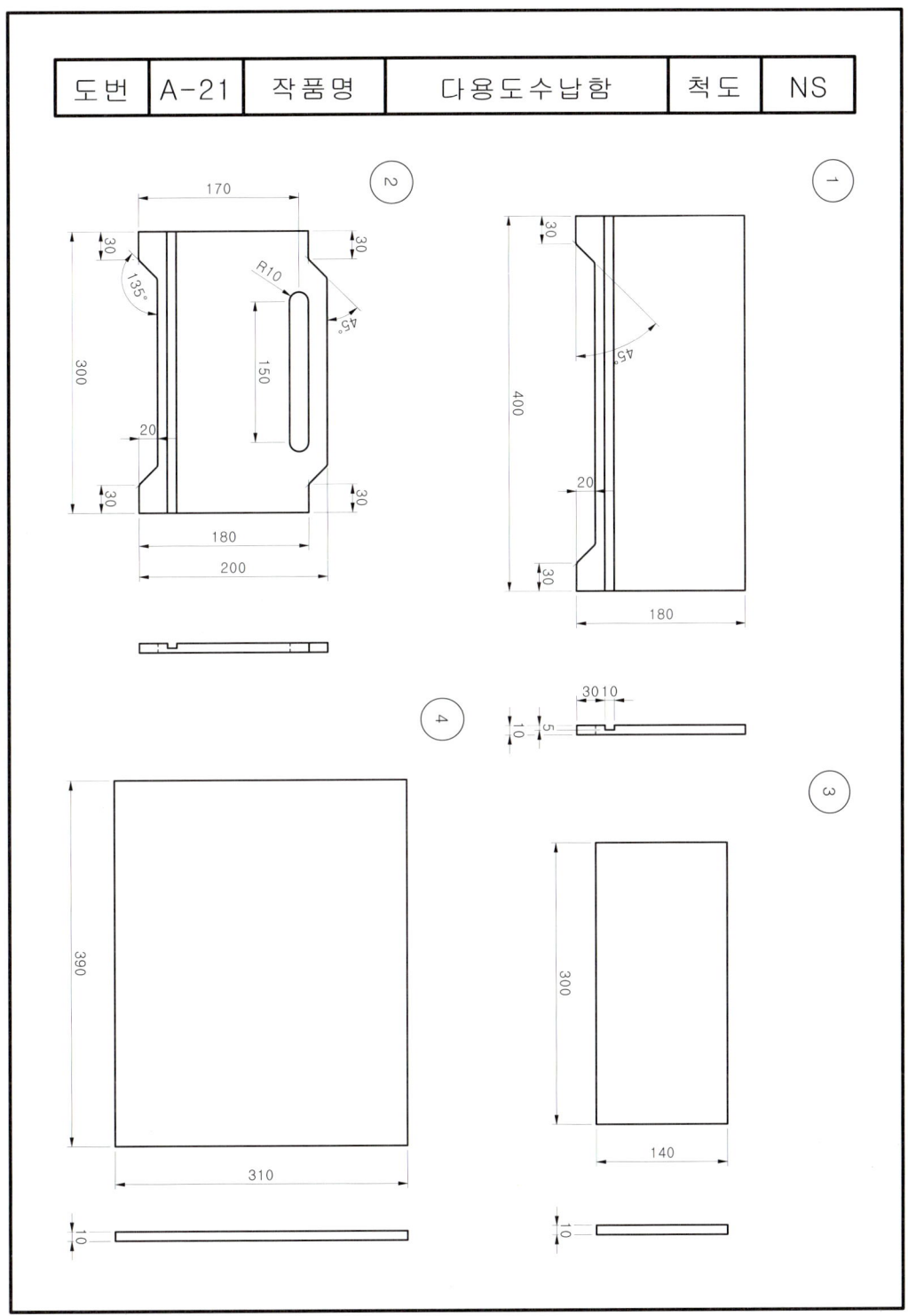

01

- 작성-스케치 작성, XY평면
- 작성-스케치 명령을 이용하여 스케치 후 구속조건 기입
- 작성-스케치 치수로 수정

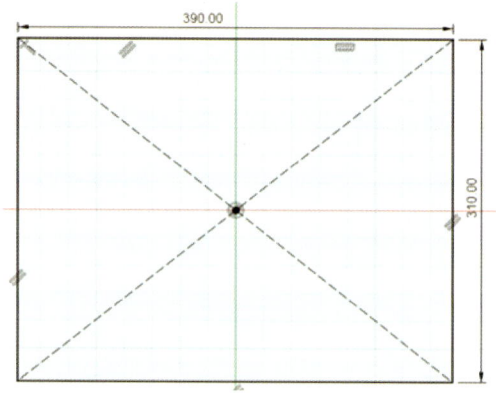

02

- 스케치 마무리
- 작성-돌출
  측면하나, 거리 10, 새 본체

03

- 작성-스케치 작성, XZ평면
- 작성-스케치 명령을 이용하여 스케치 후 구속조건 기입
- 작성-스케치 치수로 수정

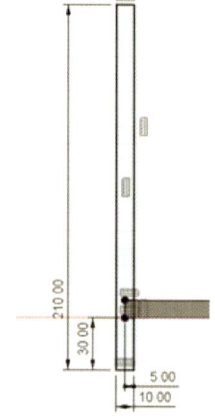

04

- 스케치 마무리
- 작성-돌출
  대칭, 전체거리 300, 새 본체

05

- 작성–스케치 작성, 해당평면
- 작성–스케치 명령을 이용하여 스케치 후 구속조건 기입
- 작성–스케치 치수로 수정

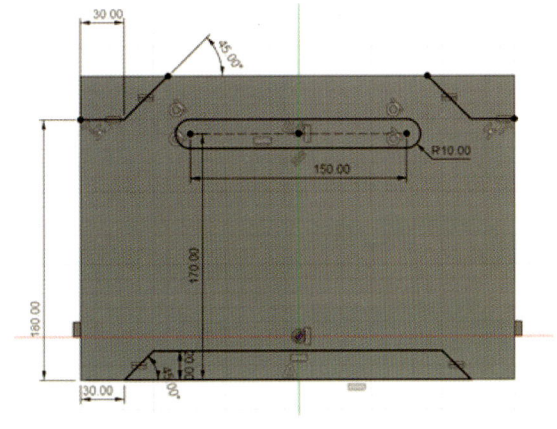

06

- 스케치 마무리
- 작성–돌출
  측면하나, 거리 –10, 잘라내기

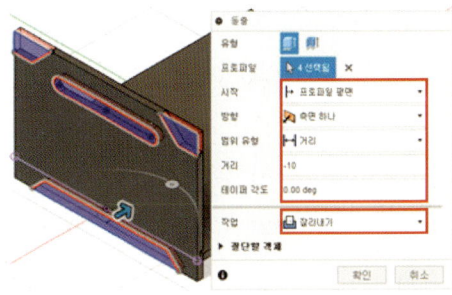

07

- 작성–미러, 본체, 새 본체

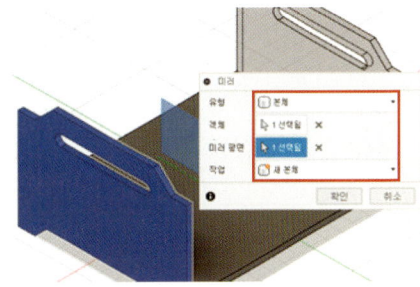

08

- 작성–스케치 작성, YZ평면
- 작성–스케치 명령을 이용하여 스케치 후 구속조건 기입
- 작성–스케치 치수로 수정

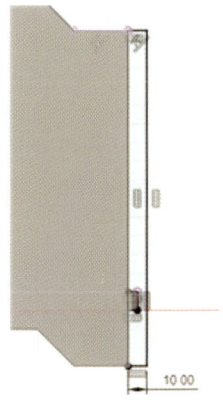

PART A. 목공 가구류

09

- 스케치 마무리
- 작성-돌출
  대칭, 전체거리 400, 새 본체

10

- 작성-스케치 작성, 해당평면
- 작성-스케치 명령을 이용하여 스케치 후 구속조건 기입
- 작성-스케치 치수로 수정

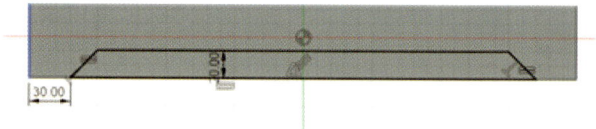

11

- 스케치 마무리
- 작성-돌출
  측면하나, 거리 -10, 잘라내기

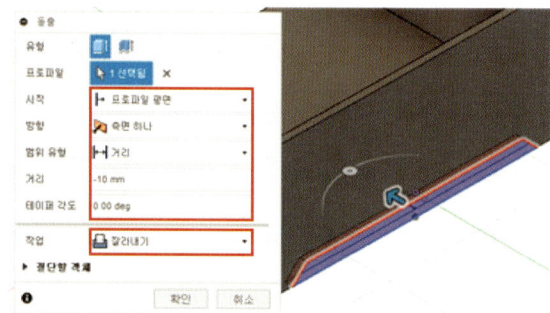

12

- 작성-미러, 본체, 새 본체

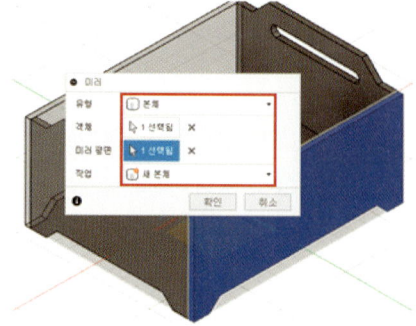

13

- 작성-스케치 작성, 해당평면
- 작성-스케치 명령을 이용하여 스케치 후 구속조건 기입
- 작성-스케치 치수로 수정

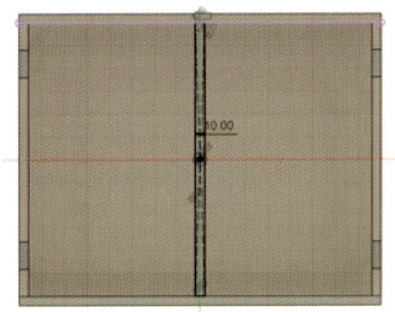

14

- 스케치 마무리
- 작성-돌출
  측면하나, 거리 -140, 새 본체

15

- 완성된 모델링

16

- 렌더링-설정-모양
- 재질 선택하여 드래그

A-22. 맥주캐리어

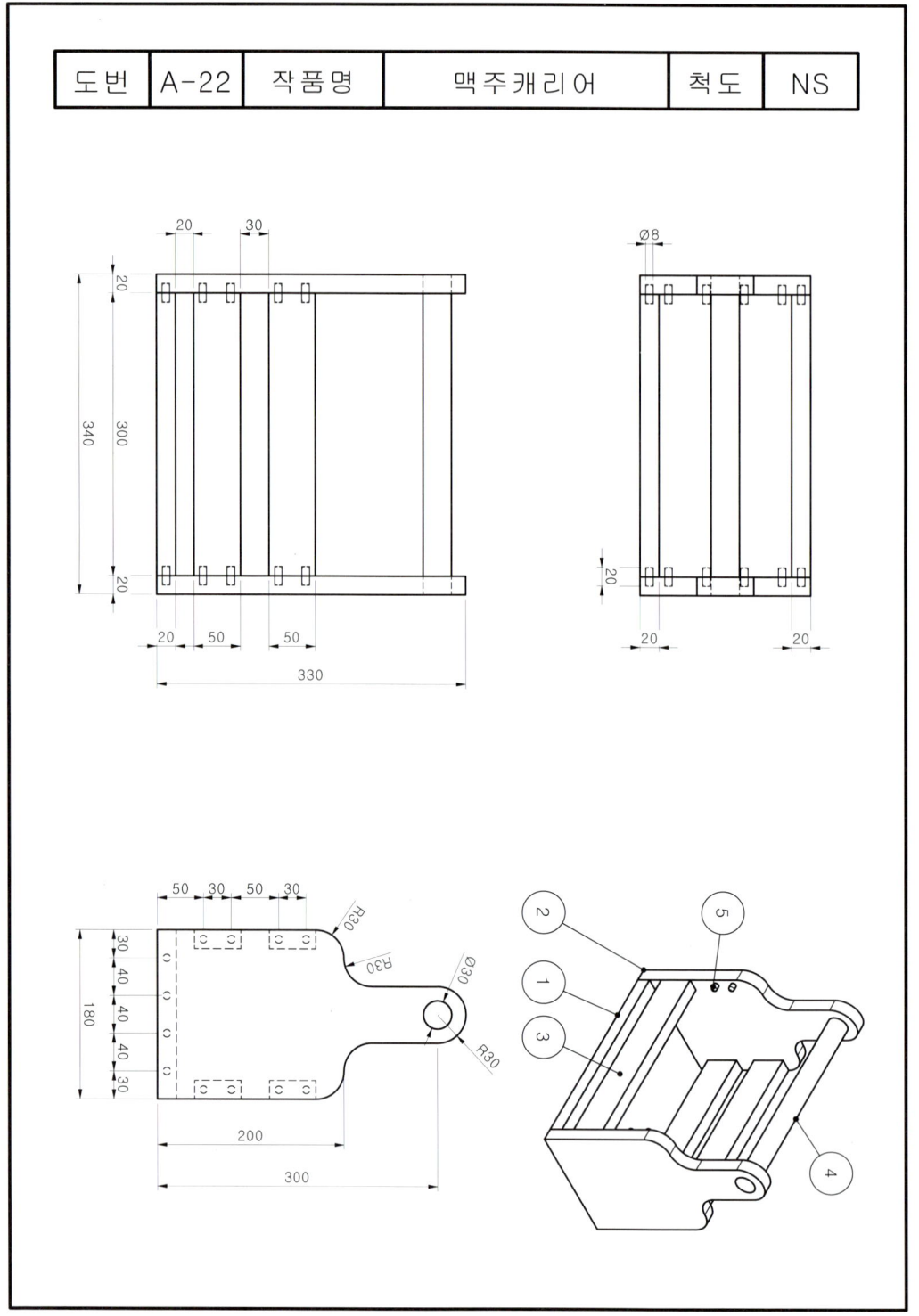

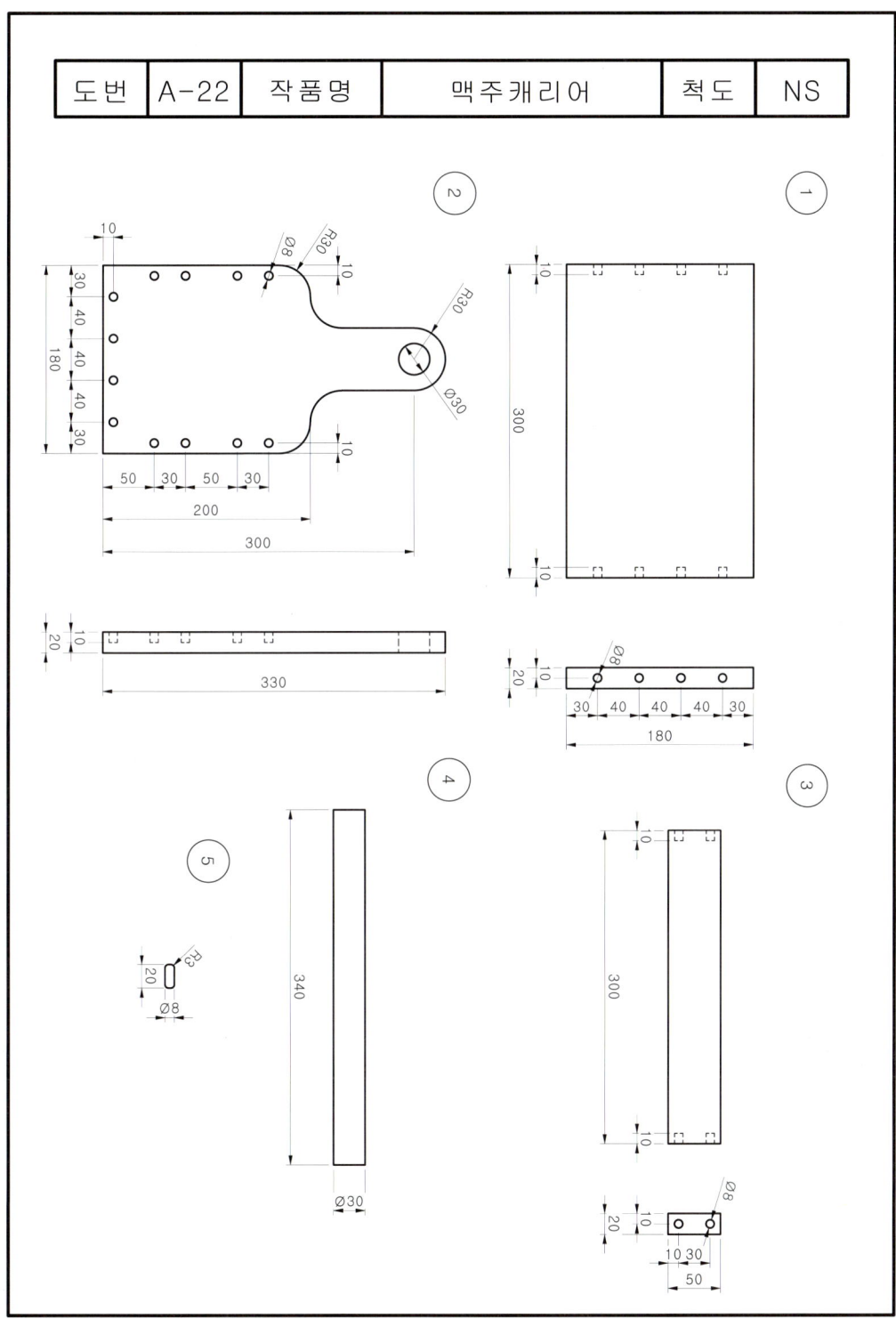

01

- 작성-스케치 작성, XY평면
- 작성-스케치 명령을 이용하여 스케치 후 구속조건 기입
- 작성-스케치 치수로 수정

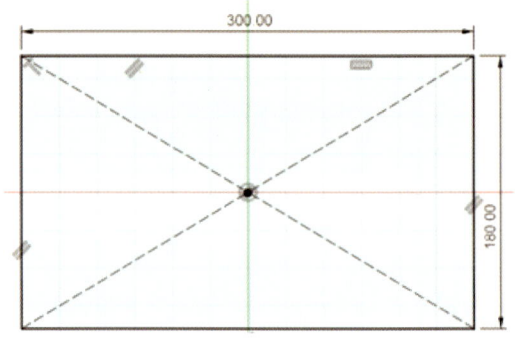

02

- 스케치 마무리
- 작성-돌출
  측면하나, 거리 20, 새 본체

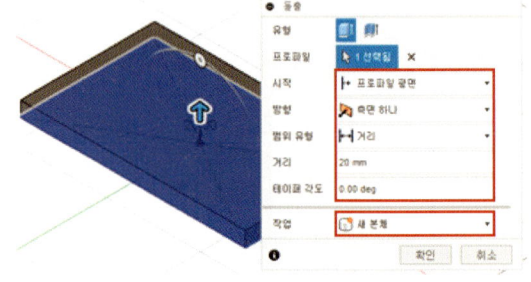

03

- 작성-스케치 작성, 해당평면
- 작성-스케치 명령을 이용하여 스케치 후 구속조건 기입
- 작성-스케치 치수로 수정

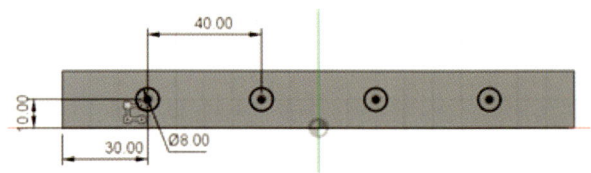

04

- 스케치 마무리
- 작성-돌출
  측면하나, 거리 -10, 잘라내기

- 작성-미러, 피처

- 작성-스케치 작성, 해당평면
- 작성-스케치 명령을 이용하여 스케치 후 구속조건 기입
- 작성-스케치 치수로 수정

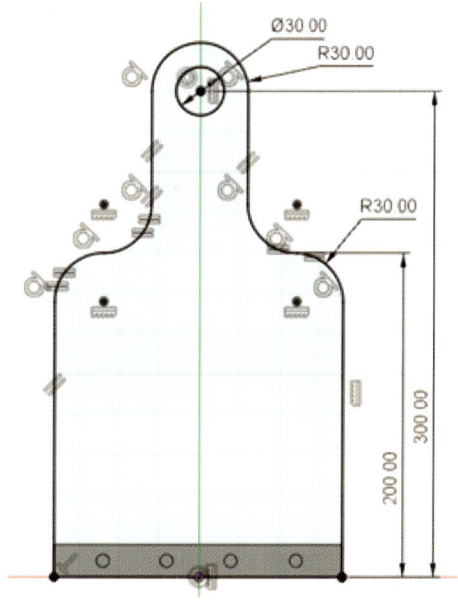

07

- 스케치 마무리
- 작성-돌출
  측면하나, 거리 20, 새 본체

08

- 본체1을 비활성화한 후
  작성-스케치 작성, 해당평면
- 작성-스케치 명령을 이용하여
  스케치 후 구속조건 기입
- 작성-스케치 치수로 수정

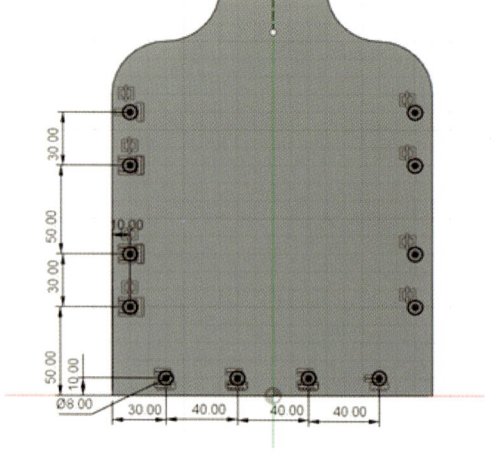

09

- 스케치 마무리
- 작성-돌출
  측면하나, 거리 -10, 잘라내기

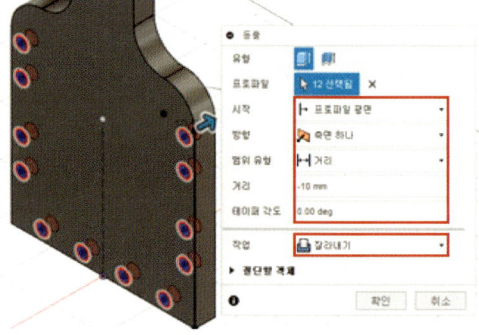

10

- 스케치 작성, 스케치 마무리
- 작성-돌출
  대칭, 거리 20, 새 본체

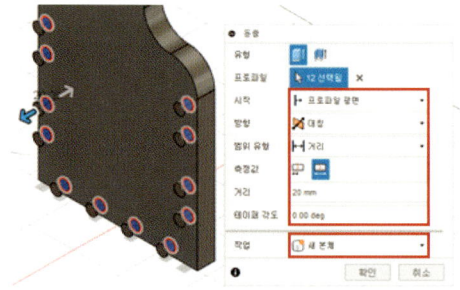

11

- 작성-미러, 본체, 새 본체

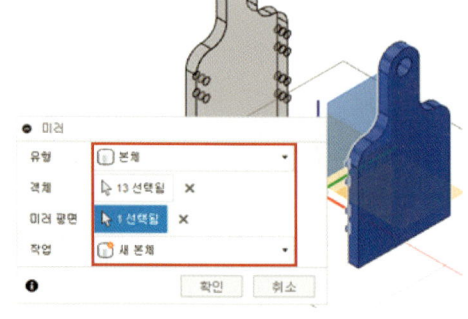

12

- 작성–스케치 작성, YZ평면
- 작성–스케치 명령을 이용하여 스케치 후 구속조건 기입
- 작성–스케치 치수로 수정

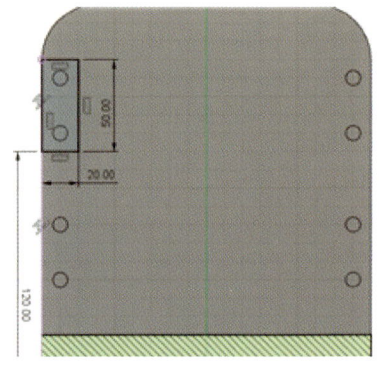

13

- 스케치 마무리
- 작성–돌출
  대칭, 전체거리 300, 새 본체

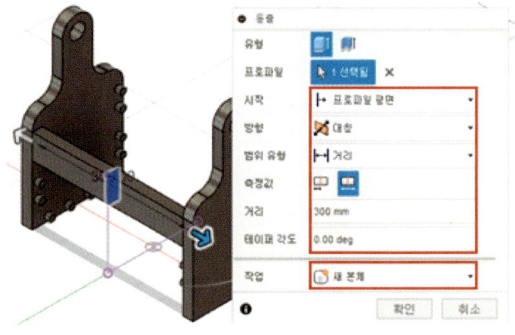

14

- 작성–스케치 작성, 해당평면
- 작성–스케치 명령을 이용하여 스케치 후 구속조건 기입
- 작성–스케치 치수로 수정

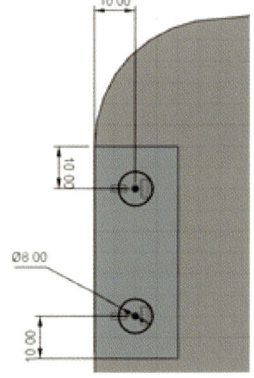

15

- 스케치 마무리
- 작성–돌출
  측면하나, 거리 –10, 잘라내기

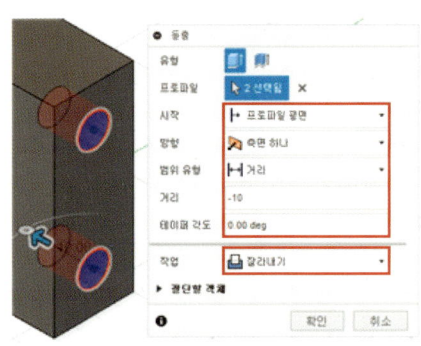

- 작성-미러, 피쳐

- 이동/복사, 조립도에 맞게 복사

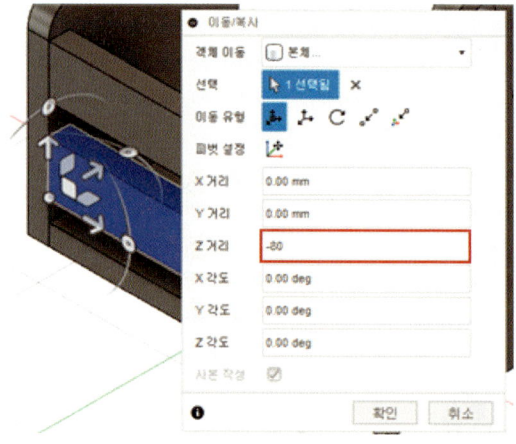

- 작성-미러, 본체, 새 본체

19

- 작성-스케치 작성, YZ평면
- 작성-스케치 명령을 이용하여 스케치 후 구속조건 기입

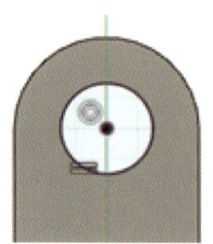

20

- 스케치 마무리
- 작성-돌출
  대칭, 전체거리 340, 새 본체

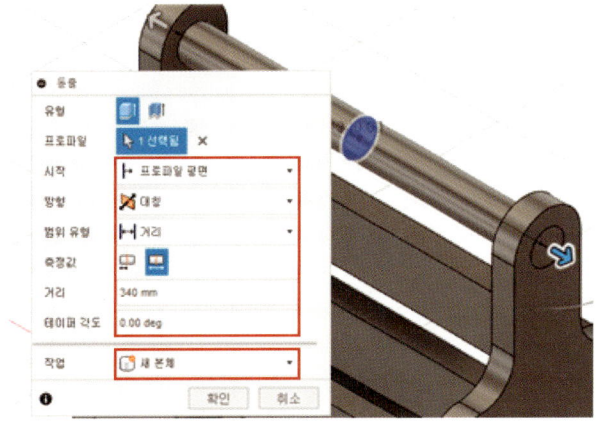

21

- 완성된 모델링

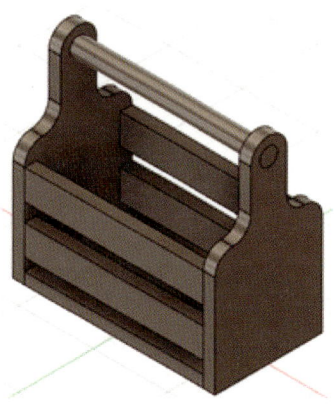

22

- 렌더링-설정-모양
- 재질 선택하여 드래그

A-23. 스툴

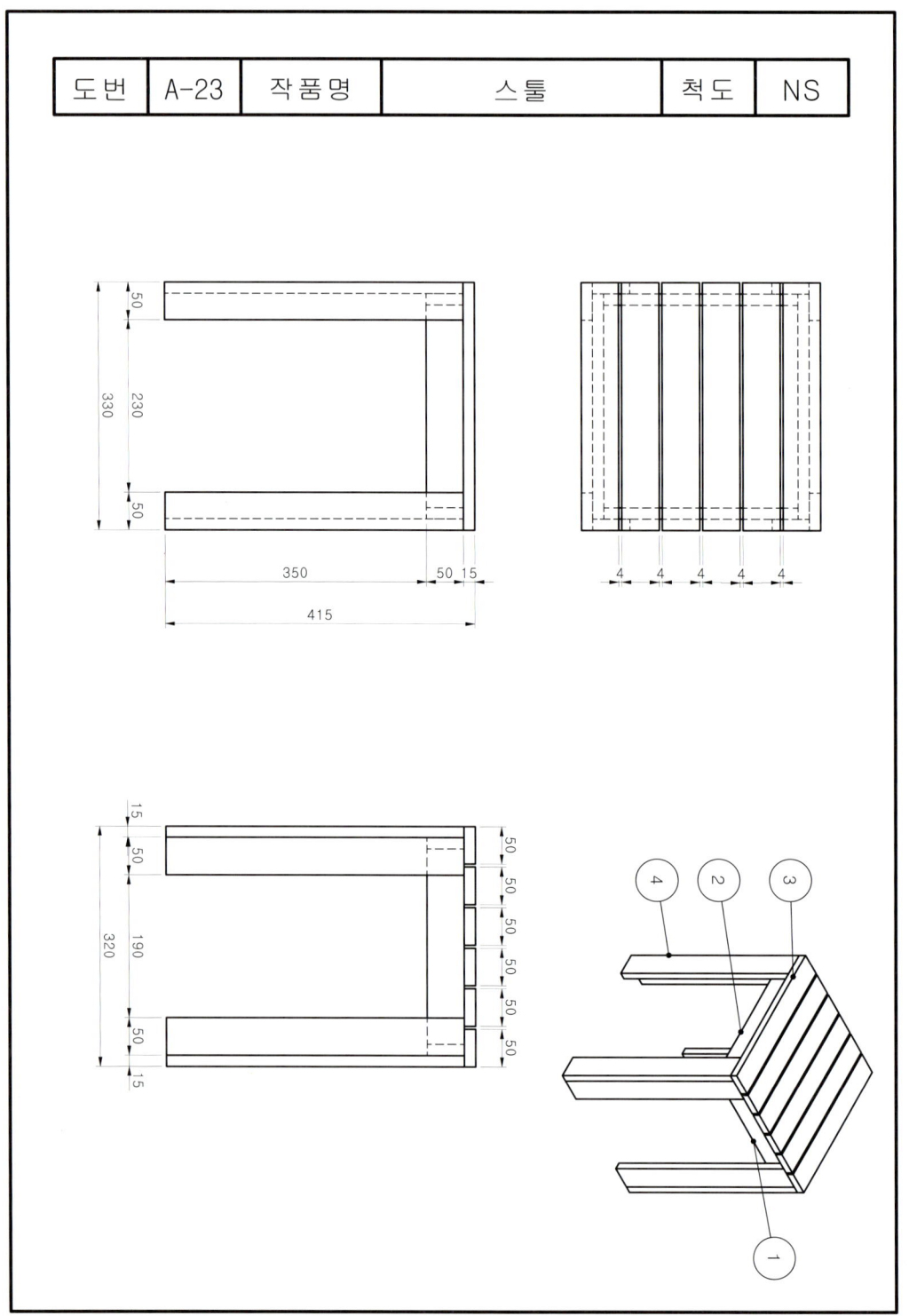

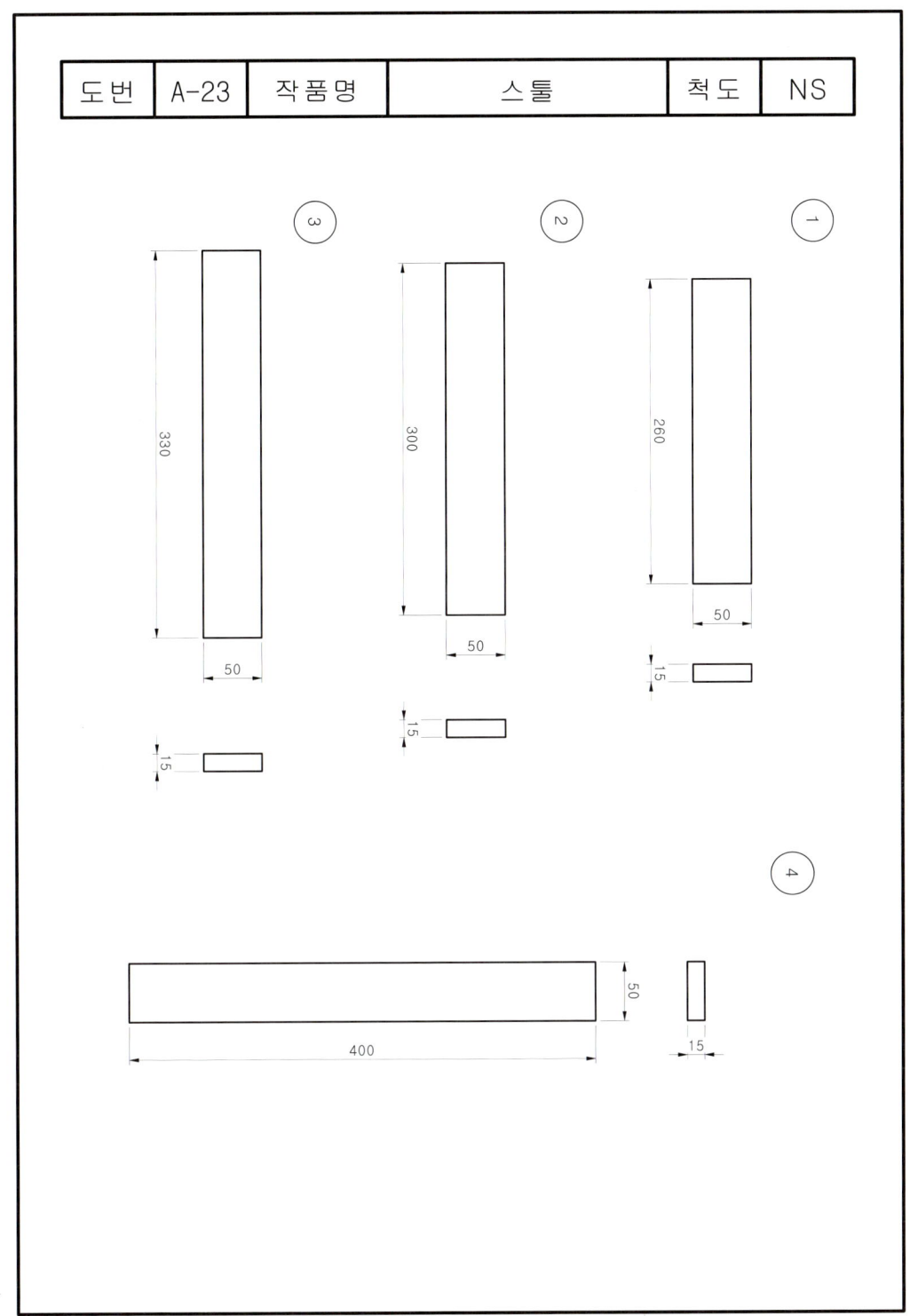

01

- 작성-스케치 작성, XY평면
- 작성-스케치 명령을 이용하여 스케치 후 구속조건 기입
- 작성-스케치 치수로 수정

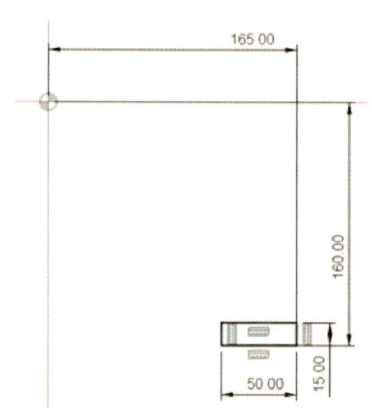

02

- 스케치 마무리
- 작성-돌출
  측면하나, 거리 400, 새 본체

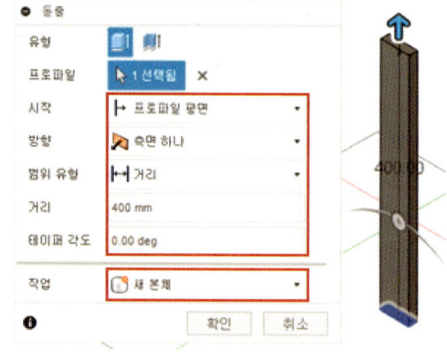

03

- 작성-스케치 작성, XY평면
- 작성-스케치 명령을 이용하여 스케치 후 구속조건 기입

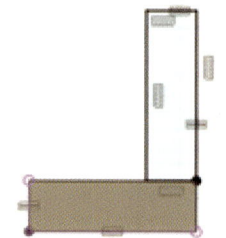

04

- 스케치 마무리
- 작성-돌출
  측면하나, 거리 400, 새 본체

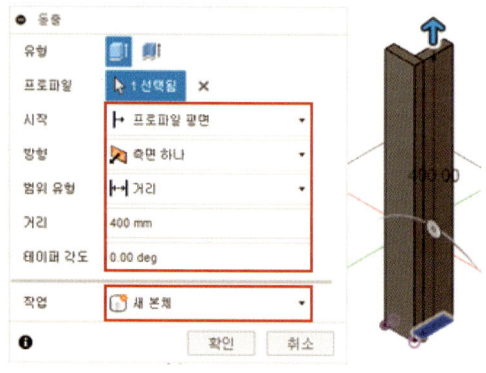

05

- 작성-미러, 본체, 새 본체

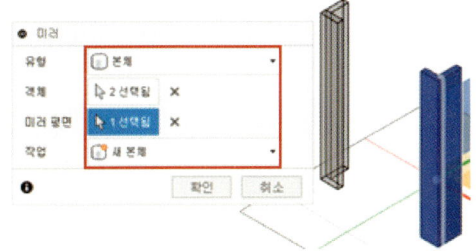

06

- 작성-미러, 본체, 새 본체

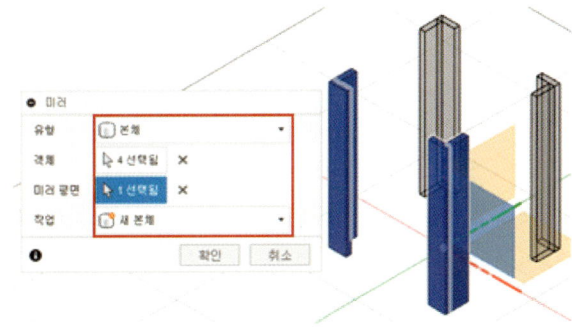

07

- 작성-스케치 작성, 해당평면
- 작성-스케치 명령을 이용하여 스케치 후 구속조건 기입

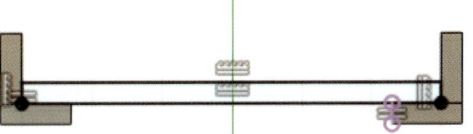

08

- 스케치 마무리
- 작성-돌출
  측면하나, 거리 -50, 새 본체

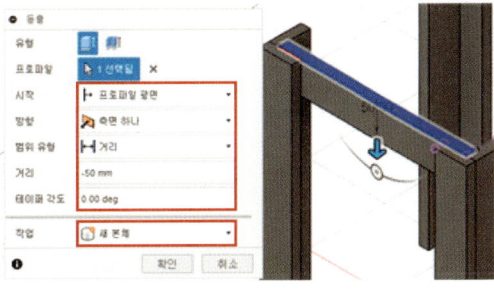

09

- 작성-미러, 본체, 새 본체

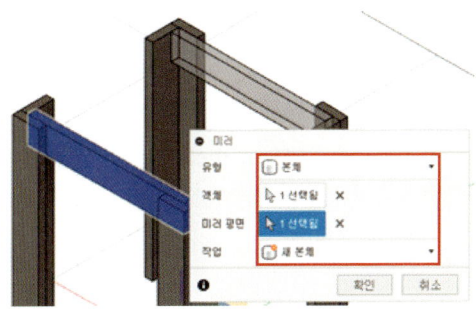

- 작성-스케치 작성, 해당평면
- 작성-스케치 명령을 이용하여 스케치 후 구속조건 기입

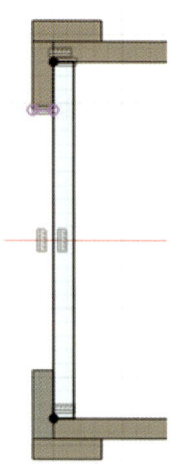

- 스케치 마무리
- 작성-돌출
  측면하나, 거리 -50, 새 본체

12
- 작성-미러, 본체, 새 본체

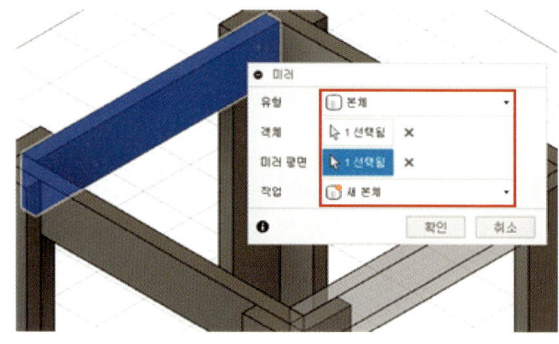

13
- 작성-스케치 작성, 해당평면
- 작성-스케치 명령을 이용하여 스케치 후 구속조건 기입
- 작성-스케치 치수로 수정

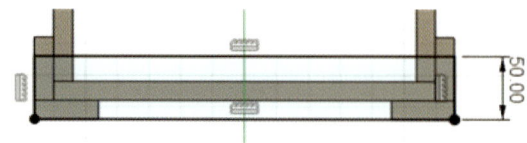

14

- 스케치 마무리
- 작성-돌출
  측면하나, 거리 15, 새 본체

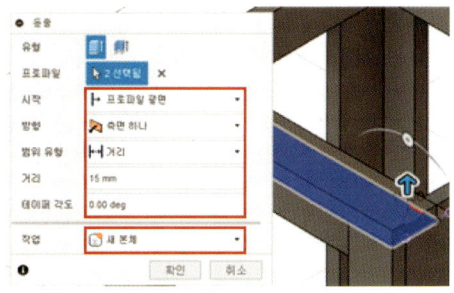

15

- 작성-패턴-직사각형패턴
  간격, 수량 6, 거리 -54

16

- 완성된 모델링

17

- 렌더링-설정-모양
- 재질 선택하여 드래그

A-24. 의자

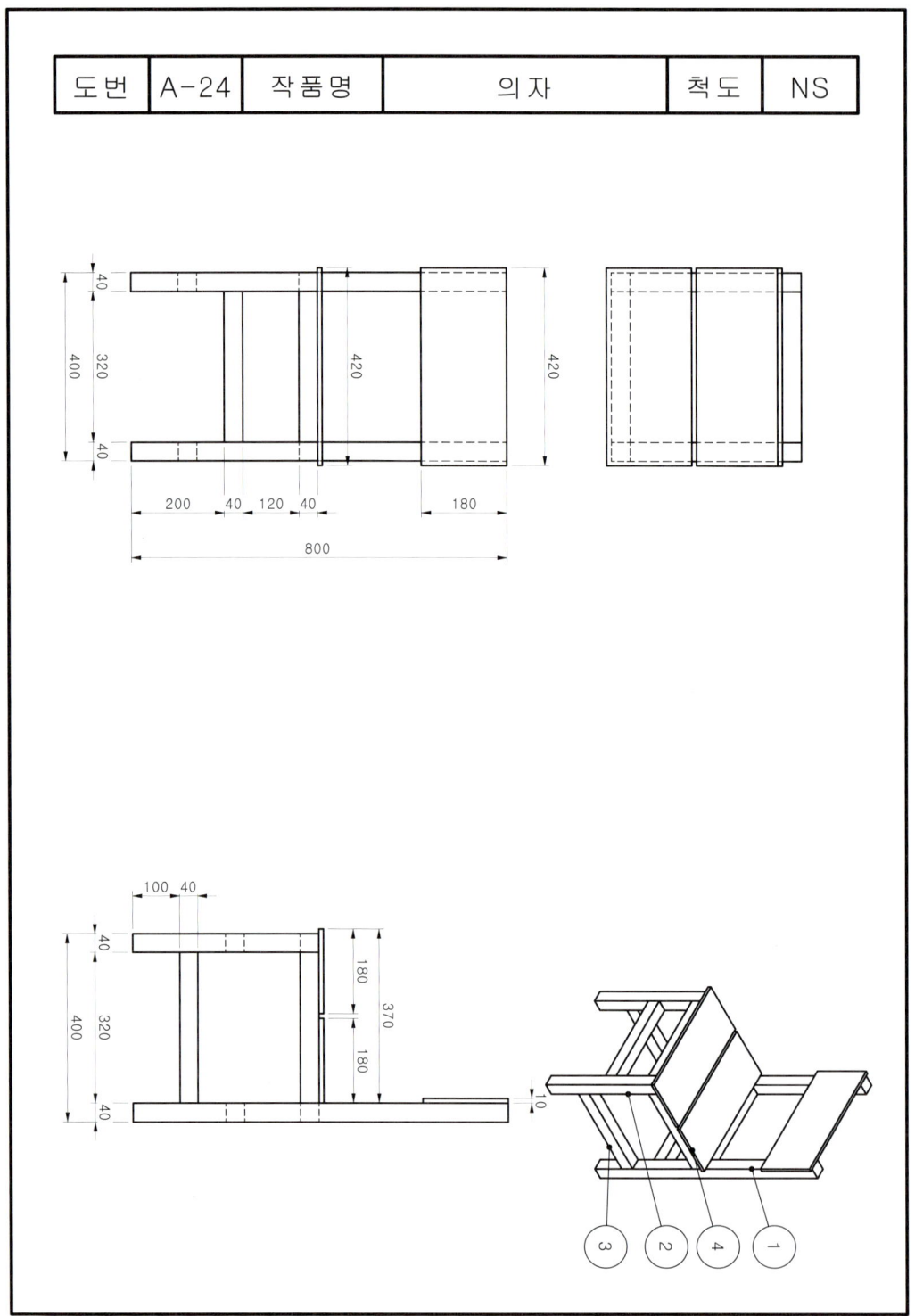

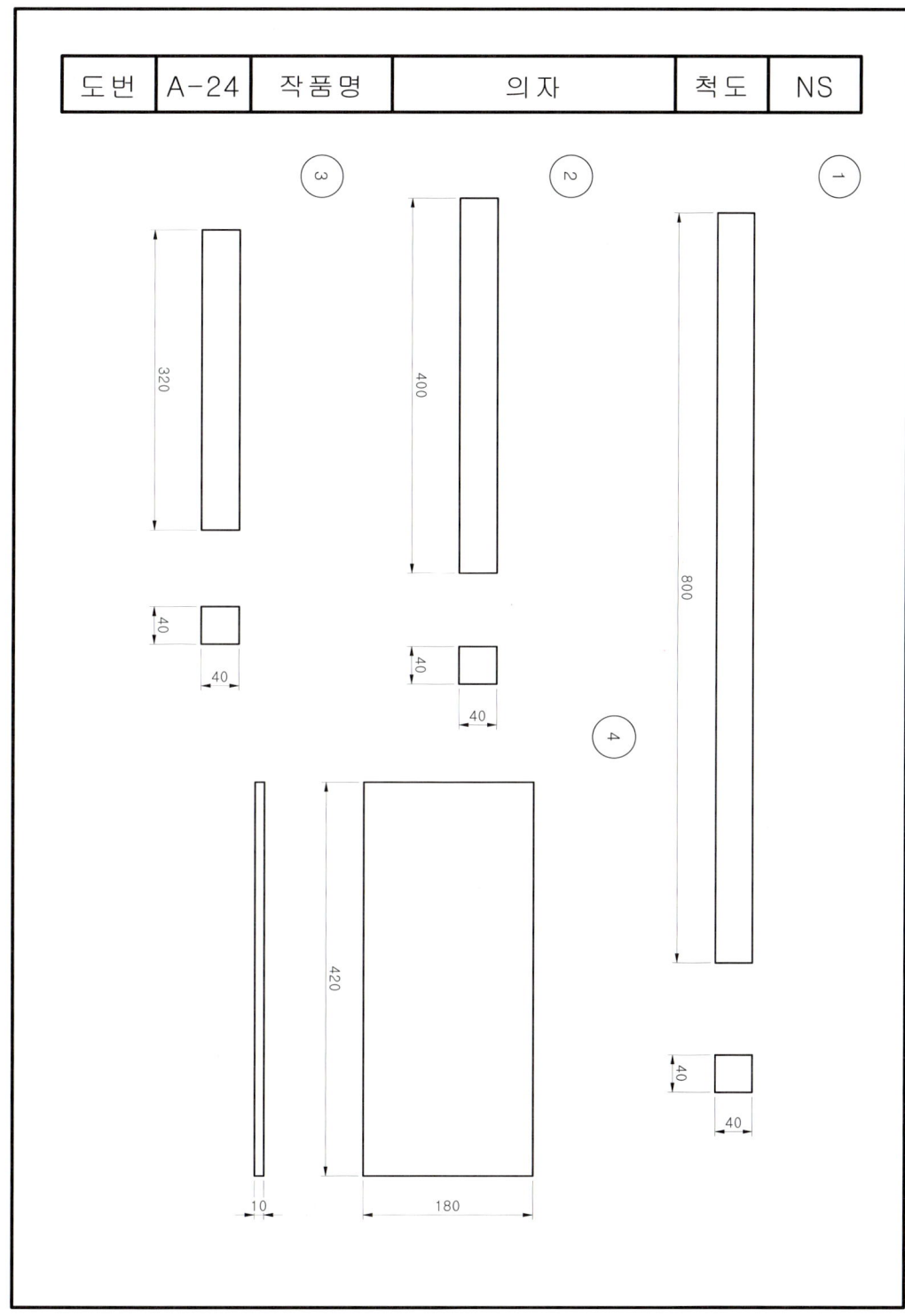

01

- 작성-스케치 작성, XY평면
- 작성-스케치 명령을 이용하여 스케치 후 구속조건 기입
- 작성-스케치 치수로 수정

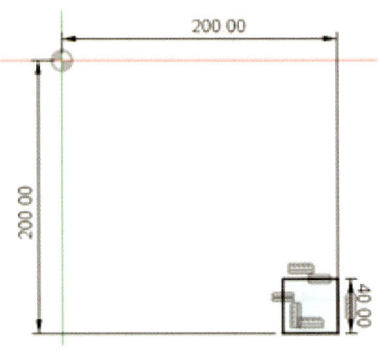

02

- 스케치 마무리
- 작성-돌출
  측면하나, 거리 400, 새 본체

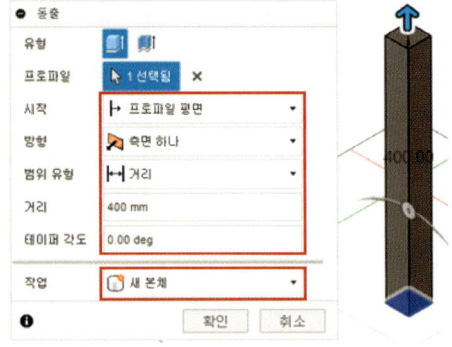

03

- 작성-패턴-직사각형 패턴
  간격, 수량 2, 거리 360
    수량 2, 거리 360

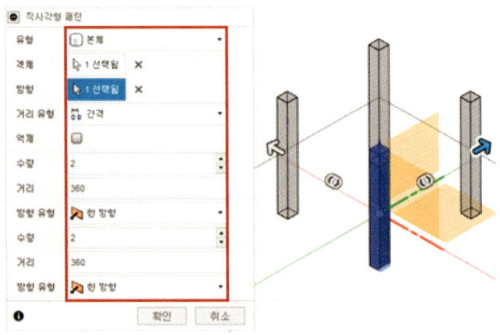

04

- 수정-밀고 당기기, 400

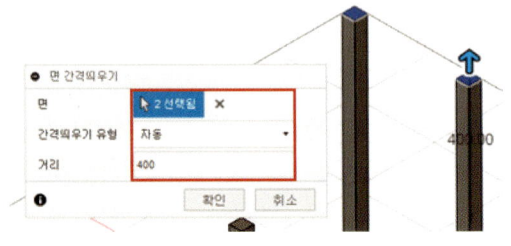

05

- 작성-스케치 작성 클릭, XZ평면
- 작성-스케치 명령을 이용하여 스케치 후 구속조건 기입
- 작성-스케치 치수로 수정

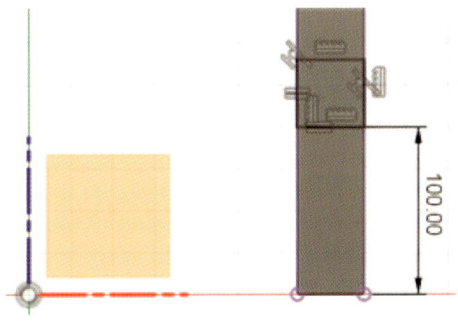

06

- 스케치 마무리
- 작성-돌출
  측면하나, 거리 320, 새 본체

07

- 작성-미러, 본체, 새 본체

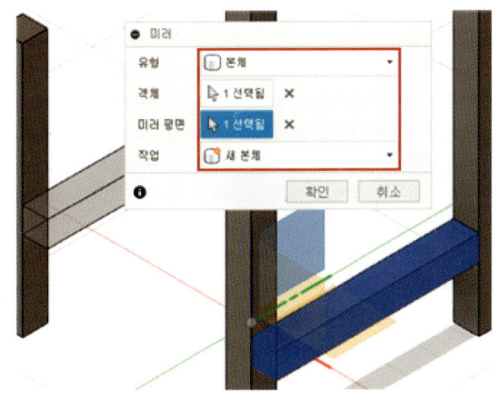

08

- 작성-스케치 작성 클릭, 해당평면
- 작성-스케치 명령을 이용하여 스케치 후 구속조건 기입
- 작성-스케치 치수로 수정

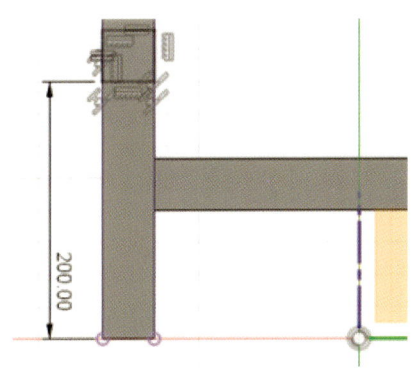

PART A. 목공 가구류

09

- 스케치 마무리
- 작성-돌출
  측면하나, 거리 320, 새 본체

10

- 측면하나, 거리 320, 새 본체

11

- 이동/복사, 조립도에 맞게 복사

12

- 이동/복사, 조립도에 맞게 복사

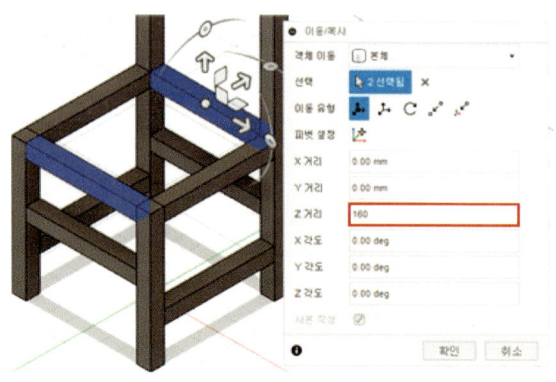

13

- 작성-스케치 작성, 해당평면
- 작성-스케치 명령을 이용하여 스케치 후 구속조건 기입
- 작성-스케치 치수로 수정

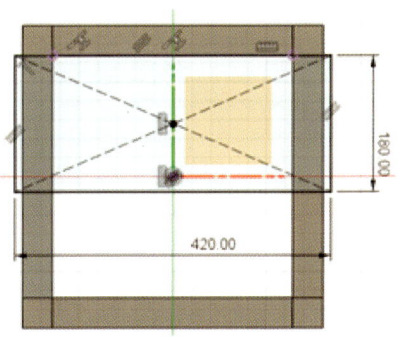

14

- 스케치 마무리
- 작성-돌출
  측면하나, 거리 10, 새 본체

15

- 작성-패턴-직사각형 패턴
  간격, 수량 2, 거리 -190

16

- 이동/복사, 조립도에 맞게 복사, 회전, 이동

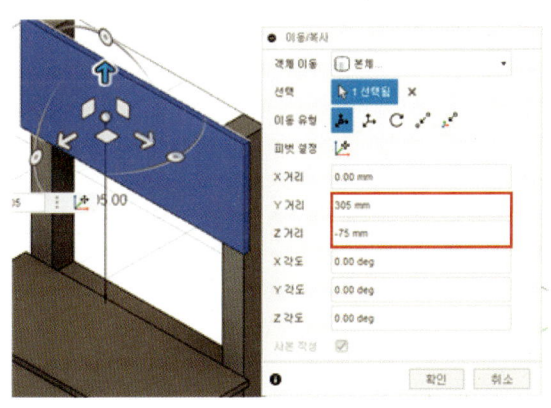

17

- 완성된 모델링

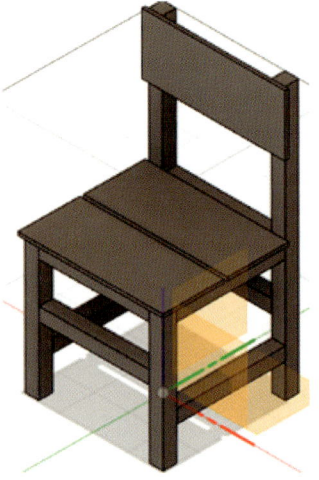

 **18**

- 렌더링-설정-모양
- 재질 선택하여 드래그

A-25. 스툴

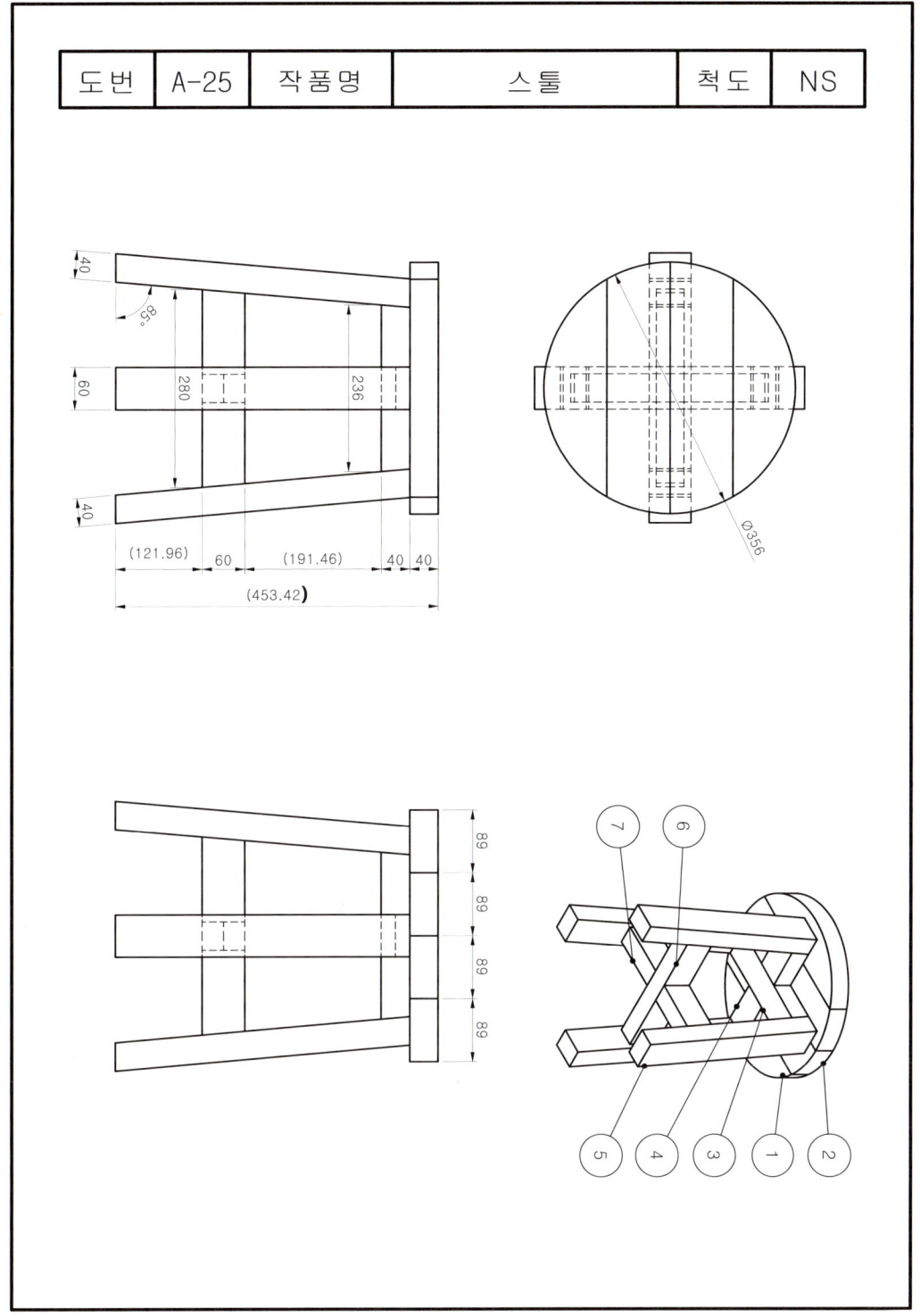

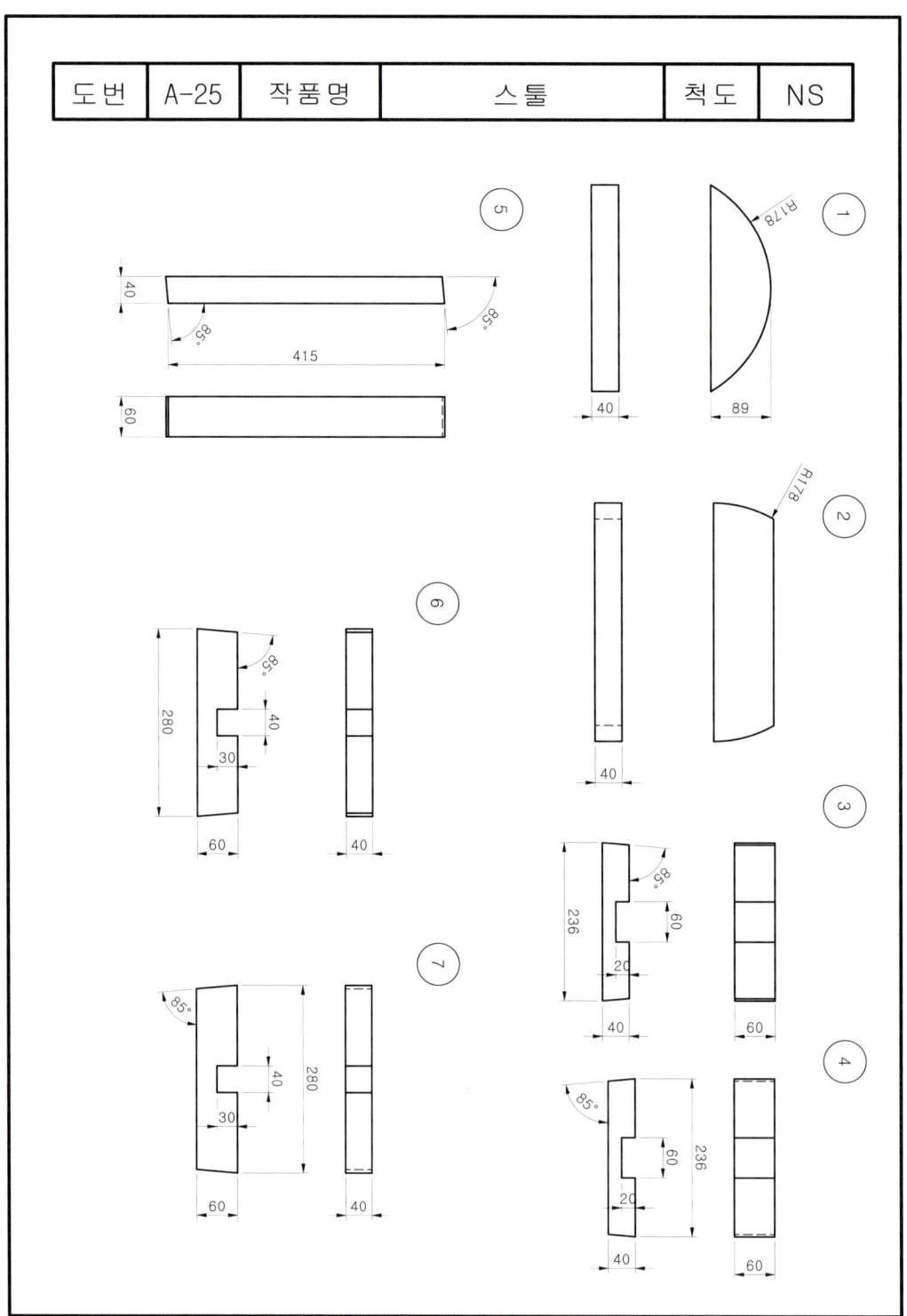

01

- 작성-스케치 작성, XZ평면
- 작성-스케치 명령을 이용하여 스케치 후 구속조건 기입
- 작성-스케치 치수로 수정

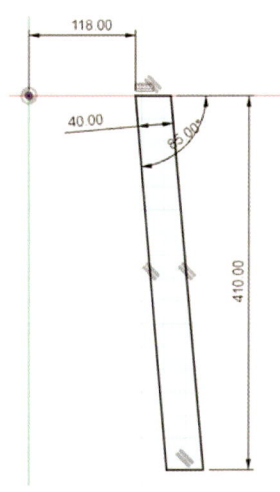

02

- 스케치 마무리
- 작성-돌출
  대칭, 전체거리 60, 새 본체

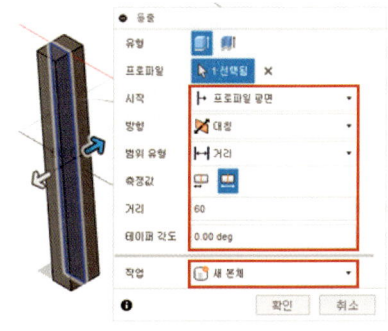

03

- 작성-패턴-원형 패턴, Y축

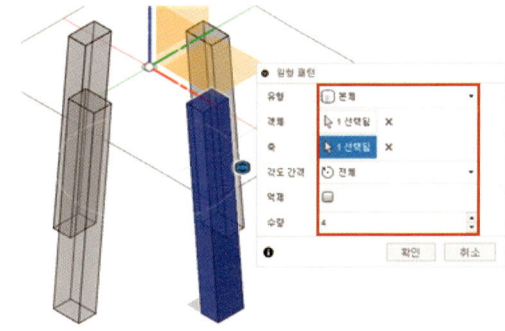

04

- 작성-스케치 작성, XZ평면
- 작성-스케치 명령을 이용하여 스케치 후 구속조건 기입
- 작성-스케치 치수로 수정

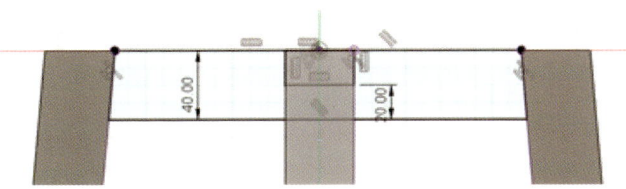

05

- 스케치 마무리
- 작성-돌출
  대칭, 전체거리 60, 새 본체

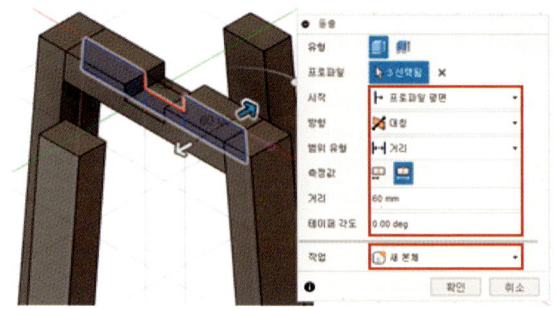

06

- 작성-스케치 작성, YZ평면
- 작성-스케치 명령을 이용하여 스케치 후 구속조건 기입
- 작성-스케치 치수로 수정

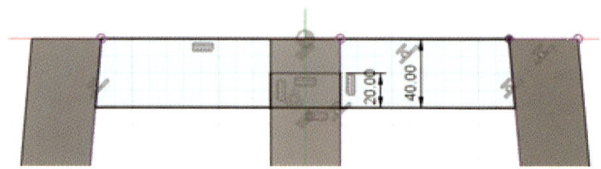

07

- 스케치 마무리
- 작성-돌출
  대칭, 전체거리 60, 새 본체

08

- 작성-스케치 작성, XZ평면
- 작성-스케치 명령을 이용하여 스케치 후 구속조건 기입
- 작성-스케치 치수로 수정

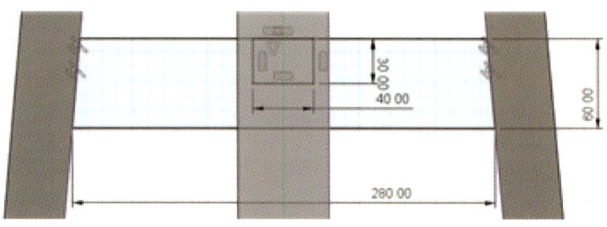

09

- 스케치 마무리
- 작성-돌출
  대칭, 전체거리 40, 새 본체

10

- 작성-스케치 작성, YZ평면
- 작성-스케치 명령을 이용하여
  스케치 후 구속조건 기입

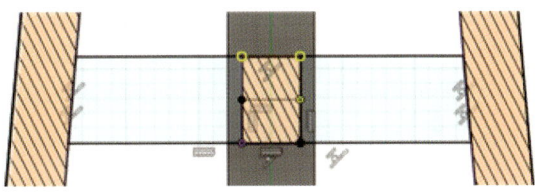

11

- 스케치 마무리
- 작성-돌출
  대칭, 전체거리 40, 새 본체

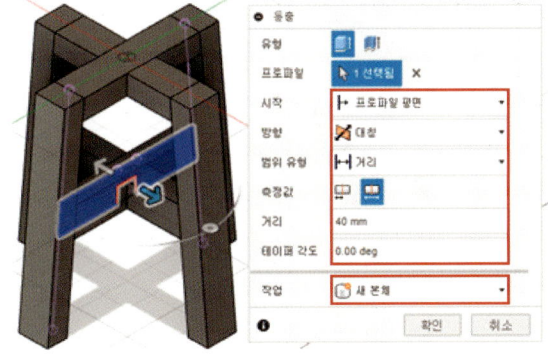

12

- 작성-스케치 작성, XY평면
- 작성-스케치 명령을 이용하여
  스케치 후 구속조건 기입
- 작성-스케치 치수로 수정

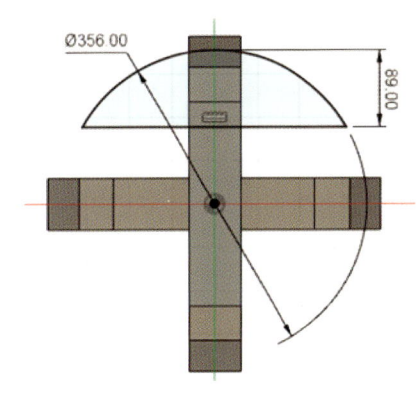

PART A. 목공 가구류

13

- 스케치 마무리
- 작성-돌출
  측면하나, 거리 40, 새 본체

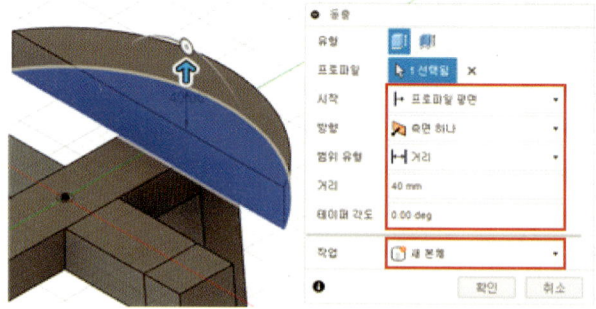

14

- 작성-스케치 작성, XY평면
- 작성-스케치 명령을 이용하여 스케치 후 구속조건 기입
- 작성-스케치 치수로 수정

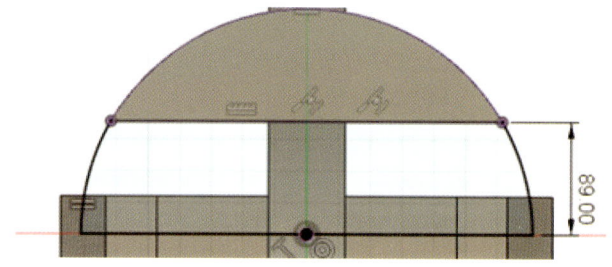

15

- 스케치 마무리
- 작성-돌출
  측면하나, 거리 40, 새 본체

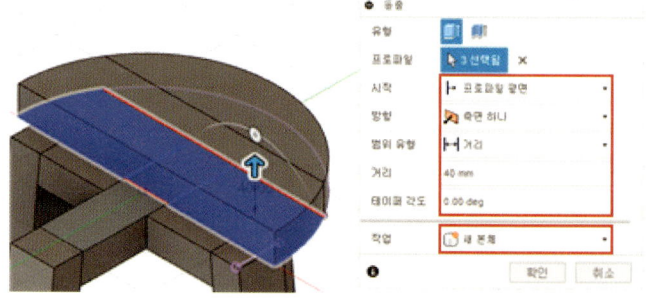

16

- 작성-미러, 본체, 새 본체

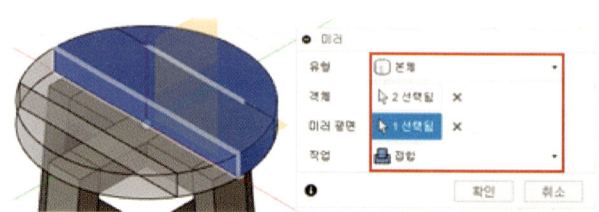

17

- 완성된 모델링

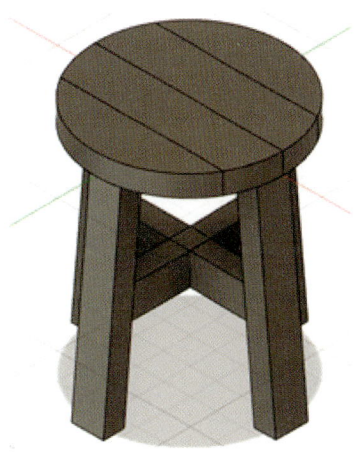

18

- 렌더링-설정-모양
- 재질 선택하여 드래그

A-26. 의자

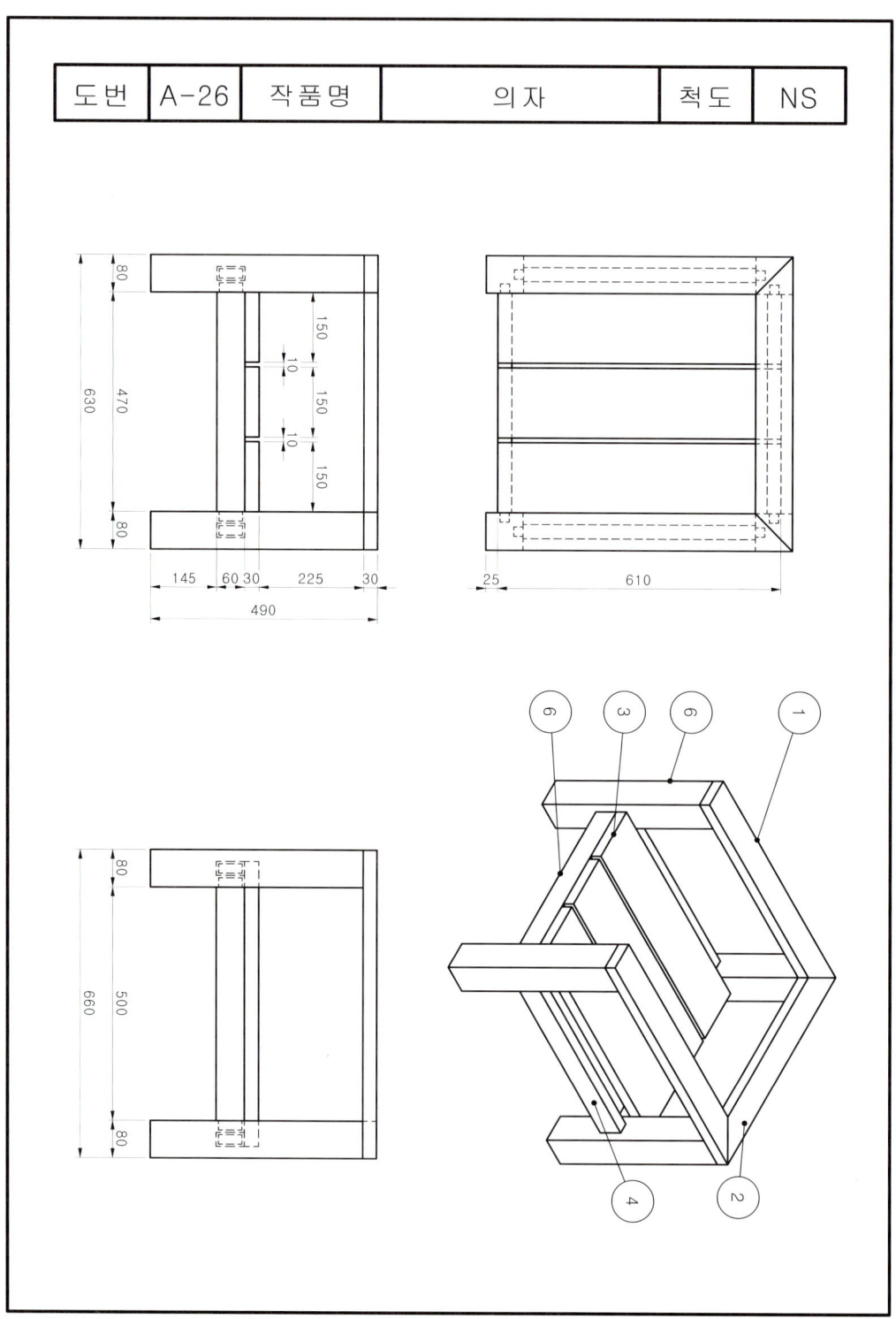

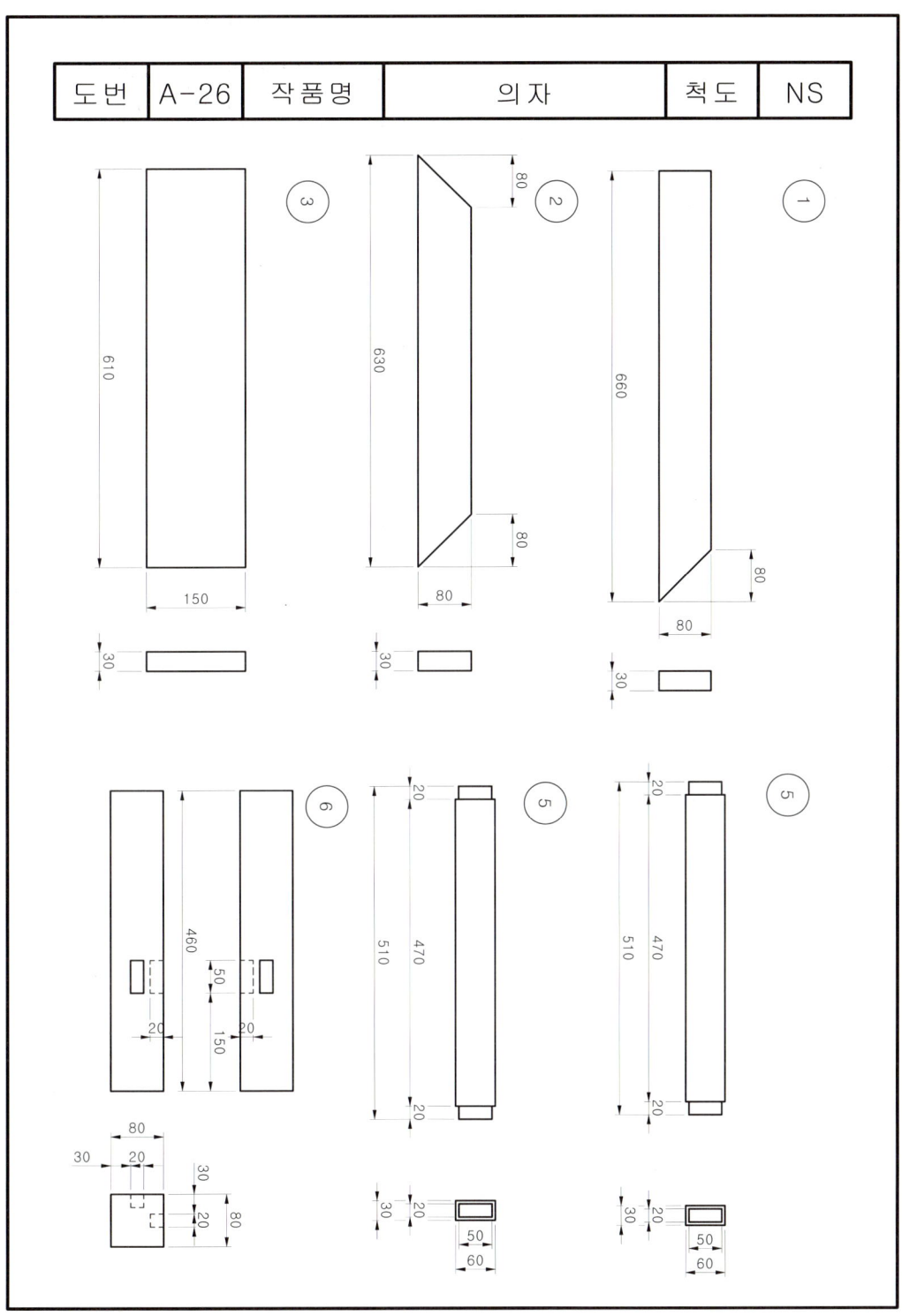

01

- 작성-스케치 작성, XY평면
- 작성-스케치 명령을 이용하여 스케치 후 구속조건 기입
- 작성-스케치 치수로 수정

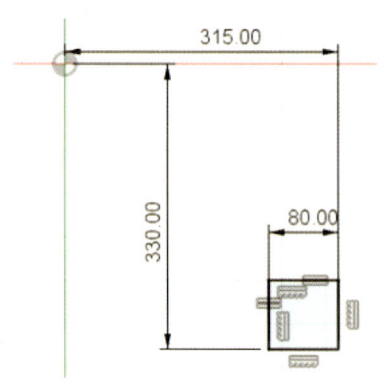

02

- 스케치 마무리
- 작성-돌출
  측면하나, 거리 460, 새 본체

03

- 작성-스케치 작성, 해당평면
- 작성-스케치 명령을 이용하여 스케치 후 구속조건 기입
- 작성-스케치 치수로 수정

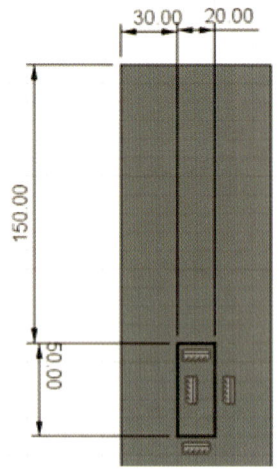

04

- 스케치 마무리
- 작성-돌출
  측면하나, 거리 20, 잘라내기

05

- 작성-스케치 작성, 해당평면
- 작성-스케치 명령을 이용하여 스케치 후 구속조건 기입
- 작성-스케치 치수로 수정

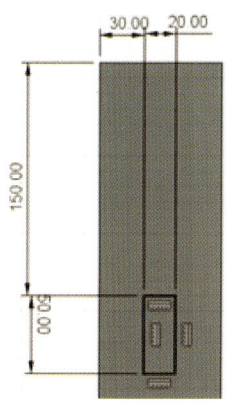

06

- 스케치 마무리
- 작성-돌출
  측면하나, 거리 20, 잘라내기

07

- 작성-미러, 본체, 새 본체

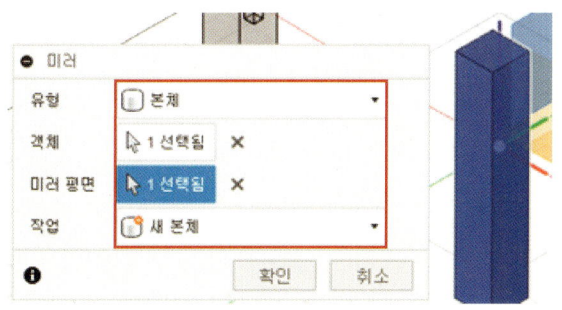

08

- 작성-미러, 본체, 새 본체

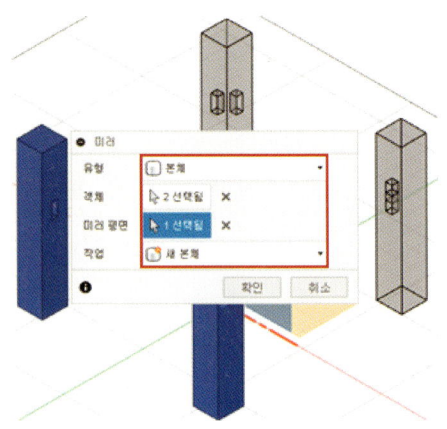

09

- 작성-스케치 작성, XZ평면
- 작성-스케치 명령을 이용하여 스케치 후 구속조건 기입

10

- 스케치 마무리
- 작성-돌출
  대칭, 전체거리 540, 새 본체

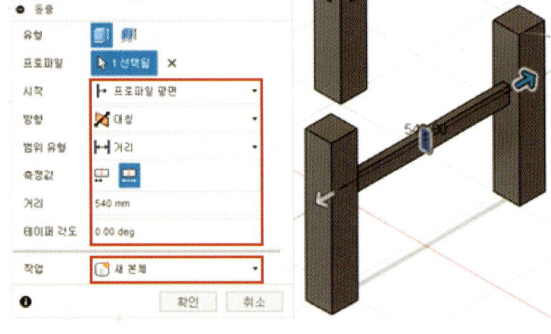

11

- 작성-스케치 작성, XZ평면
- 작성-스케치 명령을 이용하여 스케치 후 구속조건 기입
- 작성-스케치 치수로 수정

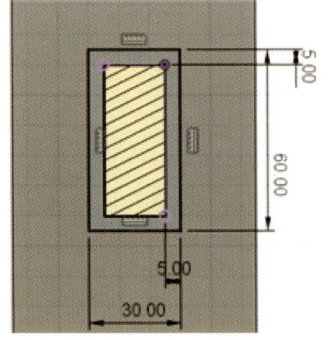

- 스케치 마무리
- 작성-돌출
  대칭, 전체거리 500, 새 본체

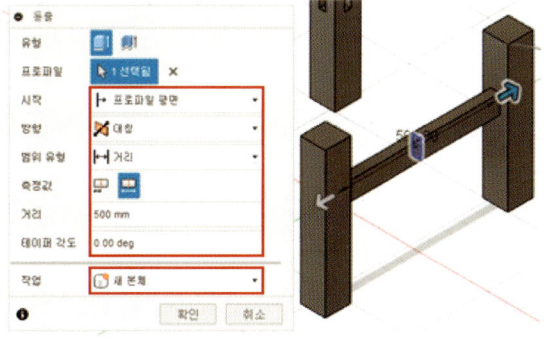

- 수정-결합, 접합

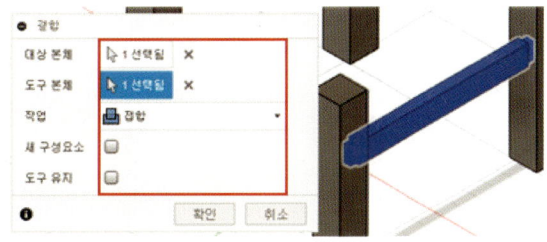

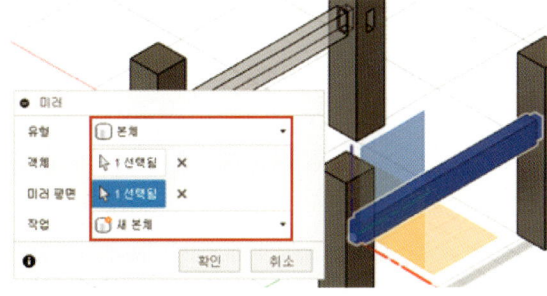

- 작성-미러, 본체, 새 본체

- 작성-스케치 작성, YZ평면
- 작성-스케치 명령을 이용하여 스케치 후 구속조건 기입

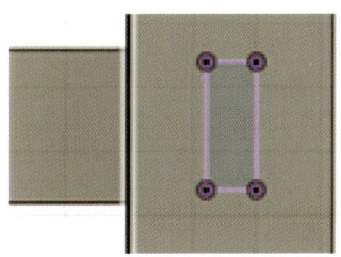

16

- 스케치 마무리
- 작성-돌출
  대칭, 전체거리 510, 새 본체

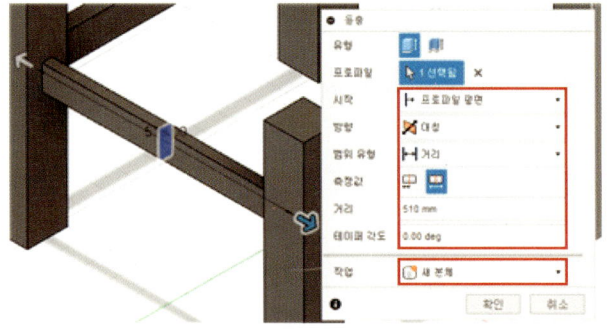

17

- 작성-스케치 작성, YZ평면
- 작성-스케치 명령을 이용하여
  스케치 후 구속조건 기입
- 작성-스케치 치수로 수정

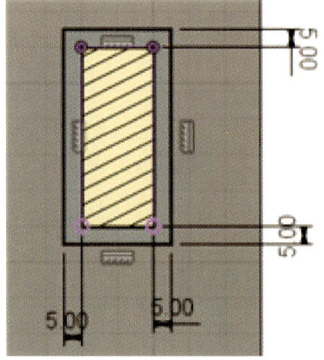

18

- 스케치 마무리
- 작성-돌출
  대칭, 전체거리 470, 새 본체

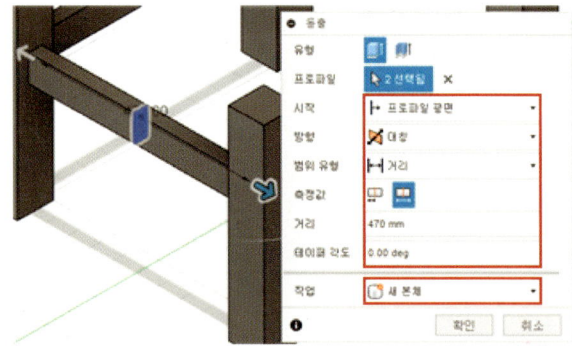

19

- 수정-결합, 접합

20

- 작성-미러, 본체, 새 본체

21

- 작성-스케치 작성, 해당평면
- 작성-스케치 명령을 이용하여 스케치 후 구속조건 기입
- 작성-스케치 치수로 수정

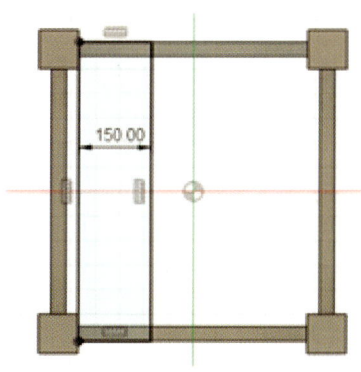

22

- 스케치 마무리
- 작성-돌출
  측면하나, 거리 30, 새 본체

23

- 작성-패턴-직사각형 패턴
  간격, 수량 3, 거리 160

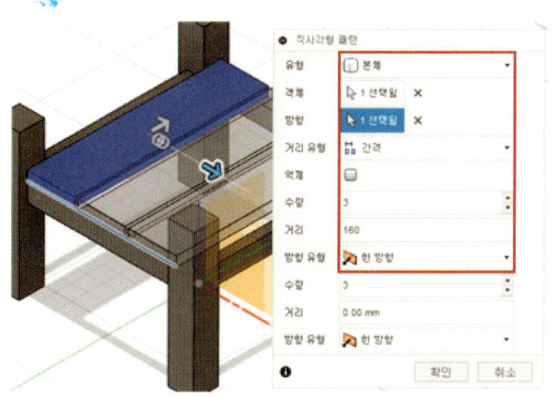

PART A. 목공 가구류

24

- 작성-스케치 작성, 해당평면
- 작성-스케치 명령을 이용하여
  스케치 후 구속조건 기입

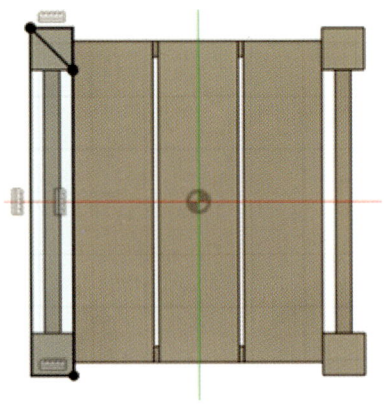

25

- 스케치 마무리
- 작성-돌출
  측면하나, 거리 30, 새 본체

26

- 작성-미러, 본체, 새 본체

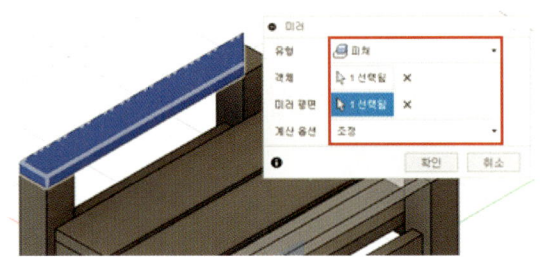

27

- 작성-스케치 작성, 해당평면
- 작성-스케치 명령을 이용하여
  스케치 후 구속조건 기입

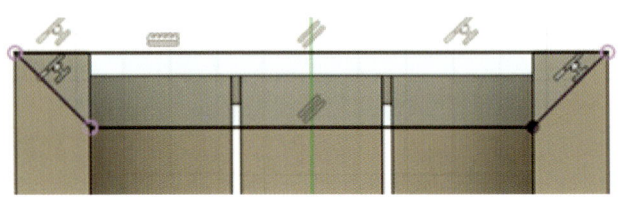

28

- 스케치 마무리
- 작성-돌출
  측면하나, 거리 30, 새 본체

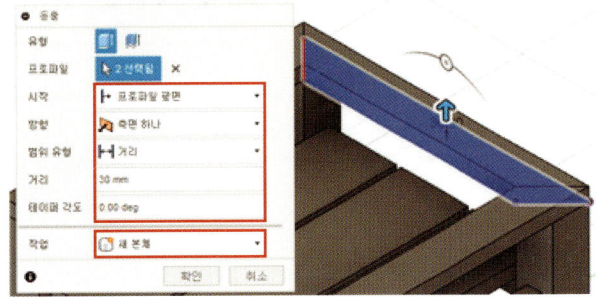

29

- 완성된 모델링

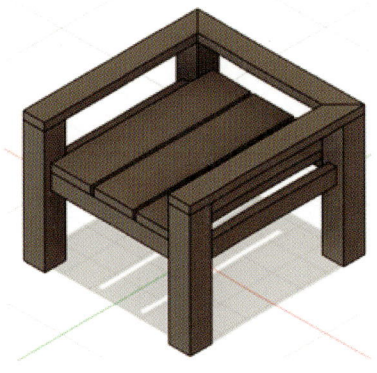

30

- 렌더링-설정-모양
- 재질 선택하여 드래그

A-27. 공구대

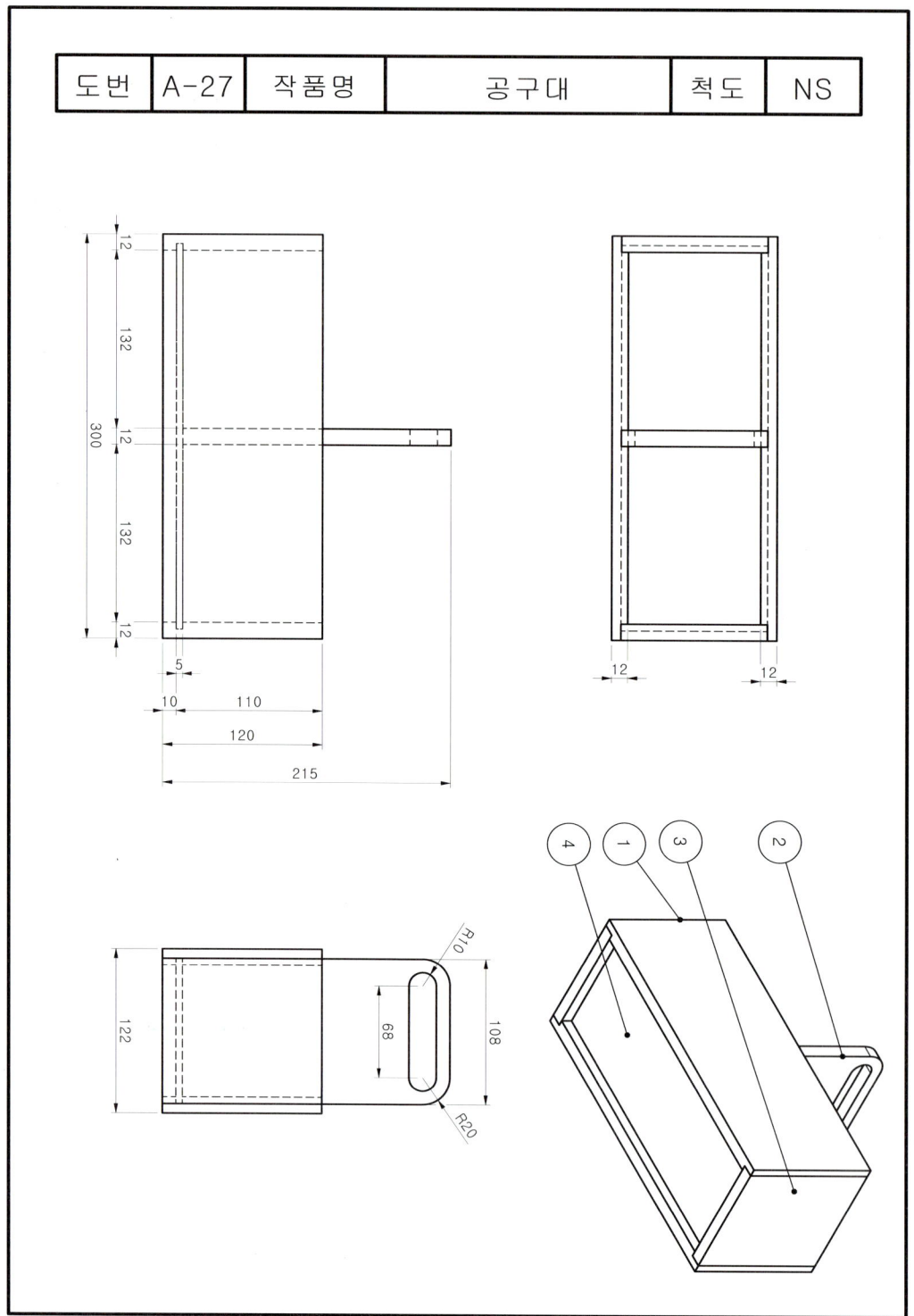

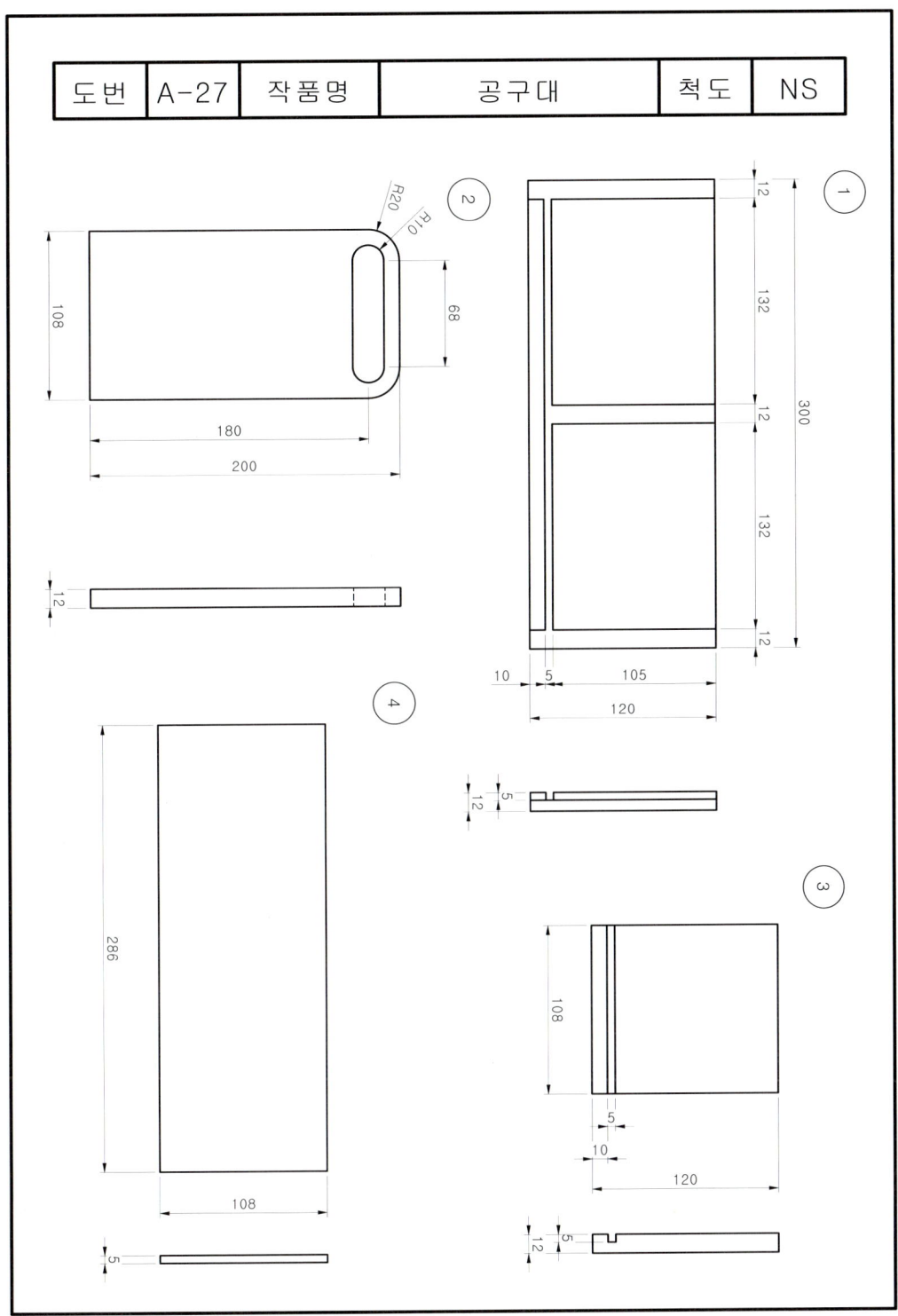

01

- 작성-스케치 작성, XY평면
- 작성-스케치 명령을 이용하여 스케치 후 구속조건 기입
- 작성-스케치 치수로 수정

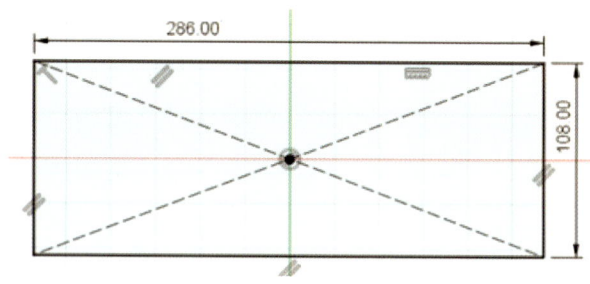

02

- 스케치 마무리
- 작성-돌출
  측면하나, 거리 5, 새 본체

03

- 작성-스케치 작성, 해당평면
- 작성-스케치 명령을 이용하여 스케치 후 구속조건 기입
- 작성-스케치 치수로 수정

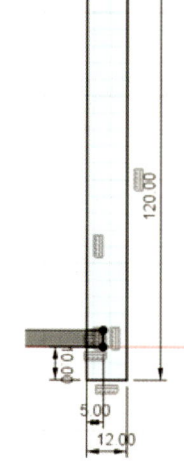

04

- 스케치 마무리
- 작성-돌출
  측면하나, 거리 -108, 새 본체

05

- 작성-미러, 본체, 새 본체

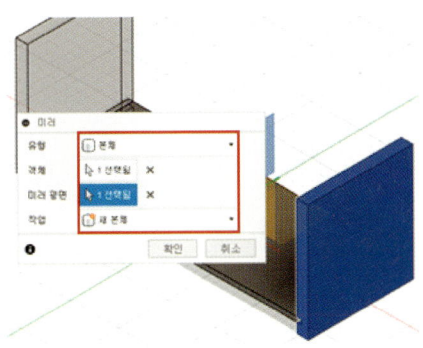

06

- 작성-스케치 작성, 해당평면
- 작성-스케치 명령을 이용하여 스케치 후 구속조건 기입
- 작성-스케치 치수로 수정

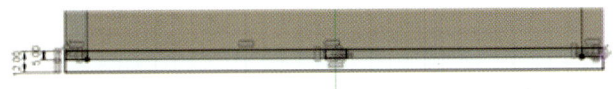

07

- 스케치 마무리
- 작성-돌출
  측면하나, 거리 -120, 새 본체

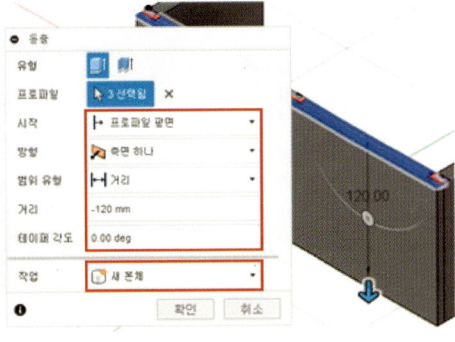

08

- 작성-스케치 작성, YZ평면
- 작성-스케치 명령을 이용하여 스케치 후 구속조건 기입

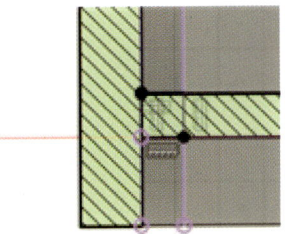

09

- 스케치 마무리
- 작성-돌출
  대칭, 모두, 잘라내기

10

- 작성-미러, 본체, 새 본체

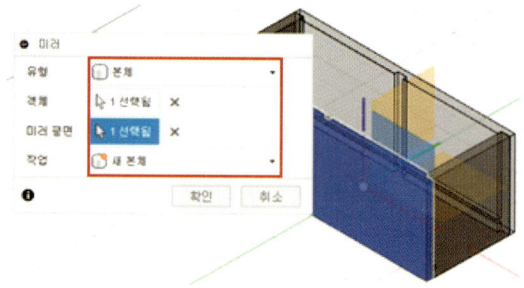

11

- 작성-스케치 작성, YZ평면
- 작성-스케치 명령을 이용하여 스케치 후 구속조건 기입

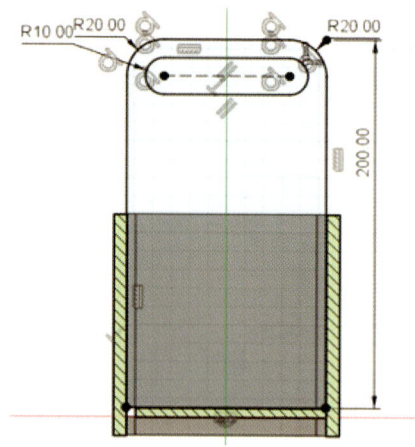

12

- 스케치 마무리
- 작성-돌출
  대칭, 거리 12, 새 본체

13

- 완성된 모델링

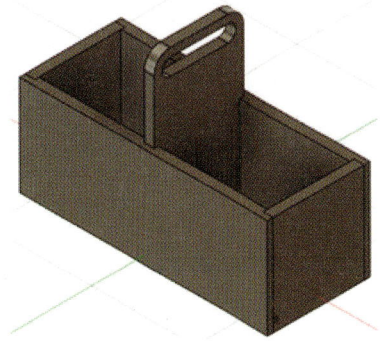

14

- 렌더링-설정-모양
- 재질 선택하여 드래그

A-28. 명함꽂이

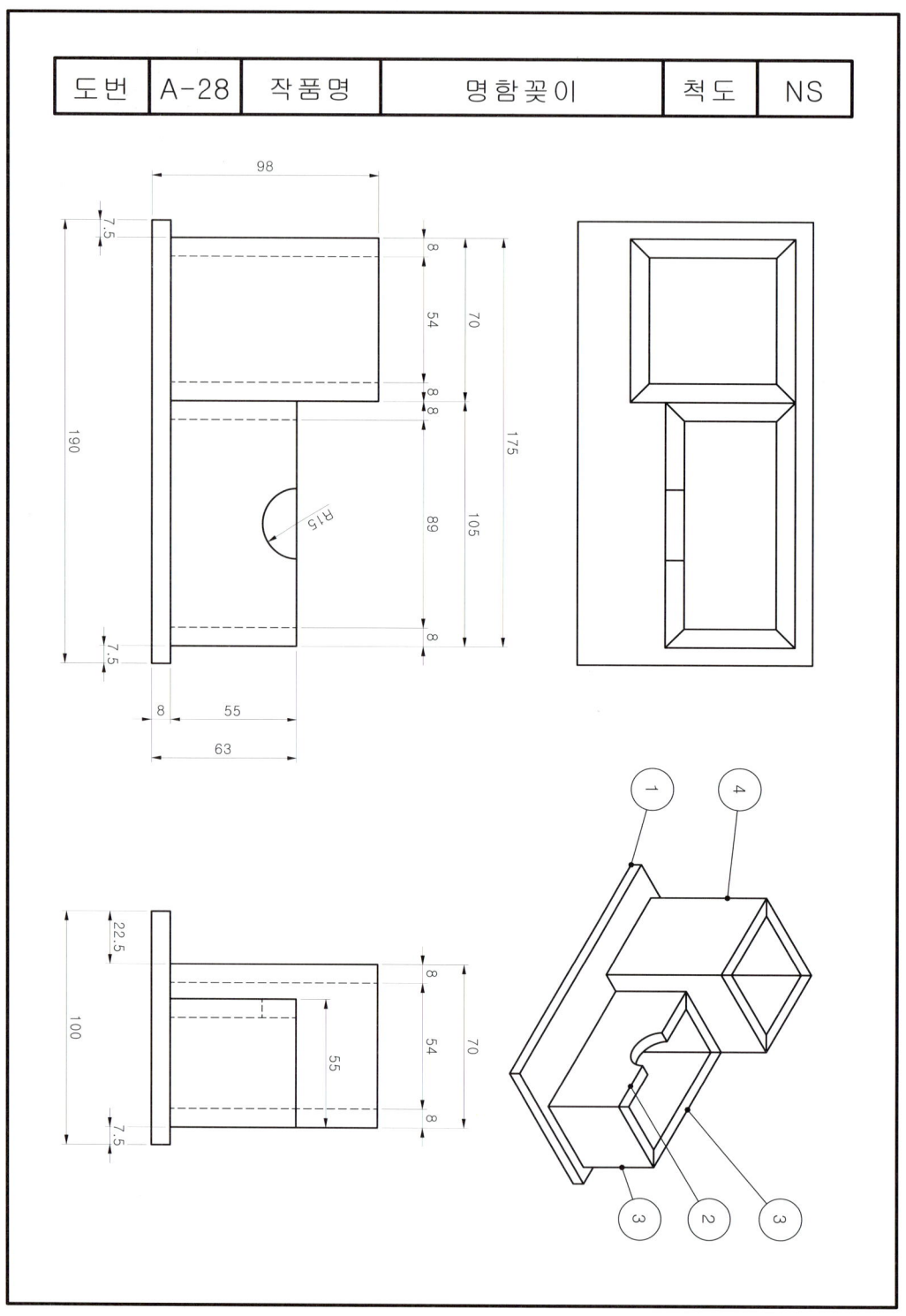

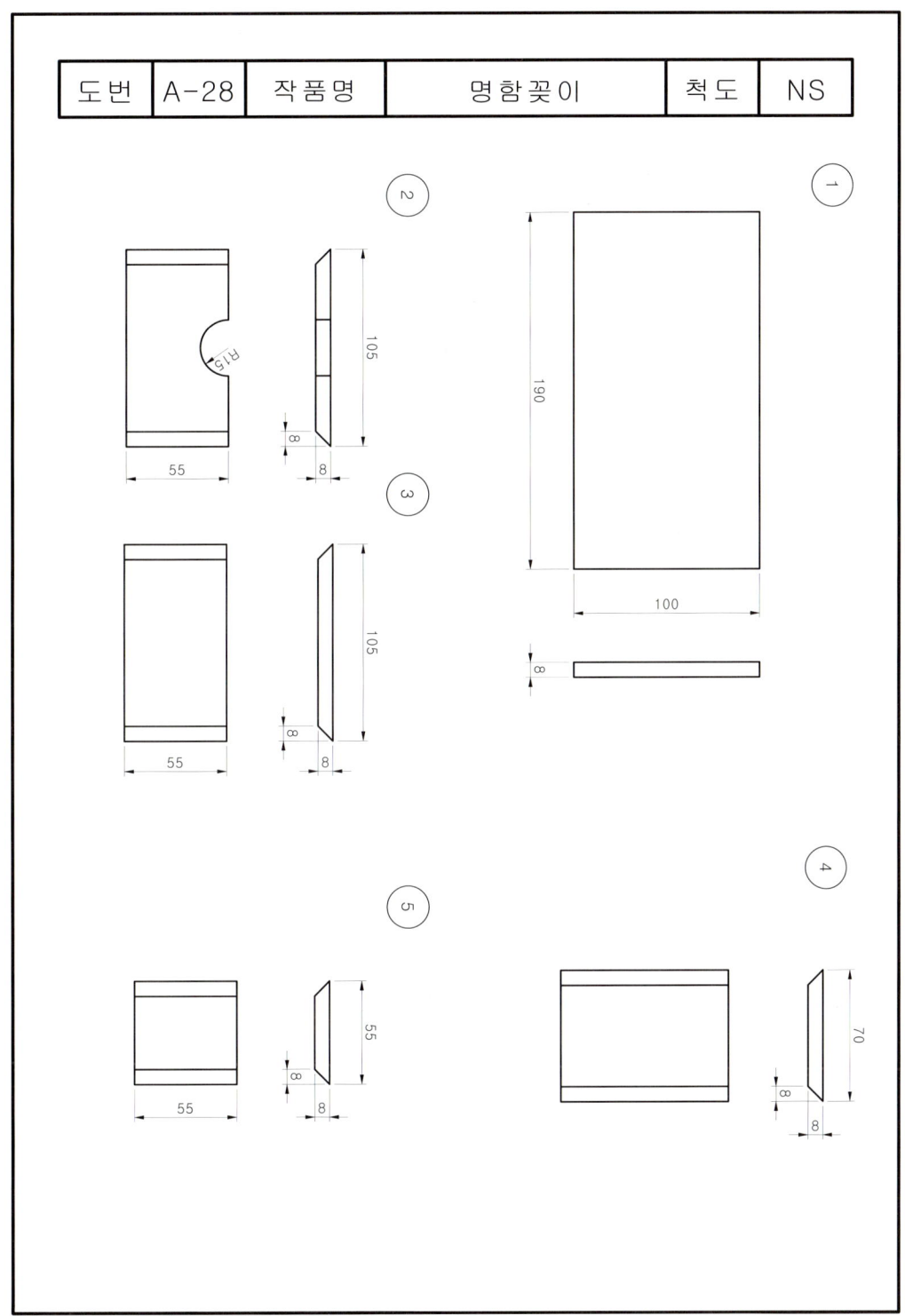

01

- 작성-스케치 작성, XY평면
- 작성-스케치 명령을 이용하여 스케치 후 구속조건 기입
- 작성-스케치 치수로 수정

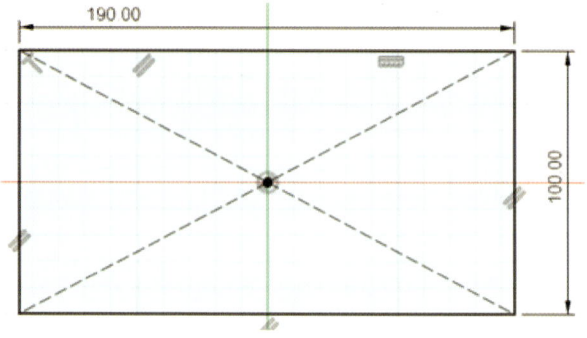

02

- 스케치 마무리
- 작성-돌출
  측면하나, 거리 8, 새 본체

03

- 작성-스케치 작성, 해당평면
- 작성-스케치 명령을 이용하여 스케치 후 구속조건 기입
- 작성-스케치 치수로 수정

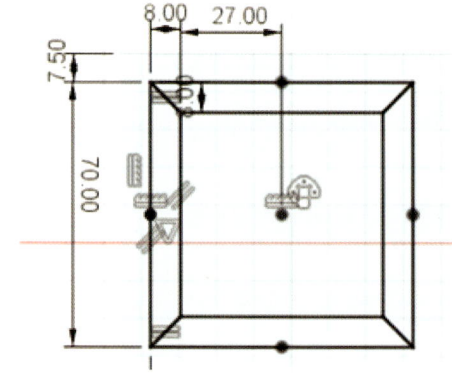

04

- 스케치 마무리
- 작성-돌출
  측면하나, 거리 90, 새 본체

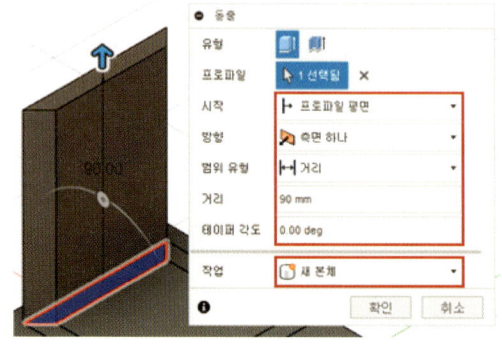

05

- 스케치 활성화
- 작성-돌출
  측면하나, 거리 90, 새 본체

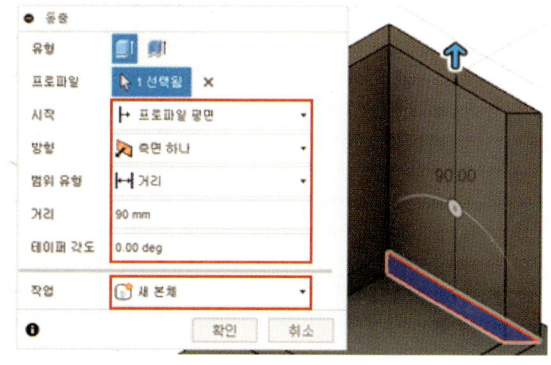

06

- 스케치 활성화
- 작성-돌출
  측면하나, 거리 90, 새 본체

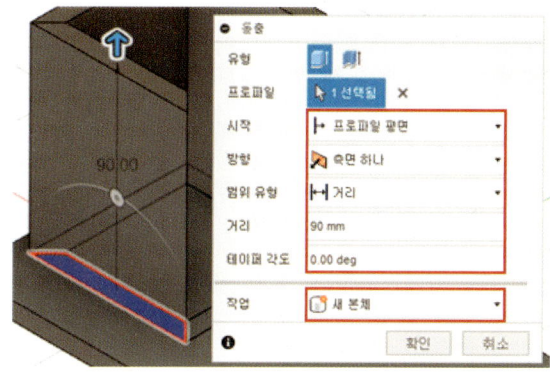

07

- 스케치 활성화
- 작성-돌출
  측면하나, 거리 90, 새 본체
- 스케치 비활성화

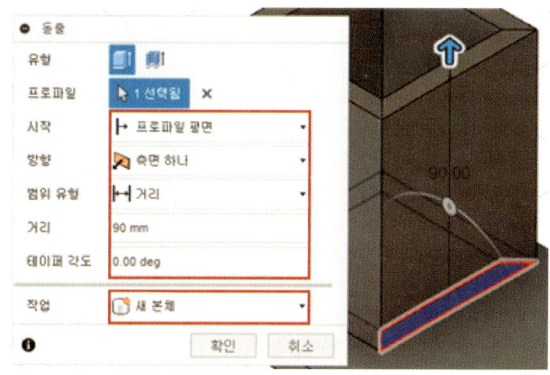

08

- 작성-스케치 작성, 해당평면
- 작성-스케치 명령을 이용하여
  스케치 후 구속조건 기입

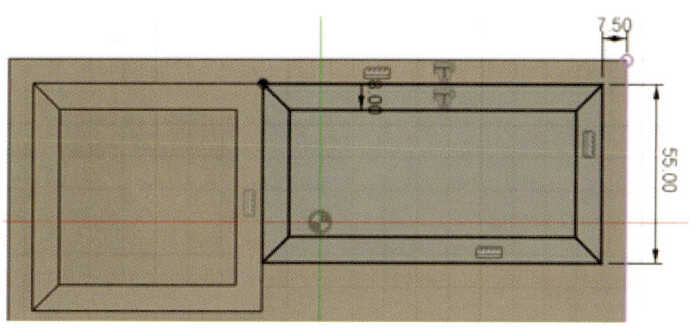

PART A. 목공 가구류

09

- 스케치 마무리
- 작성-돌출
  측면하나, 거리 55, 새 본체

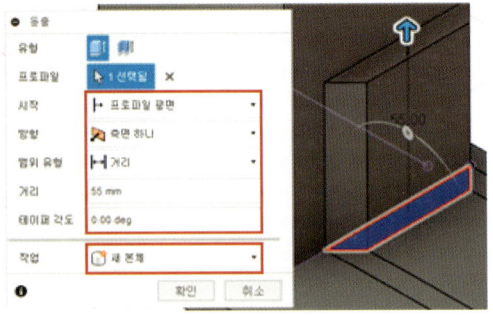

10

- 스케치 활성화
- 작성-돌출
  측면하나, 거리 55, 새 본체

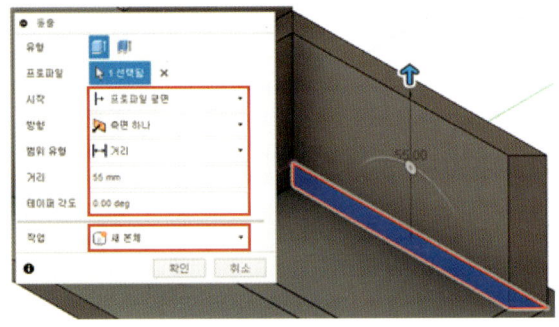

11

- 스케치 활성화
- 작성-돌출
  측면하나, 거리 55, 새 본체

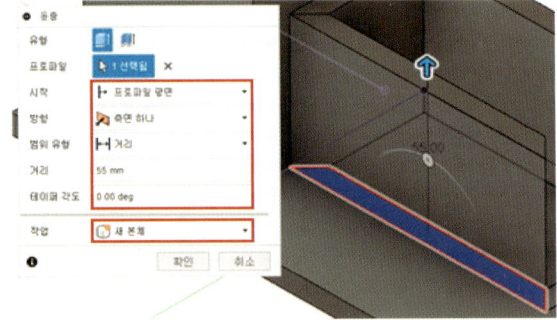

12

- 스케치 활성화
- 작성-돌출
  측면하나, 거리 55, 새 본체
- 스케치 비활성화

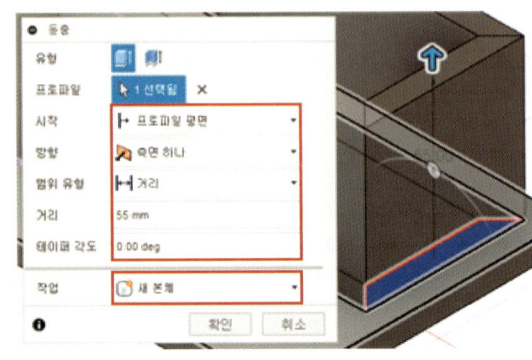

13

- 완성된 모델링

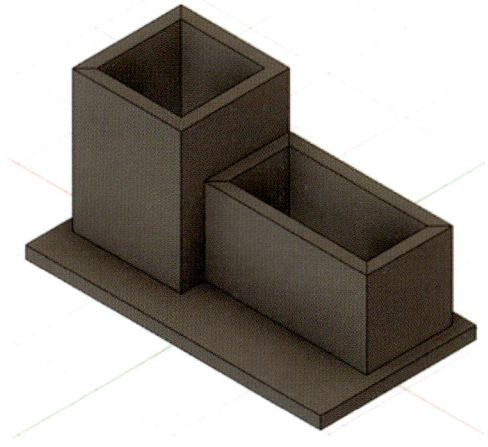

14

- 렌더링–설정–모양
- 재질 선택하여 드래그

A-29. 테이블

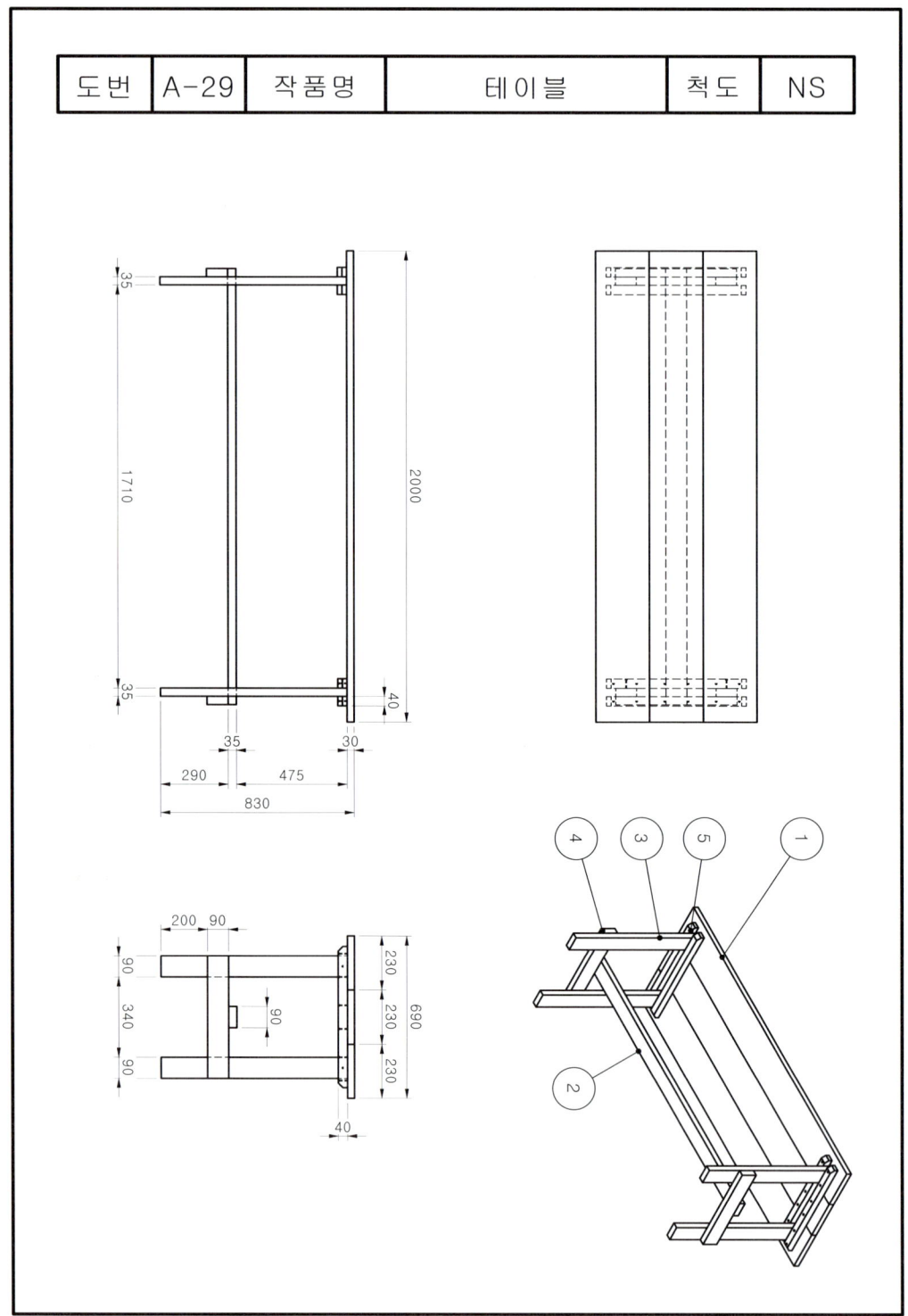

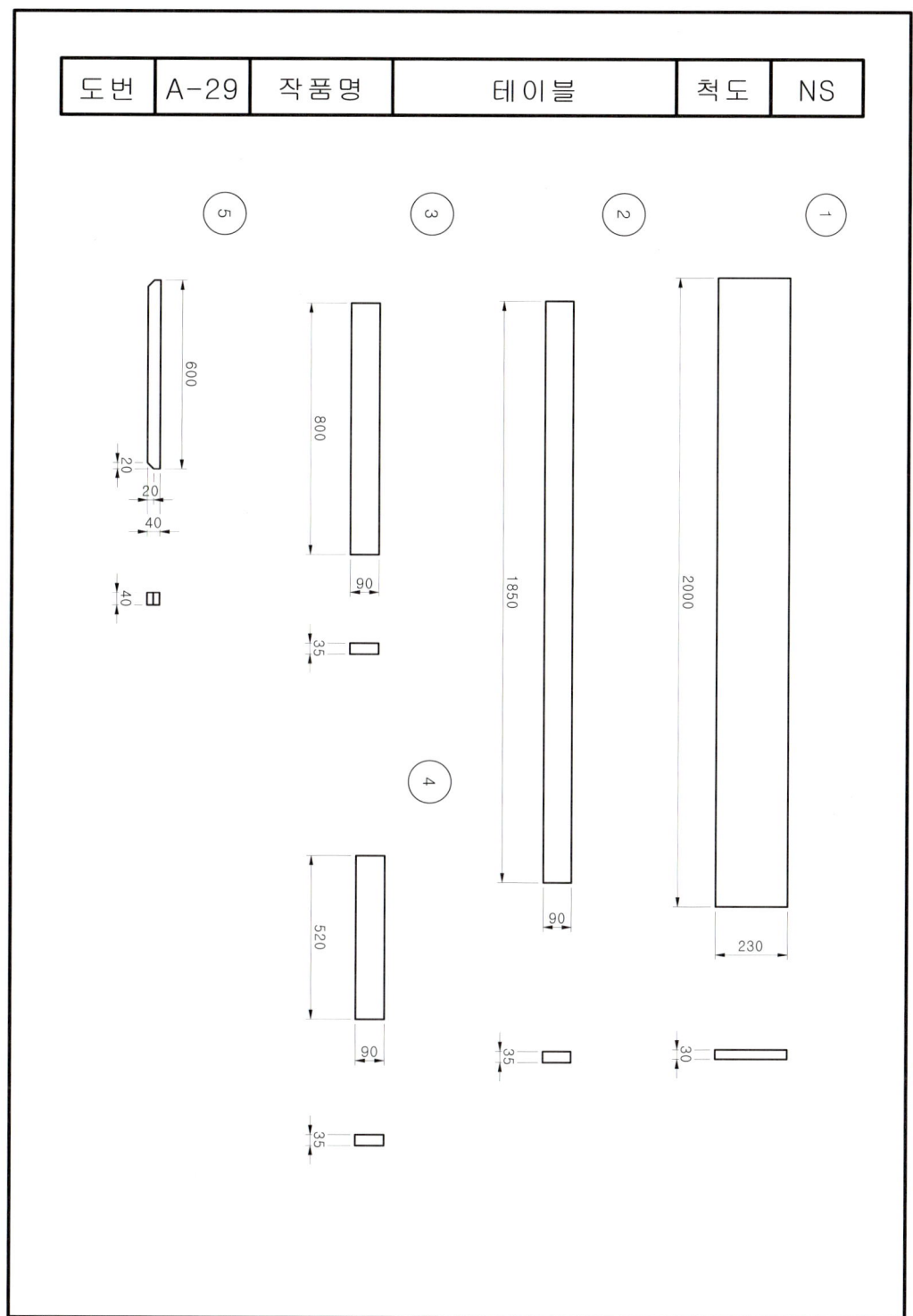

01

- 작성-스케치 작성, XY평면
- 작성-스케치 명령을 이용하여 스케치 후 구속조건 기입
- 작성-스케치 치수로 수정

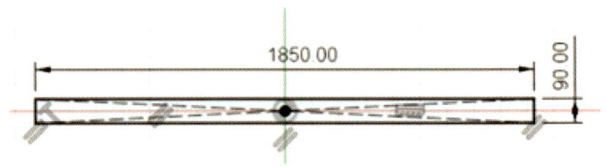

02

- 스케치 마무리
- 작성-돌출
  측면하나, 거리 35, 새 본체

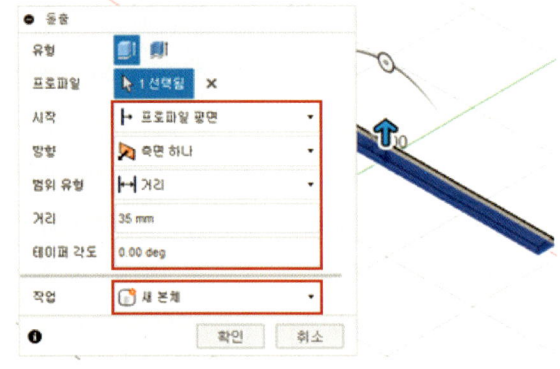

03

- 작성-스케치 작성, 해당평면
- 작성-스케치 명령을 이용하여 스케치 후 구속조건 기입
- 작성-스케치 치수로 수정

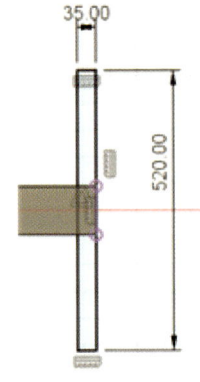

04

- 스케치 마무리
- 작성-돌출
  측면하나, 거리 -90, 새 본체

05

- 작성-미러, 본체, 새 본체

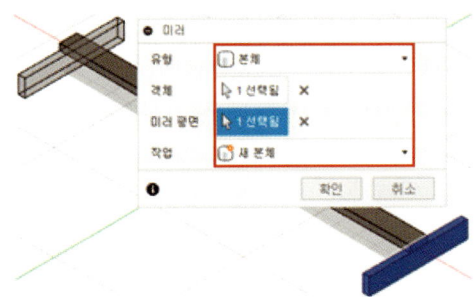

06

- 작성-스케치 작성, 해당평면
- 작성-스케치 명령을 이용하여
  스케치 후 구속조건 기입
- 작성-스케치 치수로 수정

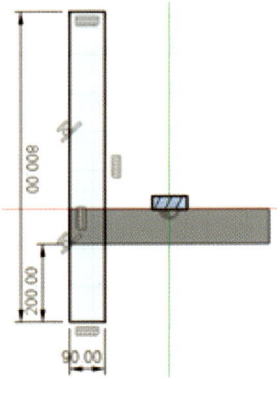

07

- 스케치 마무리
- 작성-돌출
  측면하나, 거리 35, 새 본체

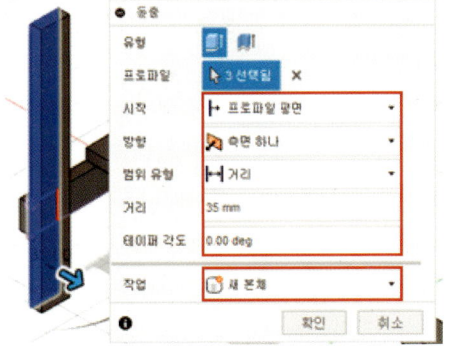

08

- 작성-미러, 본체, 새 본체

09

- 작성-미러, 본체, 새 본체

10

- 작성-스케치 작성, 해당평면
- 작성-스케치 명령을 이용하여 스케치 후 구속조건 기입
- 작성-스케치 치수로 수정

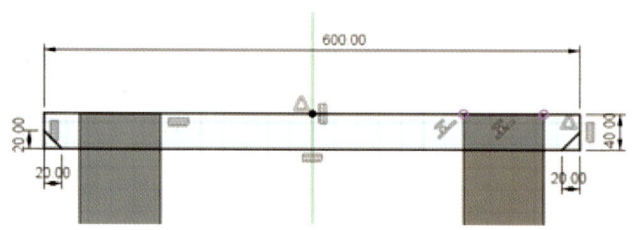

11

- 스케치 마무리
- 작성-돌출
  측면하나, 거리 40, 새 본체

12

- 이동/복사, 조립도에 맞게 복사

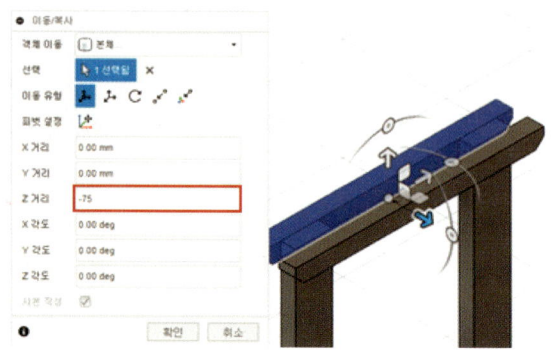

13

- 작성-미러, 본체, 새 본체

14

- 작성-스케치 작성, 해당평면
- 작성-스케치 명령을 이용하여 스케치 후 구속조건 기입
- 작성-스케치 치수로 수정

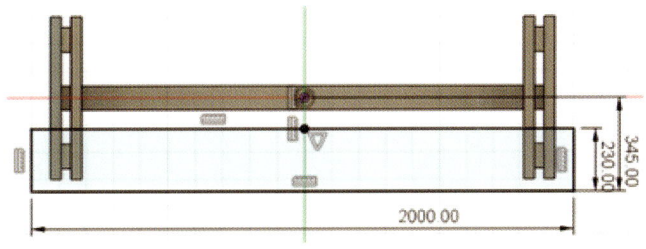

15

- 스케치 마무리
- 작성-돌출
  측면하나, 거리 30, 새 본체

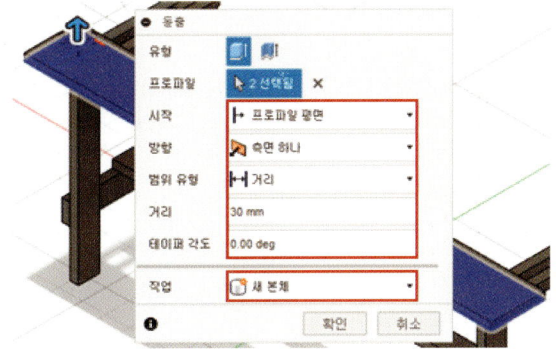

16

- 작성-패턴-직사각형 패턴
  간격, 수량 3, 거리 -230

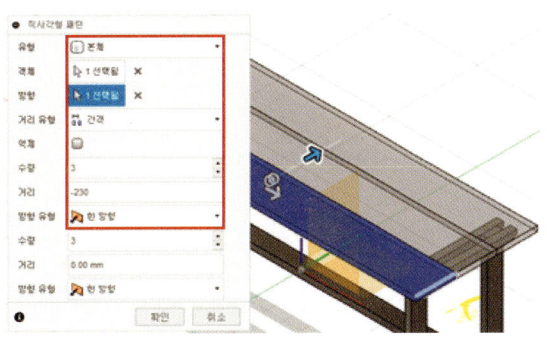

PART A. 목공 가구류 **203**

17

- 완성된 모델링

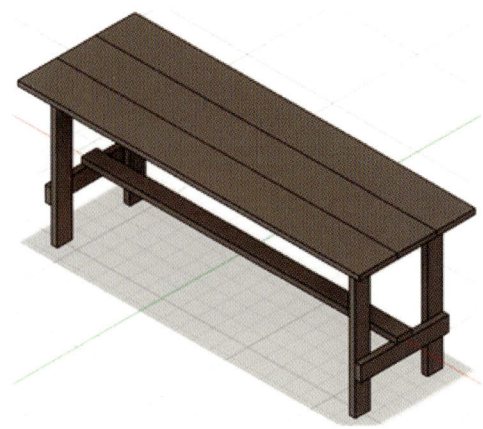

18

- 렌더링-설정-모양
- 재질 선택하여 드래그

A-30. 화장지거치대

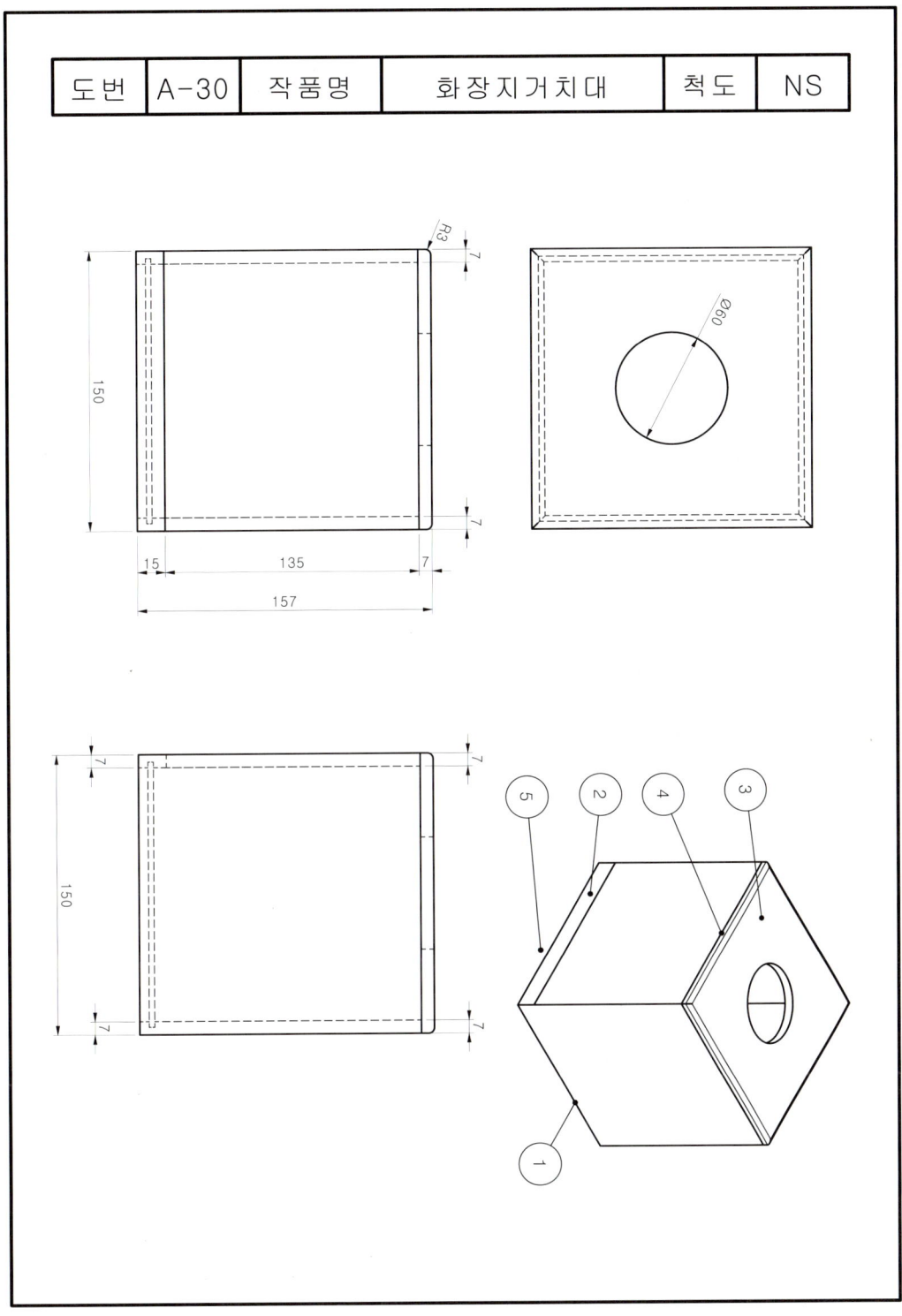

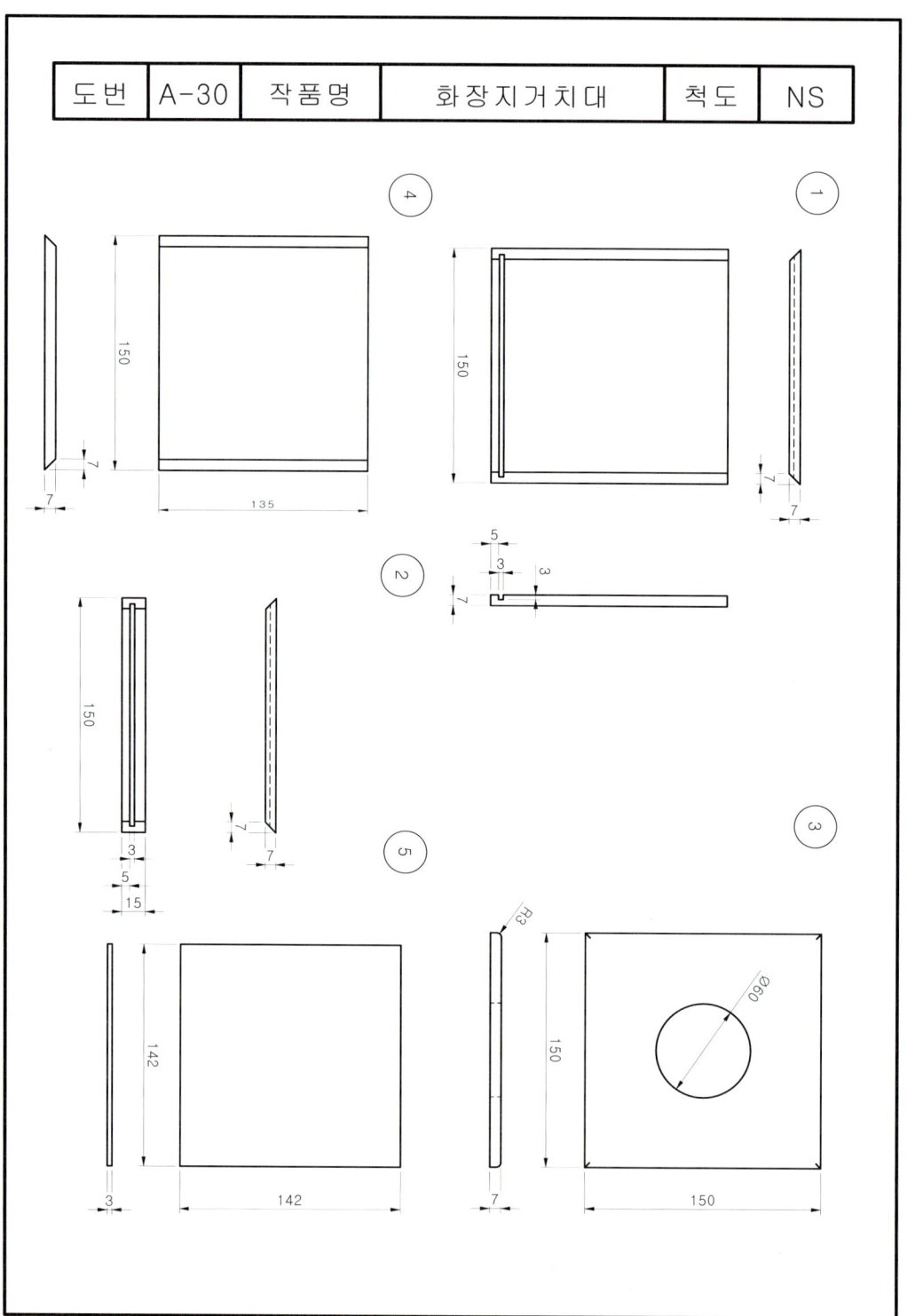

01

- 작성-스케치 작성, XY평면
- 작성-스케치 명령을 이용하여 스케치 후 구속조건 기입
- 작성-스케치 치수로 수정

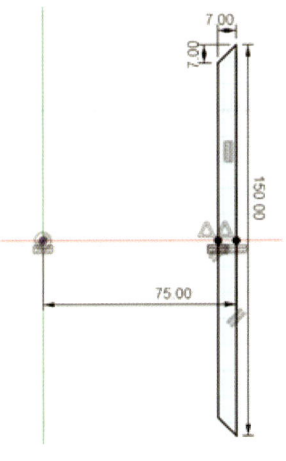

02

- 스케치 마무리
- 작성-돌출
  측면하나, 거리 150, 새 본체

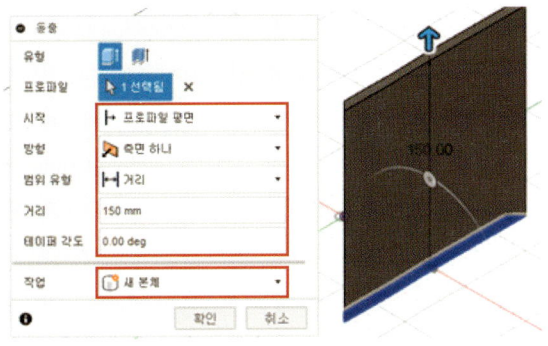

03

- 작성-스케치 작성, XZ평면
- 작성-스케치 명령을 이용하여 스케치 후 구속조건 기입
- 작성-스케치 치수로 수정

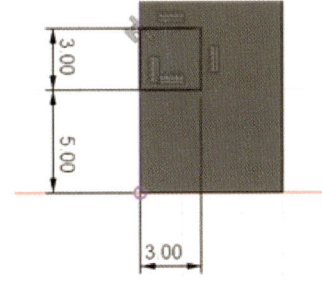

04

- 스케치 마무리
- 작성-돌출
  대칭, 모두, 잘라내기

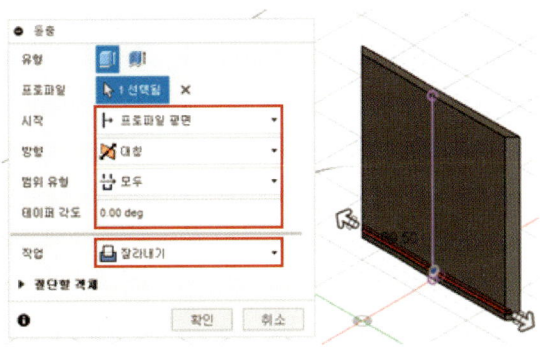

PART A. 목공 가구류

- 작성-패턴-원형 패턴

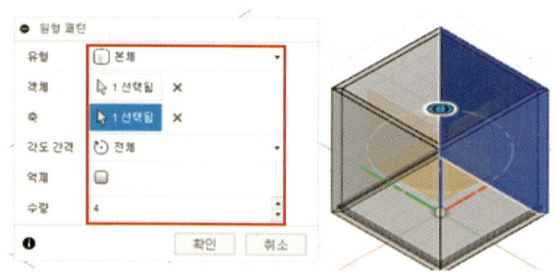

- 수정-밀고 당기기, -15

07

- 작성-돌출
  측면하나, 거리 15, 새 본체

- 작성-스케치 작성, YZ평면
- 작성-스케치 명령을 이용하여
  스케치 후 구속조건 기입
- 작성-스케치 치수로 수정

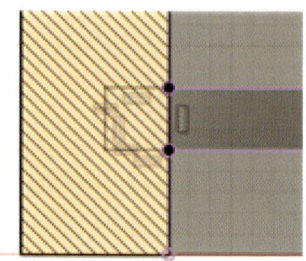

09

- 스케치 마무리
- 작성-돌출
  대칭, 모두, 잘라내기

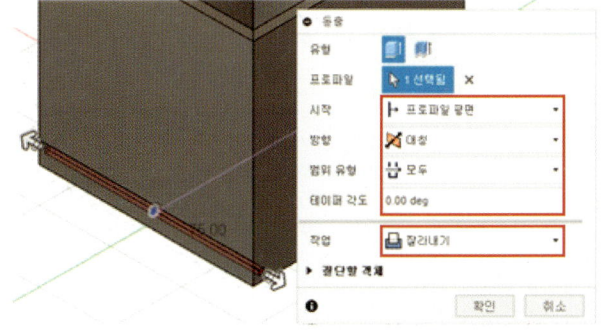

10

- 작성-스케치 작성, 해당평면
- 작성-스케치 명령을 이용하여
  스케치 후 구속조건 기입
- 작성-스케치 치수로 수정

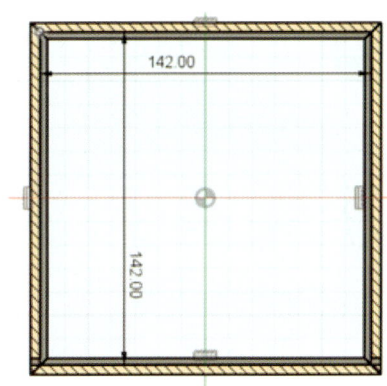

11

- 스케치 마무리
- 작성-돌출
  측면하나, 거리 3, 새 본체

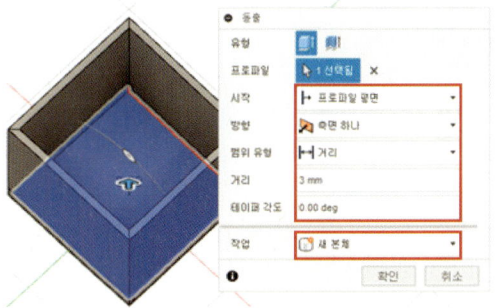

12

- 작성-스케치 작성, 해당평면
- 작성-스케치 명령을 이용하여
  스케치 후 구속조건 기입
- 작성-스케치 치수로 수정

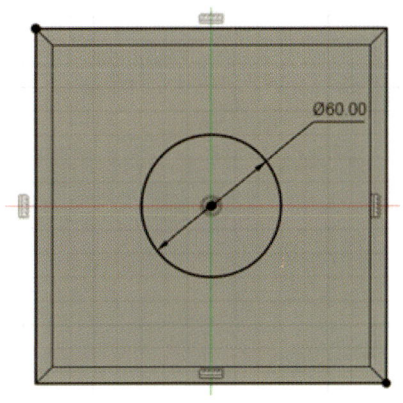

13

- 스케치 마무리
- 작성-돌출
  측면하나, 거리 7, 새 본체

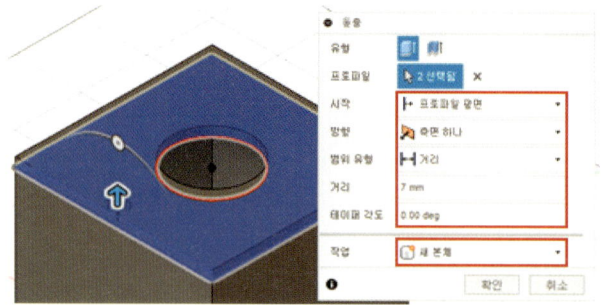

14

- 수정-모깎기, R3

15

- 완성된 모델링

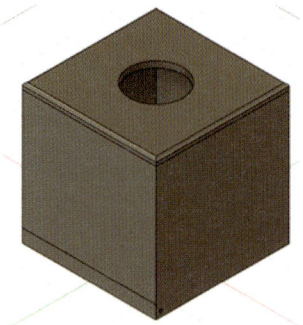

16

- 렌더링-설정-모양
- 재질 선택하여 드래그

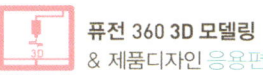
퓨전 360 3D 모델링
& 제품디자인 응용편

PART 0B

공구류
부품류
전기전자류

B-01. 드라이버

| 도번 | B-01 | 작품명 | 드라이버 | 척도 | NS |

01

- 작성-스케치 작성, XY평면
- 작성-스케치 명령을 이용하여 스케치 후 구속조건 기입
- 작성-스케치 치수로 수정

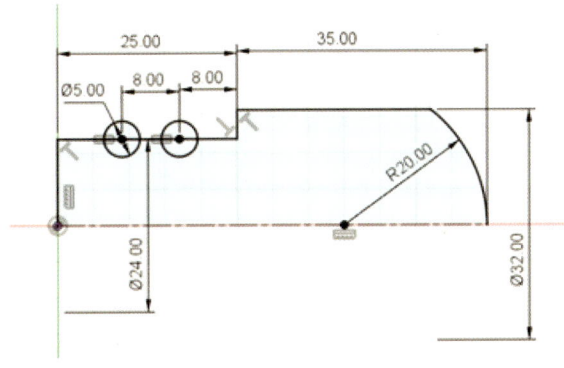

02

- 스케치 마무리
- 작성-회전
  측면하나, 360°, 새 본체

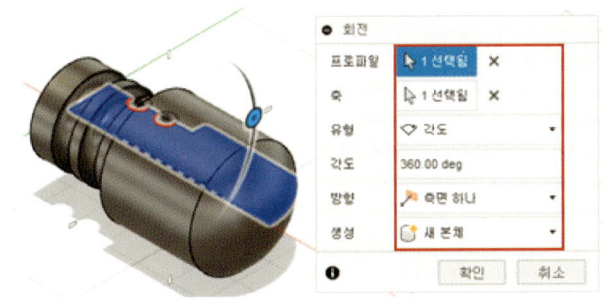

03

- 수정-모깎기, R5

04

- 작성-스케치 작성, 해당평면
- 작성-스케치 명령을 이용하여 스케치 후 구속조건 기입
- 작성-스케치 치수로 수정

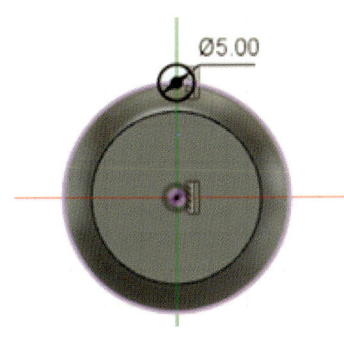

05

- 스케치 마무리
- 작성-돌출
  측면하나, 모두, 잘라내기

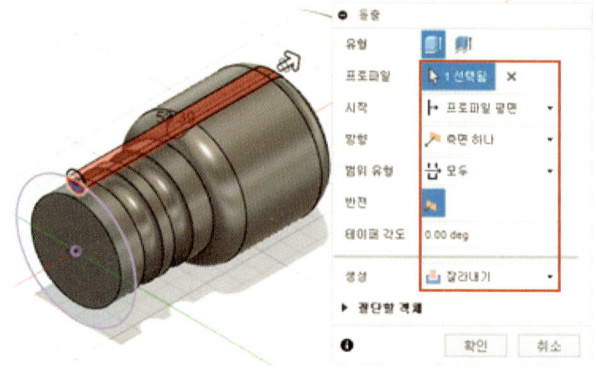

06

- 수정-모깎기, R1

07

- 작성-패턴-원형 패턴, 8개

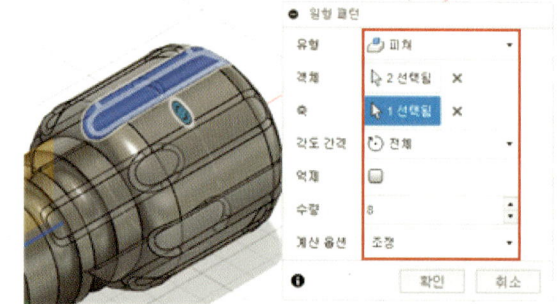

08

- 수정-모깎기, R3

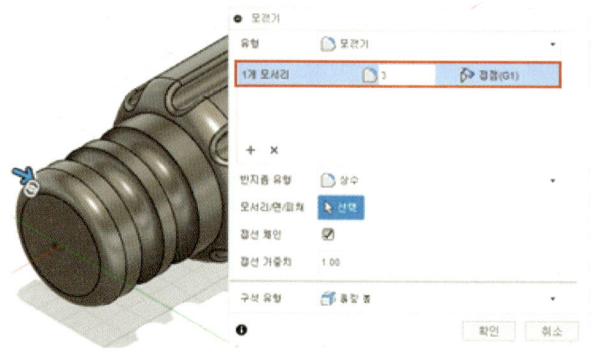

09

- 수정-모깎기, R1

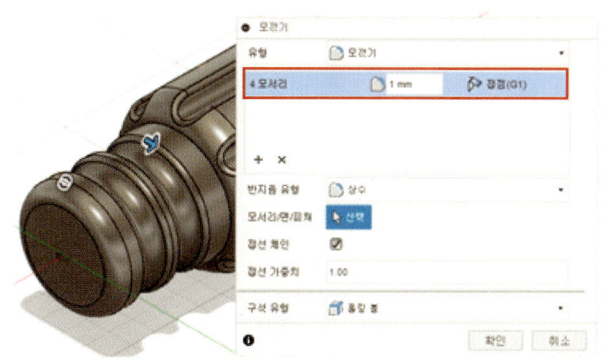

10

- 작성-스케치 작성, XY평면
- 작성-스케치 명령을 이용하여 스케치 후 구속조건 기입
- 작성-스케치 치수로 수정

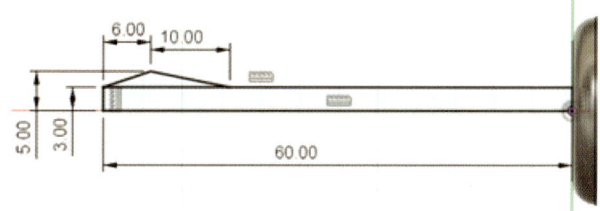

11

- 스케치 마무리
- 작성-회전
  측면하나, 360°, 새 본체

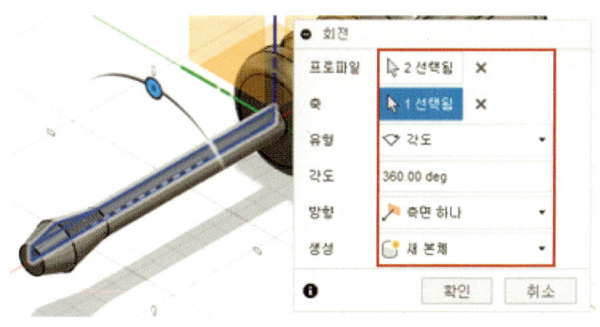

12

- 작성-스케치 작성, XY평면
- 작성-스케치 명령을 이용하여 스케치 후 구속조건 기입
- 작성-스케치 치수로 수정

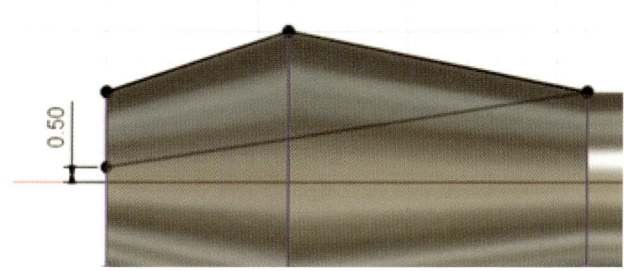

13

- 스케치 마무리
- 작성-돌출
  대칭, 모두, 잘라내기

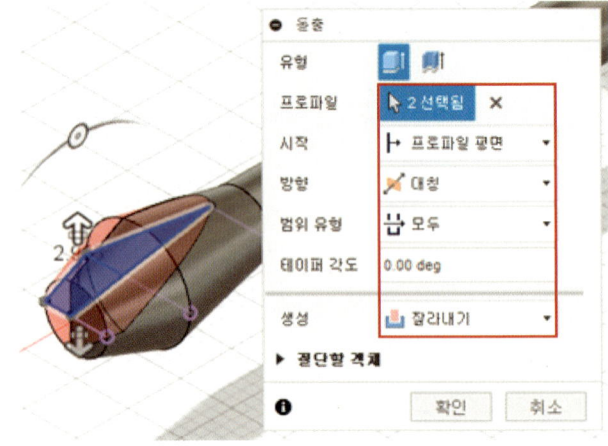

14

- 작성-미러

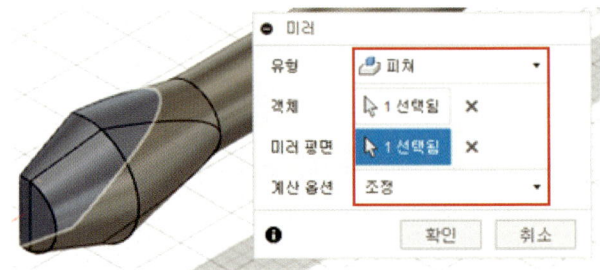

15

- 모델링 완료

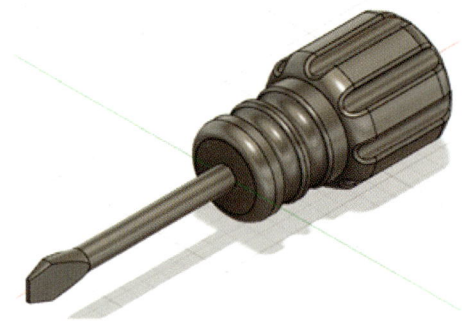

16

- 렌더링-설정-모양
- 재질 선택하여 드래그

B-02. 경첩

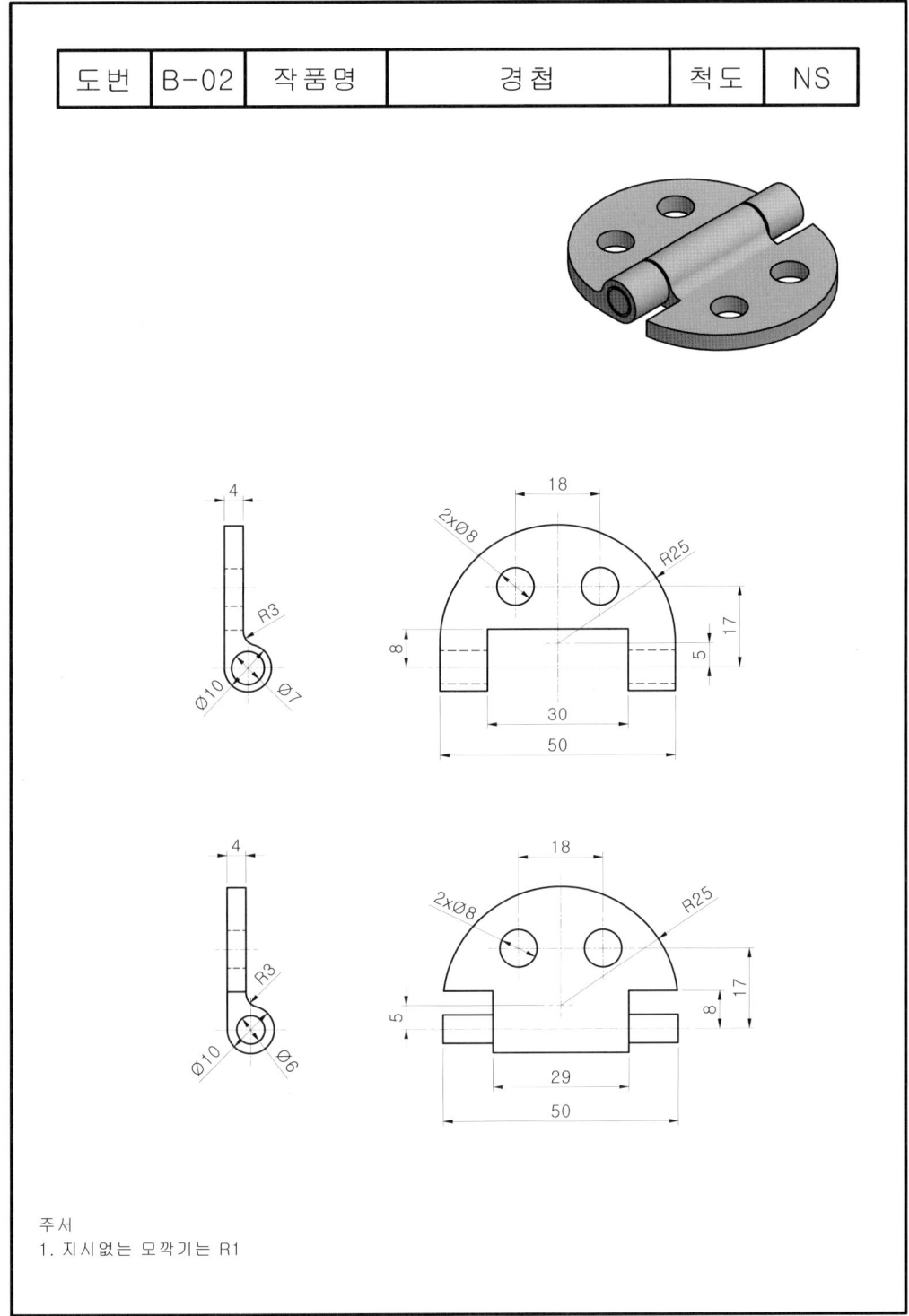

주서
1. 지시없는 모깎기는 R1

01

- 조립-새 구성요소

02

- 작성-스케치 작성, XY평면
- 작성-스케치 명령을 이용하여 스케치 후 구속조건 기입
- 작성-스케치 치수로 수정

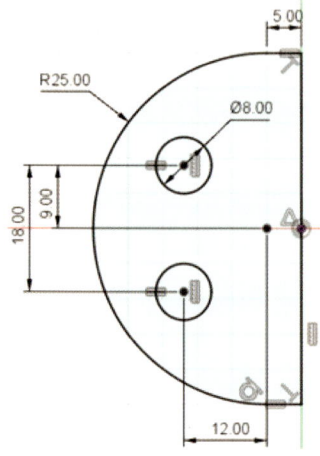

03

- 스케치 마무리
- 작성-돌출
  측면하나, 거리 4, 새 본체

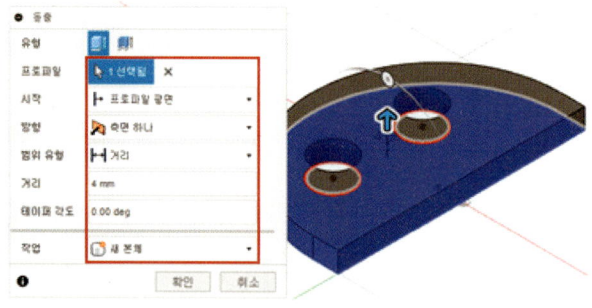

04

- 작성-스케치 작성, XZ평면
- 작성-스케치 명령을 이용하여 스케치 후 구속조건 기입
- 작성-스케치 치수로 수정

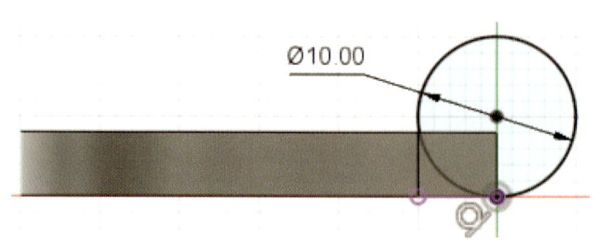

05

- 스케치 마무리
- 작성-돌출
  대칭, 전체거리 50, 접합

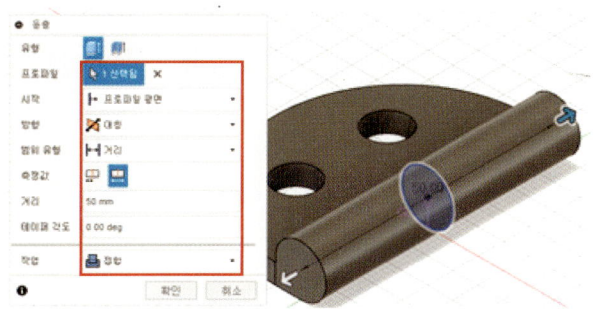

06

- 수정-모깎기, R3

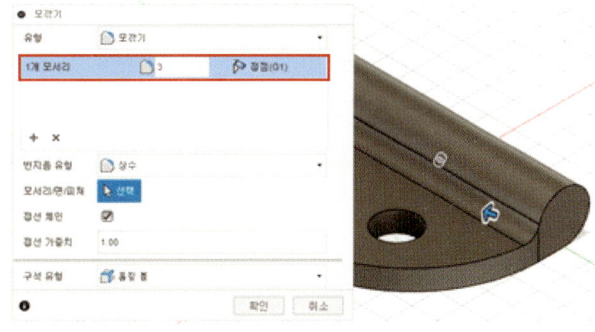

07

- 작성-미러, 구성요소

08

- 복사된 구성요소는 비활성화
- 작성-스케치 작성, XZ평면
- 작성-스케치 명령을 이용하여
  스케치 후 구속조건 기입
- 작성-스케치 치수로 수정

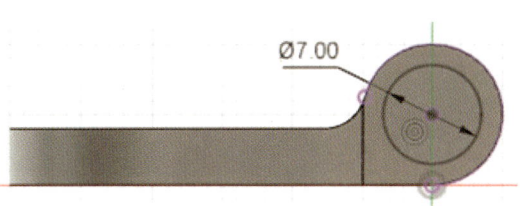

09

- 스케치 마무리
- 작성-돌출
  대칭, 모두, 잘라내기

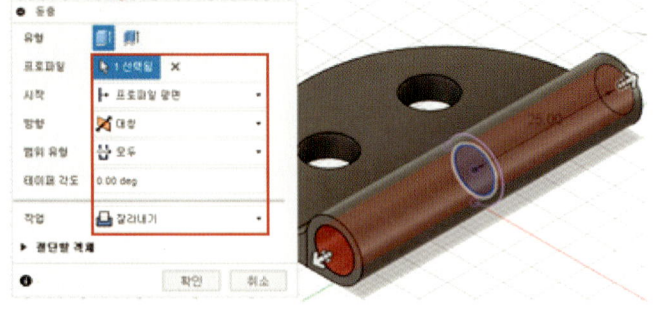

10

- 작성-스케치 작성, XY평면
- 작성-스케치 명령을 이용하여
  스케치 후 구속조건 기입
- 작성-스케치 치수로 수정

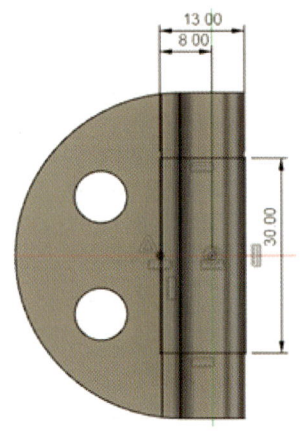

11

- 스케치 마무리
- 작성-돌출
  측면하나, 모두, 잘라내기

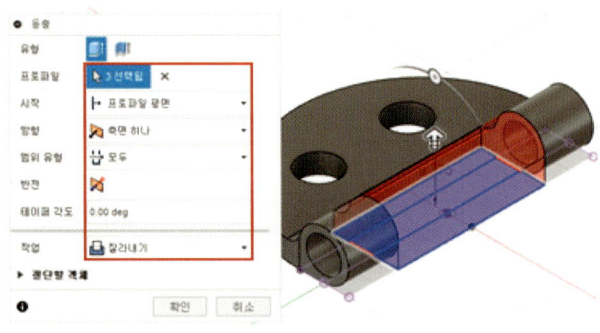

12

- 복사된 컴포넌트는 활성화
  원본 컴포넌트는 비활성화
- 작성-스케치 작성, 해당평면
- 작성-스케치 명령을 이용하여
  스케치 후 구속조건 기입
- 작성-스케치 치수로 수정

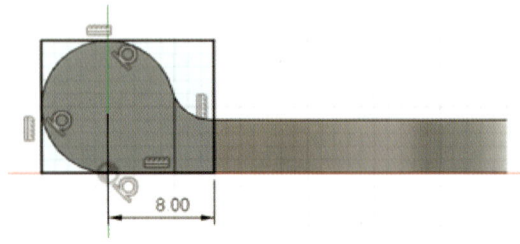

13

- 스케치 마무리
- 작성-돌출
  측면하나, 거리 -10.5, 잘라내기

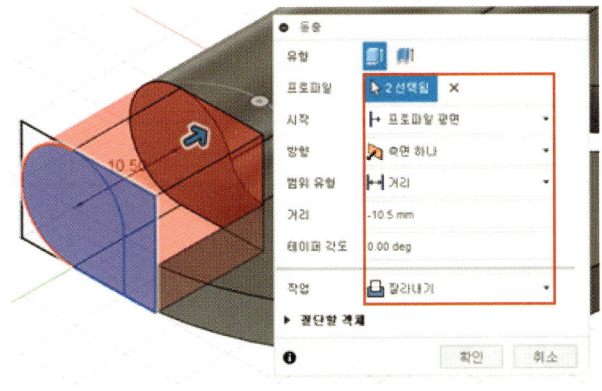

14

- 작성-미러

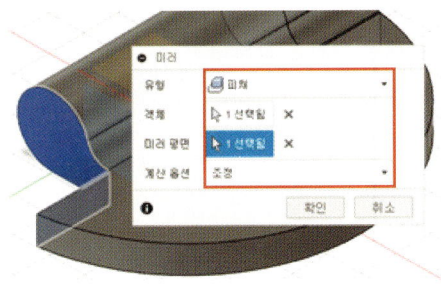

15

- 작성-스케치 작성, XZ평면
- 작성-스케치 명령을 이용하여 스케치 후 구속조건 기입
- 작성-스케치 치수로 수정

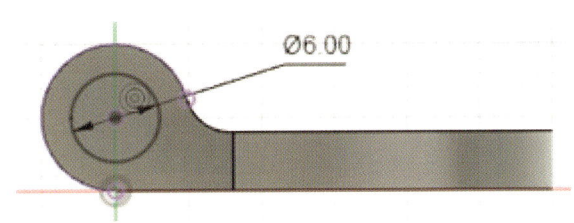

16

- 스케치 마무리
- 작성-돌출
  대칭, 전체거리 50, 접합

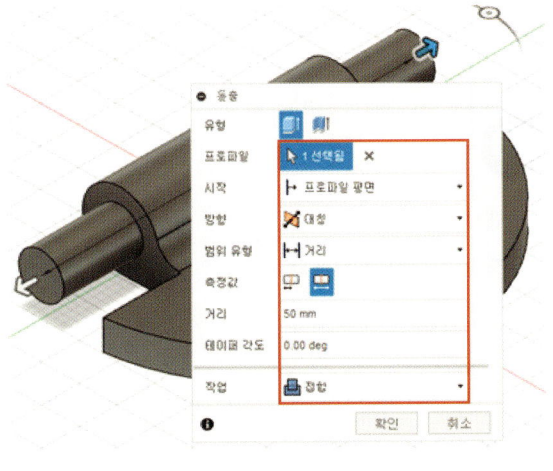

01

- 조립-새 구성요소

02

- 작성-스케치 작성, XZ평면
- 작성-스케치 명령을 이용하여 스케치 후 구속조건 기입
- 작성-스케치 치수로 수정

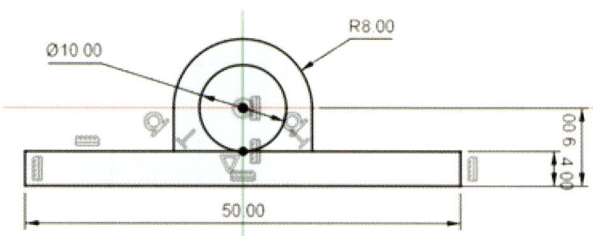

03

- 스케치 마무리
- 작성-돌출
  대칭, 전체거리 30, 새 본체

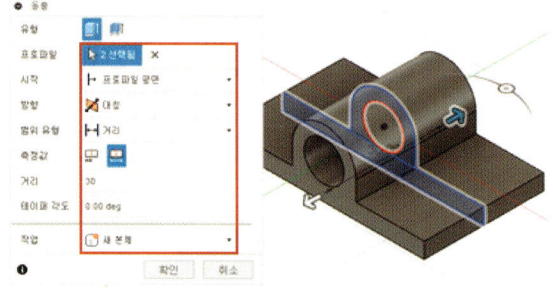

04

- 수정-모깎기, R5

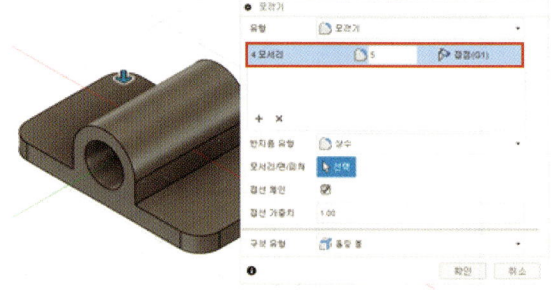

05

- 작성-스케치 작성, 해당평면
- 작성-스케치 명령을 이용하여 스케치 후 구속조건 기입
- 작성-스케치 치수로 수정

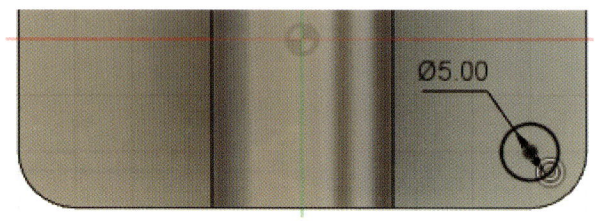

13

- 스케치 마무리
- 작성-돌출
  측면하나, 거리 -10.5, 잘라내기

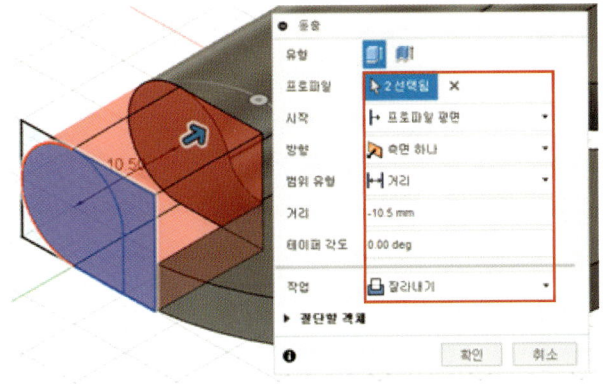

14

- 작성-미러

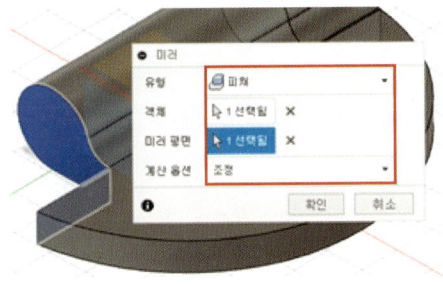

15

- 작성-스케치 작성, XZ평면
- 작성-스케치 명령을 이용하여 스케치 후 구속조건 기입
- 작성-스케치 치수로 수정

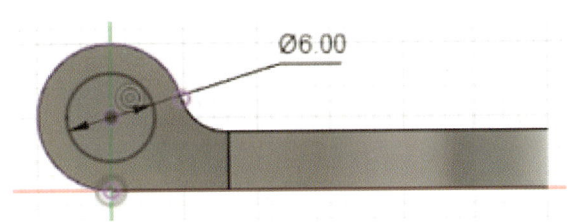

16

- 스케치 마무리
- 작성-돌출
  대칭, 전체거리 50, 접합

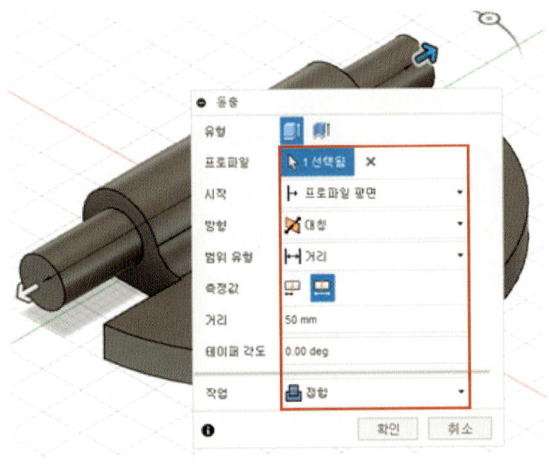

17

- 저장되지 않음 체크하고 전부 활성화

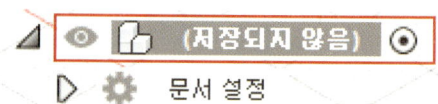

18

- 구성요소1을 우클릭하여 고정
- 조립-접합
- 해당 위치를 클릭

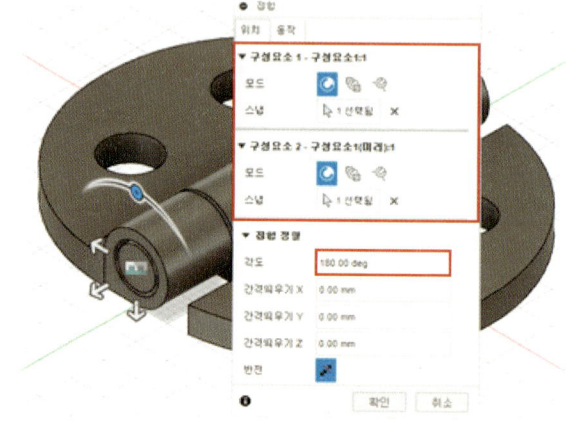

19

- 모델링 완료

20

- 렌더링-설정-모양
- 재질 선택하여 드래그

B-03. 잠금장치

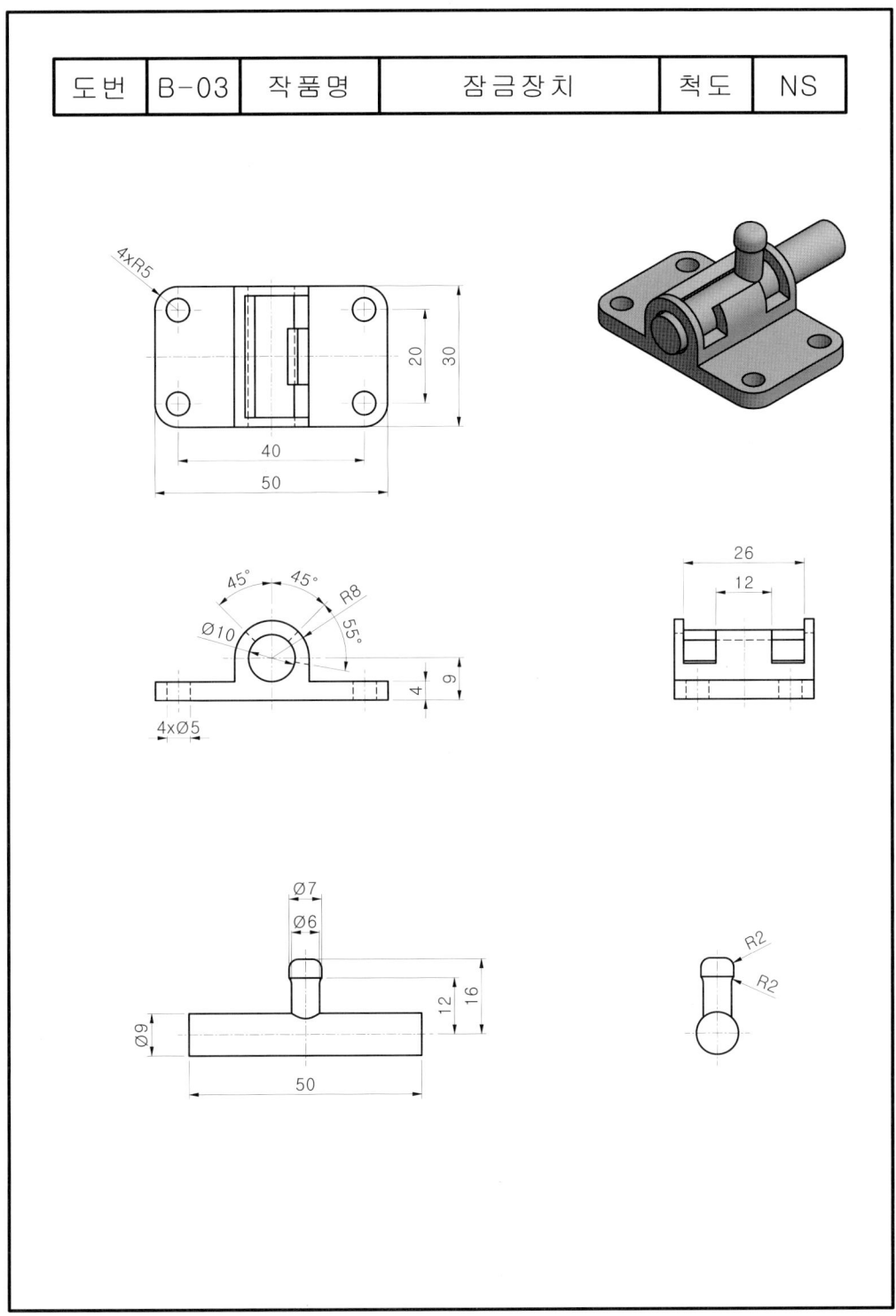

01

- 조립-새 구성요소

02

- 작성-스케치 작성, XZ평면
- 작성-스케치 명령을 이용하여 스케치 후 구속조건 기입
- 작성-스케치 치수로 수정

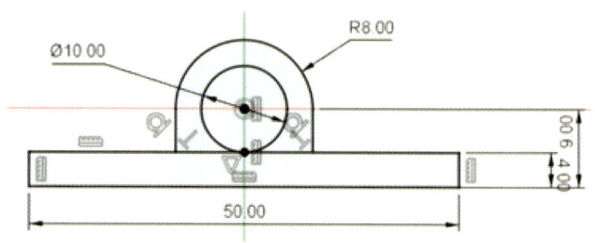

03

- 스케치 마무리
- 작성-돌출
  대칭, 전체거리 30, 새 본체

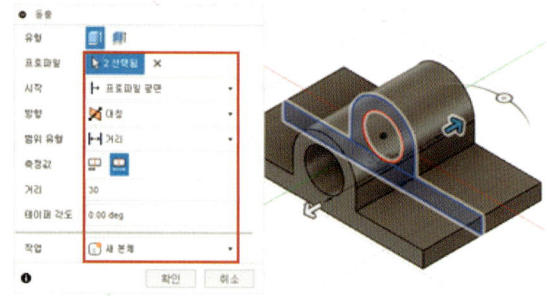

04

- 수정-모깎기, R5

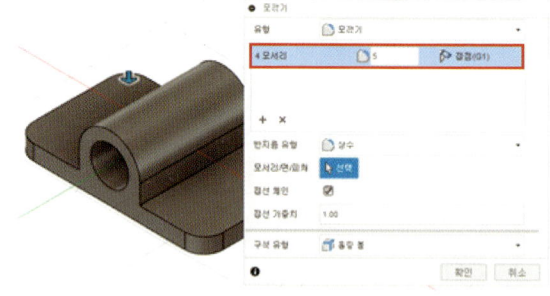

05

- 작성-스케치 작성, 해당평면
- 작성-스케치 명령을 이용하여 스케치 후 구속조건 기입
- 작성-스케치 치수로 수정

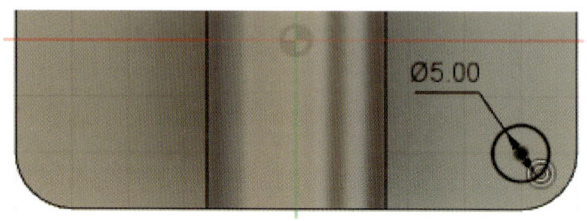

06

- 스케치 마무리
- 작성-돌출
  측면하나, 모두, 잘라내기

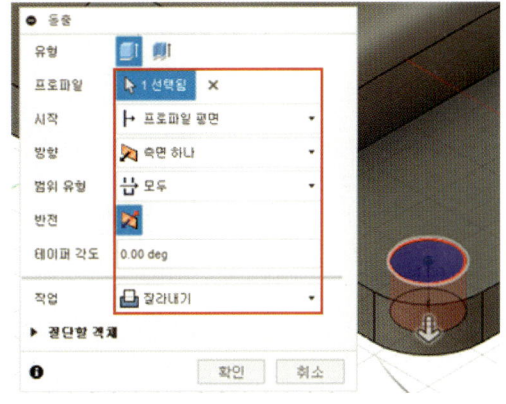

07

- 작성-패턴-직사각형패턴
  간격, 수량 2, 거리 40
  　　　수량 2, 거리 20

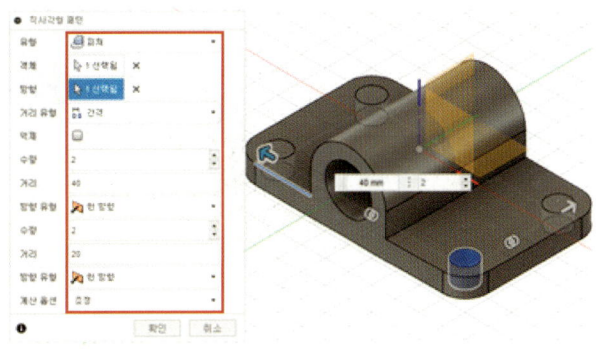

08

- 작성-스케치 작성, XZ평면
- 작성-스케치 명령을 이용하여
  스케치 후 구속조건 기입
- 작성-스케치 치수로 수정

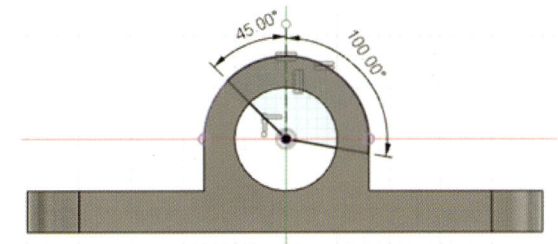

09

- 스케치 마무리
- 작성-돌출
  대칭, 전체거리 26, 잘라내기

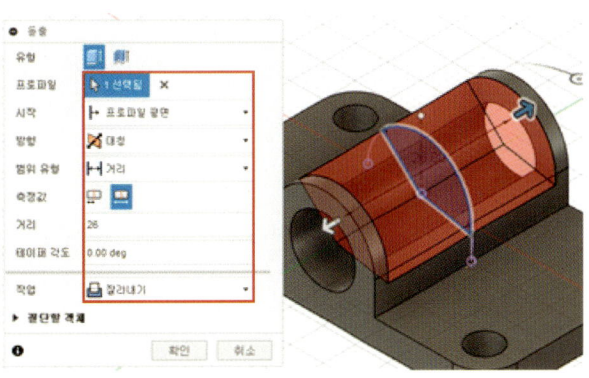

- 작성-스케치 작성, XZ평면
- 작성-스케치 명령을 이용하여
  스케치 후 구속조건 기입
- 작성-스케치 치수로 수정

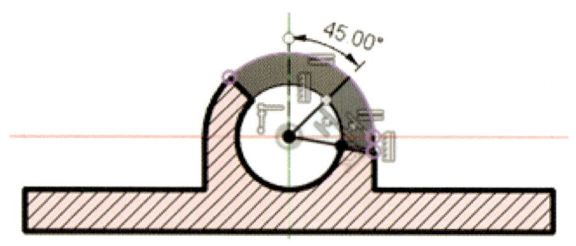

- 스케치 마무리
- 작성-돌출
  대칭, 전체거리 12, 접합

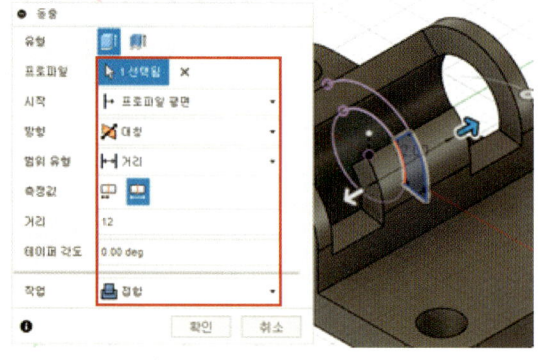

- 저장되지 않음 체크하고
  조립-새 구성요소

- 작성-스케치 작성, XZ평면
- 작성-스케치 명령을 이용하여
  스케치 후 구속조건 기입
- 작성-스케치 치수로 수정

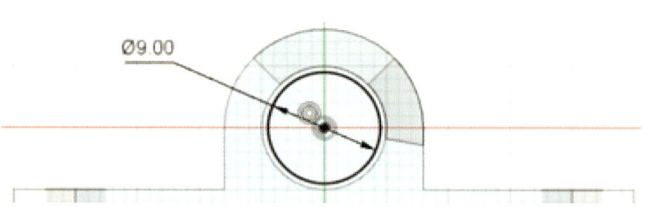

14

- 스케치 마무리
- 작성-돌출
  측면하나, 거리 50, 새 본체

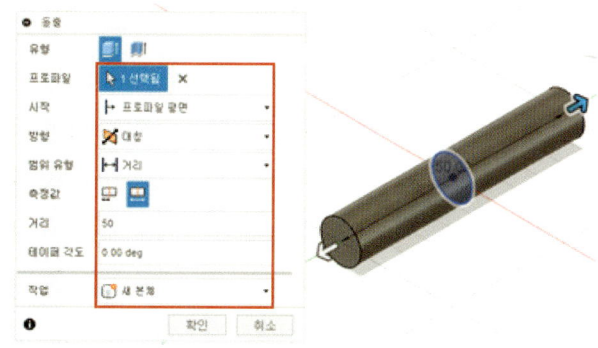

15

- 작성-스케치 작성, XY평면
- 작성-스케치 명령을 이용하여 스케치 후 구속조건 기입
- 작성-스케치 치수로 수정

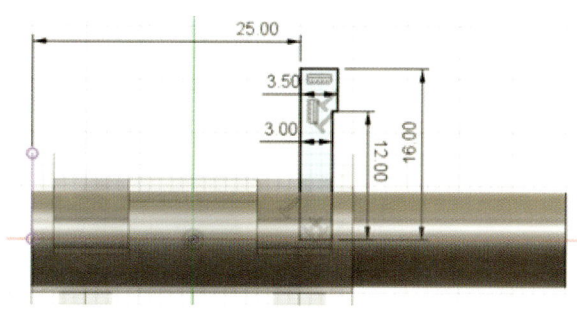

16

- 스케치 마무리
- 작성-회전
  측면하나, 360°, 접합

17

- 수정-모깎기, R2

PART B. 공구류, 부품류, 전기전자류

18

- 저장되지 않음 체크하고 전부 활성화

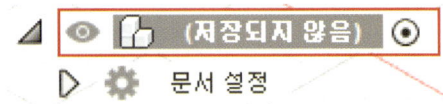

19

- 구성요소1을 우클릭하여 고정
- 조립-접합
- 해당 위치를 클릭

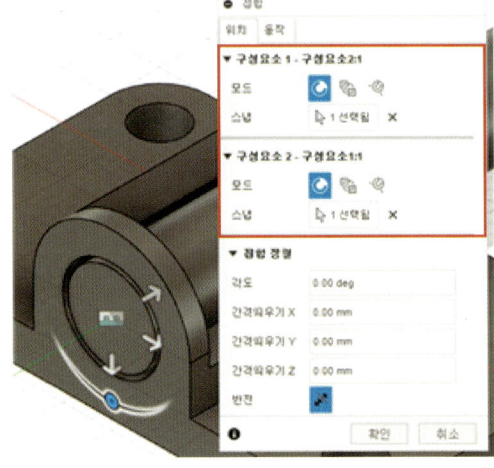

20

- 모델링 완료

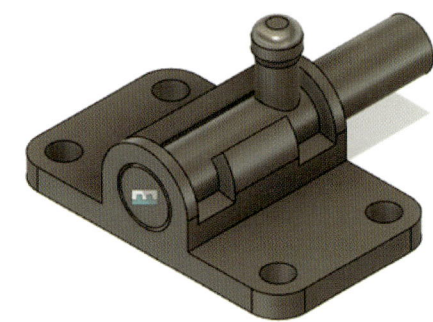

21

- 렌더링-설정-모양
- 재질 선택하여 드래그

B-04. 드라이버

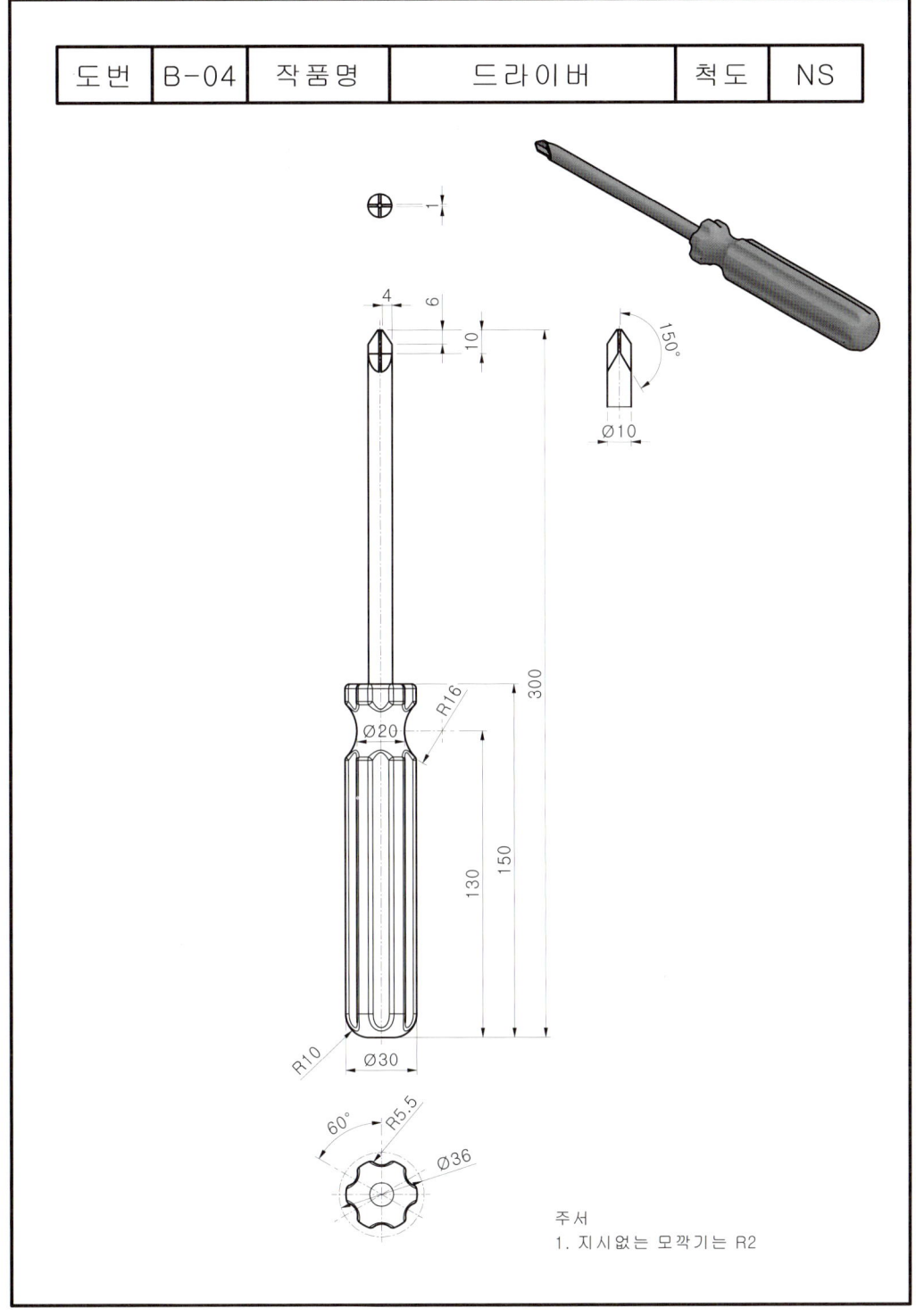

주서
1. 지시없는 모깎기는 R2

01

- 작성-스케치 작성, XY평면
- 작성-스케치 명령을 이용하여 스케치 후 구속조건 기입
- 작성-스케치 치수로 수정

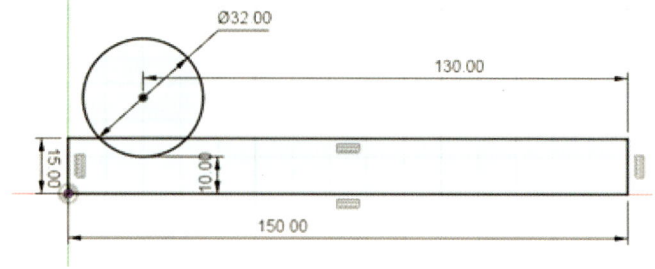

02

- 스케치 마무리
- 작성-회전
  측면하나, 360°, 새 본체

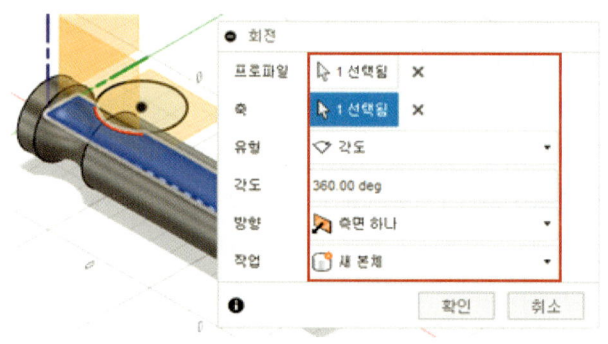

03

- 수정-모깎기, R10

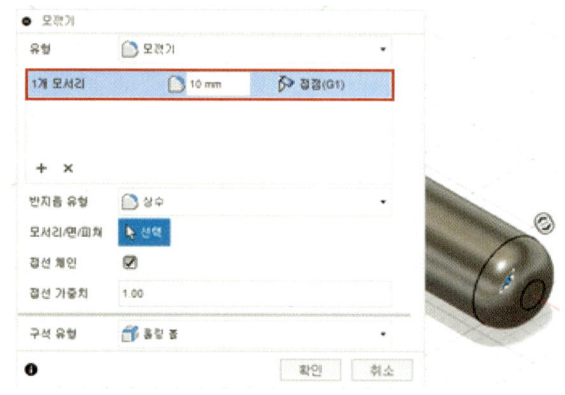

04

- 수정-모깎기, R2

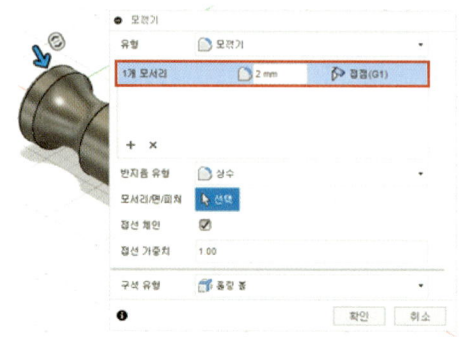

05

- 작성-스케치 작성, 해당평면
- 작성-스케치 명령을 이용하여 스케치 후 구속조건 기입
- 작성-스케치 치수로 수정

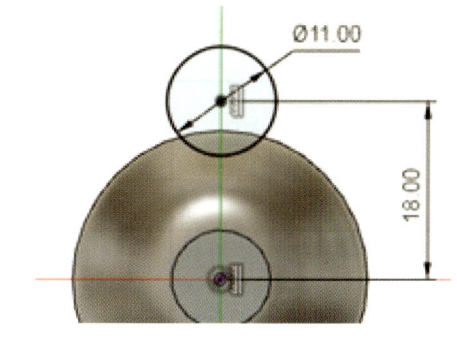

06

- 스케치 마무리
- 작성-돌출
  측면하나, 모두, 잘라내기

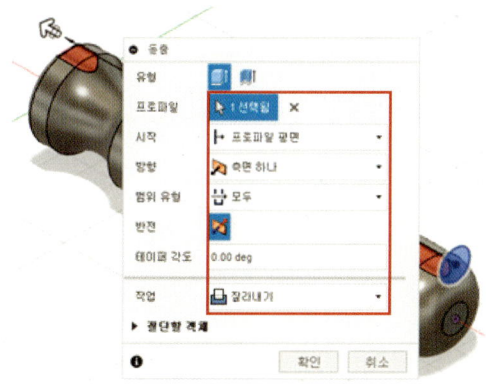

07

- 수정-모깎기, R2

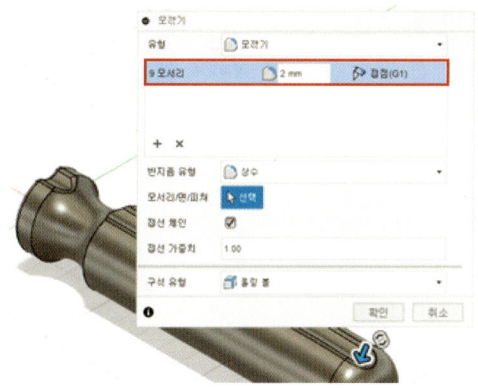

08

- 작성-패턴-원형 패턴

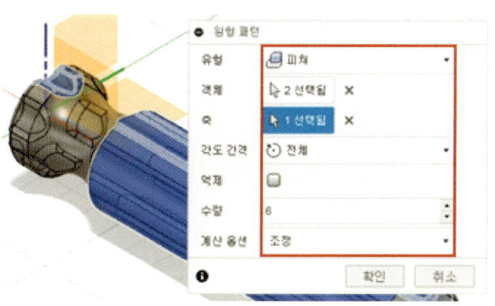

PART B. 공구류, 부품류, 전기전자류 **231**

09

- 작성-스케치 작성, 해당평면
- 작성-스케치 명령을 이용하여 스케치 후 구속조건 기입
- 작성-스케치 치수로 수정

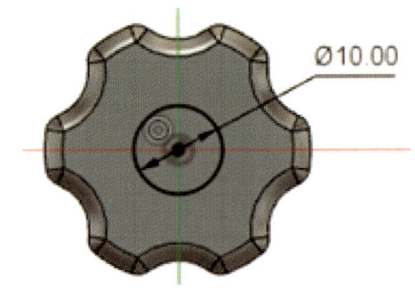

10

- 스케치 마무리
- 작성-돌출
  측면하나, 거리 150, 새 본체

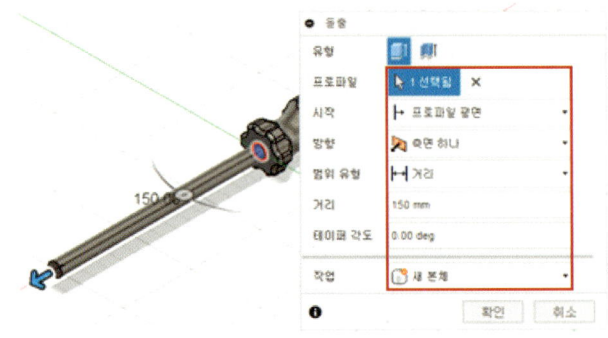

11

- 작성-스케치 작성, 해당평면
- 작성-스케치 명령을 이용하여 스케치 후 구속조건 기입
- 작성-스케치 치수로 수정

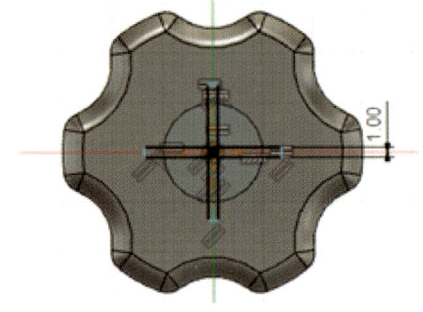

12

- 스케치 마무리
- 작성-돌출
  측면하나, 거리 -10, 잘라내기

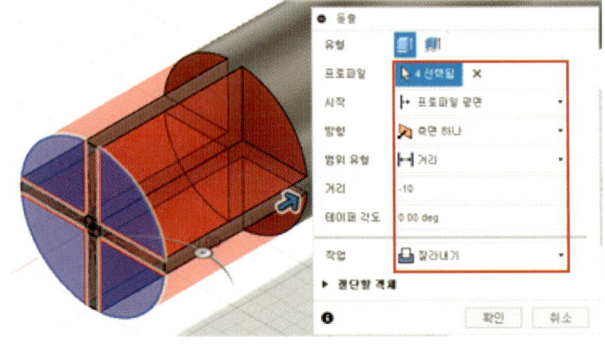

13

- 수정-모따기, 4, 6

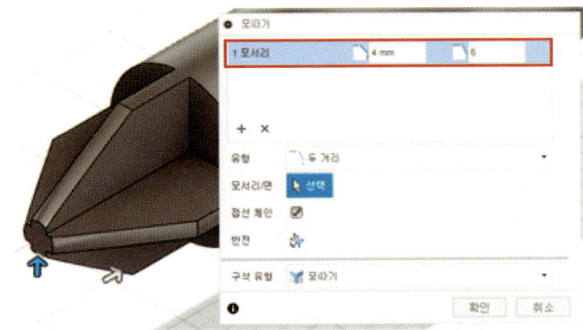

14

- 수정-기울기, 60°

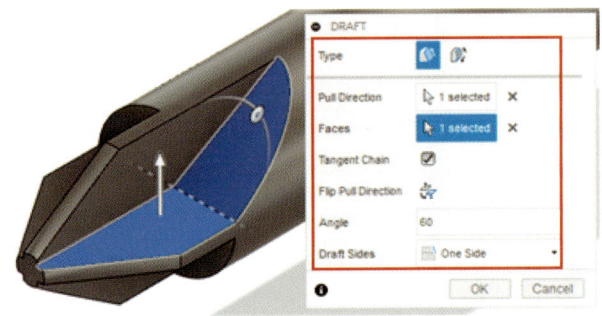

15

- 모델링 완료

16

- 렌더링-설정-모양
- 재질 선택하여 드래그

B-05. 카세트

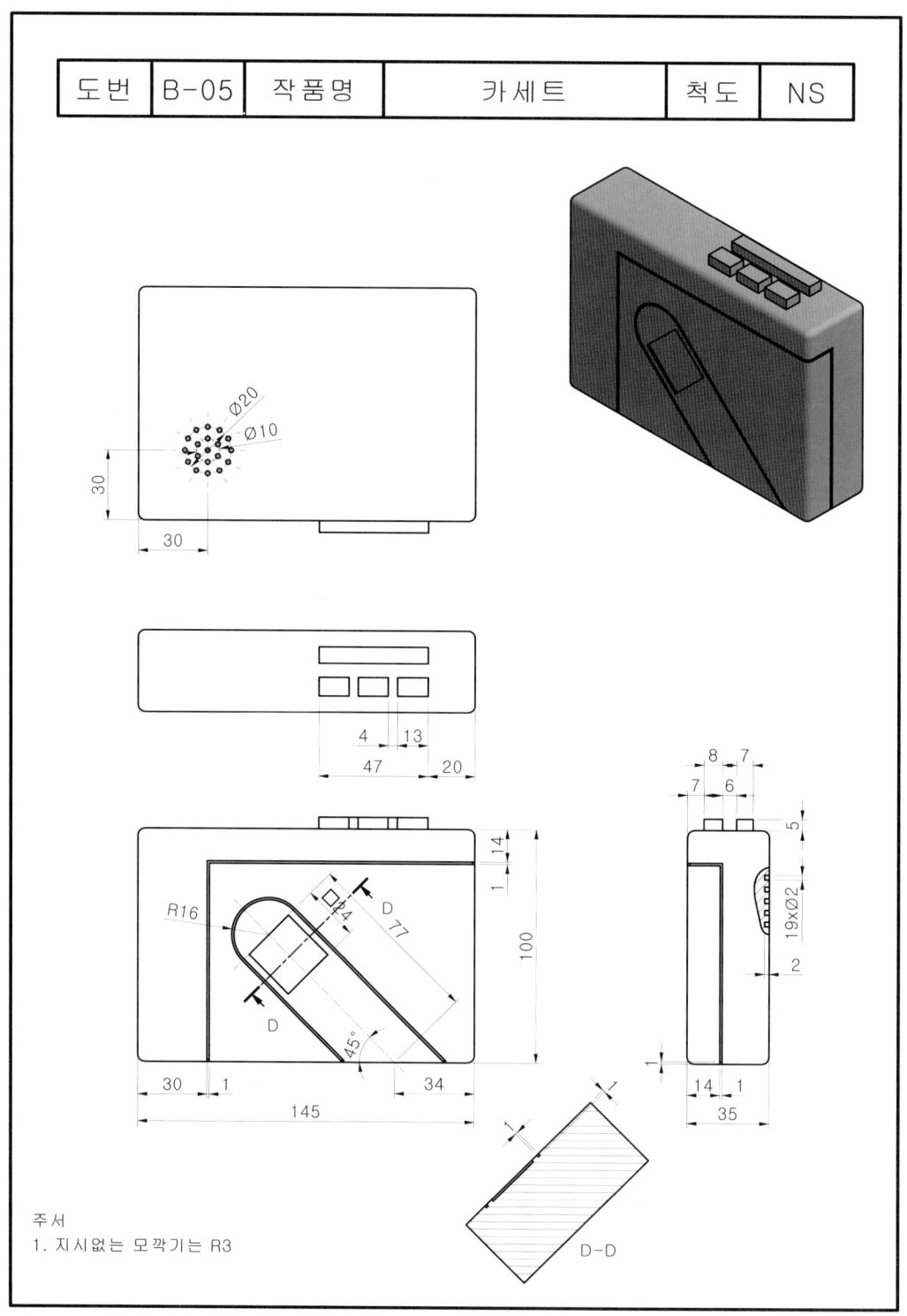

01

- 작성-스케치 작성, XY평면
- 작성-스케치 명령을 이용하여 스케치 후 구속조건 기입
- 작성-스케치 치수로 수정

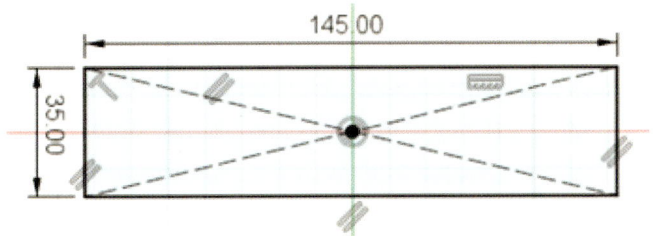

02

- 스케치 마무리
- 작성-돌출
  대칭, 거리 100, 새 본체

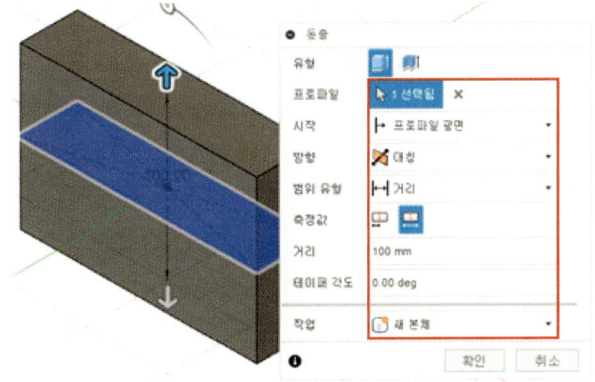

03

- 작성-스케치 작성, 해당평면
- 작성-스케치 명령을 이용하여 스케치 후 구속조건 기입
- 작성-스케치 치수로 수정

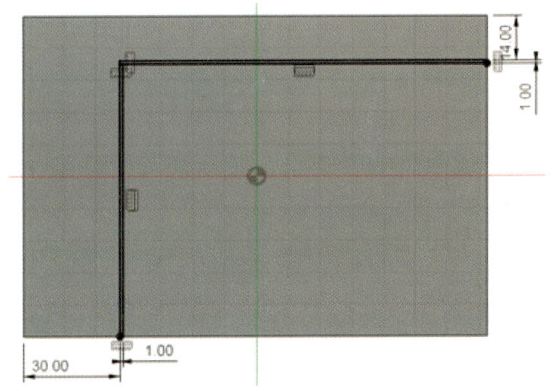

04

- 스케치 마무리
- 작성-돌출
  측면하나, 거리 -1, 잘라내기

PART B. 공구류, 부품류, 전기전자류

05

- 작성-스케치 작성, 해당평면
- 작성-스케치 명령을 이용하여 스케치 후 구속조건 기입
- 작성-스케치 치수로 수정

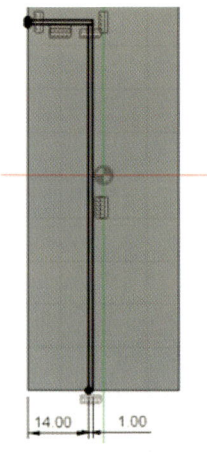

06

- 스케치 마무리
- 작성-돌출
  측면하나, 거리 -1, 잘라내기

07

- 작성-스케치 작성, 해당평면
- 작성-스케치 명령을 이용하여 스케치 후 구속조건 기입

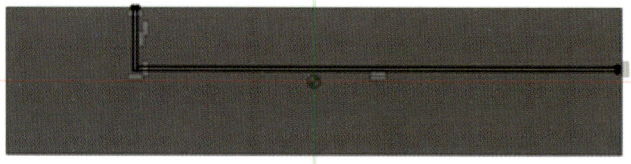

08

- 스케치 마무리
- 작성-돌출
  측면하나, 거리 -1, 잘라내기

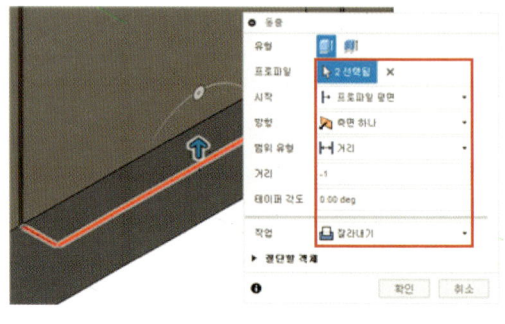

- 수정-모깎기, R2

10

- 수정-모깎기, R3

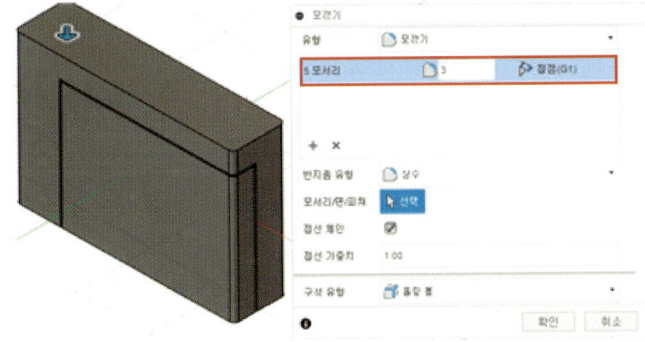

11

- 수정-모깎기, R3

12

- 작성-스케치 작성, 해당평면
- 작성-스케치 명령을 이용하여 스케치 후 구속조건 기입
- 작성-스케치 치수로 수정

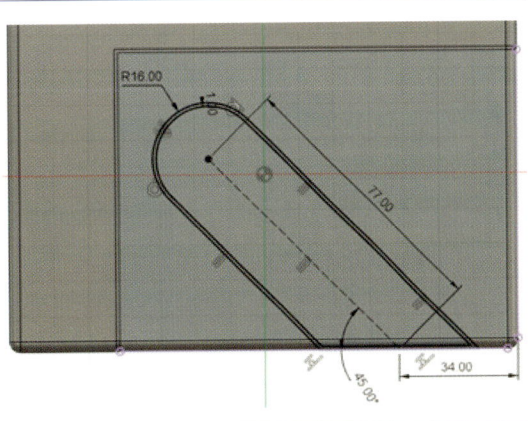

13

- 스케치 마무리
- 작성-돌출
  측면하나, 거리 -1, 잘라내기

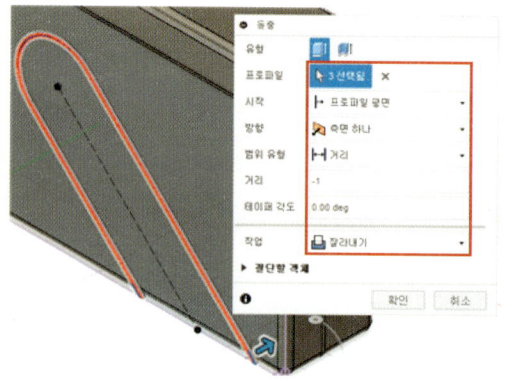

14

- 작성-스케치 작성, 해당평면
- 작성-스케치 명령을 이용하여 스케치 후 구속조건 기입
- 작성-스케치 치수로 수정

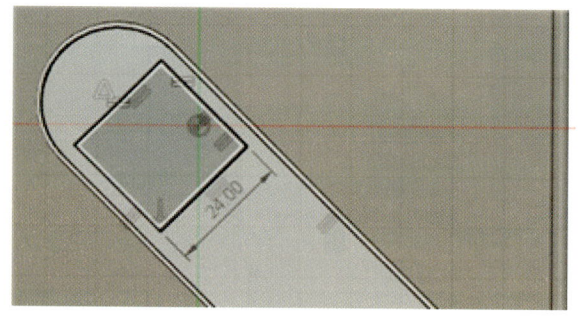

15

- 스케치 마무리
- 작성-돌출
  측면하나, 거리 -1, 잘라내기

16

- 작성-돌출
  측면하나, 거리 1, 새 본체

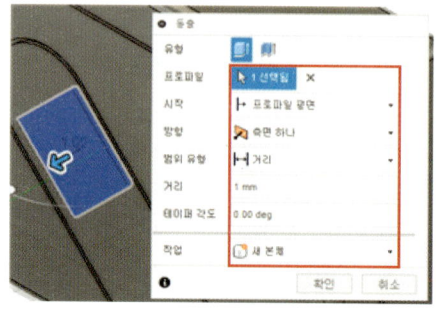

17

- 작성-스케치 작성, 해당평면
- 작성-스케치 명령을 이용하여 스케치 후 구속조건 기입
- 작성-스케치 치수로 수정

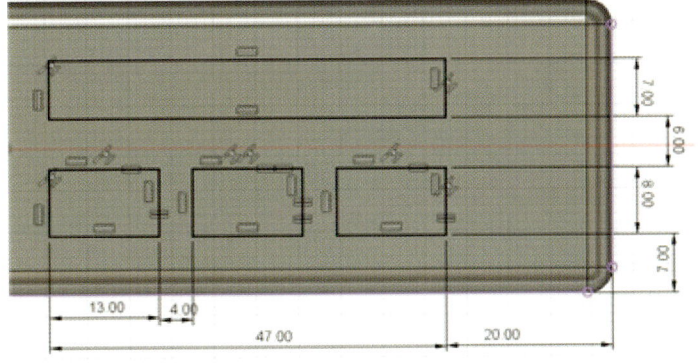

18

- 스케치 마무리
- 작성-돌출
  측면하나, 거리 5, 새 본체

19

- 작성-스케치 작성, 해당평면
- 작성-스케치 명령을 이용하여 스케치 후 구속조건 기입
- 작성-스케치 치수로 수정

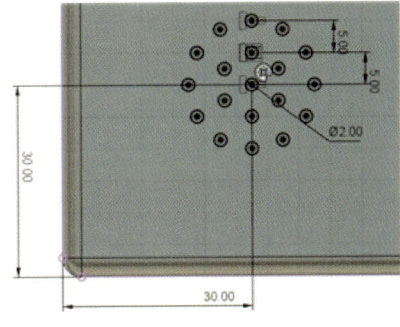

20

- 스케치 마무리
- 작성-돌출
  측면하나, 거리 -2, 잘라내기

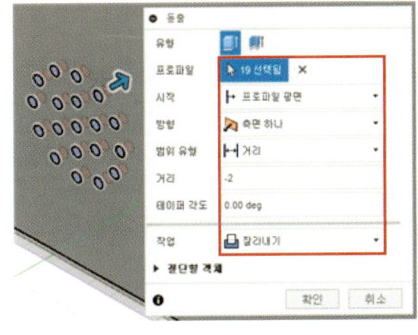

21

- 모델링 완료

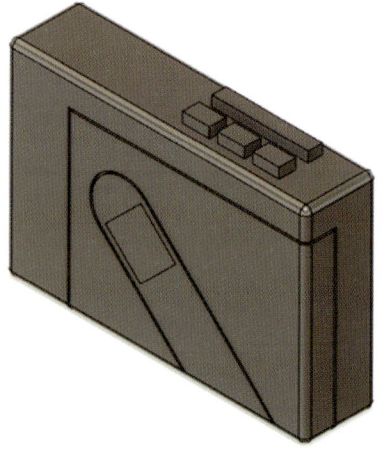

22

- 렌더링-설정-모양
- 재질 선택하여 드래그

B-06. 육각볼트

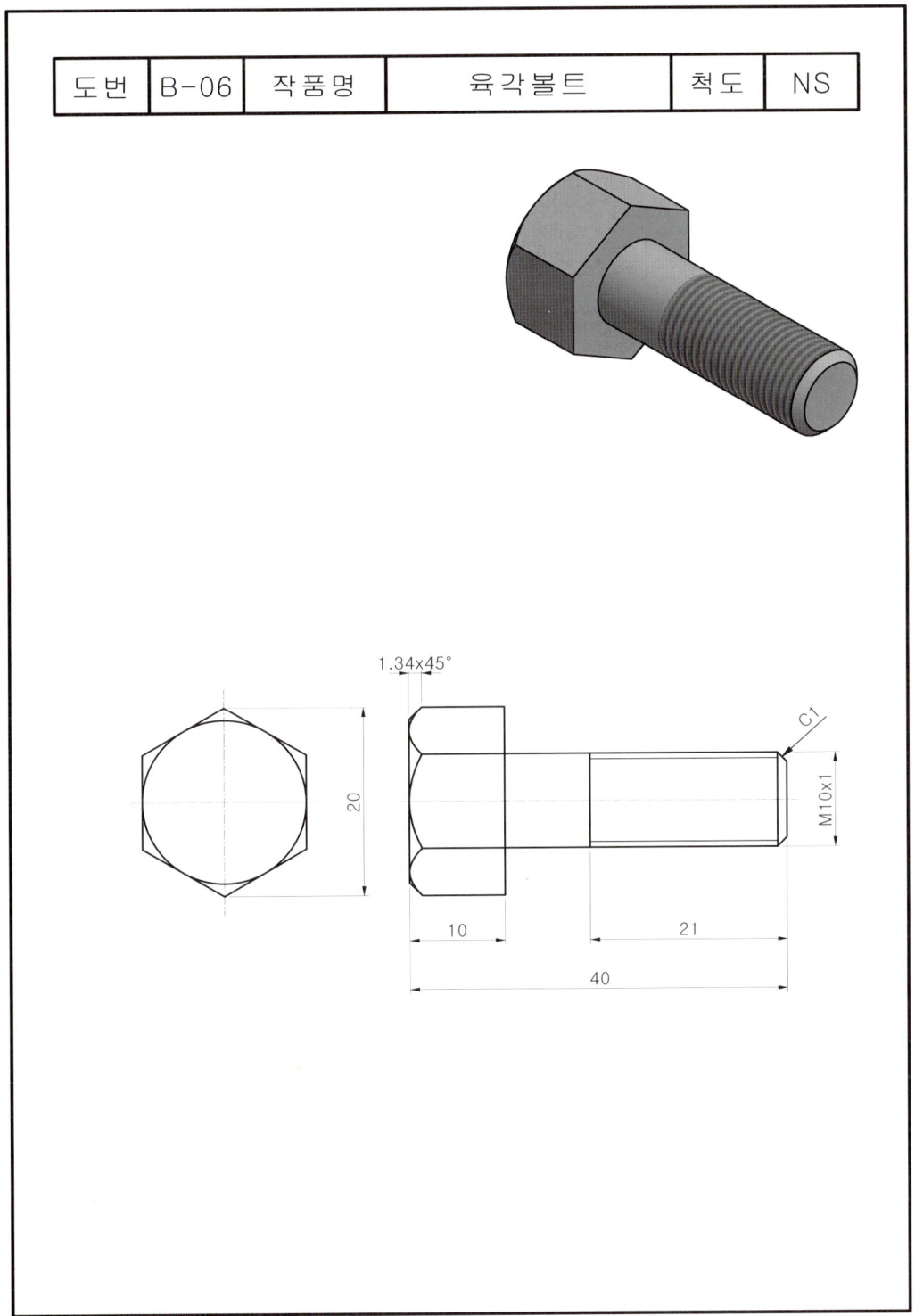

01

- 작성-스케치 작성, XY평면
- 작성-스케치 명령을 이용하여 스케치 후 구속조건 기입
- 작성-스케치 치수로 수정

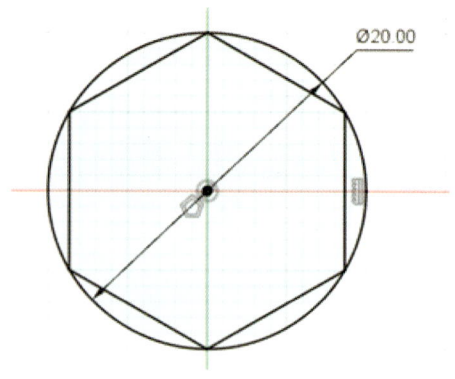

02

- 스케치 마무리
- 작성-돌출
  측면하나, 거리 10, 새 본체

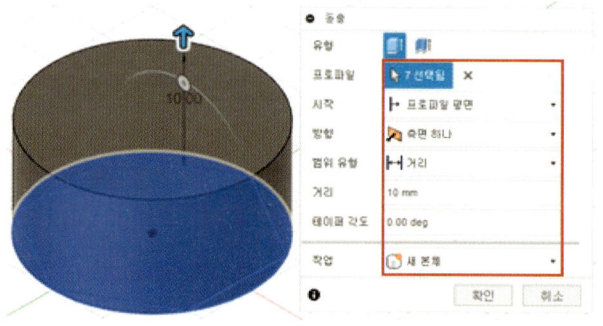

03

- 수정-모따기, C1.34

04

- 스케치 활성화
- 작성-돌출
  측면하나, 모두, 교차

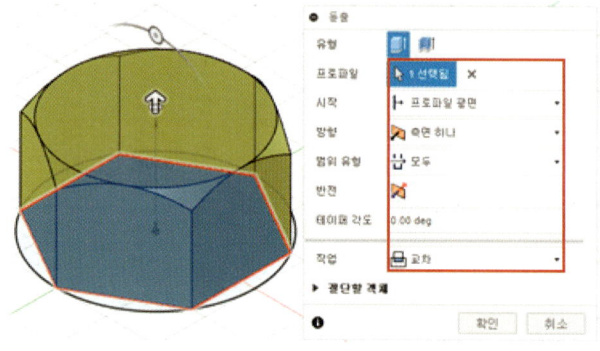

05

- 스케치 비활성화
- 작성-스케치 작성, XY평면
- 작성-스케치 명령을 이용하여 스케치 후 구속조건 기입
- 작성-스케치 치수로 수정

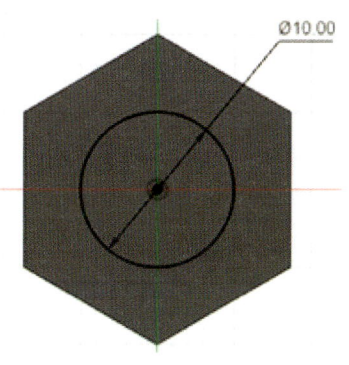

06

- 스케치 마무리
- 작성-돌출
  측면하나, 거리 30, 접합

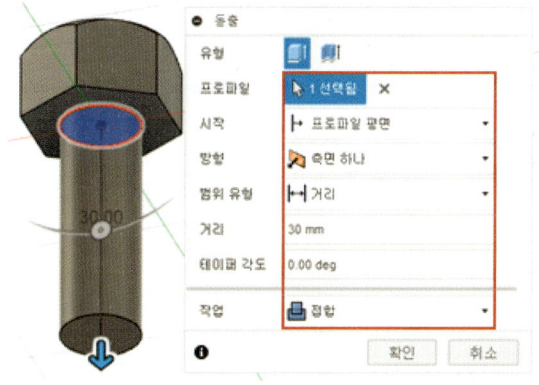

07

- 수정-모따기, C1

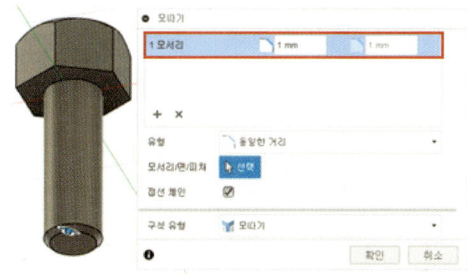

08

- 작성-스레드

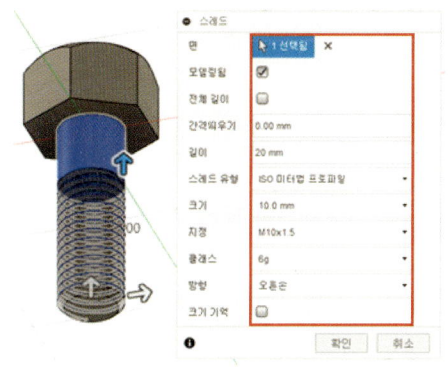

09

- 모델링 완료

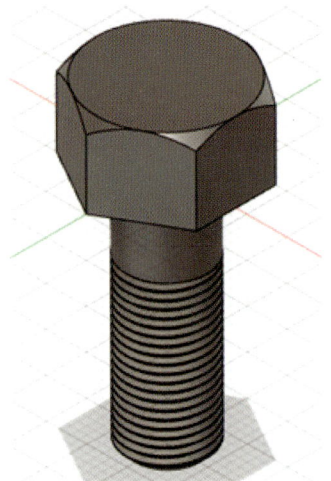

10

- 렌더링-설정-모양
- 재질 선택하여 드래그

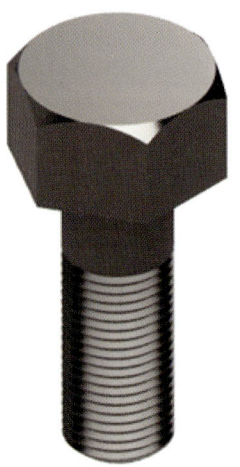

B-07. 아이볼트

| 도번 | B-07 | 작품명 | 아이볼트 | 척도 | NS |

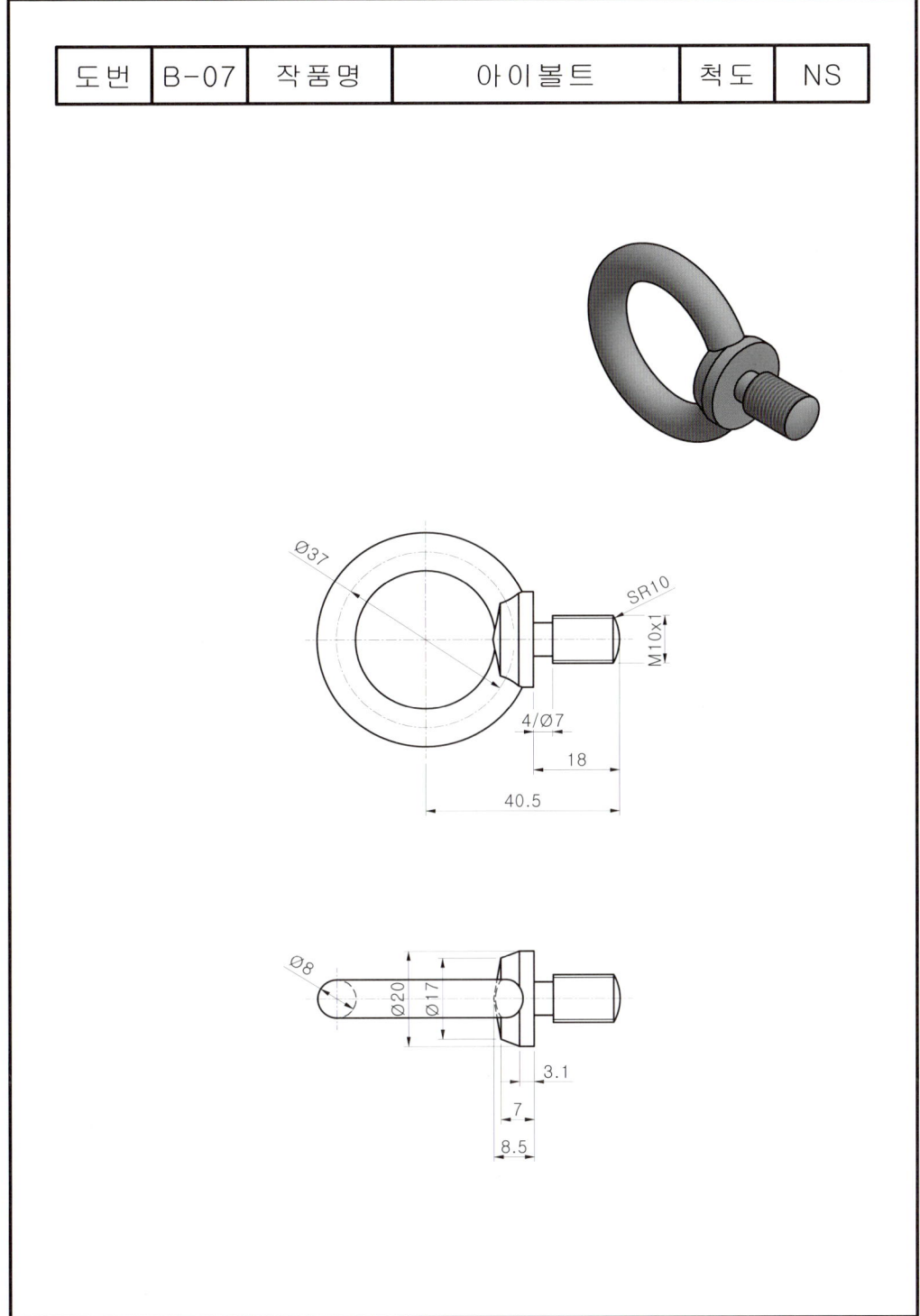

01

- 작성-스케치 작성, XY평면
- 작성-스케치 명령을 이용하여 스케치 후 구속조건 기입
- 작성-스케치 치수로 수정

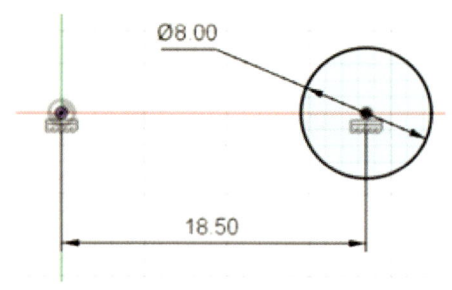

02

- 스케치 마무리
- 작성-회전
  측면하나, 360°, 새 본체

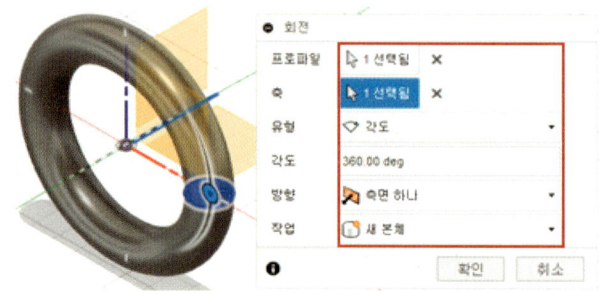

03

- 작성-스케치 작성, XZ평면
- 작성-스케치 명령을 이용하여 스케치 후 구속조건 기입
- 작성-스케치 치수로 수정

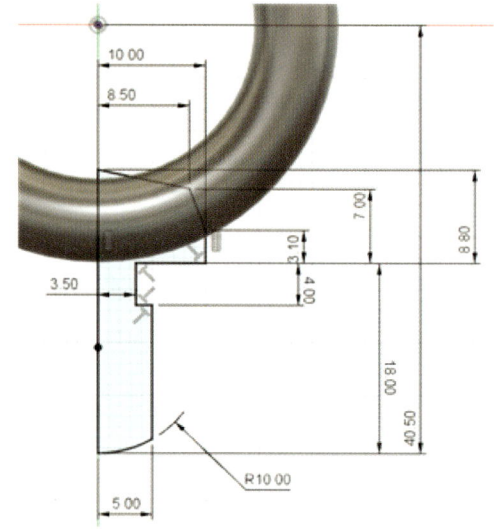

04

- 스케치 마무리
- 작성-회전
  측면하나, 360°, 접합

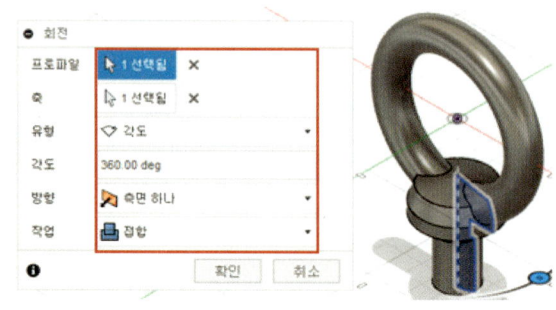

- 작성-스레드

- 모델링 완료

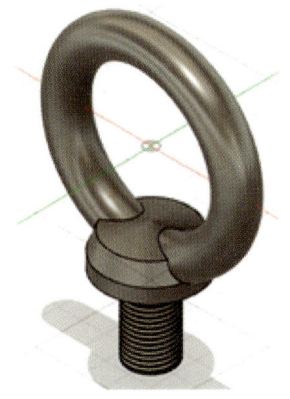

- 렌더링-설정-모양
- 재질 선택하여 드래그

B-08. U볼트

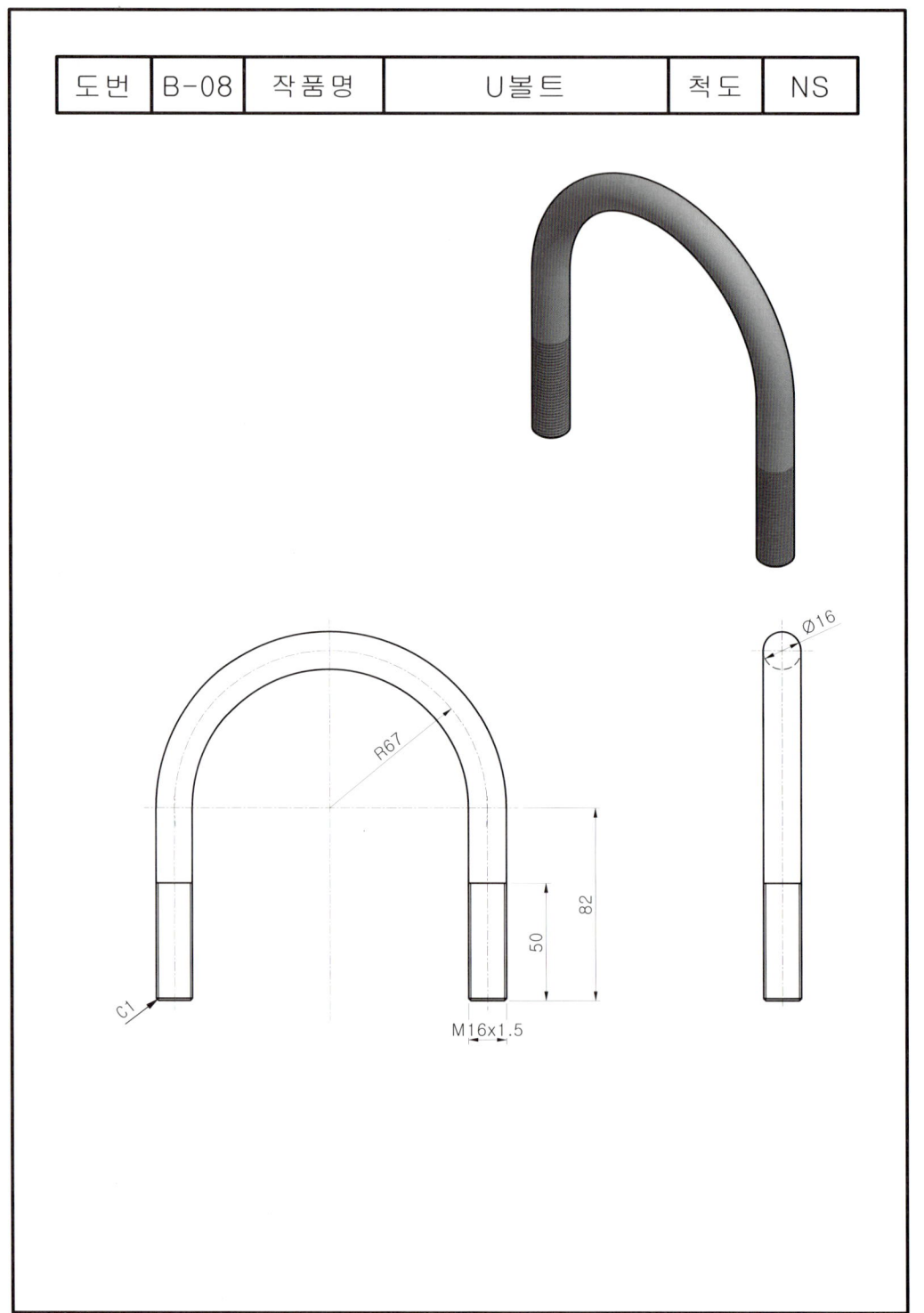

01

- 작성-스케치 작성, XY평면
- 작성-스케치 명령을 이용하여 스케치 후 구속조건 기입
- 작성-스케치 치수로 수정

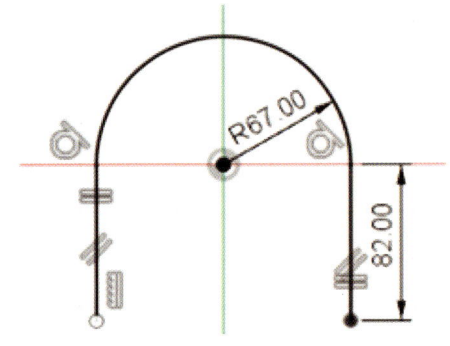

02

- 구성-경로를 따라 평면

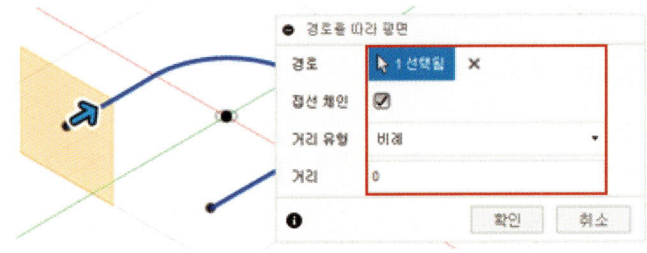

03

- 작성-스케치 작성, 해당평면
- 작성-스케치 명령을 이용하여 스케치 후 구속조건 기입
- 작성-스케치 치수로 수정

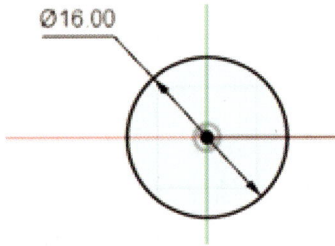

04

- 작성-스윕, 새 본체

- 수정-모따기, C2

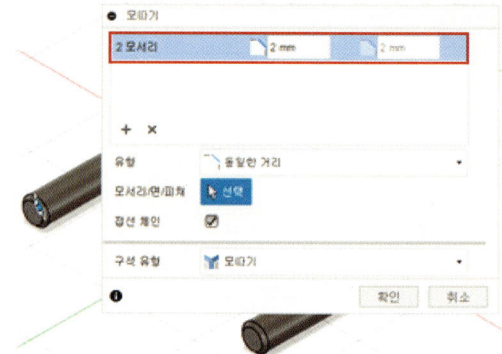

- 작성-스레드

- 모델링 완료

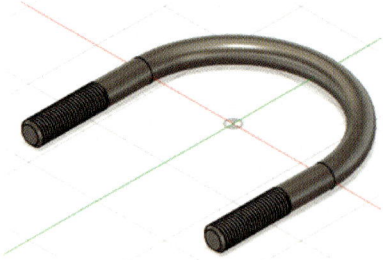

- 렌더링-설정-모양
- 재질 선택하여 드래그

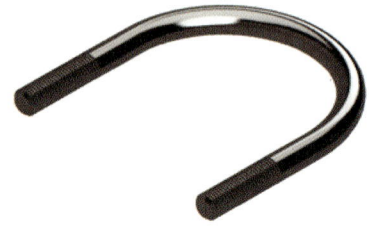

B-09. 나비볼트

| 도번 | B-09 | 작품명 | 나비볼트 | 척도 | NS |

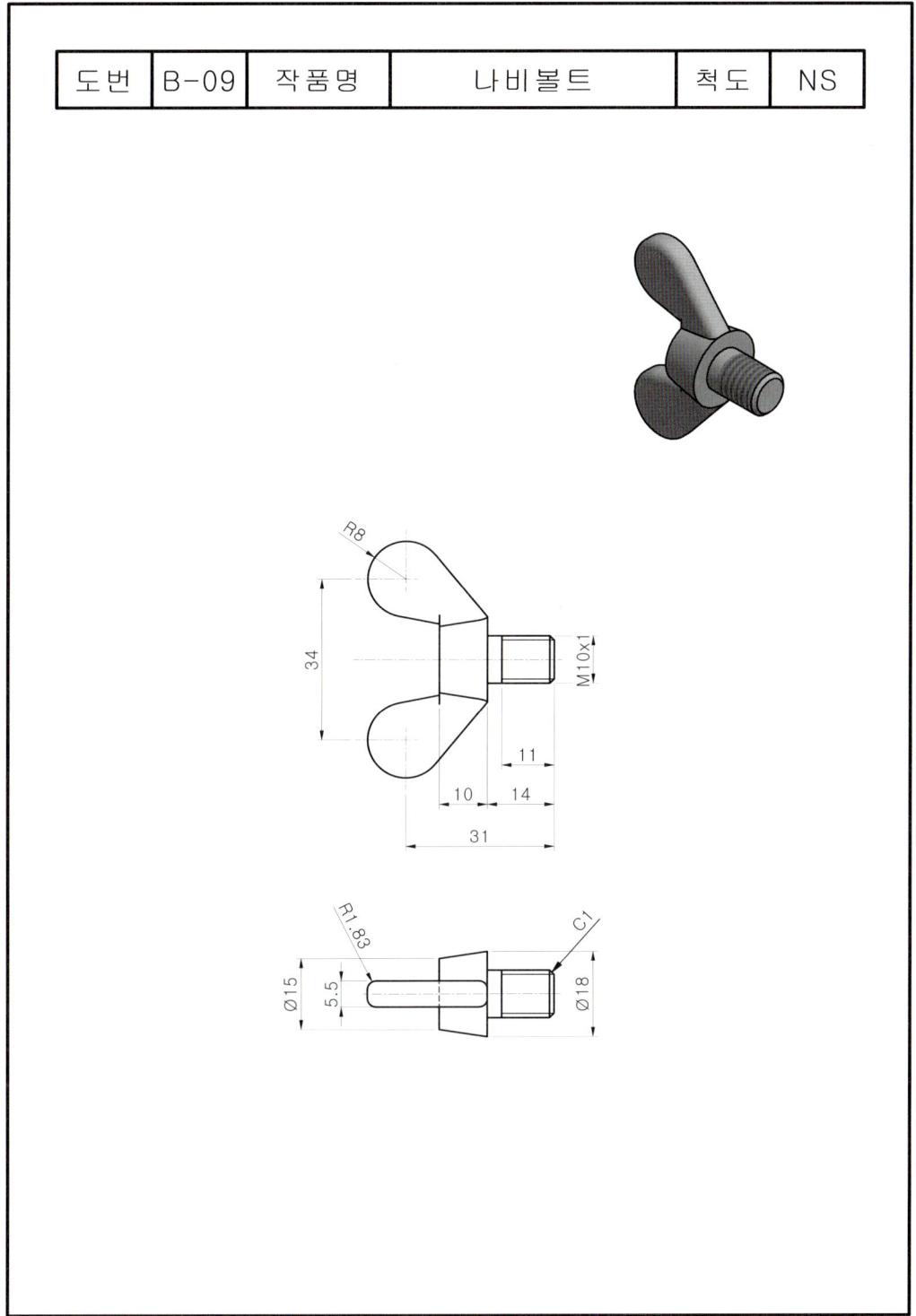

01

- 작성-스케치 작성, XY평면
- 작성-스케치 명령을 이용하여 스케치 후 구속조건 기입
- 작성-스케치 치수로 수정

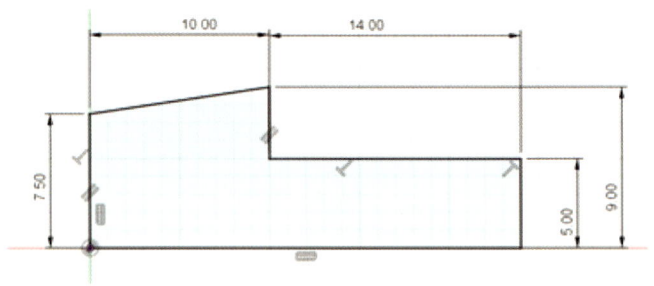

02

- 스케치 마무리
- 작성-회전
  측면하나, 360°, 새 본체

03

- 작성-스케치 작성, XY평면
- 작성-스케치 명령을 이용하여 스케치 후 구속조건 기입
- 작성-스케치 치수로 수정

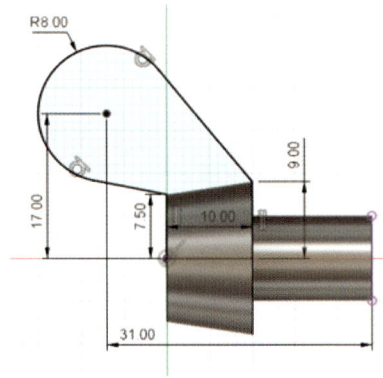

04

- 스케치 마무리
- 작성-돌출
  대칭, 거리 5.5, 접합

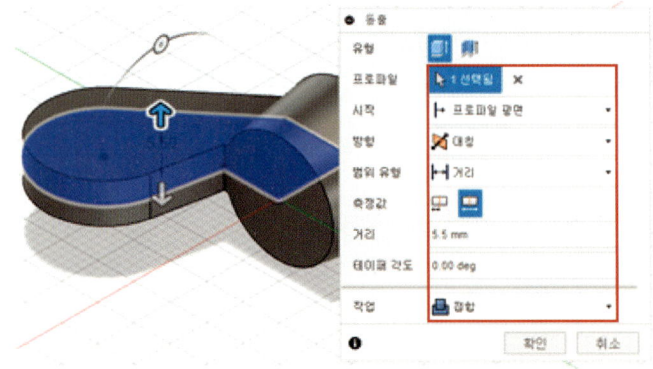

05
- 작성-미러, 본체, 접합

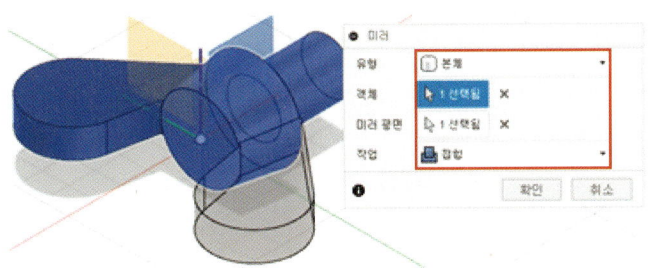

06
- 수정-모깎기 R1.83

07
- 수정-모따기, C1

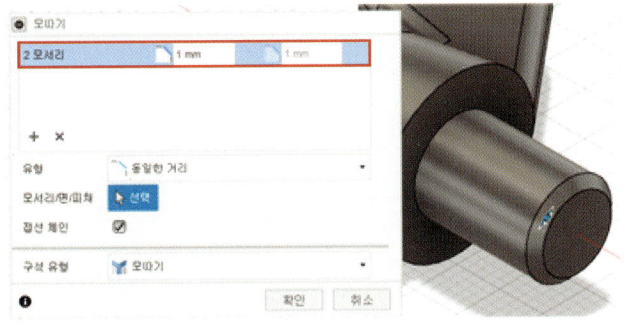

08
- 작성-스레드

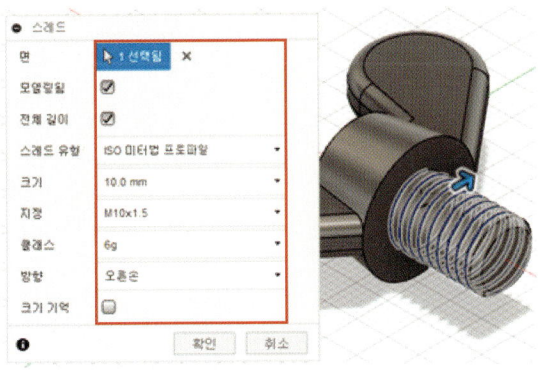

09

- 모델링 완료

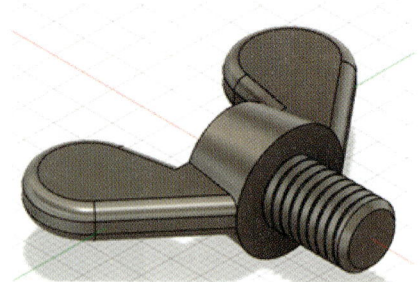

 10

- 렌더링-설정-모양
- 재질 선택하여 드래그

B-10. 기초볼트

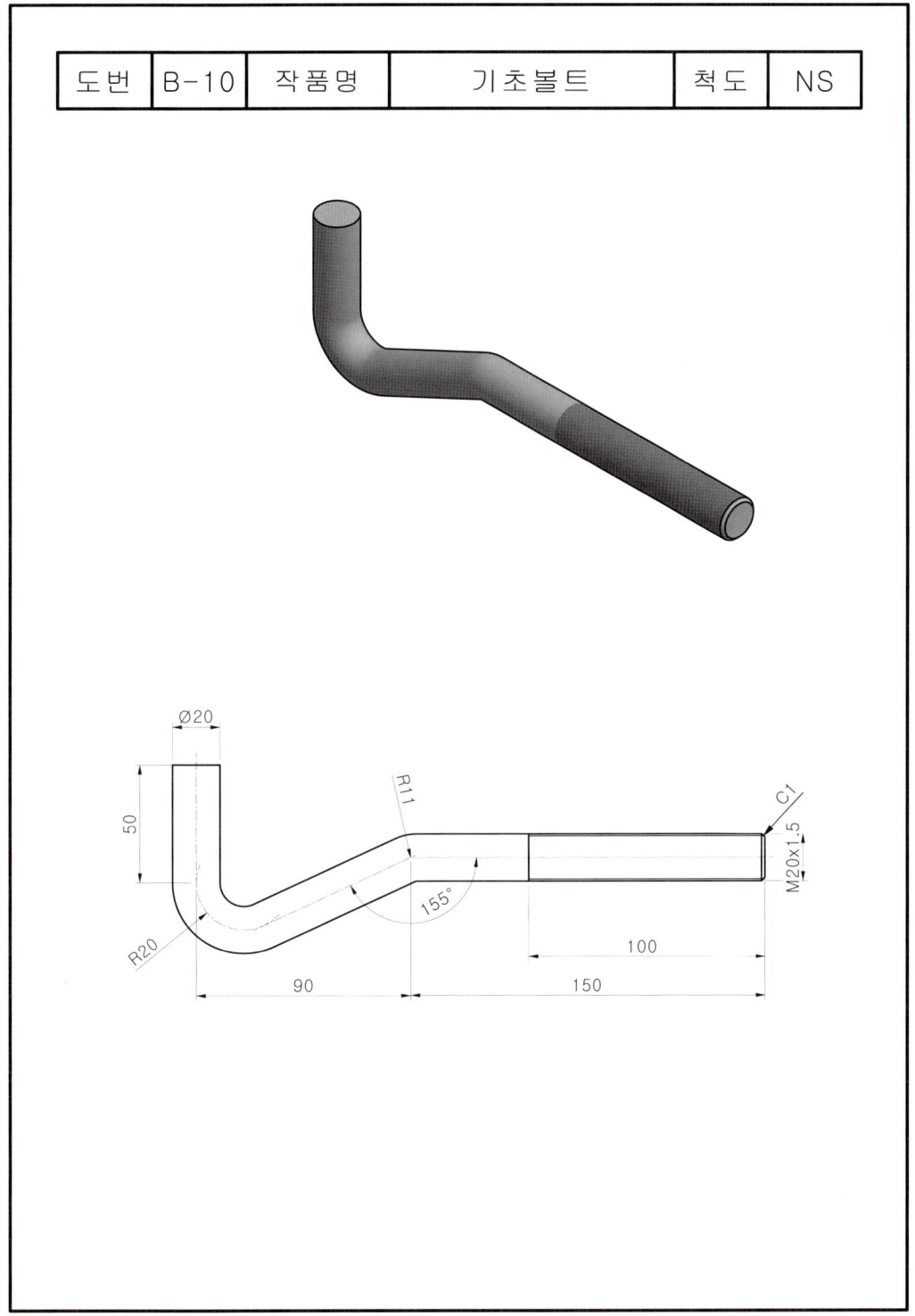

01

- 작성-스케치 작성, XY평면
- 작성-스케치 명령을 이용하여 스케치 후 구속조건 기입
- 작성-스케치 치수로 수정

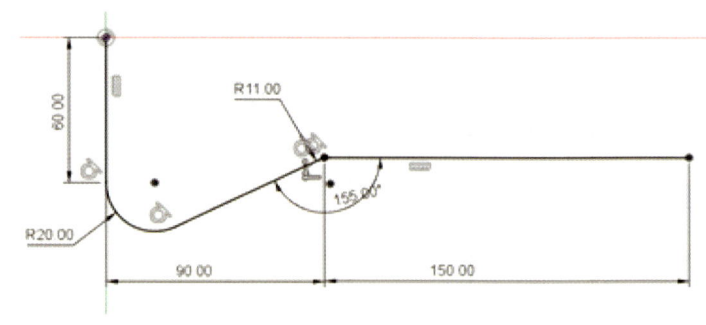

02

- 작성-스케치 작성, XZ평면
- 작성-스케치 명령을 이용하여 스케치 후 구속조건 기입
- 작성-스케치 치수로 수정

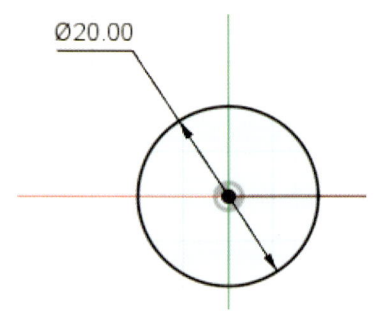

03

- 스케치 마무리
- 작성-스윕, 새 본체

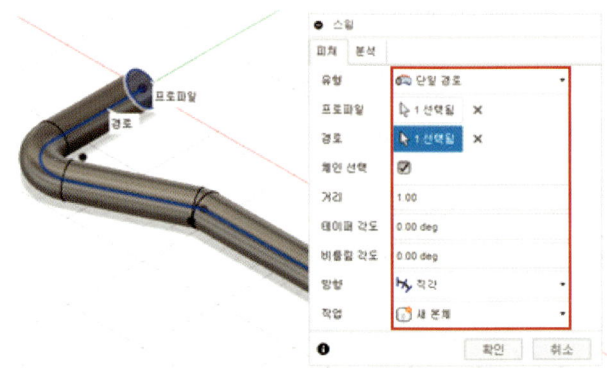

04

- 수정-모따기, C2

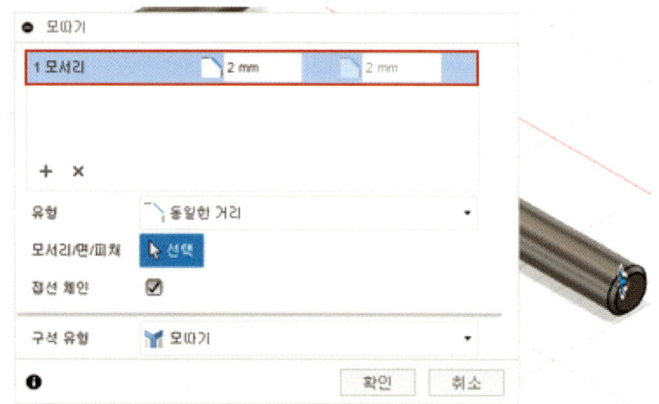

05

- 작성-스레드

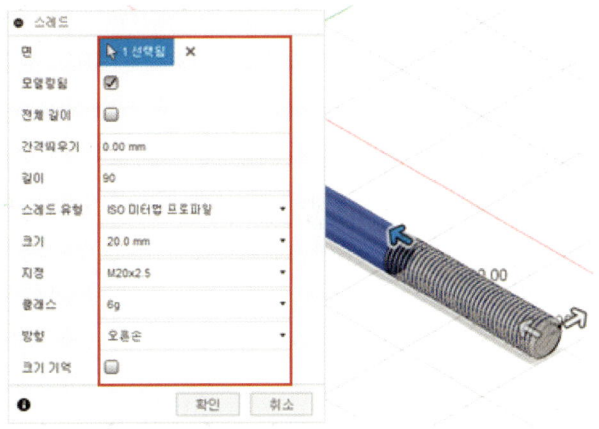

06

- 모델링 완료

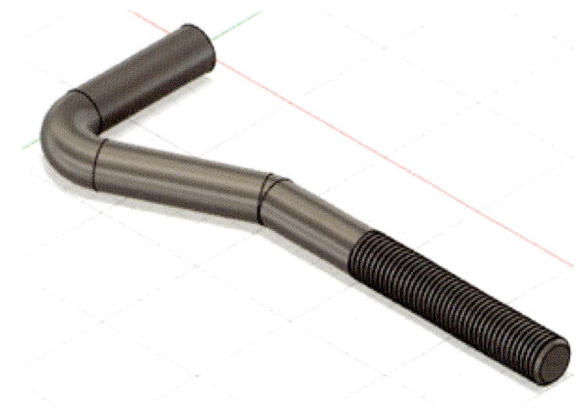

07

- 렌더링-설정-모양
- 재질 선택하여 드래그

B-11. 너트

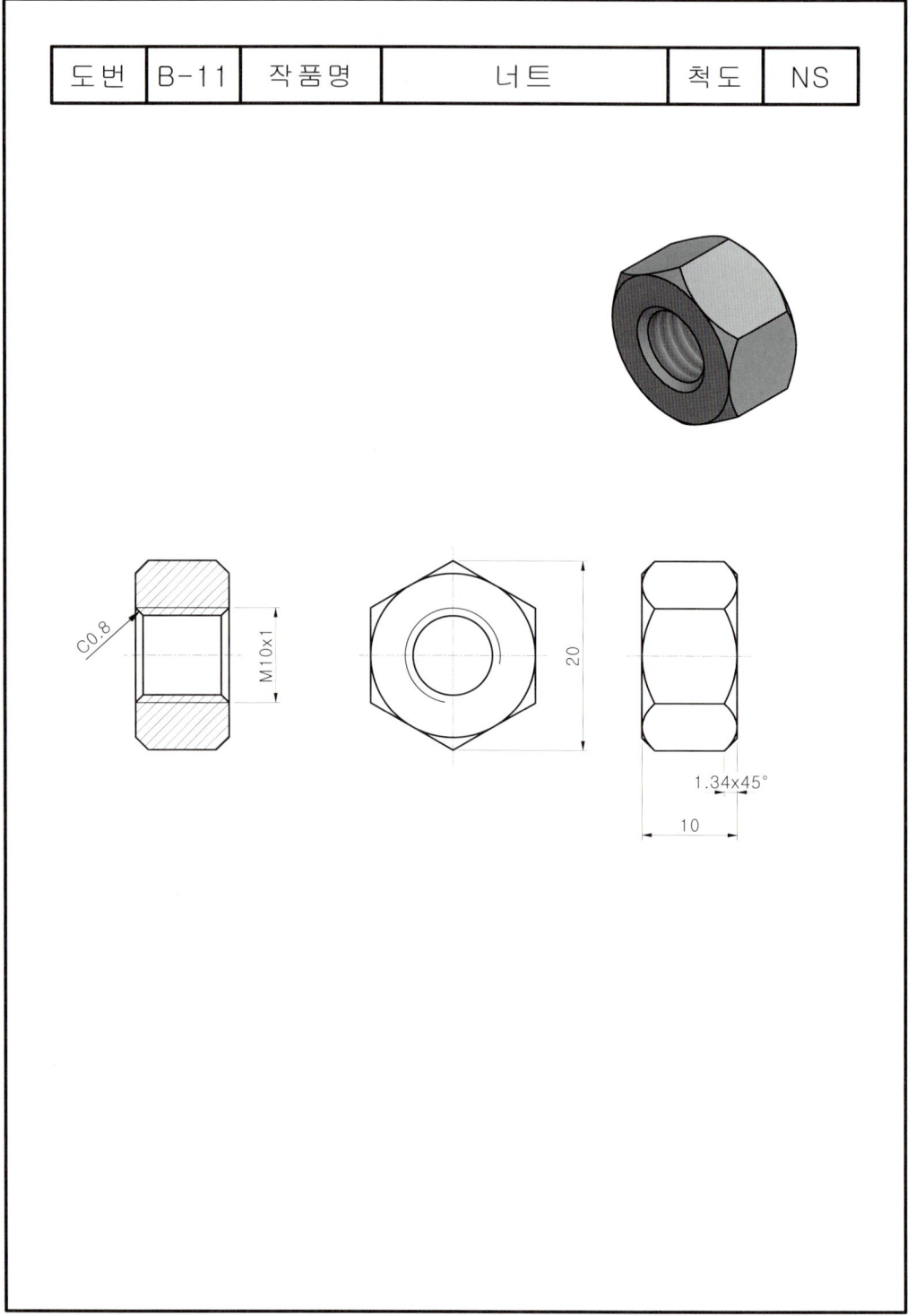

01

- 작성-스케치 작성, XY평면
- 작성-스케치 명령을 이용하여 스케치 후 구속조건 기입
- 작성-스케치 치수로 수정

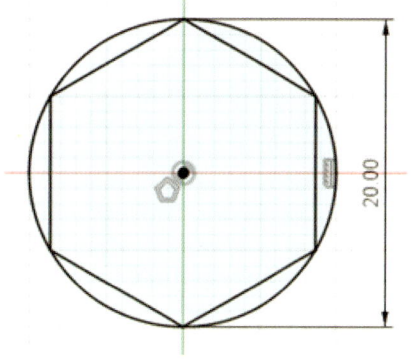

02

- 스케치 마무리
- 작성-돌출
  측면하나, 거리 10, 새 본체

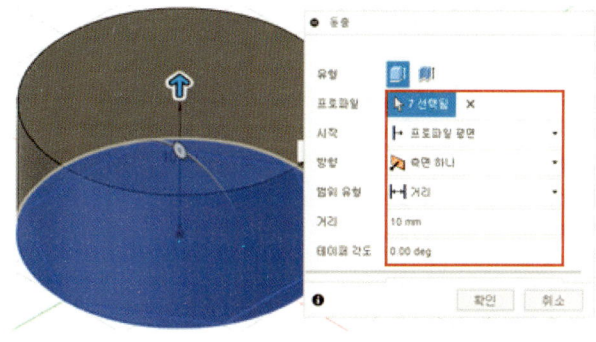

03

- 수정-모따기, C1.34

04

- 스케치 활성화
- 작성-돌출
  측면하나, 모두, 교차

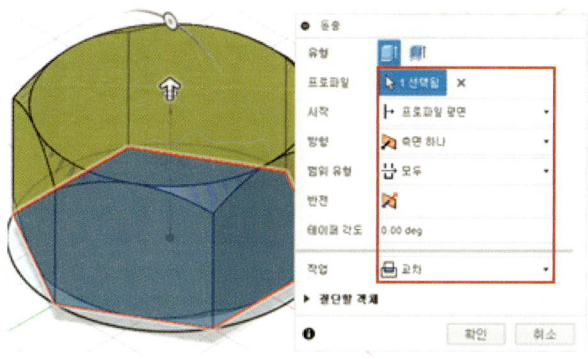

05

- 스케치 비활성화
- 작성-구멍, 모두, M10

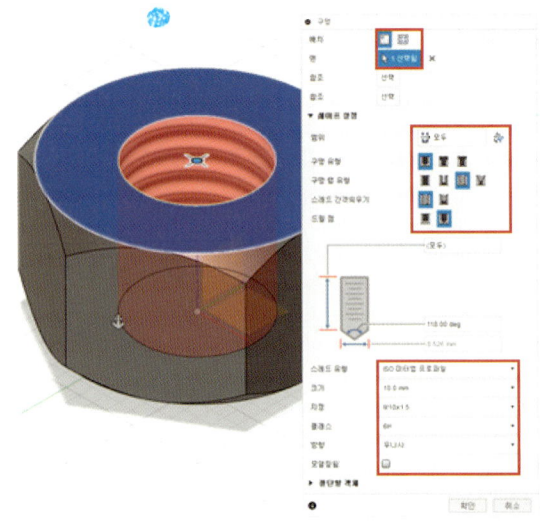

06

- 수정-모따기, C1

07

- 모델링 완료

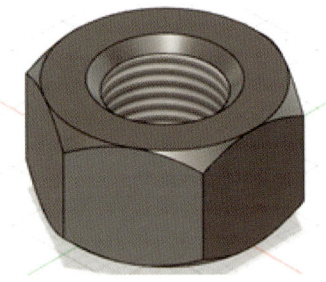

08

- 렌더링-설정-모양
- 재질 선택하여 드래그

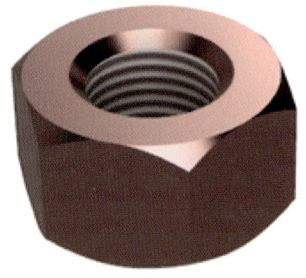

B-12. 캡너트

| 도번 | B-12 | 작품명 | 캡너트 | 척도 | NS |

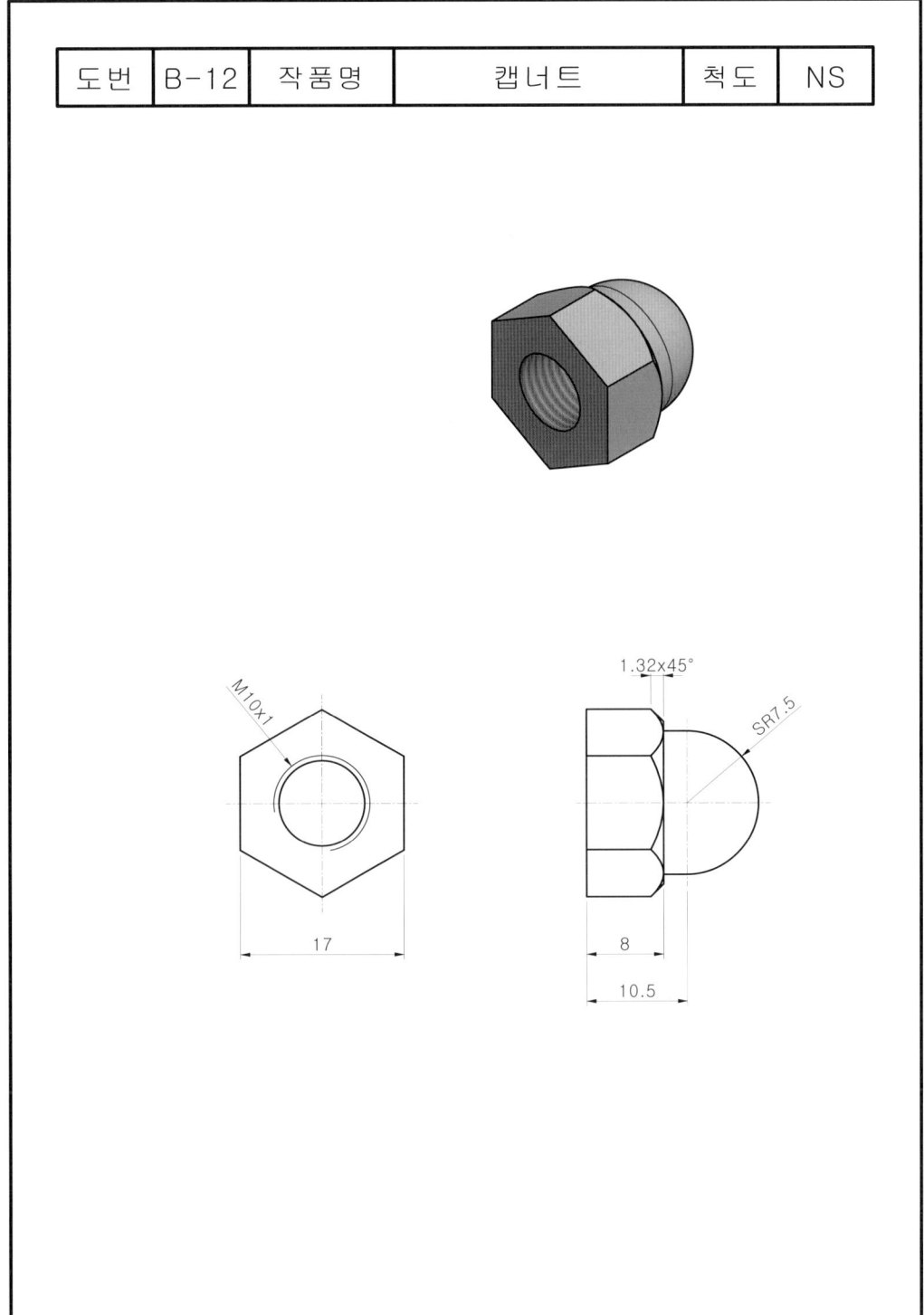

01

- 작성-스케치 작성, XY평면
- 작성-스케치 명령을 이용하여 스케치 후 구속조건 기입
- 작성-스케치 치수로 수정

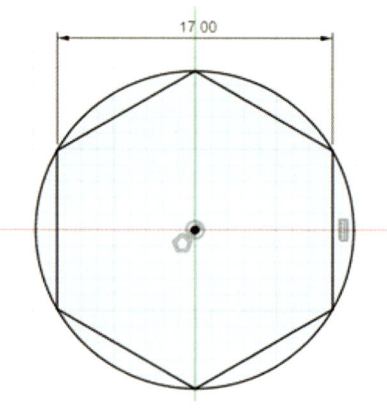

02

- 스케치 마무리
- 작성-돌출
  측면하나, 거리 10, 새 본체

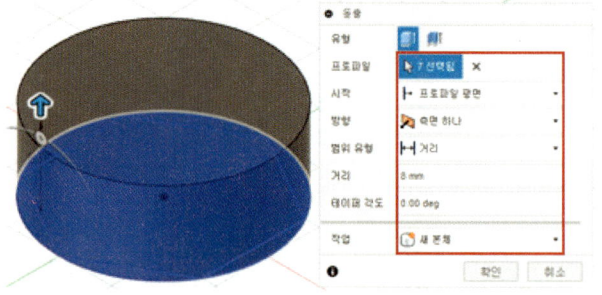

03

- 수정-모따기, C1.34

04

- 스케치 활성화
- 작성-돌출
  측면하나, 모두, 교차

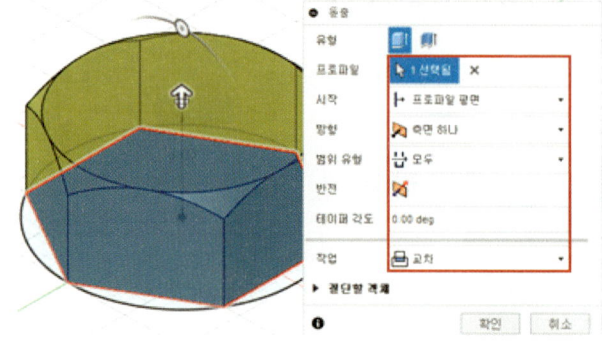

05

- 스케치 비활성화
- 작성-스케치 작성, XZ평면
- 작성-스케치 명령을 이용하여 스케치 후 구속조건 기입
- 작성-스케치 치수로 수정

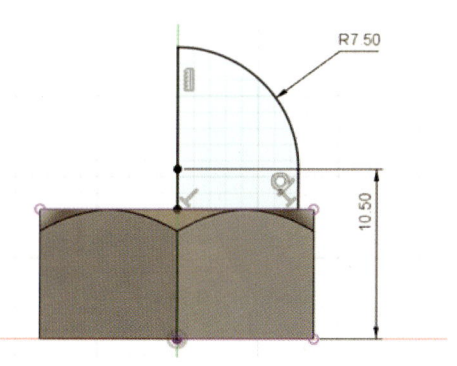

06

- 스케치 마무리
- 작성-회전
  측면하나, 360°, 접합

07

- 작성-구멍, 거리10, M10

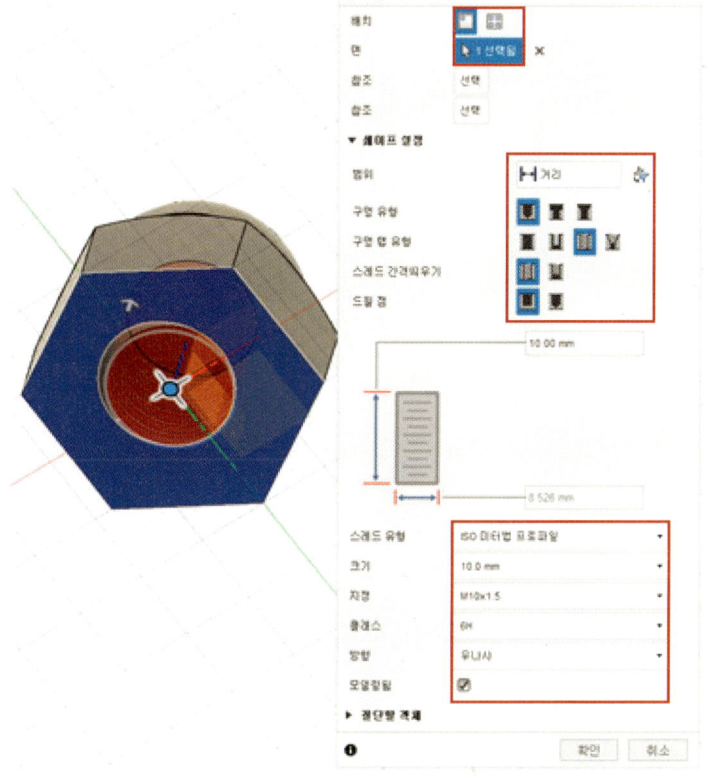

PART B. 공구류, 부품류, 전기전자류

08

- 모델링 완료

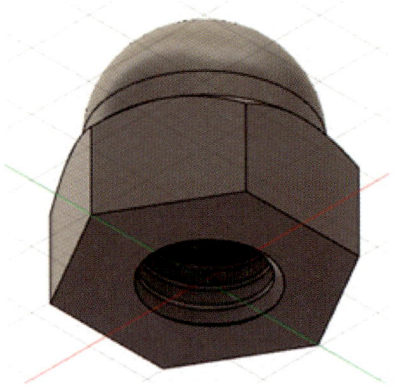

09

- 렌더링-설정-모양
- 재질 선택하여 드래그

B-13. 플랜지너트

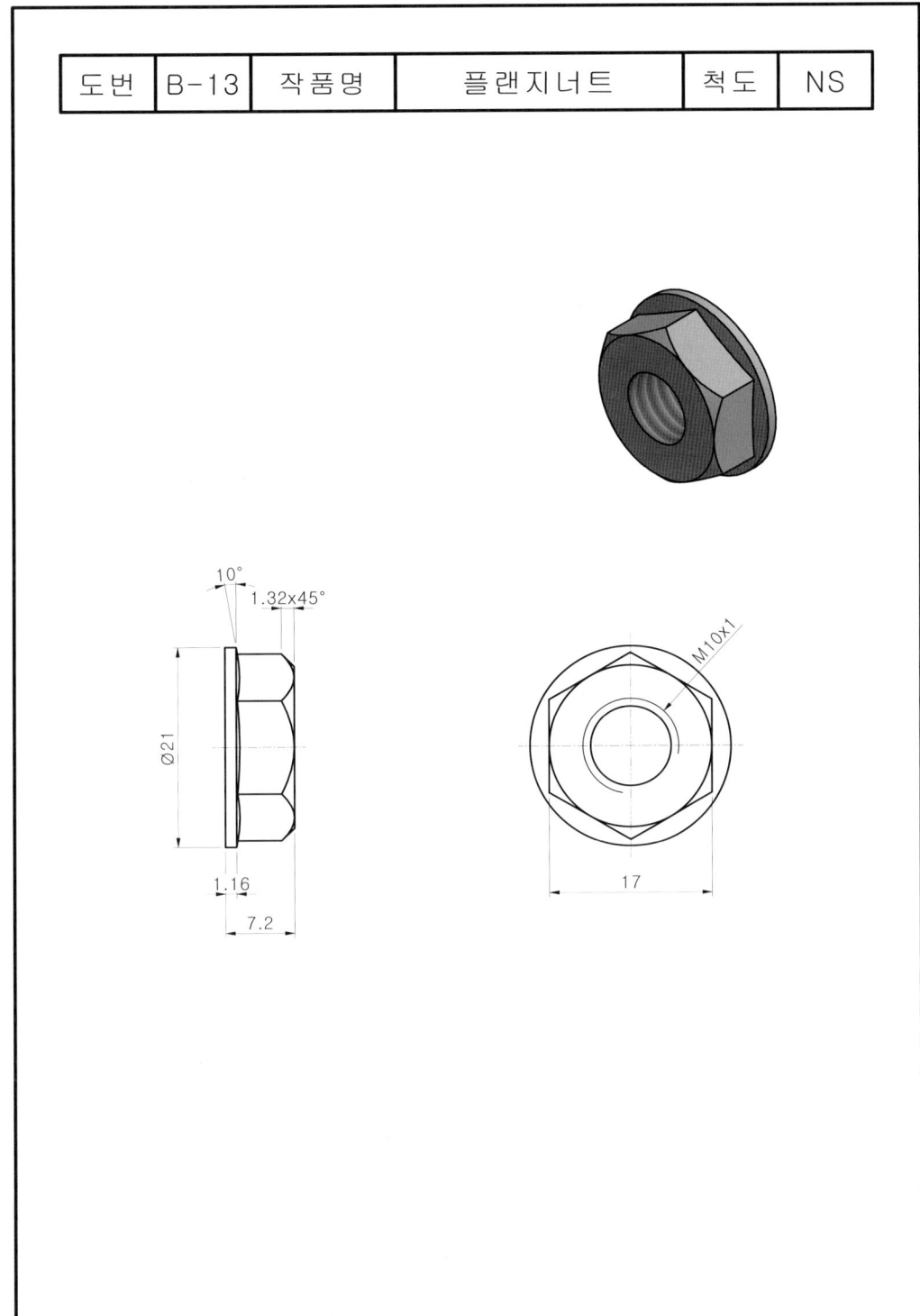

01

- 작성-스케치 작성, XY평면
- 작성-스케치 명령을 이용하여 스케치 후 구속조건 기입
- 작성-스케치 치수로 수정

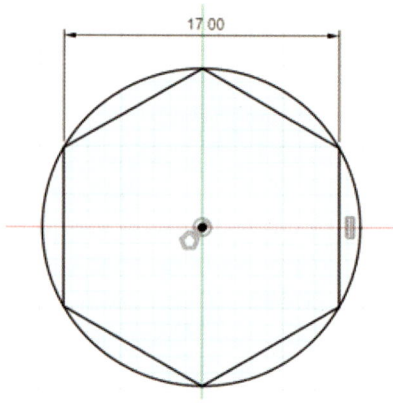

02

- 스케치 마무리
- 작성-돌출
  측면하나, 거리 7.2, 새 본체

03

- 수정-모따기, C1.32

04

- 스케치 활성화
- 작성-돌출
  측면하나, 모두, 교차

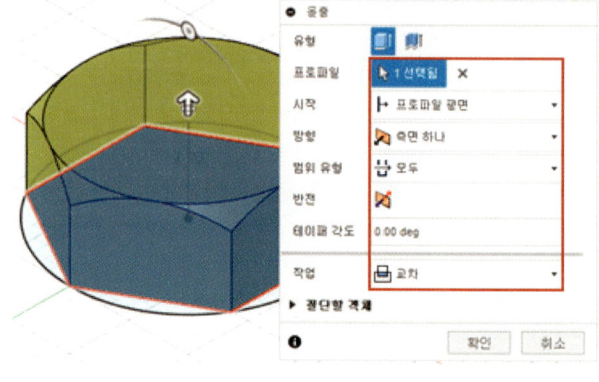

05

- 스케치 비활성화
- 작성–스케치 작성, XZ평면
- 작성–스케치 명령을 이용하여 스케치 후 구속조건 기입
- 작성–스케치 치수로 수정

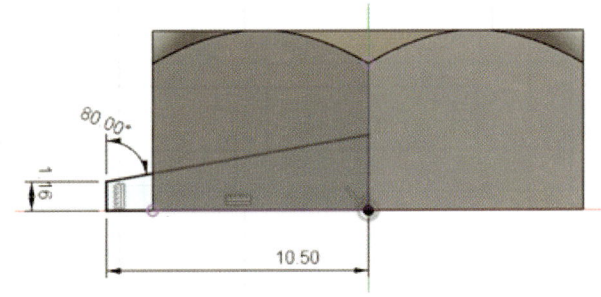

06

- 스케치 마무리
- 작성–회전
  측면하나, 360°, 접합

07

- 작성–구멍, 모두, M10

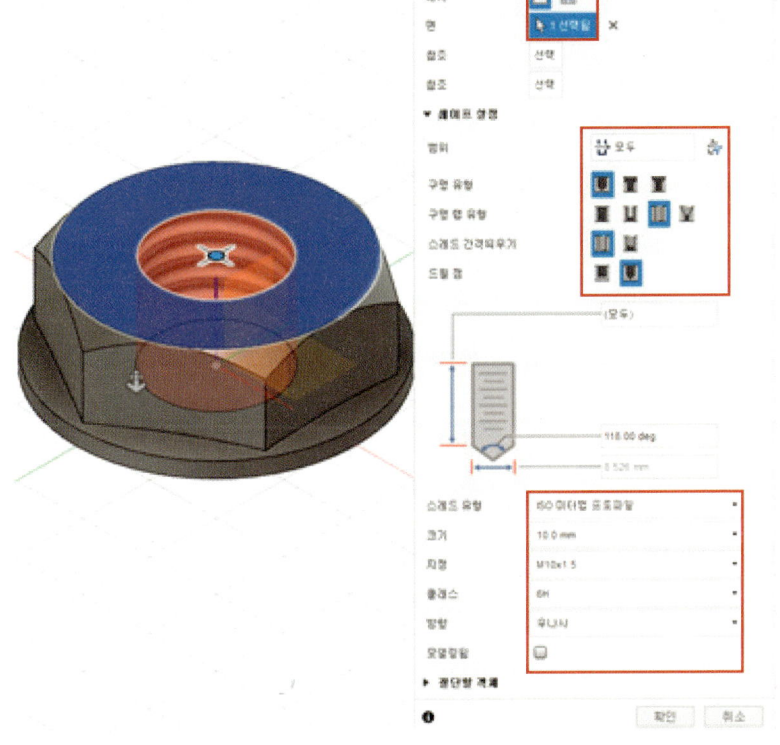

- 수정-모따기, C1

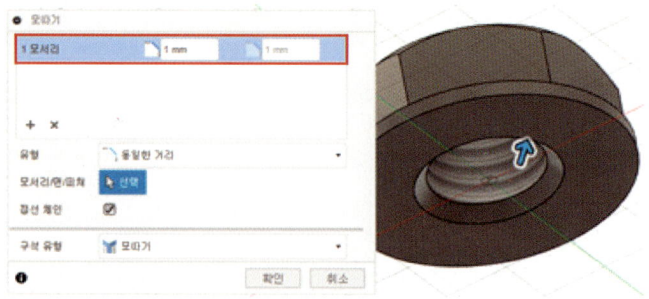

- 모델링 완료

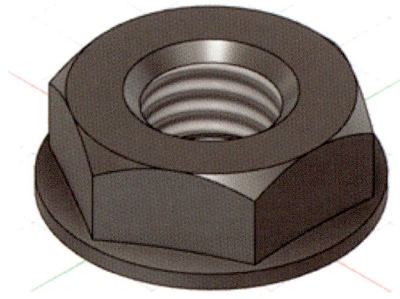

10

- 렌더링-설정-모양
- 재질 선택하여 드래그

B-14. 냄비나사

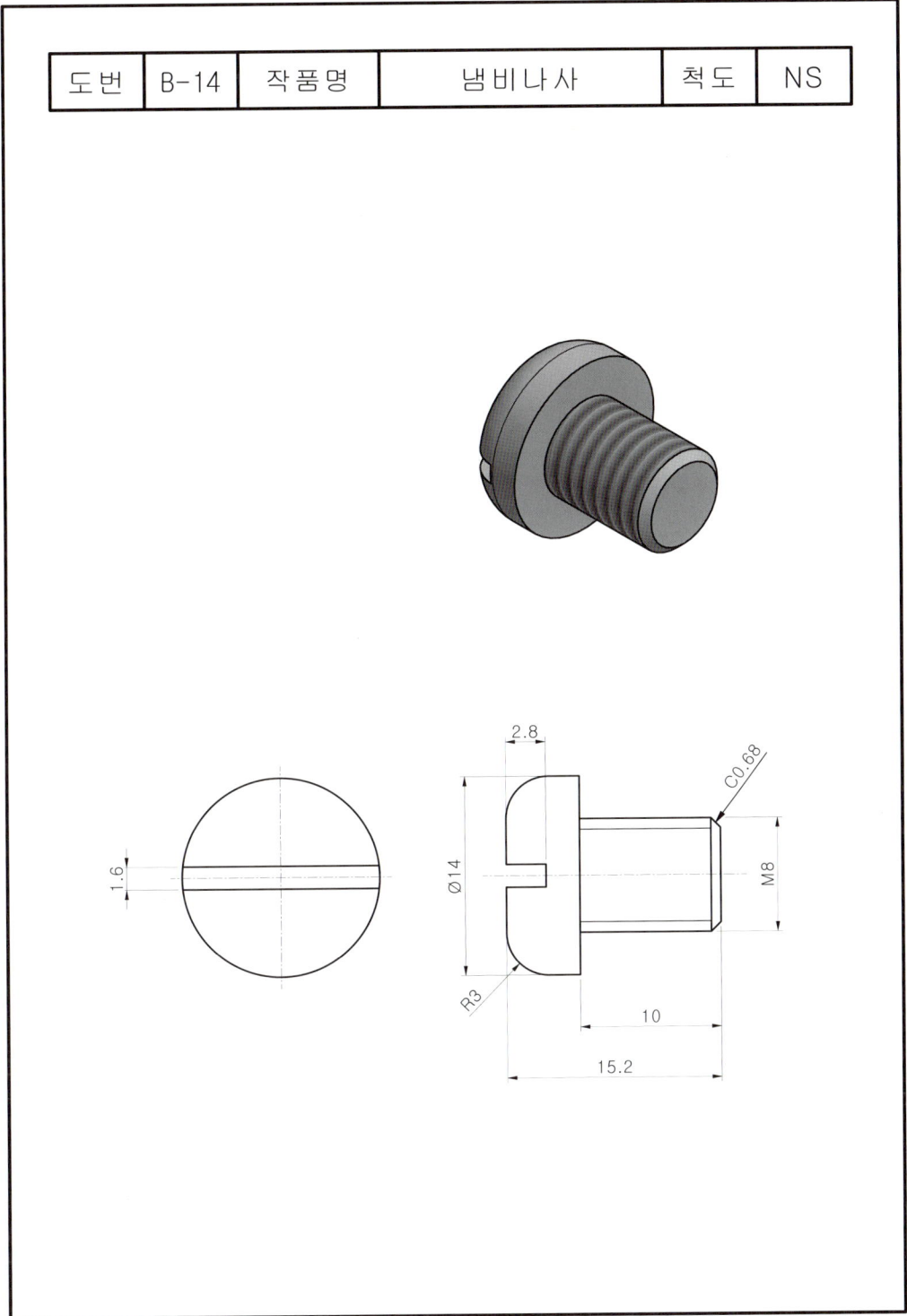

01

- 작성-스케치 작성, XY평면
- 작성-스케치 명령을 이용하여 스케치 후 구속조건 기입
- 작성-스케치 치수로 수정

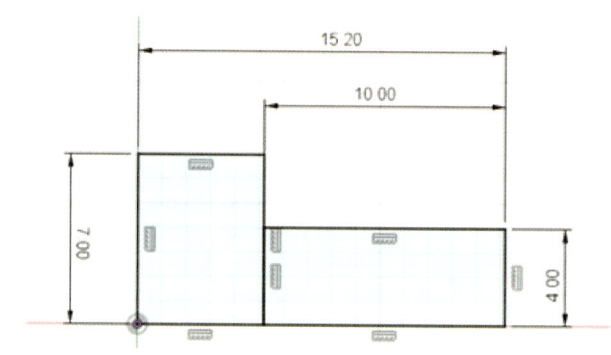

02

- 스케치 마무리
- 작성-돌출
  측면하나, 거리 7.2, 새 본체

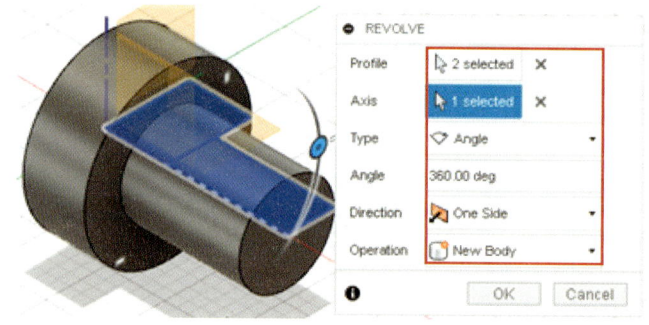

03

- 수정-모따기, C1.32

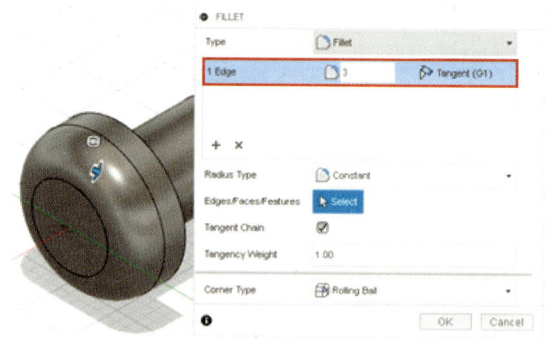

04

- 스케치 활성화
- 작성-돌출
  측면하나, 모두, 교차

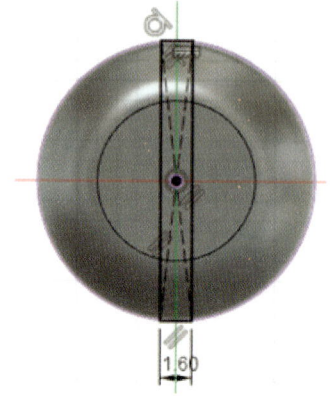

05

- 스케치 마무리
- 작성-돌출
  측면하나, 거리 -2.8, 잘라내기

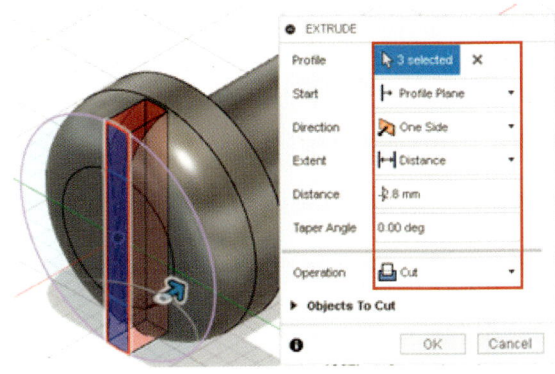

06

- 수정-모따기, C1

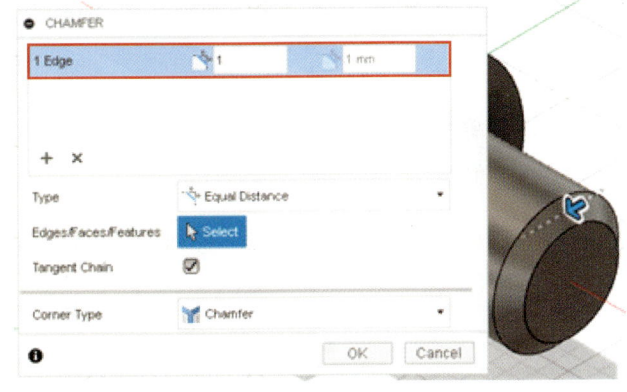

07

- 작성-스레드

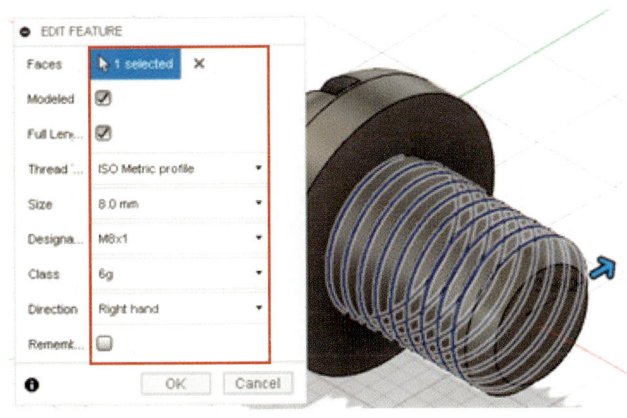

08

- 모델링 완료

09

- 렌더링-설정-모양
- 재질 선택하여 드래그

B-15. 접시나사

| 도번 | B-15 | 작품명 | 접시나사 | 척도 | NS |

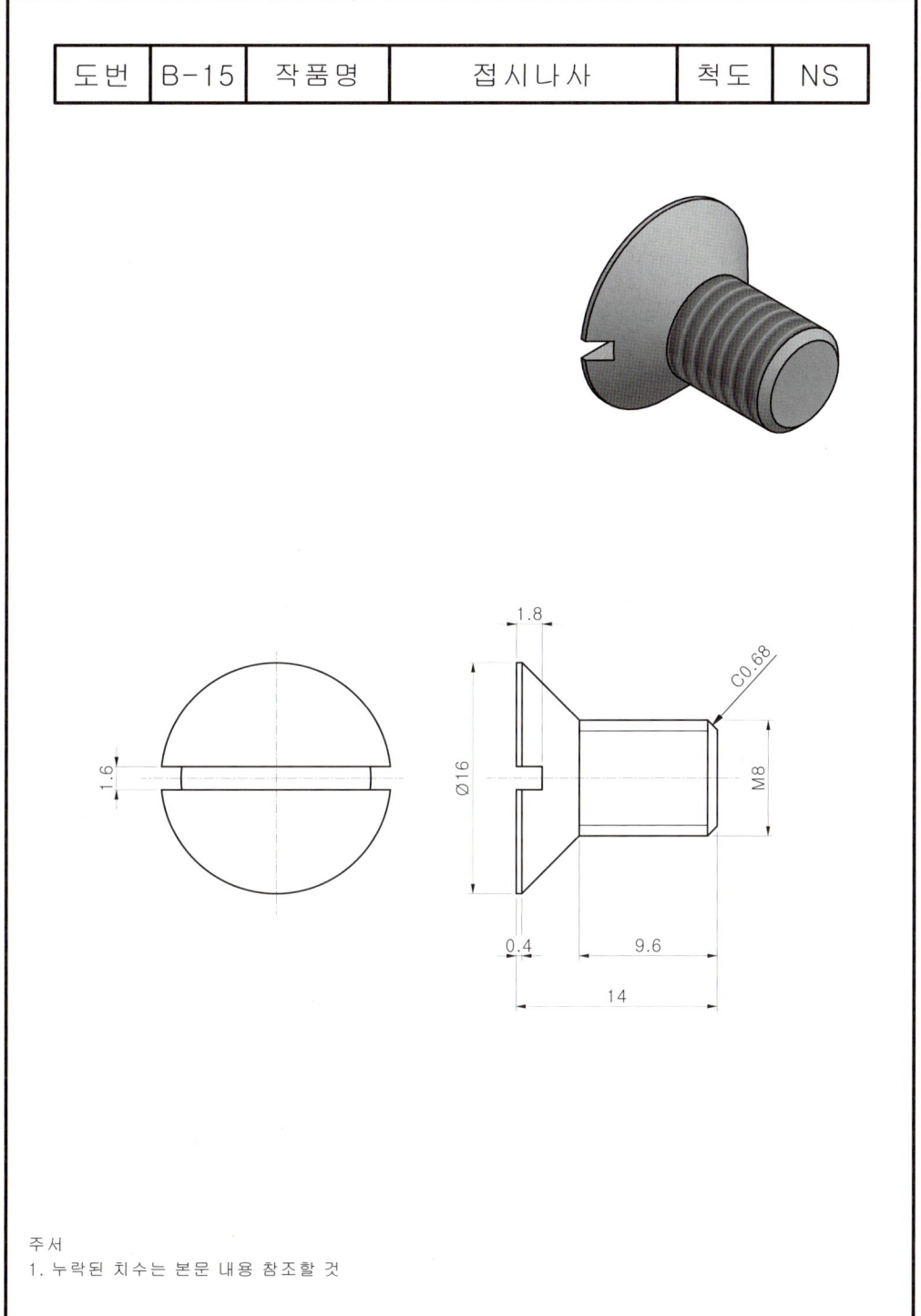

주서
1. 누락된 치수는 본문 내용 참조할 것

01

- 작성-스케치 작성, XY평면
- 작성-스케치 명령을 이용하여 스케치 후 구속조건 기입
- 작성-스케치 치수로 수정

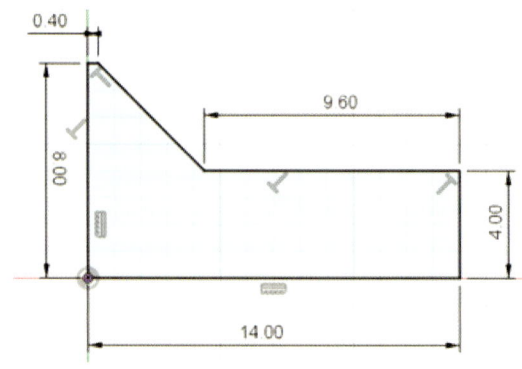

02

- 스케치 마무리
- 작성-회전
  측면하나, 360°, 새 본체

03

- 작성-스케치 작성, 해당평면
- 작성-스케치 명령을 이용하여 스케치 후 구속조건 기입
- 작성-스케치 치수로 수정

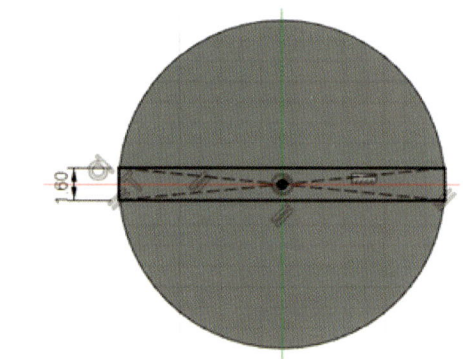

04

- 스케치 마무리
- 작성-돌출
  측면하나, 거리 1.8, 잘라내기

05

- 수정 모따기, C0.68

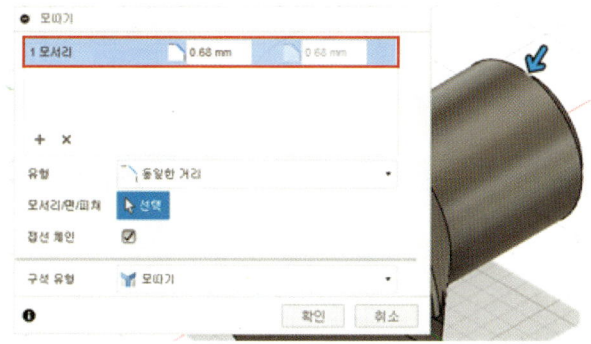

06

- 작성-스레드

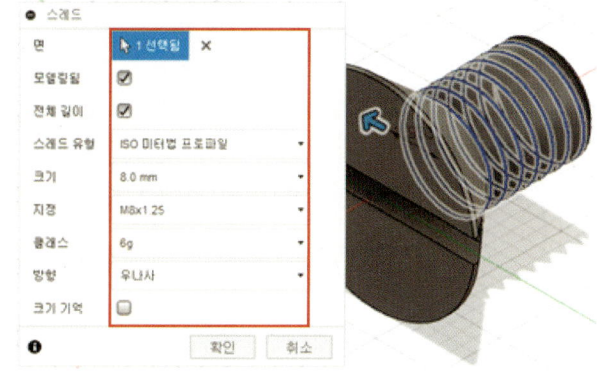

07

- 모델링 완료

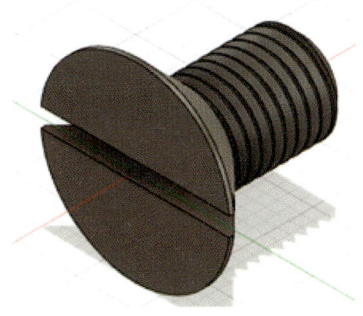

08

- 렌더링-설정-모양
- 재질 선택하여 드래그

B-16. 수화기

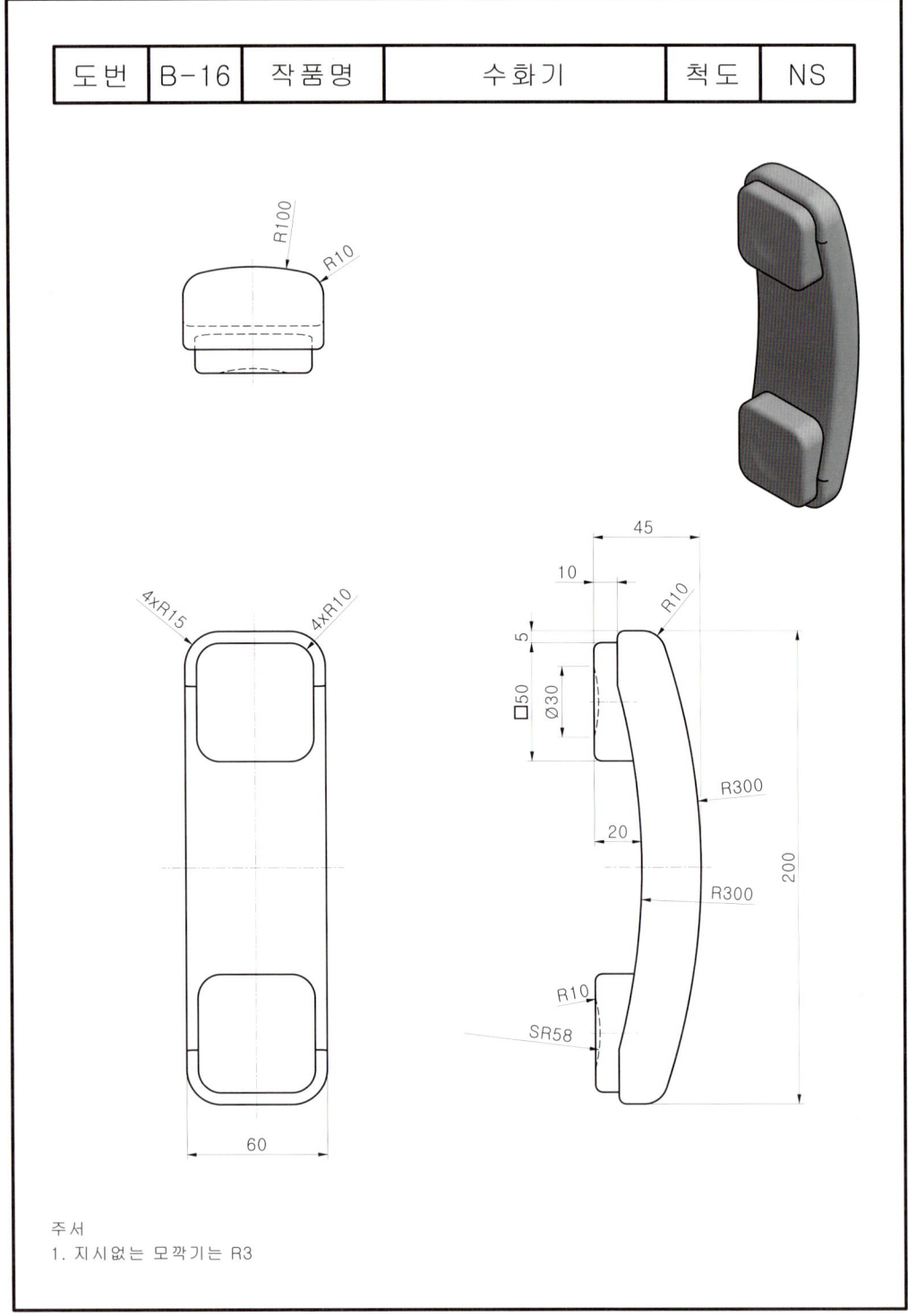

주서
1. 지시없는 모깎기는 R3

01

- 작성-스케치 작성, XY평면
- 작성-스케치 명령을 이용하여 스케치 후 구속조건 기입
- 작성-스케치 치수로 수정

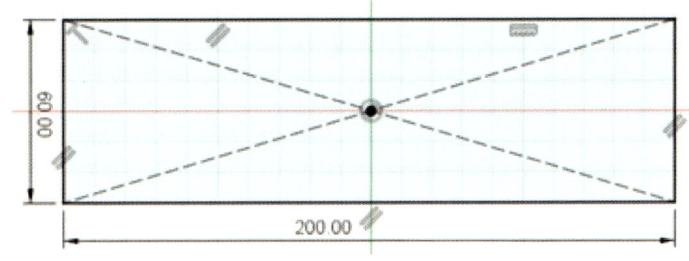

02

- 작성-스케치 작성, XZ평면
- 작성-스케치 명령을 이용하여 스케치 후 구속조건 기입
- 작성-스케치 치수로 수정

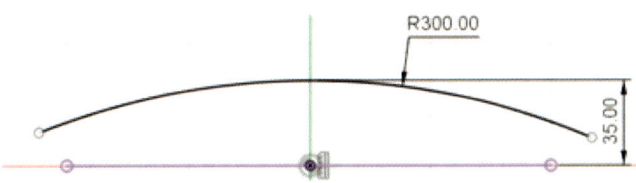

03

- 작성-스케치 작성, YZ평면
- 작성-스케치 명령을 이용하여 스케치 후 구속조건 기입
- 작성-스케치 치수로 수정

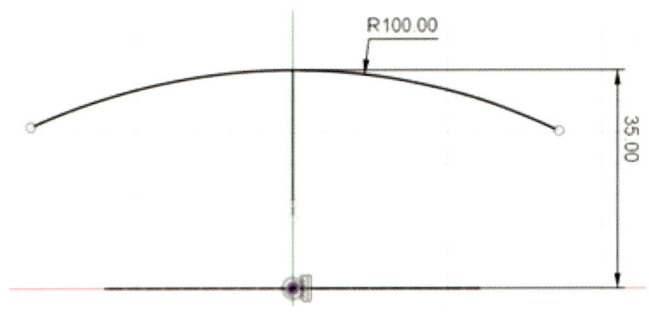

04

- 스케치 마무리
- 곡면-작성-스윕, 곡면 생성

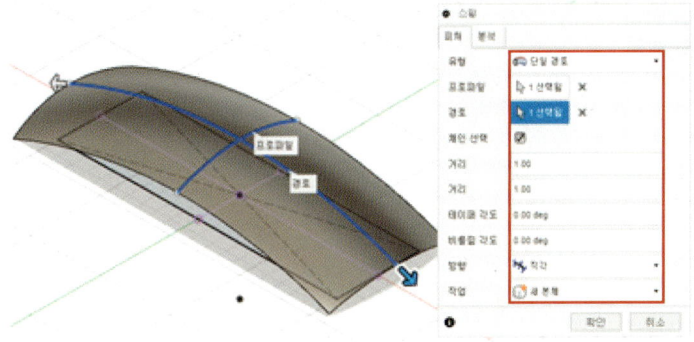

05

- 작성-돌출
  측면하나, 객체로, 새 본체

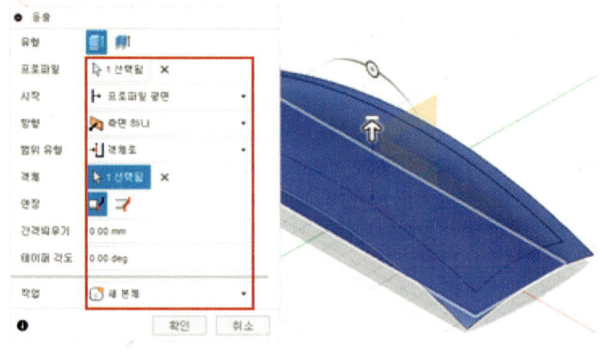

06

- 곡면 비활성화
- 작성-스케치 작성, 해당평면
- 작성-스케치 명령을 이용하여
  스케치 후 구속조건 기입
- 작성-스케치 치수로 수정

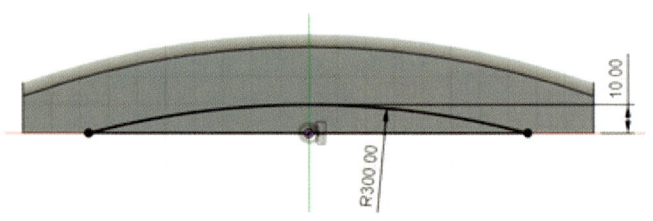

07

- 스케치 마무리
- 작성-돌출
  측면하나, 모두, 잘라내기

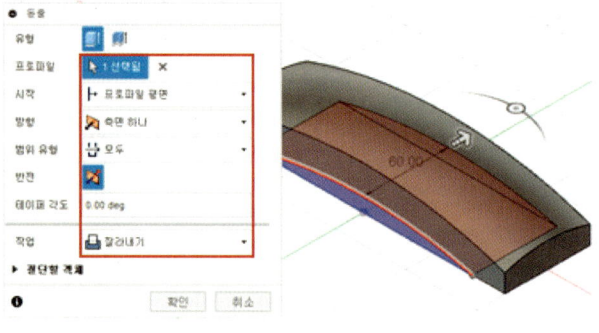

08

- 수정-모깎기, R15

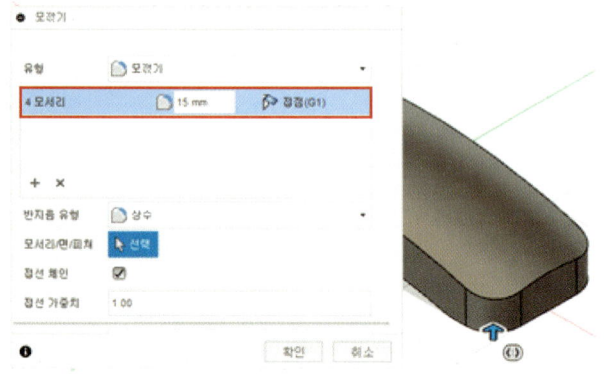

09
- 수정-모깎기, R10

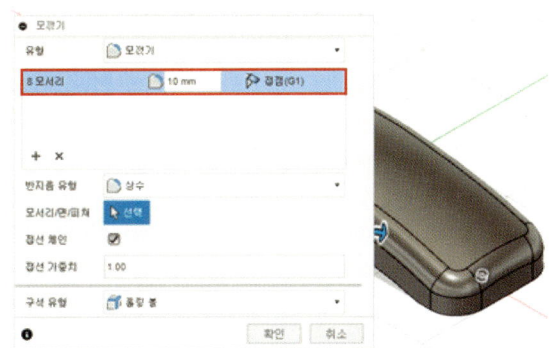

10
- 수정-모깎기, R3

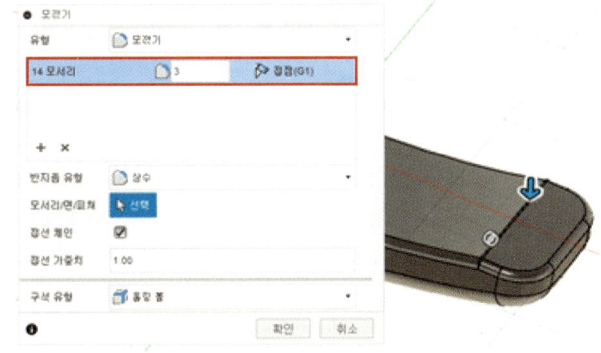

11
- 구성-평면에서 간격띄우기

12
- 작성-스케치 작성, 해당평면
- 작성-스케치 명령을 이용하여 스케치 후 구속조건 기입
- 작성-스케치 치수로 수정

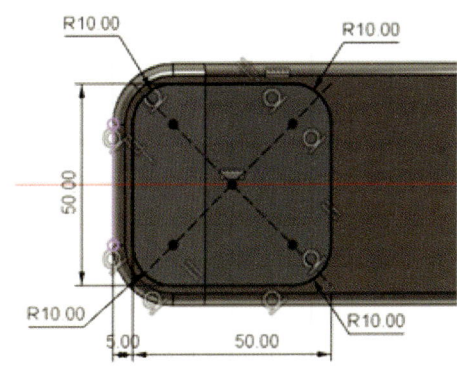

PART B. 공구류, 부품류, 전기전자류

13

- 작성-돌출
  측면하나, 객체로, 인접, 접합

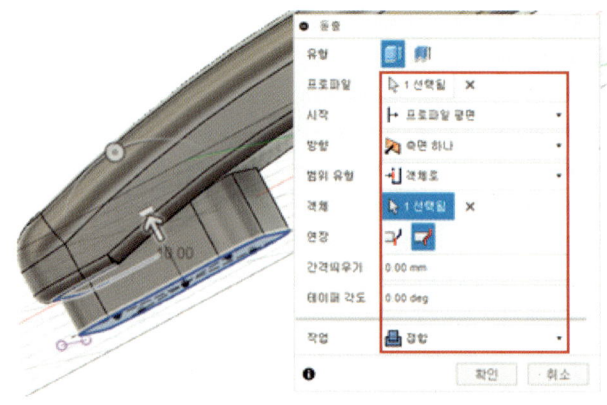

14

- 작성-스케치 작성, XZ평면
- 작성-스케치 명령을 이용하여 스케치 후 구속조건 기입
- 작성-스케치 치수로 수정

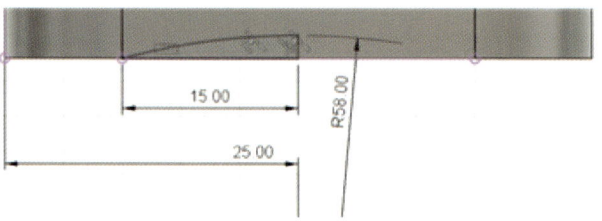

15

- 스케치 마무리
- 작성-회전
  측면하나, 360°, 잘라내기

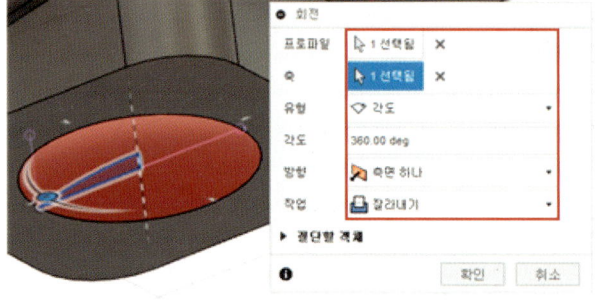

16

- 수정-모깎기, R3

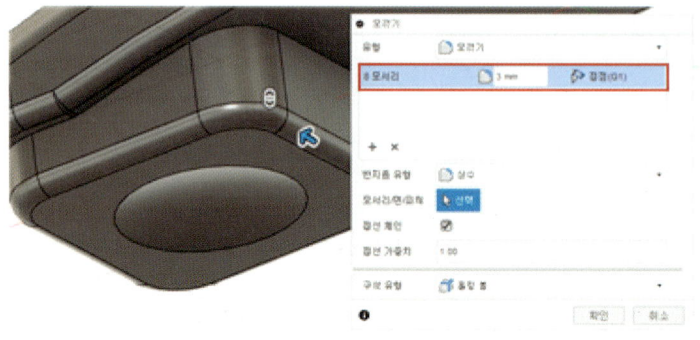

17
- 수정-모깎기, R10

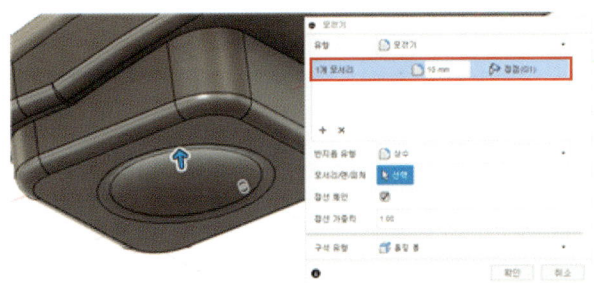

18
- 작성-미러, 피처

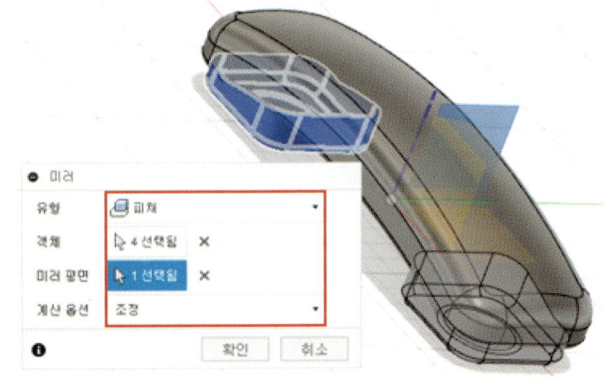

19
- 모델링 완료

20
- 렌더링-설정-모양
- 재질 선택하여 드래그

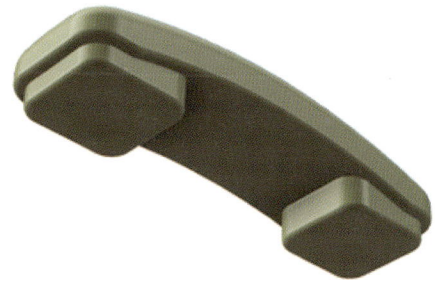

B-17. 충전기

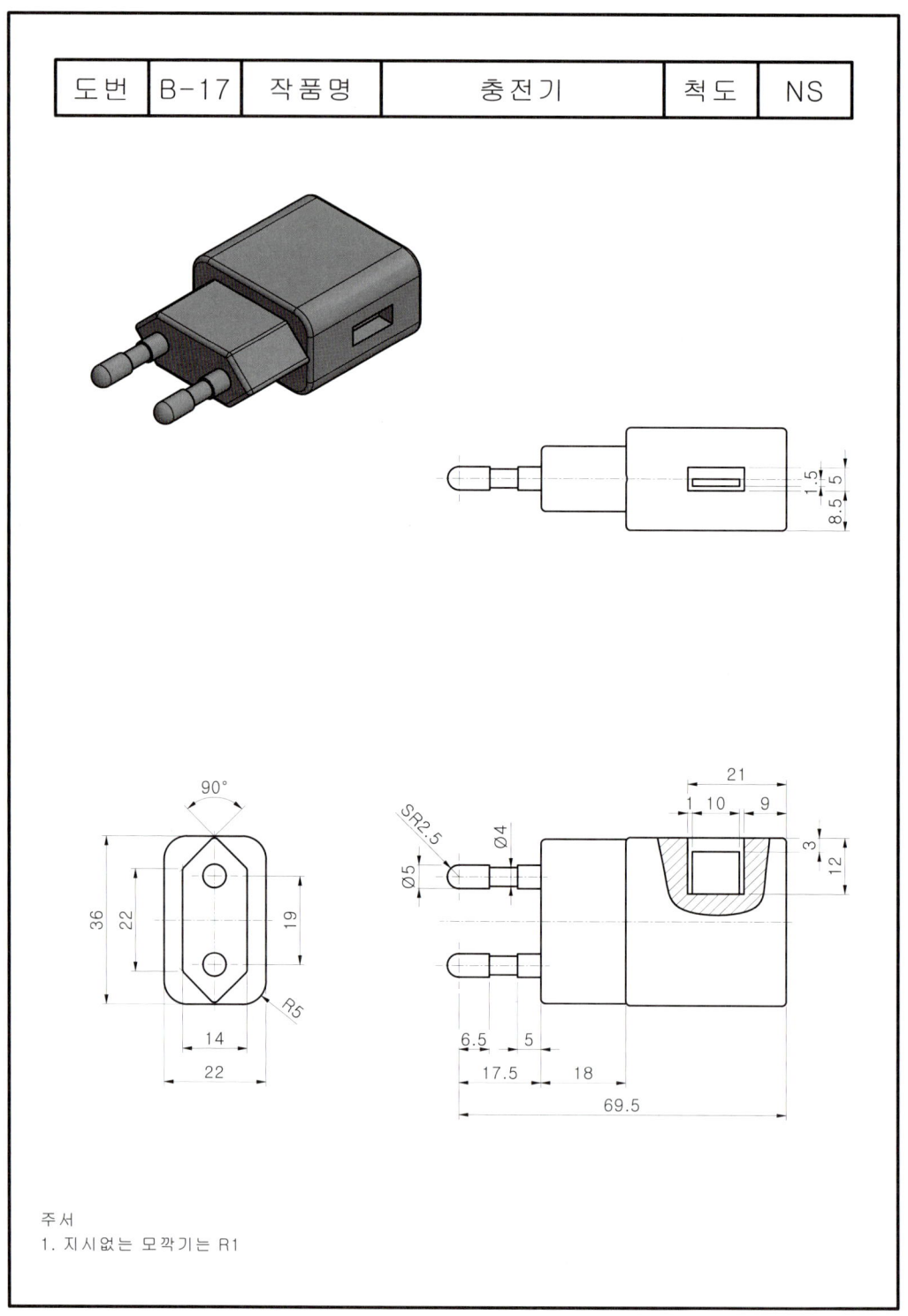

01

- 작성-스케치 작성, XZ평면
- 작성-스케치 명령을 이용하여 스케치 후 구속조건 기입
- 작성-스케치 치수로 수정

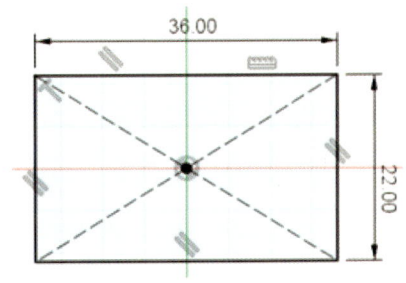

02

- 스케치 마무리
- 작성-돌출
  측면하나, 거리 34, 새 본체

03

- 작성-스케치 작성, 해당평면
- 작성-스케치 명령을 이용하여 스케치 후 구속조건 기입
- 작성-스케치 치수로 수정

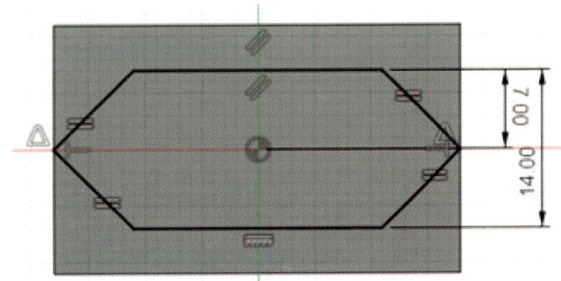

04

- 스케치 마무리
- 작성-돌출
  측면하나, 거리 18, 접합

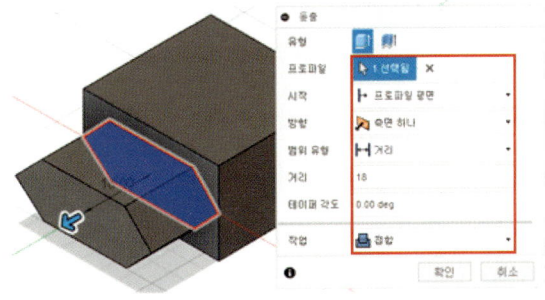

05

- 수정-모깎기, R5

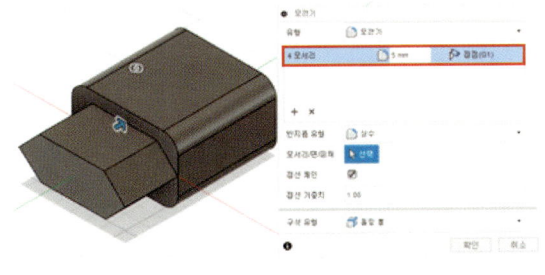

06

- 수정-모깎기, R1

07

- 수정-모깎기, R1

08

- 작성-스케치 작성, 해당평면
- 작성-스케치 명령을 이용하여 스케치 후 구속조건 기입
- 작성-스케치 치수로 수정

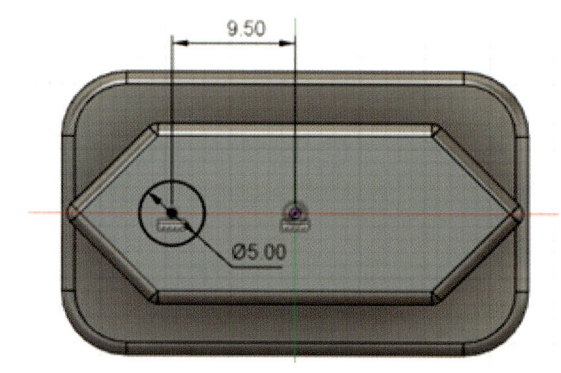

09

- 스케치 마무리
- 작성-돌출
  측면하나, 거리 5, 새 본체

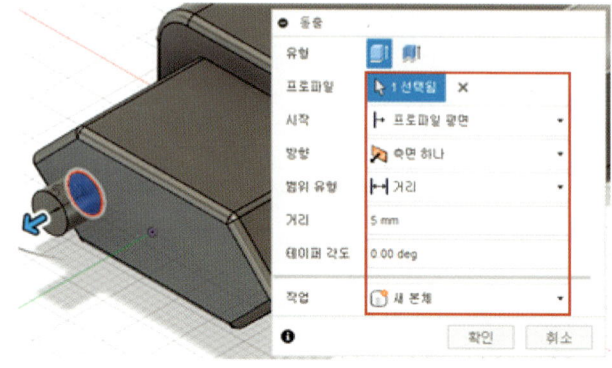

10

- 작성-스케치 작성, 해당평면
- 작성-스케치 명령을 이용하여 스케치 후 구속조건 기입
- 작성-스케치 치수로 수정

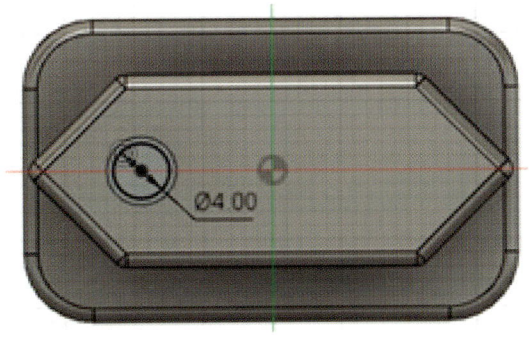

11

- 스케치 마무리
- 작성-돌출
  측면하나, 거리 6, 접합

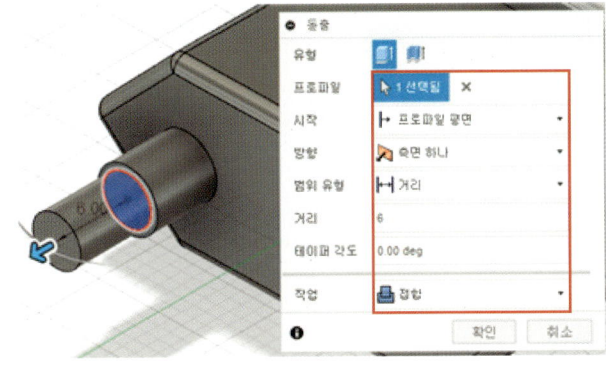

12

- 작성-스케치 작성, 해당평면
- 작성-투영/포함-프로젝트

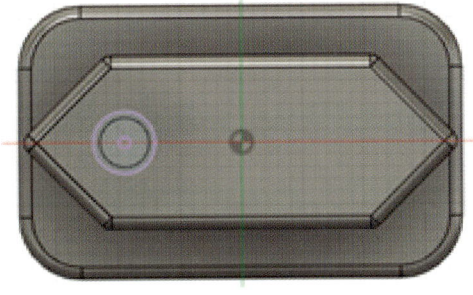

13

- 스케치 마무리
- 작성-돌출
  측면하나, 거리 9, 접합

14

- 수정-모깎기, R2.5

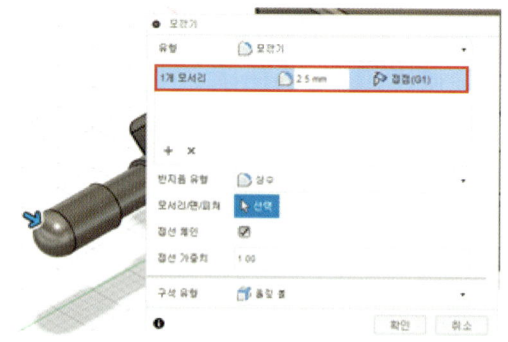

15

- 작성-미러, 피쳐

16

- 작성-스케치 작성, 해당평면
- 작성-스케치 명령을 이용하여 스케치 후 구속조건 기입
- 작성-스케치 치수로 수정

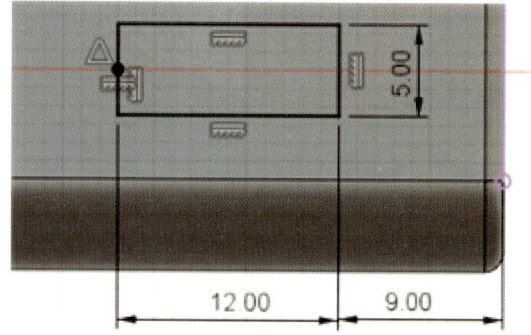

17

- 스케치 마무리
- 작성-돌출
  측면하나, 거리 -12, 잘라내기

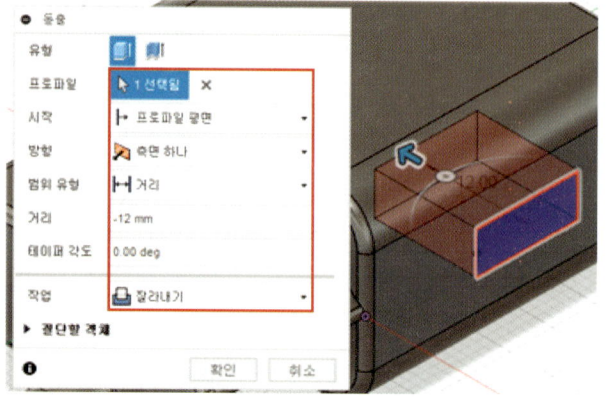

18

- 작성-스케치 작성, 해당평면
- 작성-스케치 명령을 이용하여 스케치 후 구속조건 기입
- 작성-스케치 치수로 수정

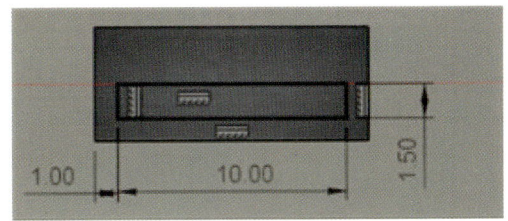

19

- 스케치 마무리
- 작성-돌출
  측면하나, 거리 9, 새 본체

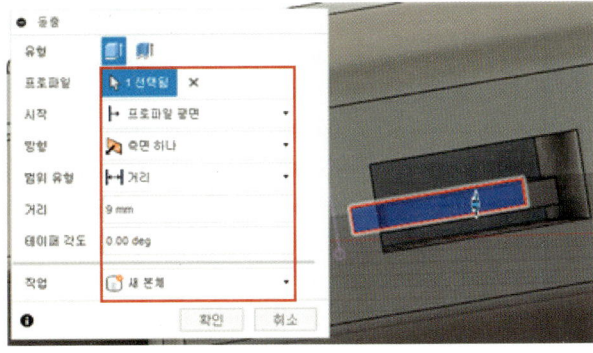

20

- 모델링 완료

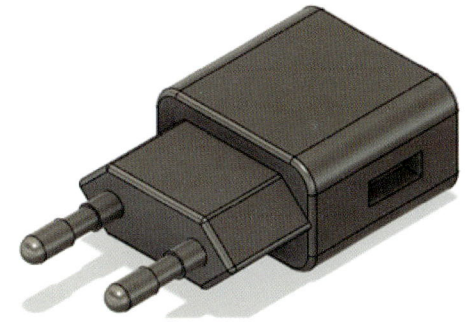

21

- 렌더링-설정-모양
- 재질 선택하여 드래그

B-18. 백열전구

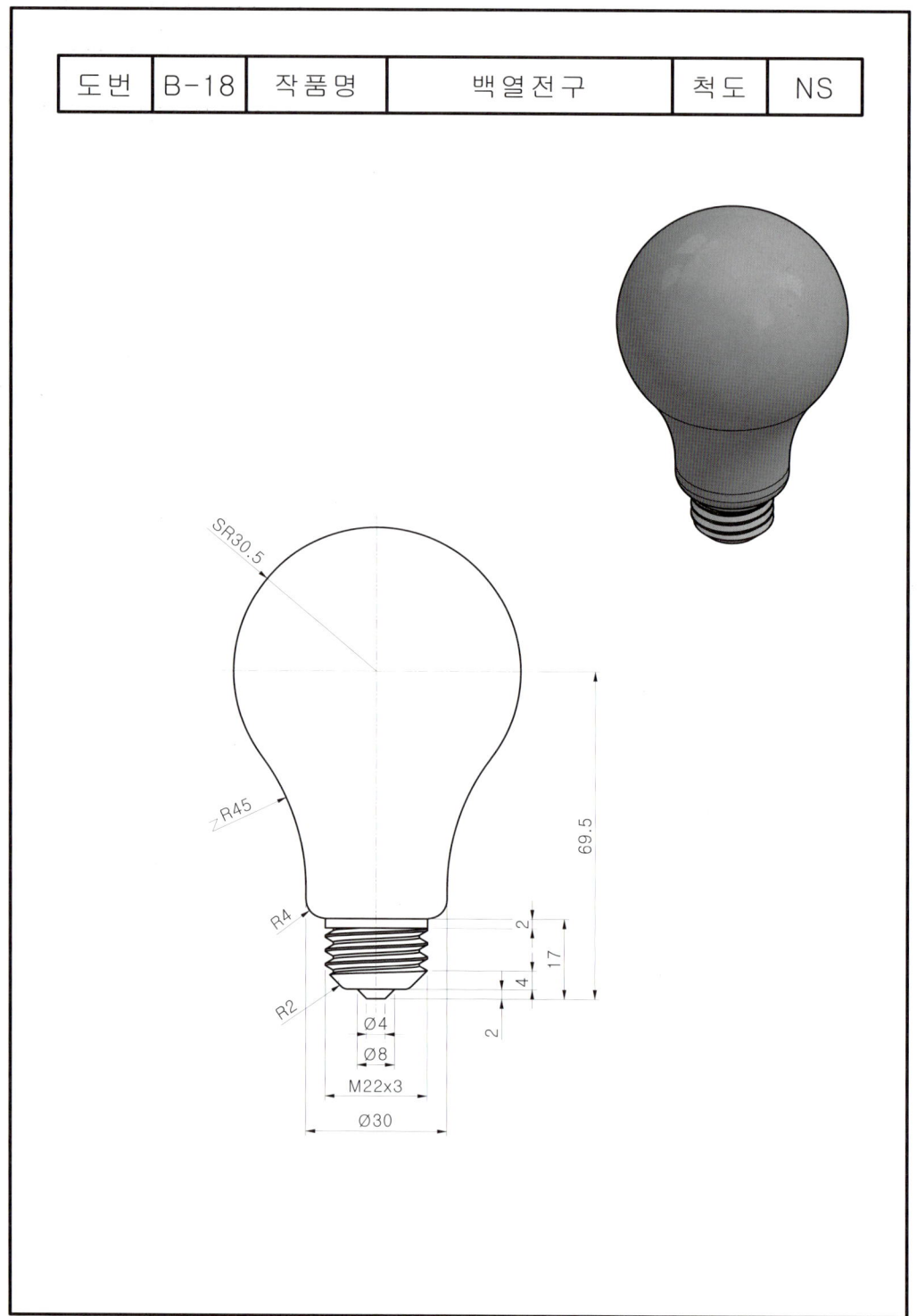

01

- 작성-스케치 작성, XY평면
- 작성-스케치 명령을 이용하여 스케치 후 구속조건 기입
- 작성-스케치 치수로 수정

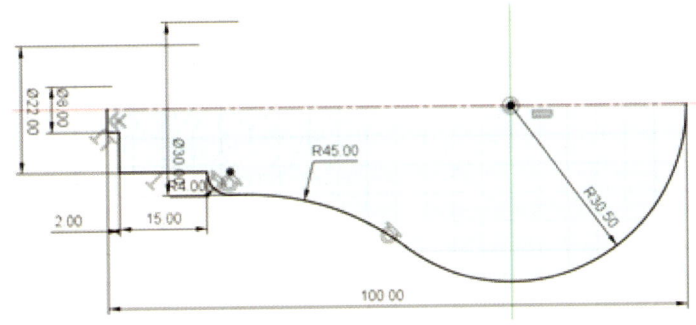

02

- 스케치 마무리
- 작성-회전
  측면하나, 360°, 새 본체

03

- 수정-모따기, C4

04

- 작성-스레드, M22x3

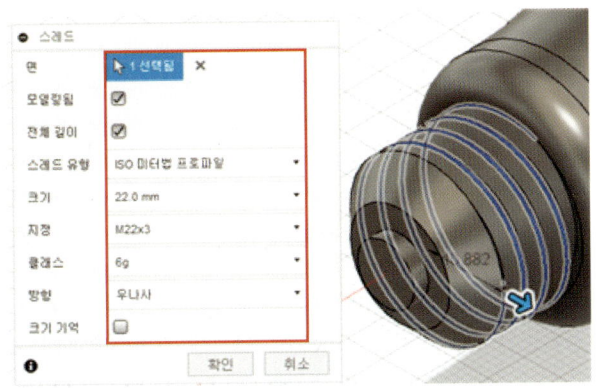

05

- 수정-모깎기, R2

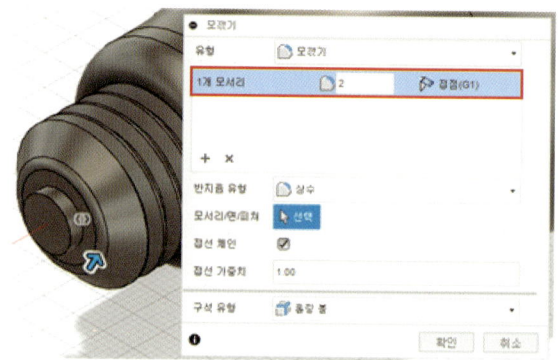

06

- 수정-모따기, C2

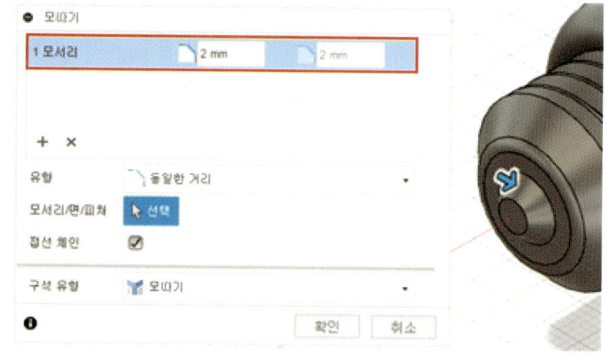

07

- 모델링 완료

08

- 렌더링-설정-모양
- 재질 선택하여 드래그

B-19. 이어폰

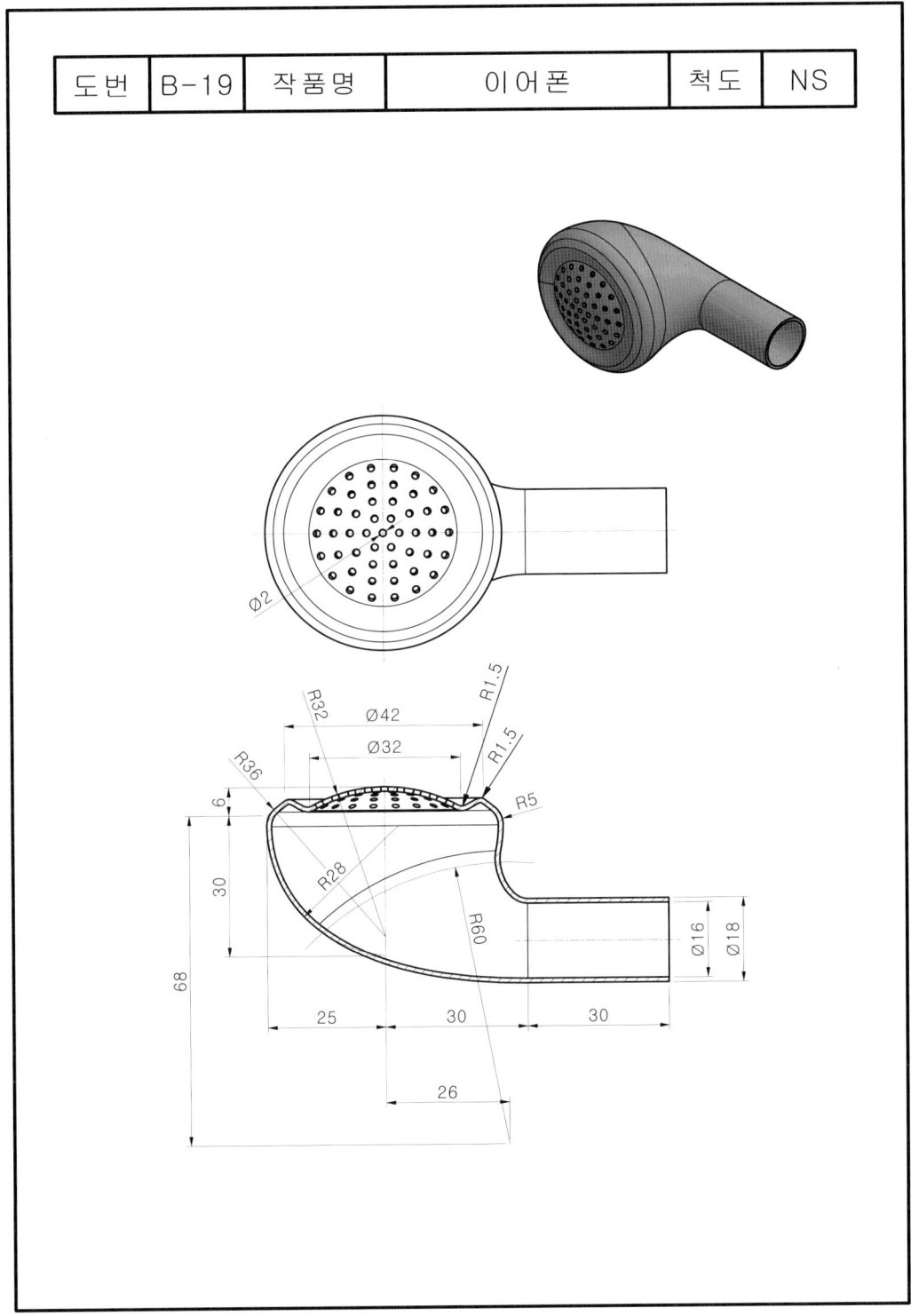

01

- 작성-스케치 작성, XZ평면
- 작성-스케치 명령을 이용하여
  스케치 후 구속조건 기입
- 작성-스케치 치수로 수정

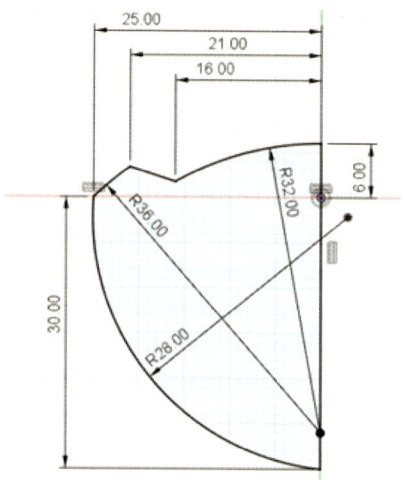

02

- 스케치 마무리
- 작성-회전
  측면하나, 360°, 새 본체

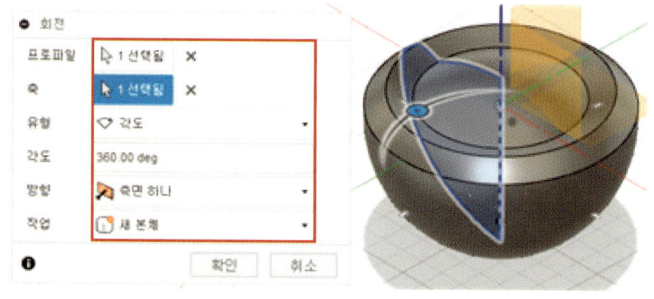

03

- 작성-스케치 작성, 해당평면
- 작성-스케치 명령을 이용하여
  스케치 후 구속조건 기입
- 작성-스케치 치수로 수정

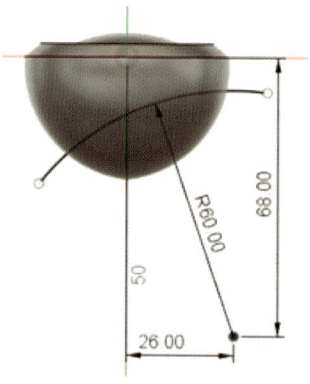

04

- 수정-본체분할
- 사용하지 않는 본체 비활성화

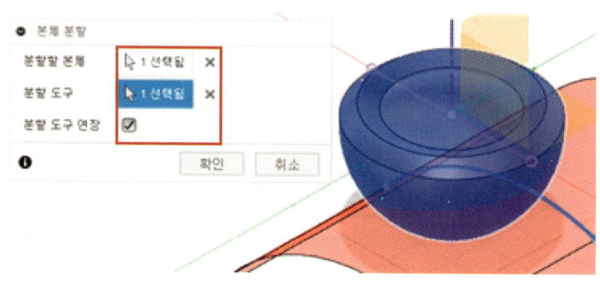

05

- 본체1 비활성화
- 작성-스케치 작성, YZ평면
- 작성-스케치 명령을 이용하여 스케치 후 구속조건 기입
- 작성-스케치 치수로 수정

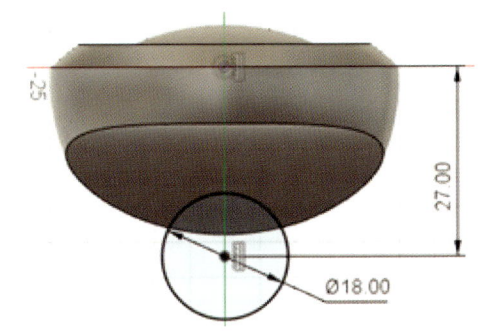

06

- 스케치 마무리
- 작성-돌출
  간격띄우기 30, 거리 30, 새 본체

07

- 작성-로프트, 접점, 접합

08

- 수정-모깎기, R5

09

- 수정-모깎기, R1.5

10

- 수정-쉘, 1

11

- 작성-스케치 작성, XY평면
- 작성-스케치 명령을 이용하여 스케치 후 구속조건 기입
- 작성-스케치 치수로 수정
- 직사각형패턴, 간격, 4개, 4mm

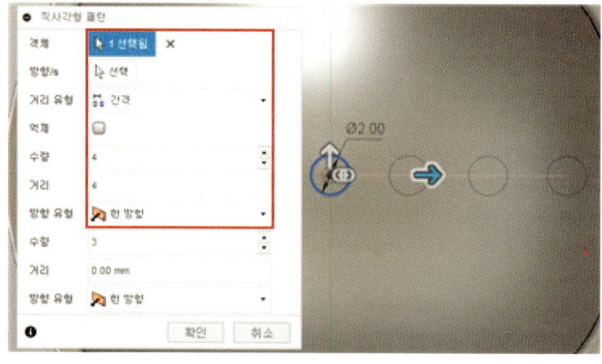

12

- 원형패턴 6, 12, 18

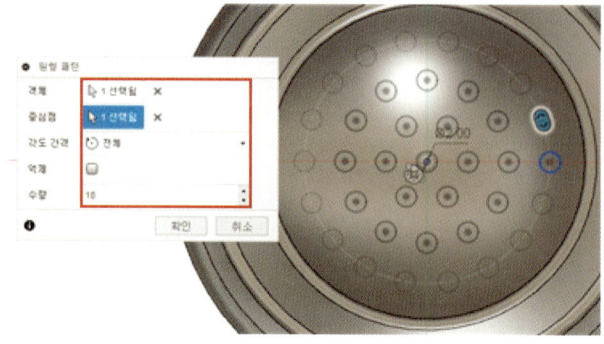

- 스케치 마무리
- 작성-돌출
  측면하나, 모두, 잘라내기

- 모델링 완료

15

- 렌더링-설정-모양
- 재질 선택하여 드래그

B-20. 모종삽

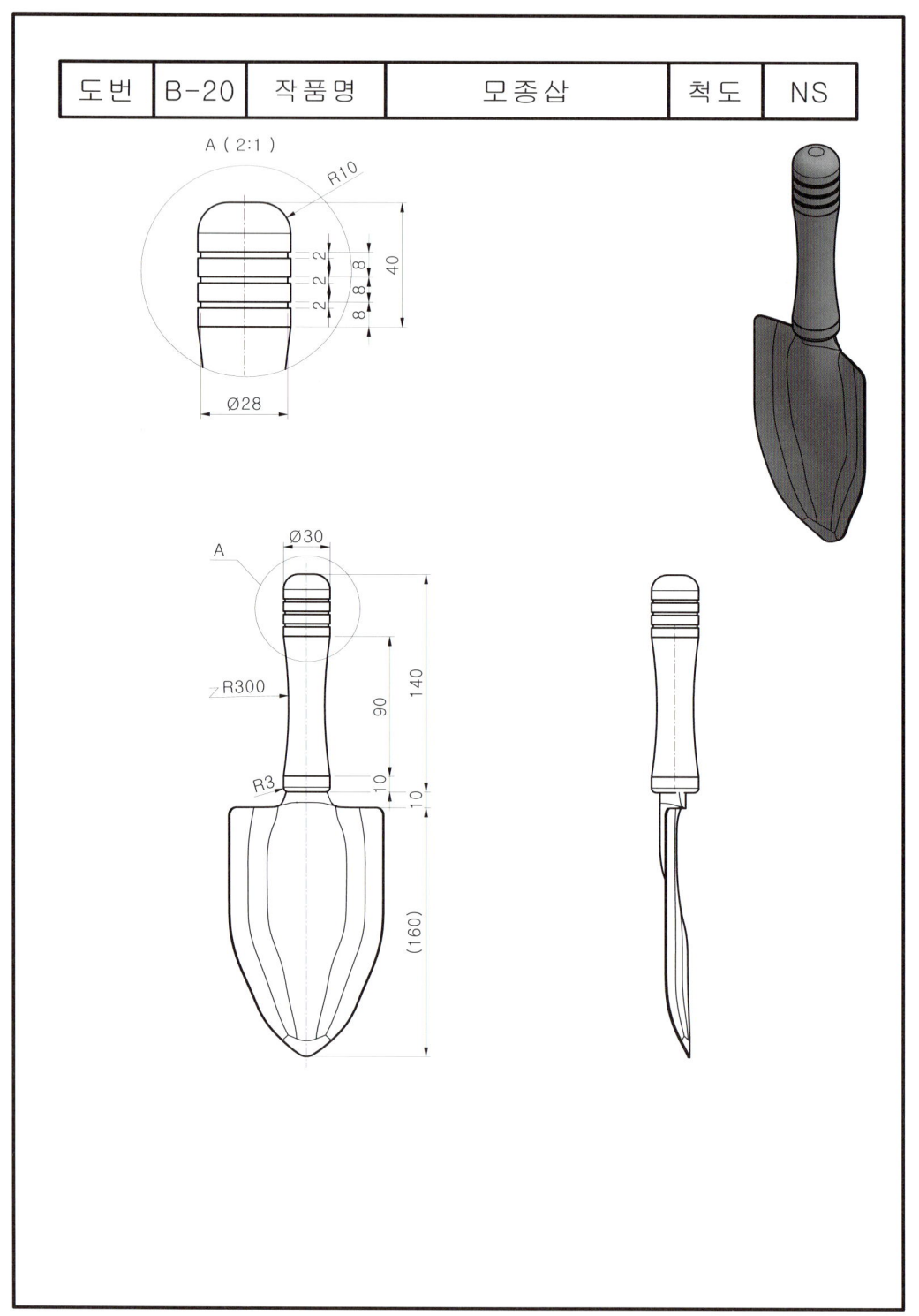

01

- 작성-스케치 작성, XZ평면
- 작성-스케치 명령을 이용하여 스케치 후 구속조건 기입
- 작성-스케치 치수로 수정

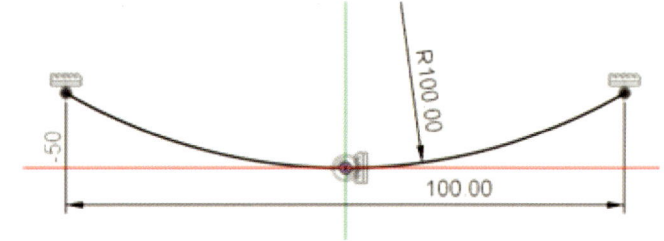

02

- 작성-양식-돌출
  면 4, 거리 -160, 앞면 8

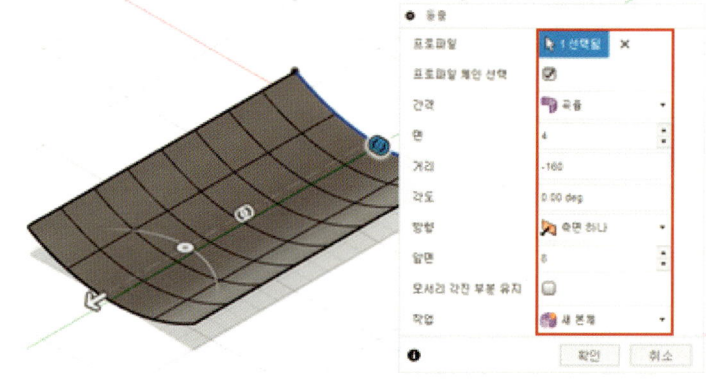

03

- 대칭-미러 내부

04

- 수정-양식편집, 15 이동

05

- 수정-양식편집, 10 이동

06

- 정점 클릭 삭제

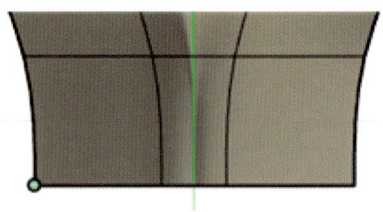

07

- 수정-양식편집, 점 5 이동

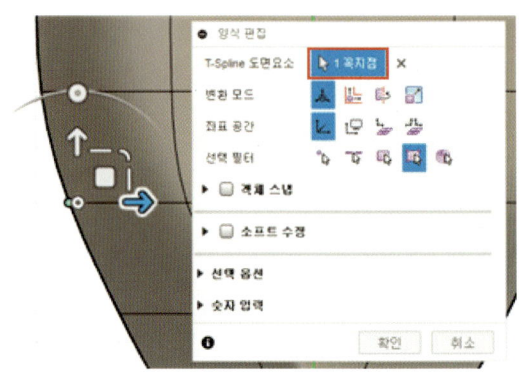

08

- 수정-양식편집, 면 임의 이동

09

- 수정-양식편집, 선 3개를 25 이동

10

- 수정-양식편집, 선 2개를 Alt키를 누르면서 40 이동

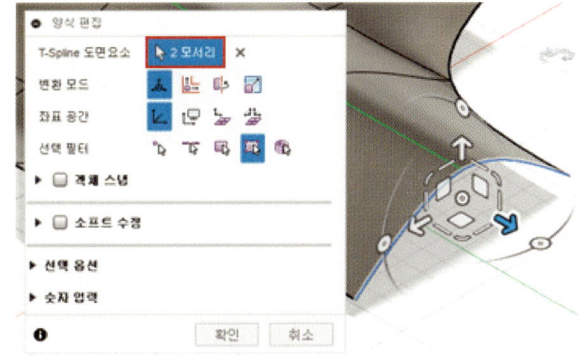

11

- 수정-양식편집, 면을 -15 이동

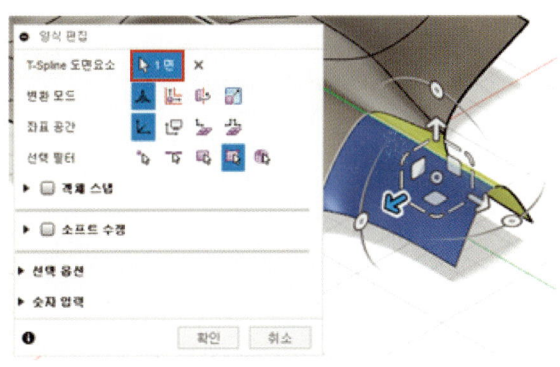

12

- 수정-양식편집, 선을 Alt키를 누르면서 -5 이동

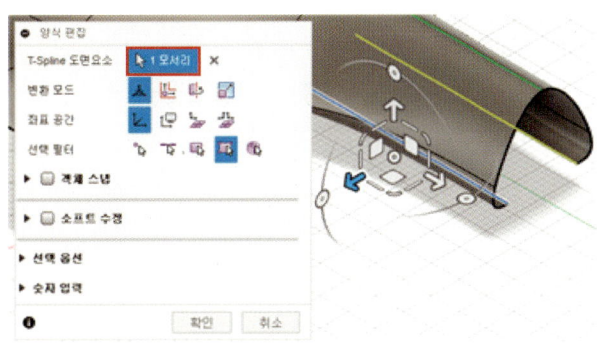

13

- 수정-양식편집, 점을 임의로 이동

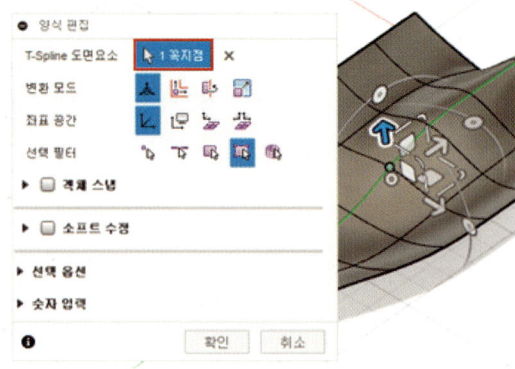

14

- 양식 마침
- 작성-두껍게 하기, 1

15

- 작성-스케치 작성, YZ평면
- 작성-스케치 명령을 이용하여 스케치 후 구속조건 기입
- 작성-스케치 치수로 수정

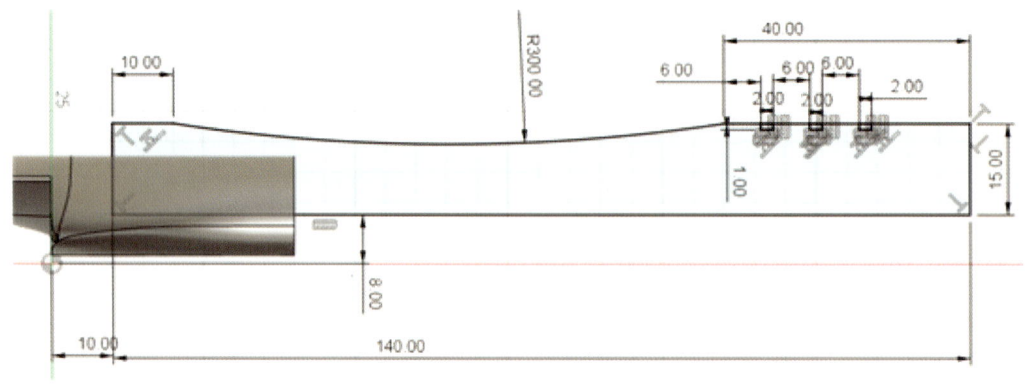

16

- 스케치 마무리
- 작성-회전
  측면하나, 360°, 새 본체

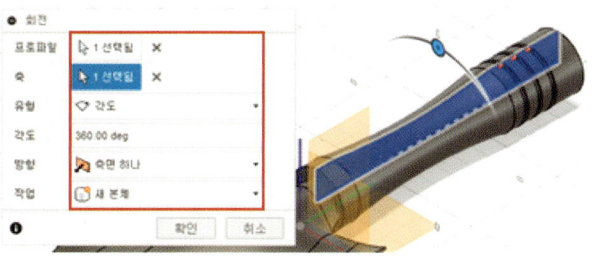

17

- 수정-모깎기, R3

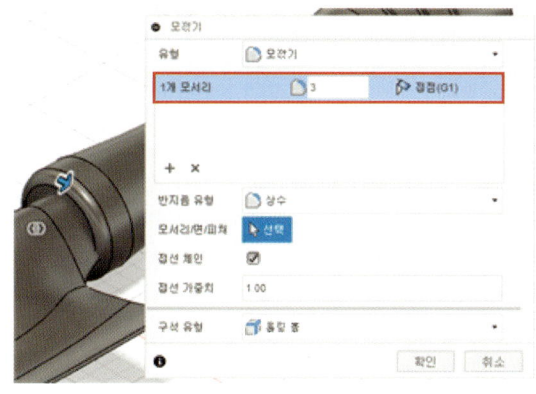

18

- 수정-모깎기, R10

19

- 수정-모깎기, R5

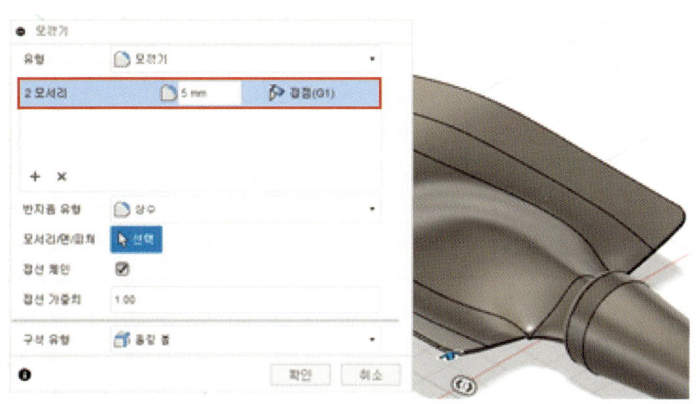

- 모델링 완료

21

- 렌더링-설정-모양
- 재질 선택하여 드래그

퓨전 360 3D 모델링
& 제품디자인 응용편

PART

장난감
문구류

C-01. 팽이

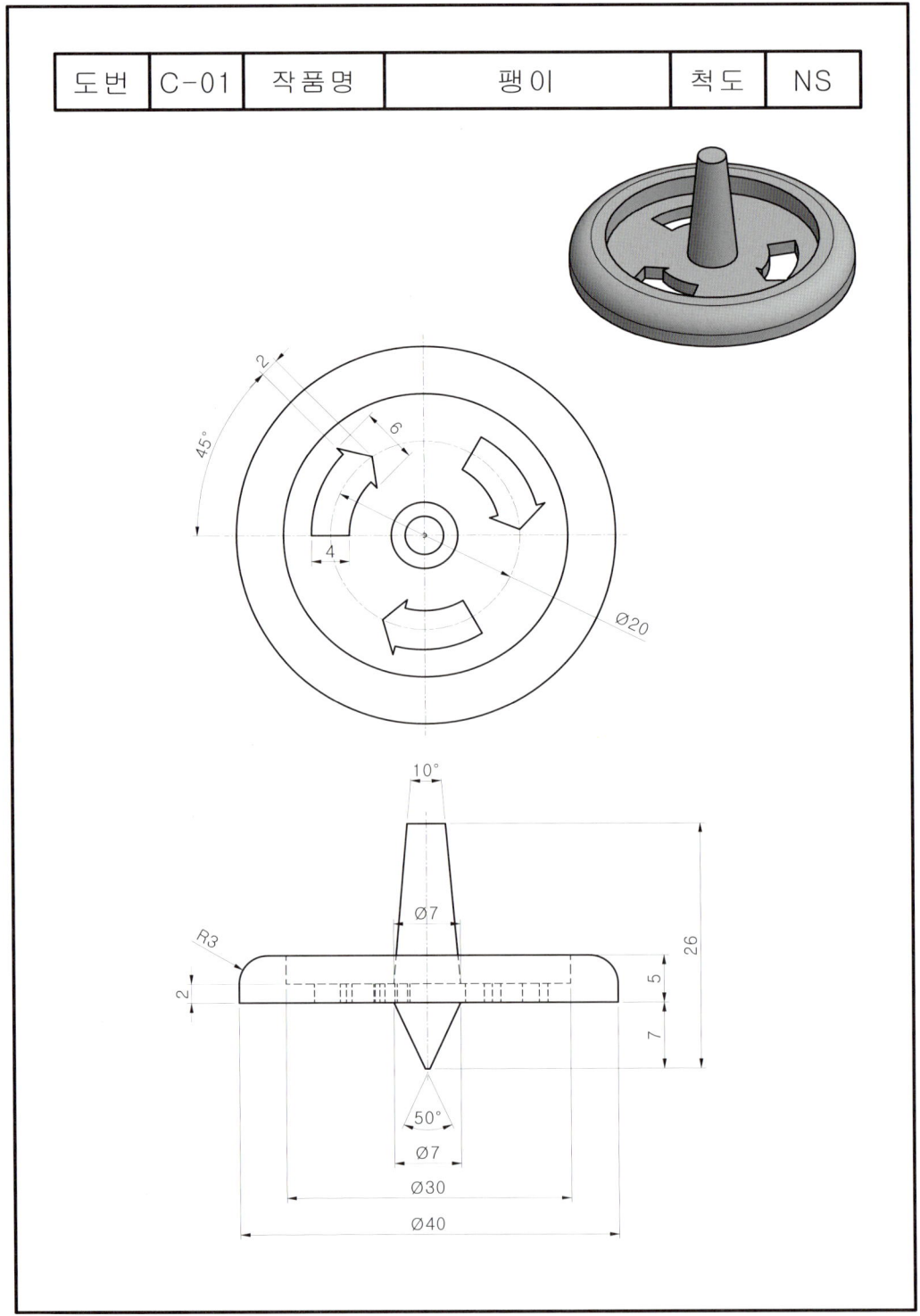

01

- 작성-스케치 작성, XY평면
- 작성-스케치 명령을 이용하여 스케치 후 구속조건 기입
- 작성-스케치 치수로 수정

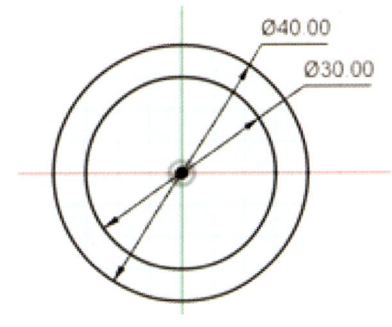

02

- 스케치 마무리
- 작성-돌출
  측면하나, 거리 5, 새 본체

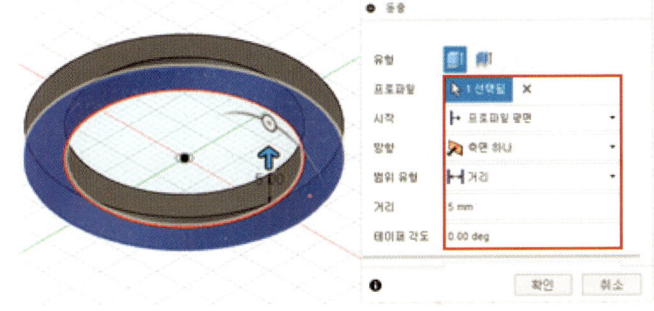

03

- 작성-스케치 작성, XY평면
- 작성-스케치 명령을 이용하여 스케치 후 구속조건 기입
- 작성-스케치 치수로 수정

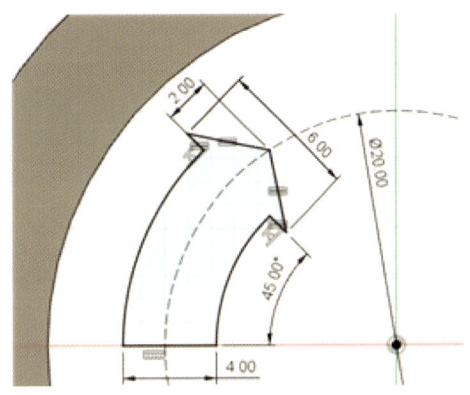

04

- 스케치 마무리
- 작성-돌출
  측면하나, 거리 2, 접합

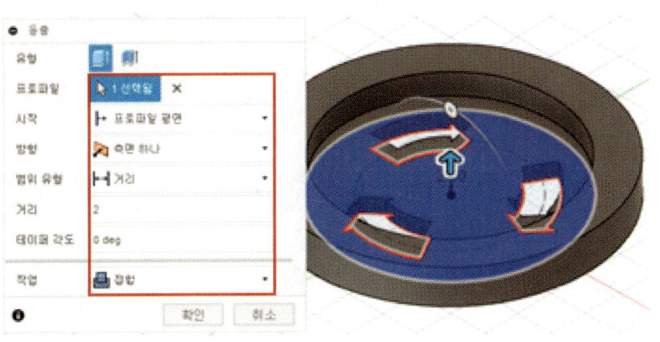

05

- 수정-모깎기, R3

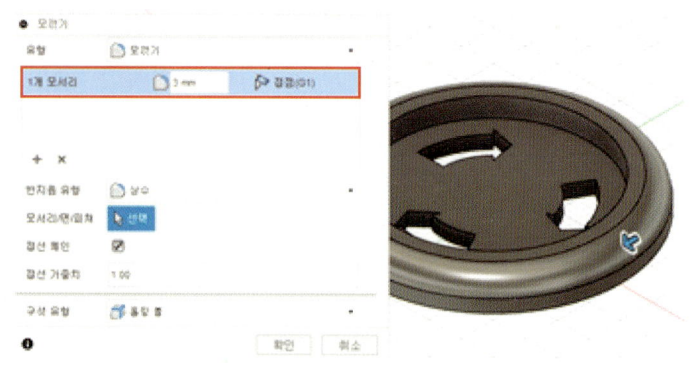

06

- 작성-스케치 작성, 해당평면
- 작성-스케치 명령을 이용하여 스케치 후 구속조건 기입
- 작성-스케치 치수로 수정

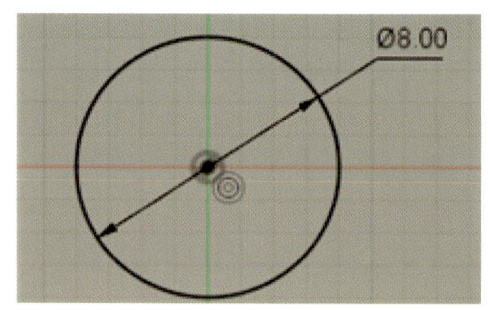

07

- 스케치 마무리
- 작성-돌출
  측면하나, 거리20, -5°, 접합

08

- 작성-스케치 작성, 해당평면
- 작성-스케치 명령을 이용하여 스케치 후 구속조건 기입
- 작성-스케치 치수로 수정

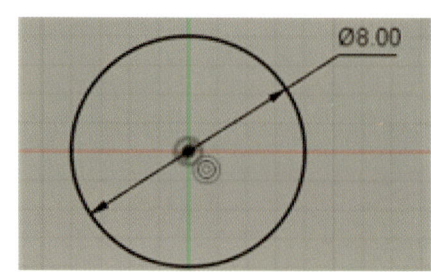

- 스케치 마무리
- 작성-돌출
  측면하나, 거리 7, -27°, 접합

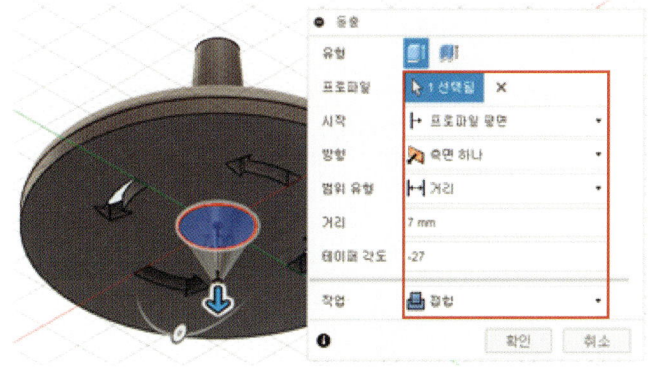

- 모델링 완료

- 렌더링-설정-모양
- 재질 선택하여 드래그

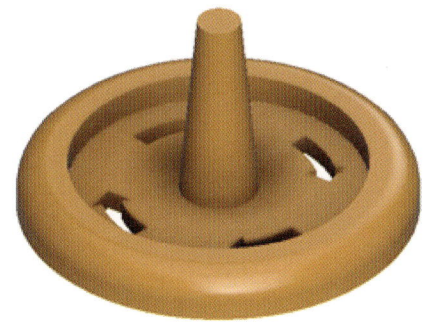

C-02. 미니저금통

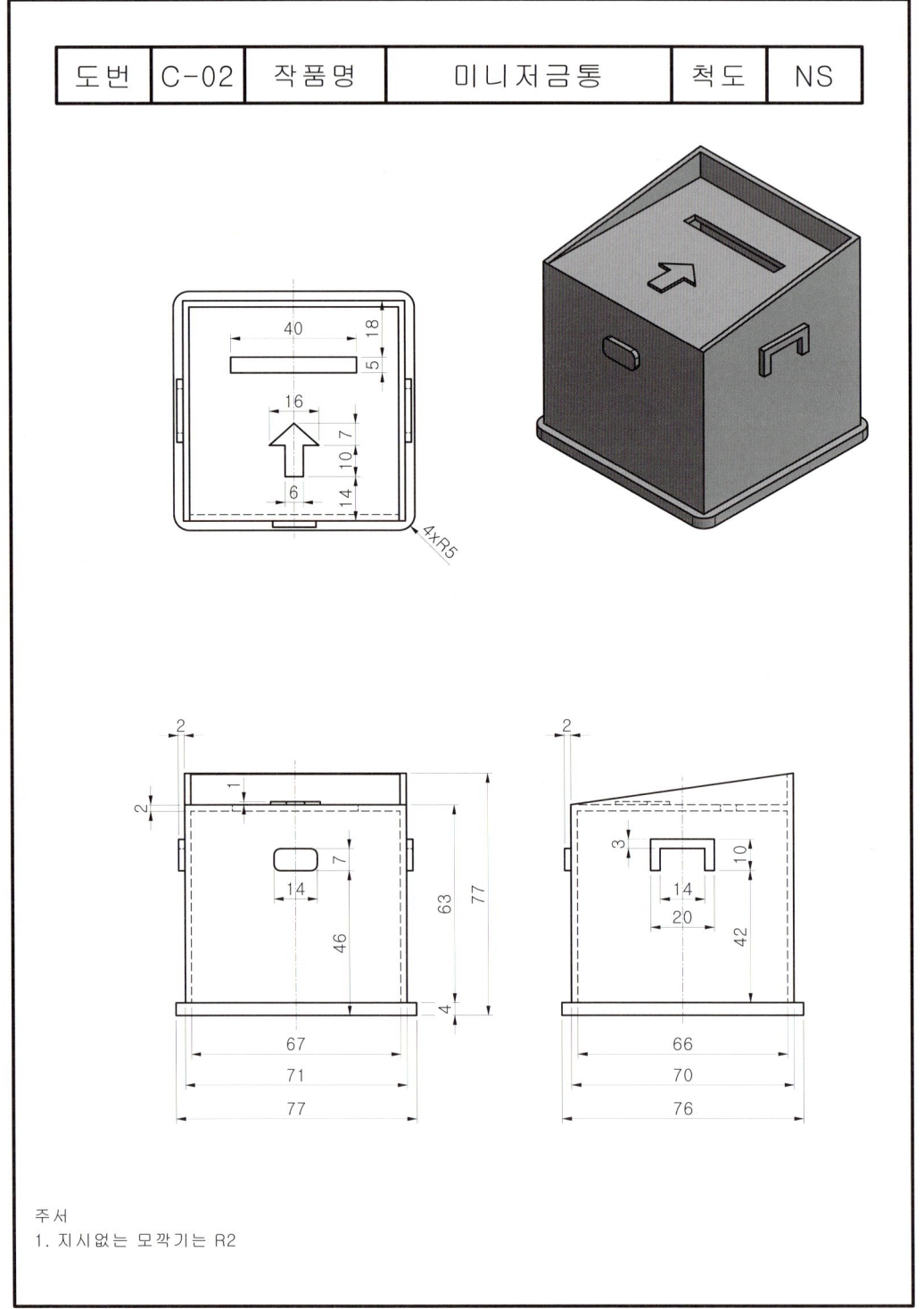

01

- 작성-스케치 작성, XY평면
- 작성-스케치 명령을 이용하여 스케치 후 구속조건 기입
- 작성-스케치 치수로 수정

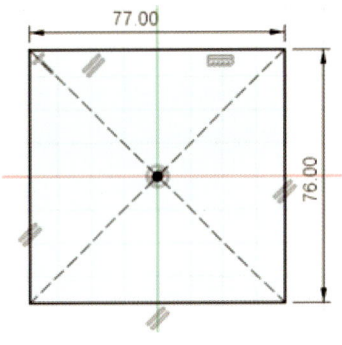

02

- 스케치 마무리
- 작성-돌출
  측면하나, 거리 4, 새 본체

03

- 작성-스케치 작성, YZ평면
- 작성-스케치 명령을 이용하여 스케치 후 구속조건 기입
- 작성-스케치 치수로 수정

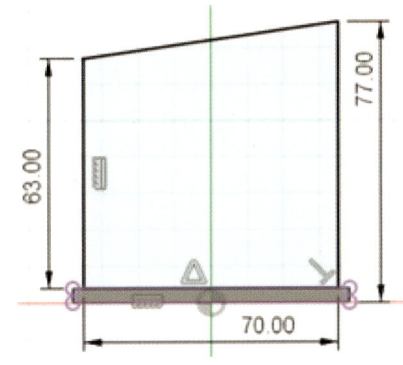

04

- 스케치 마무리
- 작성-돌출
  대칭, 전체거리 71, 새 본체

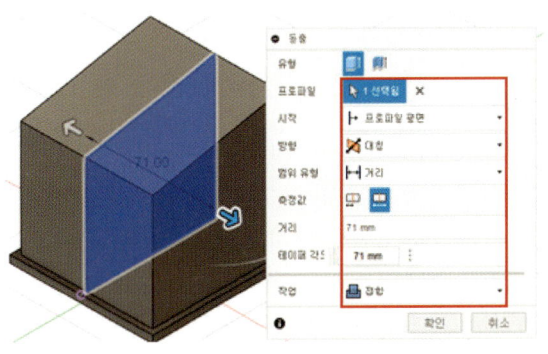

05

- 작성-스케치 작성, YZ평면
- 작성-스케치 명령을 이용하여 스케치 후 구속조건 기입
- 작성-스케치 치수로 수정

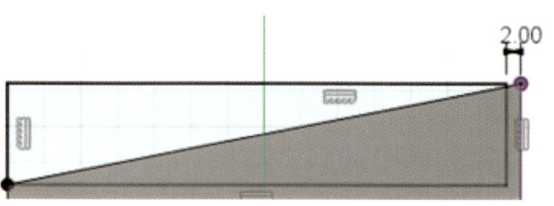

06

- 스케치 마무리
- 작성-돌출
  대칭, 전체거리 67, 잘라내기

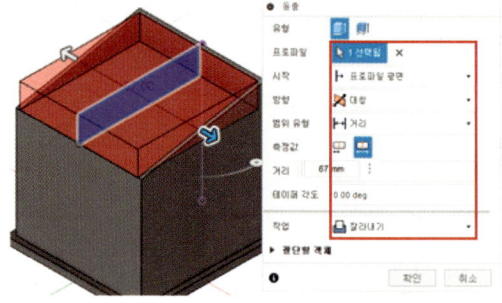

07

- 작성-스케치 작성, YZ평면
- 작성-스케치 명령을 이용하여 스케치 후 구속조건 기입
- 작성-스케치 치수로 수정

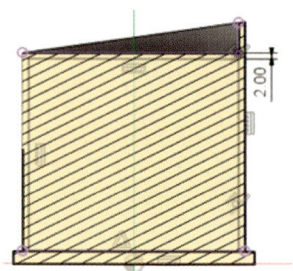

08

- 스케치 마무리
- 작성-돌출
  대칭, 전체거리 67, 잘라내기

09

- 작성-스케치 작성, 해당평면
- 작성-스케치 명령을 이용하여 스케치 후 구속조건 기입
- 작성-스케치 치수로 수정

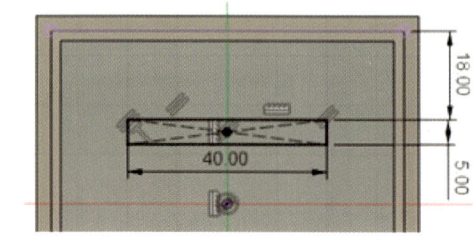

10

- 스케치 마무리
- 작성-돌출
  측면하나, 거리 -2, 잘라내기

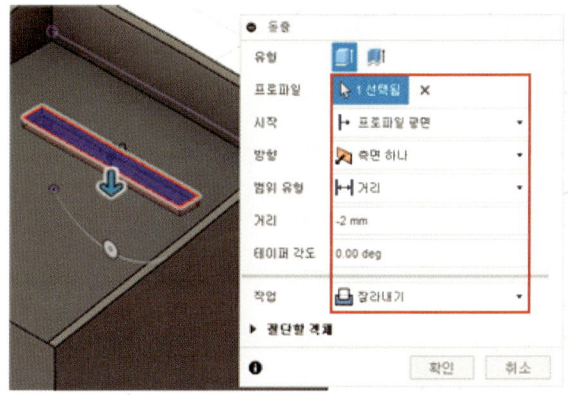

11

- 작성-스케치 작성, 해당평면
- 작성-스케치 명령을 이용하여 스케치 후 구속조건 기입
- 작성-스케치 치수로 수정

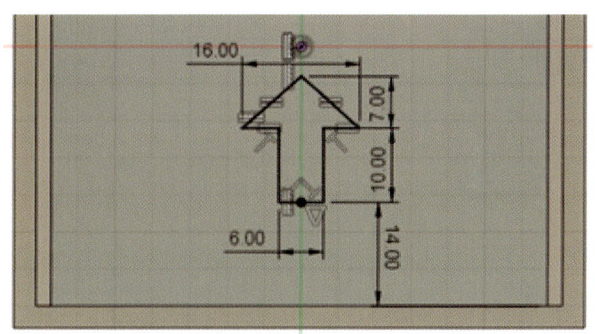

12

- 스케치 마무리
- 작성-돌출
  측면하나, 거리 1, 새 본체

13

- 작성-스케치 작성, 해당평면
- 작성-스케치 명령을 이용하여 스케치 후 구속조건 기입
- 작성-스케치 치수로 수정

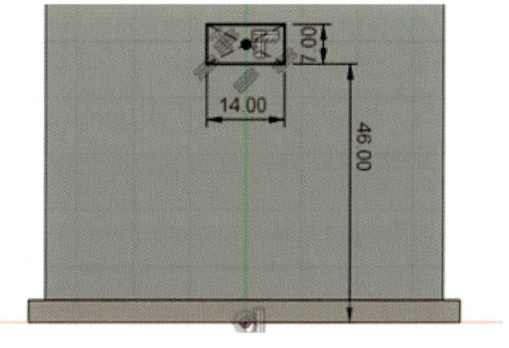

- 스케치 마무리
- 작성-돌출
  측면하나, 거리 2, 새 본체

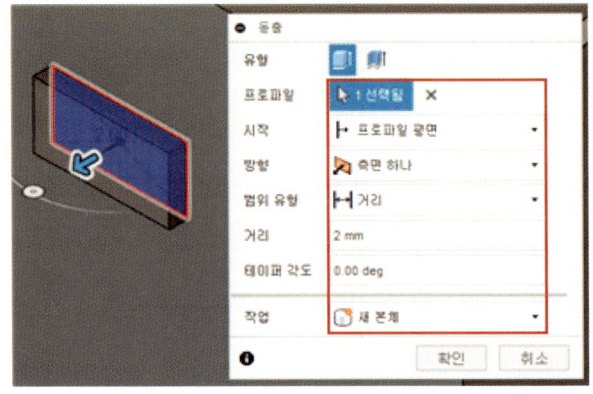

- 수정-모깎기, R2

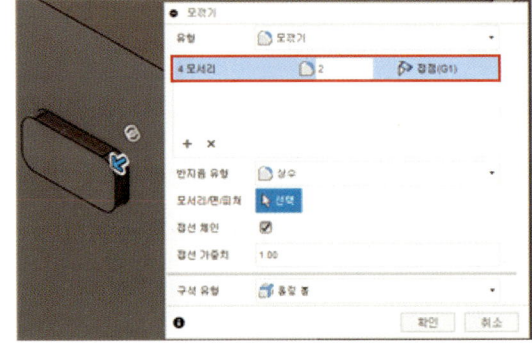

- 작성-스케치 작성, 해당평면
- 작성-스케치 명령을 이용하여
  스케치 후 구속조건 기입
- 작성-스케치 치수로 수정

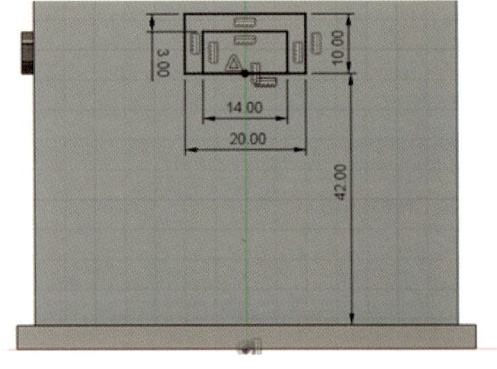

- 스케치 마무리
- 작성-돌출
  측면하나, 거리 2, 새 본체

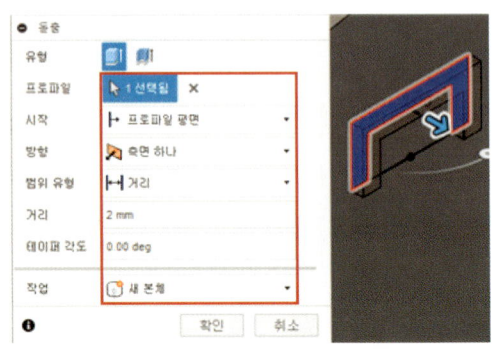

18

- 작성–미러

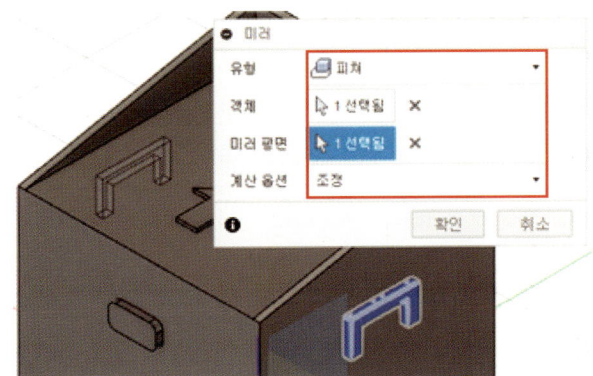

19

- 수정–모깎기, R5

20

- 모델링 완료

21

- 렌더링–설정–모양
- 재질 선택하여 드래그

C-03. 클립

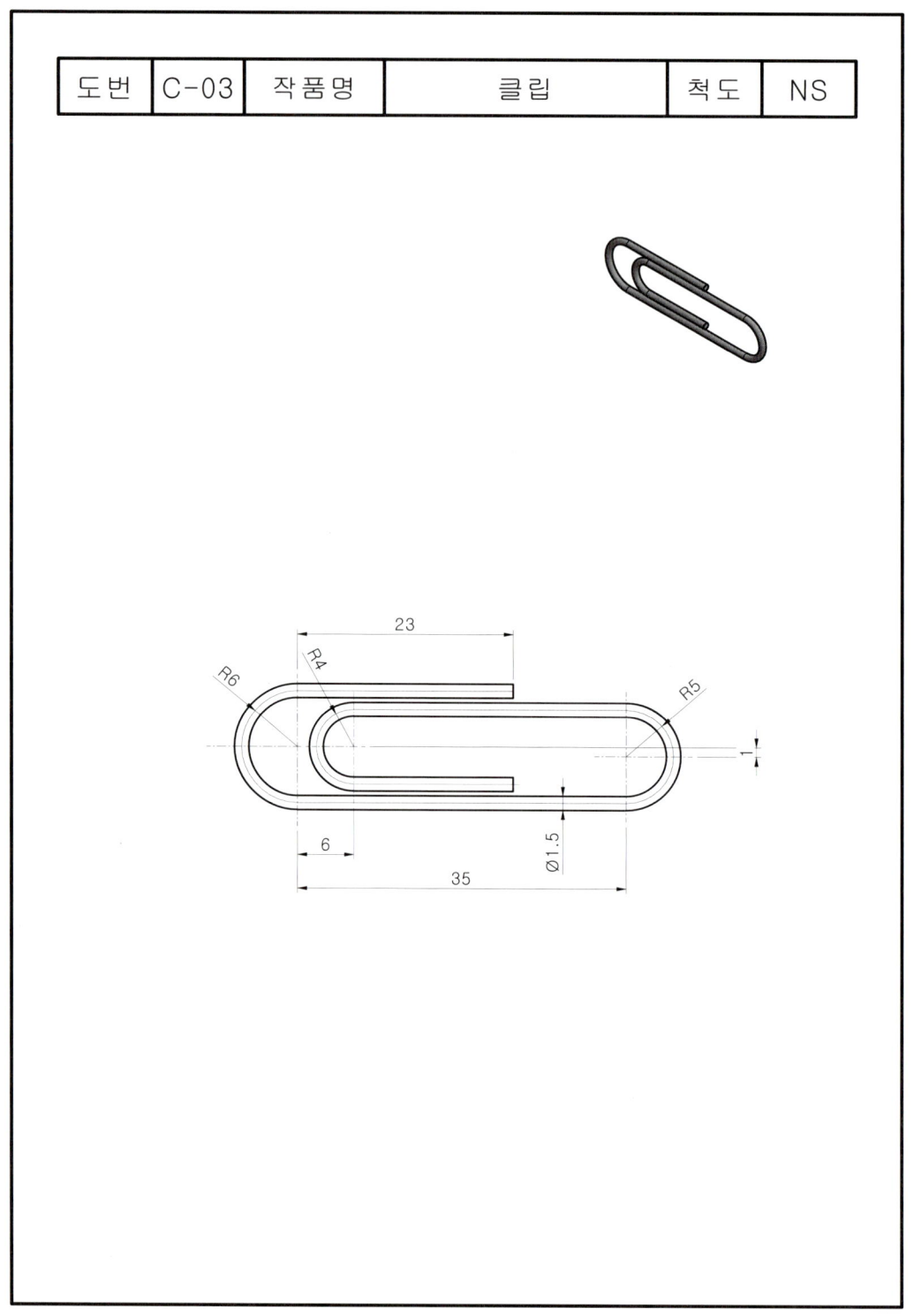

01

- 작성-스케치 작성, XY평면
- 작성-스케치 명령을 이용하여 스케치 후 구속조건 기입
- 작성-스케치 치수로 수정
- 스케치 마무리

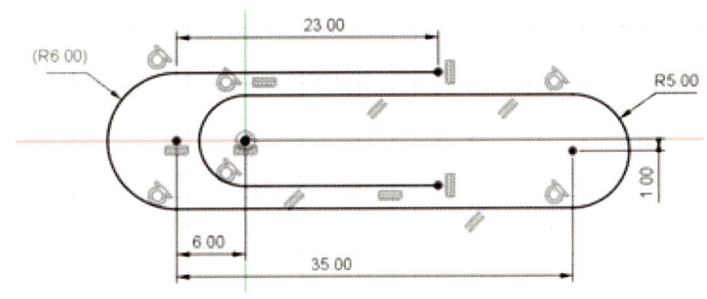

02

- 구성-경로를 따라 평면

03

- 작성-스케치 작성, 해당평면
- 작성-스케치 명령을 이용하여 스케치 후 구속조건 기입
- 작성-스케치 치수로 수정

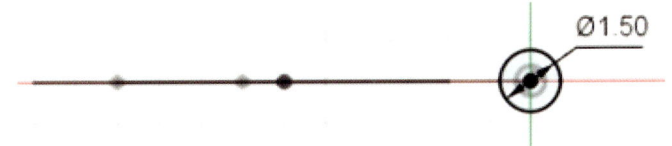

04

- 작성-스윕, 새 본체

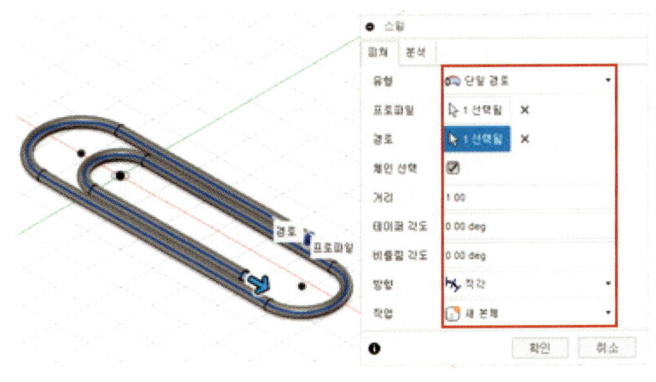

PART C. 장난감, 문구류

- 모델링 완료

- 렌더링-설정-모양
- 재질 선택하여 드래그

C-04. 호루라기

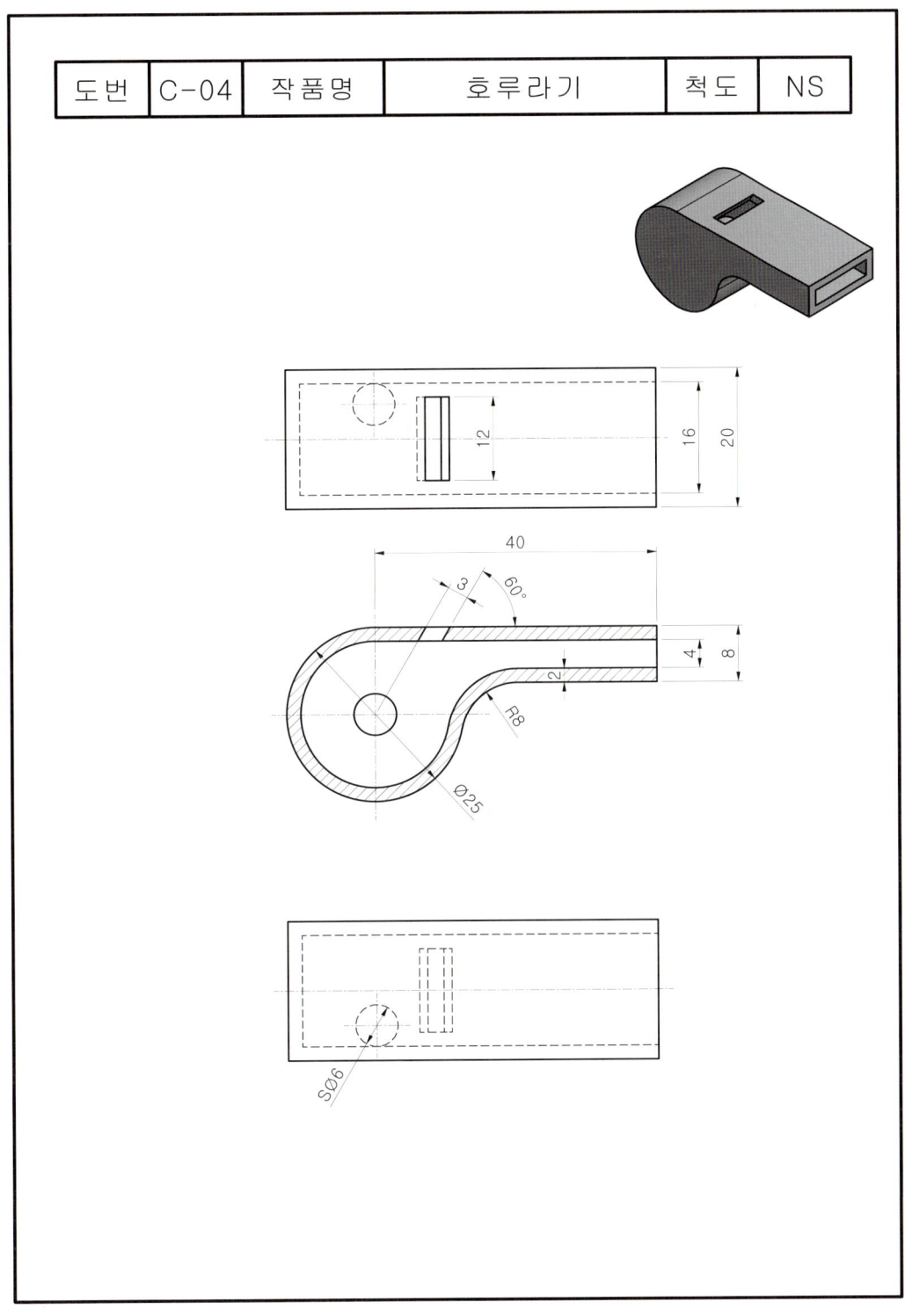

01
- 작성-스케치 작성, XZ평면
- 작성-스케치 명령을 이용하여 스케치 후 구속조건 기입
- 작성-스케치 치수로 수정

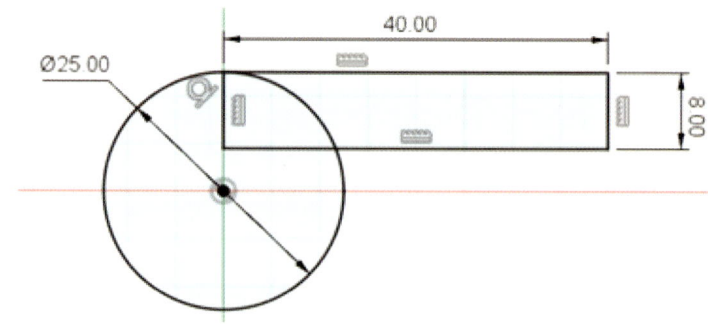

02
- 스케치 마무리
- 작성-돌출
  대칭, 전체거리 20, 새 본체

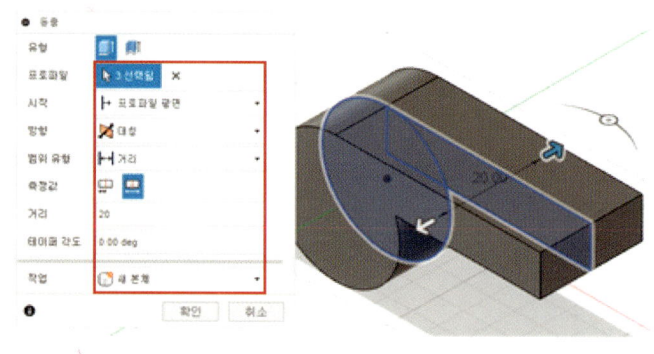

03
- 수정-모깎기, R10

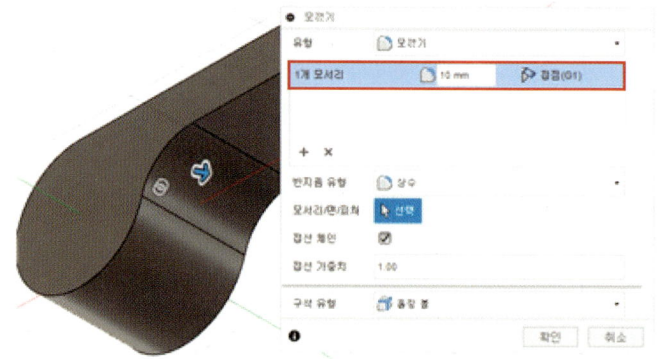

04
- 수정-쉘, 2

05

- 작성-스케치 작성, XZ평면
- 작성-스케치 명령을 이용하여
  스케치 후 구속조건 기입
- 작성-스케치 치수로 수정

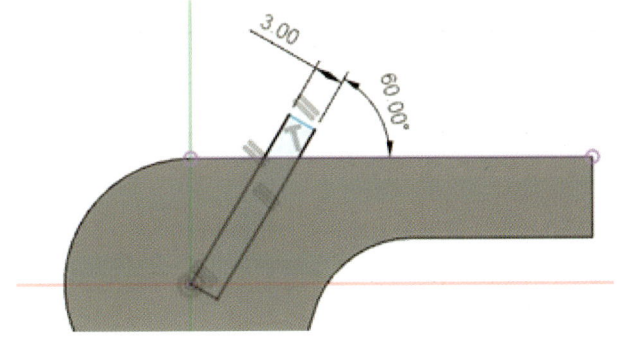

06

- 스케치 마무리
- 작성-돌출
  대칭, 전체거리 12, 잘라내기

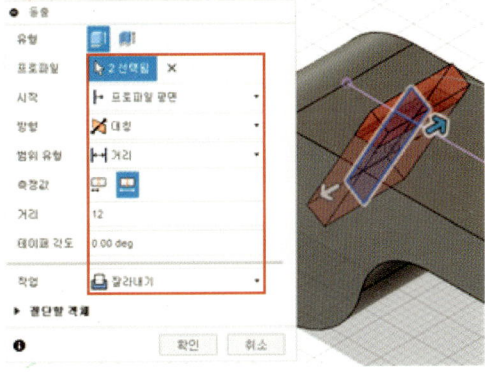

07

- 작성-스케치 작성, XY평면
- 작성-스케치 명령을 이용하여
  스케치 후 구속조건 기입
- 작성-스케치 치수로 수정

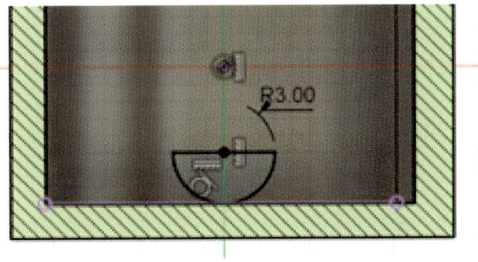

08

- 스케치 마무리
- 작성-회전
  측면하나, 360°, 새 본체

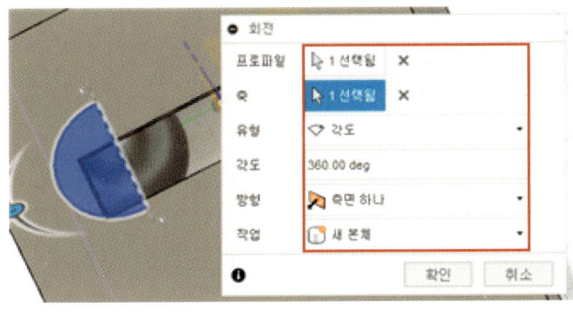

PART C. 장난감, 문구류

09

- 모델링 완료

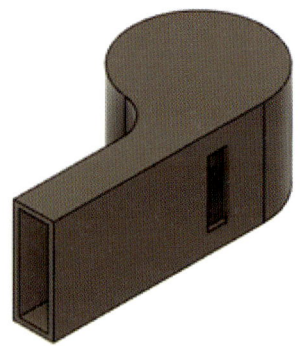

10

- 렌더링-설정-모양
- 재질 선택하여 드래그

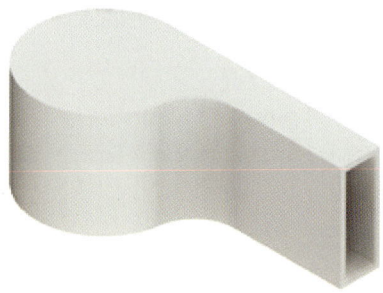

C-05. 아크릴연필통

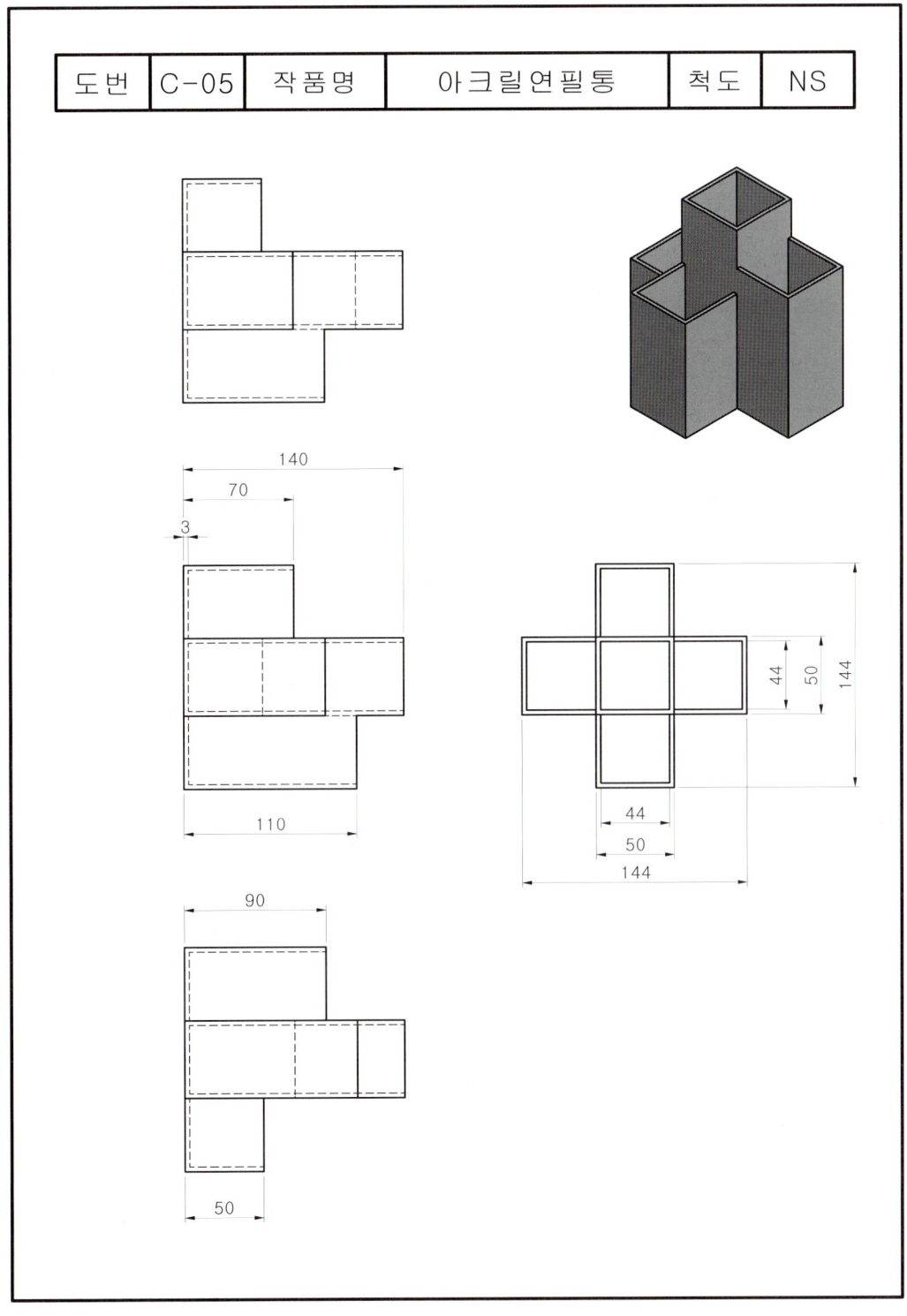

- 작성-스케치 작성, XY평면
- 작성-스케치 명령을 이용하여 스케치 후 구속조건 기입
- 작성-스케치 치수로 수정

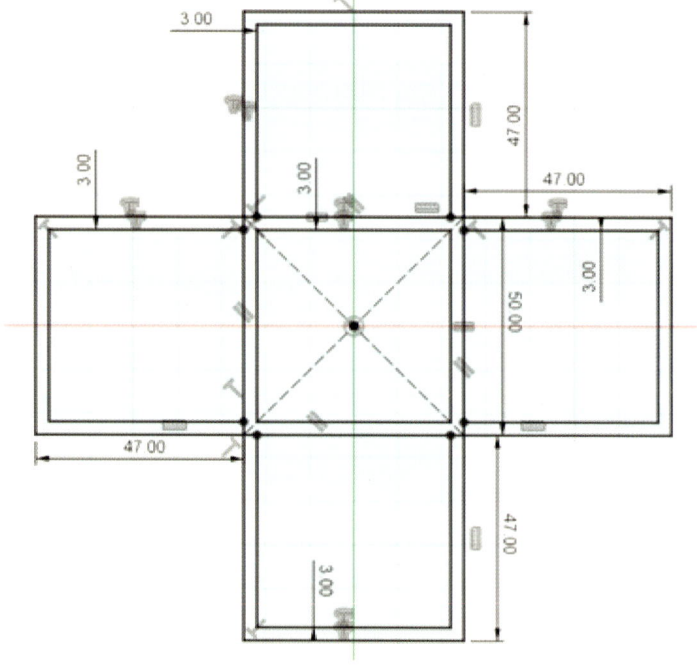

- 스케치 마무리
- 작성-돌출
  측면하나, 거리 50, 새 본체

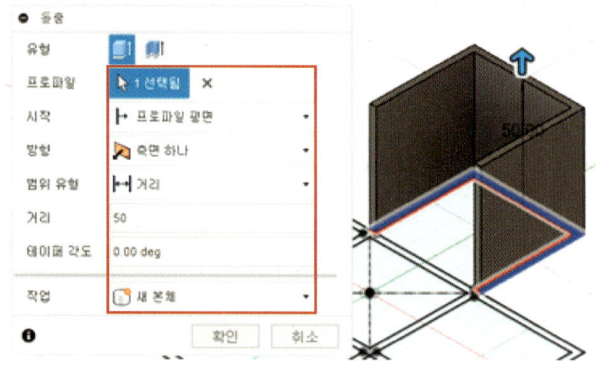

- 스케치 활성화
- 작성-돌출
  측면하나, 거리 70, 접합

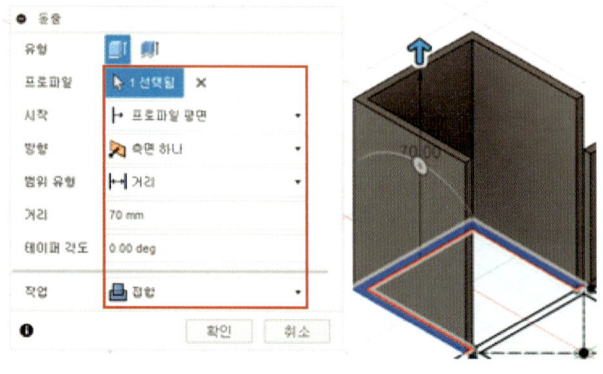

04

- 작성-돌출
  측면하나, 거리 90, 접합

 05

- 작성-돌출
  측면하나, 거리 140, 접합

06

- 작성-돌출
  측면하나, 거리 110, 접합
- 스케치 비활성화

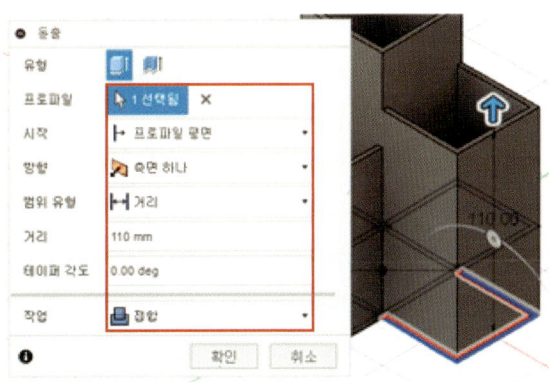

- 모델링 완료

- 렌더링-설정-모양
- 재질 선택하여 드래그

C-06. 주사위

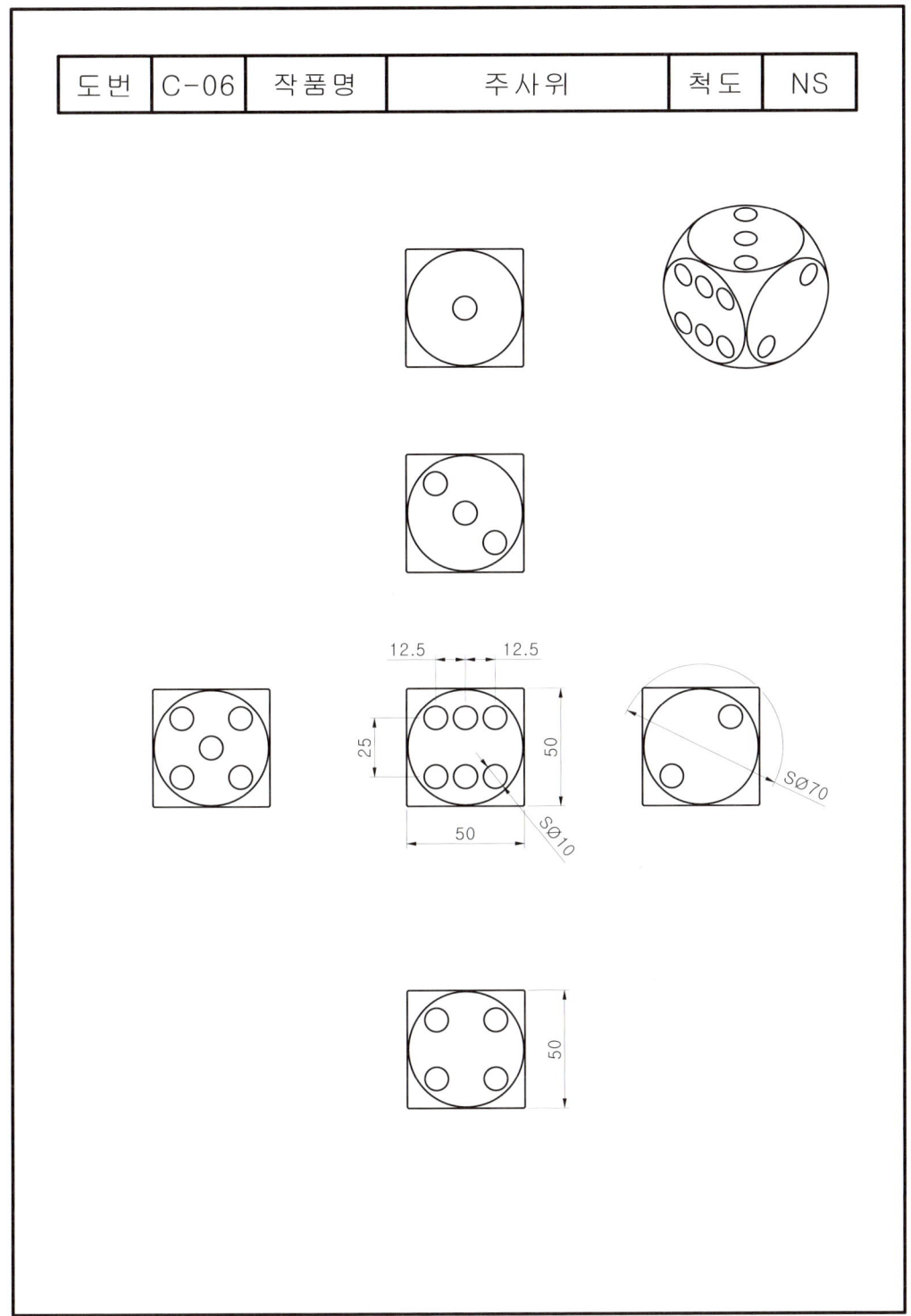

01

- 작성-스케치 작성, XY평면
- 작성-스케치 명령을 이용하여 스케치 후 구속조건 기입
- 작성-스케치 치수로 수정

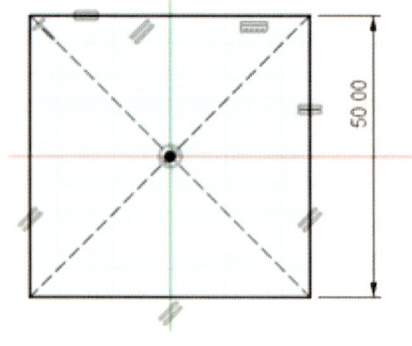

02

- 스케치 마무리
- 작성-돌출
  대칭, 전체거리 50, 새 본체

03

- 작성-구, 윗면선택 꼭지점 선택
  Ø10, 새 본체

04

- 수정-이동/복사, 이동
  12.5, 12.5

05

- 작성-패턴-직사각형패턴
  간격, 수량 3, 거리 12.5
      수량 3, 거리 12.5

06

- 수정-결합, 잘라내기 1개

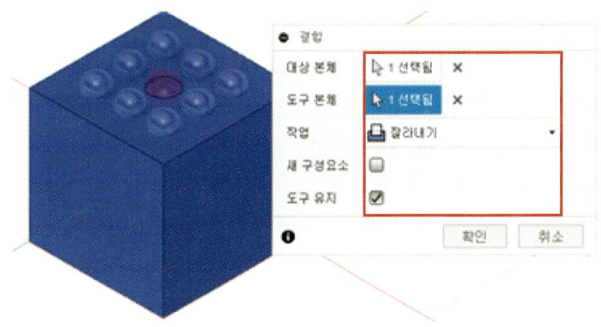

07

- 수정-이동/복사,
  X축 기준 90도 회전

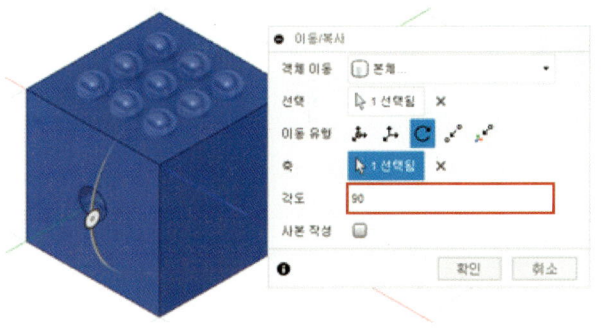

08

- 수정-결합, 잘라내기 2개

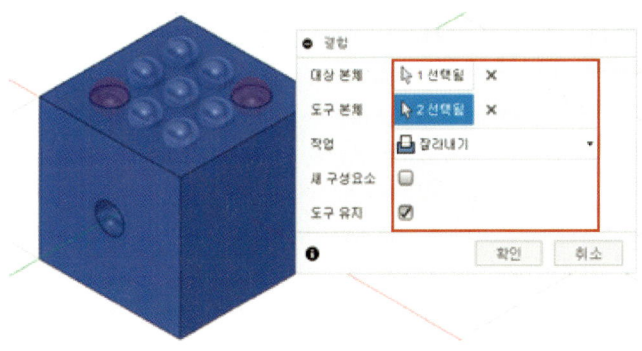

09
- 수정-이동/복사,
  X축 기준 90도 회전

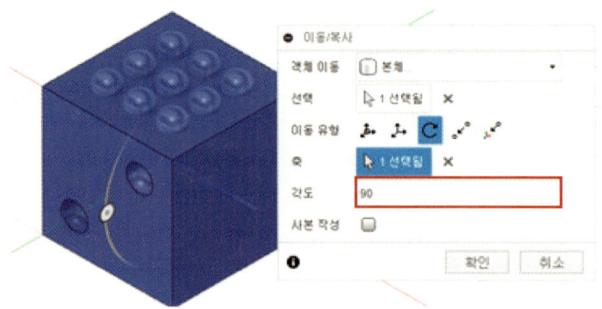

10
- 수정-결합, 잘라내기 6개

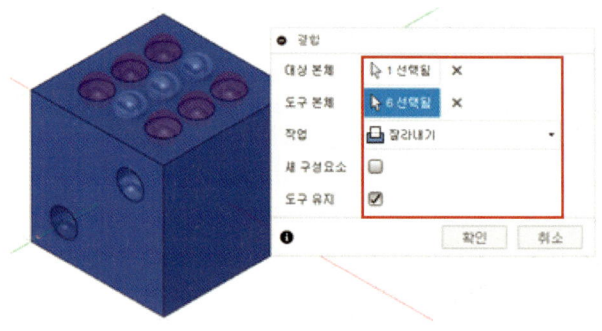

11
- 수정-이동/복사,
  X축 기준 90도 회전

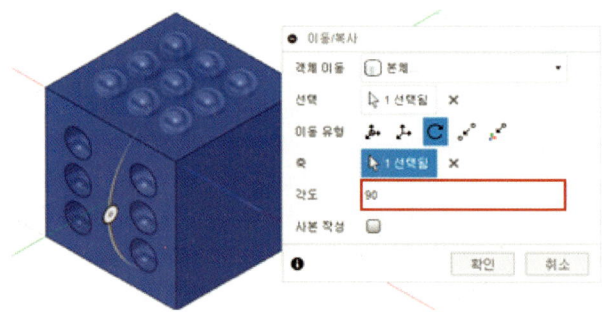

12
- 수정-결합, 잘라내기 5개

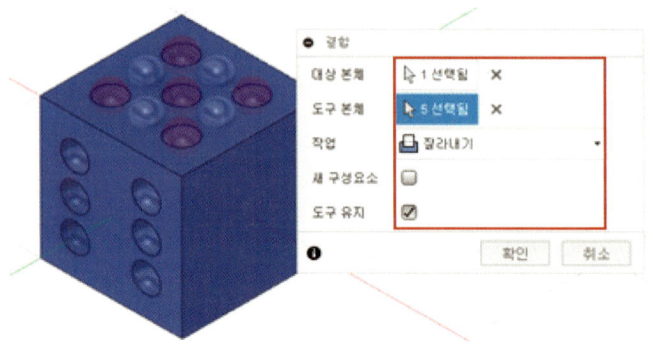

13

- 수정-이동/복사,
  Y축 기준 90도 회전

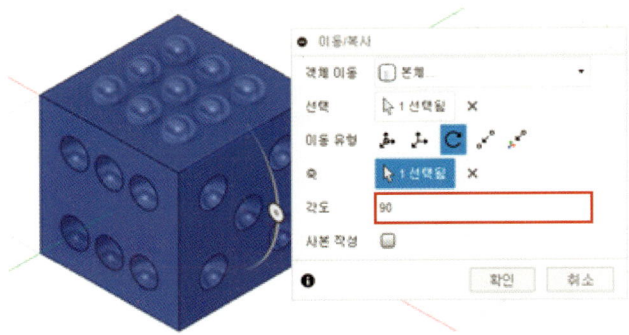

14

- 수정-결합, 잘라내기 3개

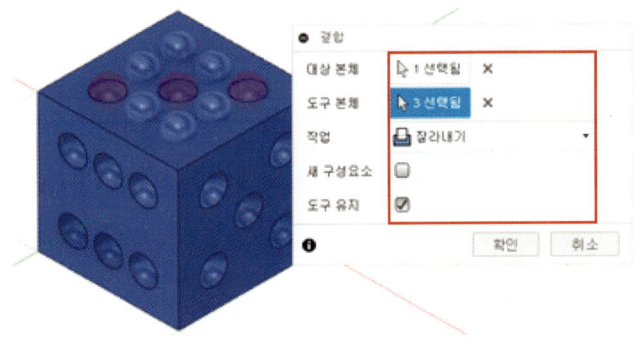

15

- 수정-이동/복사,
  Y축 기준 180도 회전

16

- 수정-결합, 잘라내기 4개

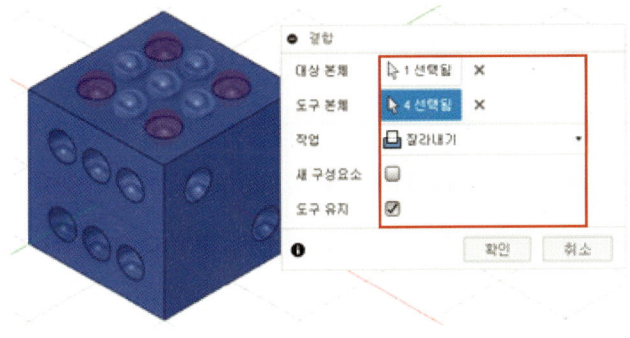

17

- 본체1을 제외한 본체 비활성화

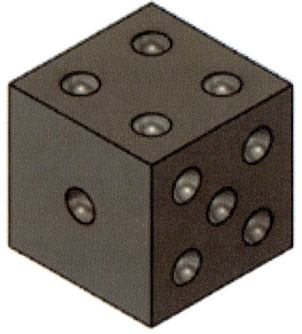

18

- XY평면 클릭,
  원점에 Ø70 구 생성, 교차

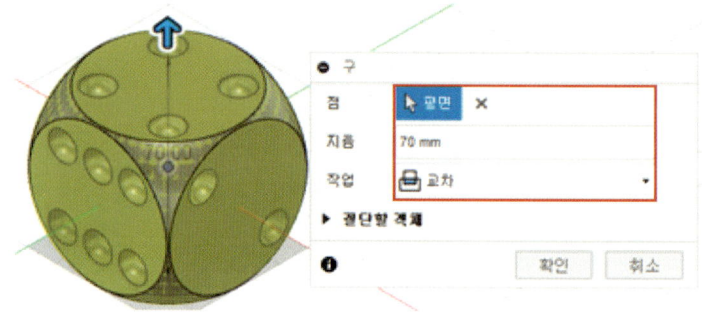

19

- 모델링 완료

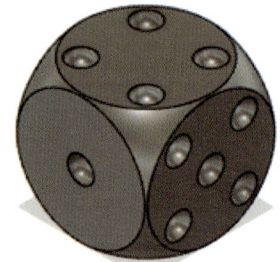

20

- 렌더링-설정-모양
- 재질 선택하여 드래그

C-07. 골프공

| 도번 | C-07 | 작품명 | 골프공 | 척도 | NS |

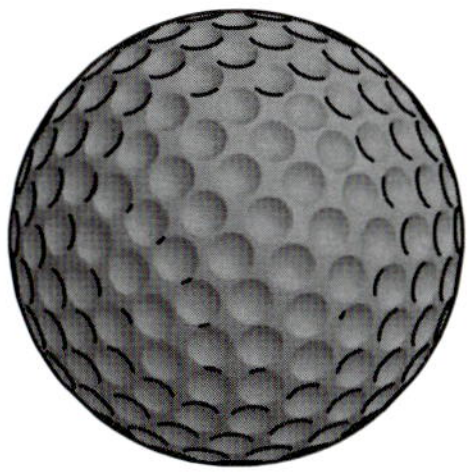

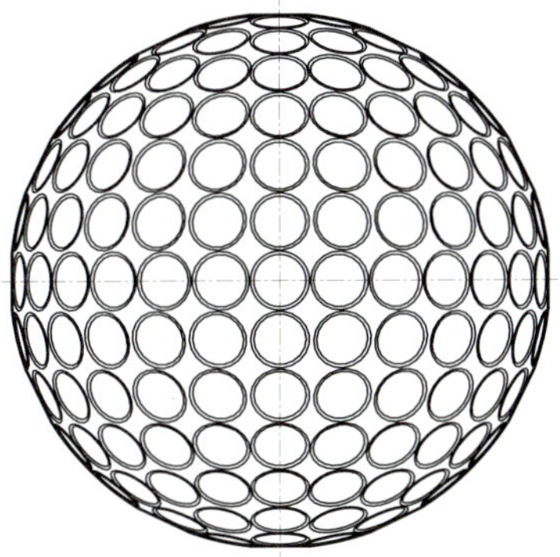

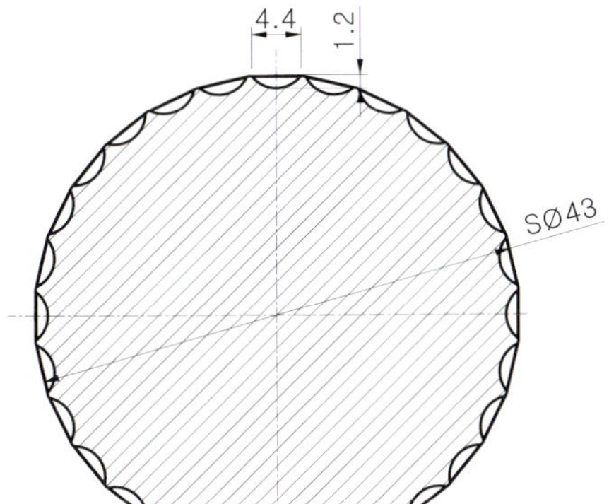

4.4
1.2
SØ43

주서
1. 지시없는 모깎기는 R0.1

01

- 작성-스케치 작성, XZ평면
- 작성-스케치 명령을 이용하여 스케치 후 구속조건 기입
- 작성-스케치 치수로 수정

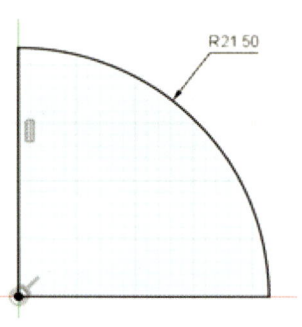

02

- 스케치 마무리
- 작성-회전
  측면하나, 360°, 새 본체

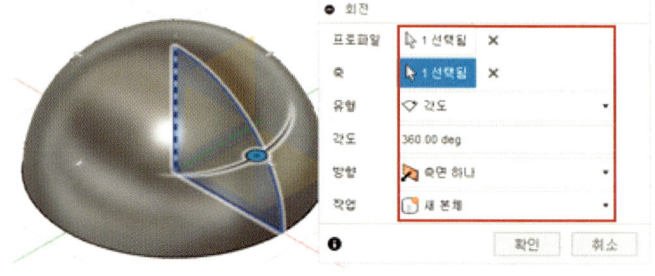

03

- 작성-스케치 작성, XZ평면
- 작성-스케치 명령을 이용하여 스케치 후 구속조건 기입
- 작성-스케치 치수로 수정

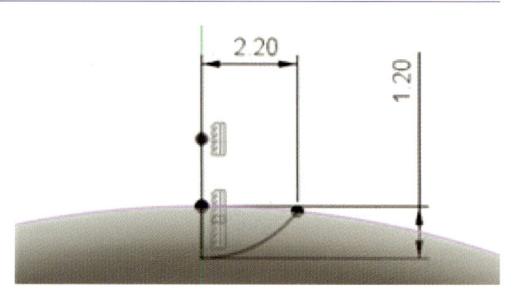

04

- 스케치 마무리
- 작성-회전
  측면하나, 360°, 새 본체

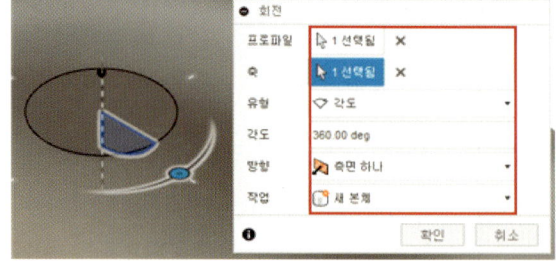

05

- 작성-패턴-원형패턴
  X축 기준, 90°, 8개

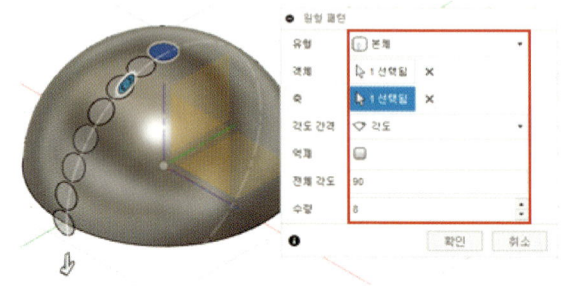

06

- 작성-패턴-원형패턴
  Z축 기준, 모두, 6개

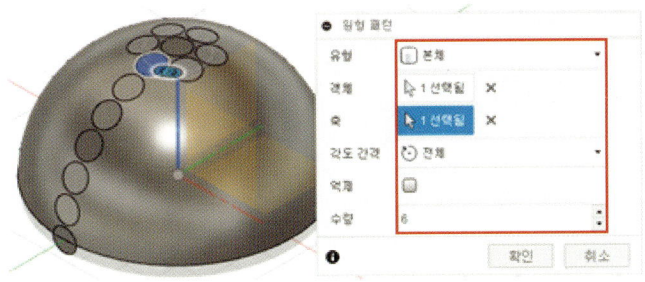

07

- 작성-패턴-원형패턴
  Z축 기준, 모두, 12개

08

- 작성-패턴-원형패턴
  Z축 기준, 모두, 18개

09

- 작성-패턴-원형패턴
  Z축 기준, 모두, 22개

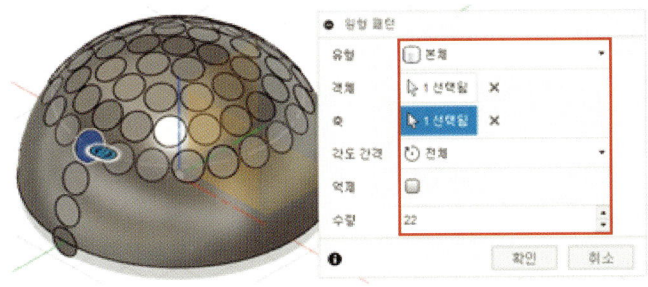

10

- 작성-패턴-원형패턴
  Z축 기준, 모두, 24개

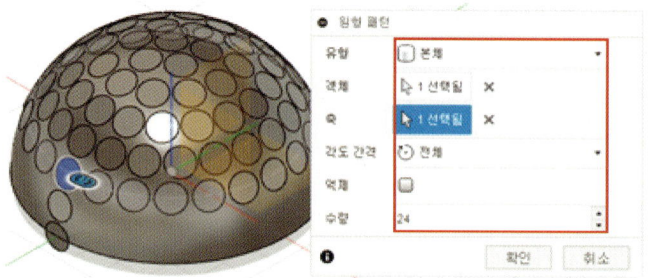

11

- 작성-패턴-원형패턴
  Z축 기준, 모두, 26개

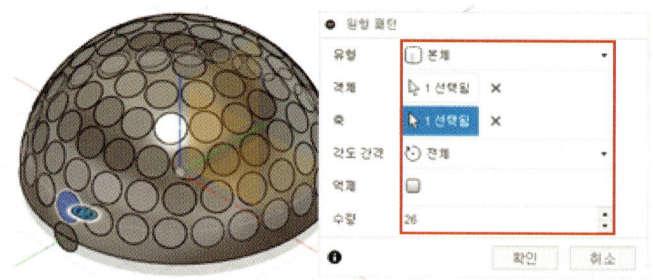

12

- 작성-패턴-원형패턴
  Z축 기준, 모두, 28개

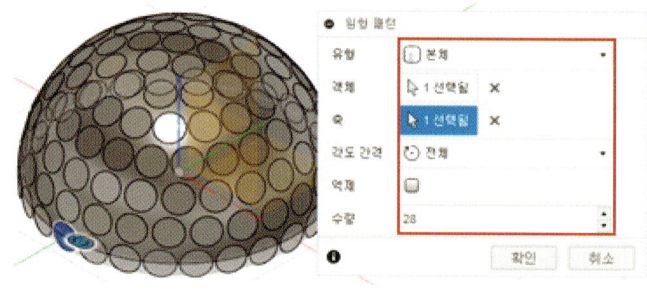

13

- 수정-결합, 잘라내기

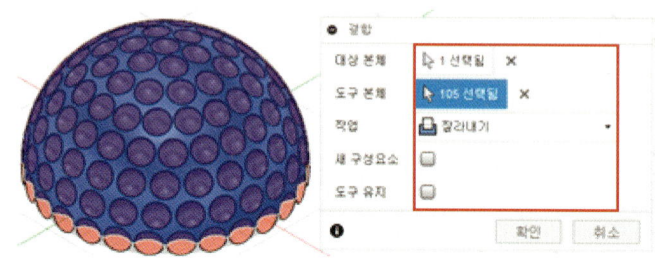

14

- 작성-미러, 본체, 새 본체

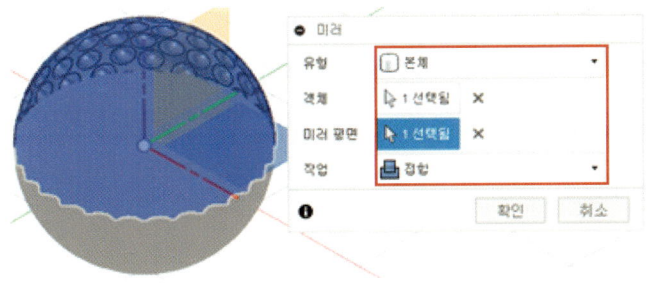

15

- 수정-모깎기, R0.1

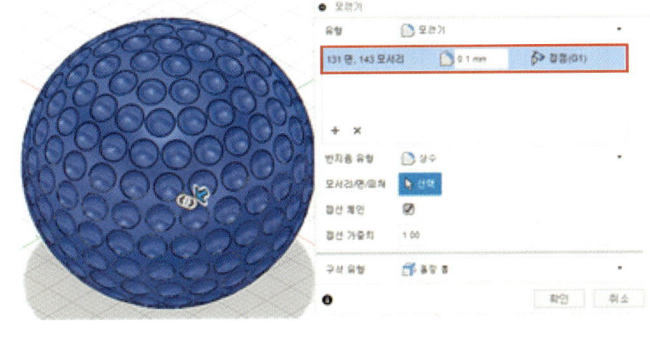

16

- 모델링 완료

17

- 렌더링-설정-모양
- 재질 선택하여 드래그

C-08. 테니스공

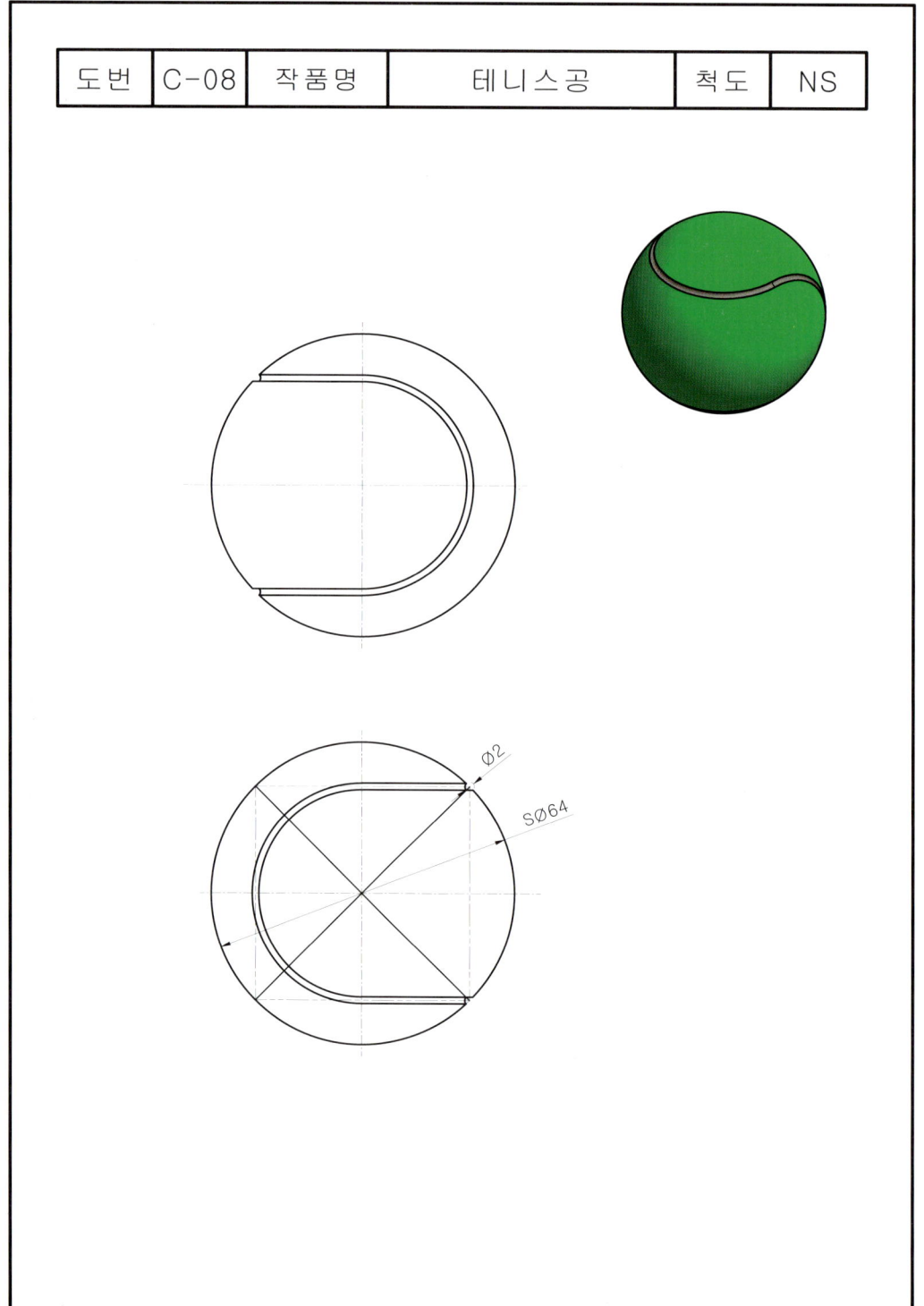

01

- 작성-구
- XY평면 클릭, 원점 클릭, ø64

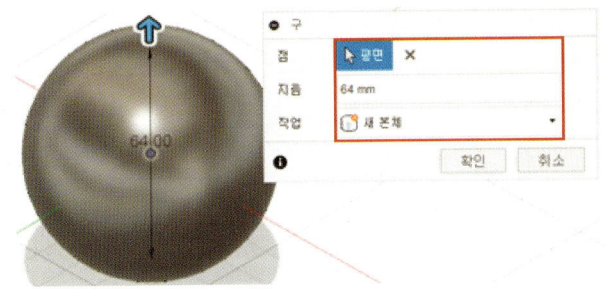

02

- 작성-스케치 작성, XY평면
- 작성-투영/포함-교차
- 작성-스케치 명령을 이용하여 스케치 후 구속조건 기입

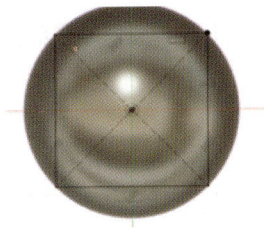

03

- 수정-본체 분할

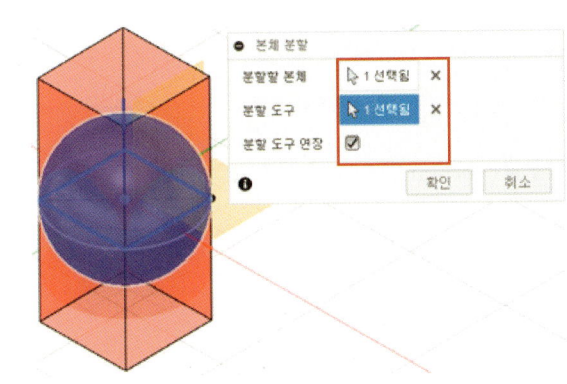

04

- 수정-본체 분할

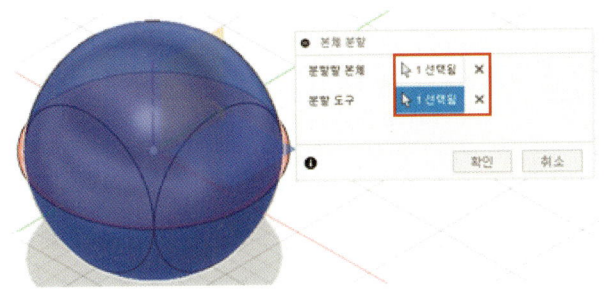

05

- 작성-파이프를 이용하여 생성
- Sectoion Size을 0으로 하여 선택 후 2로 변경

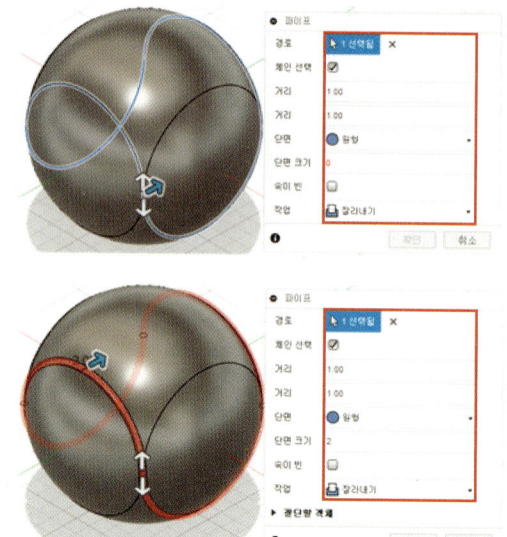

06

- 수정-결합, 접합

07

- 모델링 완료

08

- 렌더링-설정-모양
- 재질 선택하여 드래그

C-09. 축구공

도번	C-09	작품명	축구공	척도	NS

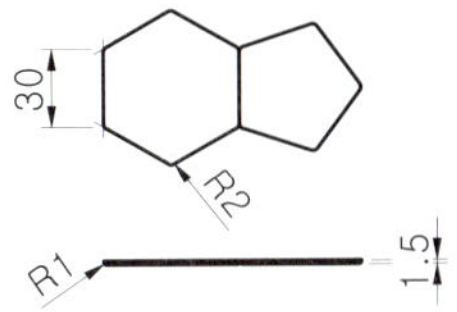

30
R2
R1
1.5

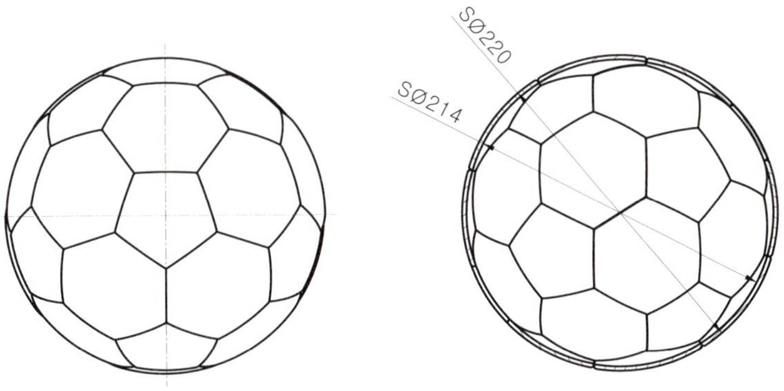

SØ220
SØ214

- 조립-새 구성요소

02

- 작성-스케치 작성, XY평면
- 작성-스케치 명령을 이용하여 스케치 후 구속조건 기입
- 작성-스케치 치수로 수정

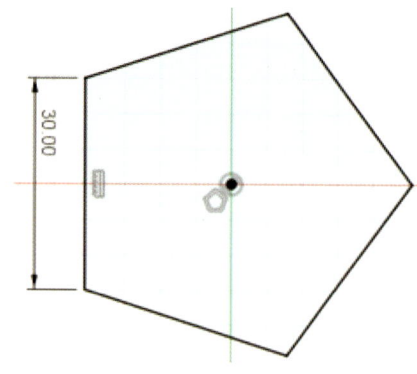

03

- 스케치 마무리
- 곡면-작성-패치

04

- 저장되지 않음 체크하고 조립-새구성 요소

05

- 작성-스케치 작성, XY평면
- 작성-스케치 명령을 이용하여 스케치 후 구속조건 기입
- 작성-스케치 치수로 수정

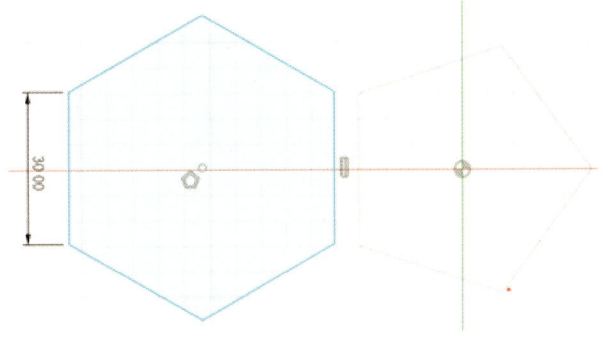

06

- 스케치 마무리
- 곡면-작성-패치

07

- 저장되지 않음 체크
- 구성요소1을 우클릭 고정
- 조립-접합. 순서 주의
  육각형 모서리 가운데 선택
  오각형 모서리 가운데 선택

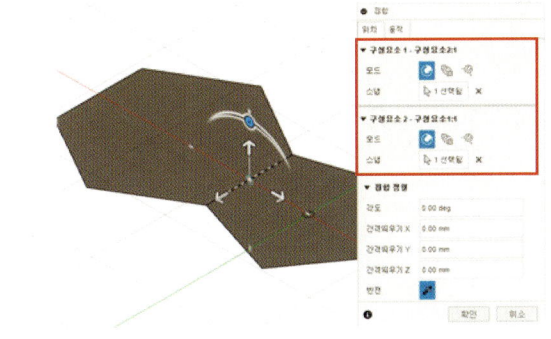

08

- 구성요소2 선택
  Ctrl+C, Ctrl+V, 임의의 위치 이동

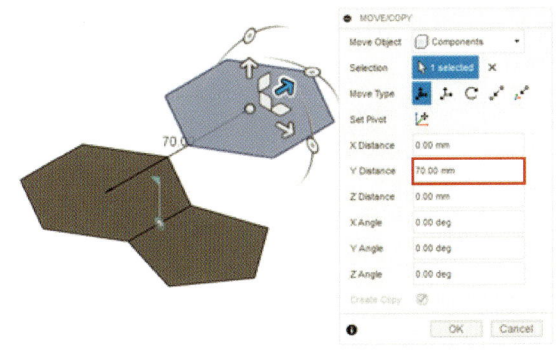

PART C. 장난감, 문구류

09

- 조립-접합. 순서 주의
  육각형 모서리 가운데 선택
  오각형 모서리 가운데 선택

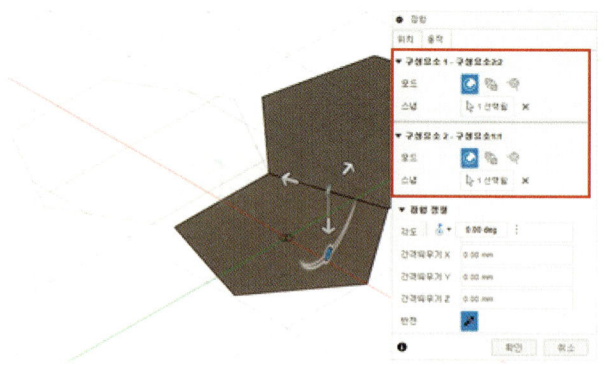

10

- 조립-결합. 순서 주의
  우측 육각형 모서리 가운데 선택
  좌측 육각형 모서리 가운데 선택

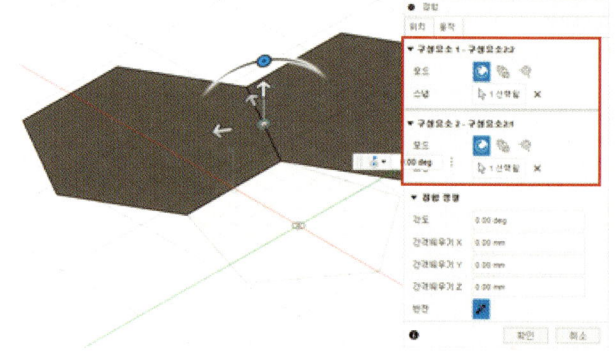

11

- 구성요소1 선택
  Ctrl+C, Ctrl+V, 임의의 위치 이동

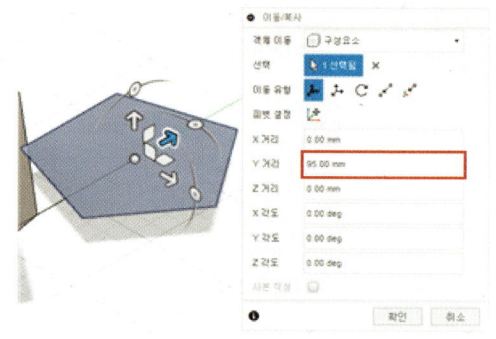

12

- 조립-결합. 순서 주의
  좌측 오각형 모서리 가운데 선택
  우측 육각형 모서리 가운데 선택

13

- 조립-접합. 순서 주의
  우측 오각형 모서리 가운데 선택
  좌측 육각형 모서리 가운데 선택

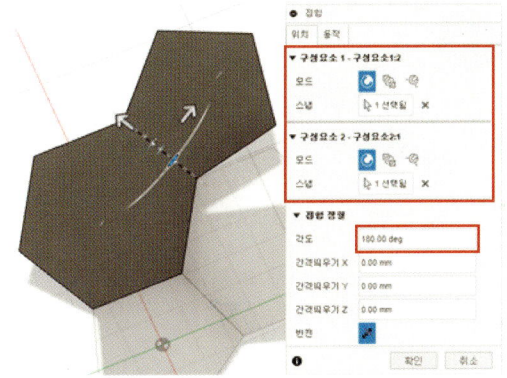

14

- 구성요소2 선택
  Ctrl+C, Ctrl+V, 이동

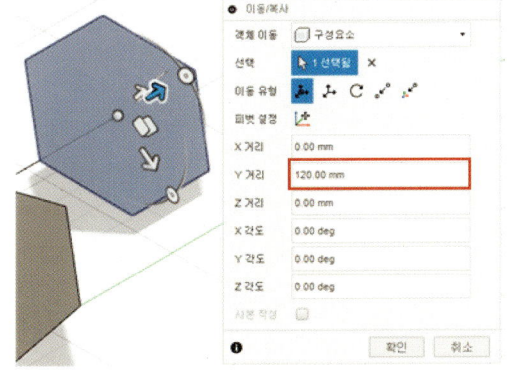

15

- 조립-결합. 순서 주의
  위측 육각형 모서리 가운데 선택
  아래 육각형 모서리 가운데 선택

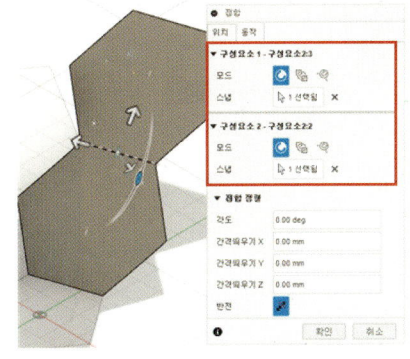

16

- 조립-결합. 순서 주의
  우측 육각형 모서리 가운데 선택
  좌측 육각형 모서리 가운데 선택

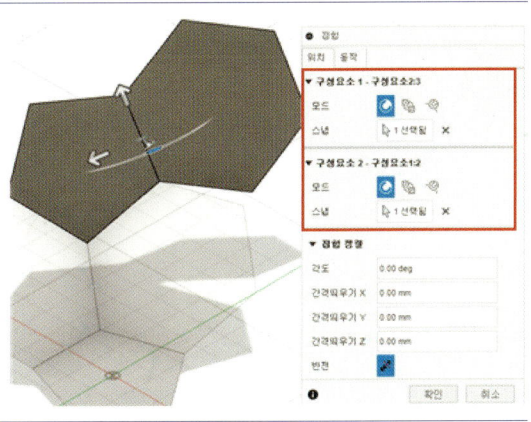

17

- 작성-스케치 작성, XZ평면
- 작성-투영/포함-교차

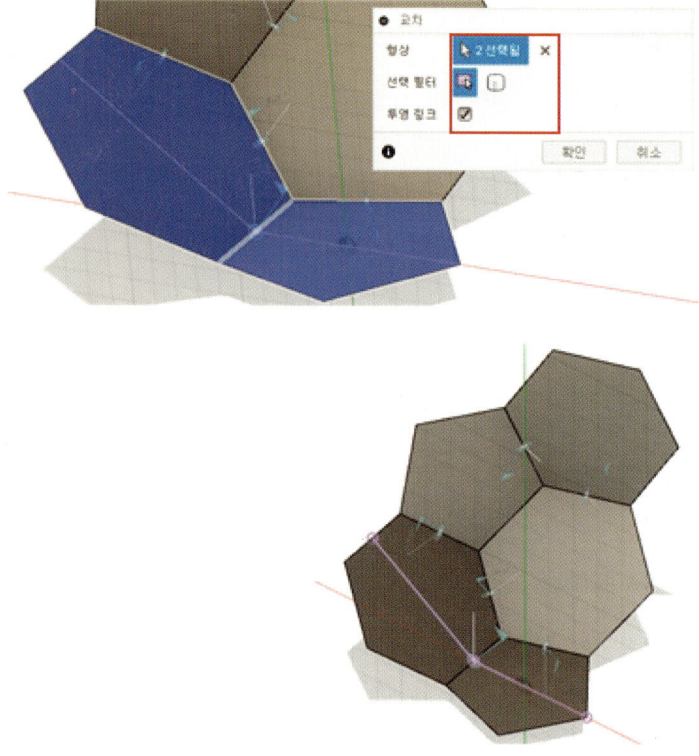

18

- 작성-스케치 명령을 이용하여 스케치 후 구속조건 기입
- 작성-스케치 치수로 수정

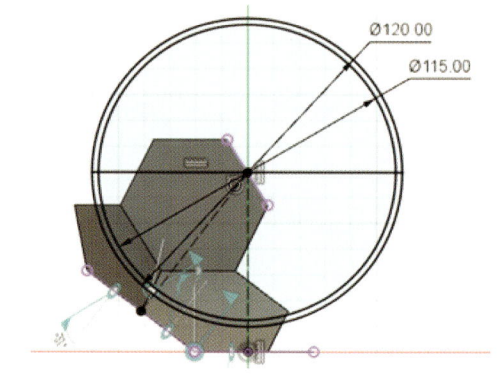

19

- 스케치 마무리
- 작성-로프트, 새 본체

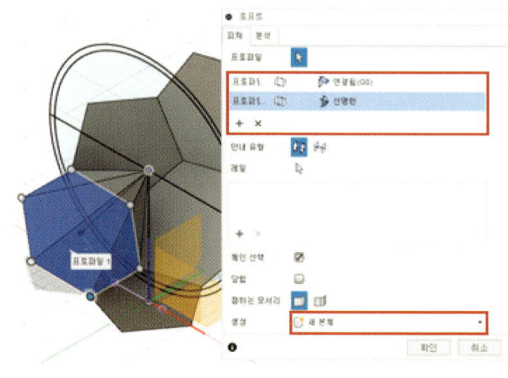

20

- 스케치 활성화
- 작성-회전
  측면하나, 360°, 교차

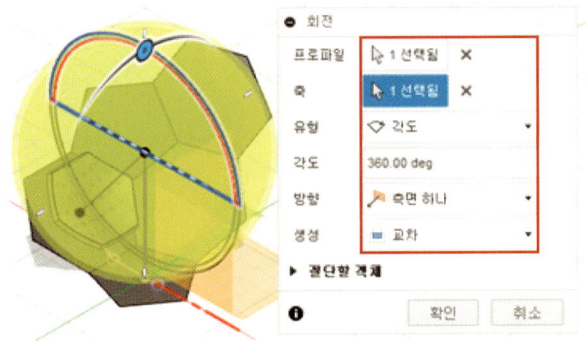

21

- 작성-로프트, 새 본체

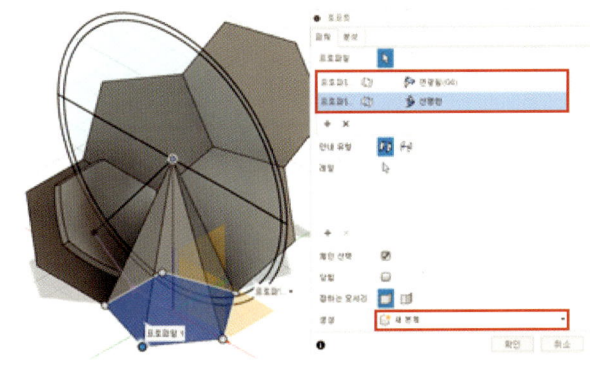

22

- 작성-회전
  측면하나, 360°, 교차

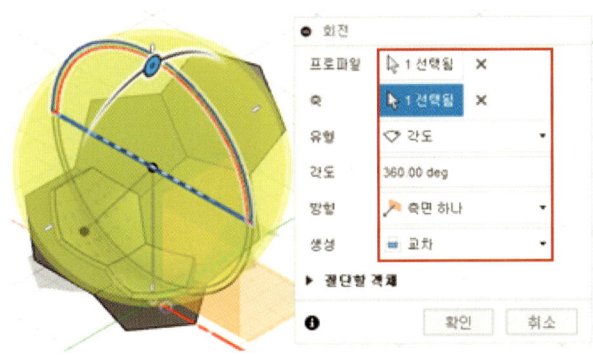

23

- 작성-로프트, 새 본체

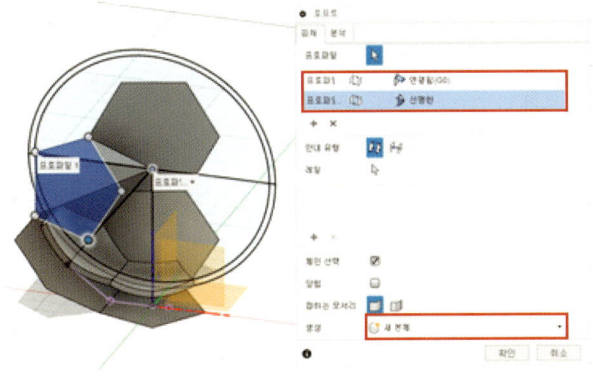

24

- 작성-회전
  측면하나, 360°, 교차

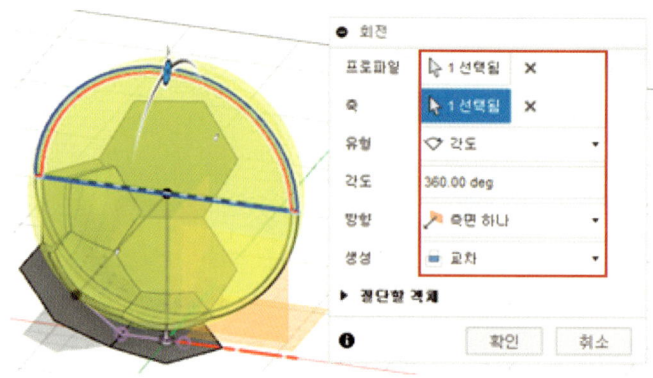

25

- 작성-로프트, 새 본체

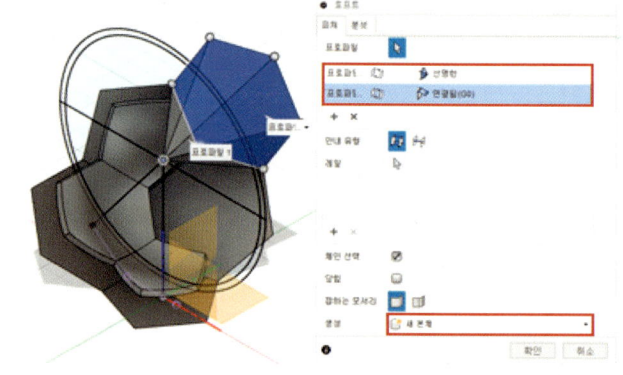

26

- 작성-회전
  측면하나, 360°, 교차

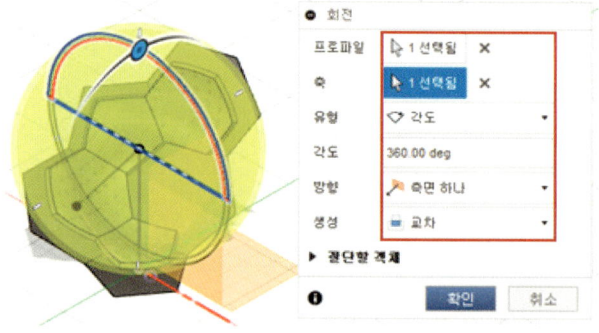

27

- 불필요한 객체 비활성화

28

- 작성-패턴-원형패턴
  Z축, 전체, 5개

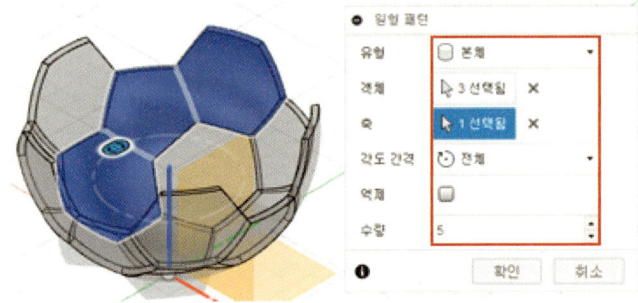

29

- 수정-이동/복사, 복사, 회전

30

- 수정-이동/복사
  이동, 점대점

31

- 수정-모깎기, R1

32

- 모델링 완료

33

- 렌더링-설정-모양
- 재질 선택하여 드래그

C-10. 농구공

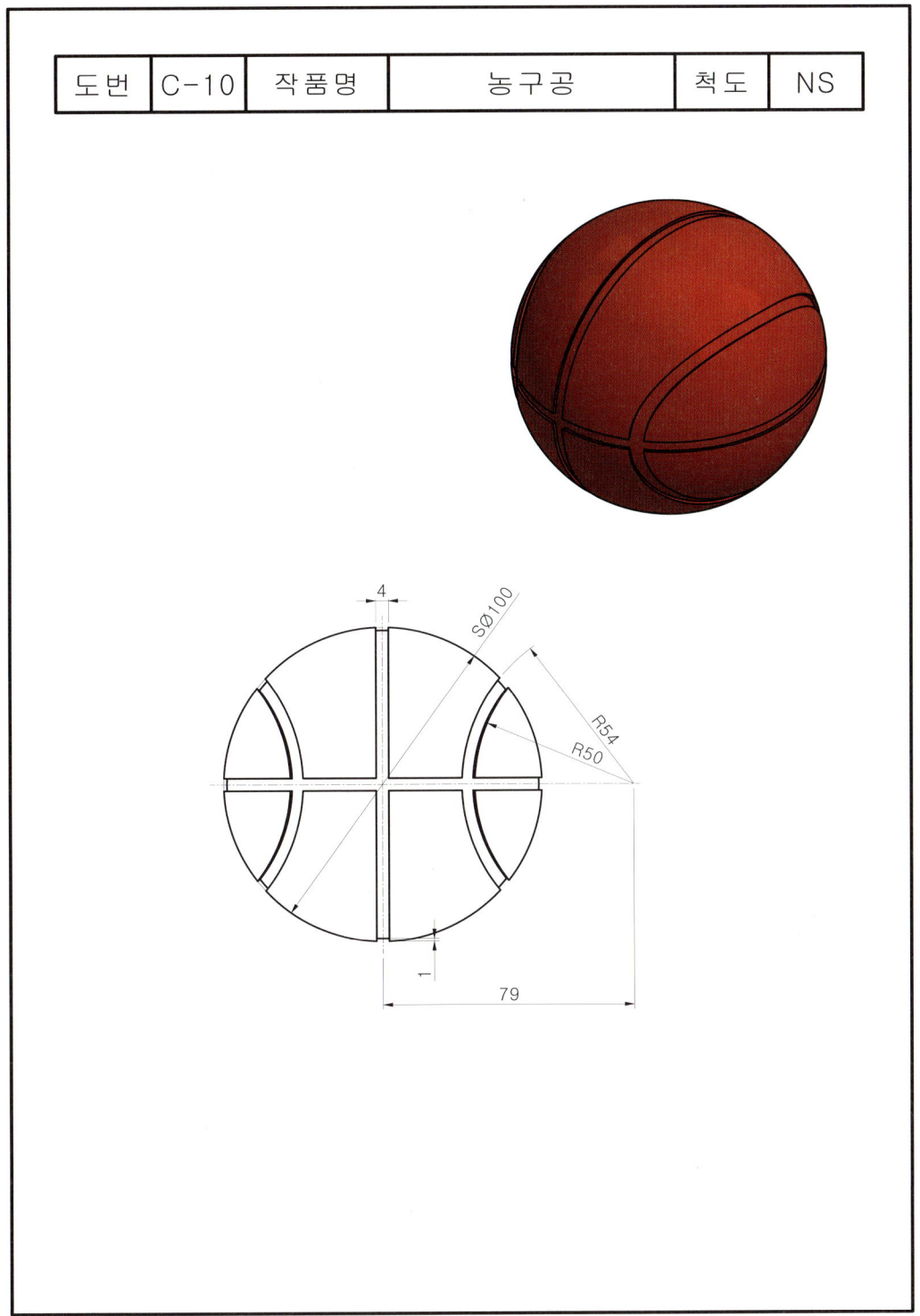

01

- 작성-구를 이용
  XY평면 클릭, 원점클릭, Ø100

02

- 작성-스케치 작성, XY평면
- 작성-스케치 명령을 이용하여 스케치 후 구속조건 기입
- 작성-스케치 치수로 수정

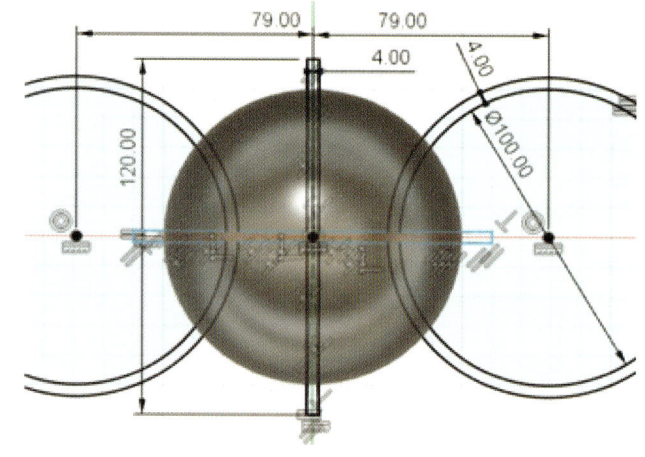

03

- 수정-면 분할

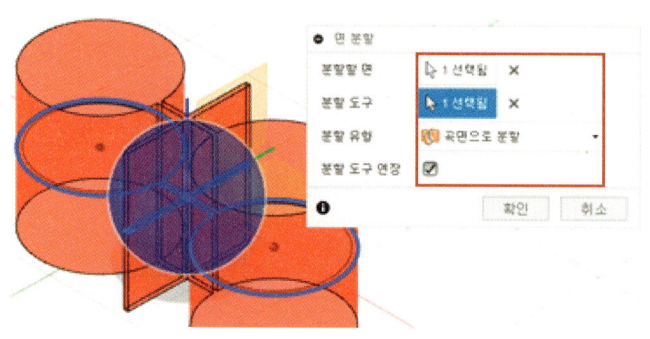

04

- 수정-면 분할

05

- 수정-면 분할

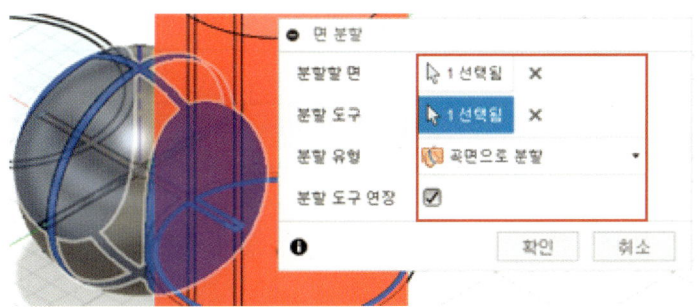

06

- 스케치 비활성화
- 수정-밀고 당기기, -1

07

- 모델링 완료

08

- 렌더링-설정-모양
- 재질 선택하여 드래그

C-11. 클립

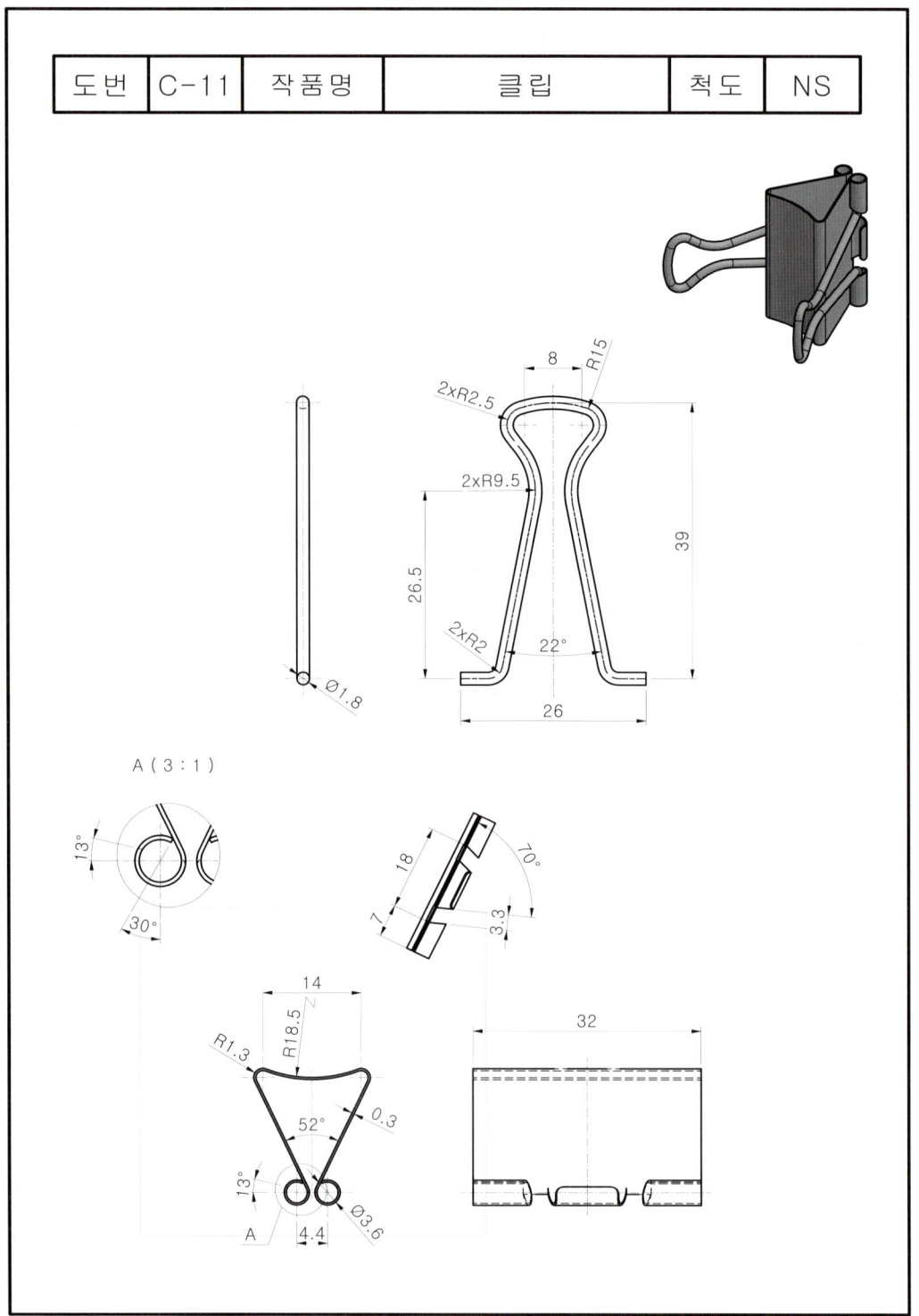

01

- 작성-스케치 작성, XZ평면
- 작성-스케치 명령을 이용하여 스케치 후 구속조건 기입
- 작성-스케치 치수로 수정

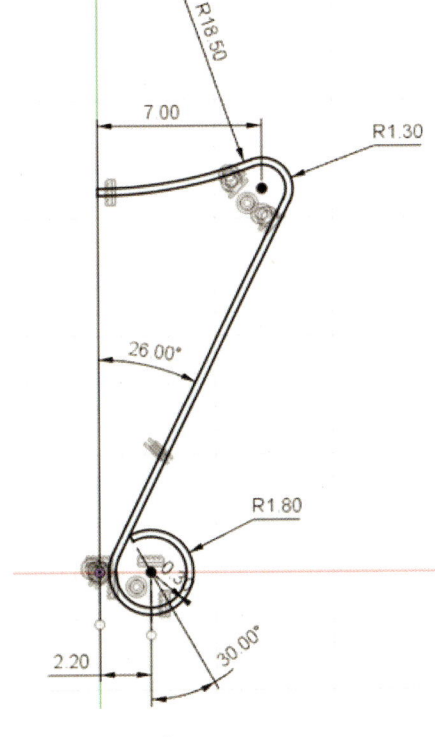

02

- 스케치 마무리
- 작성-돌출
  대칭, 전체거리 32, 새 본체

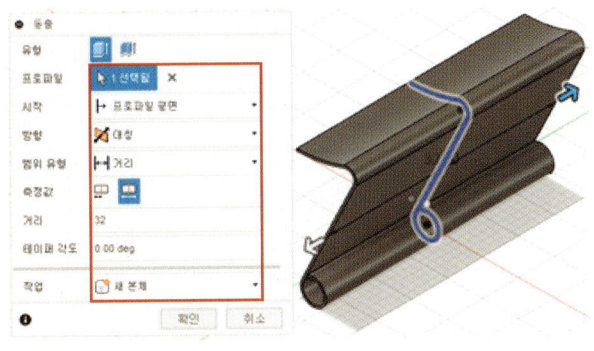

03

- 작성-미러, 피쳐

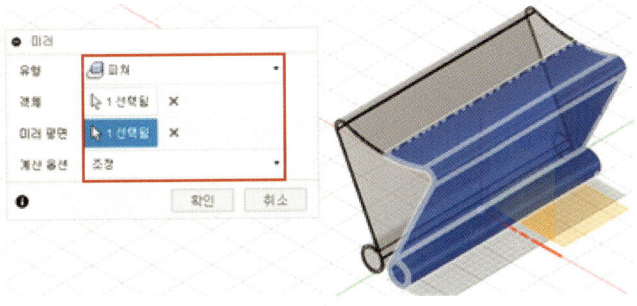

04

- 수정-결합, 접합

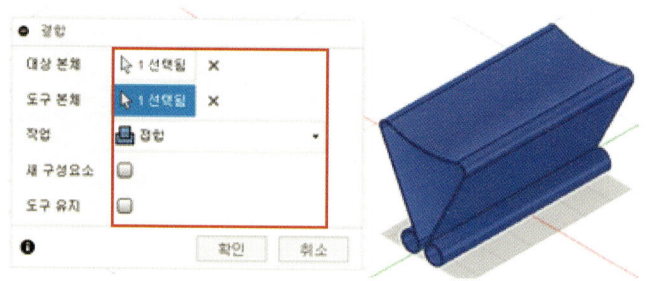

05

- 구성-3점을 통과하는 평면

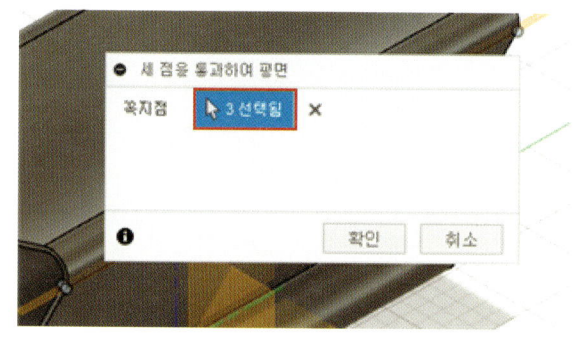

06

- 작성-스케치 작성, 해당평면
- 작성-스케치 명령을 이용하여 스케치 후 구속조건 기입
- 작성-스케치 치수로 수정

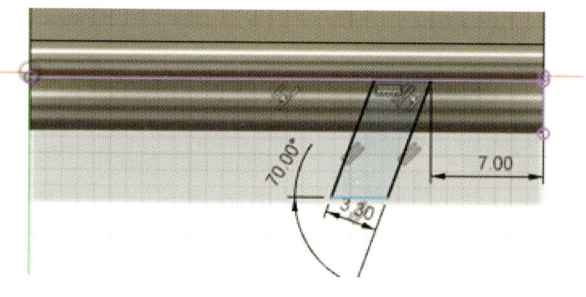

07

- 스케치 마무리
- 작성-돌출
  측면하나, 모두, 잘라내기

08

- 작성-미러, 피쳐

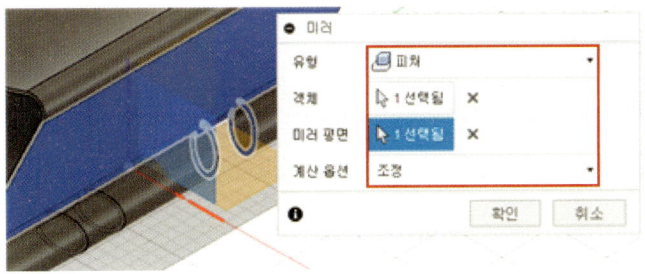

09

- 작성-미러, 피쳐

10

- 작성-스케치 작성, XZ평면
- 작성-스케치 명령을 이용하여 스케치 후 구속조건 기입
- 작성-스케치 치수로 수정
- 투영/포함-프로젝트

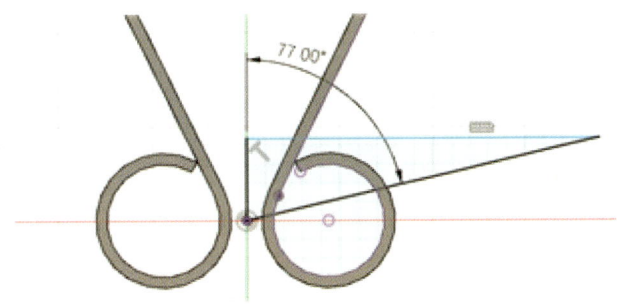

11

- 스케치 마무리
- 작성-돌출
  대칭, 전체거리 13, 잘라내기

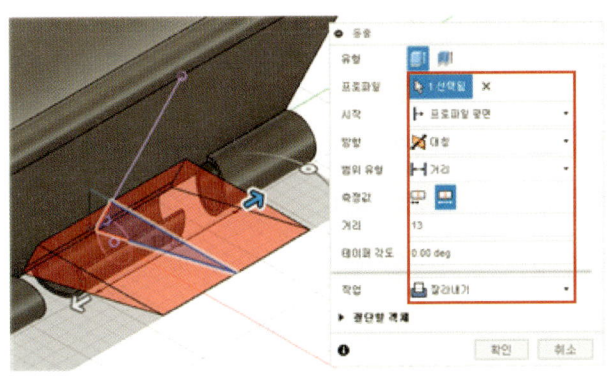

PART C. 장난감, 문구류   355

12

- 작성-미러

13

- 구성-평면 간격띄우기, 1.5

14

- 작성-스케치 작성, 해당평면
- 작성-스케치 명령을 이용하여 스케치 후 구속조건 기입
- 작성-스케치 치수로 수정

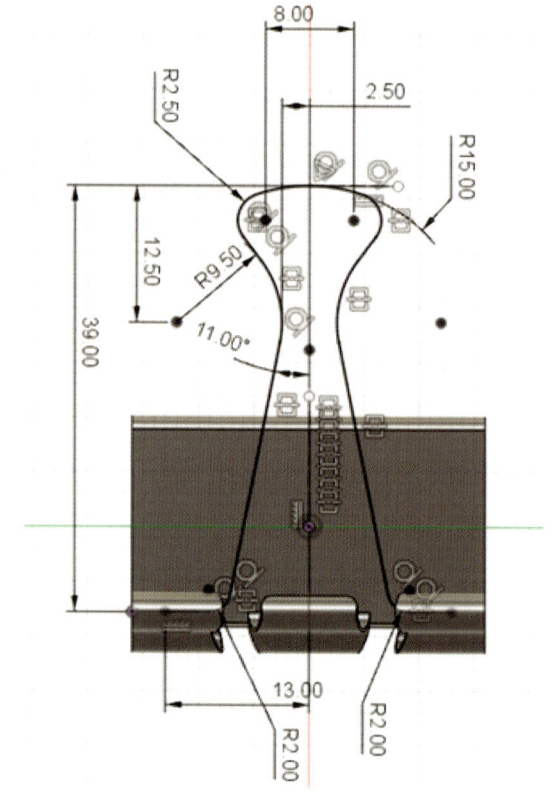

15

- 구성-경로를 따라 평면

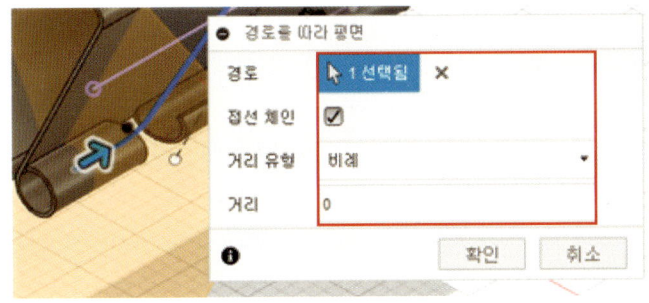

16

- 작성-스케치 작성, 해당평면
- 작성-스케치 명령을 이용하여 스케치 후 구속조건 기입
- 작성-스케치 치수로 수정

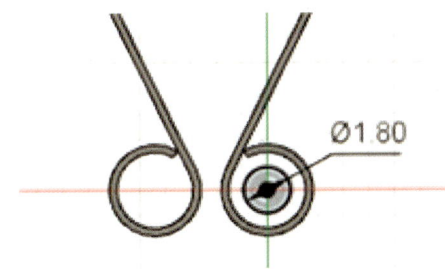

17

- 작성-스윕, 새 본체

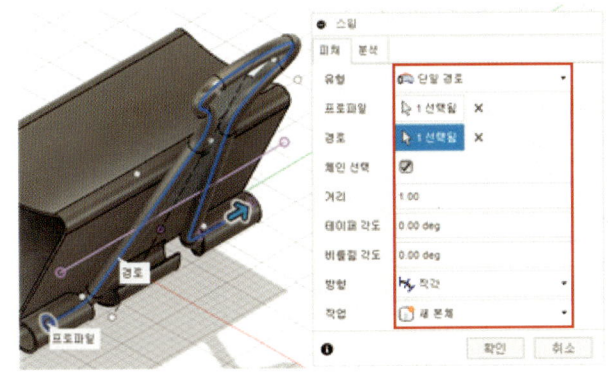

18

- 작성-미러, 피처

PART C. 장난감, 문구류   357

19

- 모델링 완료

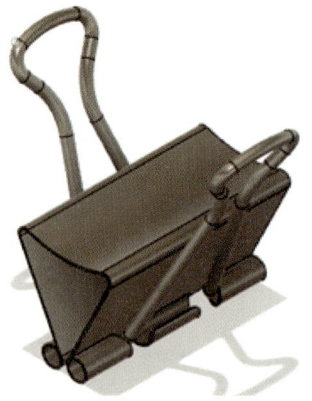

20

- 렌더링-설정-모양
- 재질 선택하여 드래그

C-12. 퍼즐

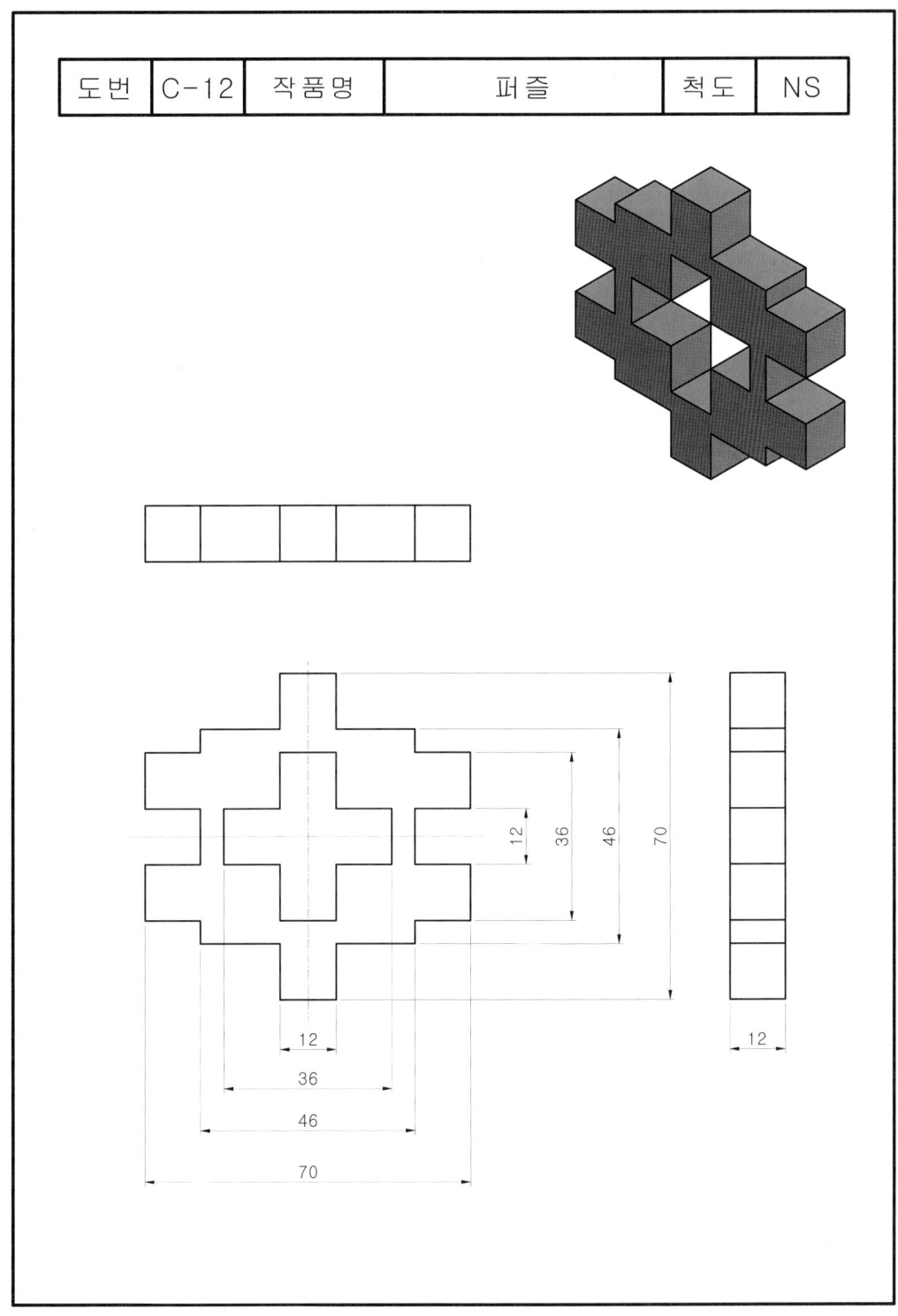

01

- 작성-스케치 작성, XY평면
- 작성-스케치 명령을 이용하여 스케치 후 구속조건 기입
- 작성-스케치 치수로 수정

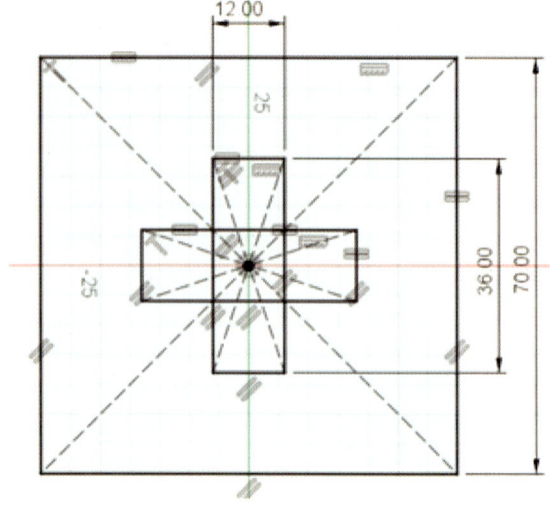

02

- 스케치 마무리
- 작성-돌출
  측면하나, 거리 12, 새 본체

03

- 작성-스케치 작성, 해당평면
- 작성-스케치 명령을 이용하여 스케치 후 구속조건 기입
- 작성-스케치 치수로 수정

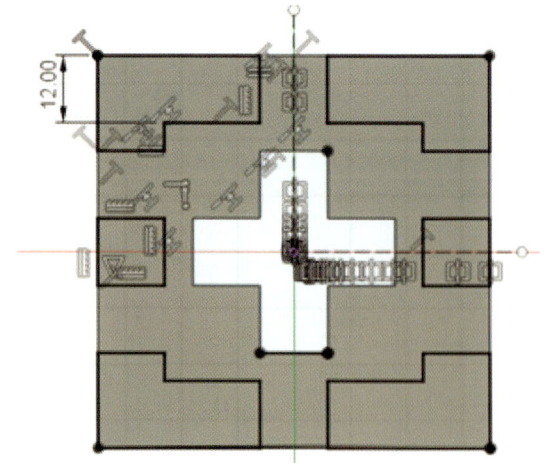

- 스케치 마무리
- 작성-돌출
  측면하나, 거리 -12, 잘라내기

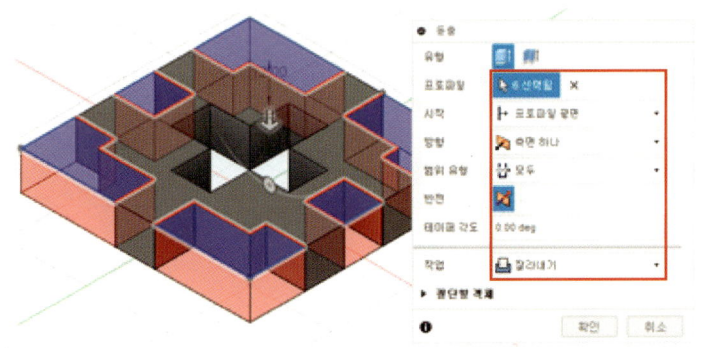

05

- 수정-이동/복사, 복사, 회전

06

- 수정-이동/복사, 복사, 회전

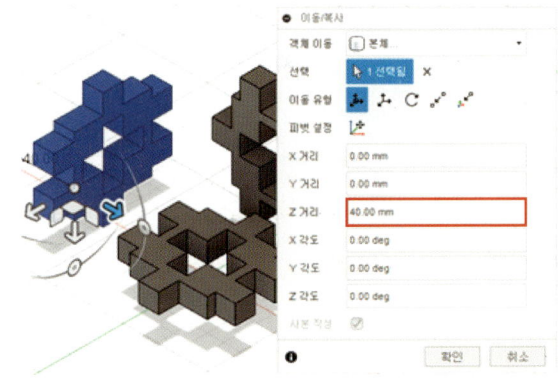

07

- 수정-정렬

08
- 수정-정렬

09
- 작성-미러, 새 본체

10
- 작성-미러, 새 본체

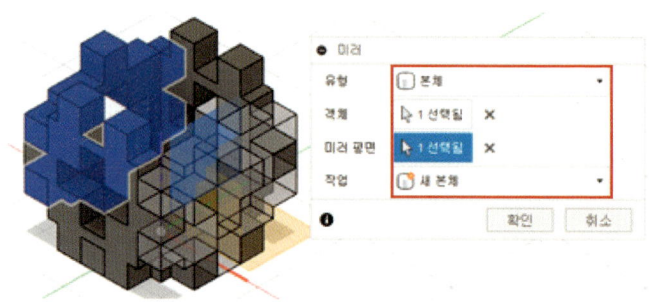

11
- 수정-이동/복사, 복사

12

- 모델링 완료

13

- 렌더링-설정-모양
- 재질 선택하여 드래그

C-13. 연필

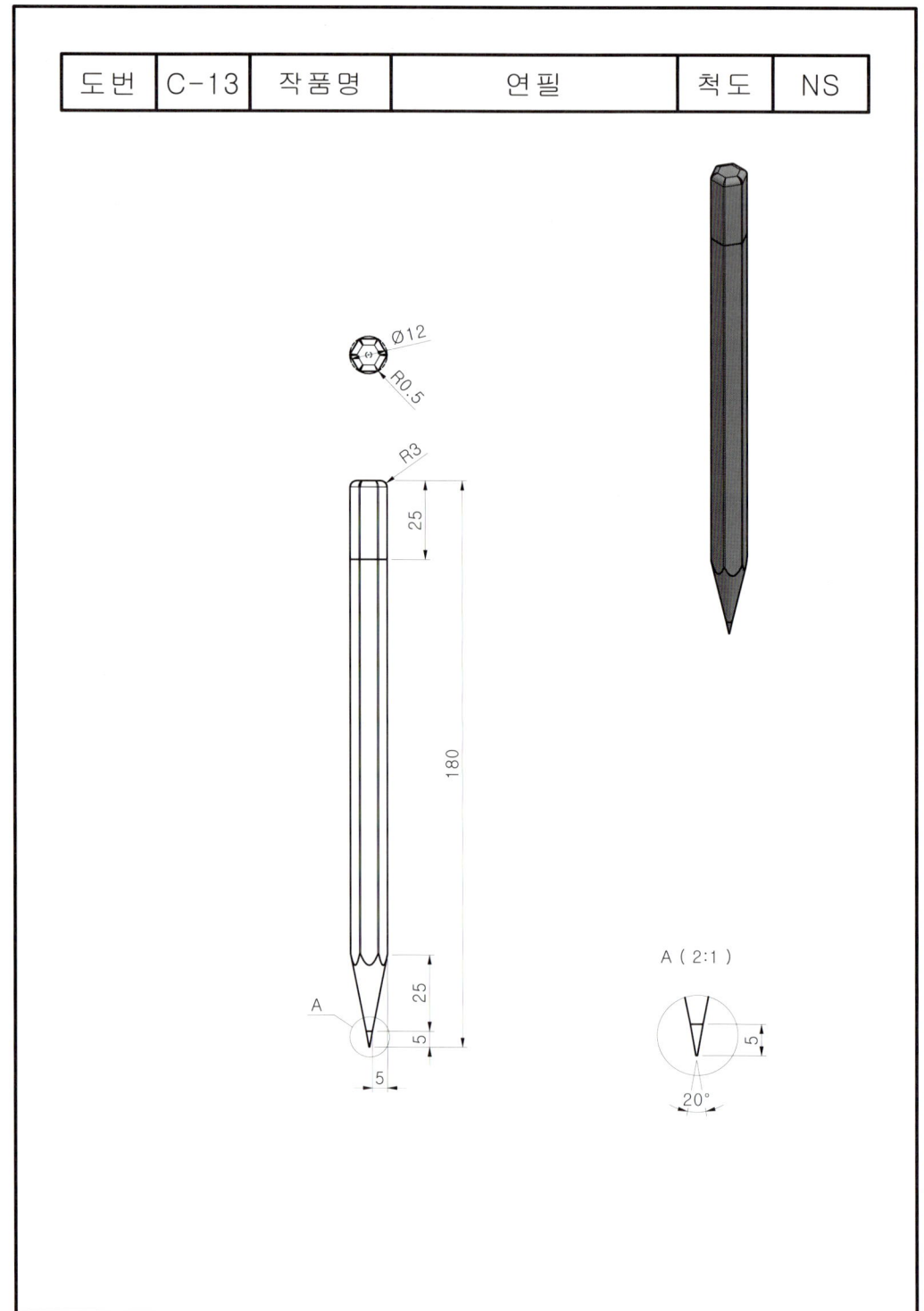

01

- 작성-스케치 작성, XZ평면
- 작성-스케치 명령을 이용하여 스케치 후 구속조건 기입
- 작성-스케치 치수로 수정

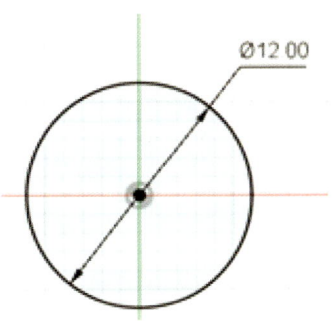

02

- 스케치 마무리
- 작성-돌출
  측면하나, 거리 150, 새 본체

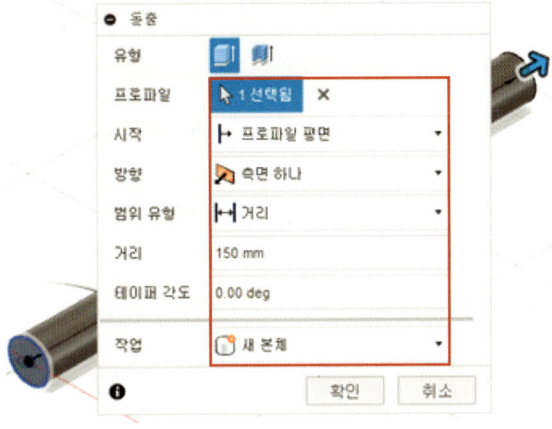

03

- 수정-모따기 20, 5

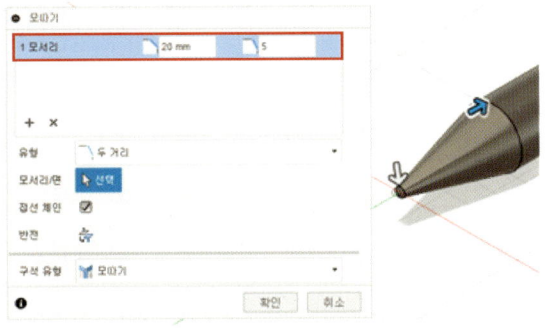

04

- 작성-돌출
  측면하나, 거리 5, −10°, 새 본체

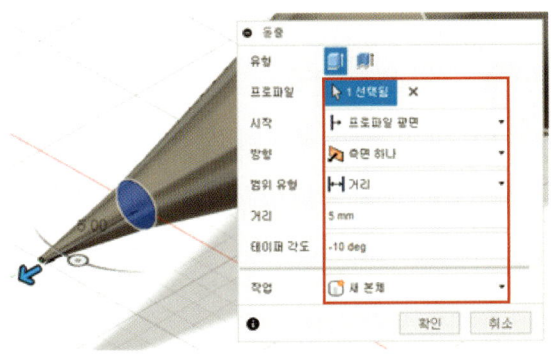

PART C. 장난감, 문구류

05

- 작성-스케치 작성, 해당평면
- 작성-스케치 명령을 이용하여 스케치 후 구속조건 기입

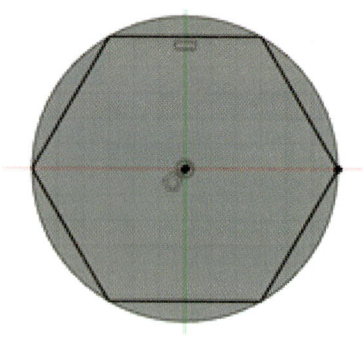

06

- 스케치 마무리
- 작성-돌출
  측면하나, 모두, 교차

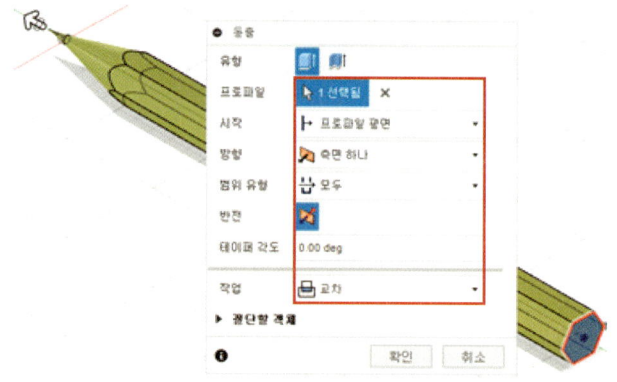

07

- 수정-모깎기, R0.5

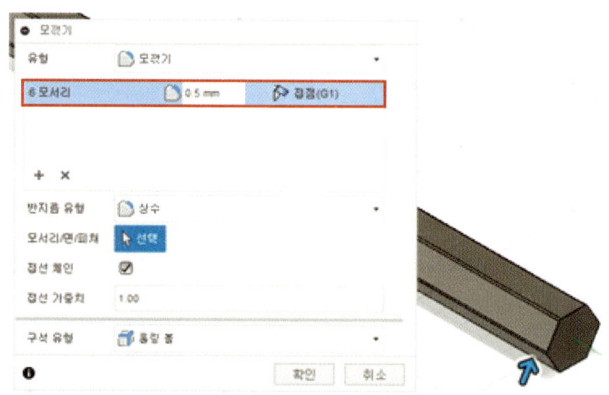

08

- 작성-돌출
  측면하나, 거리 25, 새 본체

09

- 수정-모깎기, R1

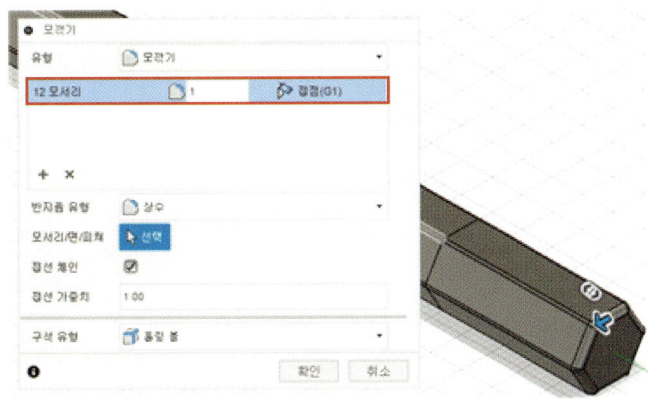

10

- 모델링 완료

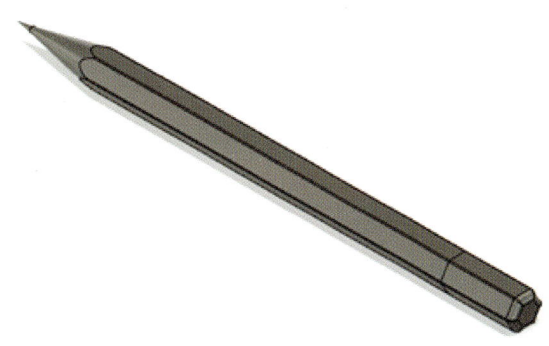

11

- 렌더링-설정-모양
- 재질 선택하여 드래그

C-14. 럭비공

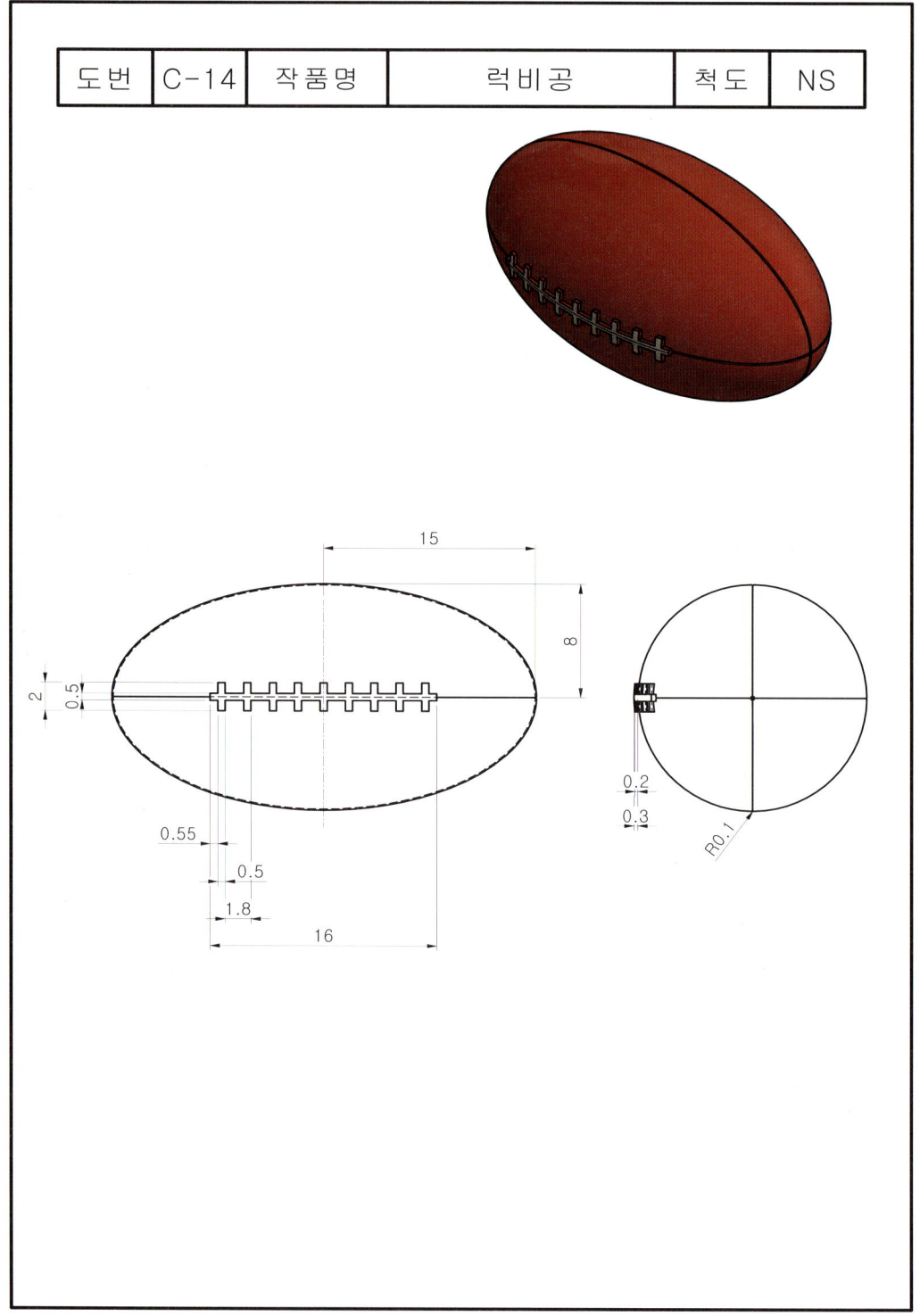

01

- 작성-스케치 작성, XZ평면
- 작성-스케치 명령을 이용하여 스케치 후 구속조건 기입
- 작성-스케치 치수로 수정

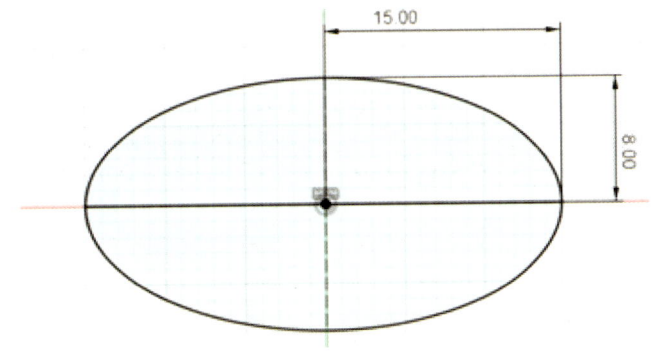

02

- 스케치 마무리
- 작성-회전
  측면하나, 360°, 새 본체

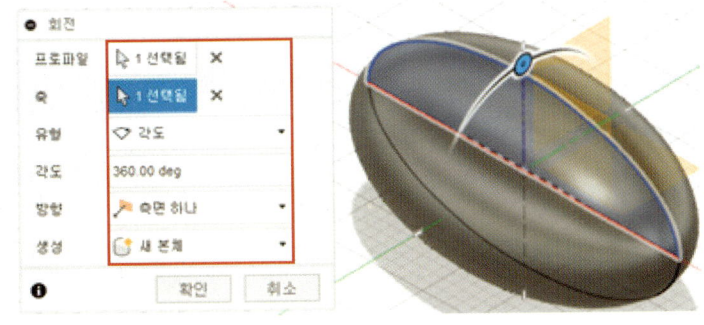

03

- 수정-본체분할

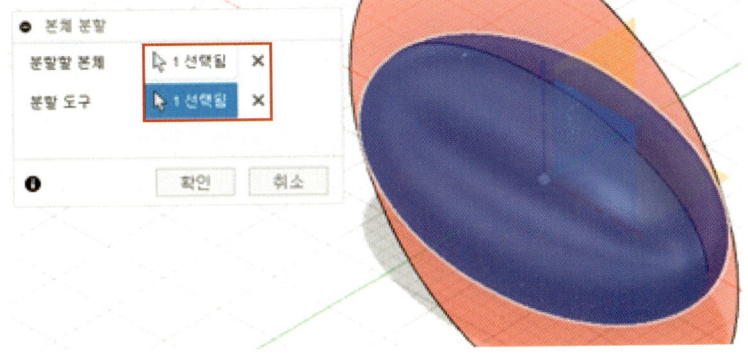

04

- 수정-본체분할, 반복하여 뒷부분도 분할

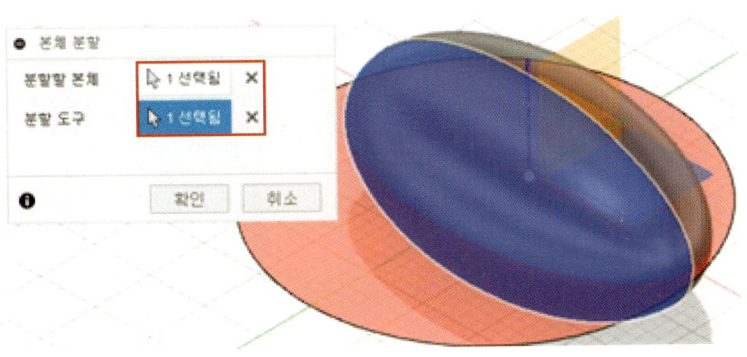

PART C. 장난감, 문구류

05

- 작성-스케치 작성, XZ평면
- 작성-스케치 명령을 이용하여 스케치 후 구속조건 기입
- 작성-스케치 치수로 수정

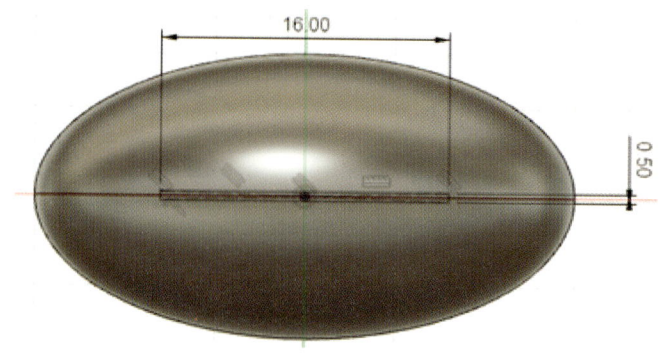

06

- 스케치 마무리
- 곡면-간격띄우기, 0.2

07

- 스케치 마무리
- 작성-돌출
  측면하나, 객체, 새 본체
- 필요없는 객체 비활성화

08

- 작성-스케치 작성, XZ평면
- 작성-스케치 명령을 이용하여 스케치 후 구속조건 기입
- 작성-스케치 치수로 수정

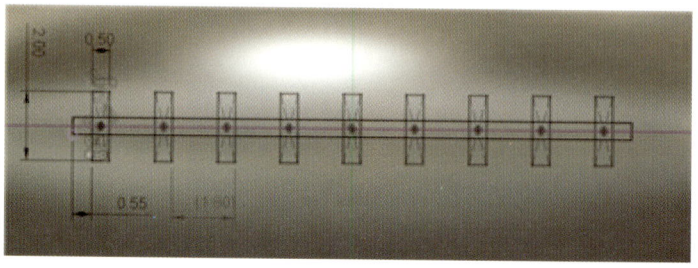

09

- 스케치 마무리
- 곡면-간격띄우기, 0.3

10

- 스케치 마무리
- 작성-돌출
  측면하나, 객체, 새 본체
- 필요없는 객체 비활성화

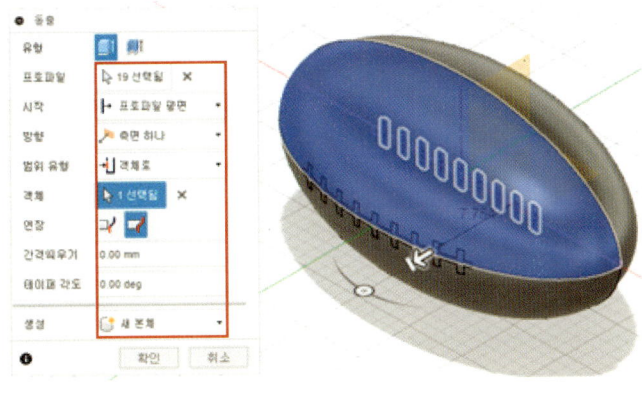

11

- 수정-모깎기, R0.1

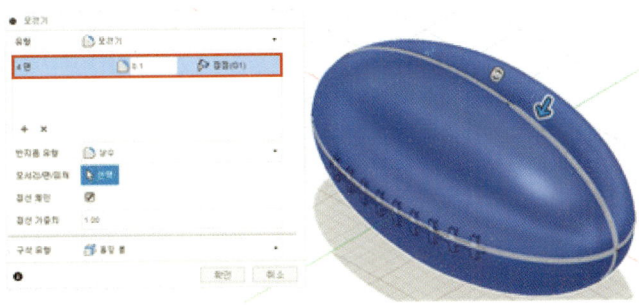

12

- 수정-결합-접합

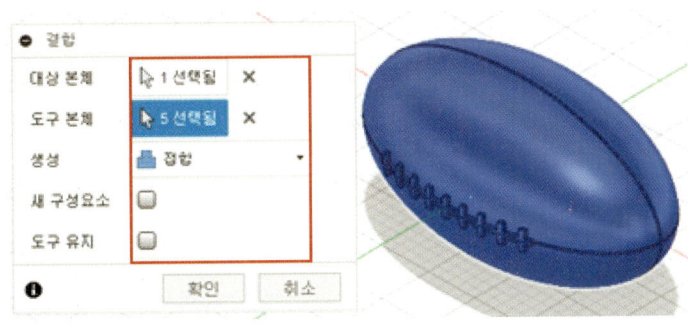

- 모델링 완료

14

- 렌더링-설정-모양
- 재질 선택하여 드래그

C-15. 핀

| 도번 | C-15 | 작품명 | 핀 | 척도 | NS |

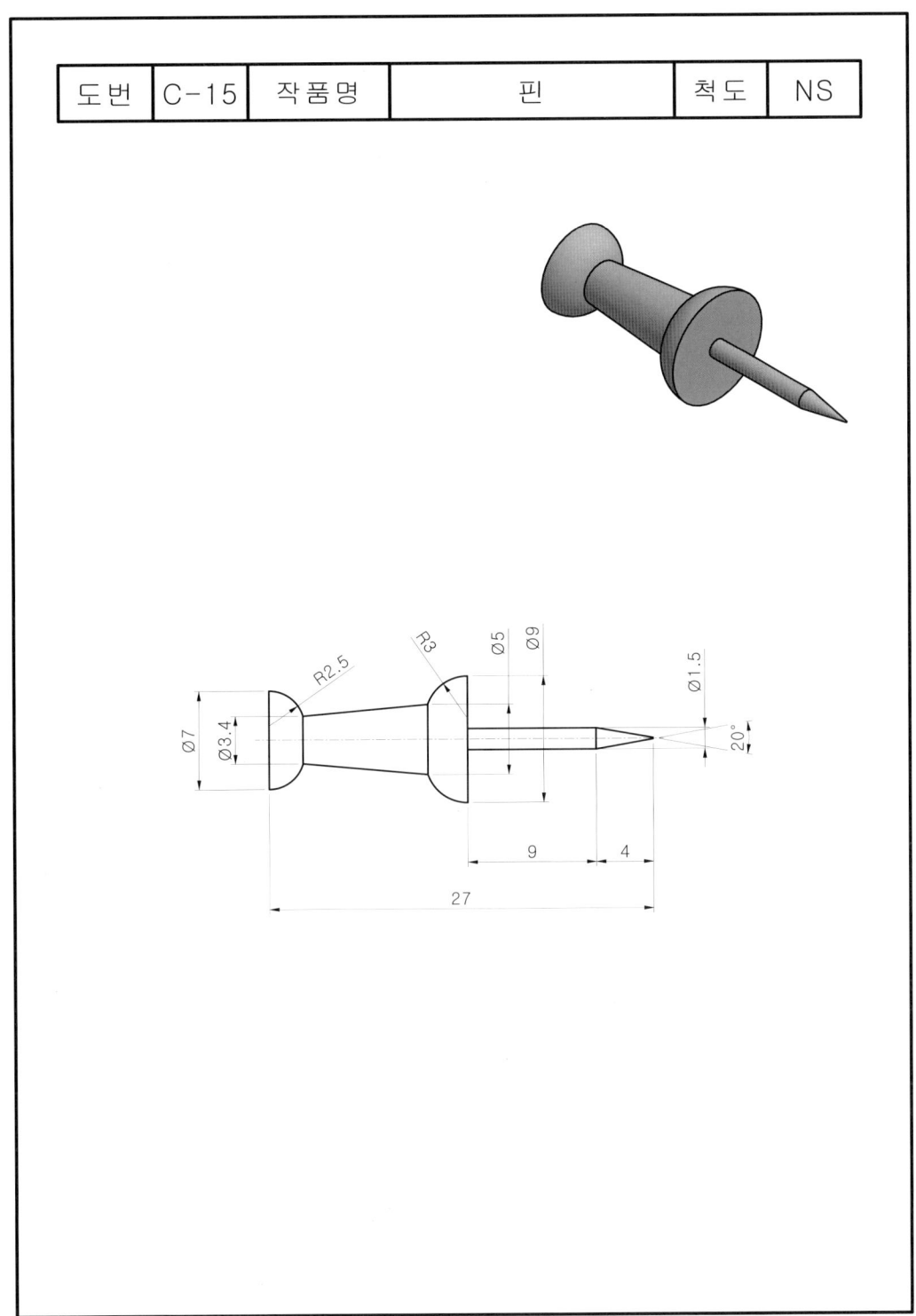

01

- 작성-스케치 작성, XY평면
- 작성-스케치 명령을 이용하여 스케치 후 구속조건 기입
- 작성-스케치 치수로 수정

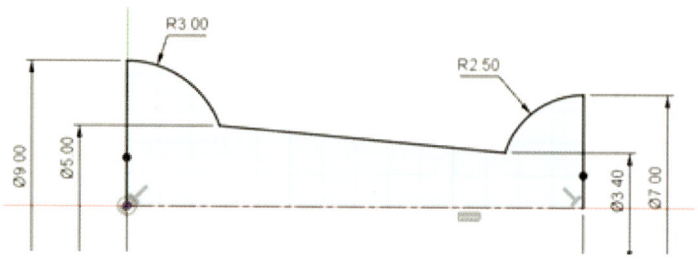

02

- 스케치 마무리
- 작성-회전
  측면하나, 360°, 새 본체

03

- 작성-스케치 작성, 해당평면
- 작성-스케치 명령을 이용하여 스케치 후 구속조건 기입
- 작성-스케치 치수로 수정

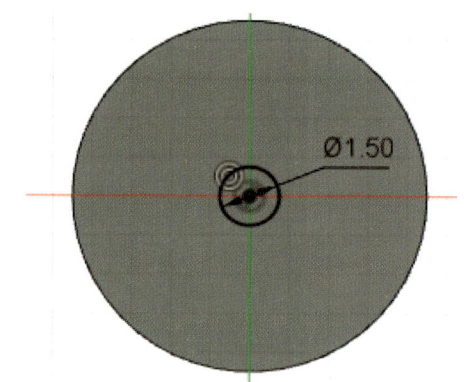

04

- 스케치 마무리
- 작성-돌출
  측면하나, 거리 9, 새 본체

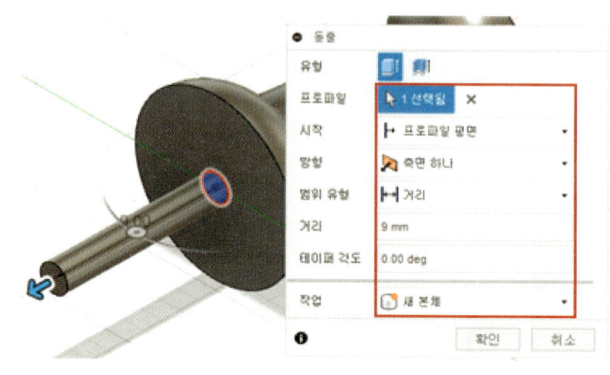

- 작성-돌출
  측면하나, 거리 4, -10°, 접합

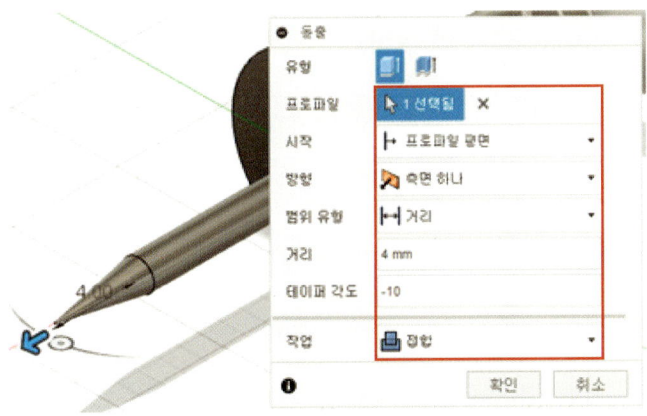

- 모델링 완료

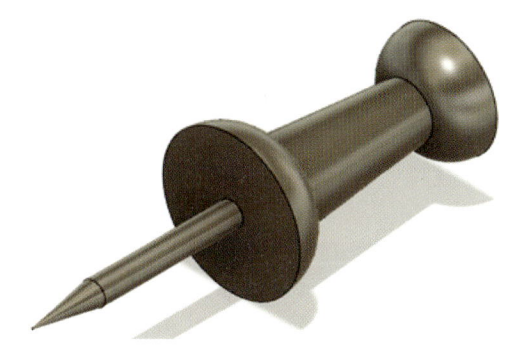

- 렌더링-설정-모양
- 재질 선택하여 드래그

C-16. 송곳

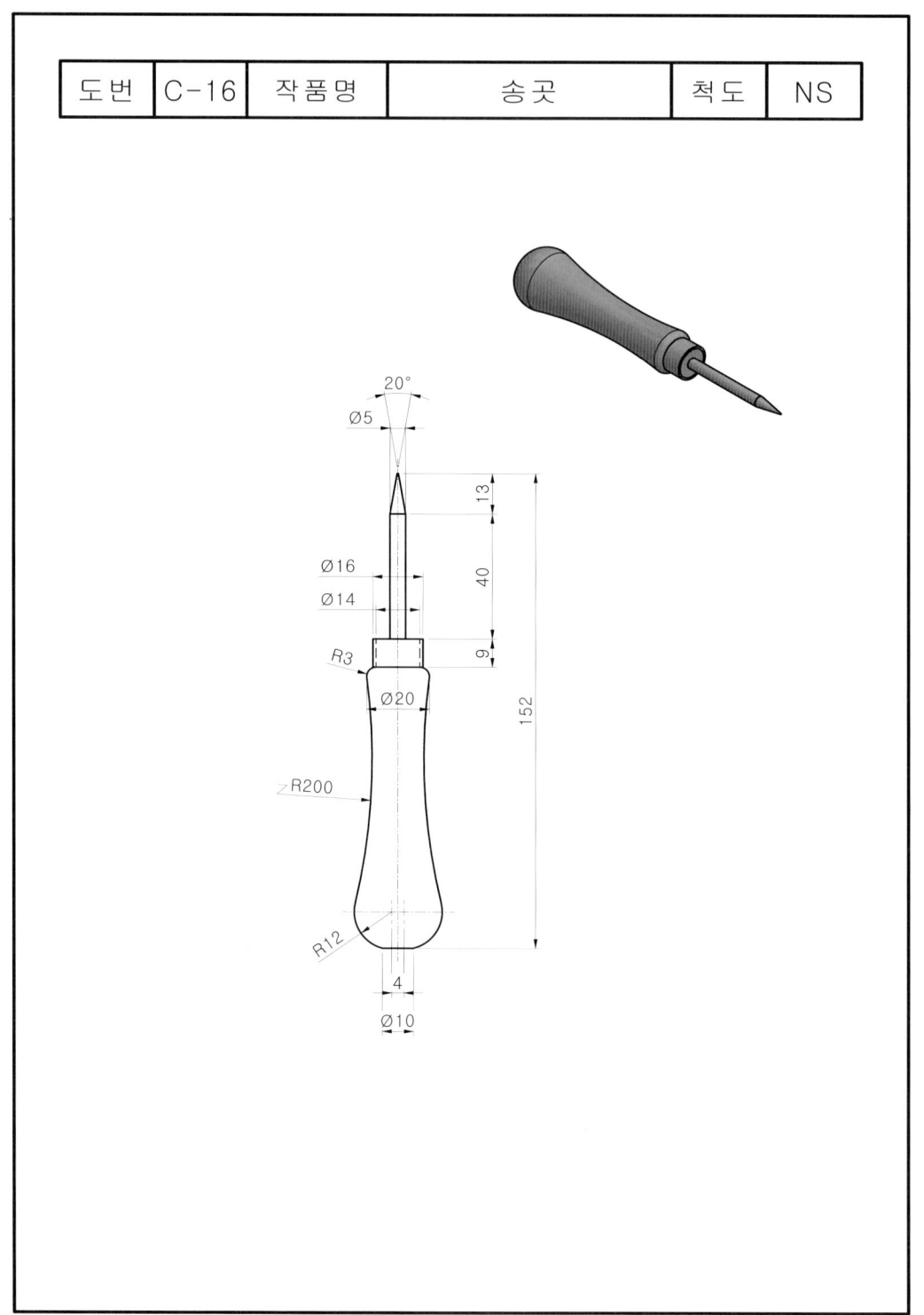

01

- 작성-스케치 작성, XY평면
- 작성-스케치 명령을 이용하여 스케치 후 구속조건 기입
- 작성-스케치 치수로 수정

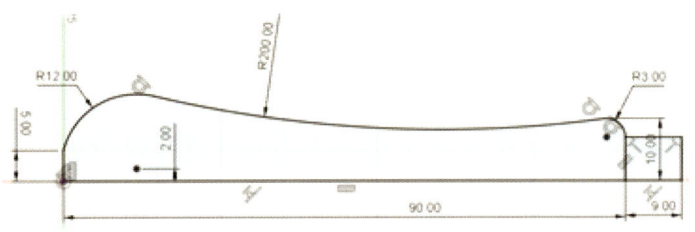

02

- 스케치 마무리
- 작성-회전
  측면하나, 360°, 새 본체

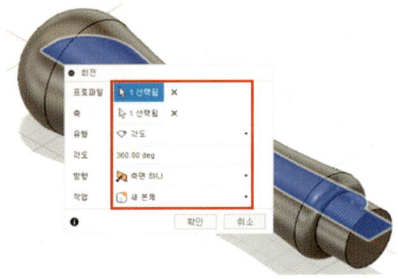

03

- 작성-스케치 작성, 해당평면
- 작성-스케치 명령을 이용하여 스케치 후 구속조건 기입
- 작성-스케치 치수로 수정

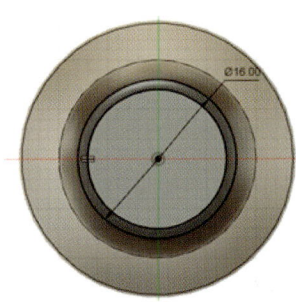

04

- 스케치 마무리
- 작성-돌출
  측면하나, 거리 -9, 새 본체

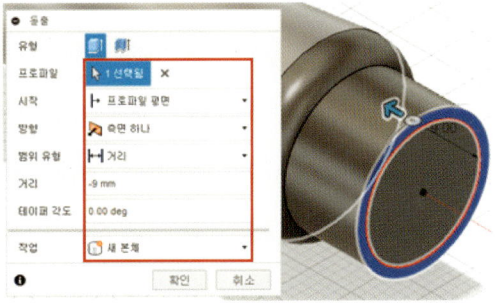

05

- 작성-스케치 작성, 해당평면
- 작성-스케치 명령을 이용하여 스케치 후 구속조건 기입
- 작성-스케치 치수로 수정

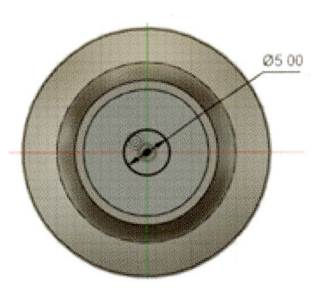

06

- 스케치 마무리
- 작성-돌출
  측면하나, 거리 40, 새 본체

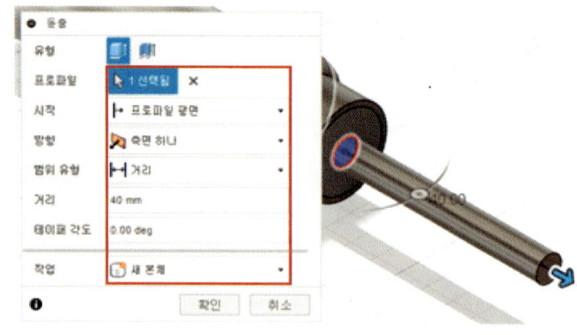

07

- 작성-돌출
  측면하나, 거리 13, -10°, 접합

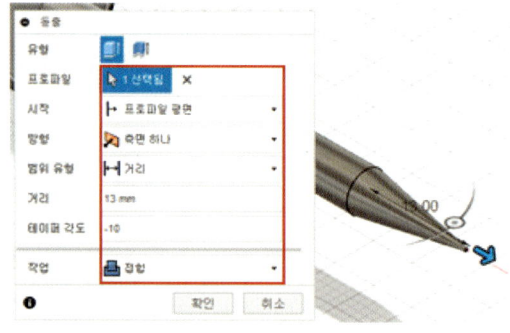

08

- 모델링 완료

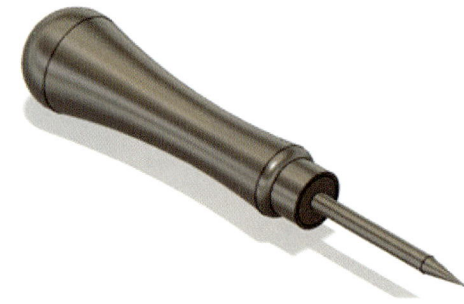

09

- 렌더링-설정-모양
- 재질 선택하여 드래그

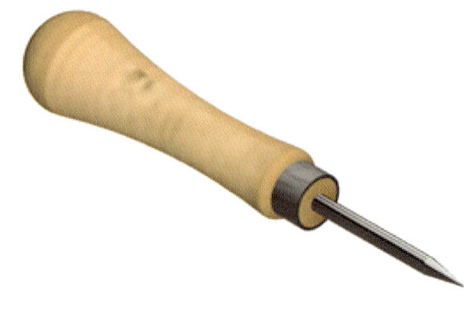

C-17. 연필꽂이

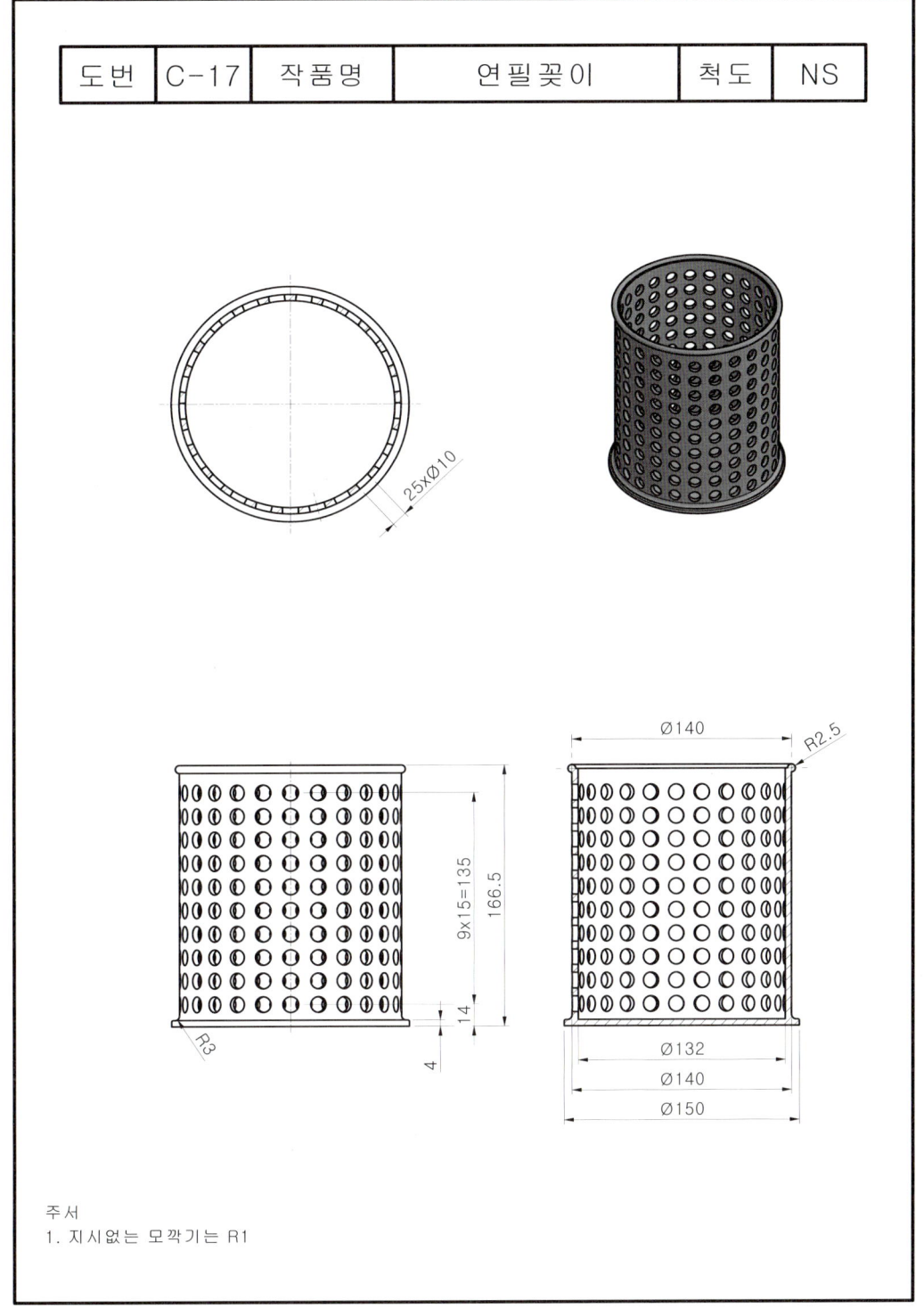

01

- 작성-스케치 작성, XY평면
- 작성-스케치 명령을 이용하여 스케치 후 구속조건 기입
- 작성-스케치 치수로 수정

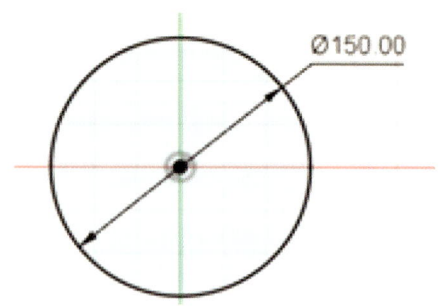

02

- 스케치 마무리
- 작성-돌출
  측면하나, 거리 4, 새 본체

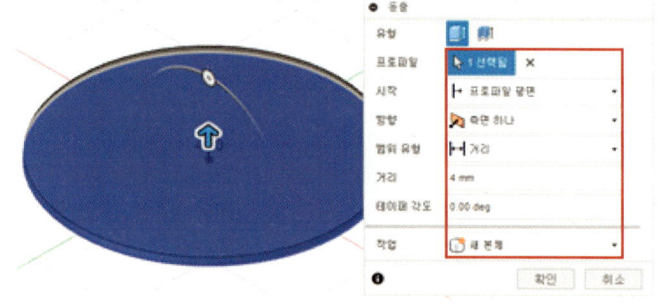

03

- 작성-스케치 작성, 해당평면
- 작성-스케치 명령을 이용하여 스케치 후 구속조건 기입
- 작성-스케치 치수로 수정

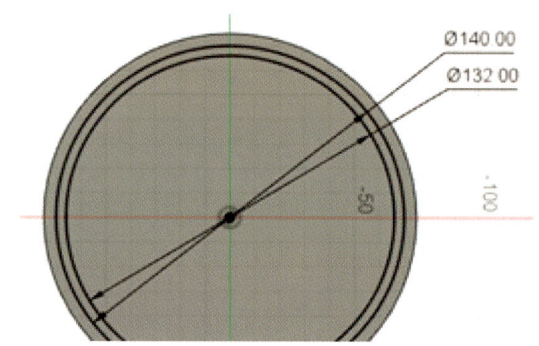

04

- 스케치 마무리
- 작성-돌출
  측면하나, 거리 160, 접합

- 수정-모깎기, R1

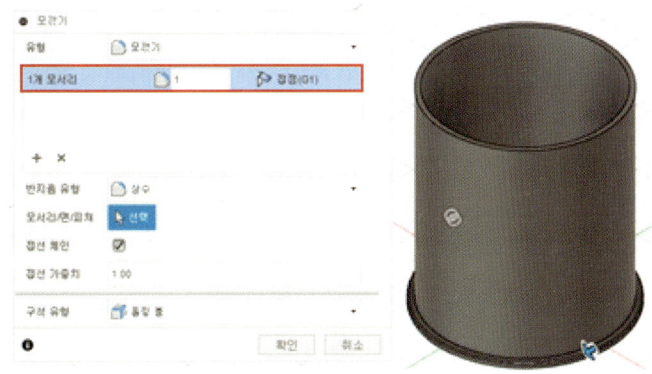

- 수정-모깎기, R3

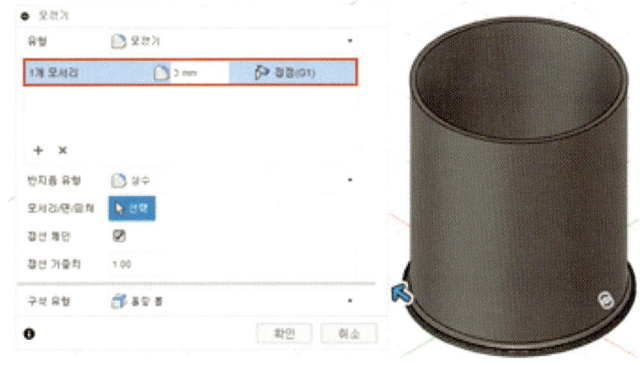

07

- 작성-스케치 작성, XZ평면
- 작성-스케치 명령을 이용하여 스케치 후 구속조건 기입
- 작성-스케치 치수로 수정

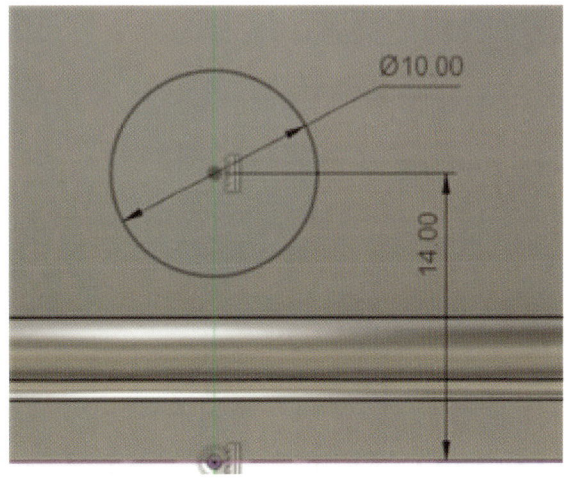

08

- 스케치 마무리
- 작성-돌출
  측면하나, 모두, 잘라내기

09

- 작성-패턴-원형 패턴, 25

10

- 작성-패턴-직사각형 패턴
  간격, 수량 10, 거리 15

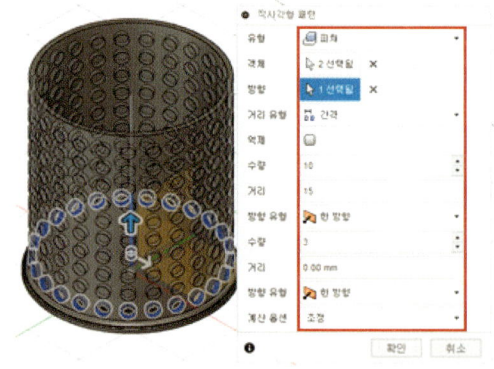

11

- 작성-파이프, ø5

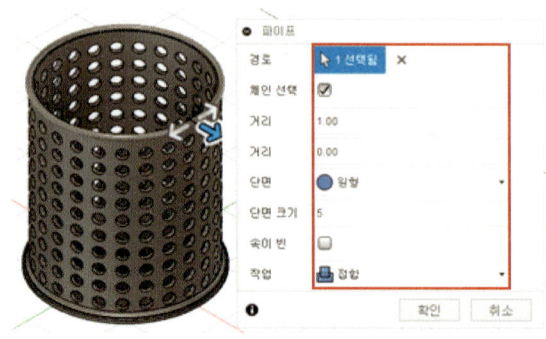

12

- 모델링 완료

13

- 렌더링-설정-모양
- 재질 선택하여 드래그

C-18. 배구공

| 도번 | C-18 | 작품명 | 배구공 | 척도 | NS |

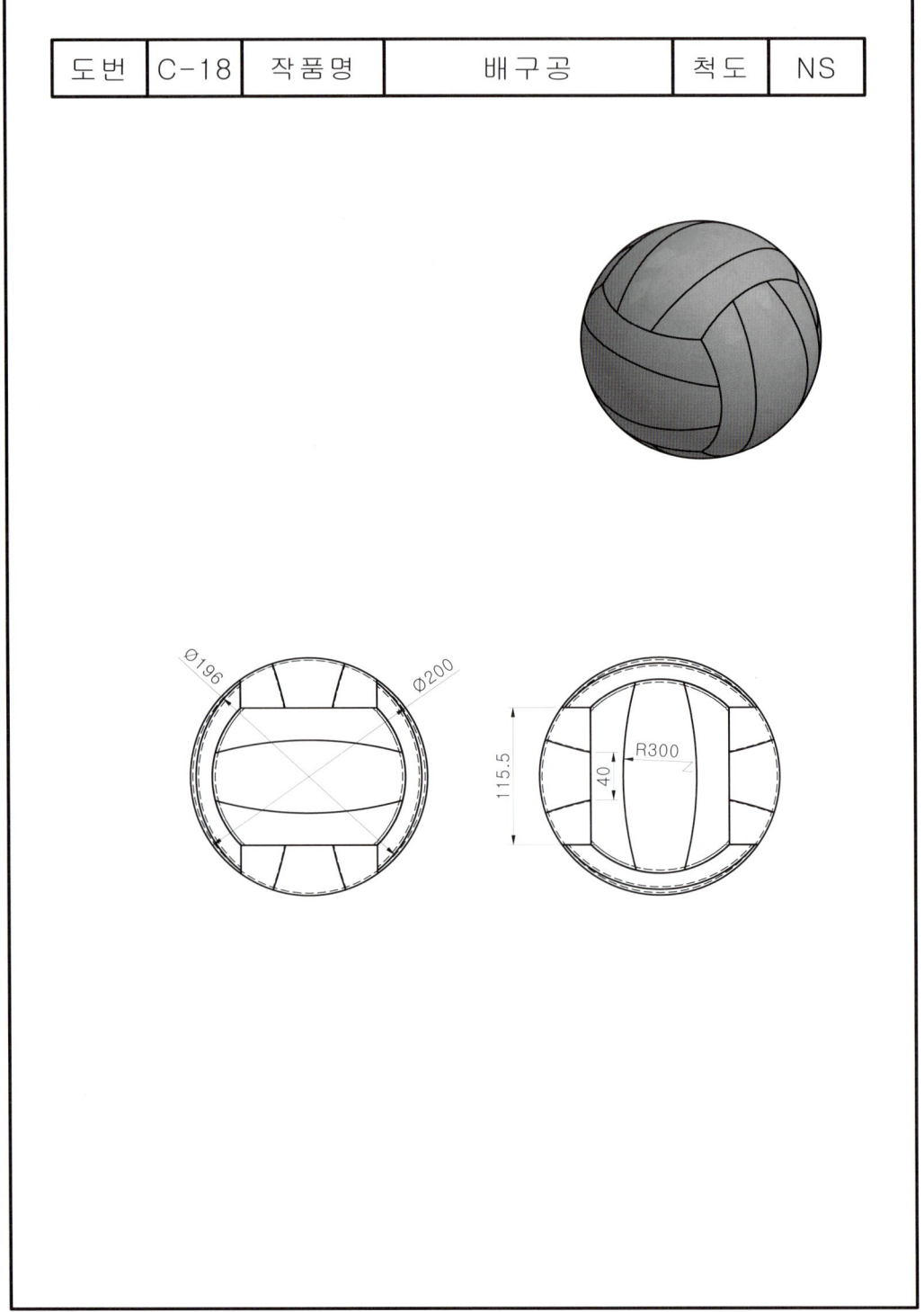

01

- 작성-스케치 작성, XZ평면
- 작성-스케치 명령을 이용하여 스케치 후 구속조건 기입
- 작성-스케치 치수로 수정

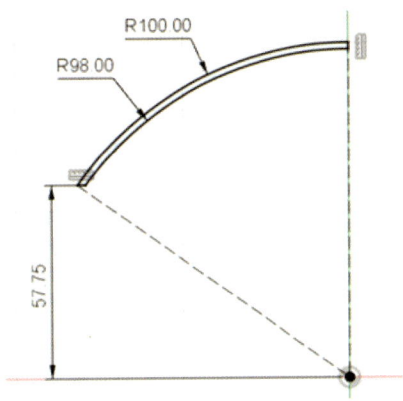

02

- 스케치 마무리
- 작성-회전
  측면하나, 360°, 새 본체

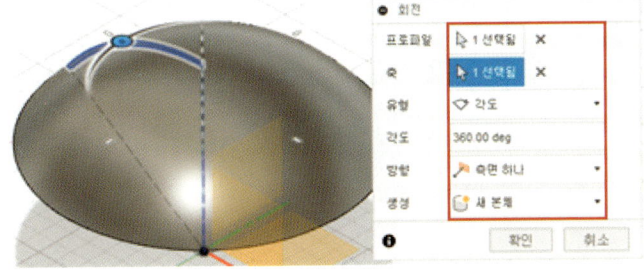

03

- 작성-스케치 작성, XY평면
- 작성-스케치 명령을 이용하여 스케치 후 구속조건 기입

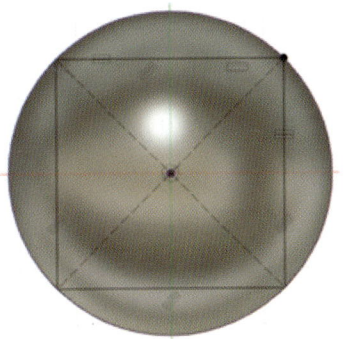

04

- 스케치 마무리
- 작성-돌출
  측면하나, 모두, 잘라내기

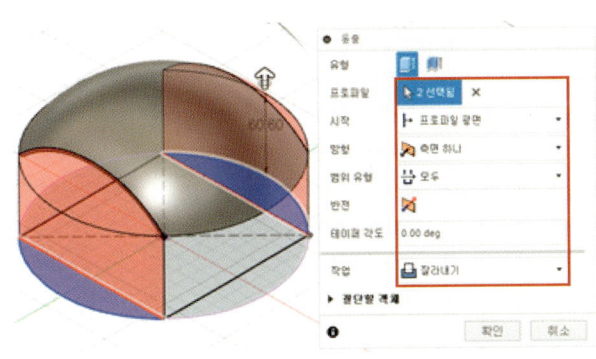

05

- 작성-스케치 작성, XY평면
- 작성-스케치 명령을 이용하여 스케치 후 구속조건 기입
- 작성-스케치 치수로 수정

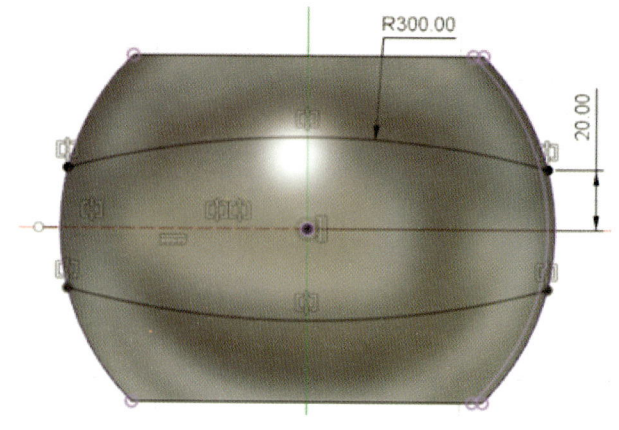

06

- 스케치 마무리
- 수정-본체 분할, 2번 분할

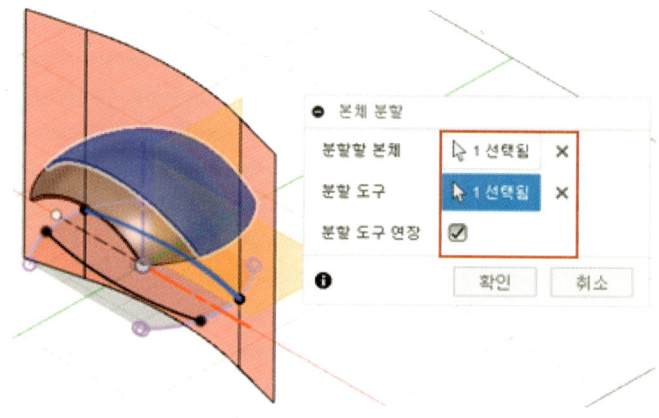

07

- 수정-모깎기, R1

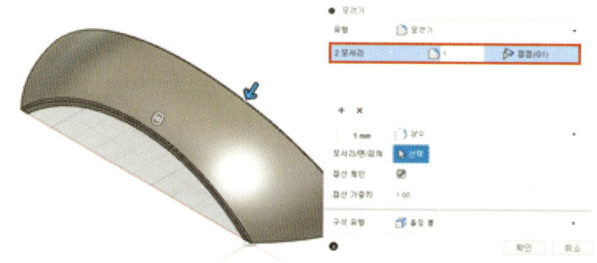

08

- 수정-모깎기, R1

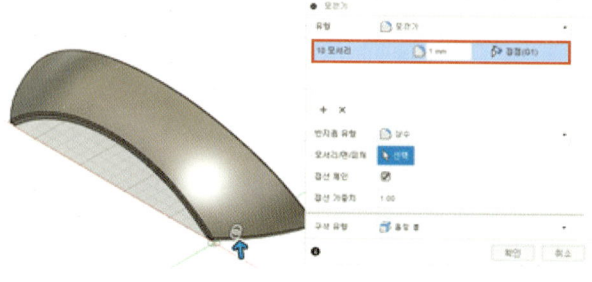

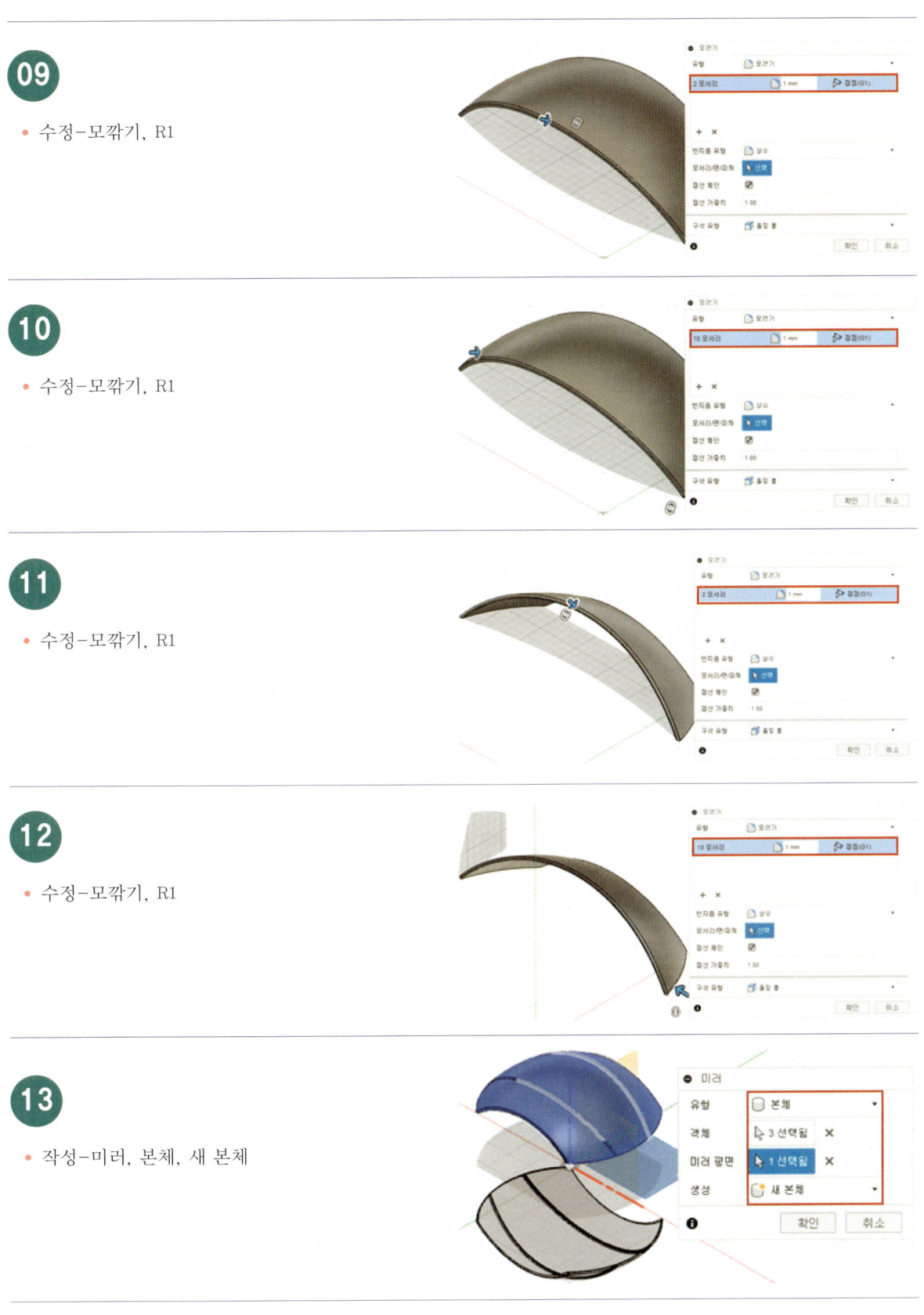

09
- 수정-모깎기, R1

10
- 수정-모깎기, R1

11
- 수정-모깎기, R1

12
- 수정-모깎기, R1

13
- 작성-미러, 본체, 새 본체

PART C. 장난감, 문구류

14

- 수정-이동/복사, 복사, 회전

15

- 수정-이동/복사, 복사, 회전

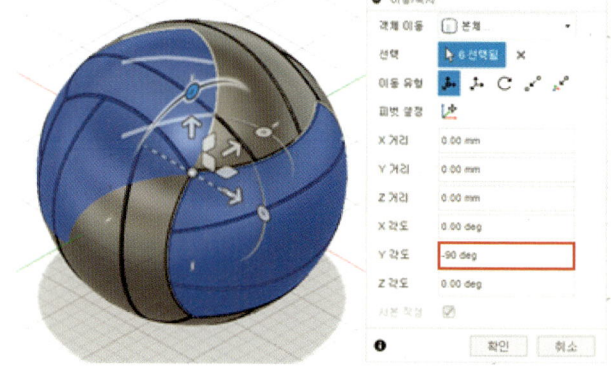

16

- 모델링 완료

17

- 렌더링-설정-모양
- 재질 선택하여 드래그

C-19. 집게

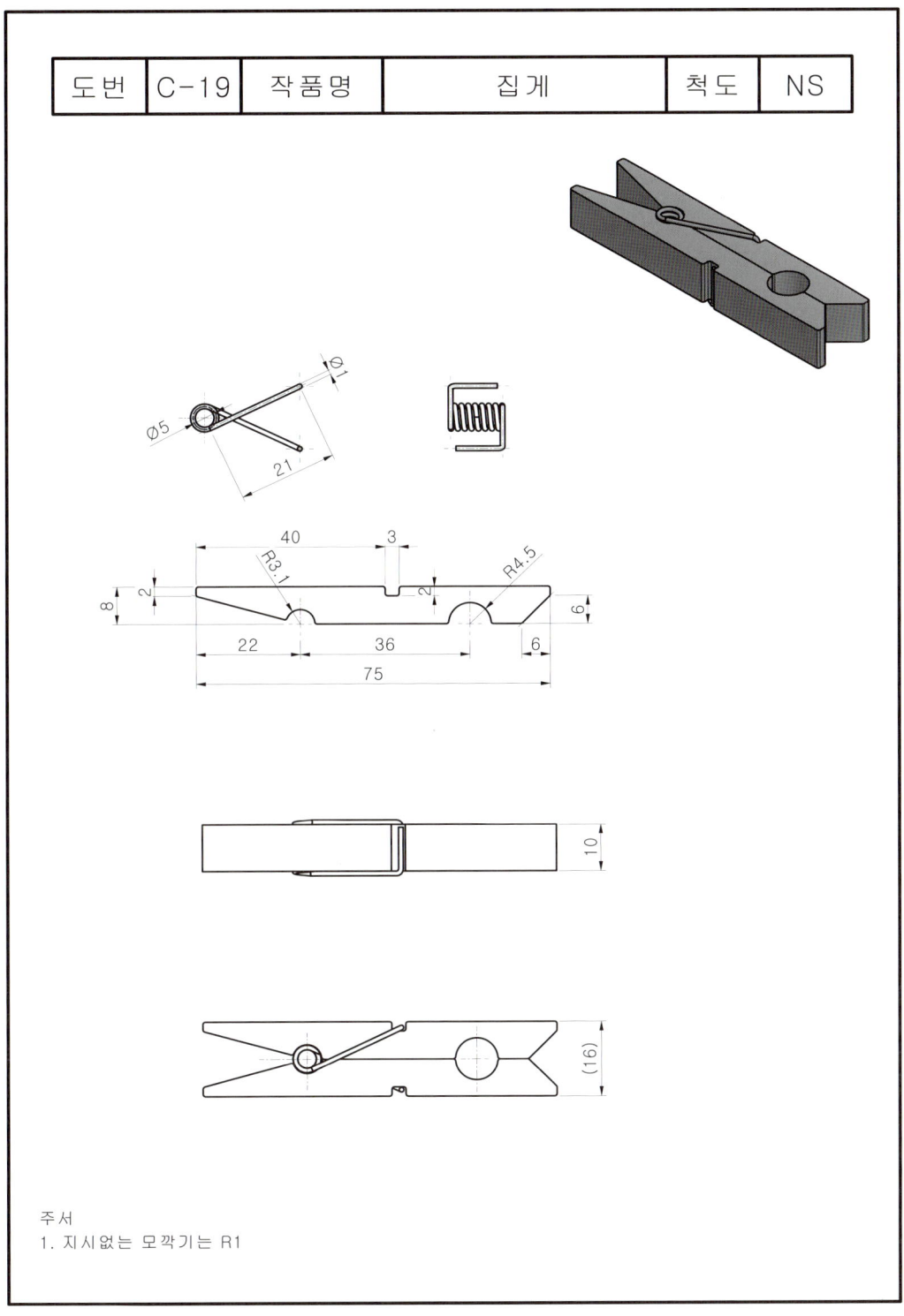

주서
1. 지시없는 모깎기는 R1

01

- 작성-스케치 작성, XZ평면
- 작성-스케치 명령을 이용하여 스케치 후 구속조건 기입
- 작성-스케치 치수로 수정

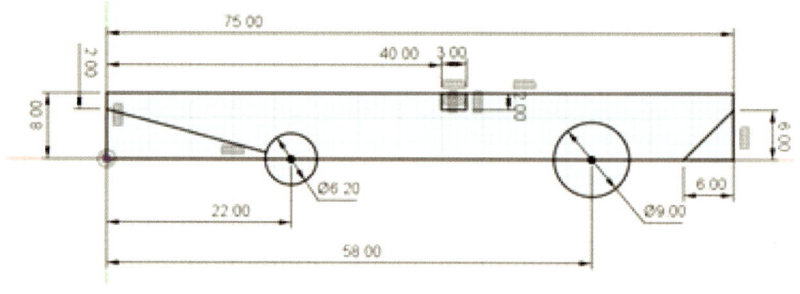

02

- 스케치 마무리
- 작성-돌출
  대칭, 전체거리 10, 새 본체

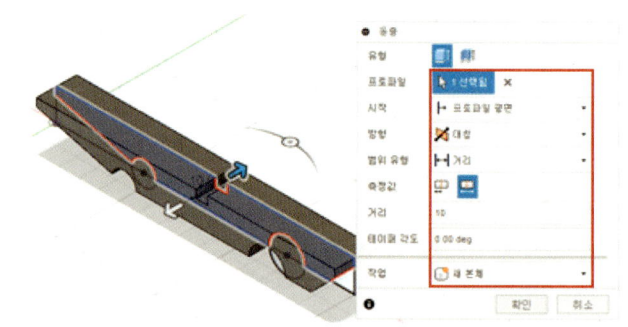

03

- 수정-모깎기, R0.5

04

- 작성-미러, 본체, 새 본체

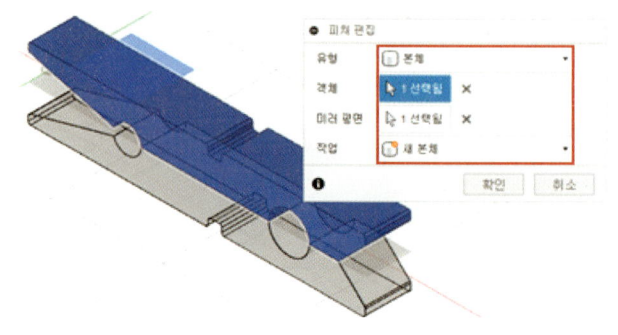

05

- 작성-코일, 새 본체

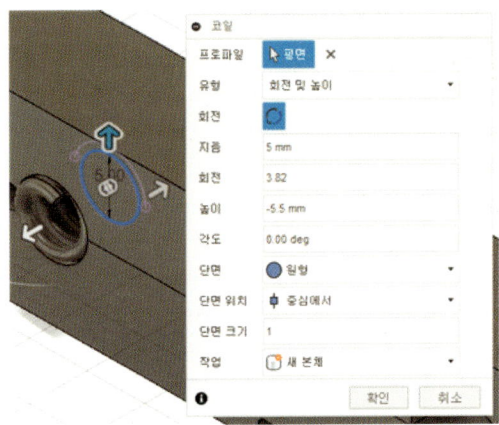

06

- 작성-돌출
  측면하나, 거리 20, 새 본체

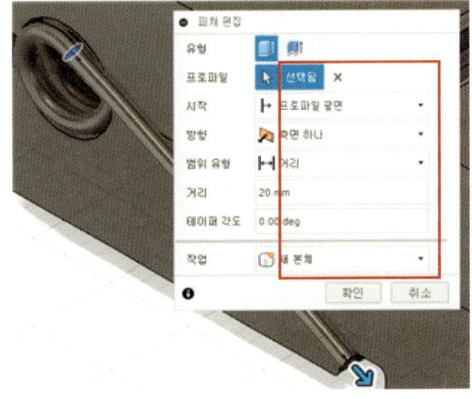

07

- 작성-스케치 작성, 해당평면
- 작성-스케치 명령을 이용하여
  스케치 후 구속조건 기입
- 작성-스케치 치수로 수정

08

- 수정-이동/복사, 회전

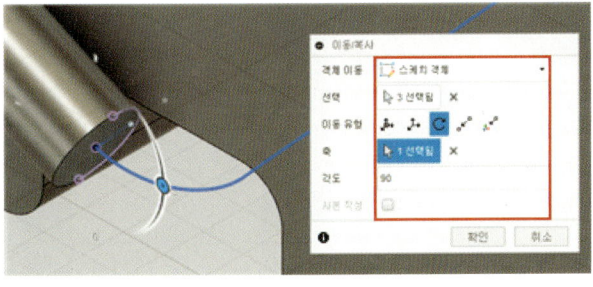

09

- 작성-파이프, 새 본체

10

- 수정-결합, 접합

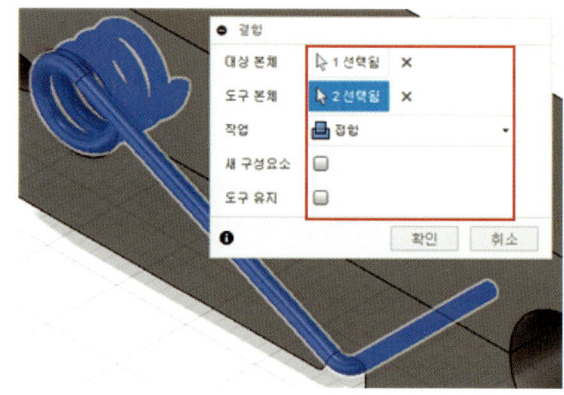

11

- 수정-이동/복사, 복사 회전

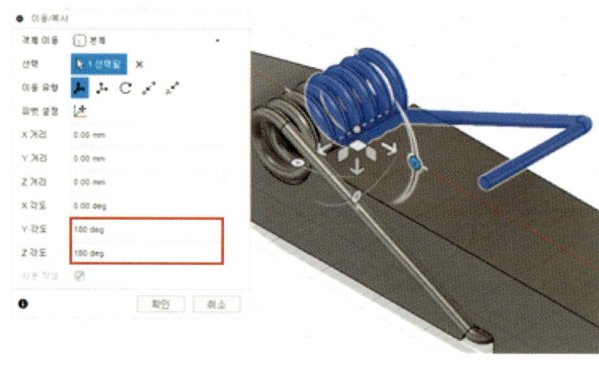

12

- 수정-결합, 접합

13

- 모델링 완료

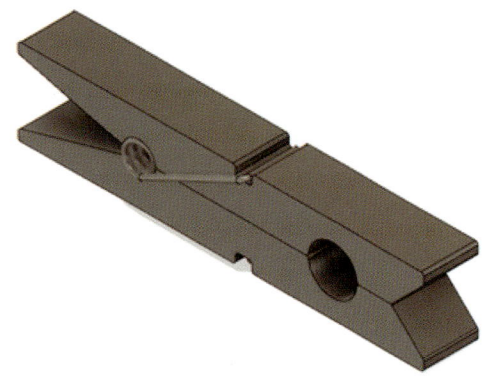

14

- 렌더링-설정-모양
- 재질 선택하여 드래그

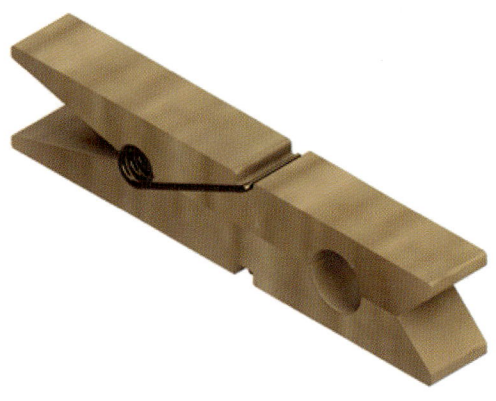

C-20. Barrel

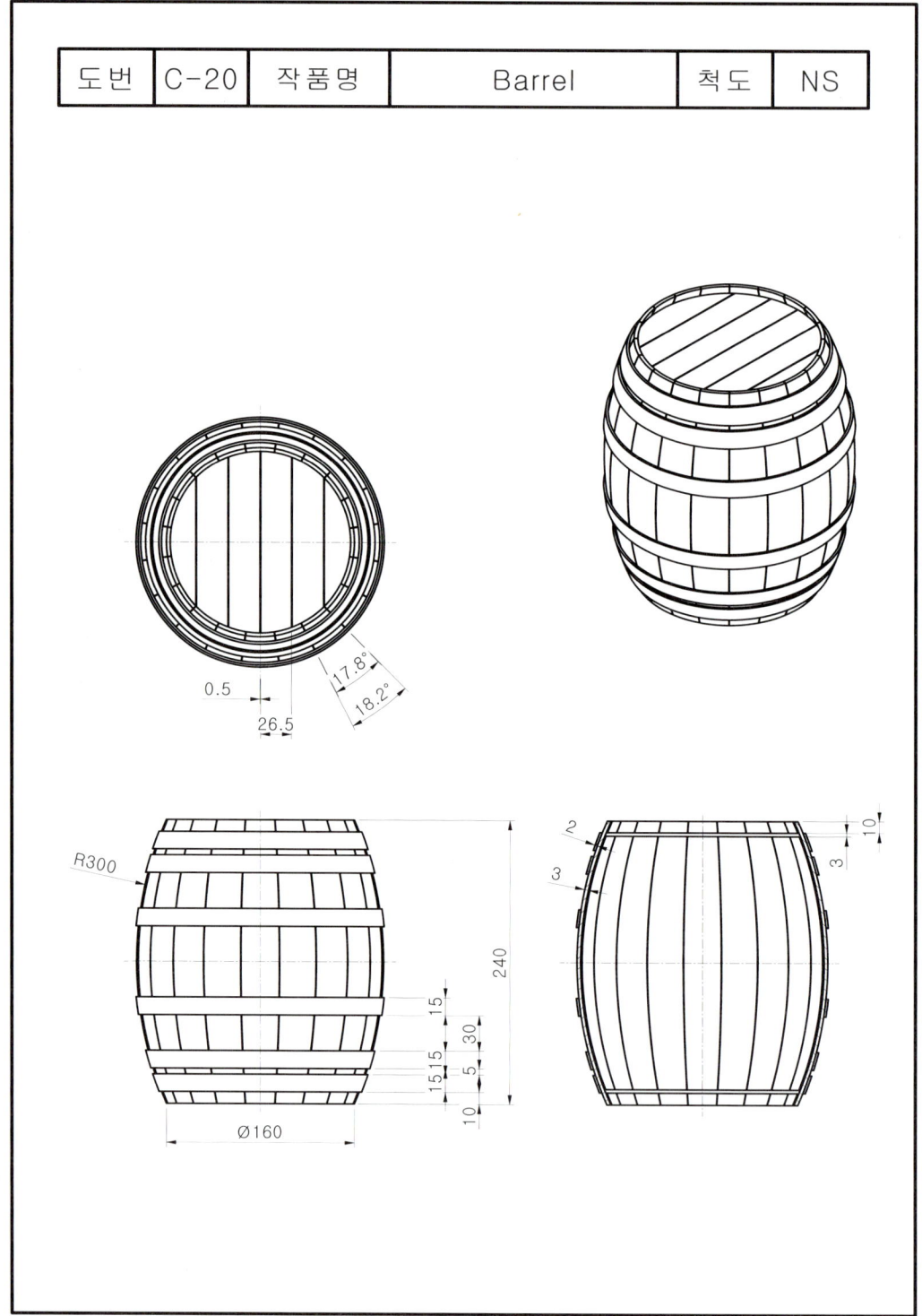

01

- 작성-스케치 작성, XZ평면
- 작성-스케치 명령을 이용하여 스케치 후 구속조건 기입
- 작성-스케치 치수로 수정

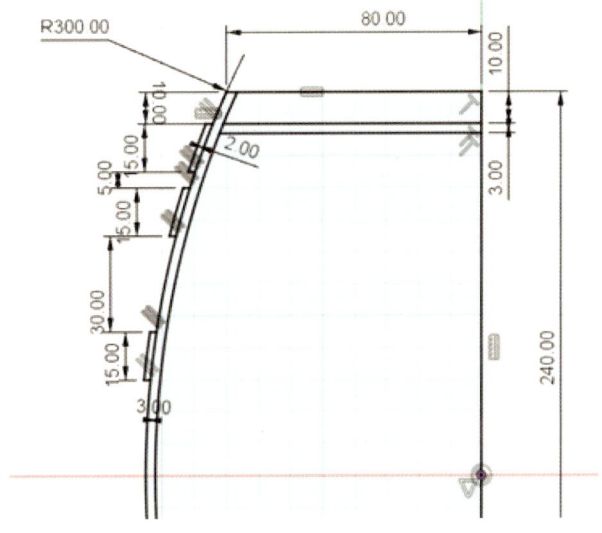

02

- 스케치 마무리
- 작성-회전
  측면하나, 360°, 새 본체

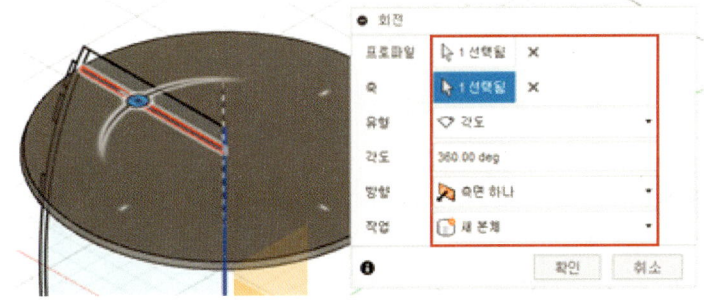

03

- 작성-스케치 작성, 해당평면
- 작성-스케치 명령을 이용하여 스케치 후 구속조건 기입
- 작성-스케치 치수로 수정

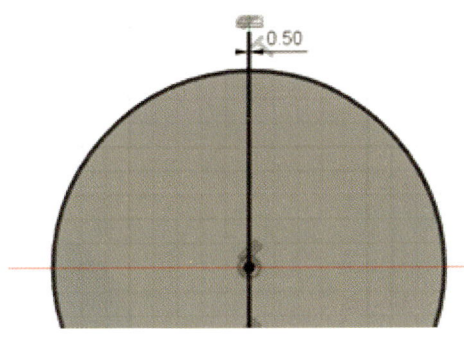

04

- 스케치 마무리
- 작성-돌출
  측면하나, 거리 -3, 잘라내기

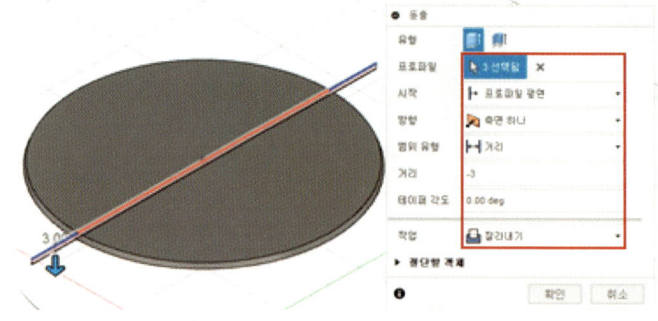

05

- 작성-패턴-직사각형 패턴
  간격, 수량 3, 거리 26.5

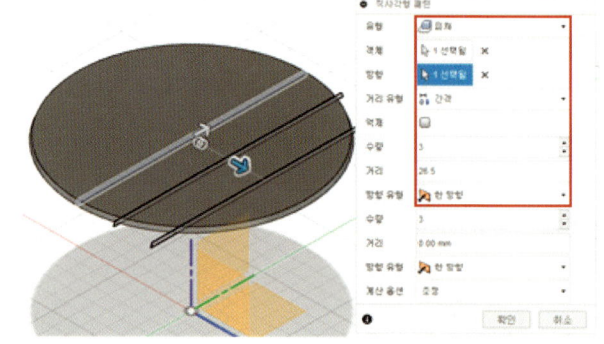

06

- 작성-미러, 피쳐

07

- 작성-미러, 피쳐

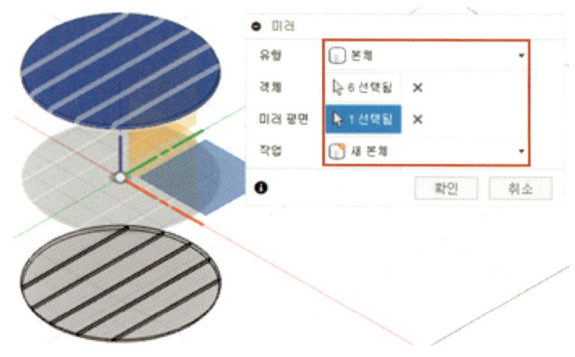

08

- 스케치 활성화
- 작성-회전
  대칭, 8.9°, 새 본체

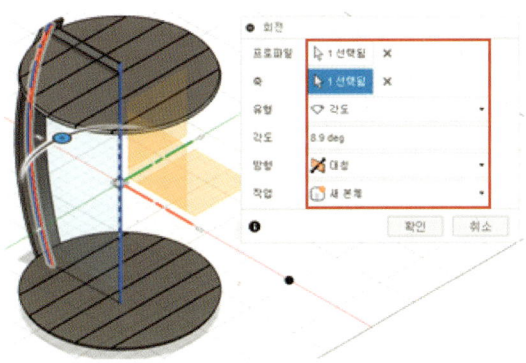

09

- 작성-패턴-원형 패턴

10

- 작성-회전
  측면하나, 360°, 새 본체
- 스케치 비활성화

11

- 작성-미러, 피쳐

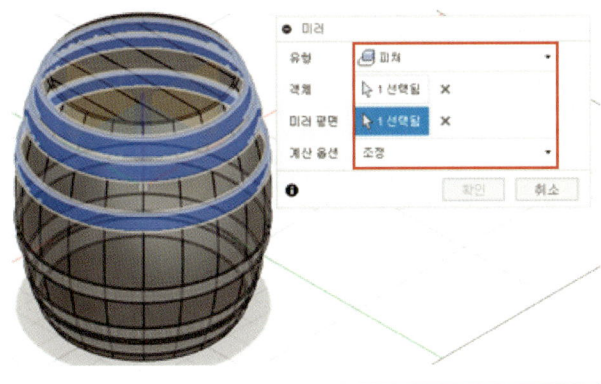

12

- 모델링 완료

13

- 렌더링-설정-모양
- 재질 선택하여 드래그

퓨전 360 3D 모델링
& 제품디자인 응용편

PART 3D

기타류

D-01. 액자

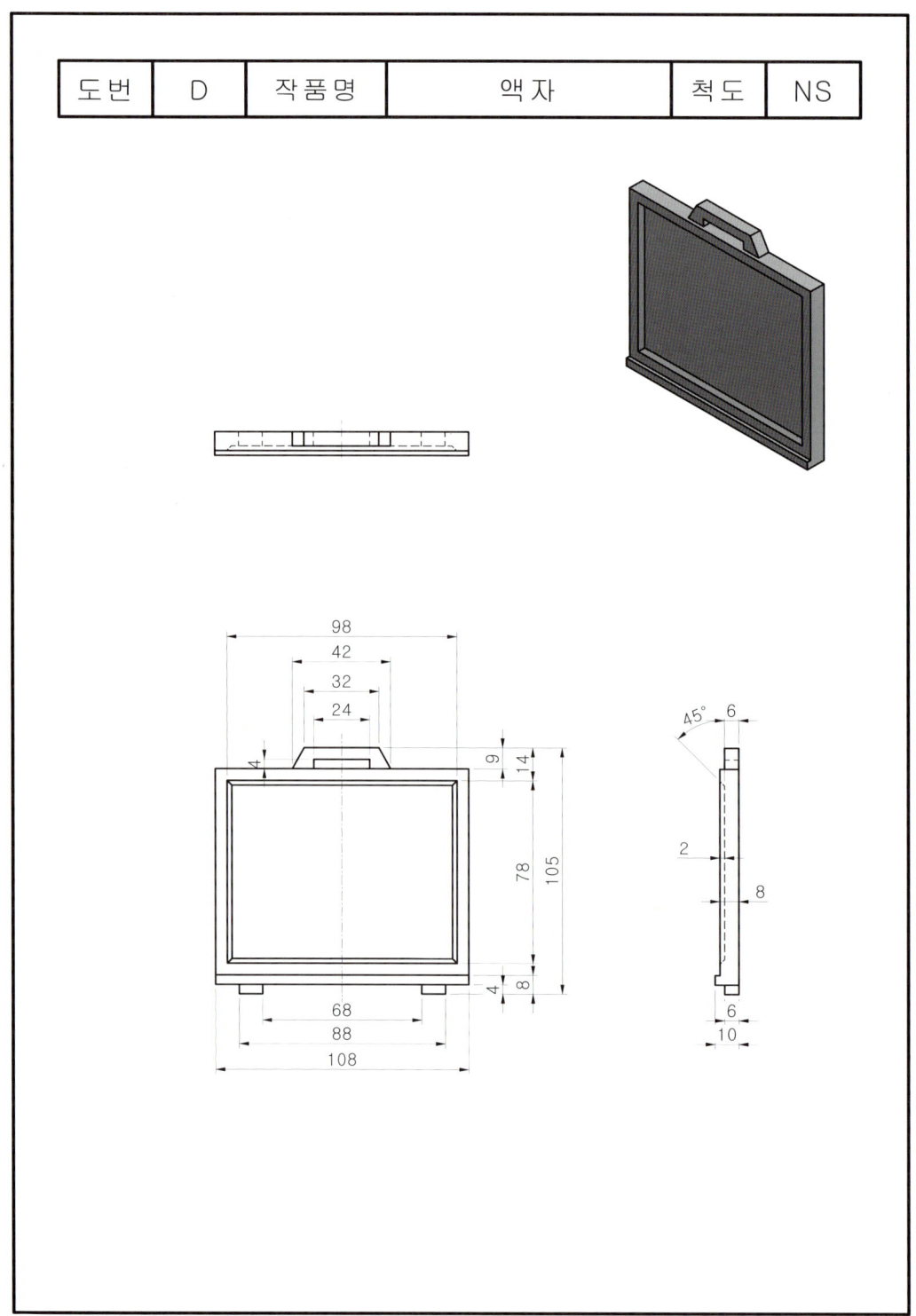

01

- 작성-스케치 작성, XZ평면
- 작성-스케치 명령을 이용하여 스케치 후 구속조건 기입
- 작성-스케치 치수로 수정

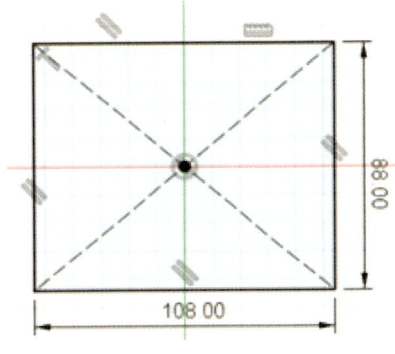

02

- 스케치 마무리
- 작성-돌출
  측면하나, 거리 -8, 새 본체

03

- 작성-스케치 작성, XZ평면
- 작성-스케치 명령을 이용하여 스케치 후 구속조건 기입
- 작성-스케치 치수로 수정

04

- 스케치 마무리
- 작성-돌출
  측면하나, 거리 -10, 접합

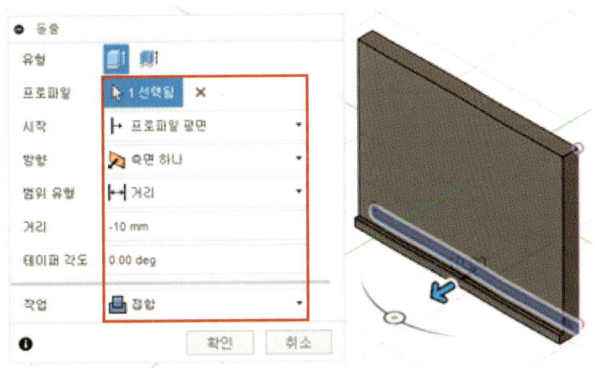

05

- 작성-스케치 작성, XZ평면
- 작성-스케치 명령을 이용하여 스케치 후 구속조건 기입
- 작성-스케치 치수로 수정

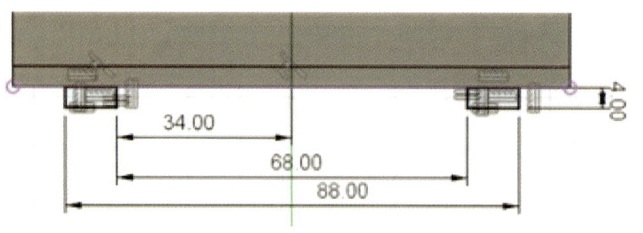

06

- 스케치 마무리
- 작성-돌출
  측면하나, 거리 -6, 접합

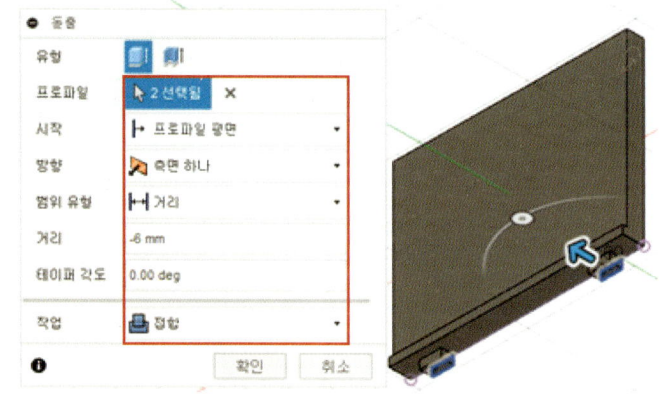

07

- 작성-스케치 작성, 해당평면
- 작성-스케치 명령을 이용하여 스케치 후 구속조건 기입
- 작성-스케치 치수로 수정

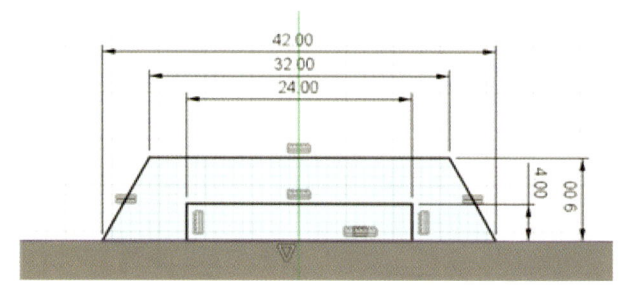

08

- 스케치 마무리
- 작성-돌출
  측면하나, 거리 -6, 접합

09

- 작성-스케치 작성, 해당평면
- 작성-스케치 명령을 이용하여 스케치 후 구속조건 기입
- 작성-스케치 치수로 수정

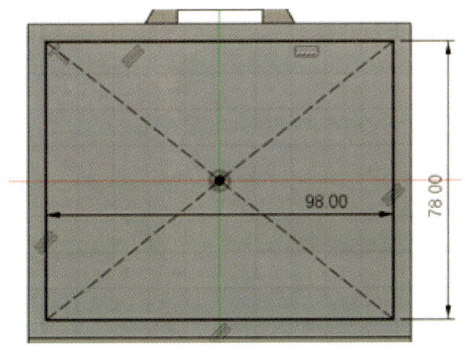

10

- 스케치 마무리
- 작성-돌출
  측면하나, 거리 -2, 45°, 잘라내기

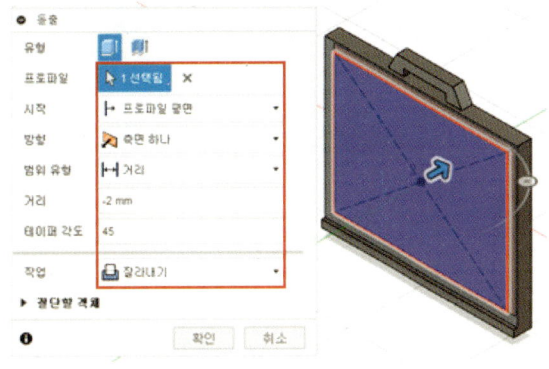

11

- 모델링 완료

12

- 렌더링-설정-모양
- 재질 선택하여 드래그

D-02. 팔찌

| 도번 | D-02 | 작품명 | 팔찌 | 척도 | NS |

⌀100

01

- 작성-스케치 작성, XZ평면
- 작성-스케치 명령을 이용하여 스케치 후 구속조건 기입
- 작성-스케치 치수로 수정

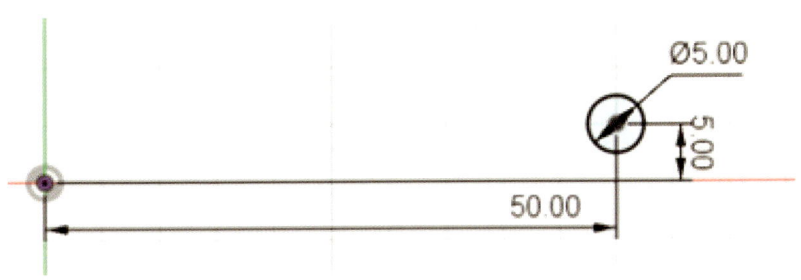

02

- 작성-스케치 작성, XY평면
- 작성-스케치 명령을 이용하여 스케치 후 구속조건 기입

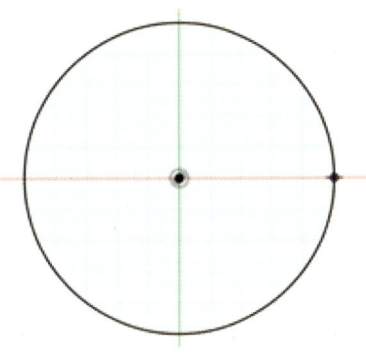

03

- 스케치 마무리
- 작성-스윕, 360*7

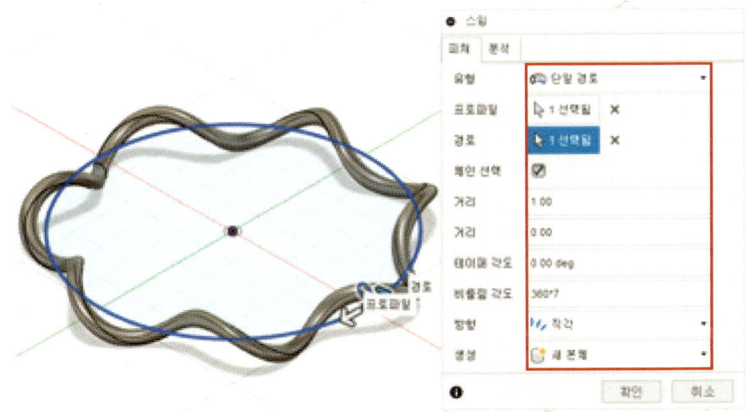

04

- 작성-패턴-원형 패턴, 수량6

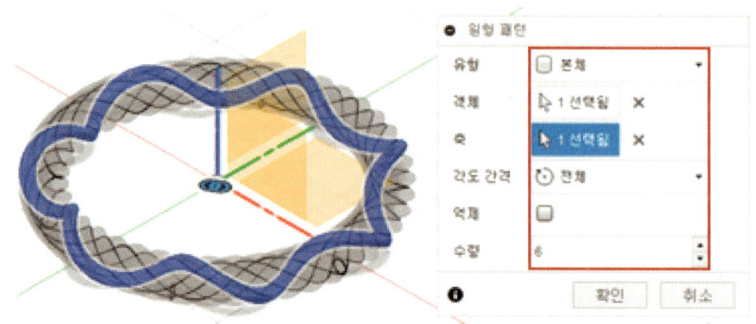

05

- 모델링 완료

06

- 렌더링-설정-모양
- 재질 선택하여 드래그

D-03. 재떨이

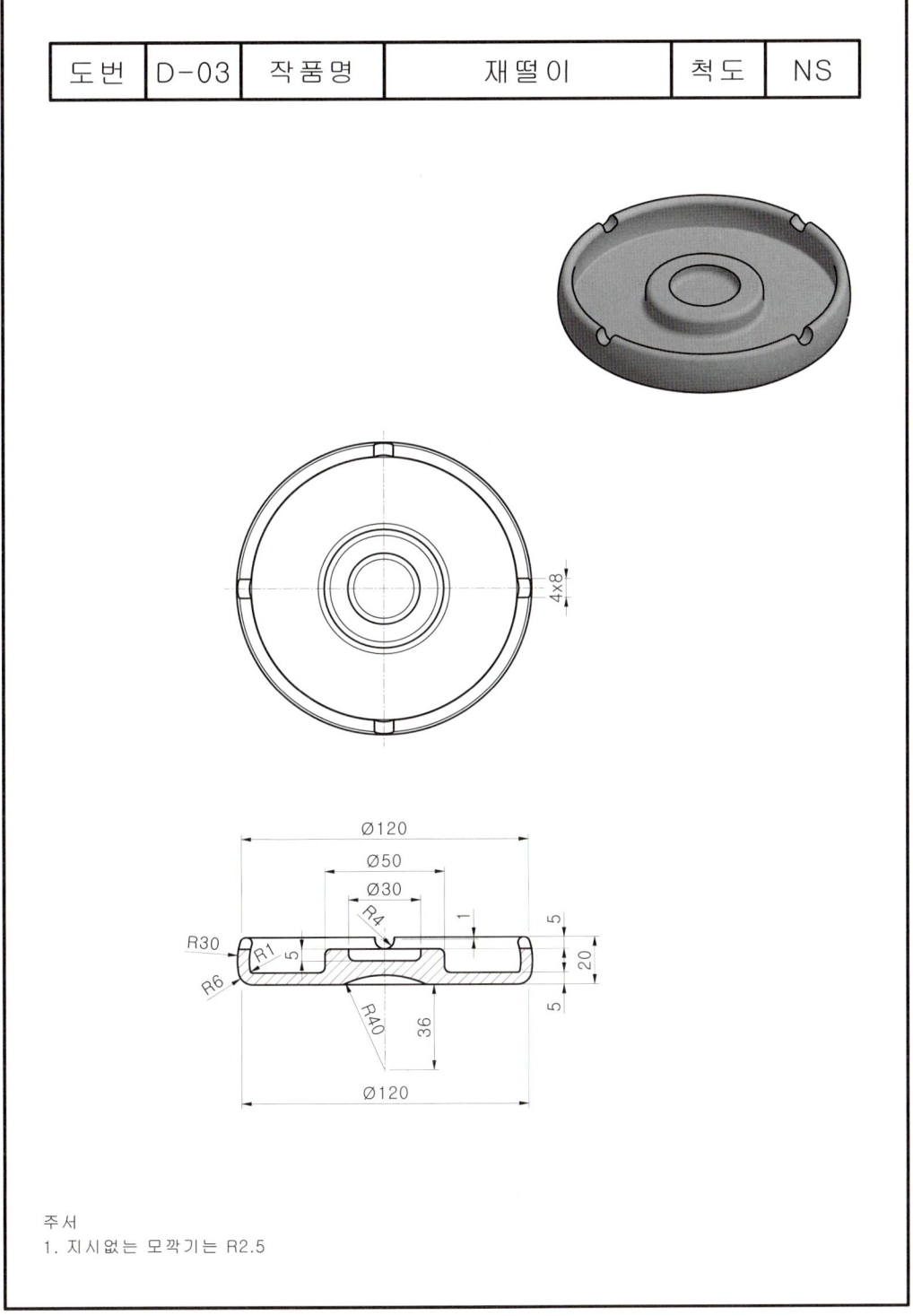

주서
1. 지시없는 모깎기는 R2.5

01

- 작성-스케치 작성, XZ평면
- 작성-스케치 명령을 이용하여 스케치 후 구속조건 기입
- 작성-스케치 치수로 수정

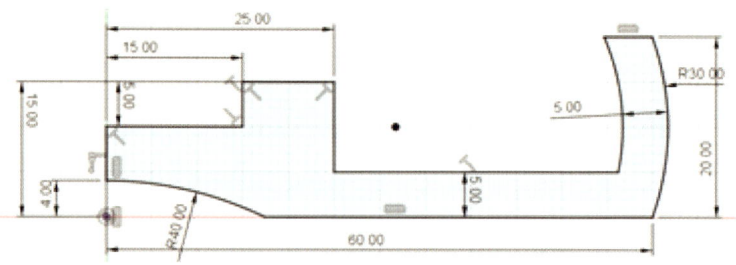

02

- 스케치 마무리
- 작성-회전
  측면하나, 360°, 새 본체

03

- 수정-모깎기, R1

04

- 수정-모깎기, R6

05

- 수정-모깎기, R2.5

06

- 작성-스케치 작성, XZ평면
- 작성-스케치 명령을 이용하여 스케치 후 구속조건 기입
- 작성-스케치 치수로 수정

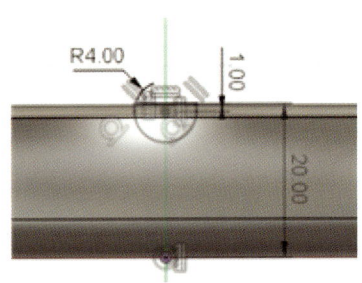

07

- 스케치 마무리
- 작성-돌출
  측면하나, 모두, 잘라내기

08

- 작성-패턴-원형 패턴, 4개

09

- 모델링 완료

10

- 렌더링-설정-모양
- 재질 선택하여 드래그

D-04. 얼음틀

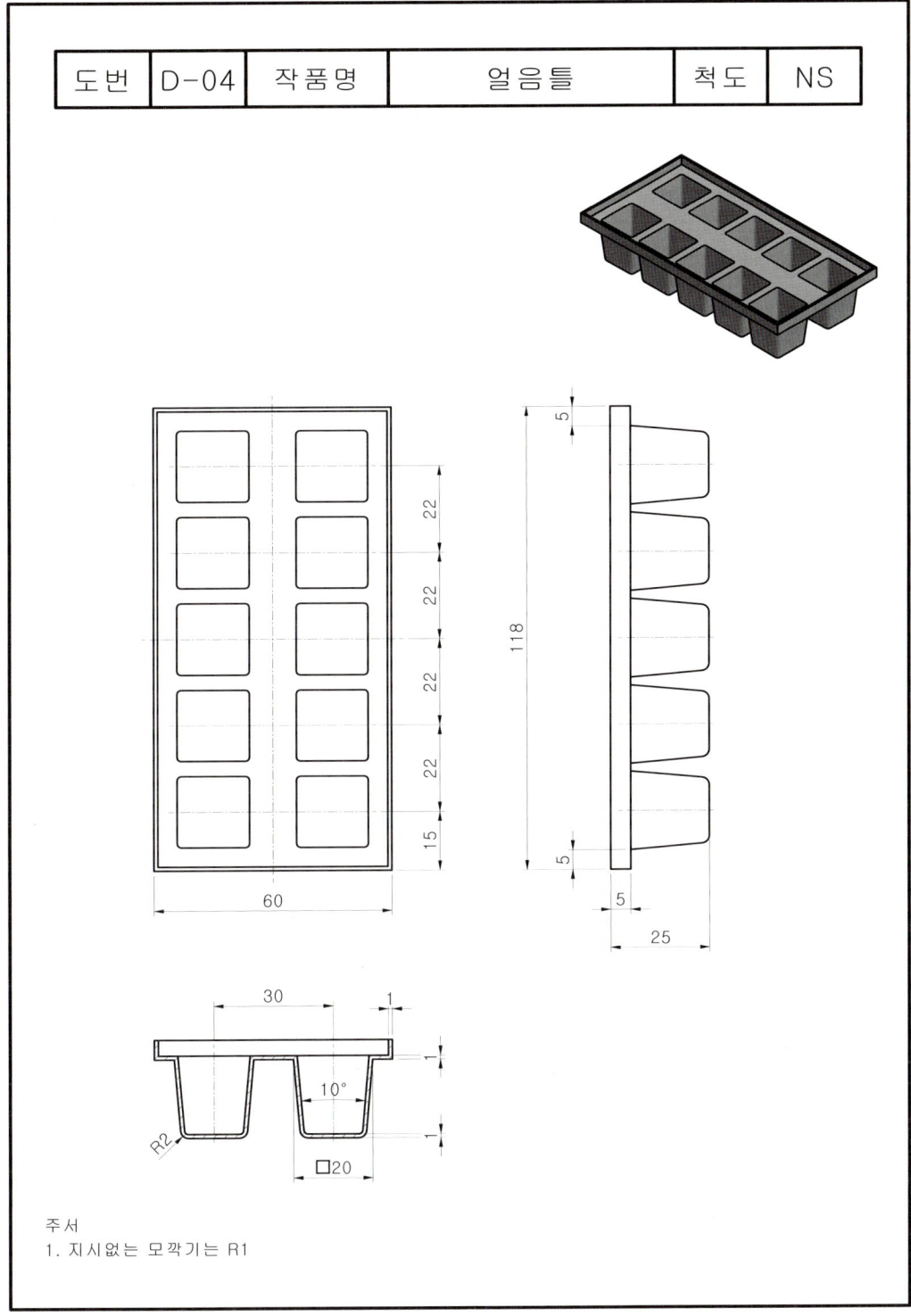

01

- 작성-스케치 작성, XY평면
- 작성-스케치 명령을 이용하여 스케치 후 구속조건 기입
- 작성-스케치 치수로 수정

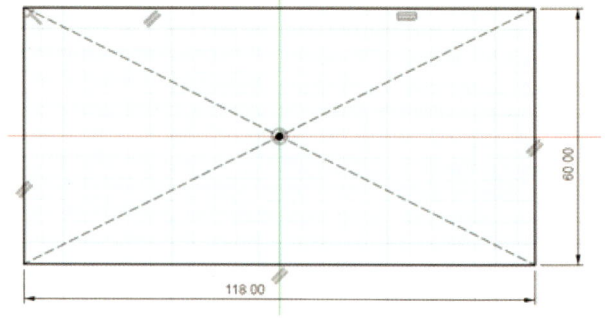

02

- 스케치 마무리
- 작성-돌출
  측면하나, 거리 5, 새 본체

03

- 작성-스케치 작성, 해당평면
- 작성-스케치 명령을 이용하여 스케치 후 구속조건 기입
- 작성-스케치 치수로 수정

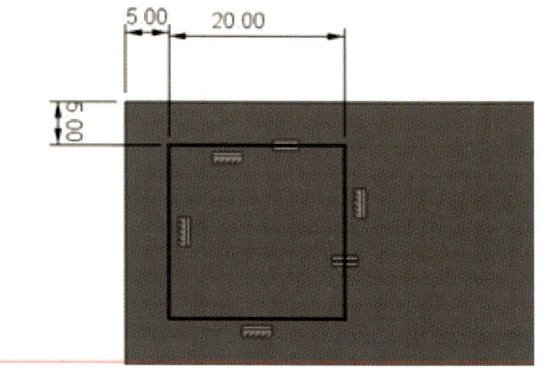

04

- 스케치 마무리
- 작성-돌출
  측면하나, 거리 20, -5°, 접합

05

- 수정-모깎기, R2

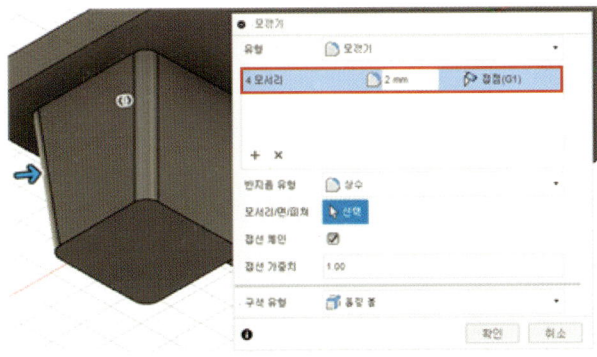

06

- 수정-모깎기, R2

07

- 작성-패턴-직사각형 패턴
  간격, 수량 5, 거리 22
       수량 2, 거리 -30

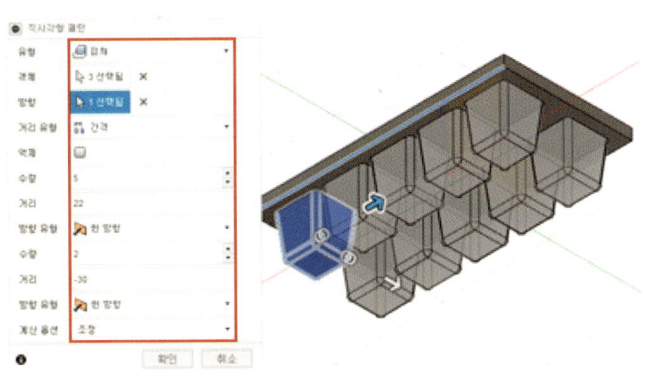

08

- 수정-쉘, 1

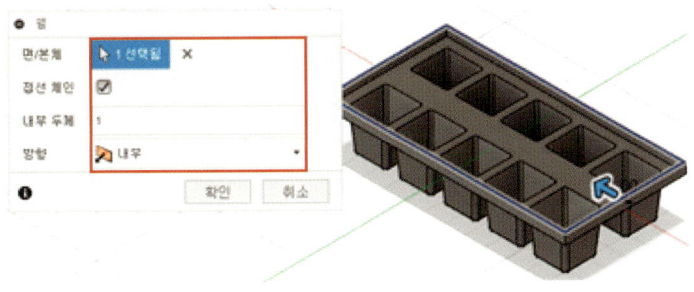

09

- 모델링 완료

10

- 렌더링-설정-모양
- 재질 선택하여 드래그

D-05. 물병

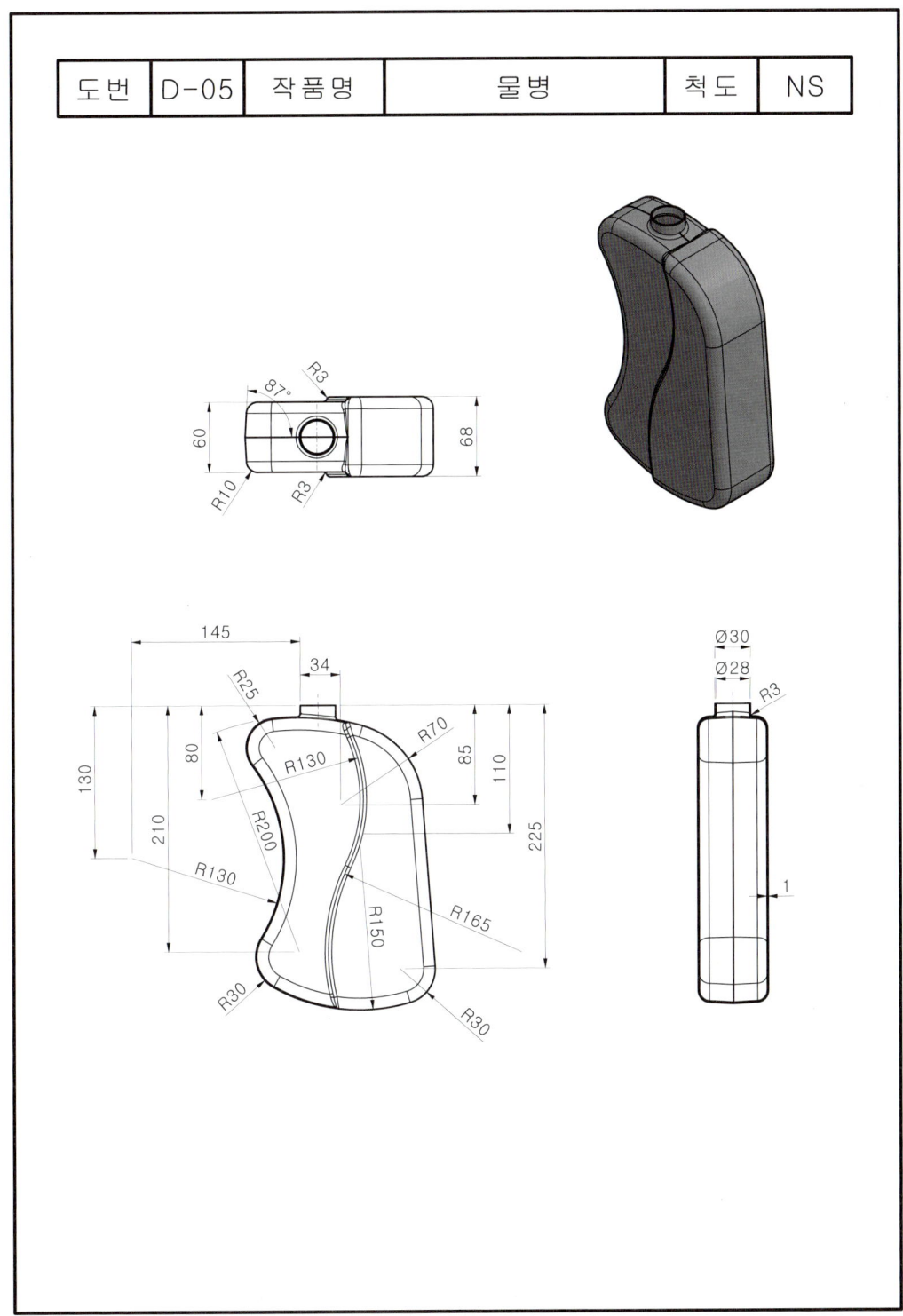

01

- 작성-스케치 작성, XY평면
- 작성-스케치 명령을 이용하여 스케치 후 구속조건 기입
- 작성-스케치 치수로 수정

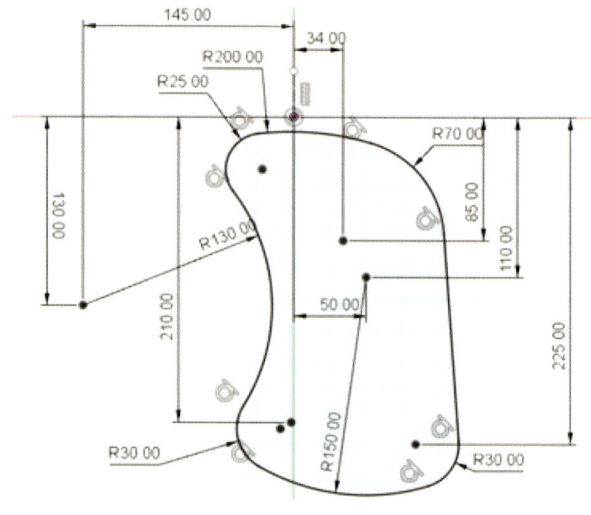

02

- 스케치 마무리
- 작성-돌출
  측면하나, 거리 30, 새 본체

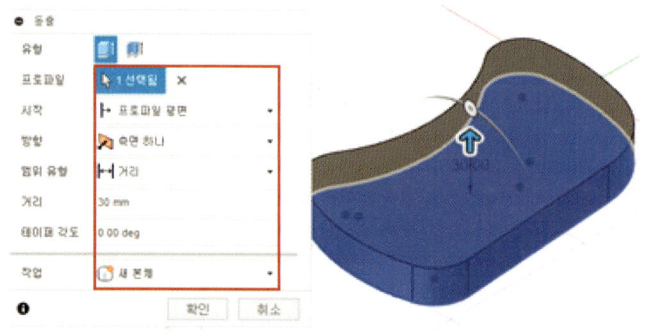

03

- 수정-기울기, 3°

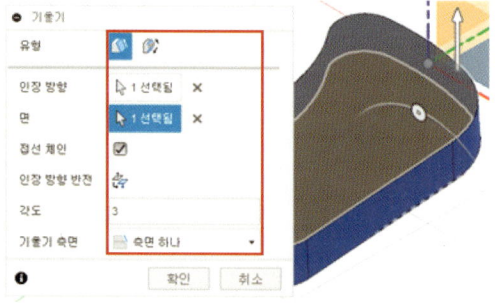

04

- 작성-스케치 작성, XZ평면
- 작성-스케치 명령을 이용하여 스케치 후 구속조건 기입
- 작성-스케치 치수로 수정

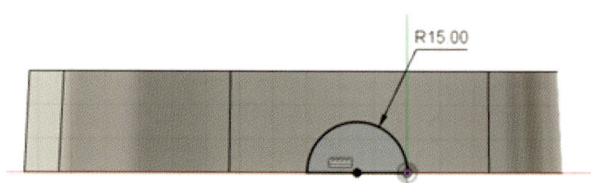

05

- 스케치 마무리
- 작성-돌출
  측면하나, 객체로, 접합

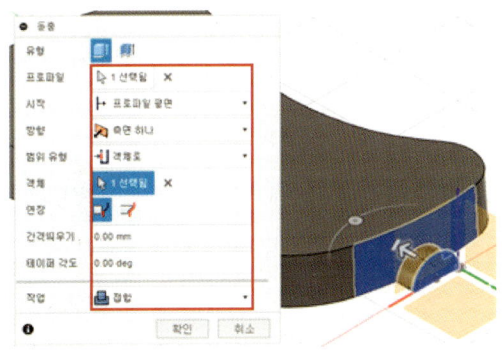

06

- 수정-모깎기, R3

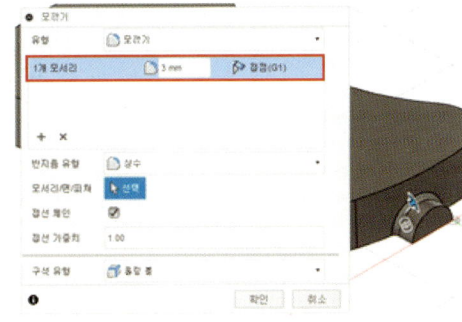

07

- 수정-모깎기, R10

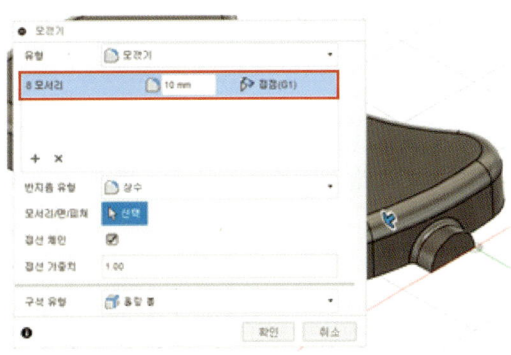

08

- 작성-스케치 작성, XY평면
- 작성-스케치 명령을 이용하여
  스케치 후 구속조건 기입
- 작성-스케치 치수로 수정

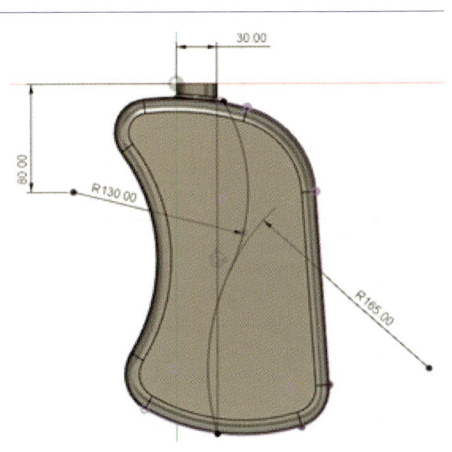

09

- 스케치 마무리
- 작성-돌출
  측면하나, 거리 34, 접합

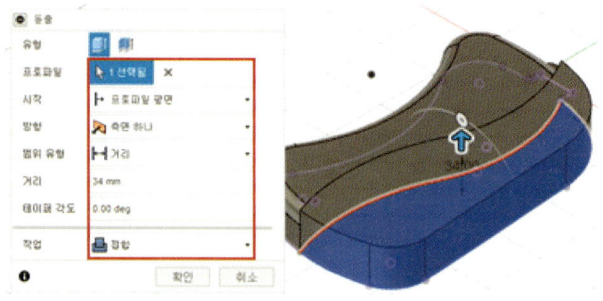

10

- 수정-모깎기, R10

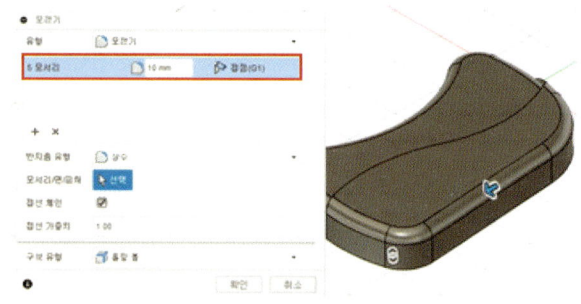

11

- 수정-모깎기, R3

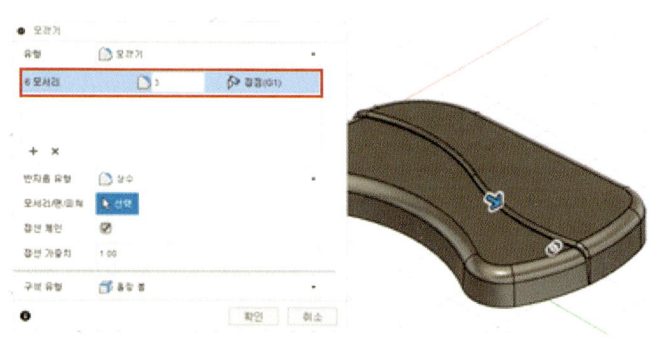

12

- 수정-모깎기, R3

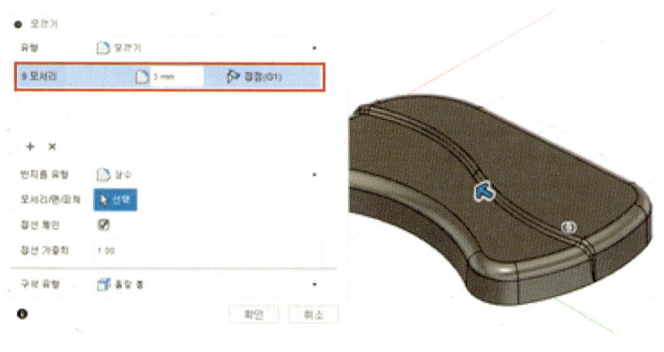

13

- 수정-쉘, 1

14

- 작성-미러

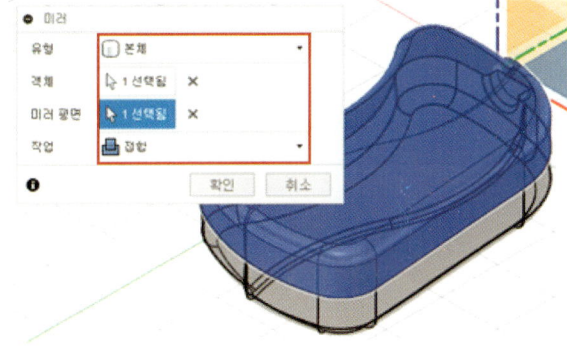

15

- 모델링 완료

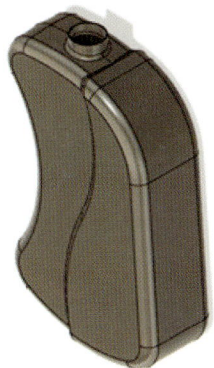

16

- 렌더링-설정-모양
- 재질 선택하여 드래그

D-06. 옷걸이

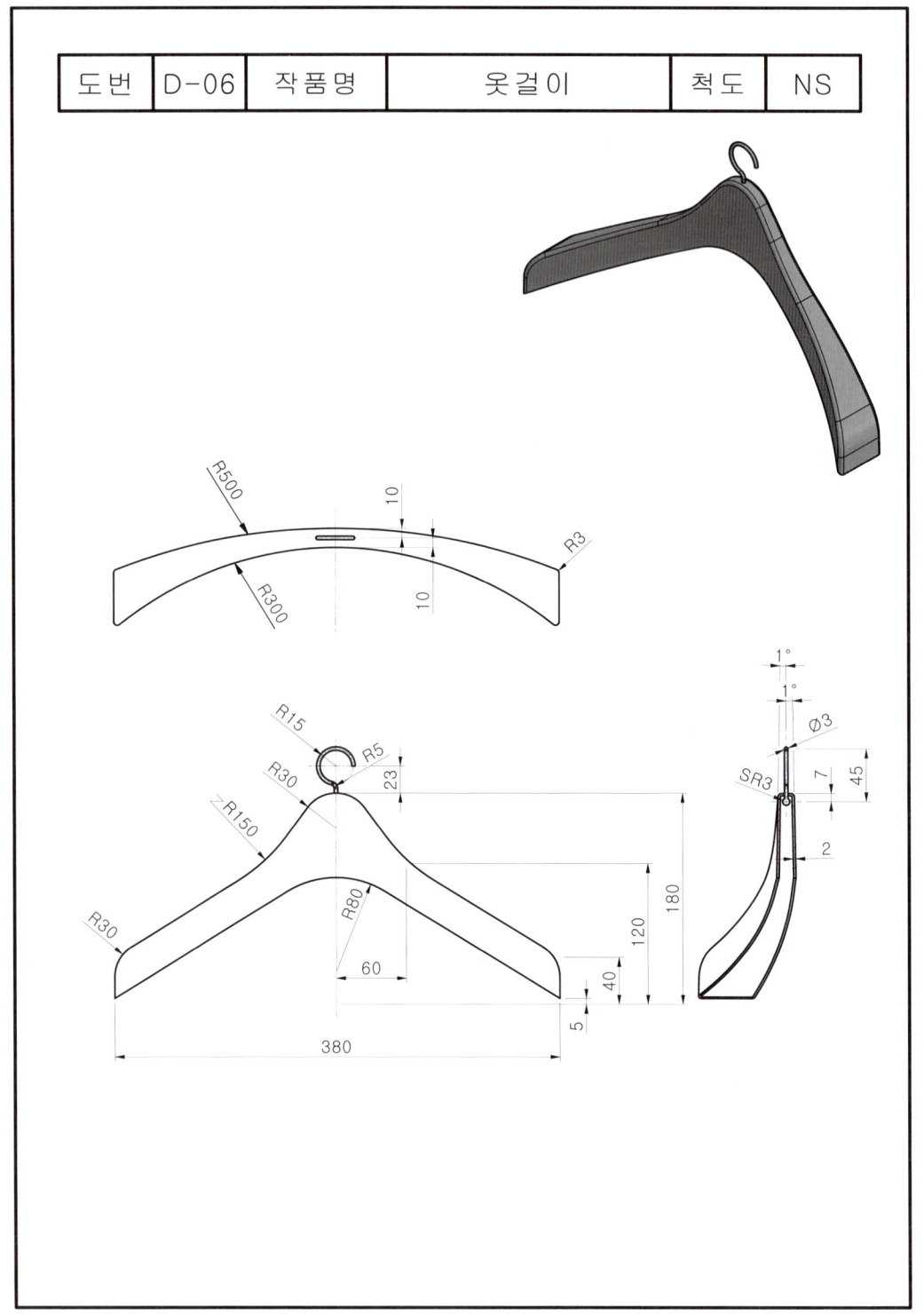

01

- 작성-스케치 작성, XY평면
- 작성-스케치 명령을 이용하여 스케치 후 구속조건 기입
- 작성-스케치 치수로 수정

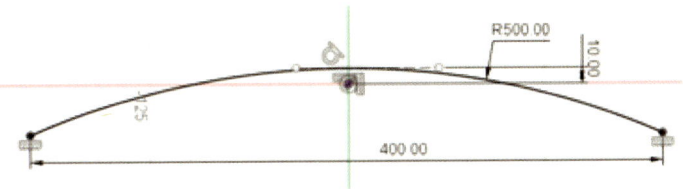

02

- 스케치 마무리
- 곡면-작성-돌출
  측면하나, 거리 200, -1°, 새 본체

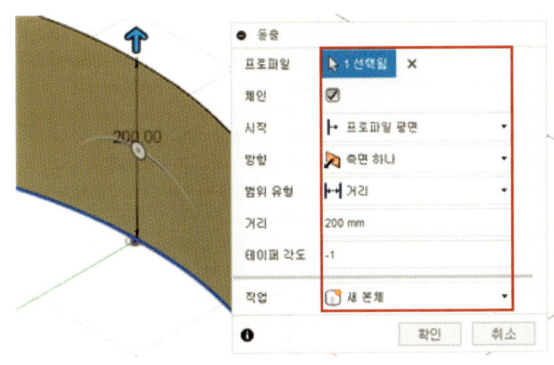

03

- 작성-스케치 작성, XY평면
- 작성-스케치 명령을 이용하여 스케치 후 구속조건 기입
- 작성-스케치 치수로 수정

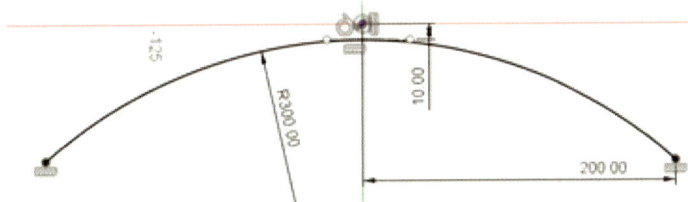

04

- 스케치 마무리
- 곡면-작성-돌출
  측면하나, 거리 200, 1°, 새 본체

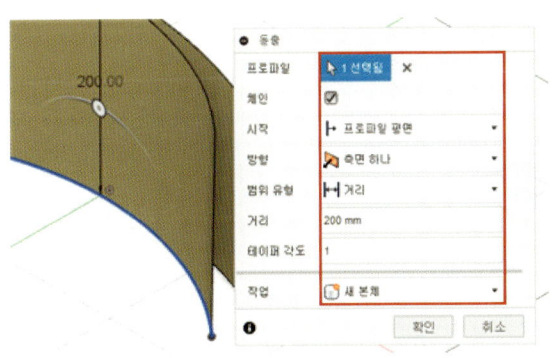

05

- 작성-스케치 작성, XZ평면
- 작성-스케치 명령을 이용하여 스케치 후 구속조건 기입
- 작성-스케치 치수로 수정

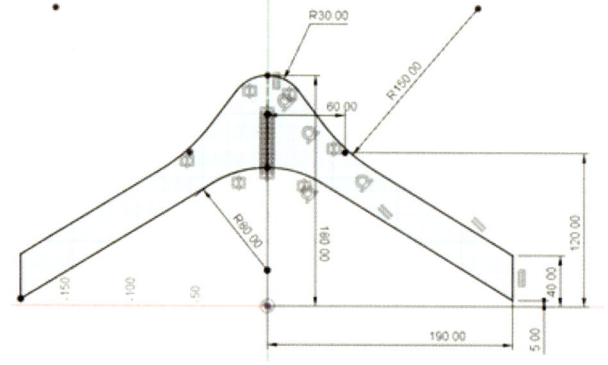

06

- 스케치 마무리
- 작성-돌출
  대칭, 거리 200, 새 본체

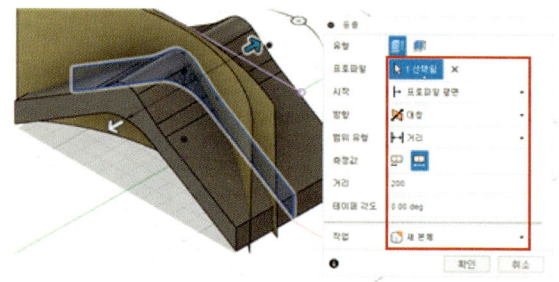

07

- 수정-본체 분할

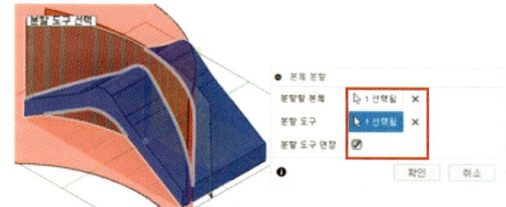

08

- 수정-본체 분할

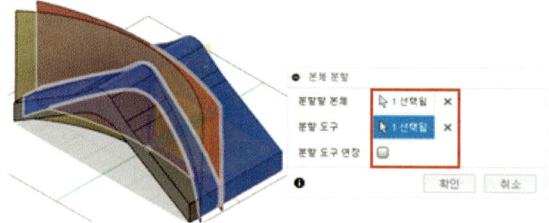

09

- 필요없는 본체는 비활성화

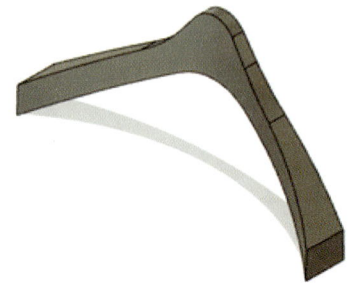

10

- 수정-모깎기, R30

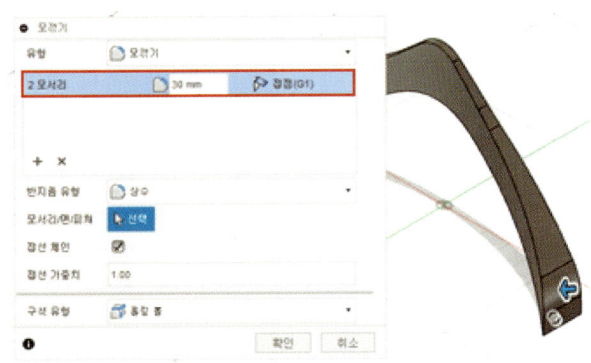

11

- 수정-모깎기, R3

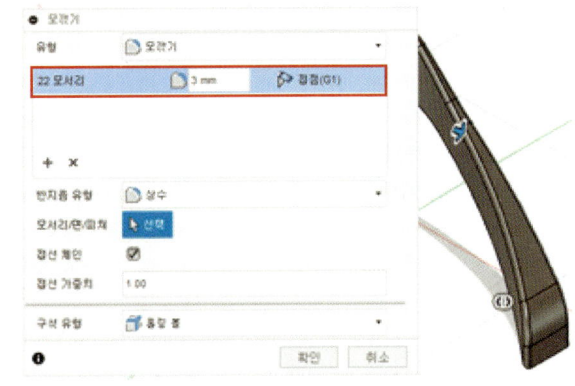

12

- 수정-쉘, 2

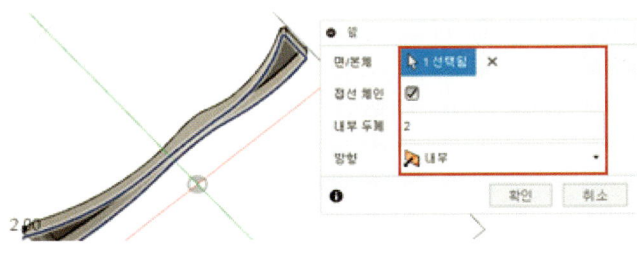

13

- 작성-스케치 작성, XY평면
- 작성-스케치 명령을 이용하여 스케치 후 구속조건 기입
- 작성-스케치 치수로 수정

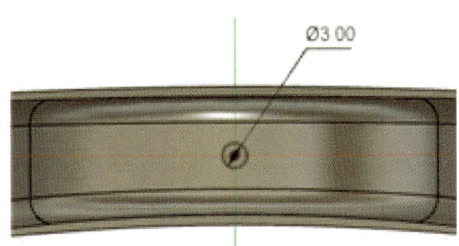

14

- 스케치 마무리
- 작성-돌출
  측면하나, 모두, 잘라내기

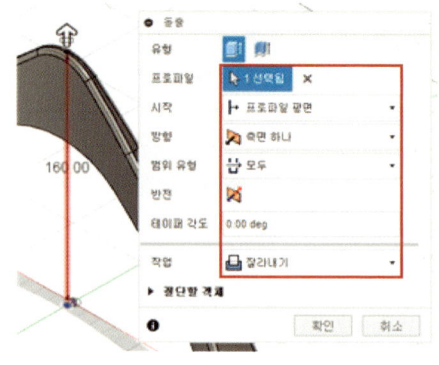

15

- 작성-스케치 작성, XZ평면
- 작성-스케치 명령을 이용하여
  스케치 후 구속조건 기입
- 작성-스케치 치수로 수정

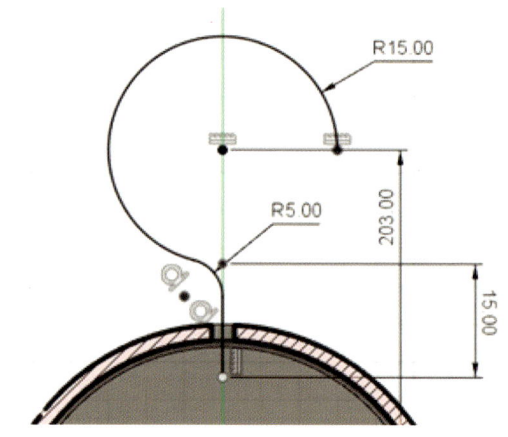

16

- 구성-경로를 따라 평면

17

- 작성-스케치 작성, 해당평면
- 작성-스케치 명령을 이용하여
  스케치 후 구속조건 기입
- 작성-스케치 치수로 수정

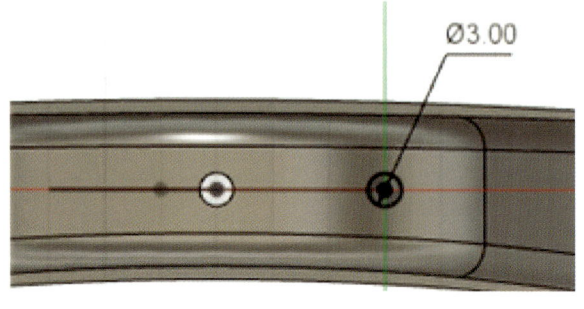

18

- 스케치 마무리
- 작성-스윕, 새 본체

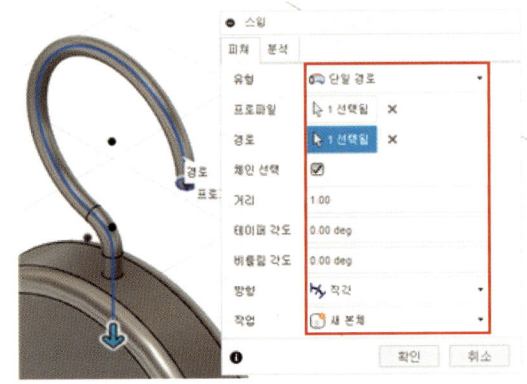

19

- 작성-구. ⌀6

20

- 모델링 완료

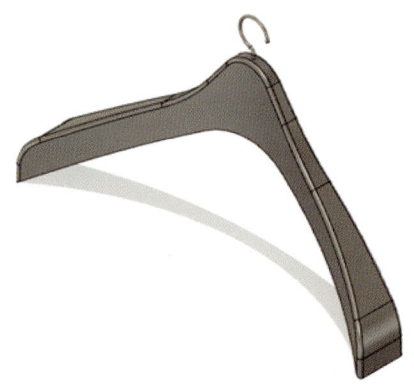

21

- 렌더링-설정-모양
- 재질 선택하여 드래그

D-07. 바구니

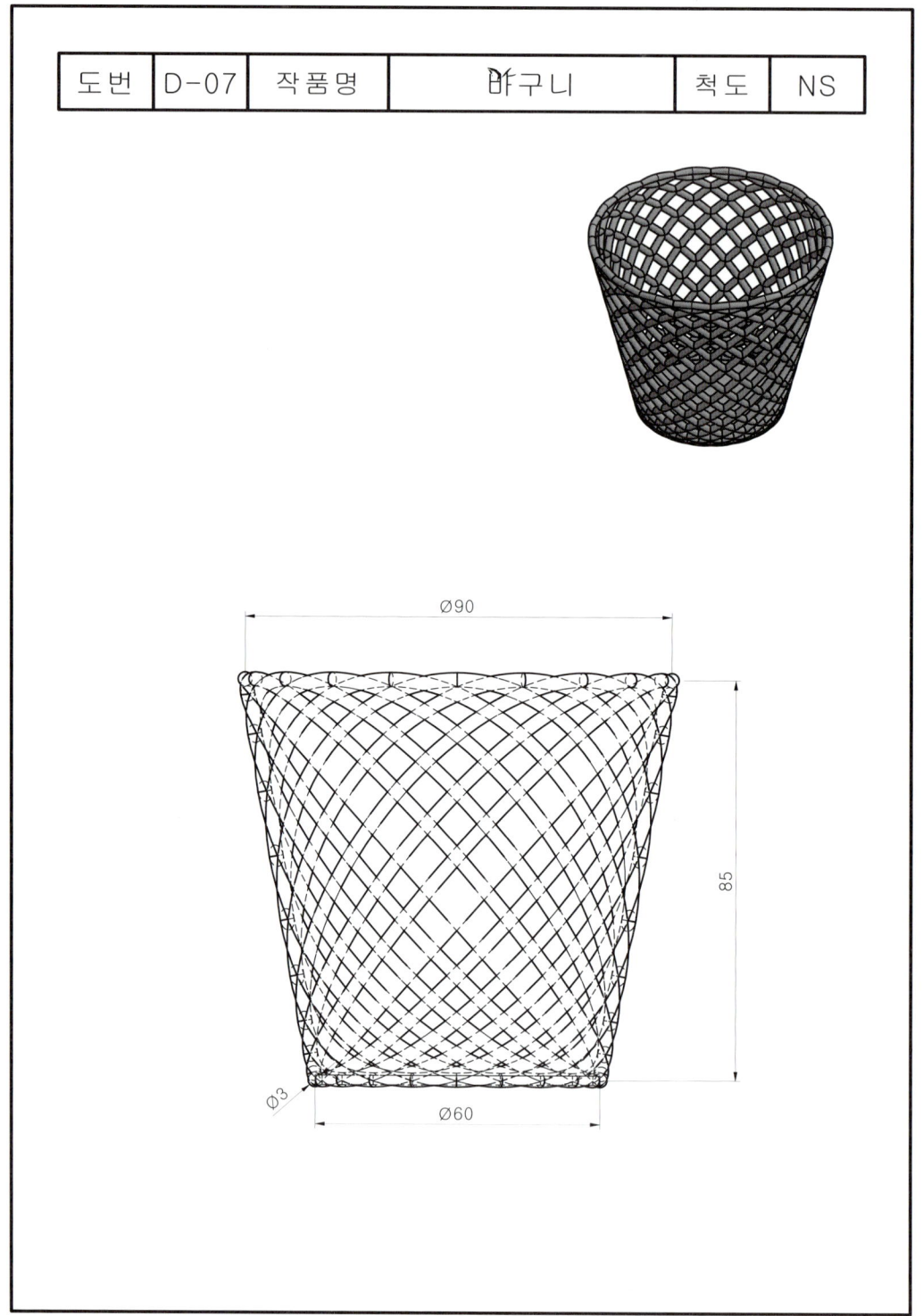

01

- 작성-스케치 작성, XZ평면
- 작성-스케치 명령을 이용하여 스케치 후 구속조건 기입
- 작성-스케치 치수로 수정

02

- 스케치 마무리
- 곡면-작성-돌출
  측면하나, 180°, 새 본체

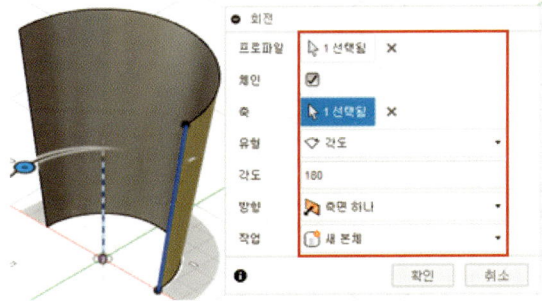

03

- 작성-스케치 작성, XZ평면
- 작성-스케치 명령을 이용하여 스케치 후 구속조건 기입

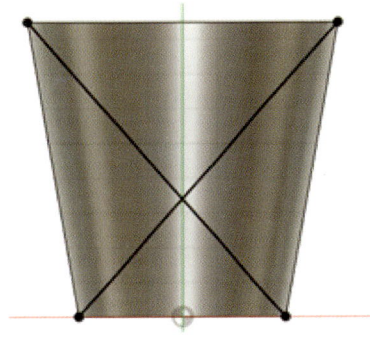

04

- 작성-스케치 작성, XZ평면
- 작성-투영/포함-곡면에 투영

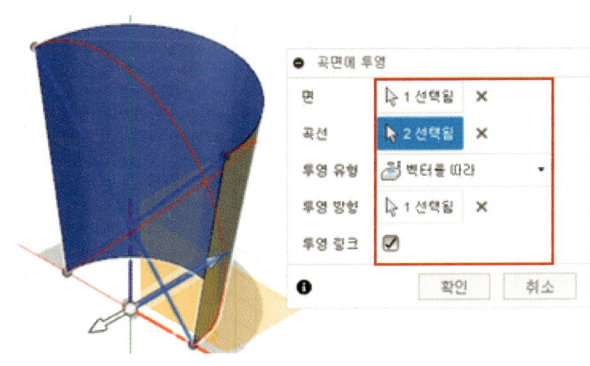

05

- 스케치 마무리
- 불필요한 본체, 스케치 비활성화
- 작성-파이프, ø3, 새 본체

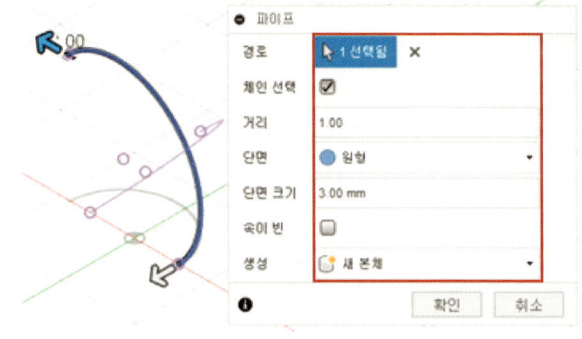

06

- 스케치 활성화
- 작성-파이프, ø3, 접합

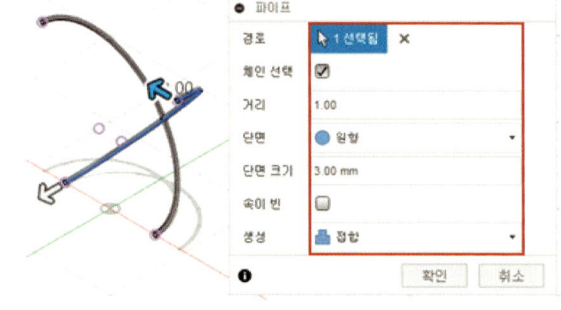

07

- 작성-패턴-원형 패턴, 20개

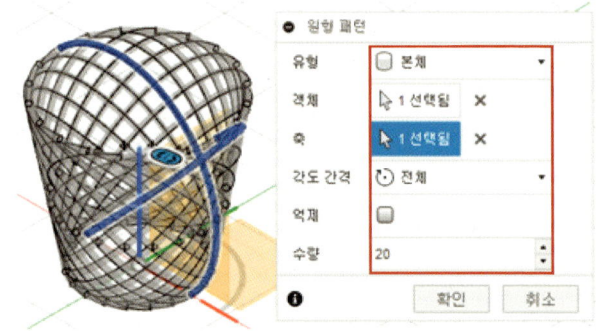

08

- 작성-스케치 작성, XY평면
- 작성-스케치 명령을 이용하여 스케치 후 구속조건 기입
- 작성-스케치 치수로 수정

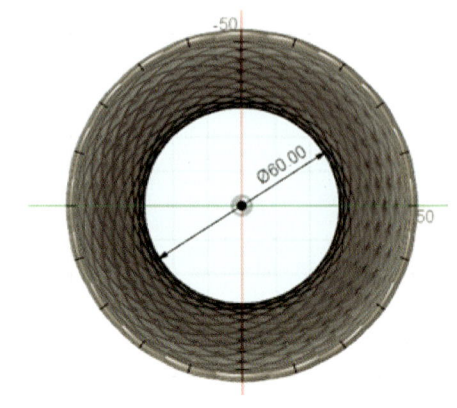

09

- 스케치 마무리
- 작성-돌출
  대칭, 거리 2, 접합

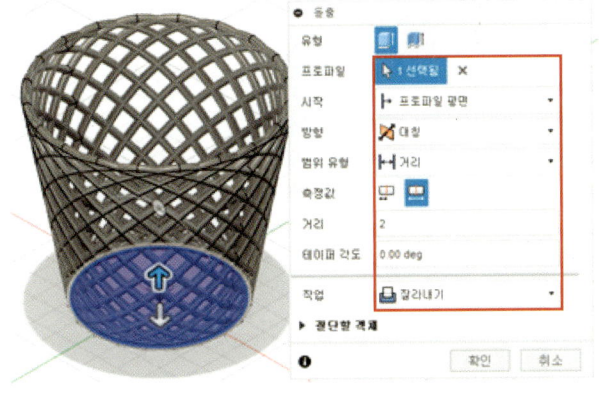

10

- 모델링 완료

11

- 렌더링-설정-모양
- 재질 선택하여 드래그

D-08. 컵받침대

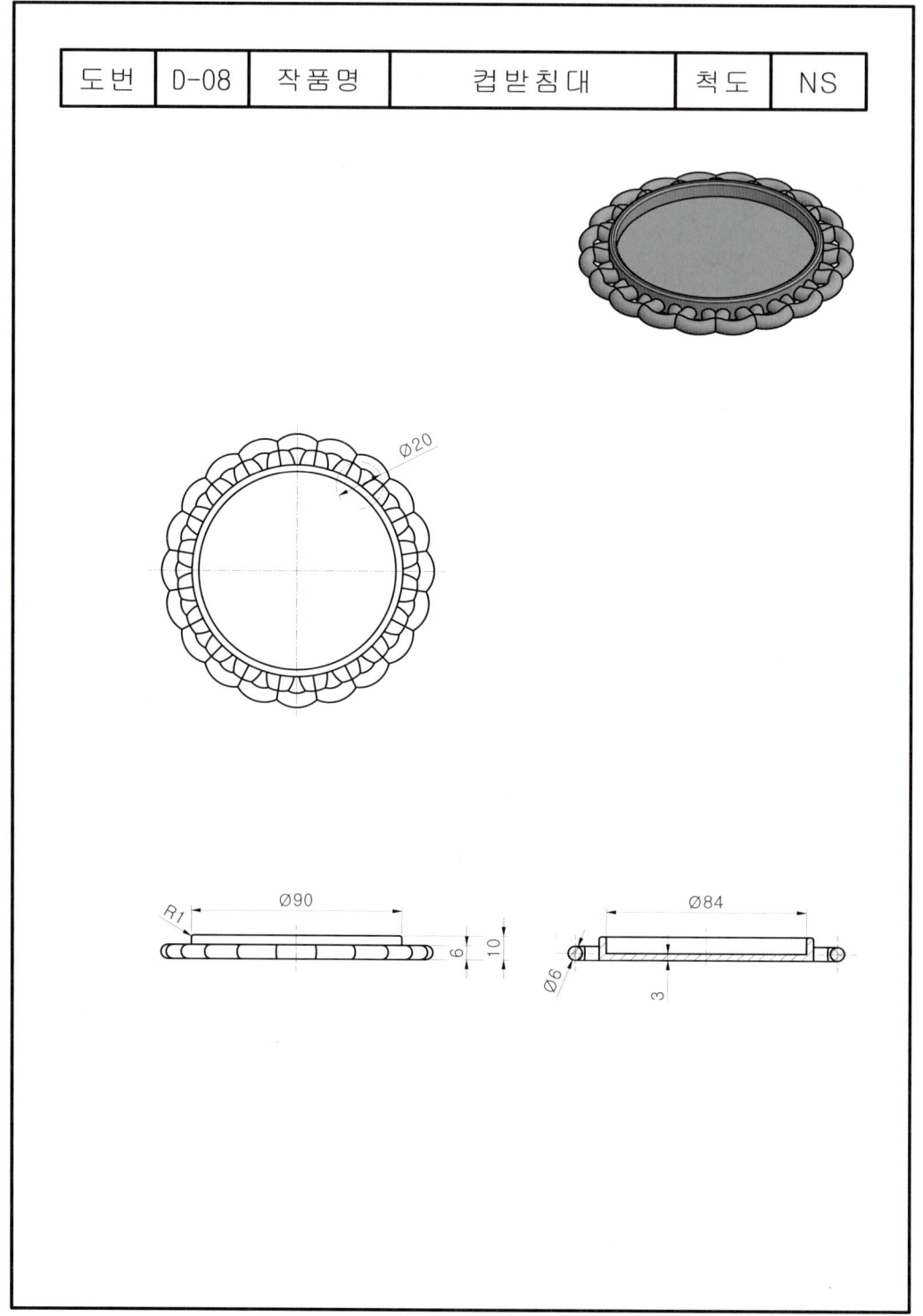

01

- 작성-스케치 작성, XY평면
- 작성-스케치 명령을 이용하여 스케치 후 구속조건 기입
- 작성-스케치 치수로 수정

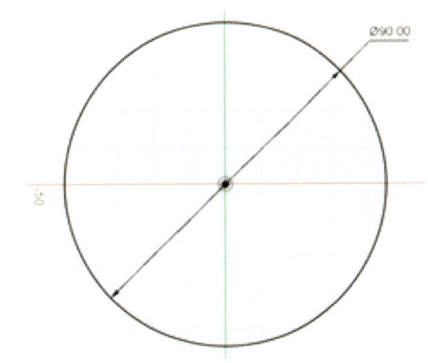

02

- 스케치 마무리
- 작성-돌출
  측면하나, 거리 10, 새 본체

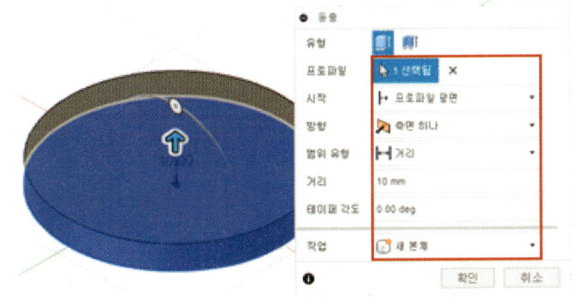

03

- 수정-쉘, 3

04

- 작성-원환
- 해당평면 클릭, 원점 클릭

05
- 수정-이동/복사, 이동, 45

06
- 수정-결합, 잘라내기

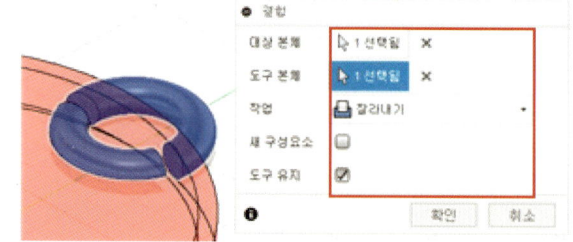

07
- 필요없는 본체 비활성화
- 작성-패턴-원형 패턴, 20개

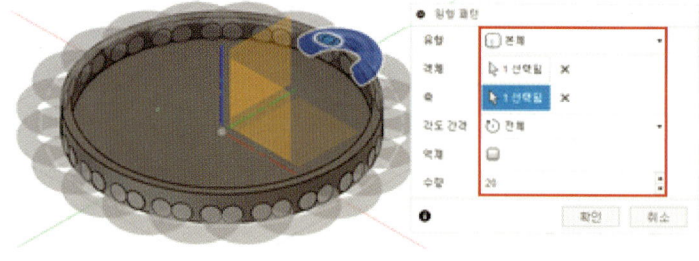

08
- 수정-결합, 접합

- 수정-모깎기. R1

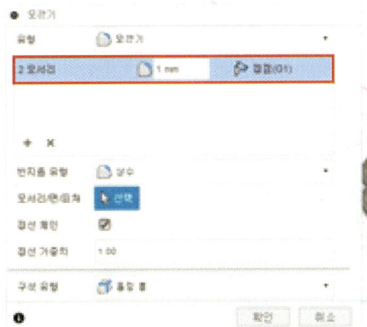 

- 모델링 완료

- 렌더링-설정-모양
- 재질 선택하여 드래그

D-09. 스푼

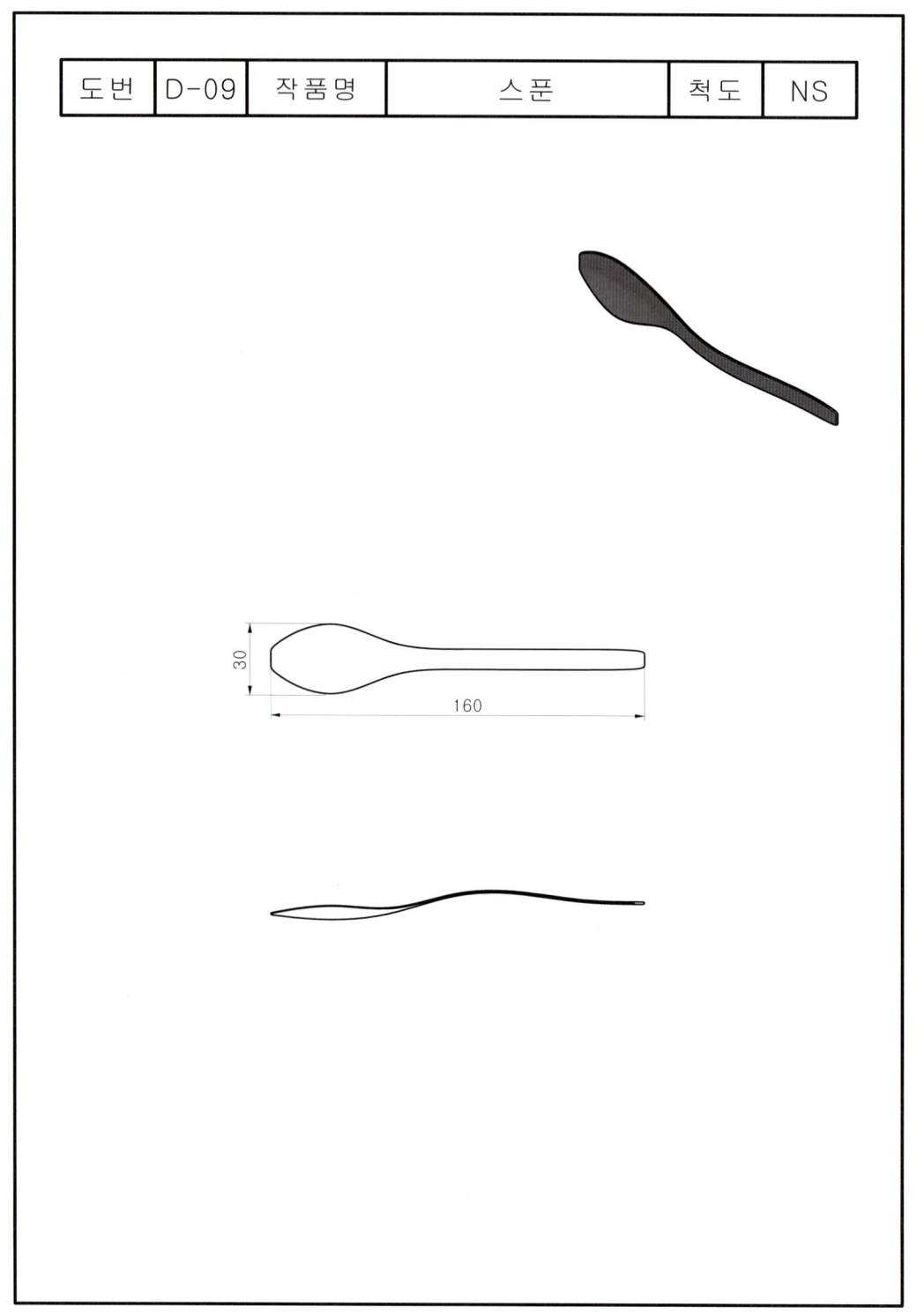

01

- 작성-양식작성-평면
- XY평면 클릭, 원점 클릭 그림과 같이 작성

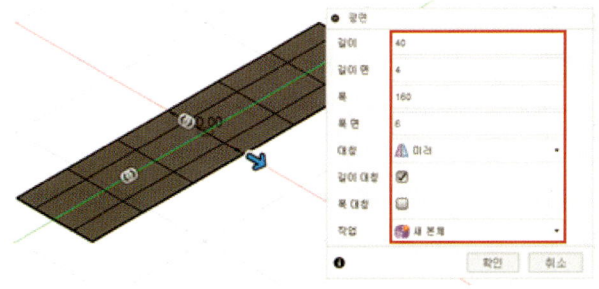

02

- XY평면 보기
- 윗부분 4, 4면을 선택
- 수정-양식편집, X방향, 0.3

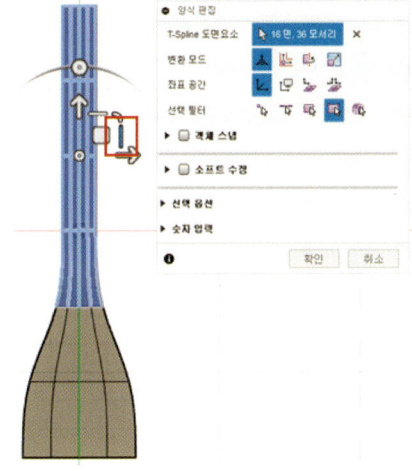

03

- 아래 모서리를 더블클릭
- 수정-양식편집, X방향, 0.3

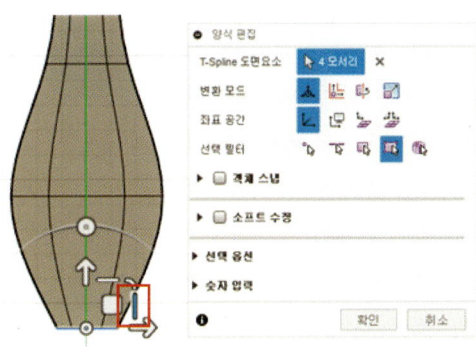

04

- 수정-각진 부분 제거, 아래 정점 클릭

05

- 수정-각진 부분 제거, 위 정점 클릭

06

- 등각 보기
- 윗부분 4x3면을 선택
- 수정-양식편집, Z방향, 7

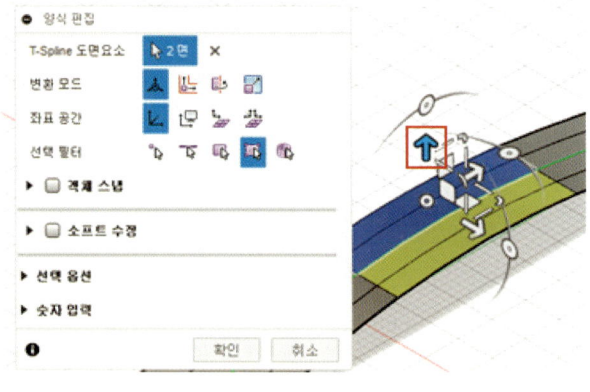

- 윗부분 면을 선택
- 수정-양식편집. Z방향, 6

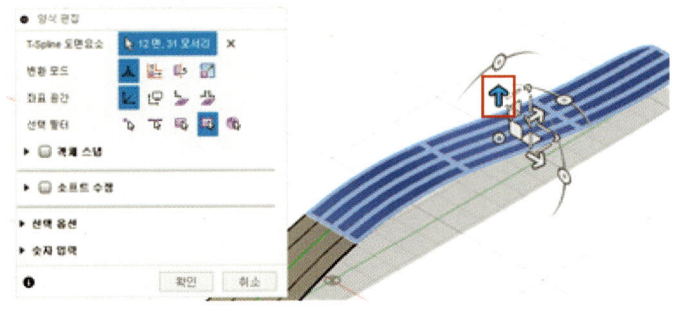

- 정점을 선택
- 수정-양식편집. Z방향, 6

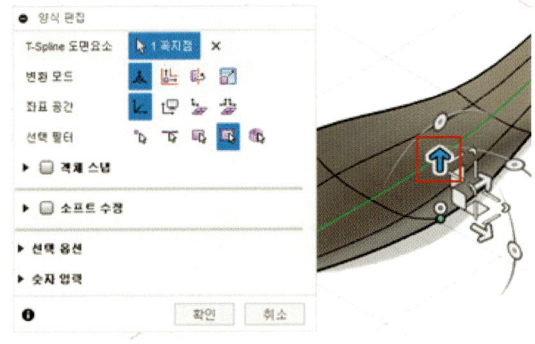

- 정점을 선택
- 수정-양식편집. Z방향, -5

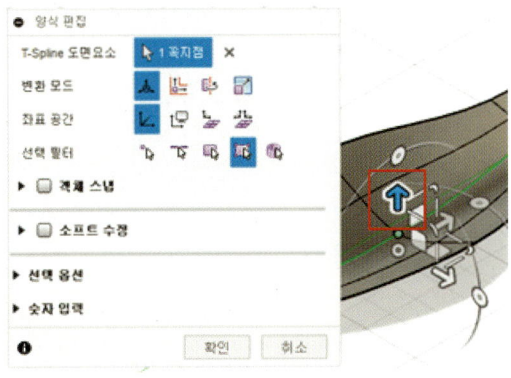

- 모서리를 선택
- 수정-양식편집, X방향, -2

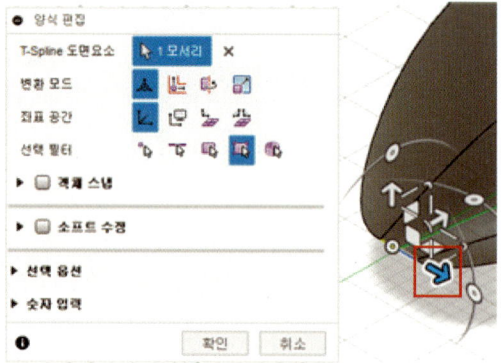

- 선택
- 수정-두껍게하기, 1

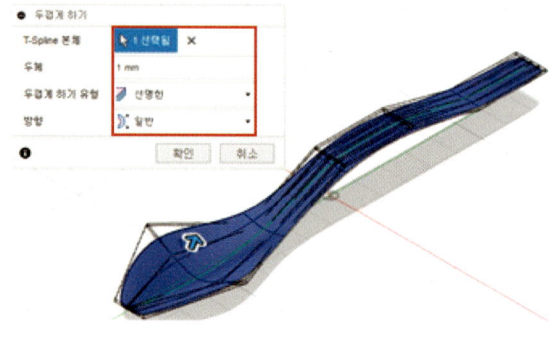

12

- 양식마침

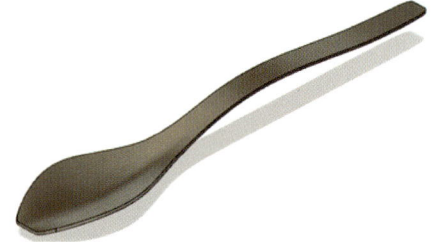

13

- 수정-모깎기, R0.5

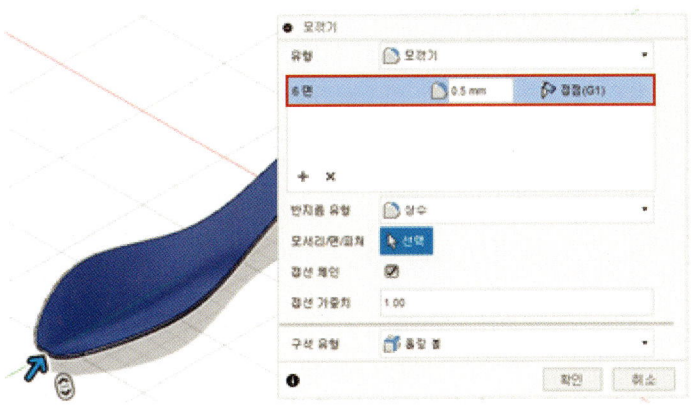

14

- 모델링 완료

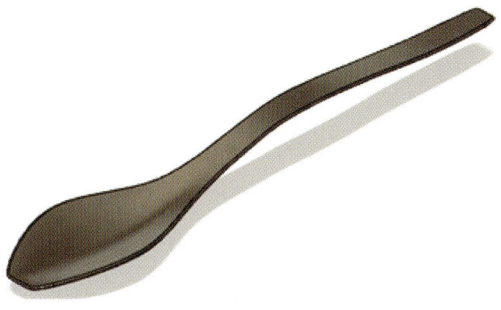

15

- 렌더링-설정-모양
- 재질 선택하여 드래그

D-10. 반지

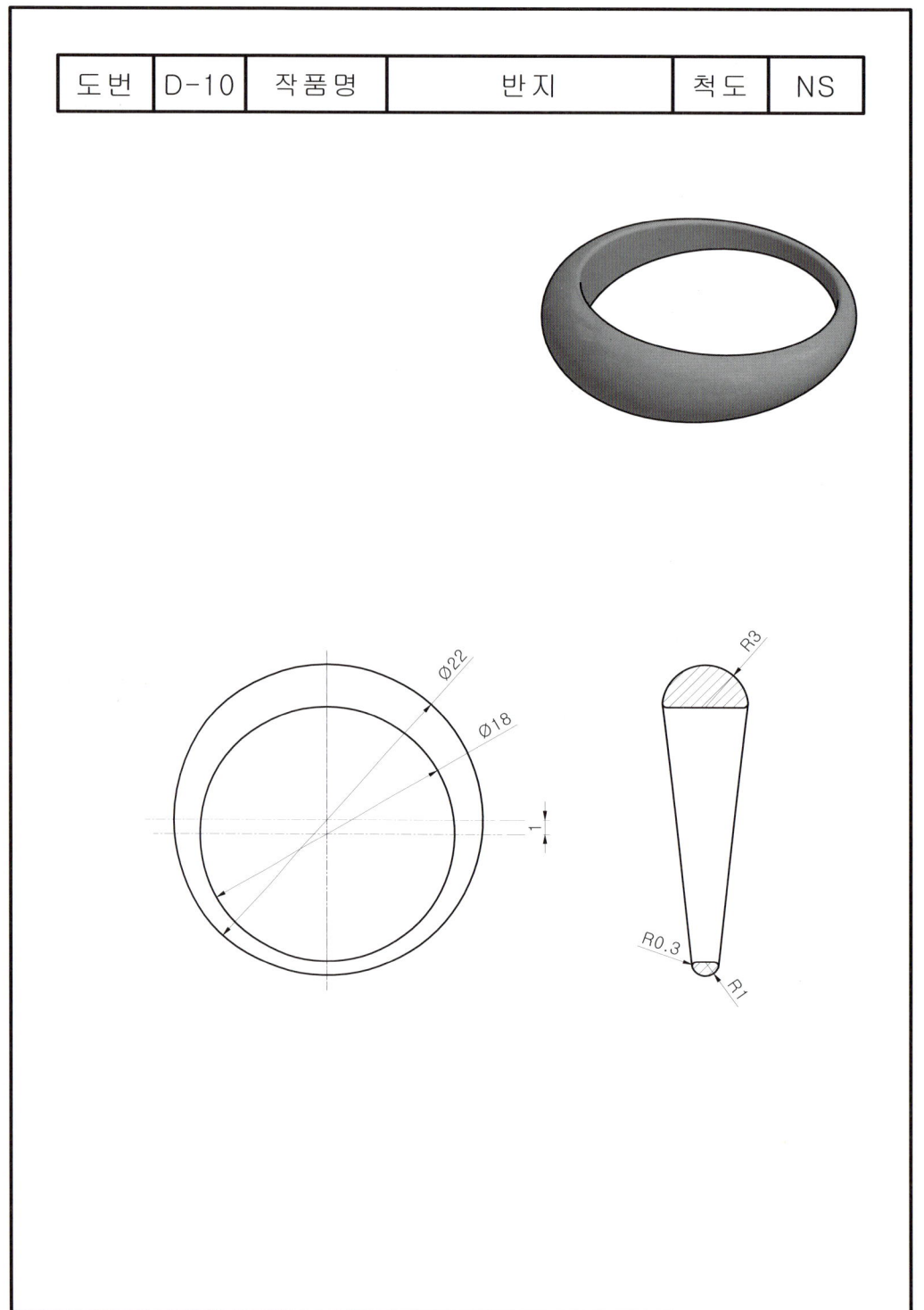

01

- 작성-스케치 작성, XZ평면
- 작성-스케치 명령을 이용하여 스케치 후 구속조건 기입
- 작성-스케치 치수로 수정

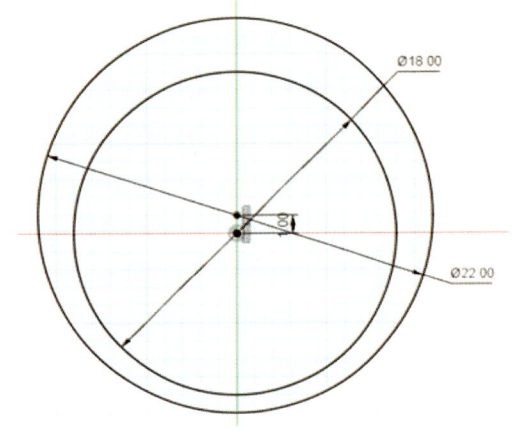

02

- 작성-스케치 작성, YZ평면
- 작성-스케치 명령을 이용하여 스케치 후 구속조건 기입
- 작성-스케치 치수로 수정

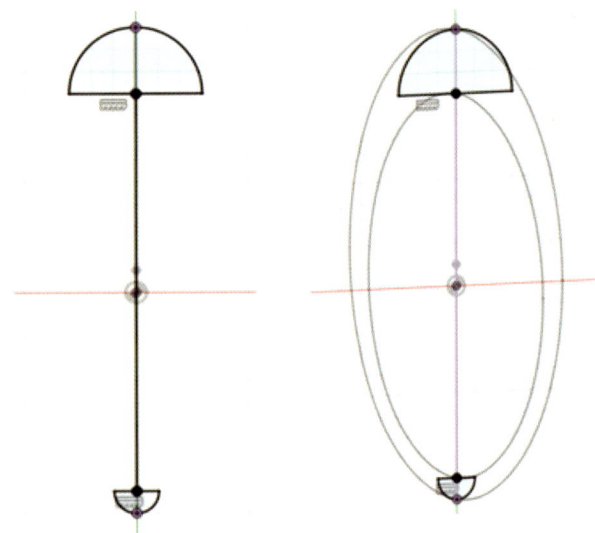

03

- 스케치 마무리
- 작성-스윕, 새 본체

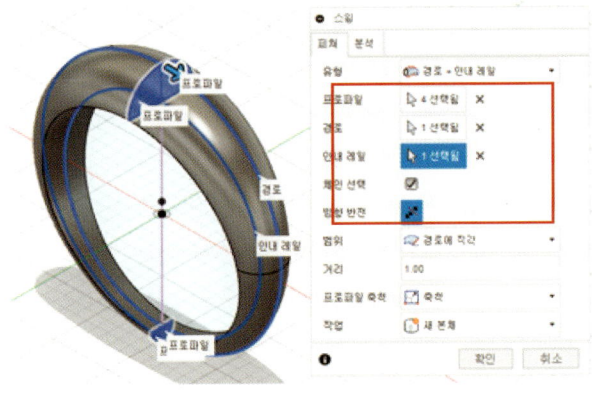

PART D. 기타류

- 수정-모깎기, R0.3

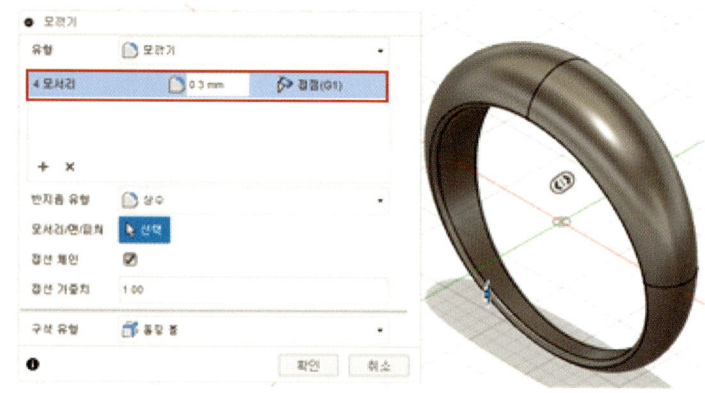

- 모델링 완료

- 렌더링-설정-모양
- 재질 선택하여 드래그

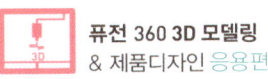
퓨전 360 3D 모델링
& 제품디자인 응용편

PART
03

제품응용모델링
기능사

국가기술 자격 실기시험문제

자격종목	제품응용모델링기능사	과제명	제품응용모델링실무

※문제지는 시험 종료 후 가져갈수 있습니다.

비번호		시험일시		시험장명	

※시험시간 : 5시간 30분
 - 컴퓨터 작업 : 1시간 30분
 - 모형제작 작업 : 4시간

1. 요구사항
※ 요구사항 및 제시된 도면에 따라 컴퓨터 작업과 모형제작 작업을 완성하시오.

가. 컴퓨터 작업
 1) 제시된 도면을 3D 모델링하시오.
 2) 3각법에 따라 4개의 뷰(Top·Front·Side·Perspective View)를 모두 표현하시오.
 3) 퍼스펙티브 뷰(Perspective View)는 전체 형상의 파악이 용이하도록 조정하여 등각 투상법이나 부등각 투상법으로 표현하시오.
 4) 4개의 뷰 각각에 표현 대상물의 음영을 표현하여 형태 이해가 용이하도록 하시오.
 5) 배경, 그래픽, 문자 표현은 생략하시오.
 6) A4용지 가로방향 좌측 상단 끝에 다음과 같은 표를 만든 후 본인의 비번호를 쓰시오.

비번호		감독확인	(인)

 7) [컴퓨터 작업의 작성 내용]을 참고하여 출력용 PC에서 3D 모델링의 결과물을 출력하시오.

[컴퓨터 작업의 작성 내용]
※A4용지를 가로방향으로 하여 4개의 뷰로 나누고, 다음과 같이 배치할 것

비번호		감독확인	(인)	
탑 (Top)			퍼스펙티브 (Perspective)	
프론트 (Front)			사이드 (Side)	

| 자격종목 | 제품응용모델링기능사 | 과제명 | 제품응용모델링실무 |

나. 모형제작 작업
 1) 제시된 도면과 동일한 규격과 치수가 되도록 정밀도를 유념하여 작업하시오.
   (단, 도면에서 치수가 주어지지 않은 부분은 도면상의 형태와 비례를 적용하시오.)
 2) 전체적인 형상과 미관도를 고려하여 작업하시오.
 3) 상표, 그래픽, 문자 등이 도면에 표시되었을 경우에는 이를 표현하시오.
 4) 일반적인 모형제작 기법에 준하여 작업하시오.

> ※ 최종제출 작품
> - 컴퓨터 작업 결과물(A4용지 1부)
> - 컴퓨터 작업 파일(3D 모델링 작업 파일, 출력한 3D 모델링 파일 일체)
> - 모형제작 작업 결과물

2. 수험자 유의사항
 ※ 다음 유의사항을 고려하여 요구사항을 완성하시오.
 1) 수험자 인적사항 및 답안작성은 검은색 필기구만 사용해야 하며, 그 외 연필류, 빨간색, 파란색 등의 필기구로 작성한 답안은 0점 처리되오니 불이익을 당하지 않도록 유의해 주시기 바랍니다.
 2) 시험이 실습장을 이동하여 진행되므로 장소 이동에 관한 시험감독위원의 안내사항에 따릅니다.
 3) 지급재료는 시험시작 전 확인하여 이상이 있을 경우에는 시험감독위원으로부터 조치를 받습니다.
 4) 시험 중에는 재료의 교환 및 추가 지급을 하지 않습니다.
 5) 컴퓨터 작업 중에는 수험자 지참 준비물을 포함한 일체의 소지품을 별도 장소에 보관합니다.
 6) 기타 정품 응용프로그램(검정장S/W 및 시험 운용에 이상이 없어야 함)을 수험자가 지참하여 설치하고자 할 경우에는 사전에 반드시 해당 지사(시험장)에 확인해야 하며, 시험 전 시험감독위원의 입회 하에 설치합니다.
 7) 컴퓨터 작업 전 시험감독위원의 지시에 따라 컴퓨터 및 프로그램의 이상유무를 확인합니다.
 8) 컴퓨터 작업 중에는 비번호 폴더를 만들어 수시로 저장해야 하며, 컴퓨터 및 프로그램에 이상이 있을 경우 시험위원의 안내에 따라 자리를 이동합니다.
 9) 컴퓨터 작업 결과물 출력 후 A4용지의 좌측 상단 끝에 감독확인 날인을 받습니다
 10) 출력은 시험감독위원의 지시에 따라 순서대로 수험자 본인이 직접 해야하며, 출력용 PC에서의 작업 결과물 수정과 출력 후의 수정은 불가합니다.
 11) 출력은 3회까지 가능합니다.
  (단, 시험시간은 저장한 시점까지이고 출력시간은 시험시간에 포함되지 않습니다.)
 12) 컴퓨터 작업 종료 후에는 시험감독위원의 안내에 따라 컴퓨터에 저장된 모든 작업물을 삭제합니다.
 13) 모형제작 작업에서는 지정된 공구와 시설만을 사용하여야 하며, 본인이 지참한 공구 이외에 타인의 공구를 사용할 수 없습니다.
 14) 모형제작 작업 결과물의 뒷면에는 비번호를 기록합니다.

| 자격종목 | 제품응용모델링기능사 | 과제명 | 제품응용모델링실무 |

15) 본인의 인적사항과 시험감독위원의 확인날인을 점검을 완료한 후 결과물 일체를 제출합니다.
16) 반드시 안전사항을 준수하여 작업하여야 하며, 검정장비 등을 조심스럽게 취급하여 기계의 손상이 발생하지 않도록 주의합니다.
17) 드릴 및 샌딩 작업 시에는 반드시 보안경을 착용해야 합니다.
18) 작업 중 안전사항 미준수 및 안전사고 발생 시 해당 과제는 채점상의 불이익을 받을 수 있습니다.
19) 다음 사항에 대해서는 채점 대상에서 제외하니 특히 유의하시기 바랍니다.
   가) 기권
      (1) 수험자 본인이 시험 도중 수험의사를 포기하거나 실기시험 중 1개 과정이라도 불참한 경우
   나) 실격
      (1) 작업별 전 과정을 응시하지 않은 경우
      (2) 수험자의 컴퓨터 작업, 모형제작 작업 미숙 등으로 시험의 진행이 어렵다고 시험감독위원 전원이 합의한 경우
      (3) 출력용 PC에서 작업 결과물을 수정하거나 출력 후 수정하는 경우
      (4) 저장된 작업 파일의 내용과 인쇄된 내용이 현격히 다른 경우
      (5) 시험 중 시설·장비의 조작 또는 재료의 취급이 미숙하여 위해를 일으킬 것으로 시험감독위원 전원이 합의하여 판단한 경우
      (6) 지급재료 이외의 재료를 사용하였을 경우
   다) 미완성
      (1) 제한시간을 초과하여 제출하거나 미완성인 작품의 경우
   라) 오작
      (1) 작품이 요구사항 및 제시된 도면과 전혀 부합하지 않은 경우
      (2) 각 작업별(컴퓨터 작업, 모형제작 작업) 내용이 현격히 다른 경우

출처 : 산업인력공단

E-01. 공개도면

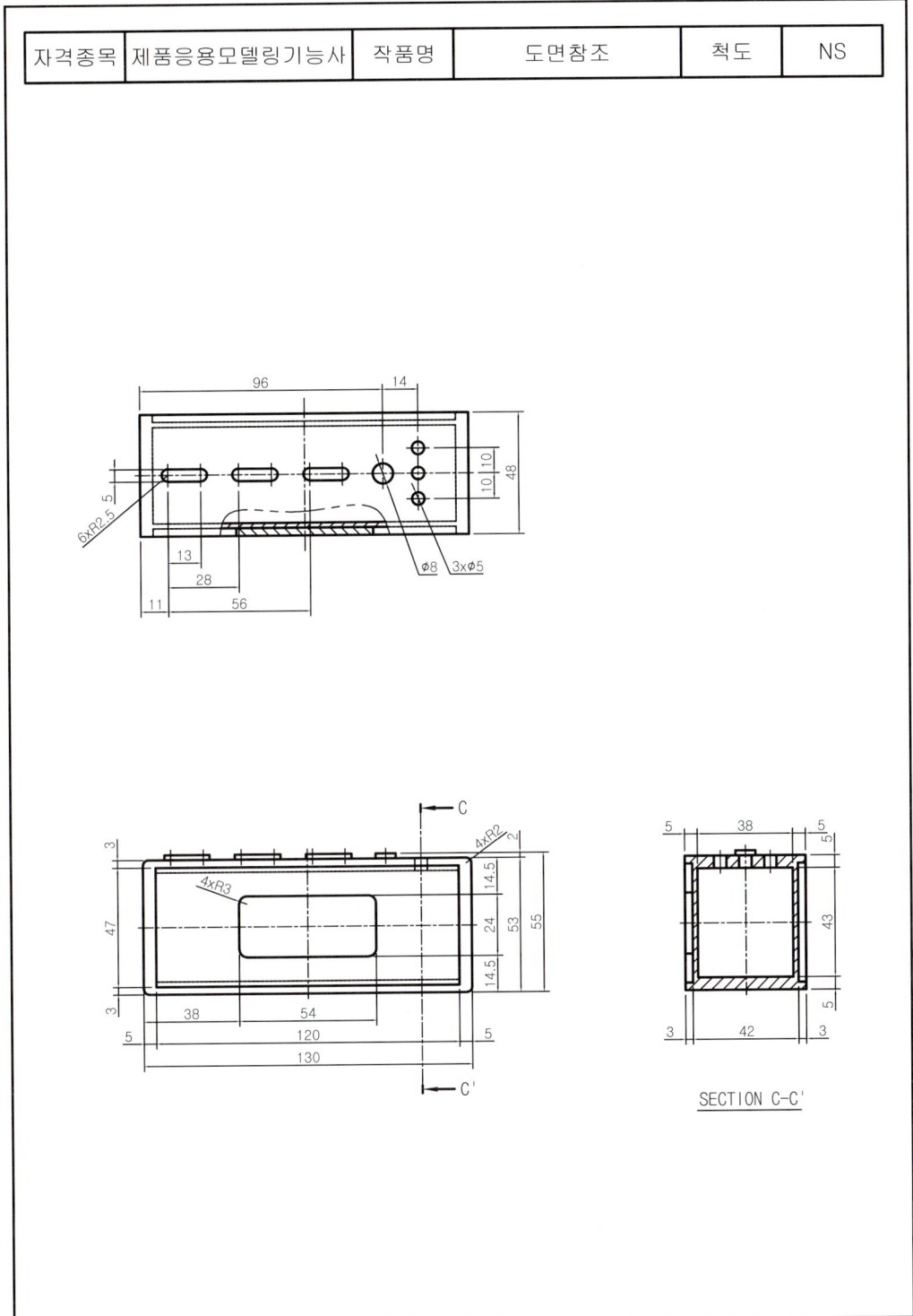

01
- 작성-스케치 작성, XZ평면
- 작성-스케치 명령을 이용하여 스케치 후 구속조건 기입
- 작성-스케치 치수로 수정

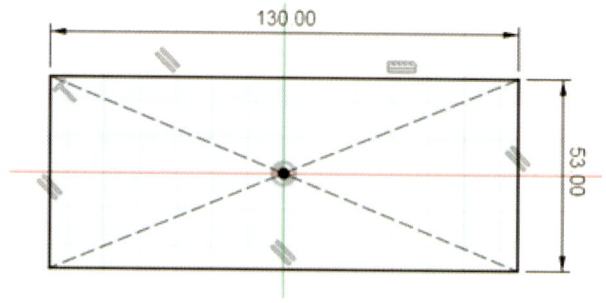

02
- 스케치 마무리
- 작성-돌출
  대칭, 전체거리 48, 새 본체

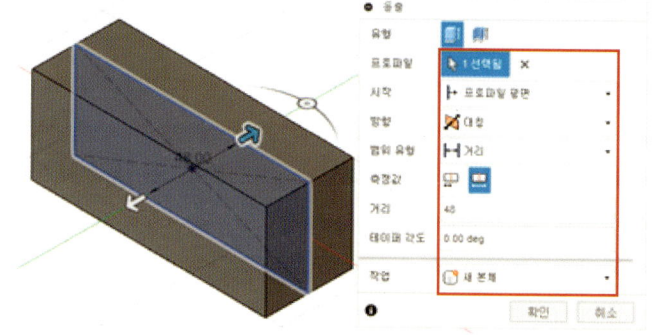

03
- 작성-스케치 작성, 해당평면
- 작성-스케치 명령을 이용하여 스케치 후 구속조건 기입
- 작성-스케치 치수로 수정

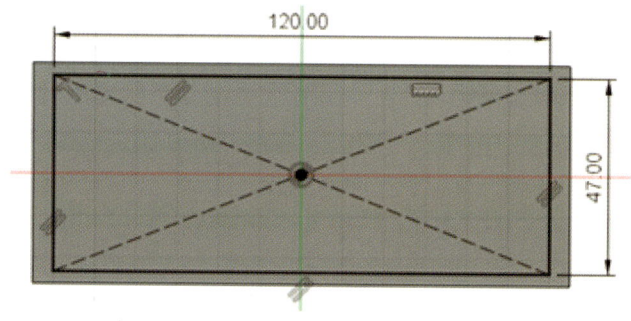

04
- 스케치 마무리
- 작성-돌출
  측면하나, 거리 -3, 잘라내기

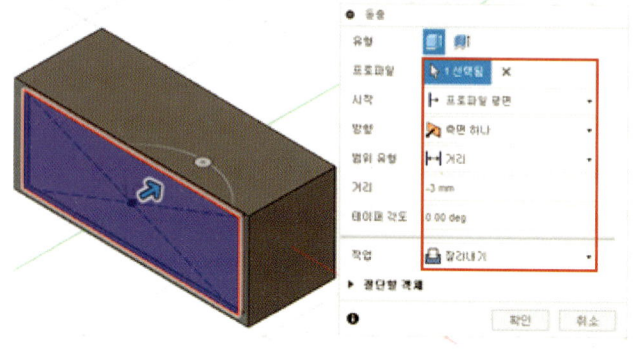

05

- 작성-스케치 작성, 해당평면
- 작성-스케치 명령을 이용하여 스케치 후 구속조건 기입
- 작성-스케치 치수로 수정

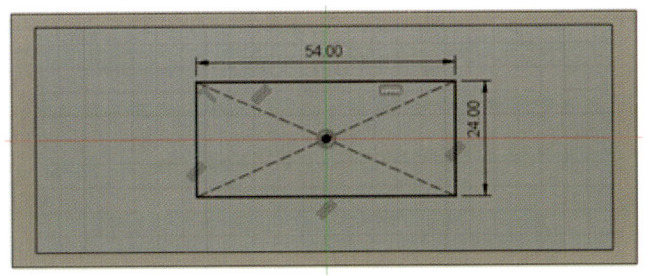

06

- 스케치 마무리
- 작성-돌출
  측면하나, 거리 3, 새 본체

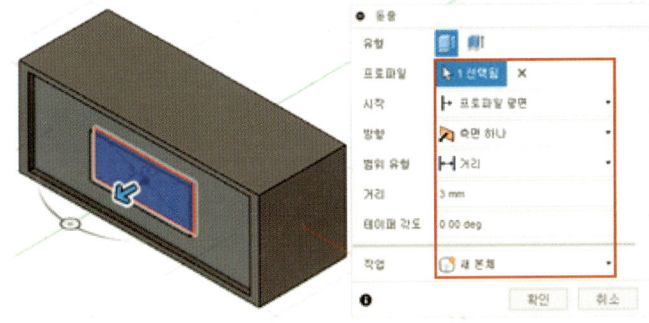

07

- 수정-모깎기, R3

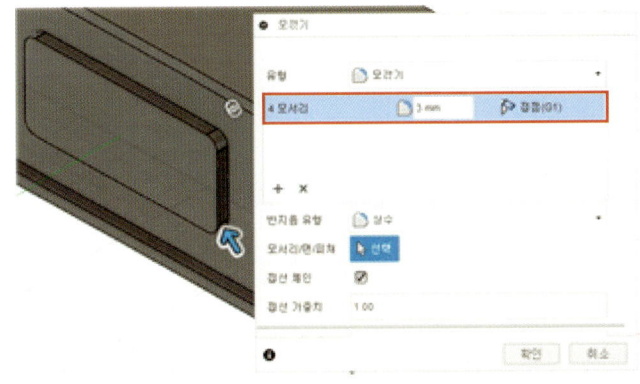

08

- 작성-미러, 피쳐, 조정

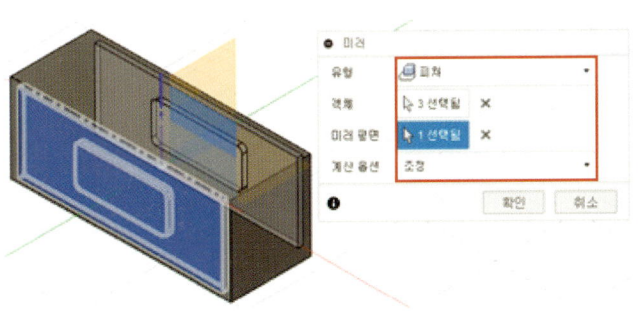

09

- 작성-스케치 작성, XZ평면
- 작성-스케치 명령을 이용하여 스케치 후 구속조건 기입
- 작성-스케치 치수로 수정

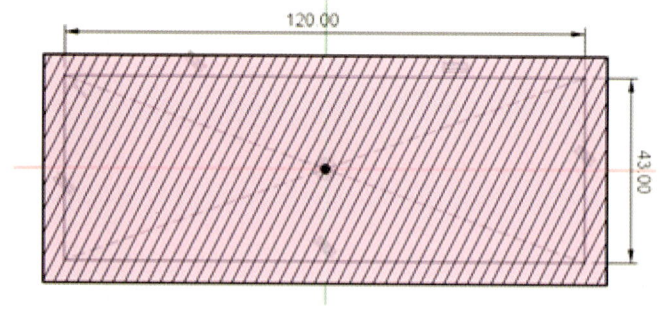

10

- 스케치 마무리
- 작성-돌출
  대칭, 전체거리 38, 잘라내기

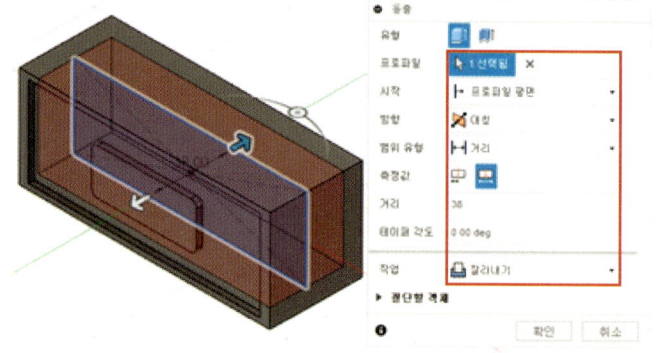

11

- 수정-모깎기, R2

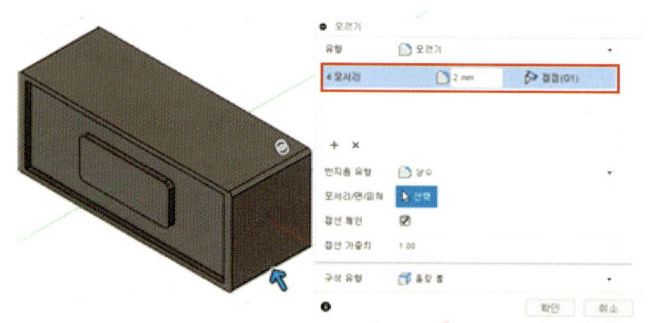

12

- 작성-스케치 작성, 해당평면
- 작성-스케치 명령을 이용하여 스케치 후 구속조건 기입
- 작성-스케치 치수로 수정

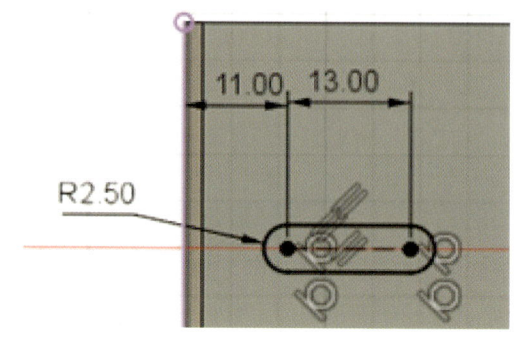

13

- 스케치 마무리
- 작성-돌출
  측면하나, 거리 2, 새 본체

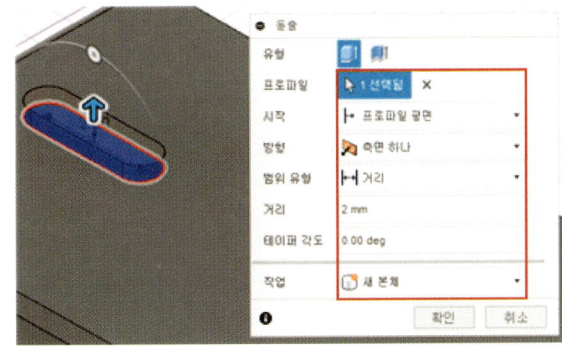

14

- 작성-패턴-직사각형 패턴
  간격, 수량 3, 거리 28

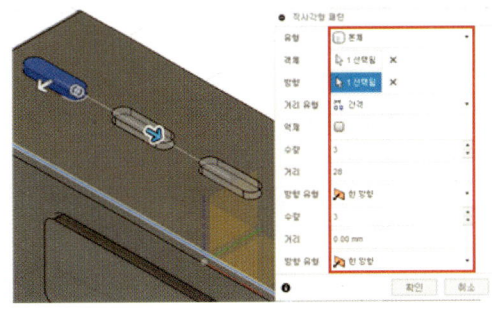

15

- 작성-스케치 작성, 해당평면
- 작성-스케치 명령을 이용하여
  스케치 후 구속조건 기입
- 작성-스케치 치수로 수정

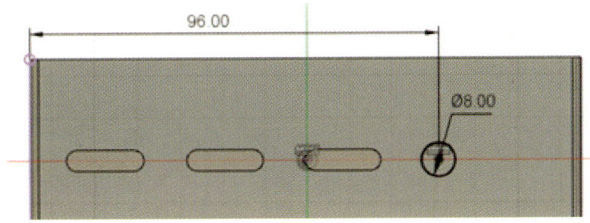

16

- 스케치 마무리
- 작성-돌출
  측면하나, 거리 2, 새 본체

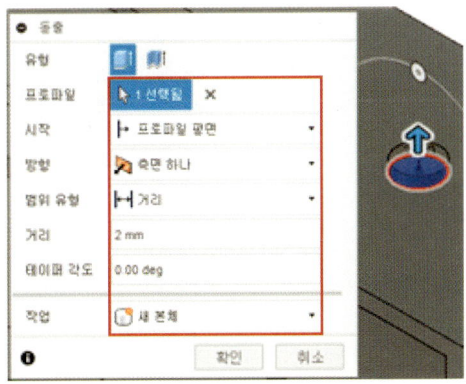

17

- 작성-스케치 작성, 해당평면
- 작성-스케치 명령을 이용하여 스케치 후 구속조건 기입
- 작성-스케치 치수로 수정

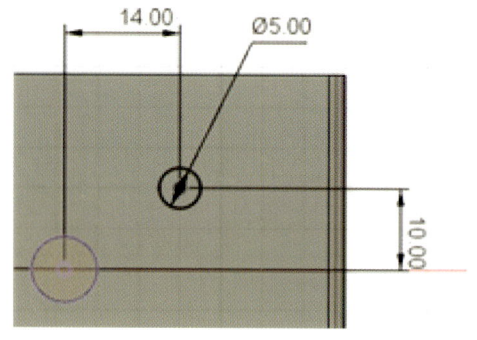

18

- 스케치 마무리
- 작성-돌출
  측면하나, 거리 -5, 잘라내기

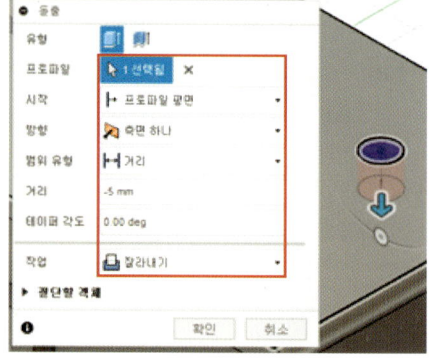

19

- 작성-패턴-직사각형 패턴
  간격, 수량 3, 거리 10

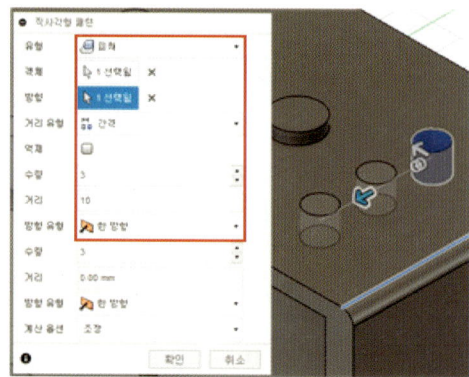

20

- 바탕화면에 비번호 폴더 생성후
  비번호-3D 내보내기

- 도면-설계에서
- A4(297x201)

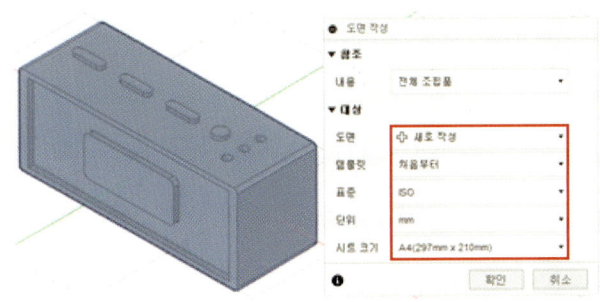

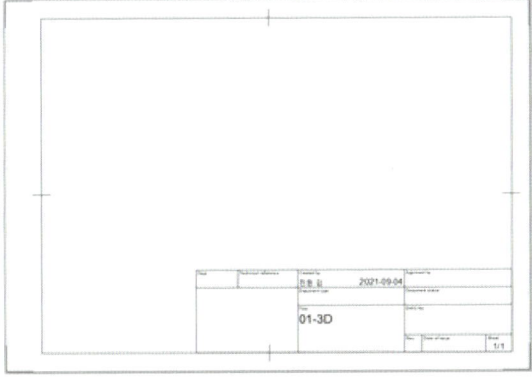

- 제목블럭 선택 삭제
- 윤곽선 선택 삭제

- 작성-스케치 작성
- 사각형 작성
- 수정-옵셋 10

- 바깥사각형 삭제
- 스케치 마침

25
- 테이블-테이블
  행편집-선택한 행삭제

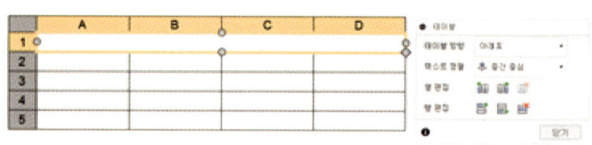

26
- 더블 클릭하여 글씨 입력,
  굴림체, 크기 3.5 굵게

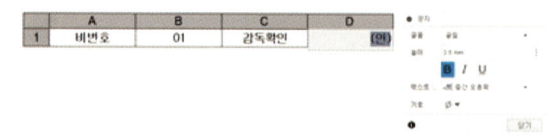

27
- 작성-기준뷰, 기준뷰 배치
  축척, 스타일, 기타 설정

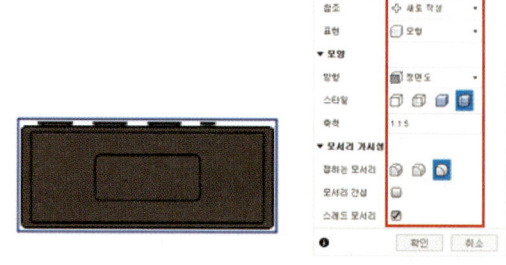

28
- 작성-투영뷰, 투영뷰 배치

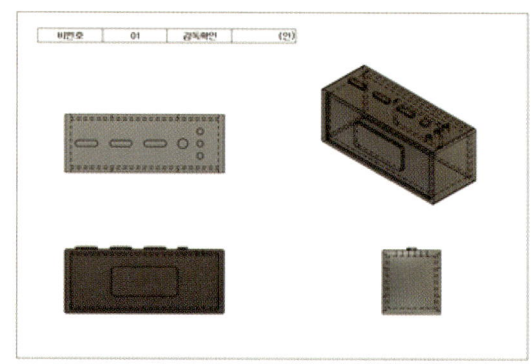

29
- 내보내기-PDF 내보내기
  비번호-2D

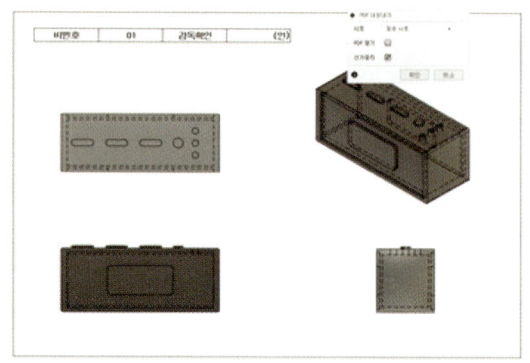

E-02. 공개도면

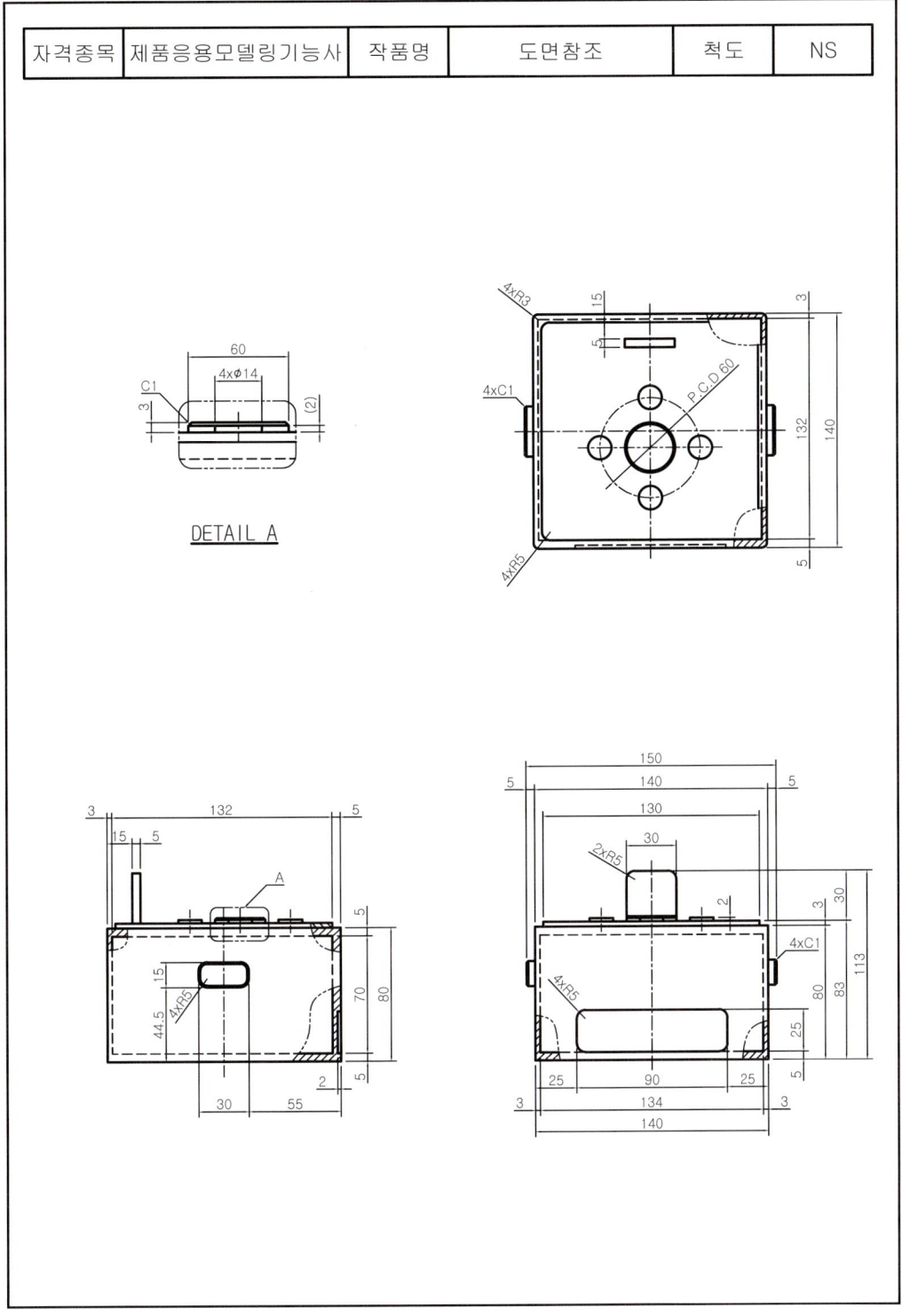

01

- 작성–스케치 작성, XY평면
- 작성–스케치 명령을 이용하여 스케치 후 구속조건 기입
- 작성–스케치 치수로 수정

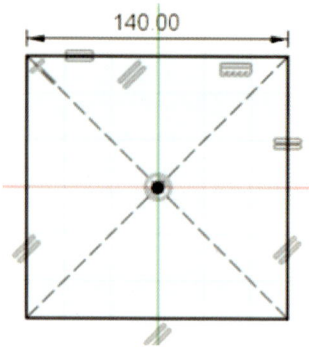

02

- 스케치 마무리
- 작성–돌출
  대칭, 전체거리 80, 새 본체

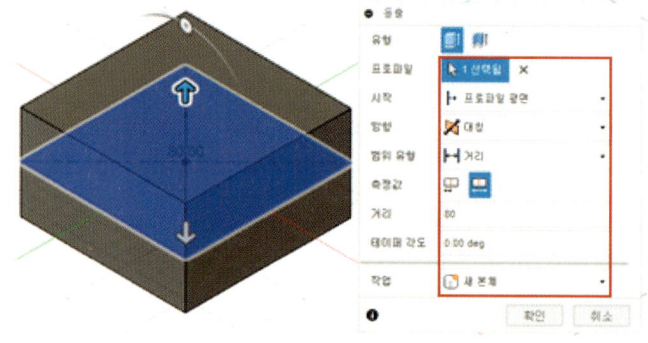

03

- 작성–스케치 작성, XY평면
- 작성–스케치 명령을 이용하여 스케치 후 구속조건 기입
- 작성–스케치 치수로 수정

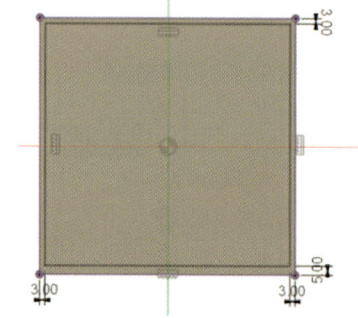

04

- 스케치 마무리
- 작성–돌출
  대칭, 전체거리 70, 잘라내기

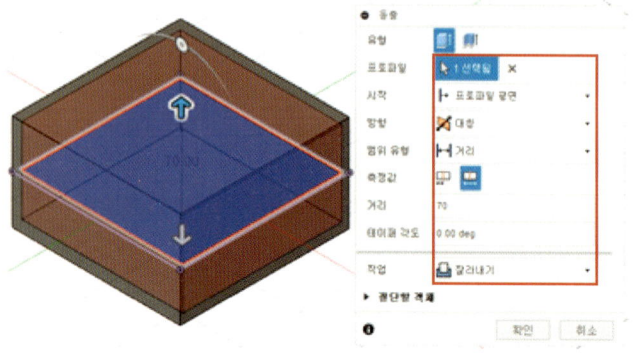

05

- 수정-모깎기, R3

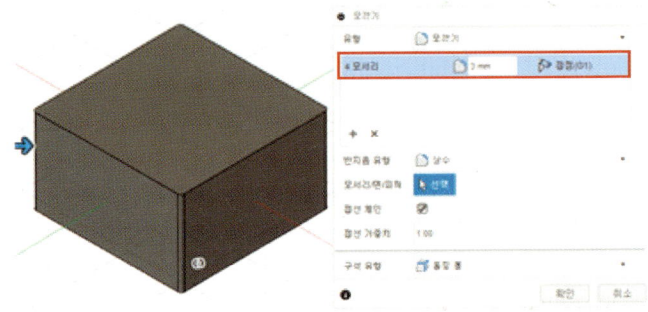

06

- 작성-스케치 작성, 해당평면
- 작성-스케치 명령을 이용하여 스케치 후 구속조건 기입
- 작성-스케치 치수로 수정

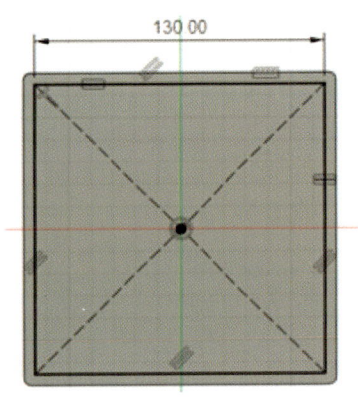

07

- 스케치 마무리
- 작성-돌출
  측면하나, 거리 3, 새 본체

08

- 수정-모깎기, R5

09

- 작성-스케치 작성, 해당평면
- 작성-스케치 명령을 이용하여 스케치 후 구속조건 기입
- 작성-스케치 치수로 수정

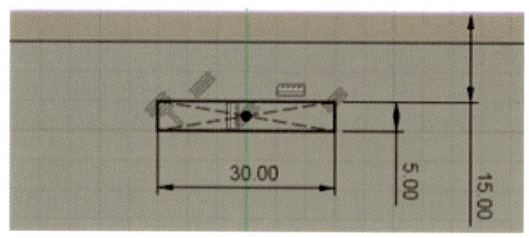

10

- 스케치 마무리
- 작성-돌출
  측면하나, 거리 30, 새 본체

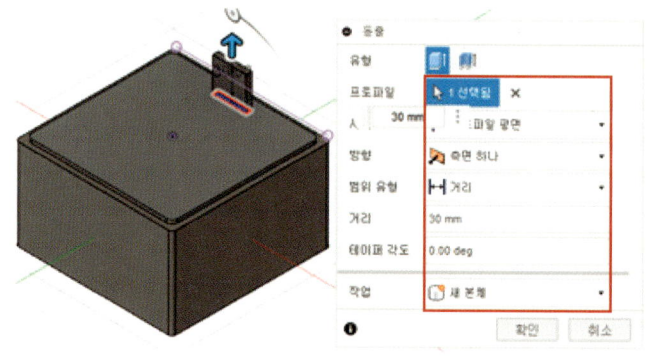

11

- 수정-모깎기, R5

12

- 작성-스케치 작성, 해당평면
- 작성-스케치 명령을 이용하여 스케치 후 구속조건 기입
- 작성-스케치 치수로 수정

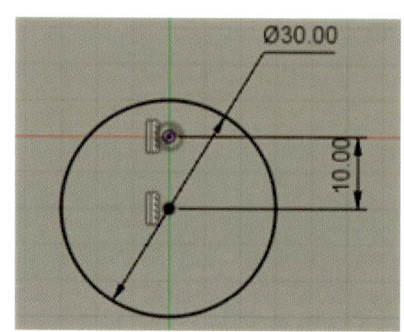

13

- 스케치 마무리
- 작성-돌출
  측면하나, 거리 3, 새 본체

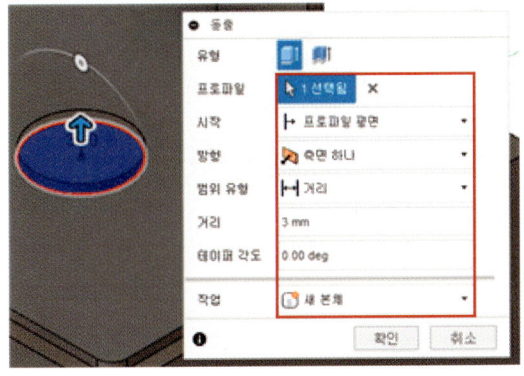

14

- 수정-모따기, C1

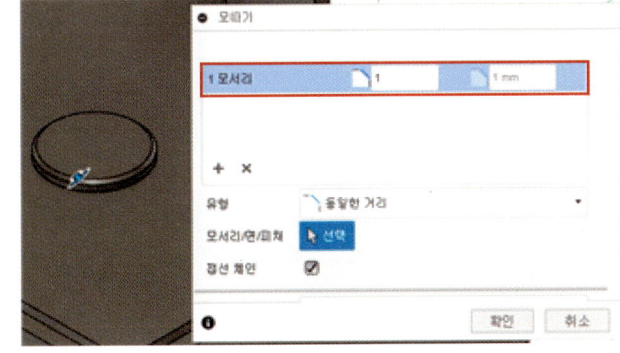

15

- 작성-스케치 작성, 해당평면
- 작성-스케치 명령을 이용하여 스케치 후 구속조건 기입
- 작성-스케치 치수로 수정

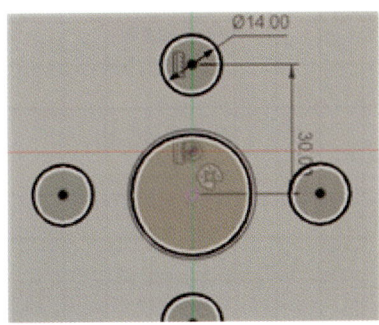

16

- 스케치 마무리
- 작성-돌출
  측면하나, 거리 2, 새 본체

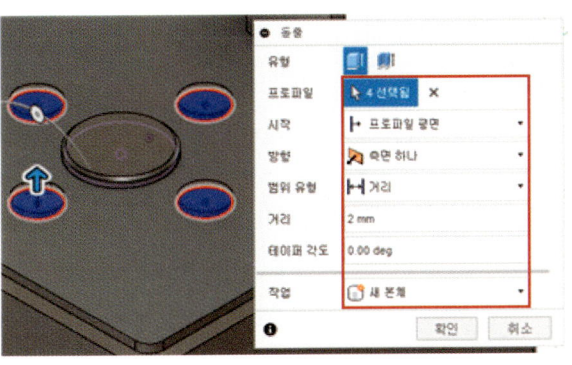

17
- 작성-스케치 작성, 해당평면
- 작성-스케치 명령을 이용하여 스케치 후 구속조건 기입
- 작성-스케치 치수로 수정

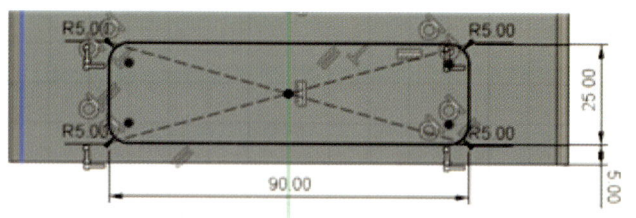

18
- 스케치 마무리
- 작성-돌출
  측면하나, 거리 -2, 잘라내기

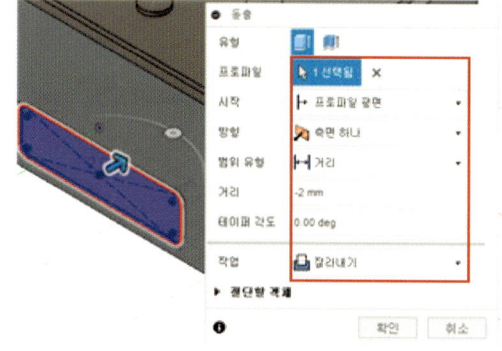

19
- 작성-돌출
  측면하나, 거리 2, 새 본체

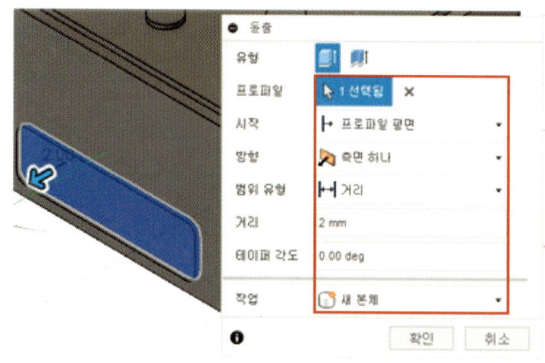

20
- 작성-스케치 작성, 해당평면
- 작성-스케치 명령을 이용하여 스케치 후 구속조건 기입
- 작성-스케치 치수로 수정

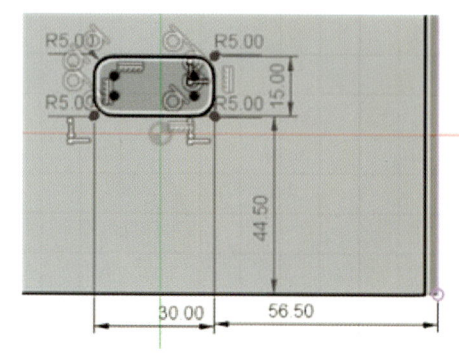

21

- 스케치 마무리
- 작성-돌출
  측면하나, 거리 5, 새 본체

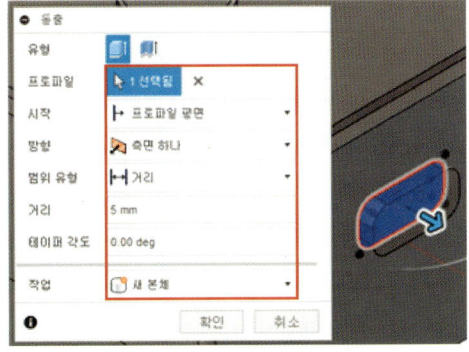

22

- 수정-모따기, C1

23

- 작성-미러, 본체, 새 본체

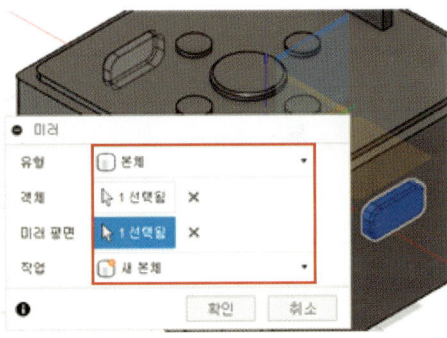

24

- 바탕화면에 비번호 폴더 생성 후
  비번호-3D 내보내기

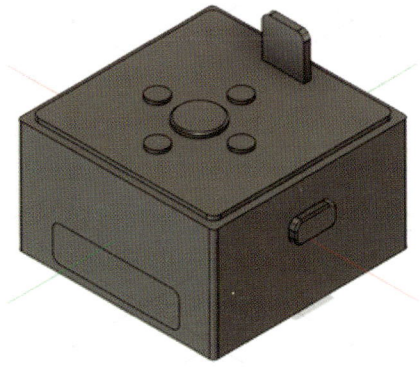

E-03. 공개도면

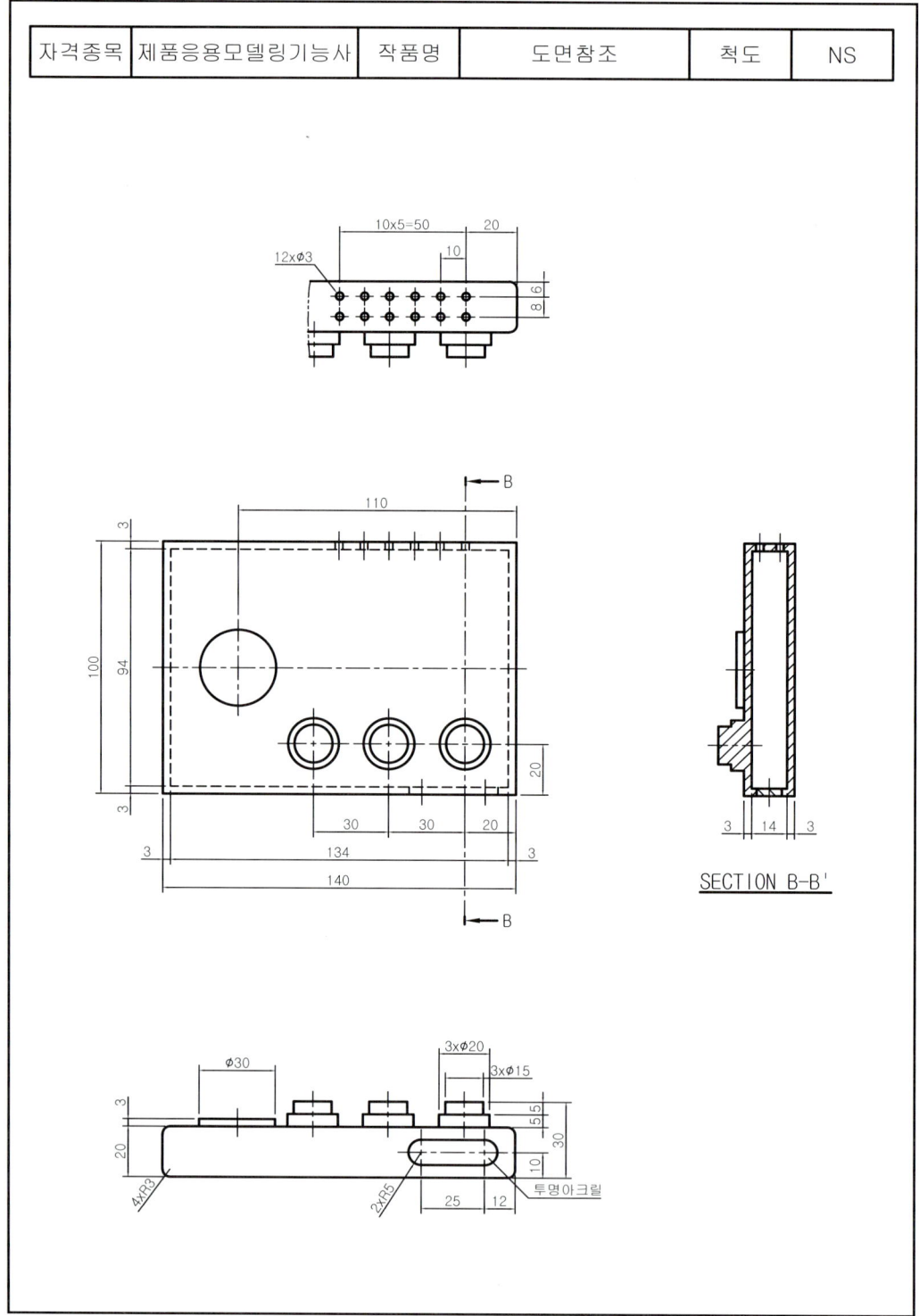

01

- 작성-스케치 작성, XZ평면
- 작성-스케치 명령을 이용하여 스케치 후 구속조건 기입
- 작성-스케치 치수로 수정

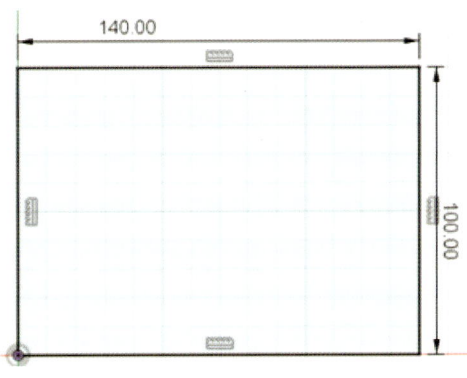

02

- 스케치 마무리
- 작성-돌출
  측면하나, 거리 20, 새 본체

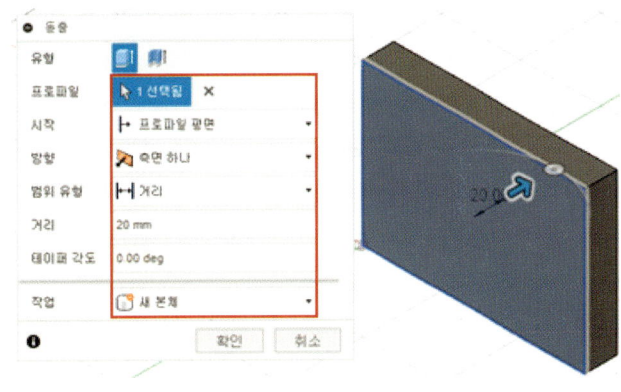

03

- 수정-쉘, 3

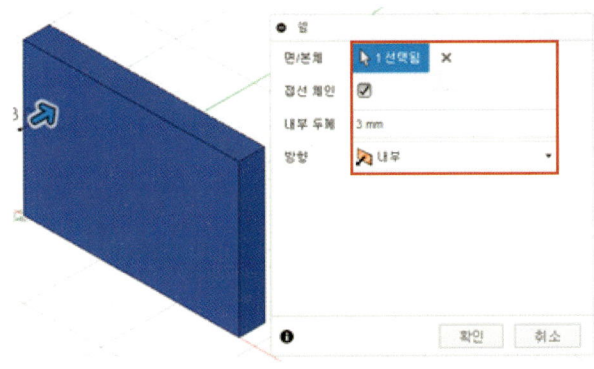

04

- 작성-스케치 작성, 해당평면
- 작성-스케치 명령을 이용하여 스케치 후 구속조건 기입
- 작성-스케치 치수로 수정

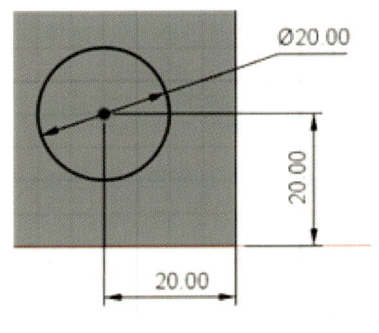

05

- 스케치 마무리
- 작성-돌출
  측면하나, 거리 5, 접합

06

- 작성-스케치 작성, 해당평면
- 작성-스케치 명령을 이용하여
  스케치 후 구속조건 기입
- 작성-스케치 치수로 수정

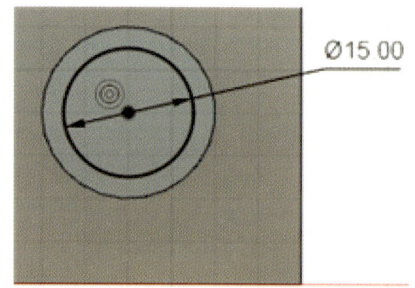

07

- 스케치 마무리
- 작성-돌출
  측면하나, 거리 5, 접합

08

- 작성-패턴-직사각형 패턴
  간격, 수량 3, 거리 30

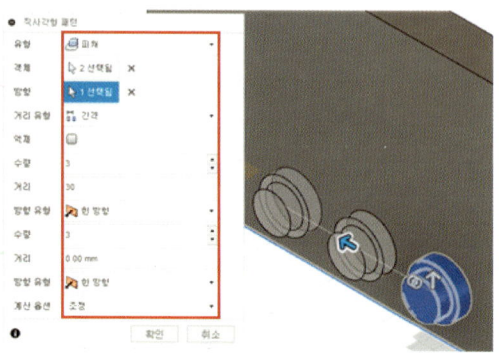

09

- 작성-스케치 작성, 해당평면
- 작성-스케치 명령을 이용하여 스케치 후 구속조건 기입
- 작성-스케치 치수로 수정

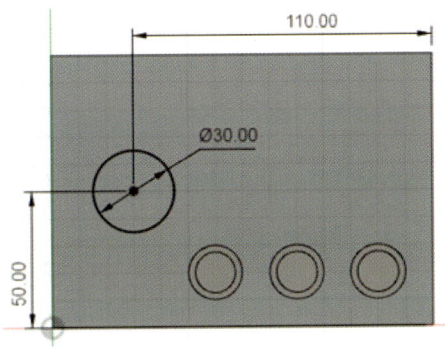

10

- 스케치 마무리
- 작성-돌출
  측면하나, 거리 3, 새 본체

11

- 작성-스케치 작성, 해당평면
- 작성-스케치 명령을 이용하여 스케치 후 구속조건 기입
- 작성-스케치 치수로 수정

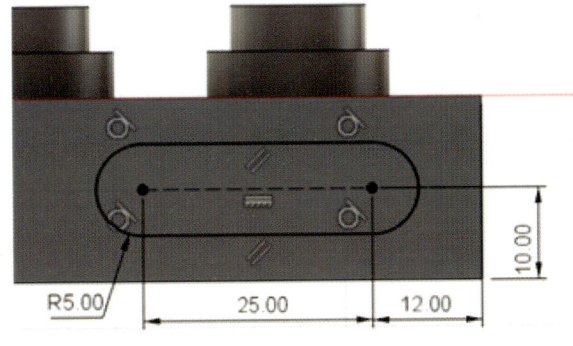

12

- 스케치 마무리
- 작성-돌출
  측면하나, 거리 -3, 잘라내기

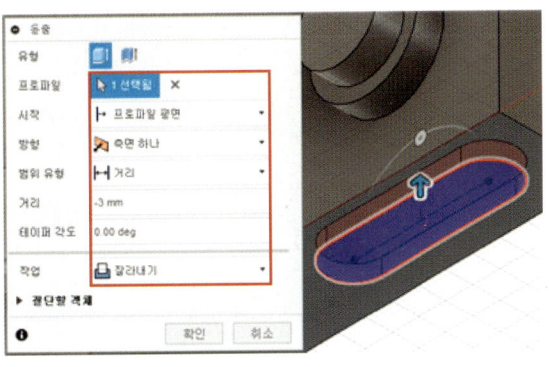

PART E. 제품응용모델링기능사

13

- 스케치 활성화
- 작성-돌출
  측면하나, 거리 -3, 새 본체
- 스케치 비활성화

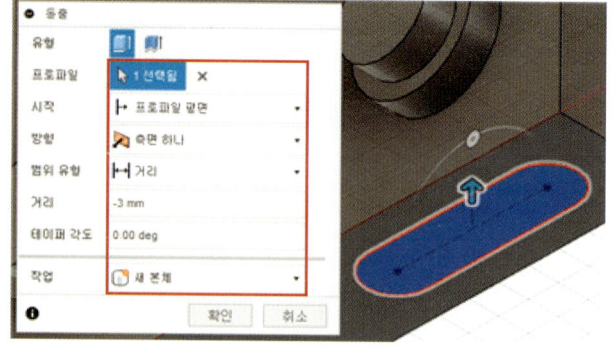

14

- 작성-스케치 작성, 해당평면
- 작성-스케치 명령을 이용하여
  스케치 후 구속조건 기입
- 작성-스케치 치수로 수정

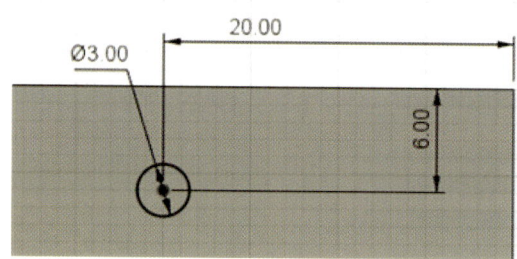

15

- 스케치 마무리
- 작성-돌출
  측면하나, 거리 -3, 잘라내기

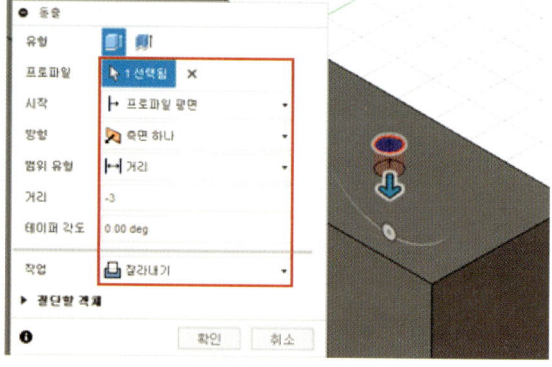

16

- 작성-패턴-직사각형 패턴
  간격, 수량 6, 거리 10
  　　　수량 2, 거리 8

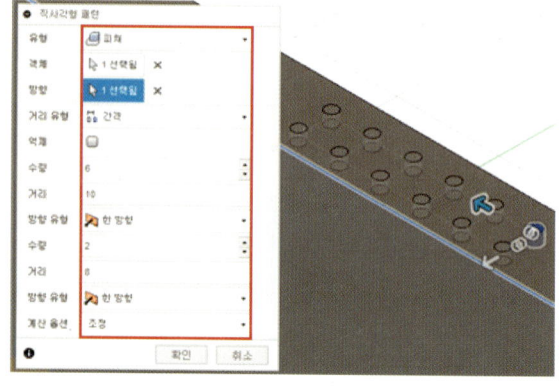

- 수정-모깎기, R3

- 바탕화면에 비번호 폴더 생성 후
  비번호-3D 내보내기

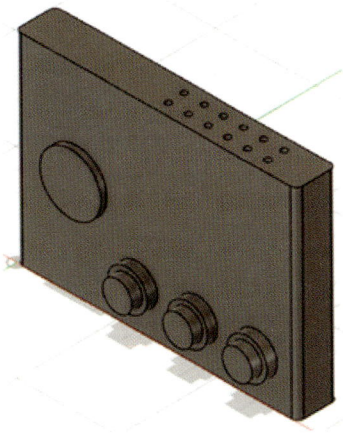

E-04. 공개도면

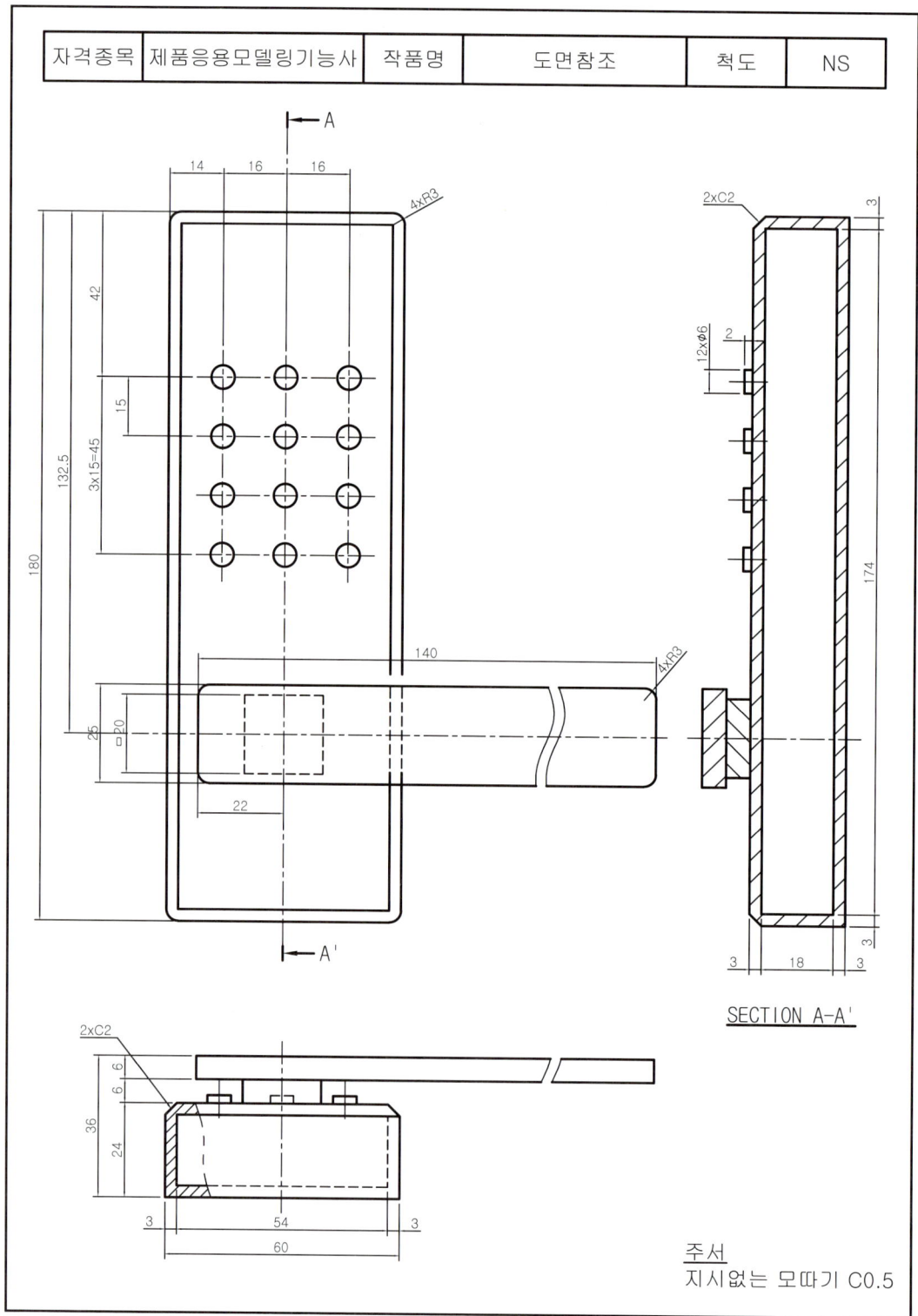

01

- 작성-스케치 작성, XZ평면
- 작성-스케치 명령을 이용하여 스케치 후 구속조건 기입
- 작성-스케치 치수로 수정

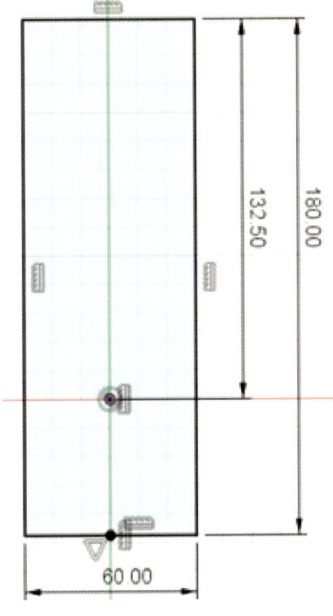

02

- 스케치 마무리
- 작성-돌출
  측면하나, 거리 24, 새 본체

03

- 수정-쉘, 3

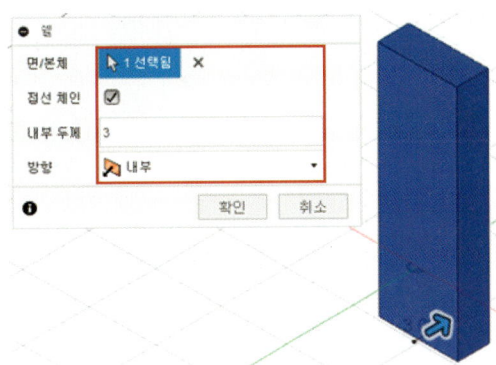

04

- 수정-모깎기, R3

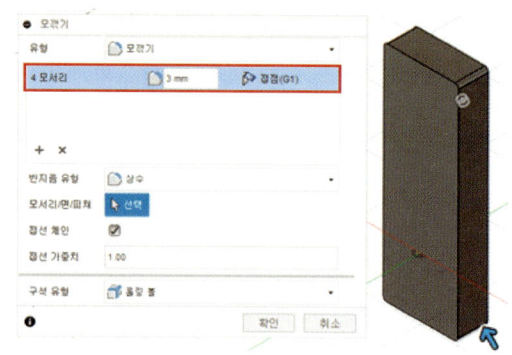

05

- 수정-모따기, C2

06

- 작성-스케치 작성, 해당평면
- 작성-스케치 명령을 이용하여 스케치 후 구속조건 기입
- 작성-스케치 치수로 수정

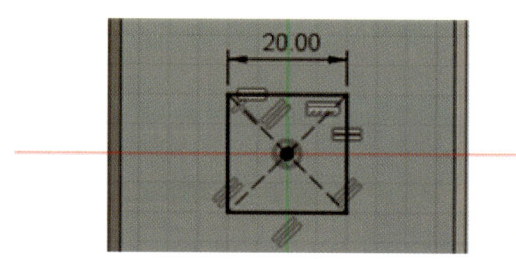

07

- 스케치 마무리
- 작성-돌출
  측면하나, 거리 6, 새 본체

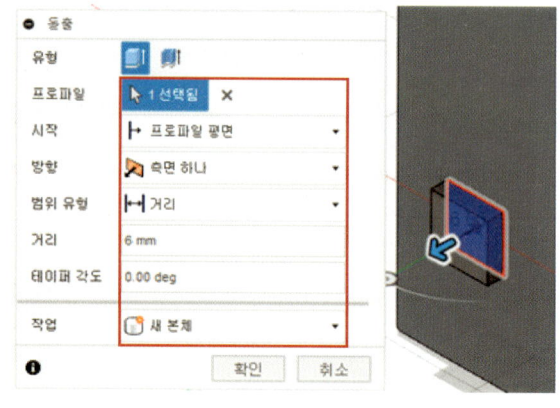

08

- 작성-스케치 작성, 해당평면
- 작성-스케치 명령을 이용하여 스케치 후 구속조건 기입
- 작성-스케치 치수로 수정

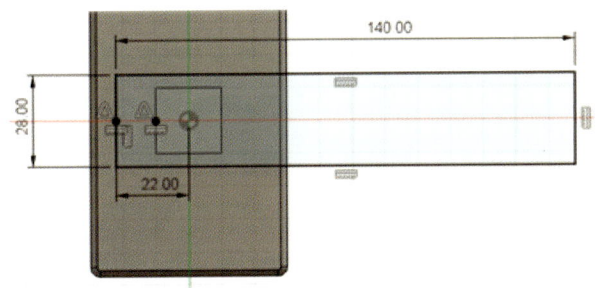

09

- 스케치 마무리
- 작성-돌출
  측면하나, 거리 6, 새 본체

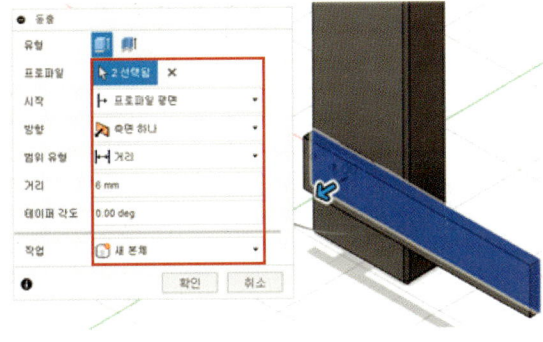

10

- 수정-모깎기, R3

11

- 작성-스케치 작성, 해당평면
- 작성-스케치 명령을 이용하여 스케치 후 구속조건 기입
- 작성-스케치 치수로 수정

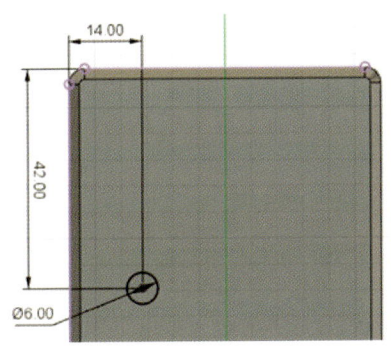

12

- 스케치 마무리
- 작성-돌출
  측면하나, 거리 2, 새 본체

13

- 작성-패턴-직사각형 패턴
  간격, 수량 4, 거리 -15
      수량 3, 거리 16

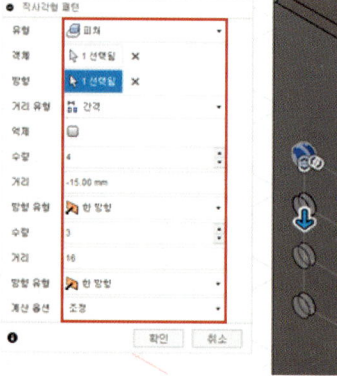

14

- 바탕화면에 비번호 폴더 생성 후
  비번호-3D 내보내기

E-05. 공개도면

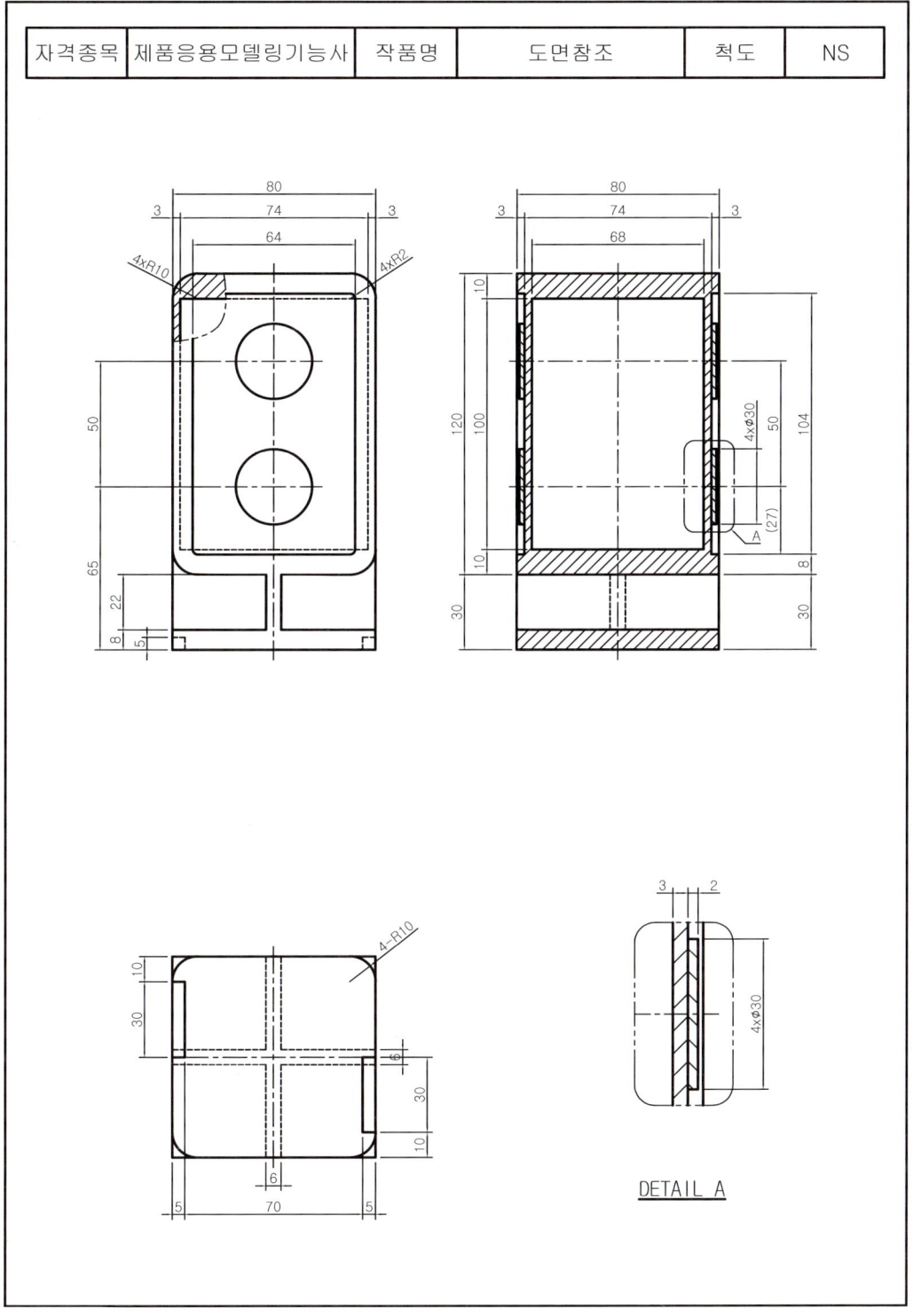

01

- 작성-스케치 작성, XZ평면
- 작성-스케치 명령을 이용하여 스케치 후 구속조건 기입
- 작성-스케치 치수로 수정

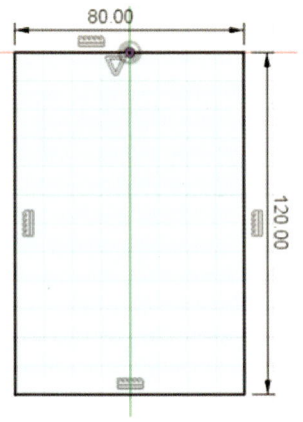

02

- 스케치 마무리
- 작성-돌출
  대칭, 전체거리 80, 새 본체

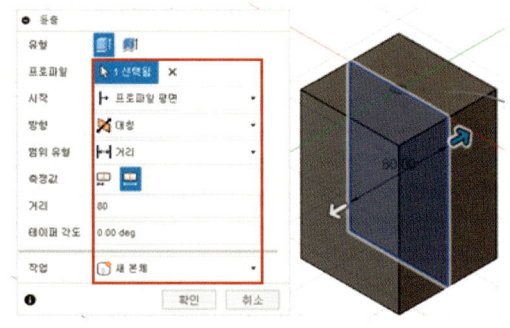

03

- 작성-스케치 작성, XZ평면
- 작성-스케치 명령을 이용하여 스케치 후 구속조건 기입
- 작성-스케치 치수로 수정

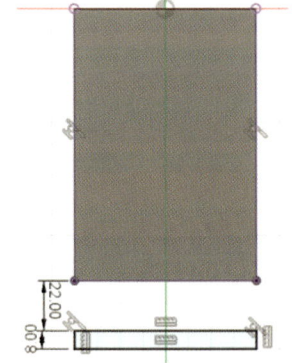

04

- 스케치 마무리
- 작성-돌출
  대칭, 전체거리 80, 접합

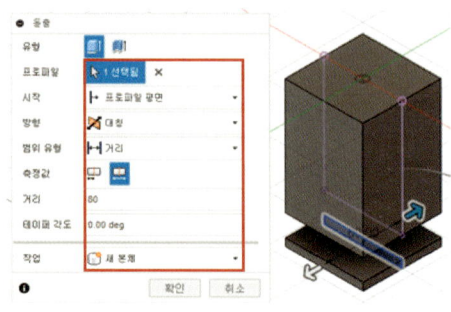

05

- 작성-스케치 작성, XZ평면
- 작성-스케치 명령을 이용하여 스케치 후 구속조건 기입

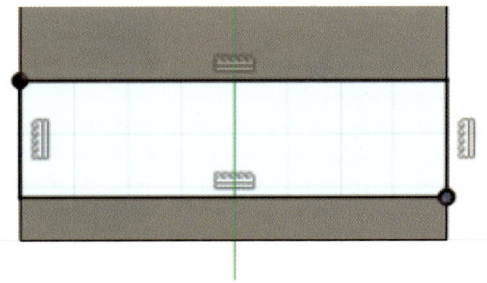

06

- 스케치 마무리
- 작성-돌출
  대칭, 전체거리 6 접합

07

- 작성-원형패턴, Z축, 90°, 수량 2

08

- 수정-모깎기, R10

09

- 수정-모깎기, R10

10

- 작성-스케치 작성, 해당평면
- 작성-스케치 명령을 이용하여 스케치 후 구속조건 기입
- 작성-스케치 치수로 수정

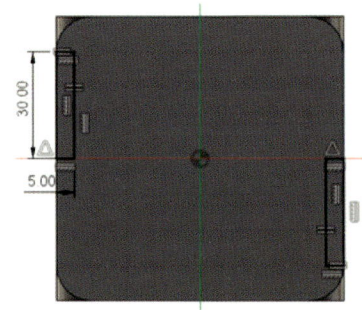

11

- 스케치 마무리
- 작성-돌출
  측면하나, 거리 -5, 잘라내기

12

- 작성-스케치 작성, XZ평면
- 작성-스케치 명령을 이용하여 스케치 후 구속조건 기입

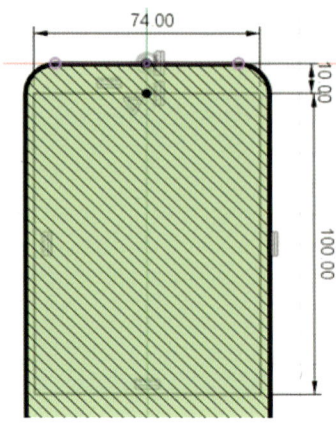

13

- 스케치 마무리
- 작성-돌출
  대칭, 전체거리 68, 잘라내기

14

- 작성-스케치 작성, 해당평면
- 작성-스케치 명령을 이용하여 스케치 후 구속조건 기입
- 작성-스케치 치수로 수정

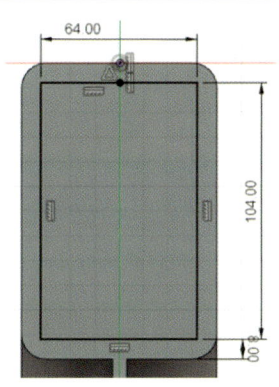

15

- 스케치 마무리
- 작성-돌출
  측면하나, 거리 -3, 잘라내기

16

- 수정-모깎기, R2

- 작성-미러, 피쳐

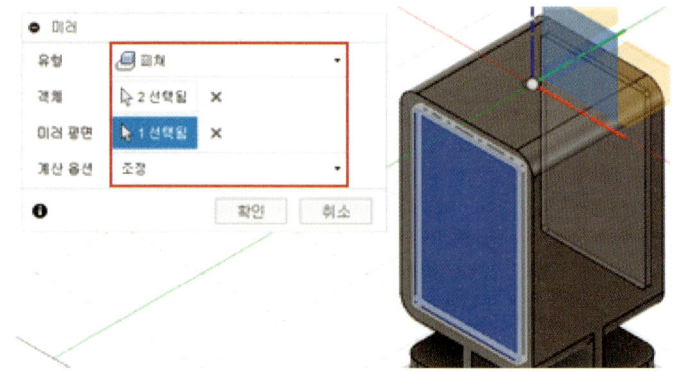

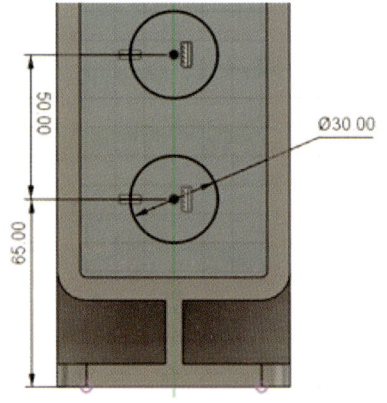

- 작성-스케치 작성, 해당평면
- 작성-스케치 명령을 이용하여 스케치 후 구속조건 기입
- 작성-스케치 치수로 수정

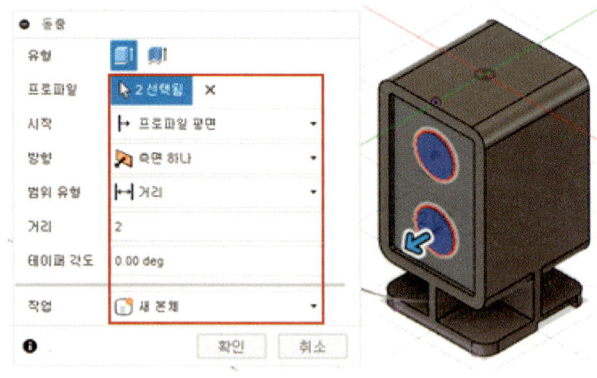

- 스케치 마무리
- 작성-돌출
  측면하나, 거리 2, 새 본체

- 작성-미러, 피쳐

- 바탕화면에 비번호 폴더 생성 후
  비번호-3D 내보내기

E-06. 공개도면

| 자격종목 | 제품응용모델링기능사 | 작품명 | | 도면참조 | | 척도 | NS |

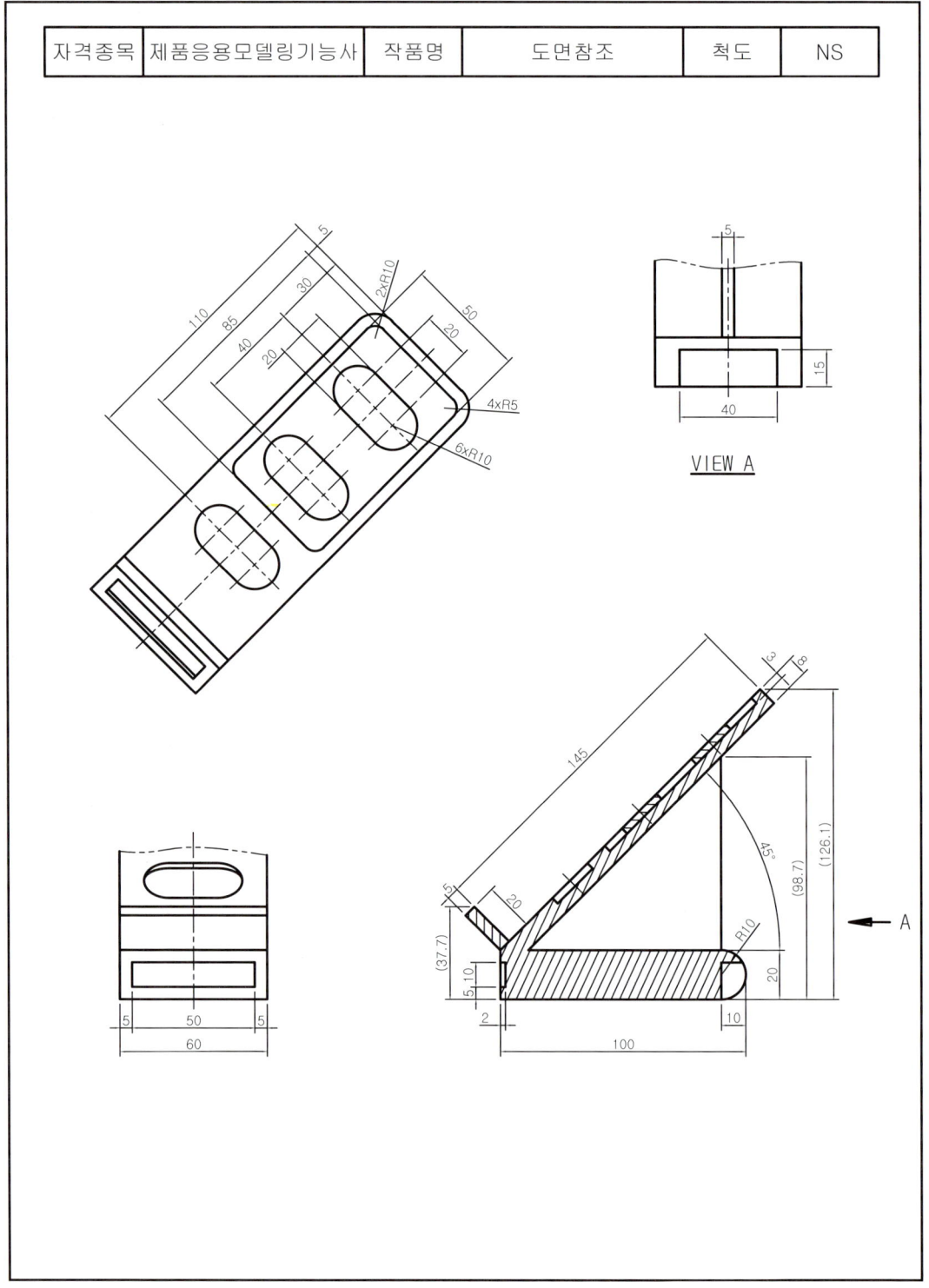

01

- 작성-스케치 작성, XZ평면
- 작성-스케치 명령을 이용하여 스케치 후 구속조건 기입
- 작성-스케치 치수로 수정

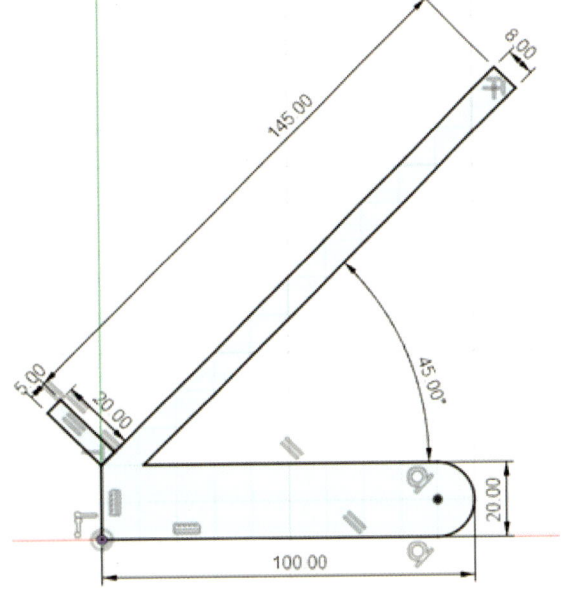

02

- 스케치 마무리
- 작성-돌출
  대칭, 전체거리 60, 새 본체

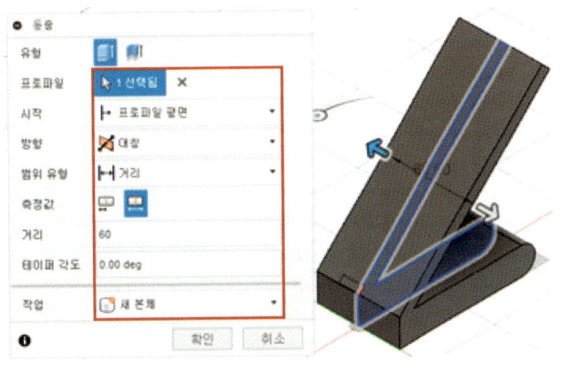

03

- 스케치 활성화
- 작성-돌출
  대칭, 전체거리 60, 새 본체
- 스케치 비활성화

04

- 작성-스케치 작성, 해당평면
- 작성-스케치 명령을 이용하여 스케치 후 구속조건 기입
- 작성-스케치 치수로 수정

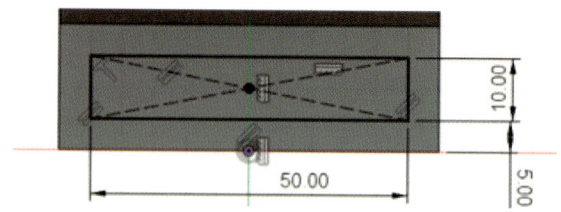

05

- 스케치 마무리
- 작성-돌출
  측면하나, 거리 -2, 잘라내기

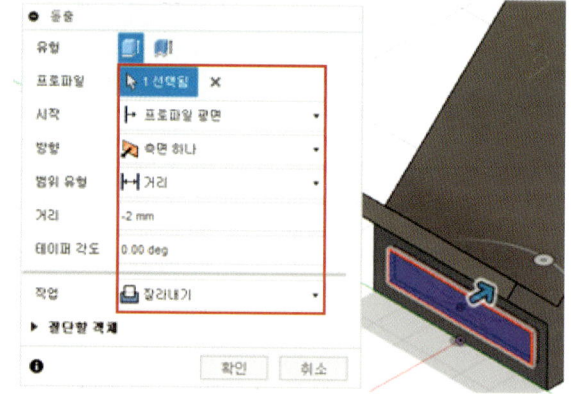

06

- 작성-스케치 작성, XZ평면
- 작성-스케치 명령을 이용하여 스케치 후 구속조건 기입
- 작성-스케치 치수로 수정

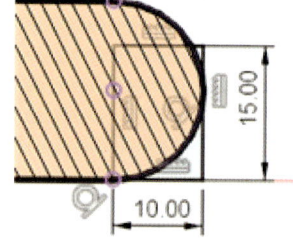

07

- 스케치 마무리
- 작성-돌출
  대칭, 전체거리 40, 잘라내기

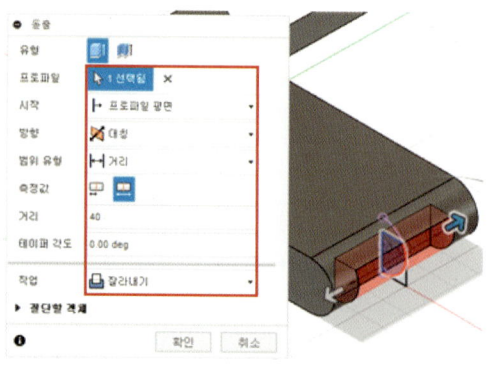

08

- 작성-스케치 작성, XZ평면
- 작성-스케치 명령을 이용하여 스케치 후 구속조건 기입

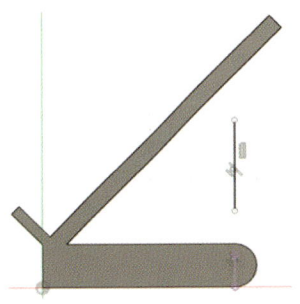

09

- 스케치 마무리
- 작성-리브, 5

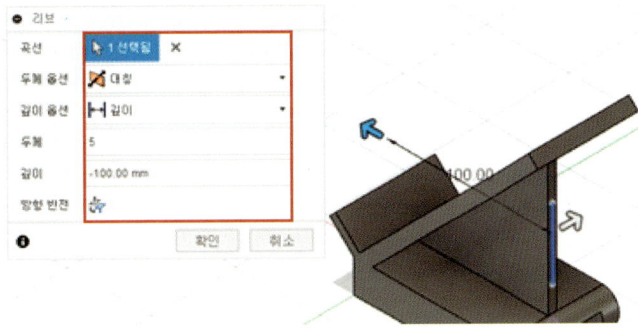

10

- 수정-모깎기, R10

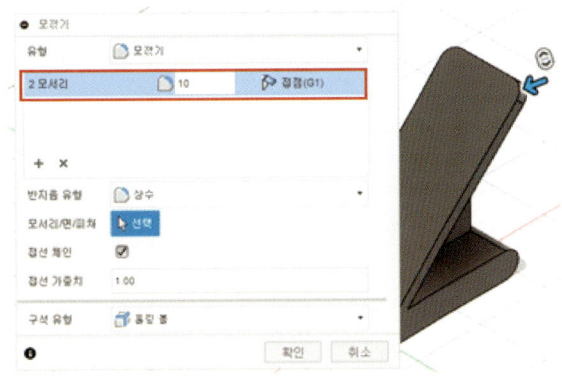

11

- 작성-스케치 작성, 해당평면
- 작성-스케치 명령을 이용하여 스케치 후 구속조건 기입
- 작성-스케치 치수로 수정

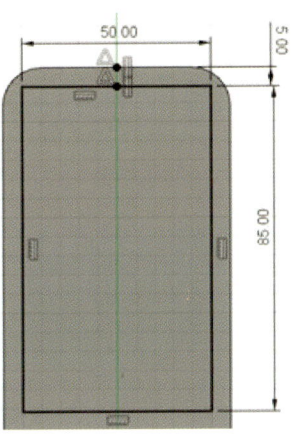

PART E. 제품응용모델링기능사   483

12

- 스케치 마무리
- 작성-돌출
  측면하나, 거리 -3, 잘라내기

13

- 수정-모깎기, R5

14

- 작성-스케치 작성, 해당평면
- 작성-스케치 명령을 이용하여
  스케치 후 구속조건 기입
- 작성-스케치 치수로 수정

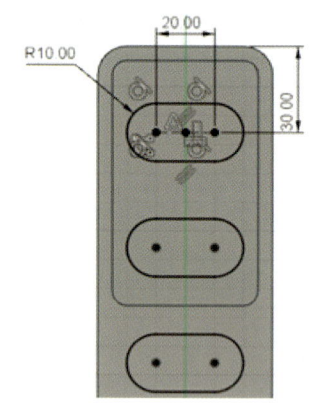

15

- 스케치 마무리
- 작성-돌출
  측면하나, 거리 3, 새 본체

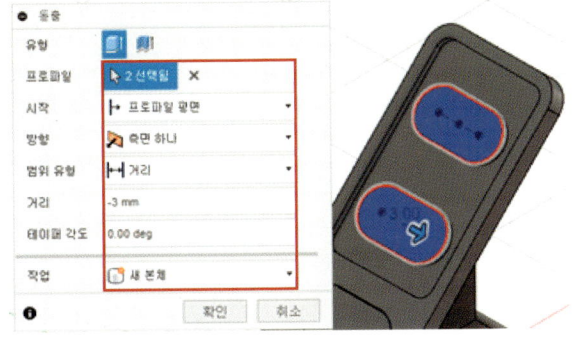

16

- 스케치 활성화
- 작성-돌출
  측면하나, 거리 -3, 잘라내기
- 스케치 비활성화

17

- 바탕화면에 비번호 폴더 생성 후
  비번호-3D 내보내기

E-07. 공개도면

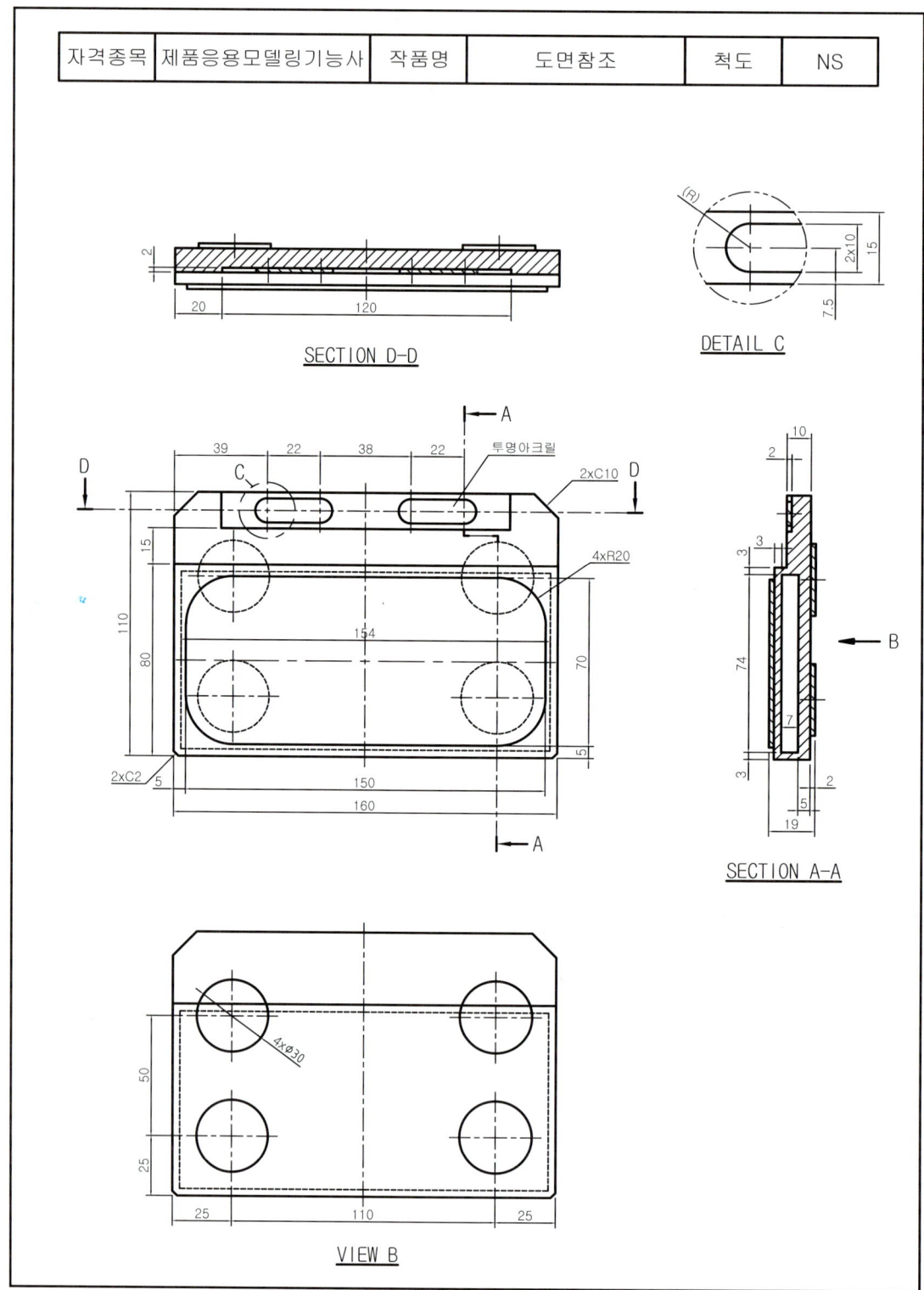

01

- 작성-스케치 작성, YZ평면
- 작성-스케치 명령을 이용하여 스케치 후 구속조건 기입
- 작성-스케치 치수로 수정

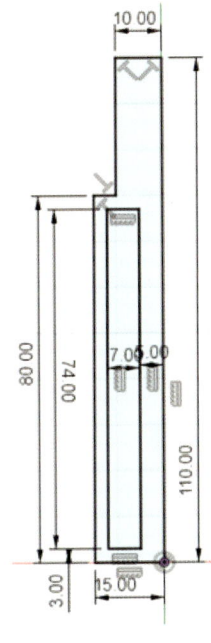

02

- 스케치 마무리
- 작성-돌출
  대칭, 전체거리 160, 새 본체

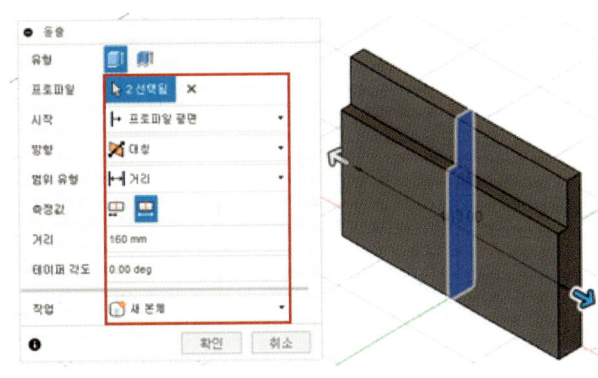

03

- 스케치 활성화
- 작성-돌출
  대칭, 전체거리 154, 잘라내기
- 스케치 비활성화

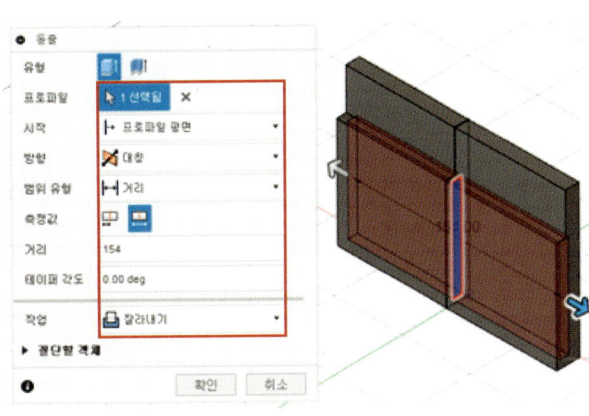

04

- 작성-스케치 작성, 해당평면
- 작성-스케치 명령을 이용하여 스케치 후 구속조건 기입
- 작성-스케치 치수로 수정

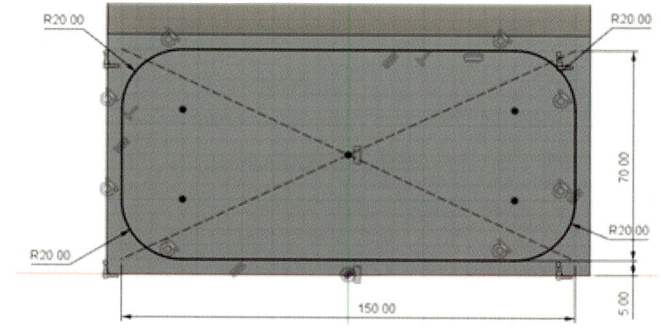

05

- 스케치 마무리
- 작성-돌출
  측면하나, 거리 2, 새 본체

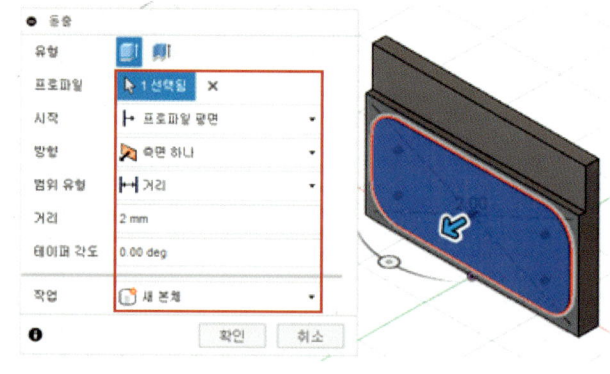

06

- 작성-스케치 작성, 해당평면
- 작성-스케치 명령을 이용하여 스케치 후 구속조건 기입
- 작성-스케치 치수로 수정

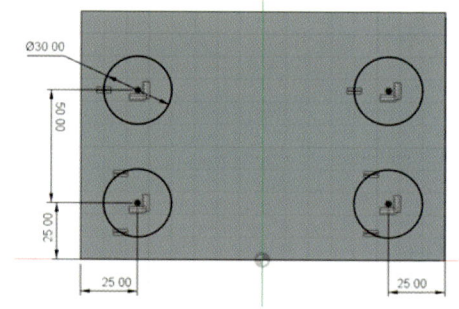

07

- 스케치 마무리
- 작성-돌출
  측면하나, 거리 2, 새 본체

08

- 수정-모따기, C2

09

- 수정-모따기, C10

10

- 작성-스케치 작성, 해당평면
- 작성-스케치 명령을 이용하여 스케치 후 구속조건 기입
- 작성-스케치 치수로 수정

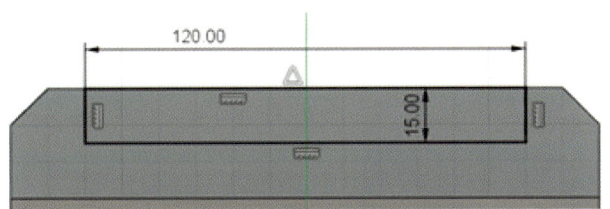

11

- 스케치 마무리
- 작성-돌출
  측면하나, 거리 -2, 잘라내기

12

- 작성-스케치 작성, 해당평면
- 작성-스케치 명령을 이용하여 스케치 후 구속조건 기입
- 작성-스케치 치수로 수정

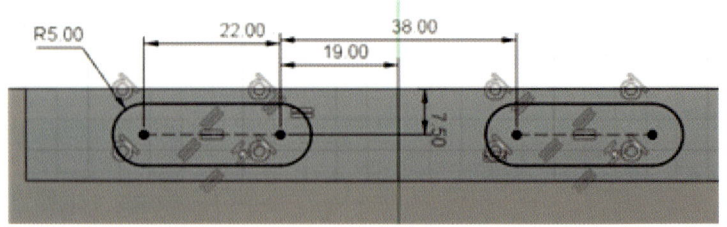

13

- 스케치 마무리
- 작성-돌출
  측면하나, 거리 2, 새 본체

14

- 바탕화면에 비번호 폴더 생성 후 비번호-3D 내보내기

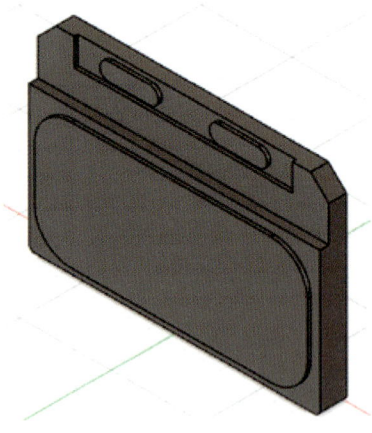

E-08. 공개도면

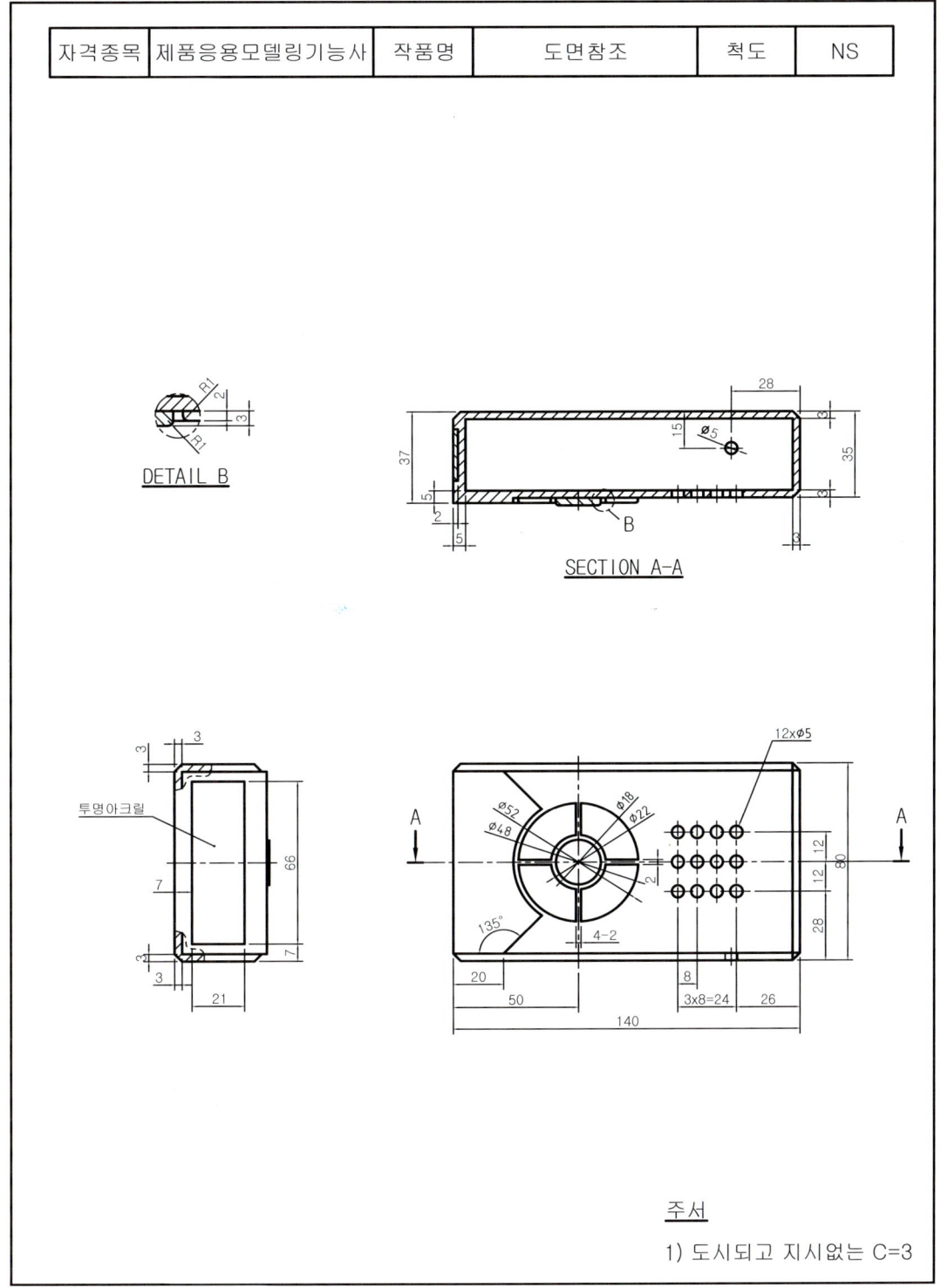

01

- 작성-스케치 작성, XZ평면
- 작성-스케치 명령을 이용하여 스케치 후 구속조건 기입
- 작성-스케치 치수로 수정

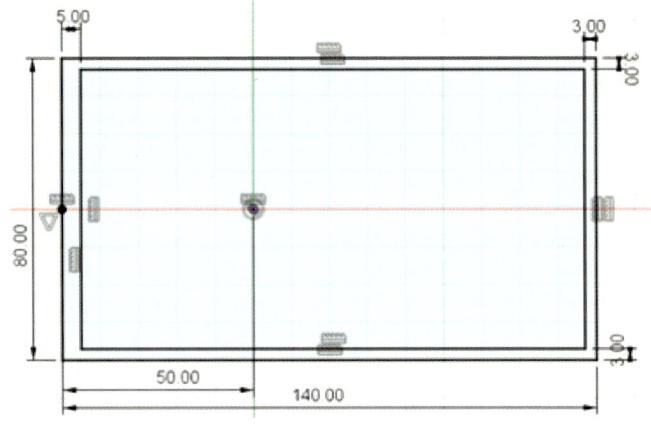

02

- 스케치 마무리
- 작성-돌출
  대칭, 전체거리 35, 새 본체

03

- 스케치 활성화
- 작성-돌출
  대칭, 전체거리 29, 잘라내기
- 스케치 비활성화

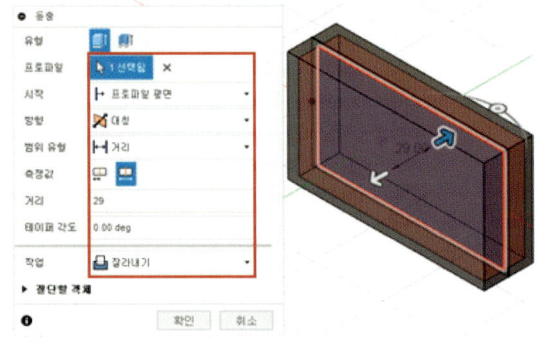

04

- 수정-모따기, C3

05

- 작성-스케치 작성, 해당평면
- 작성-스케치 명령을 이용하여 스케치 후 구속조건 기입
- 작성-스케치 치수로 수정

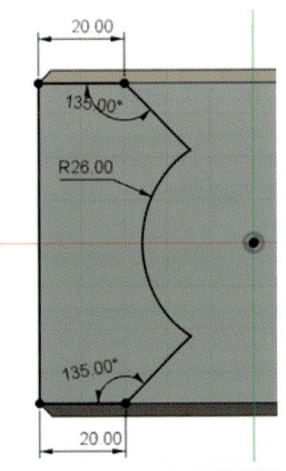

06

- 스케치 마무리
- 작성-돌출
  측면하나, 거리 2, 새 본체

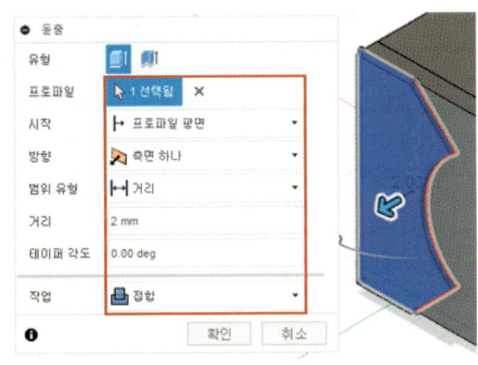

07

- 작성-스케치 작성, 해당평면
- 작성-스케치 명령을 이용하여 스케치 후 구속조건 기입
- 작성-스케치 치수로 수정

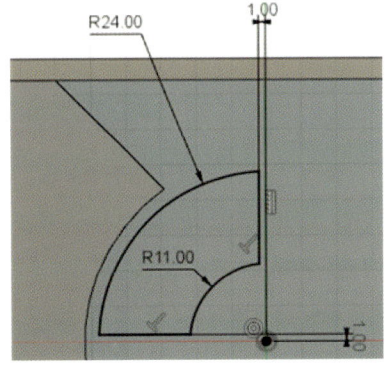

08

- 스케치 마무리
- 작성-돌출
  측면하나, 거리 2, 새 본체

09

- 원형패턴, Y축, 전체, 수량 4

10

- 작성-스케치 작성, 해당평면
- 작성-스케치 명령을 이용하여 스케치 후 구속조건 기입
- 작성-스케치 치수로 수정

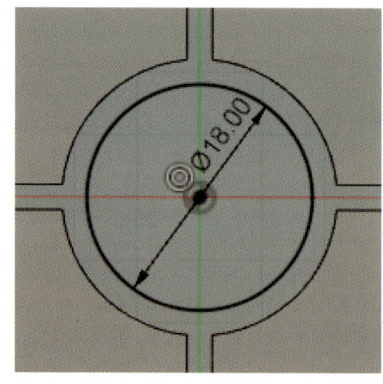

11

- 스케치 마무리
- 작성-돌출
  측면하나, 거리 3, 새 본체

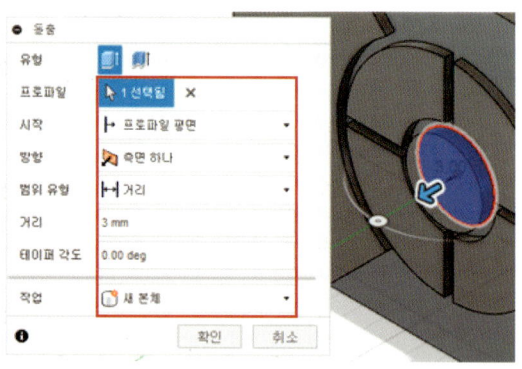

12

- 수정-모깎기, R1

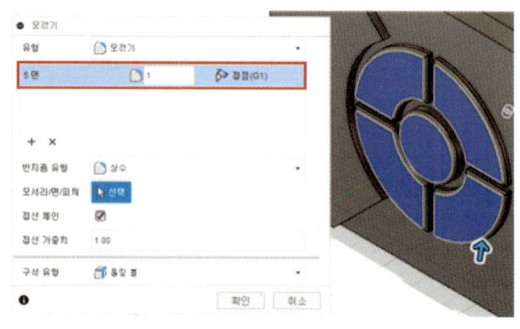

13

- 작성-스케치 작성, 해당평면
- 작성-스케치 명령을 이용하여 스케치 후 구속조건 기입
- 작성-스케치 치수로 수정

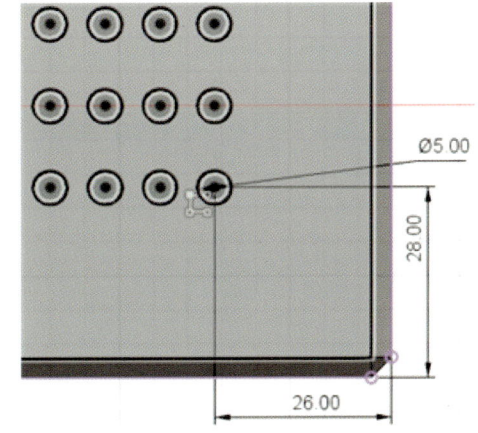

14

- 스케치 마무리
- 작성-돌출
  측면하나, 거리 -3, 잘라내기

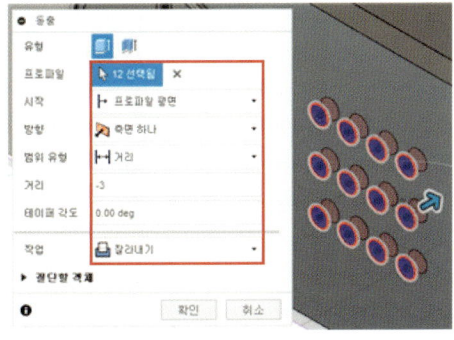

15

- 작성-스케치 작성, 해당평면
- 작성-스케치 명령을 이용하여 스케치 후 구속조건 기입
- 작성-스케치 치수로 수정

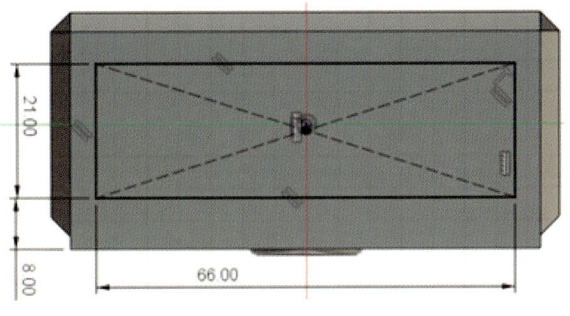

16

- 스케치 마무리
- 작성-돌출
  측면하나, 거리 -2, 잘라내기

17

- 작성-돌출
  측면하나, 거리 2, 새 본체

18

- 작성-스케치 작성, 해당평면
- 작성-스케치 명령을 이용하여
  스케치 후 구속조건 기입
- 작성-스케치 치수로 수정

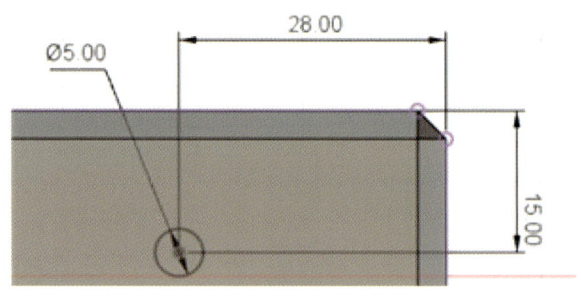

19

- 스케치 마무리
- 작성-돌출
  측면하나, 거리 -2, 잘라내기

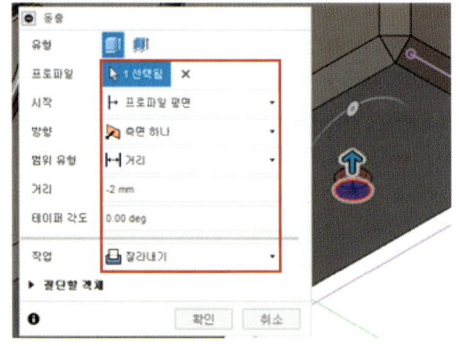

20

- 바탕화면에 비번호 폴더 생성 후
  비번호-3D 내보내기

E-09. 공개도면

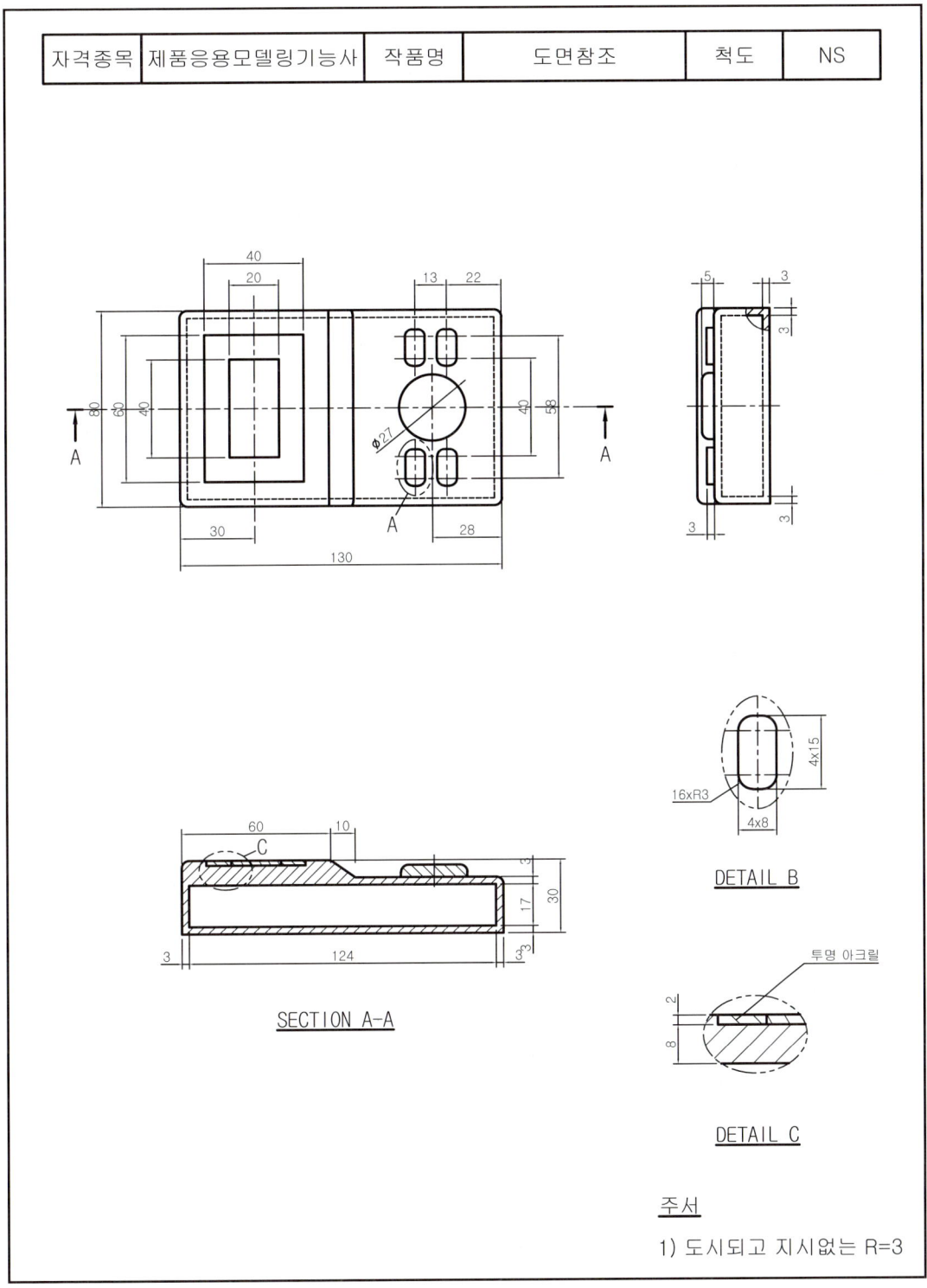

01

- 작성-스케치 작성, XY평면
- 작성-스케치 명령을 이용하여 스케치 후 구속조건 기입
- 작성-스케치 치수로 수정

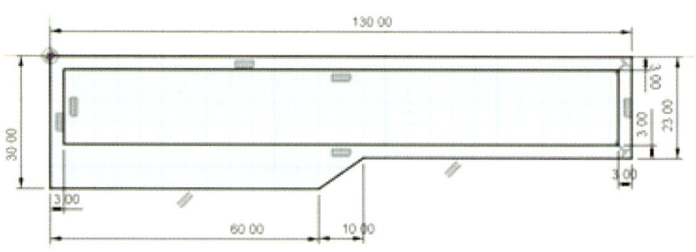

02

- 스케치 마무리
- 작성-돌출
  대칭, 전체거리 80, 새 본체

03

- 스케치 활성화
- 작성-돌출
  대칭, 전체거리 74, 잘라내기
- 스케치 비활성화

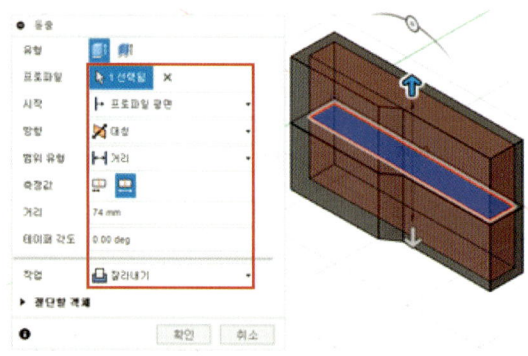

04

- 수정-모깎기, R3

05

- 수정-모깎기, R3

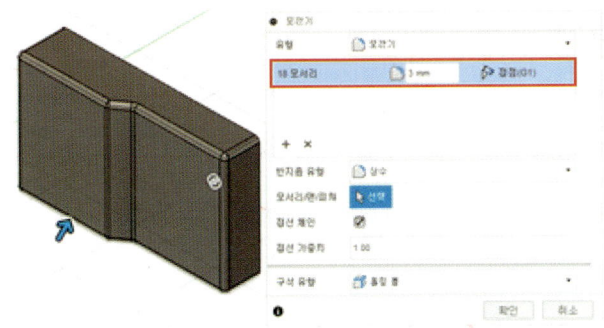

06

- 작성-스케치 작성, 해당평면
- 작성-스케치 명령을 이용하여 스케치 후 구속조건 기입
- 작성-스케치 치수로 수정

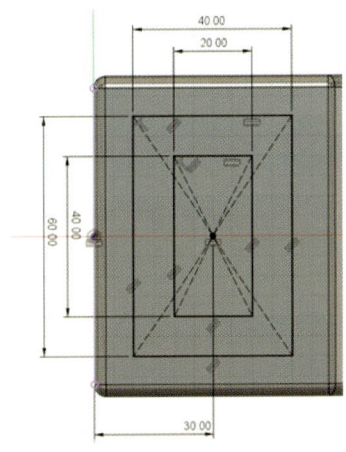

07

- 스케치 마무리
- 작성-돌출
  측면하나, 거리 -2, 잘라내기

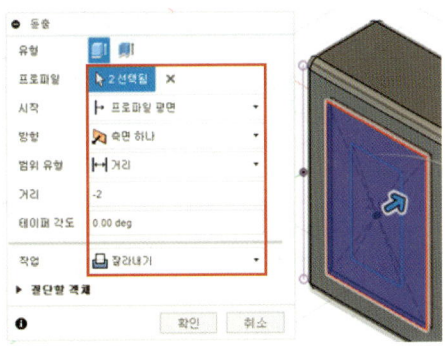

08

- 스케치 활성화
- 작성-돌출
  측면하나, 거리 -2, 새 본체

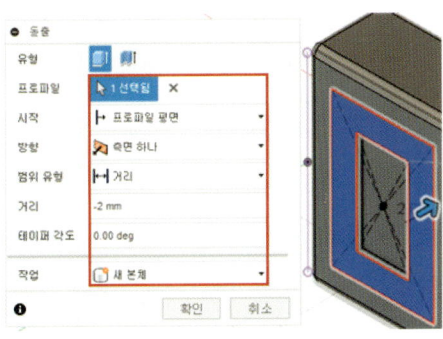

09

- 작성-돌출
  측면하나, 거리 -2, 새 본체
- 스케치 비활성화

10

- 작성-스케치 작성, 해당평면
- 작성-스케치 명령을 이용하여 스케치 후 구속조건 기입
- 작성-스케치 치수로 수정

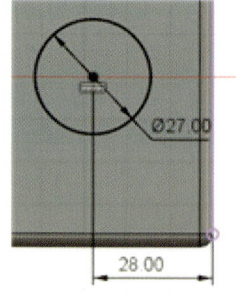

11

- 스케치 마무리
- 작성-돌출
  측면하나, 거리 5, 새 본체

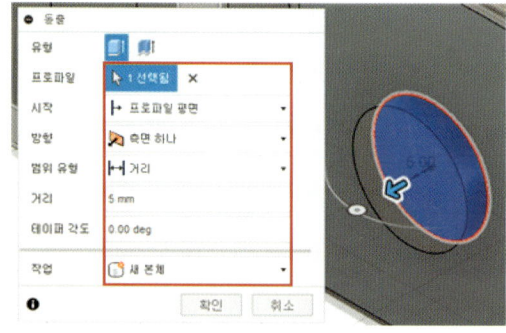

12

- 수정-모깎기, R3

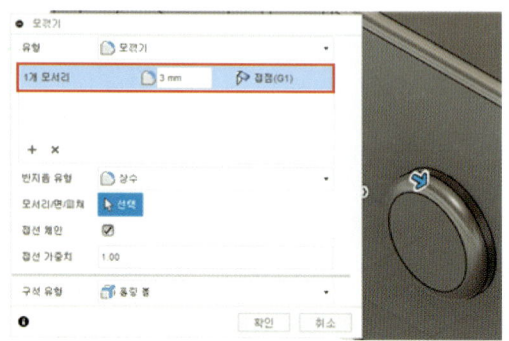

13

- 작성-스케치 작성, 해당평면
- 작성-스케치 명령을 이용하여 스케치 후 구속조건 기입
- 작성-스케치 치수로 수정

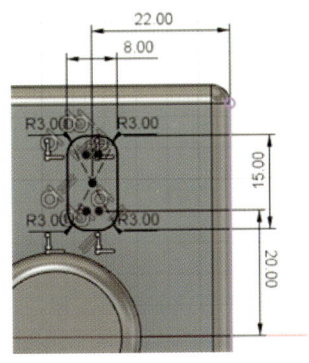

14

- 스케치 마무리
- 작성-돌출
  측면하나, 거리 3, 새 본체

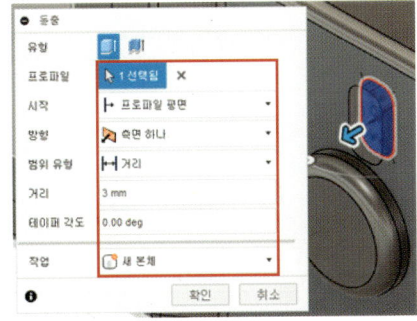

15

- 작성-패턴-직사각형패턴
  간격, 수량 2, 거리 13
        수량 2, 거리 -49

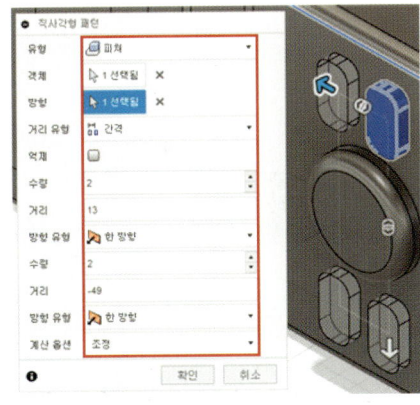

16

- 바탕화면에 비번호 폴더 생성 후
  비번호-3D 내보내기

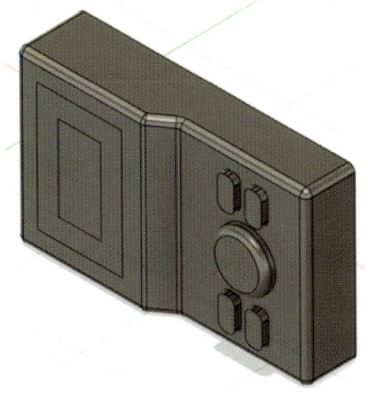

E-10. 공개도면

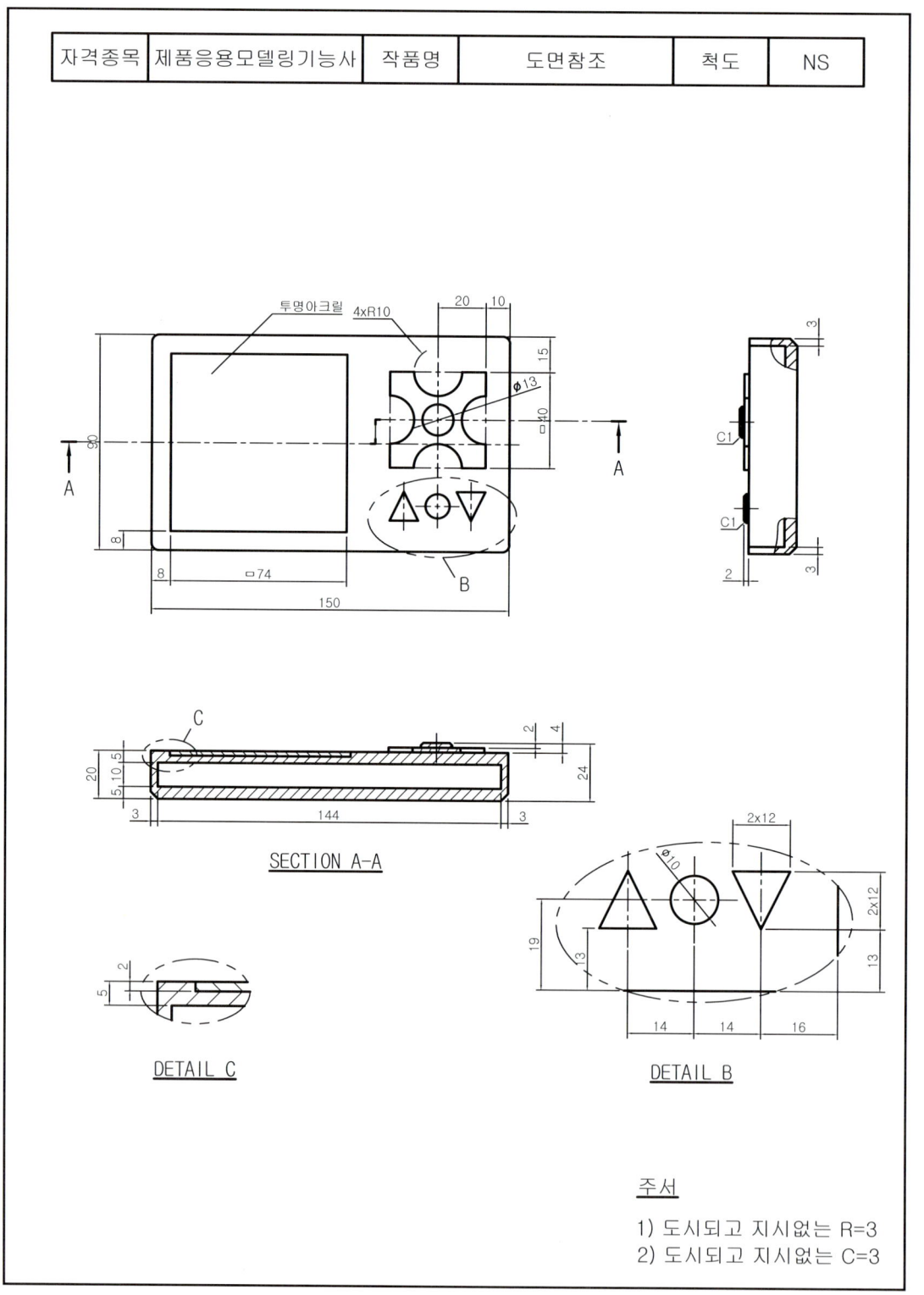

01

- 작성-스케치 작성, XY평면
- 작성-스케치 명령을 이용하여 스케치 후 구속조건 기입
- 작성-스케치 치수로 수정

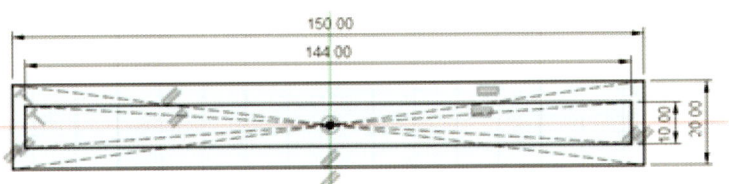

02

- 스케치 마무리
- 작성-돌출
  대칭, 전체거리 90, 새 본체

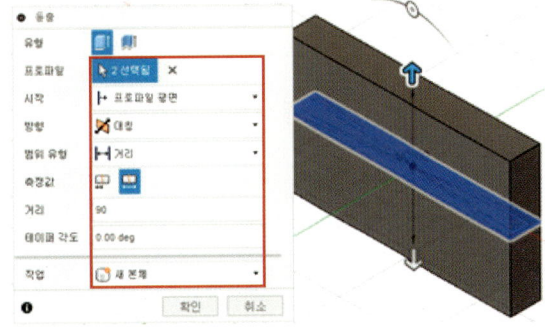

03

- 스케치 활성화
- 작성-돌출
  대칭, 전체거리 84, 잘라내기
- 스케치 비활성화

04

- 수정-모깎기, R3

PART E. 제품응용모델링기능사

05

- 수정-모따기, C3

06

- 작성-스케치 작성, 해당평면
- 작성-스케치 명령을 이용하여 스케치 후 구속조건 기입
- 작성-스케치 치수로 수정

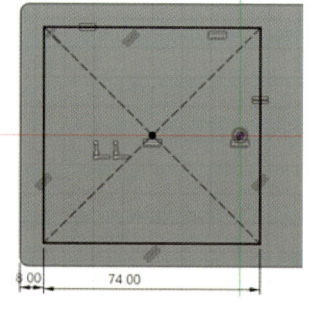

07

- 스케치 마무리
- 작성-돌출
  측면하나, 거리 -2, 잘라내기

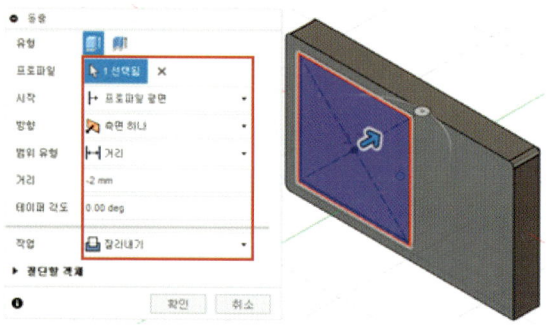

08

- 스케치 활성화
- 작성-돌출
  측면하나, 거리 2, 새 본체

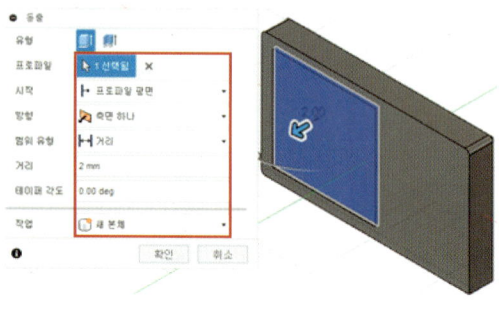

09

- 작성-스케치 작성, 해당평면
- 작성-스케치 명령을 이용하여 스케치 후 구속조건 기입
- 작성-스케치 치수로 수정

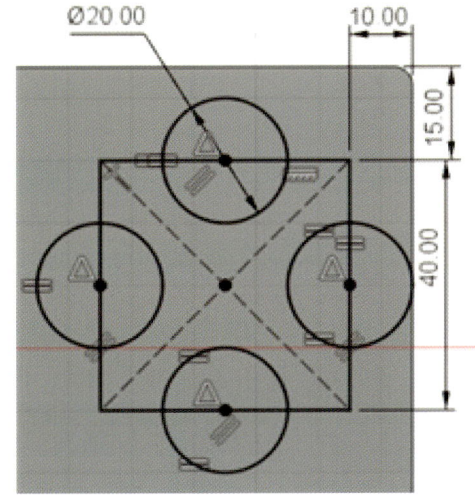

10

- 스케치 마무리
- 작성-돌출
  측면하나, 거리 2, 새 본체

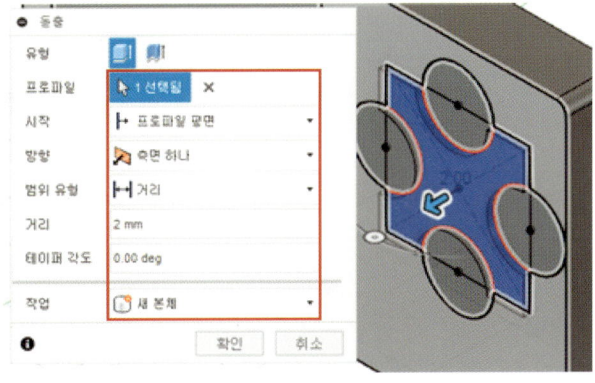

11

- 작성-스케치 작성, 해당평면
- 작성-스케치 명령을 이용하여 스케치 후 구속조건 기입
- 작성-스케치 치수로 수정

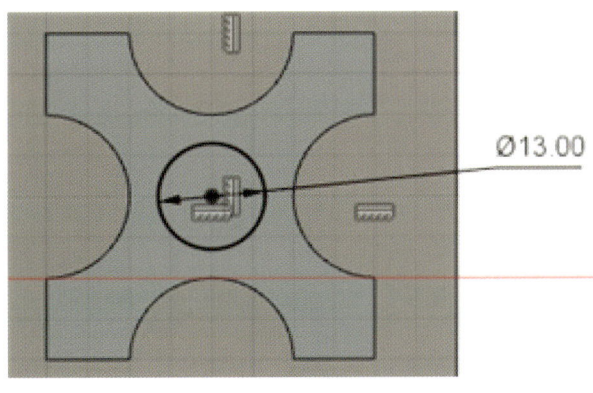

12

- 스케치 마무리
- 작성-돌출
  측면하나, 거리 2, 새 본체

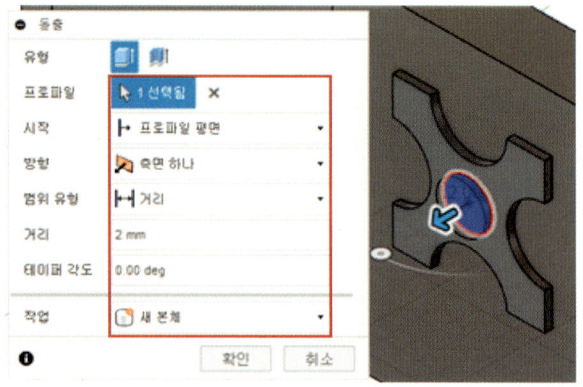

13

- 수정-모따기, C1

14

- 작성-스케치 작성, 해당평면
- 작성-스케치 명령을 이용하여
  스케치 후 구속조건 기입
- 작성-스케치 치수로 수정

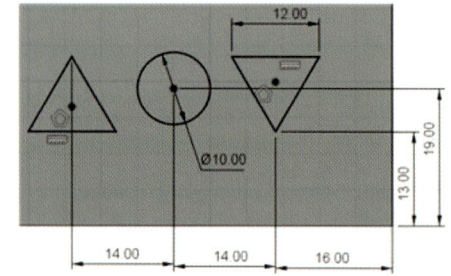

15

- 스케치 마무리
- 작성-돌출
  측면하나, 거리 2, 새 본체

- 수정-모따기, C1

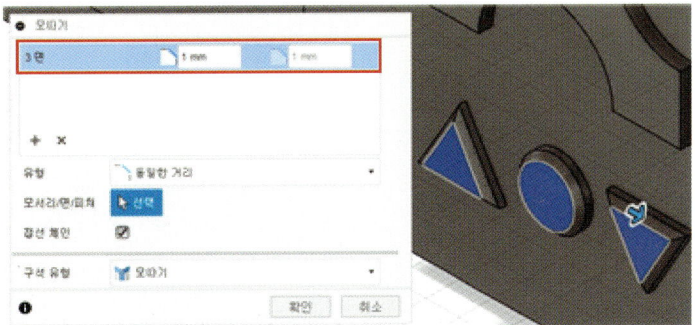

- 바탕화면에 비번호 폴더 생성 후
  비번호-3D 내보내기

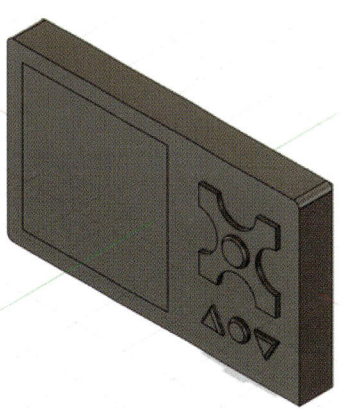

E-11. 공개도면

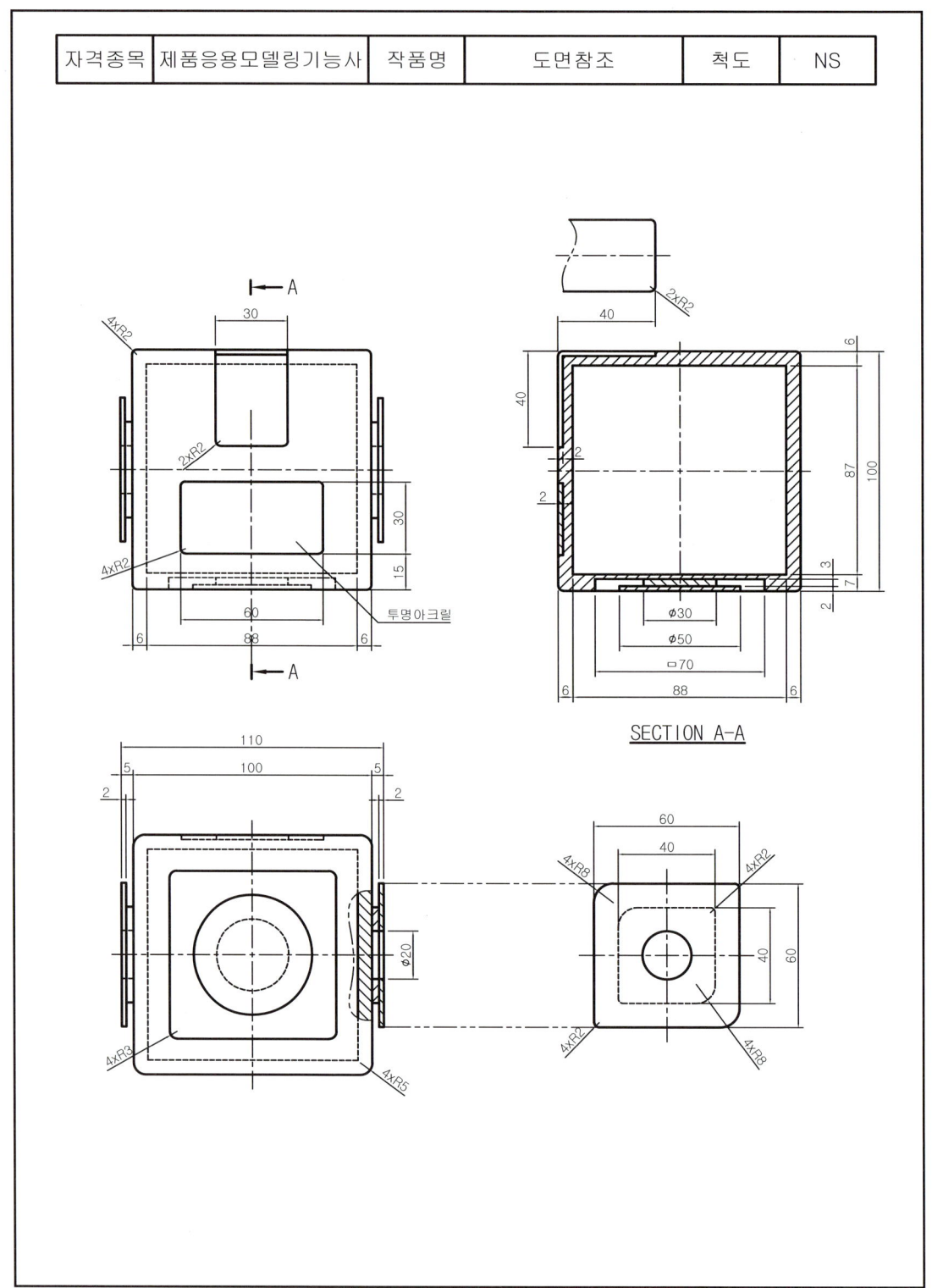

01

- 작성–스케치 작성, XY평면
- 작성–스케치 명령을 이용하여 스케치 후 구속조건 기입
- 작성–스케치 치수로 수정

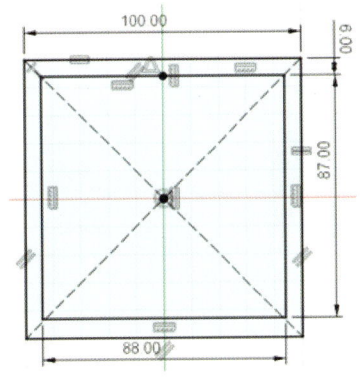

02

- 스케치 마무리
- 작성–돌출
  대칭, 전체거리 100, 새 본체

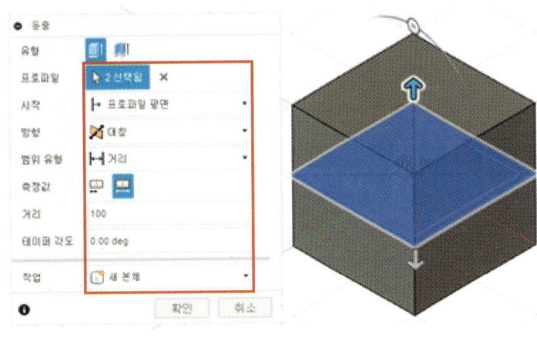

03

- 스케치 활성화
- 작성–돌출
  대칭, 전체거리 88, 잘라내기
- 스케치 비활성화

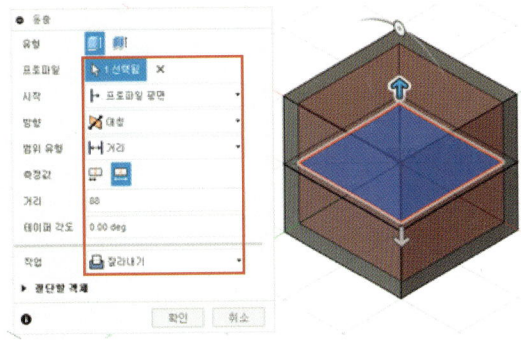

04

- 작성–스케치 작성, 해당평면
- 작성–스케치 명령을 이용하여 스케치 후 구속조건 기입
- 작성–스케치 치수로 수정

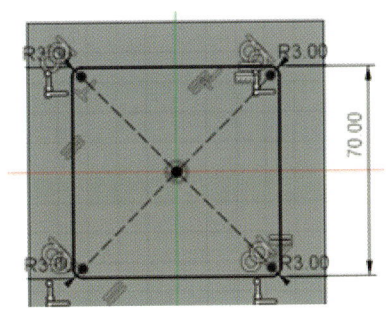

05

- 스케치 마무리
- 작성-돌출
  측면하나, 거리 -5, 잘라내기

06

- 작성-스케치 작성, 해당평면
- 작성-스케치 명령을 이용하여
  스케치 후 구속조건 기입
- 작성-스케치 치수로 수정

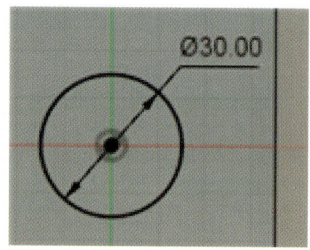

07

- 스케치 마무리
- 작성-돌출
  측면하나, 거리 3, 새 본체

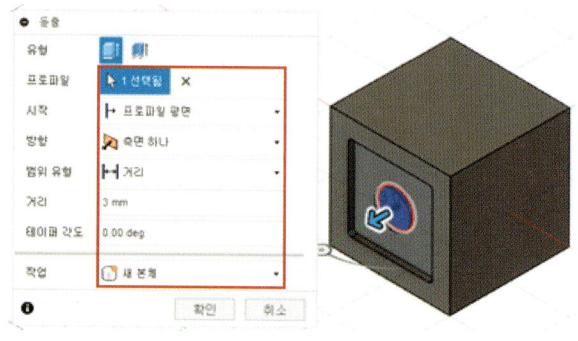

08

- 작성-스케치 작성, 해당평면
- 작성-스케치 명령을 이용하여
  스케치 후 구속조건 기입
- 작성-스케치 치수로 수정

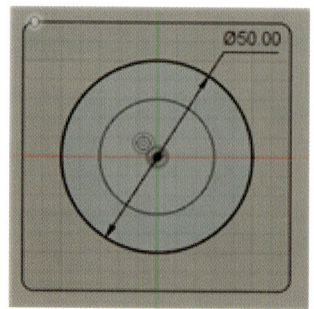

09

- 스케치 마무리
- 작성-돌출
  측면하나, 거리 2, 새 본체

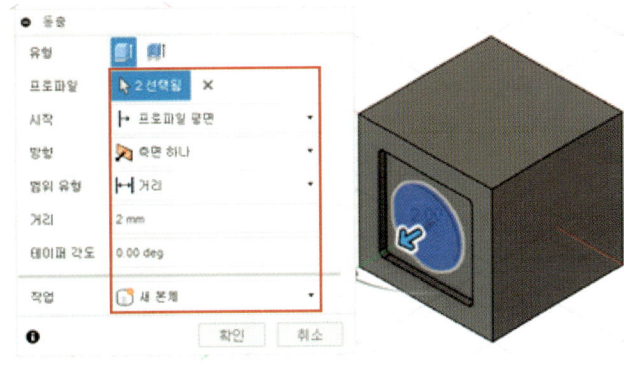

10

- 작성-스케치 작성, 해당평면
- 작성-스케치 명령을 이용하여
  스케치 후 구속조건 기입
- 작성-스케치 치수로 수정

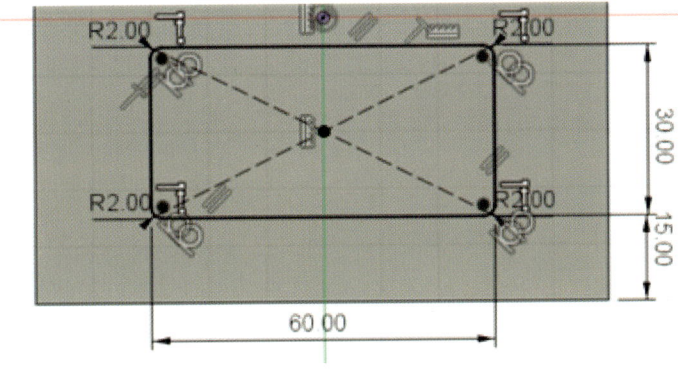

11

- 스케치 마무리
- 작성-돌출
  측면하나, 거리 -2, 잘라내기

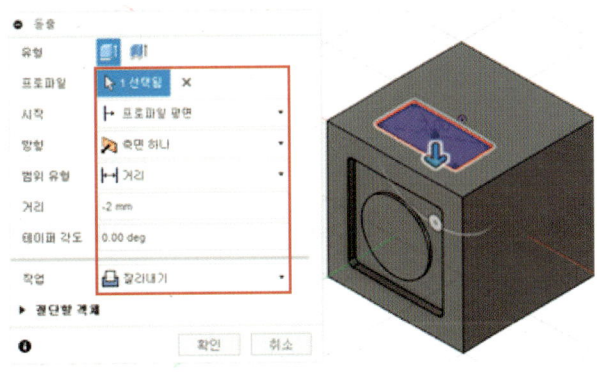

12

- 작성-돌출
  측면하나, 거리 2, 새 본체

13

- 작성-스케치 작성, 해당평면
- 작성-스케치 명령을 이용하여
  스케치 후 구속조건 기입
- 작성-스케치 치수로 수정

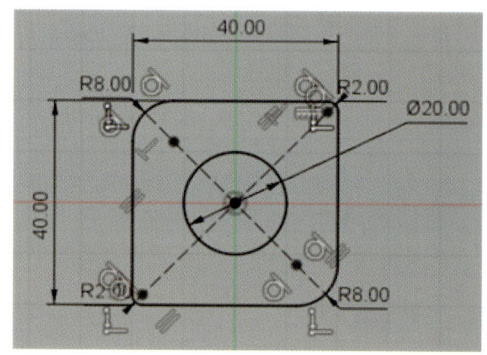

14

- 스케치 마무리
- 작성-돌출
  측면하나, 거리 3, 새 본체

15

- 작성-스케치 작성, 해당평면
- 작성-스케치 명령을 이용하여
  스케치 후 구속조건 기입
- 작성-스케치 치수로 수정

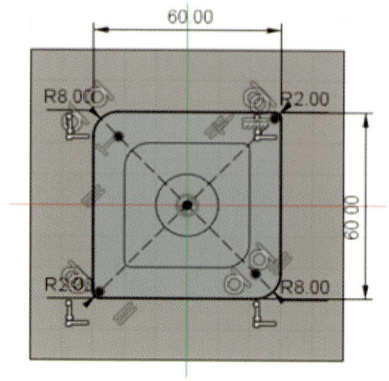

16

- 스케치 마무리
- 작성-돌출
  측면하나, 거리 2, 새 본체

17

- 작성-미러

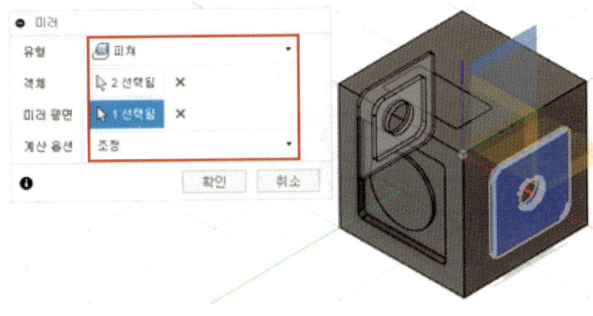

18

- 작성-스케치 작성, YZ평면
- 작성-스케치 명령을 이용하여
  스케치 후 구속조건 기입
- 작성-스케치 치수로 수정

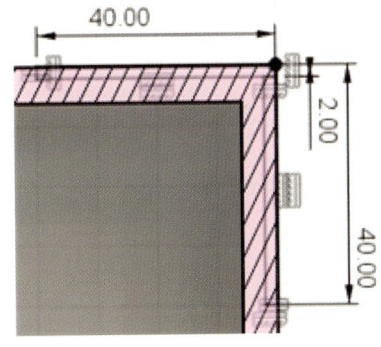

19

- 스케치 마무리
- 작성-돌출
  대칭, 전체거리 30, 잘라내기

20

- 수정-모깎기, R2

21

- 바탕화면에 비번호 폴더 생성 후
  비번호-3D 내보내기

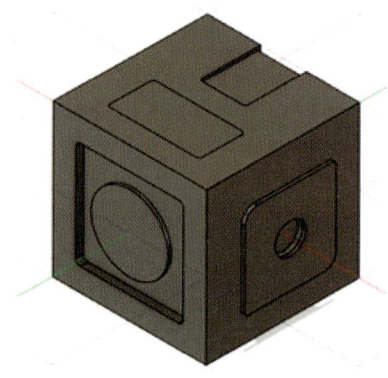

E-12. 공개도면

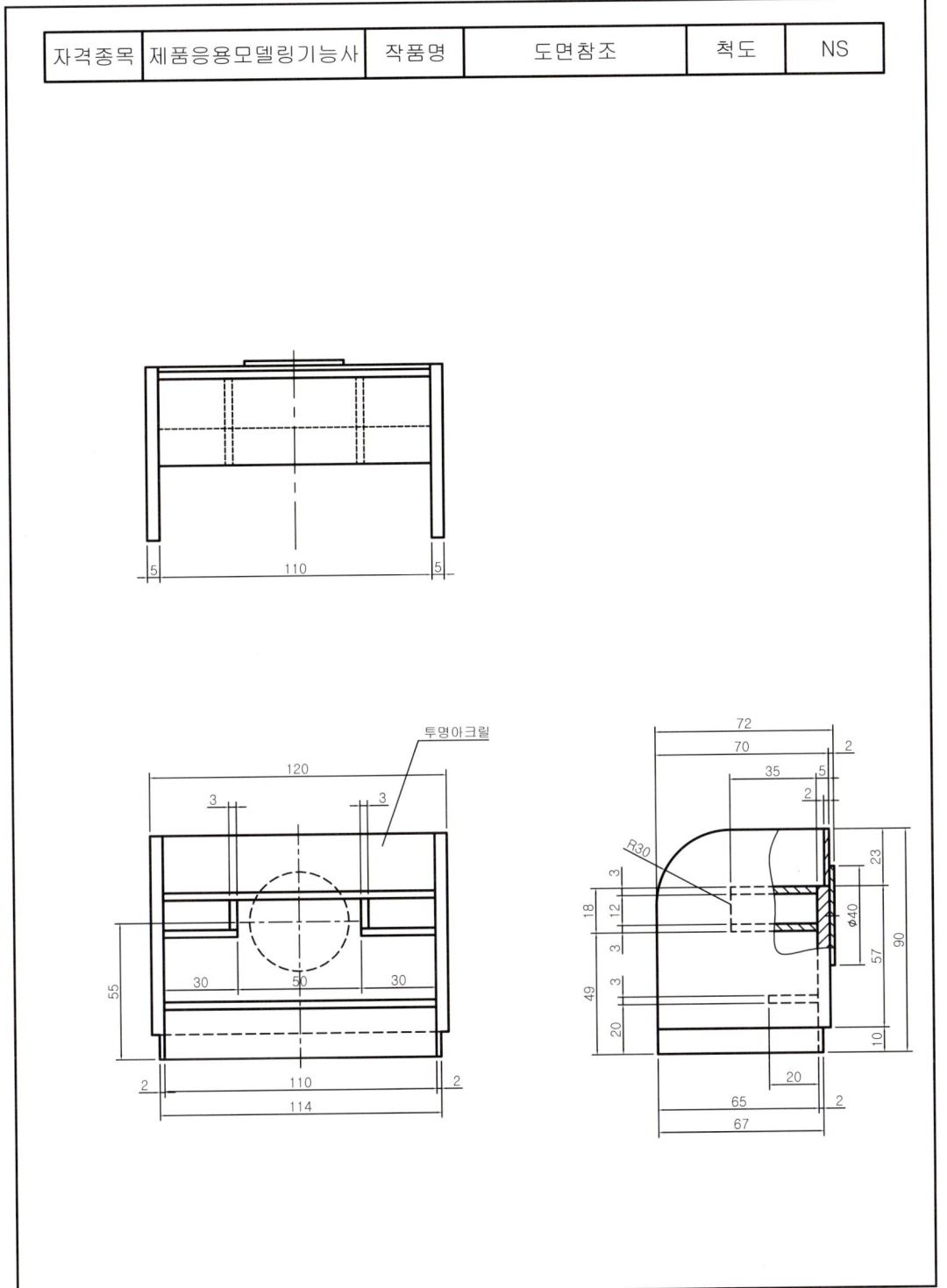

01

- 작성-스케치 작성, XZ평면
- 작성-스케치 명령을 이용하여
  스케치 후 구속조건 기입
- 작성-스케치 치수로 수정

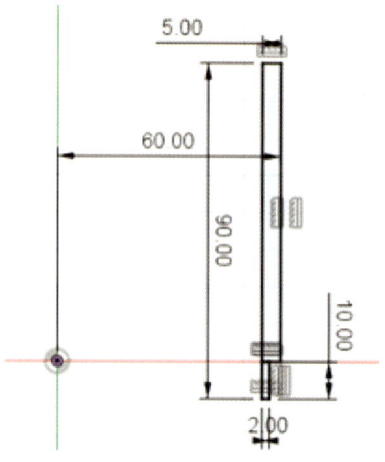

02

- 스케치 마무리
- 작성-돌출
  측면하나, 거리 2, 새 본체

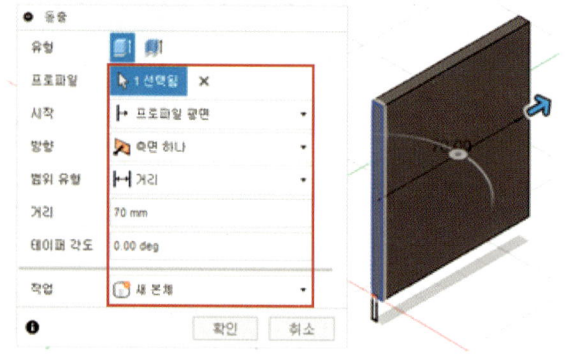

03

- 스케치 활성화
- 작성-돌출
  측면하나, 거리 67, 접합
- 스케치 비활성화

04

- 수정-모깎기, R30

05

- 작성-미러

06

- 작성-스케치 작성, 해당평면
- 작성-스케치 명령을 이용하여 스케치 후 구속조건 기입
- 작성-스케치 치수로 수정

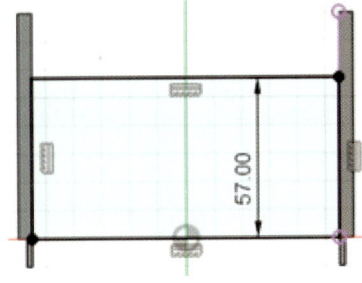

07

- 스케치 마무리
- 작성-돌출
  측면하나, 거리 -5, 새 본체

08

- 작성-스케치 작성, 해당평면
- 작성-스케치 명령을 이용하여
  스케치 후 구속조건 기입

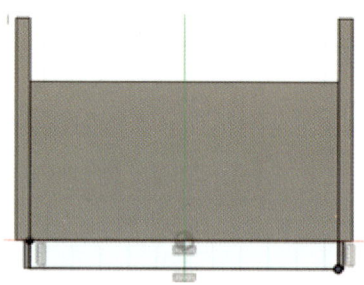

09

- 스케치 마무리
- 작성-돌출
  측면하나, 거리 -2, 새 본체

10

- 작성-스케치 작성 클릭, 해당평면
- 작성-스케치 명령을 이용하여
  스케치 후 구속조건 기입

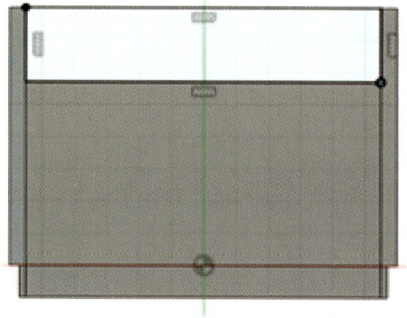

11

- 스케치 마무리
- 작성-돌출
  측면하나, 거리 -2, 새 본체

12

- 작성-스케치 작성, 해당평면
- 작성-스케치 명령을 이용하여
  스케치 후 구속조건 기입

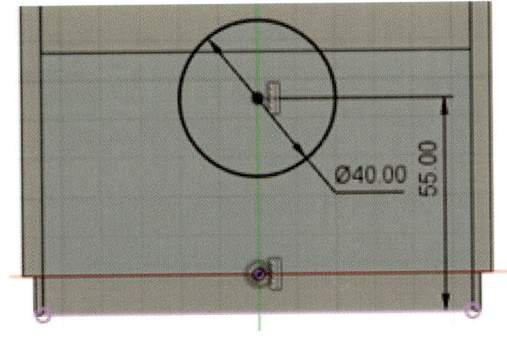

13

- 스케치 마무리
- 작성-돌출
  측면하나, 거리 2, 새 본체

14

- 작성-스케치 작성 클릭, 해당평면
- 작성-스케치 명령을 이용하여
  스케치 후 구속조건 기입

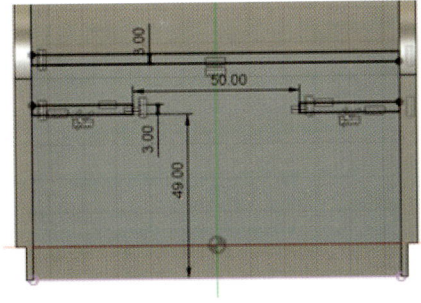

15

- 스케치 마무리
- 작성-돌출
  측면하나, 거리 35, 새 본체

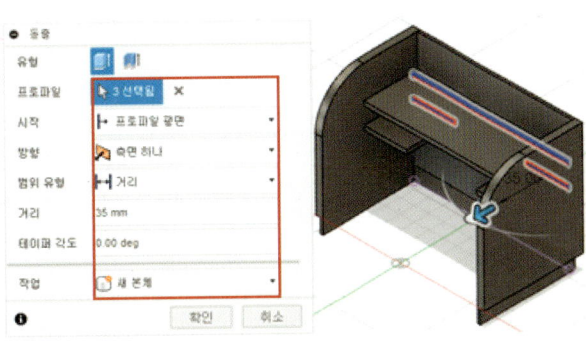

16

- 작성-스케치 작성, 해당평면
- 작성-스케치 명령을 이용하여 스케치 후 구속조건 기입

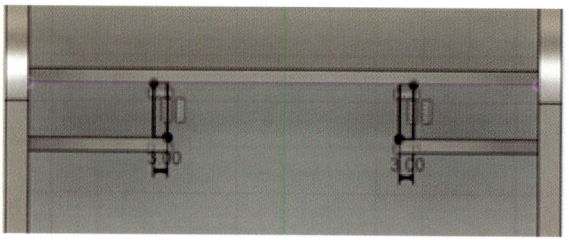

17

- 스케치 마무리
- 작성-돌출
  측면하나, 거리 35, 새 본체

18

- 작성-스케치 작성 클릭, 해당평면
- 작성-스케치 명령을 이용하여 스케치 후 구속조건 기입

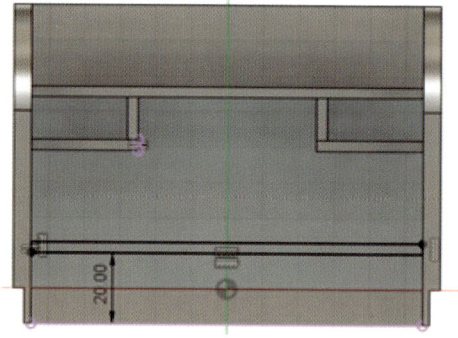

19

- 스케치 마무리
- 작성-돌출
  측면하나, 거리 20, 새 본체

20

- 바탕화면에 비번호 폴더 생성 후
  비번호-3D 내보내기

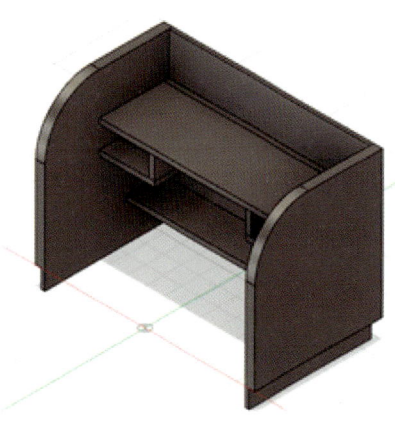

E-13. 공개도면

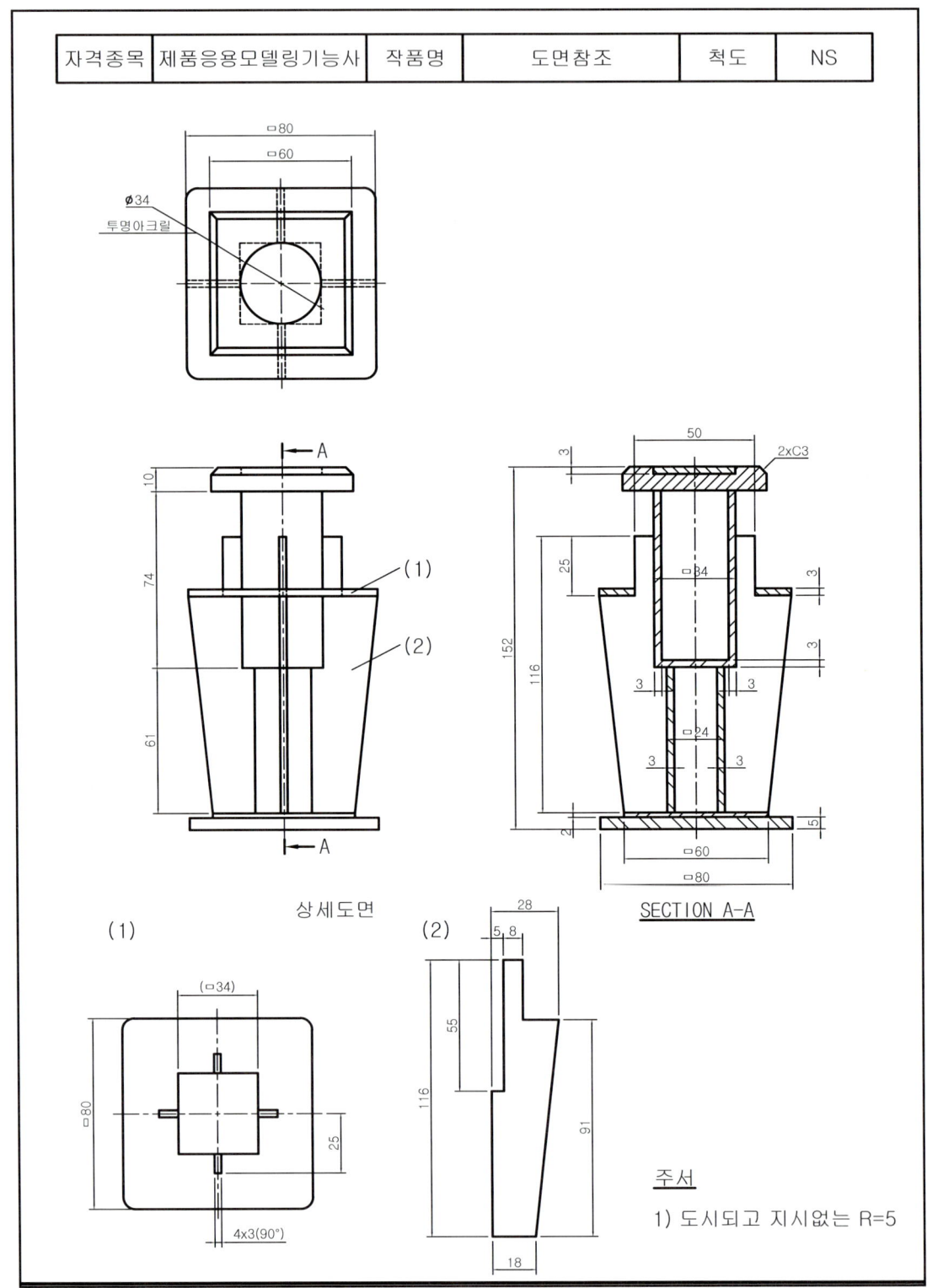

주서
1) 도시되고 지시없는 R=5

01

- 작성-스케치 작성, XY평면
- 작성-스케치 명령을 이용하여 스케치 후 구속조건 기입
- 작성-스케치 치수로 수정

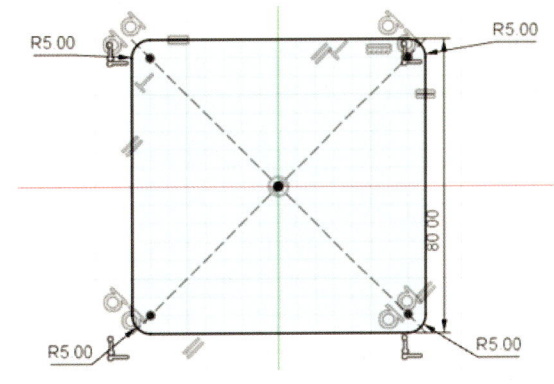

02

- 스케치 마무리
- 작성-돌출
  측면하나, 거리 5, 새 본체

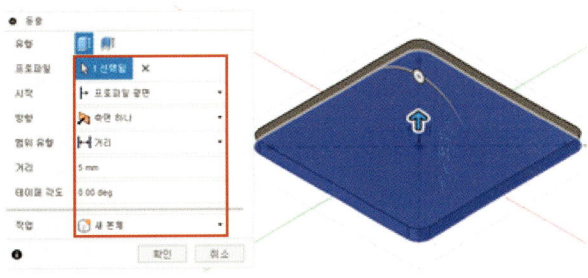

03

- 작성-스케치 작성, 해당평면
- 작성-스케치 명령을 이용하여 스케치 후 구속조건 기입
- 작성-스케치 치수로 수정

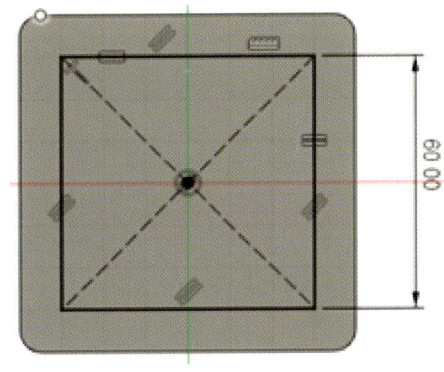

04

- 스케치 마무리
- 작성-돌출
  측면하나, 거리 2, 새 본체

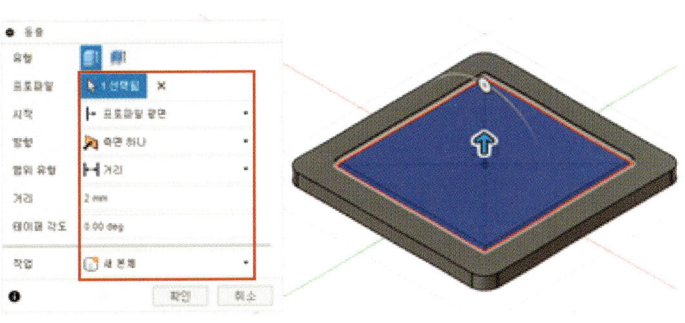

05

- 작성-스케치 작성, 해당평면
- 작성-스케치 명령을 이용하여
  스케치 후 구속조건 기입
- 작성-스케치 치수로 수정

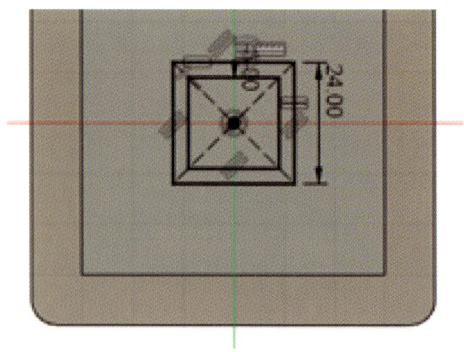

06

- 스케치 마무리
- 작성-돌출
  측면하나, 거리 61, 새 본체

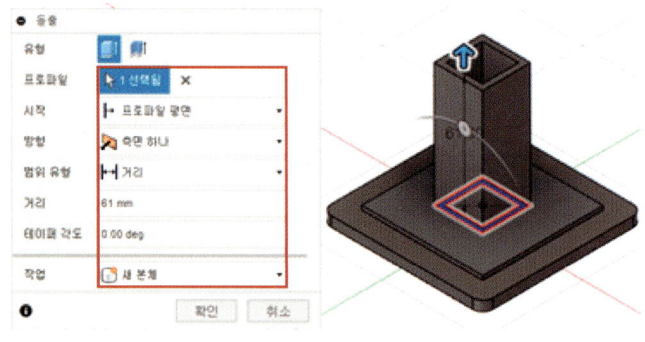

07

- 작성-스케치 작성, 해당평면
- 작성-스케치 명령을 이용하여
  스케치 후 구속조건 기입
- 작성-스케치 치수로 수정

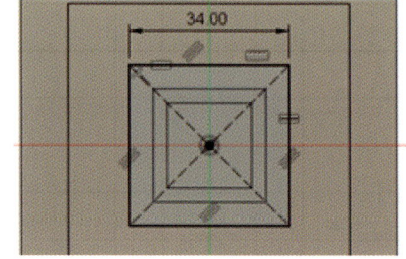

08

- 스케치 마무리
- 작성-돌출
  측면하나, 거리 74, 새 본체

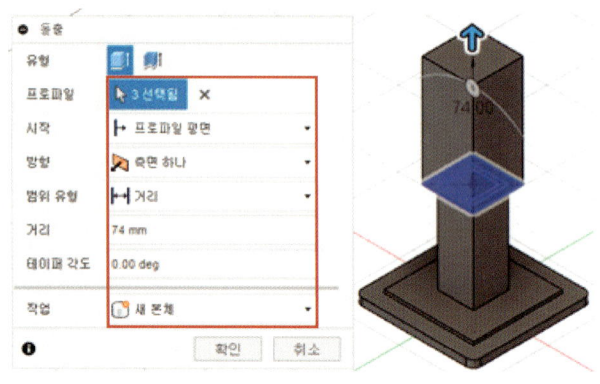

09

- 수정-쉘, 3

10

- 작성-스케치 작성, XZ평면
- 작성-스케치 명령을 이용하여 스케치 후 구속조건 기입
- 작성-스케치 치수로 수정

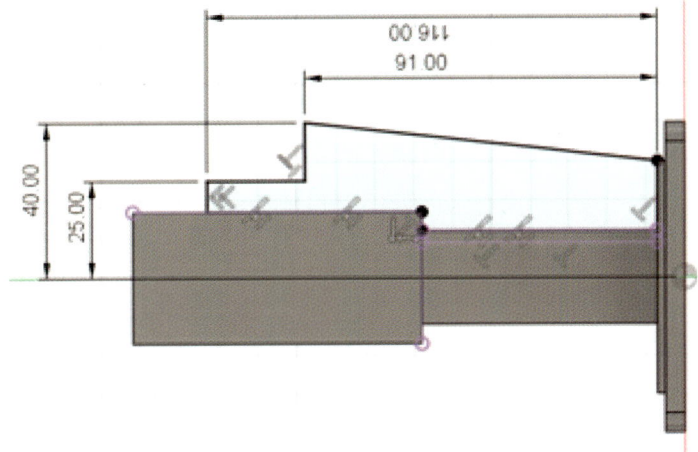

11

- 스케치 마무리
- 작성-돌출
  대칭, 전체거리 3, 새 본체

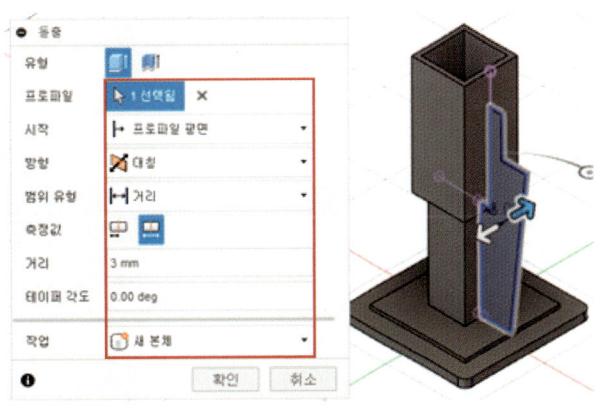

12

- 작성-원형배열, Z축, 4개

13

- 작성-스케치 작성, 해당평면
- 작성-투영/포함-프로젝트

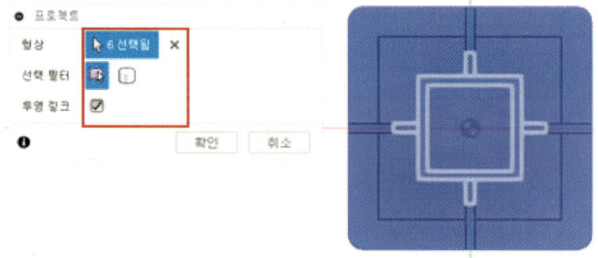

14

- 스케치 마무리
- 작성-돌출
  측면하나, 거리 3, 새 본체

15

- 작성-스케치 작성, 해당평면
- 작성-스케치 명령을 이용하여
  스케치 후 구속조건 기입
- 작성-스케치 치수로 수정

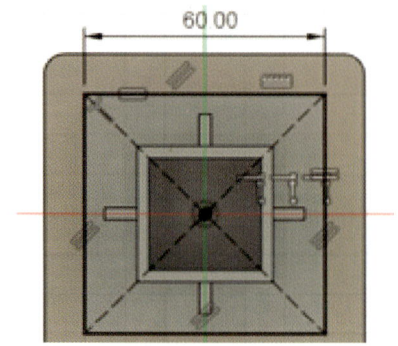

16

- 스케치 마무리
- 작성-돌출
  측면하나, 거리 10, 새 본체

17

- 작성-스케치 작성, 해당평면
- 작성-스케치 명령을 이용하여 스케치 후 구속조건 기입
- 작성-스케치 치수로 수정

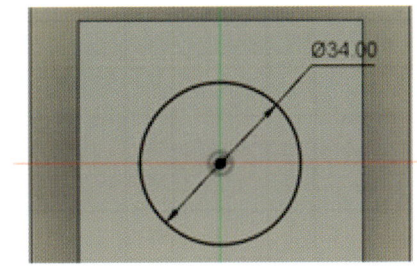

18

- 스케치 마무리
- 작성-돌출
  측면하나, 거리 -3, 잘라내기

19

- 작성-돌출
  측면하나, 거리 3, 새 본체

- 수정-모따기, C3

- 바탕화면에 비번호 폴더 생성 후
  비번호-3D 내보내기

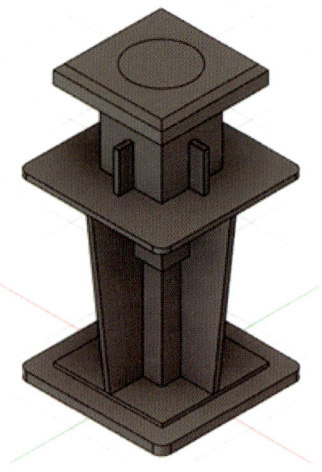